織豊系の陣城

▲◀賤ヶ岳合戦図屏風（部分）　上が大岩山砦、下が岩崎山砦　大阪城天守閣蔵

陣城とは「戦場で構築された臨時の城」で、単に自然地形に軍勢が駐屯するだけでなく、堀を掘って曲輪の周囲に柵や土塁を設け、櫓をあげて攻撃や防御のできる施設や、城館、寺院、神社等が、陣として使用され、改変されたものである。

復元図で見る宇佐山城

作画：香川元太郎　中井均監修　『歴史群像』より　一部文字加筆

織田信長の命により森可成が築いた城。南の主郭の部分は石垣造りで桝形虎口を設け、防御が堅固であるが、出丸は周囲に柵を設けただけである。

山中越え
桝形虎口
主郭

復元図で見る内中尾城(玄蕃尾城)

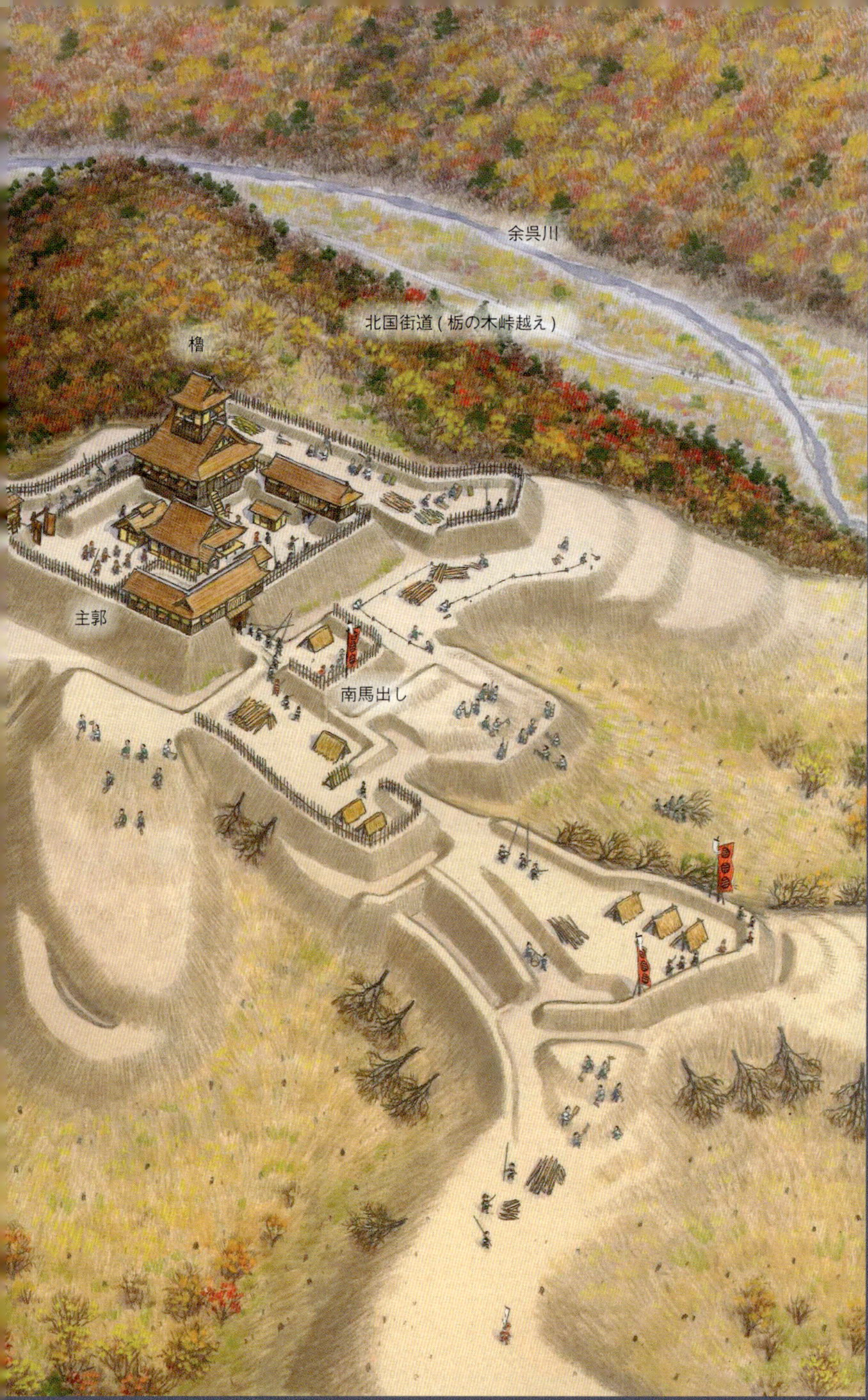

作画:香川元太郎　樋口隆晴監修　『歴史群像』より　一部文字加筆

賤ヶ岳合戦の際、柴田勝家の本陣になったとされる城。中心部分の主郭には高土塁を築き、北隅に櫓を設け、南北に馬出しを配置した、総土造りの本陣である。

北馬出し

復元図で見る鳥取城攻めの陣城群

作画：香川元太郎　『よみがえる日本の城』より　一部文字加筆

毛利氏との戦闘に備え秀吉が築いた陣城群。東に秀吉の本陣を置き、鳥取城の周囲の丘や小山には付城を設け、柵や土塁で包囲し、河口には軍船を配置した厳重な包囲網である。

千代川《せんだいがわ》
其次之要害
昼食山ノ砦
円護寺川
丸山城
山守ノ砦
雁金尾
西端ノ砦
出城群
山守東砦
袋川
鳥取城
秀吉の付城群
伝 仙石・
堀尾・羽柴陣所

陣城の遺構

内中尾城

主郭の南虎口から、馬出しと空堀の土橋を見た風景

荒神ノ上城

岩屋城合戦の宇喜多氏の付城で、低土塁囲みの曲輪の周囲には空堀が巡り、虎口が東側に開口し、南方向には曲輪への繋ぎ土塁が延びている

織豊系陣城事典

図説 日本の城郭シリーズ⑥

高橋成計

戎光祥出版

はじめに

「陣城」という言葉は、江戸時代になってから使用されるようになったようで、中世の文献では「要害」、「付城」、「向城」などの語で登場する。陣城とは、「戦場で構築された臨時の城」であるが幅があり、宇《う》佐《さ》山《やま》城（滋賀県大津市）や石《いし》垣《がき》山《やま》城（神奈川県小田原市）のように、切《きり》岸《ぎし》部分に石垣がみられる陣城もある。宇佐山城は合戦終了後に、一年近く明《あけ》智《ち》光《みつ》秀《ひで》の居城となった歴史がある。また、石垣山城は後北条氏の小田原城を攻撃するために、豊臣秀吉の本陣として構築された臨時の城であるが、権力の象徴的意味もあり、在陣期間は短いが、権力にものを言わせて、財力を注いで構築した陣城である。

　このように、陣城の幅は自然地形に少しの加工を加えた陣城から、石垣で成り立った陣城まで幅広いものがある。また、戦時に必要な陣地を確保するだけであるが、たとえば「海城」の場合、舟《ふな》入《いり》（舟を停泊される入江）があるからといって、陣城でないとは言えない。攻撃をするためには舟が必要であり、短期間であっても舟入はあるのである。ようするに、陣城とは相手を攻撃するときの必要なパーツを除き、政治や経済的な機能を必要としない。

　伝承や記録物にない遺構の判断に困ることがある。遺構に堀切がないから「陣城」であるとか、堀切があるから「陣城」でないと判断する方法もあるが、すべてには当てはまらない。曲輪の削平状態で自然地形に近い部分が多いと、簡易的な構築であると判断できる場合もある。また、地表面に残った遺構だけで、陣城の状態を判断しようとしているため、作事の考察が抜けている。発掘を実施しても柱穴の状態が判明するくらいで、作事の状態は不明である。簡易的に造られた軍事施設とはいえ、柵や小屋、櫓等の建築物はあったと推定できる。これからの陣城研究は、発掘された状態を含めて検討しなければならないと考える。

筆者が城に興味を持ったのは、小学四年生のときである。祖父と一緒に徳島城（徳島市）を訪れ、大手門の桝形虎口で、石垣の折れに隠れた祖父が、「敵が攻めてきたとき、ここに隠れて攻撃するのだ」と説明してくれたのを思い出す。青石（緑色片岩）の美しい石垣は、今でも思い出の一つである。

しかし、平地の城館よりも山城を好み、「城は戦いのために築いたのだ」と考えるようになり、陣城という分野を研究対象として選んだ。山城を踏査するのは嫌いではなかった。生まれが山岳地帯のため苦にならず、画板と巻尺を持って斜面を移動し、測定するのが楽しいのである。測定した図をもとに図面を作成するのが、戦国時代にタイムスリップしているような気分になる。そして、城郭だけでなく、歴史上の人物がこの城郭をどのような考えで構築し、運営したかということに興味を覚える。

現在、陣城という分野は区別された分野でなく、どこに線引きをして成立させるかが課題である。本書をきっかけとして、城郭に関心を持って頂き、合戦時に築かれる陣城について、御理解を深めて頂ければ幸いである。

平成二十九年十月

高橋成計

目次

【カラー口絵】織豊系の陣城
はじめに……2
凡例……8
総論 織豊系城郭の陣城……9

【第一部】信長初期の合戦と陣城

1、元亀争乱……16
元亀争乱 城郭位置図……18
1 井元城……19
2 多喜山城……20
3 雲雀山砦……21
4 虎御前山城……22
5 宇佐山城……24

2、雑賀攻め……26
雑賀攻め 城郭位置図……27
6 長尾城……28
7 木ノ本城……29

3、丹波国攻め……30
丹波国攻め 城郭位置図……32
8 小富士山城……36
9 茶臼山城……37
10 栗柄砦……38
11 東白毫寺城……39
12 金山城……40
13 夏栗山城……42
14 譲葉山城……43
15 周山城西曲輪……44

4、播磨国攻め……46
播磨国攻め 城郭位置図……48
16 目高の築地……52
17 高倉山城……54
18 広山城……57
19 長田山城……58
20 平井村中村間ノ山付城……59
21 平井山ノ上付城……60
22 慈眼寺山城……62
23 久留美村大家内谷上付城……64
24 跡部村山ノ下付城……65
25 法界寺山ノ上付城……66
26 高木大塚城……68
27 シクノ谷峯構付城……69
28 明石道峯構付城……70
29 小林八幡神社付城……71
30 八幡谷ノ上明石道付城A……72
31 二位谷奥付城A……73
32 和田村四合谷村ノ口付城……74
33 天正寺城……76
34 淡河西付城……77
35 白山城……78
36 聖山城……79

5、摂津三田城攻め……80
摂津三田城攻め 城郭位置図……81

37 釜屋城……82
38 五良谷城……84
39 宅原城……86

【第二部】信長後期の合戦と陣城

6、伊賀国攻め……88
伊賀国攻め 城郭位置図……90
40 筒井氏城……92
41 松倉豊後守城……93
42 筒井順慶城（短野城）……94
43 頓比屋宇峯陣城群……96
44 愛宕山砦……98
45 桜町中将城……99
46 滝川氏城……100
47 境目砦……101
48 桐之木城塞群……102
49 羽柴氏砦……104
50 行者山城……105
51 国見山城……106
52 矢鉢城……107
7、因幡国攻め……108
因幡国攻め 城郭位置図……110
53 太閤ヶ平（本陣山）……114
54 奥之秀台ノ陣所……118
55 高場ノ陣所……119
56 舞上之砦……120
57 五反田平陣所……121
58 伝 羽柴・堀尾・仙石陣所……122
59 中水道北尾ノ陣所……124
60 下の丸陣所……126
61 古屋敷砦……128
62 庵ノ城砦……129
63 サイノタワノ陣所……130
64 雁金尾西端ノ砦……131
65 山守東砦……132
66 山守ノ砦……133
67 ヒル山砦（伝 高野駿河守陣所）……134
68 其次之要害……136
69 峰寺御本陣……137
70 西桂見砦……138
71 桐山城……140
72 三津ヶ崎本陣山城……141
73 大崎城……142
74 大崎城付城……144
75 河内城……145
76 飛田砦……146
77 シンジャク城……147
78 小畑高尾城……148
79 番城……149
80 十万寺城……150
8、美作国攻め……152
美作国攻め 城郭位置図……154

81 時兼城……155
82 新宮城……156
83 尼ヶ城……158
84 横手城……159
85 美作丸山城……160
86 寄　城……161
87 蕨尾山城……162
88 野路山東城……163

9、備中高松城合戦の前哨戦……164

備中高松城合戦の前哨戦　城郭位置図……166
89 守福寺裏山陣城……167
90 三上山城……168
91 下足守A・Bの陣城……170
92 土田大崎境陣城……172
93 辛川城……173
94 小陣屋砦……174
95 牛神城……175
96 名越2号砦……176
97 尾崎城……177
98 千引砦……178
99 名越砦……179
100 一国山城……180

【第三部】 秀吉の天下統一戦と陣城

10、賤ヶ岳合戦……182

賤ヶ岳合戦　城郭位置図……184
101 内中尾城（玄蕃尾城）……188
102 行市山砦……190
103 行市山南砦……191
104 別所山砦……192
105 橡谷山砦……194
106 中谷山砦……196
107 柏谷山砦……197
108 大谷山砦……198
109 林谷山砦……200
110 燧　城……202
111 田上山城……204
112 天神山砦……206
113 高尾山砦……208
114 今市上砦……209
115 東野山城……210
116 菖蒲谷砦……212
117 坂口砦……214
118 田部山城……215
119 神明山砦……216
120 堂木山砦……218
121 堂木山砦西部遺構……220
122 堂木山砦北部遺構……221
123 堂木山砦南東遺構……222
124 岩崎山砦……223
125 大岩山砦……224
126 賤ヶ岳砦……225

127 岩熊城 226
128 西岡城 227
129 中ノ谷遺構 228
130 駈倉山城 229
131 堂谷山城 230

11、美作国北部の合戦 232

美作国北部の合戦 城郭位置図 233
132 古川城 234
133 室尾城 235
134 高築城 236

12、美作国岩屋城合戦 238

美作国岩屋城合戦 城郭位置図 239
135 妙福寺ノ上城 240
136 楽万ノ上城 242
137 往還ノ上城 243
138 柿ノ木ノ上東ノ城 244
139 柿ノ木ノ上城 245
140 石蕨城 246
141 梅ヶ峠城 247
142 はってば城 248
143 的場ノ峠城 249
144 栃ノ木峠城 250
145 与右衛門ノ上城 251
146 荒神ノ上城 252
147 姿山城 253

13、小牧長久手合戦 254

小牧長久手合戦 城郭位置図 256
148 新所城 258
149 赤埴上城 260
150 土山城 262
151 切山城 264
152 高地山城 266
153 国陣山城 267
154 宮山城 268
155 城山城 269

14、小田原合戦 270

小田原合戦 城郭位置図 272
156 追越山付城 273
157 本立寺付城 274
158 上山田山付城 276
159 昌渓院付城 278
160 御所山城 280
161 富士山陣場 281
参考文献 282
おわりに 284

凡例

一、本書では、軍事的な防御を前提とし、合戦時に使用された陣城（類似遺構を含む）を中心に、織豊期の一六一城を取り上げた。

一、本書は各合戦ごとに分類し、合戦の概要を記したのち、個別の城郭について詳述した。掲載順は発生した合戦の順番としたが、事例によってその限りではない。

一、本書で取り扱った「城名」は、各自治体史や出版物にあるものを基本とした。

一、城館名下の項目は、所在地、城主、遺構、規模、標高・比高、について可能な範囲で示した。

一、各城郭の項目には、【選地】【歴史】【遺構】【評価】を取り上げた。そのうち、【歴史】について不明なものは記載をしていない。また、城主については伝承や記録物を重視した。

一、縄張りの記号は、曲輪をアラビア数字、虎口をアルファベットの小文字、櫓台・堀切をイ・ロ・ハで表記した。

一、各城郭位置図・関係位置図は、本書掲載の城郭名をゴシック体、掲載していないものは明朝体とした。

一、人名や歴史用語には適宜ルビを振った。読み方については各種辞典類を参照したが、歴史上の用語、とりわけ人名の読み方は定まっていない場合も多く、ルビで示した読み方が確定的なものというわけではない。

一、本書に掲載の写真は特記以外、増山政昭氏が撮影した。遺構がわかりやすいよう撮影者が複数枚の写真をつなげたため、中には変則的な写真サイズがあることをご理解いただきたい。

総論

織豊系城郭の陣城

【はじめに】「織豊系城郭《しょくほうけいじょうかく》の陣城《じんじろ》」とは、織田信長《おだのぶなが》から豊臣秀吉《とよとみひでよし》、さらには彼らの配下にあった、いわゆる織豊系大名によって完成された城郭群の陣城の総称である。陣城とは、「戦場で構築された臨時の城」で、単に自然地形に軍勢が駐屯するだけでなく、堀を掘って曲輪の周囲に柵や土塁を設け、櫓をあげて攻撃や防御のできる施設や、城館・寺院・神社等が陣として使用され、改変されたものと規定される。このため、恒久的な城郭とは区別しなければならない。

「陣城」という言葉は中世の文献には見られず、「要害《ようがい》」「付城《つけじろ》」「向城《むかいじろ》」などの言葉で登場する。このため、陣城という言葉が広く使用されるのは江戸時代になってからである。これは、合戦時に構築された城のひとつとして認識されていたからである。

【文献に見る陣城】織豊期の合戦における陣城の様相を、『信長公記《しんちょうこうき》』*1の記述からみてみよう。

①岩倉城攻め……永禄二年（一五五九）

岩倉《いわくら》城（愛知県岩倉市）の織田信安《のぶやす》と、末森《すえもり》城（名古屋市）の織田信勝《のぶかつ》（信長の弟）が手を結び、信長を攻めた。信長は岩倉城を追い詰め、町場に放火してはだか城にし、四方にしし垣*2で二重、三重に囲い、廻番を固め、二、三ヵ月包囲し、火矢や鉄炮を城内に放って威嚇し、最後は力攻めをした。

②大河内城攻め……永禄十二年（一五六九）

伊勢の北畠具教《きたばたけとものり》の大河内《おかわち》城（三重県松阪市）を攻め、一ヵ月の籠城の末、信長の子・信雄《のぶかつ》が北

＊1　『信長公記』　織田信長の幼少期から本能寺の変まで、十五年間の記録を全十六巻にまとめたもの。著者は信長の旧臣であった太田牛一で、江戸時代初期に成立した。

＊2　しし垣　柵を設けて耕地に侵入する獣を防ぐもので、猪垣、鹿垣等と表現される。軍事的には、敵の侵入を防ぐために、石積みや木柵、土盛等で築いた垣のことである。

畠氏の養子になることで和睦する。籠城時は、信長自身が下見して、その夜、城下町を攻めて焼き払い、東西南北に陣取り、しし垣で四方を二重、三重に囲い、諸口の通路を止めて、廻番に警固をさせて監視した。

③交野城攻め……元亀元年（一五七二）

畠山昭高《はたけやまあきたか》の家臣安見新七郎《やすみしんしちろう》が守る交野《かたの》城（大阪府交野市）を、三好義継《みよしよしつぐ》方の松永勢が「取出《とりで》」を築いて攻撃したところ、信長方が後詰として「取出」を取り巻き、しし垣で囲んだが、風雨に紛れて切り抜けた。

④小谷城攻め……元亀三年（一五七二）

朝倉氏攻めで信長を裏切った浅井《あざい》氏の小谷《おだに》城（滋賀県長浜市）を攻撃するため、南の虎御前山《とらごぜんやま》（長浜市）に陣城を築いた。そして、虎御前山城から宮部集落までの間の道が悪いため、道幅を六・五メートルほど広げ、道脇に高さ三メートル以上の土塁を築き、外側に堀を掘って川の水を導入し、五キロほど道を整備した。

⑤八上城攻め……天正六年～七年（一五七八～七九）

天正四年に明智光秀《あけちみつひで》を裏切った波多野秀治《はたのひではる》の八上《やがみ》城（兵庫県篠山市）を、四方三里に付城を設け、堀を巡らして塀と柵で囲い、小屋を懸けて廻番を設けて包囲し、兵糧攻めにした。

⑥有岡城（伊丹城）攻め……天正六年～七年（一五七八～七九）

織田信長に属していた荒木村重《あらきむらしげ》が謀反したため、嫡子織田信忠《のぶただ》に攻撃を命じ、有岡城の四方に付城を構えて二重、三重に堀を掘り、塀と柵で堅固に包囲した。

このように、「本陣」を設けて東西南北に付城を構え、「しし垣」「塀」「柵」で二重、三重に囲んでいる。ここでは、陣城を「付城」「向城」「取出」「要害」などと記述している。兵力が圧倒

信長大軍、小谷の城を囲む図
『絵本太閤記』当社蔵

城につくられた塀

豊臣秀吉画像　個人蔵

的劣勢にある場合、籠城戦をとる場合が多く、これに対して、織田方は包囲網を敷いたうえで攻撃し、勝率は一〇〇%に近い。

これ以外にも、「番所」や「矢倉《やぐら》」を築き、その施設を「廻番」で「夜番」させ、街道や諸口の出入りを止め、人の往来の監視を行っている。包囲網戦では、塀際に兵士の町屋を造る例もみられる。また、包囲した状態により、力攻めによる攻城戦をするかを判断していた。

【陣城の種類】 陣城は、駐屯する地形や期間、兵員数、あるいは陣城の種類（パターン）によって、構築方法が変化する。髙田徹氏が、陣城の種類を六種類に分類しているので、*3 それを参考として本書では、①敵の城郭を包囲する付城、②敵の城郭と対峙する陣城、③補給路の封鎖、確保のための繋ぎの陣城、④本城をサポートする陣城（支城）、⑤味方の城が包囲されたときの後詰の付城、⑥臨時の拠点、の六種類に分類する。

敵の城郭を包囲する付城は、播磨国の三木《みき》城（兵庫県三木市）包囲の付城と鳥取《とっとり》城（鳥取市）包囲の付城が代表的である。包囲戦は、敵の城郭の周囲にある丘陵や平地を利用して、付城を構築して封鎖し、敵の行動を限定する行為で、昼夜にわたり鉦《かね》や太鼓で騒ぎたて、籠城している敵兵へ精神的苦痛を与え、攻撃側の損害を最小限にする作戦である。

「本陣」という包囲責任者の砦を中心に、ポイントとなる場所には土塁囲み等の付城を構築し、陣城は土塁や曲輪で繋ぐ。また、敵の城への攻撃は、敵

*3　髙田徹「織豊期を中心とした臨戦下の城郭」（『陣城・臨時築城をめぐって』第二十二回全国城郭研究者セミナー史料、中世城郭研究会、二〇〇五年）。

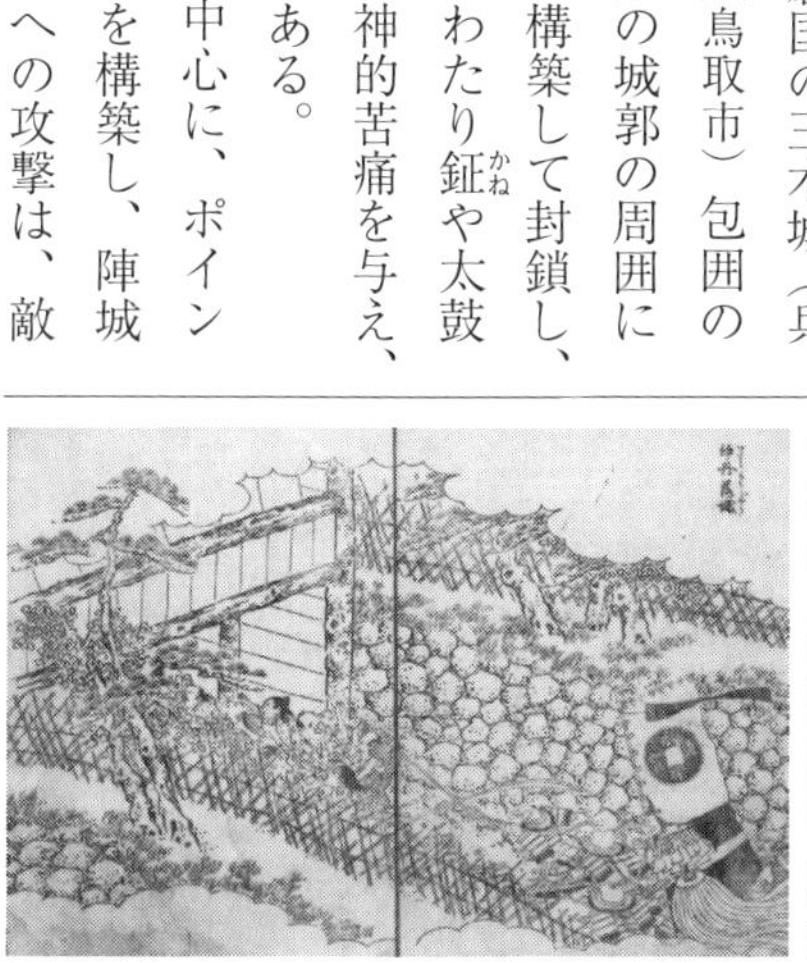
伊丹落城　『絵本太閤記』当社蔵

城に繋がる尾根や丘陵筋を利用し、常に牽制できる体制にある。

　敵の城郭と対峙する場合、敵方の城郭に対応して、丘陵や尾根先に陣城を構える。賤ヶ岳合戦が代表的で、余呉《よご》湖（滋賀県長浜市）北側の山岳地帯に柴田勝家《しばたかついえ》方が陣城を構えたため、羽柴秀吉方は余呉湖周辺にある丘陵地や尾根先に陣城を構築して対峙した。いわゆる、陣城合戦といわれるものである。それぞれの本陣は、陣後方の四方に展望のよい場所にあり、南の羽柴方は、北《ほっ》国《こく》街道を防塁で封鎖する陣形を取っているが、柴田方はこれを崩して、南方に進出しようという陣形が読み取れる。

　補給路の封鎖、確保のための繋ぎの陣城の代表例として、越前や若狭から西近江を経由して京都に入る通路を封鎖した宇佐山《うさやま》城（大津市）や、丹波国西部の氷上《ひかみ》郡（兵庫県丹波市）から多紀《たき》郡（同篠山市）への通行を阻止する金山《かなやま》城（丹波市柏原町と篠山市追入）がある。また、京都から近江の甲賀《こうか》（滋賀県甲賀市）を経由して、伊勢に至るときの繋ぎの城である土山《つちやま》城（甲賀市）などもある。

　敵方の兵糧や武器の輸送を阻止するためや、逆に兵糧や武器の輸送および兵員の休憩所の確保など、国境越えの遠征に欠かせないのが繋ぎの陣城である。補給路の封鎖は、山間の狭くなった場所の尾根や丘陵部に陣城を構え、斜面には竪土塁や竪堀を敷設して、街道を封鎖する。また、補給路の確保には、繋ぎの陣城が必要となる距離や地形の選択が重要で、集落にある城館や寺院が利用される場合もある。

　本城をサポートする陣城は、攻撃を受けるときや本城より前に出て戦うときに、本城の地形からみて敵方への攻撃に不利な場所に構築したことが考えられる。たとえば、上月《こうづき》城（兵庫県佐用町）の南西方向に繋がる尾根筋は山々が高く、上月城からの展望は皆無で、西の山々に向城を設けられた場合、城内の構造がすべて露見してしまうため、織田方は南西の目高に陣城を構築した。こ

高倉山城　竪堀

上月城跡遠景　左後方の山は、毛利氏の陣城である大亀山城

のように、本城が攻められやすい欠点を補うために構築される場合が多い。

味方の城が包囲されたときの後詰の付城として、天正六年四月に織田方の上月城が毛利方に包囲された際、羽柴秀吉は東の高倉山（佐用町）に本陣を置き、毛利方を背後から攻撃しようとした例がある。しかしこのときは、地形的に不利なことや、包囲している軍勢が多いため、攻撃の効果を得られず、撤退するしかなかった。

敵領内での臨時の拠点とは、敵の領地内に進攻し、その領地内に臨時の拠点を設けるもので、期間は短期間である。天正九年に伊賀国を制圧した織田軍は、伊賀の居館を改修して、桜町《さくらまち》中《ちゅう》将《じょう》城（三重県名張市）やその北西に滝川氏《たきがわし》城（名張市）を構築した。このように、敵領内に構築するということは、敵よりも戦力が上で、力関係のバランスに差があるのが基本である。

【陣城の構造】陣城の構造は、構築時の経緯や地形等によっても異なる。多田暢久氏は、賤ヶ岳合戦の陣城群を検討し、縄張りが非常に発達した部分と、その周囲に広がる未整形部分の二重構造を明らかにした。*4 この違いは、指揮官の入る主郭部分と、その他の兵員が駐屯する部分である。

敵の城郭を包囲する付城や、敵の城郭と対峙する城では、「本陣」といわれる非常に縄張りの発達した陣城がある。三木城包囲では平井《ひらい》山《やま》ノ上《のうえ》付城（兵庫県三木市）、鳥取城包囲では本陣山城（鳥取市）、小田原城攻めでは石垣山《いしがきやま》城（神奈川県小田原市）、敵の城郭と対峙する城では、賤ヶ岳合戦時の柴田方の内中《うちなか》尾《お》城（滋賀県長浜市）や、羽柴方の田上山《たがみやま》城（長浜市）などが代表的である。

平井山ノ上付城は、他の陣城に見られない曲輪の数が多いのが特徴で、中心となる曲輪の三方には土塁がある。本陣山城は、曲輪の周囲を高土塁で囲み、折れを伴った塁線や櫓台があり、本陣の周囲には小規模の曲輪群を設け、敵城との間には土塁と空堀の防塁がある。石垣山城は、城域の大部分を石垣で固め、主郭に天守台を設け、虎口《こぐち》は桝形《ますがた》虎口とし、塁線は折れ構造で横矢掛

＊4　多田暢久「陣城プランの特徴について」（『近江の城』三十二号、近江の城友の会、一九八九年）。

石垣山城　南曲輪石垣

けが可能であり、臨時に造った陣城とは考えられない構造である。
賤ヶ岳合戦で柴田方が築いた内中尾城は、主郭部を土塁で囲み、北東隅には一辺一〇メートルほどの櫓台がある。主郭の南北の虎口には馬出しを設け、その外側には土塁囲みの曲輪を造成している。羽柴方の田上山城は、土塁囲みの四曲輪を中心に、敵方向の北の虎口には馬出しと枡形虎口を設け、広大な駐屯地がある。また、包囲や対峙のための陣城の場合、本陣をサポートする陣城があり、本陣からの作戦の指示を各所に伝達する機能があったと考えられる。

陣城の構造は戦いの様相によって異なり、包囲戦の場合は、最初の包囲網を形成したとき、非常に発達した縄張りの陣城を構築するが、長期化して敵を追い詰めた場合、陣城は削平地を造るのが主になり、遮断系のパーツは不要となる。末端の曲輪では未削平の部分が多い場合があり、備中高松城《びっちゅうたかまつ》（岡山市）攻めで構築した織田方の陣城も同様である。

【おわりに】陣城は、合戦に際して構築する施設で、合戦に必要のない施設は構えないことや、合戦の経緯や状況によっても種類は異なる。また、陣城は専門集団によって築かれ、役目が終わると材料は次の場所へと移動させて使用する。このとき、使用する材料を散失しないように管理する人がいた。[*5] このように、織豊期になると合戦時の軍隊は組織化され、訓練された兵隊や兵糧の調達方法、軍事道路（街道）の整備等は確立されていた。

織豊系城郭の陣城がどのようなものか、十分に追求できなかったが、本書では織豊期の合戦で使用された陣城を紹介した。本書での考察を通して、織豊系城郭の陣城の特徴を見ていきたい。

＊5 （元亀二年）二月二十五日付 近江樋口直房・木下秀吉宛て書状（『増訂 織田信長文書の研究』上巻、吉川弘文館、一九九九年）。

【第一部】

信長初期の合戦と陣城

1、元亀争乱　永禄十三年（一五七〇）～天正元年（一五七三）

織田信長からの上洛命令に従わない朝倉義景《よしかげ》に対し、永禄十三年（一五七〇）四月二十日、朝倉方の天筒山《てづつやま》城と金ケ崎《かねがさき》城（両城とも福井県敦賀市）を落城させ、一気に朝倉氏の本拠・一乗谷《いちじょうだに》（福井市）に攻め入ろうとしたとき、江北（滋賀県の北部）の浅井長政《ながまさ》反逆の情報が信長のもとに届いた。これにより、信長は朽木越《くつきご》え（滋賀県高島市）で京都に戻った。その後、信長は岐阜に戻り、浅井・朝倉軍に対する体制を立て直している間に、浅井・朝倉軍も美濃と近江の国境に城郭を構え、佐和山《さわやま》城（滋賀県彦根市）と共に信長の進攻に備えた。

元亀元年（一五七〇）六月十九日、信長は三河の徳川家康《とくがわいえやす》の応援軍と共に岐阜を出発した。当初、信長は小谷城前面の虎御前山と雲雀山《ひばりやま》に陣を置いたが、南の横山城（滋賀県長浜市）と佐和山城が背後にあるため、不利を悟って横山城攻撃に方針転換した。六月二十八日、両軍は姉川《あねがわ》（同長浜市）を挟んで、北に浅井・朝倉軍が、南に織田・徳川軍が対峙したが、徳川軍の側面攻撃により、浅井・朝倉軍は小谷城へ退却した。

姉川の合戦に勝利した信長であったが、敵は浅井・朝倉だけでなく、反対勢力に取り囲まれた苦しい戦いが続いた。一連の近畿一円の戦乱は「元亀争乱《げんきそうらん》」と呼ばれ、天下統一を目指す信長の最大の危機であった。

信長打倒を呼びかける足利義昭《あしかがよしあき》の効果もあって、各地の勢力が反信長の活動をはじめた。元亀元年九月十三日、朝倉氏は軍勢を率いて越前を発ち、浅井軍と合流して江西（滋賀県西部）より

姉川古戦場の碑

京都を目指した。下坂本《しもさかもと》の宇佐山《うさやま》城（大津市）を朝倉景健《かげたけ》が攻撃し、織田方の森可成《もりよしなり》や織田信治《のぶはる》（信長の弟）を討ち取り、京都の山科《やましな》・醍醐《だいご》に放火した。そこで信長は急遽、摂津の三好氏への攻撃を中止し、救援に向かったが、浅井・朝倉軍は比叡山延暦寺《ひえいざんえんりゃくじ》に逃げ込み、京都東部の山岳部を利用し、十月二十日には京都北郊の一乗寺《いちじょうじ》や修学院《しゅがくいん》に放火した。しかし冬が近くなり、足利義昭や正親町《おおぎまち》天皇の斡旋により一時停戦に至る。

翌年九月十二日になると、浅井・朝倉軍に味方した比叡山延暦寺は焼き討たれ、敏満寺《びんまんじ》（滋賀県多賀町）や百済寺《ひゃくさいじ》（同東近江市）も焼き討された。信長は、姉川合戦以後に木下秀吉を横山城に入城させ、元亀三年七月からは小谷城の向城として虎御前山城と雲雀山砦を構築して小谷城に備えた。

翌年八月に小谷城の攻撃を再開すると、朝倉軍の籠もる大嶽《おおづく》と丁《よう》野山《のやま》城（ともに滋賀県長浜市）を落城させ、朝倉義景は越前に退却するが、追撃されて越前大野（福井県大野市）で自刃して果てた。小谷城も天正元年（一五七三）八月末に落城し、長政も自刃した。

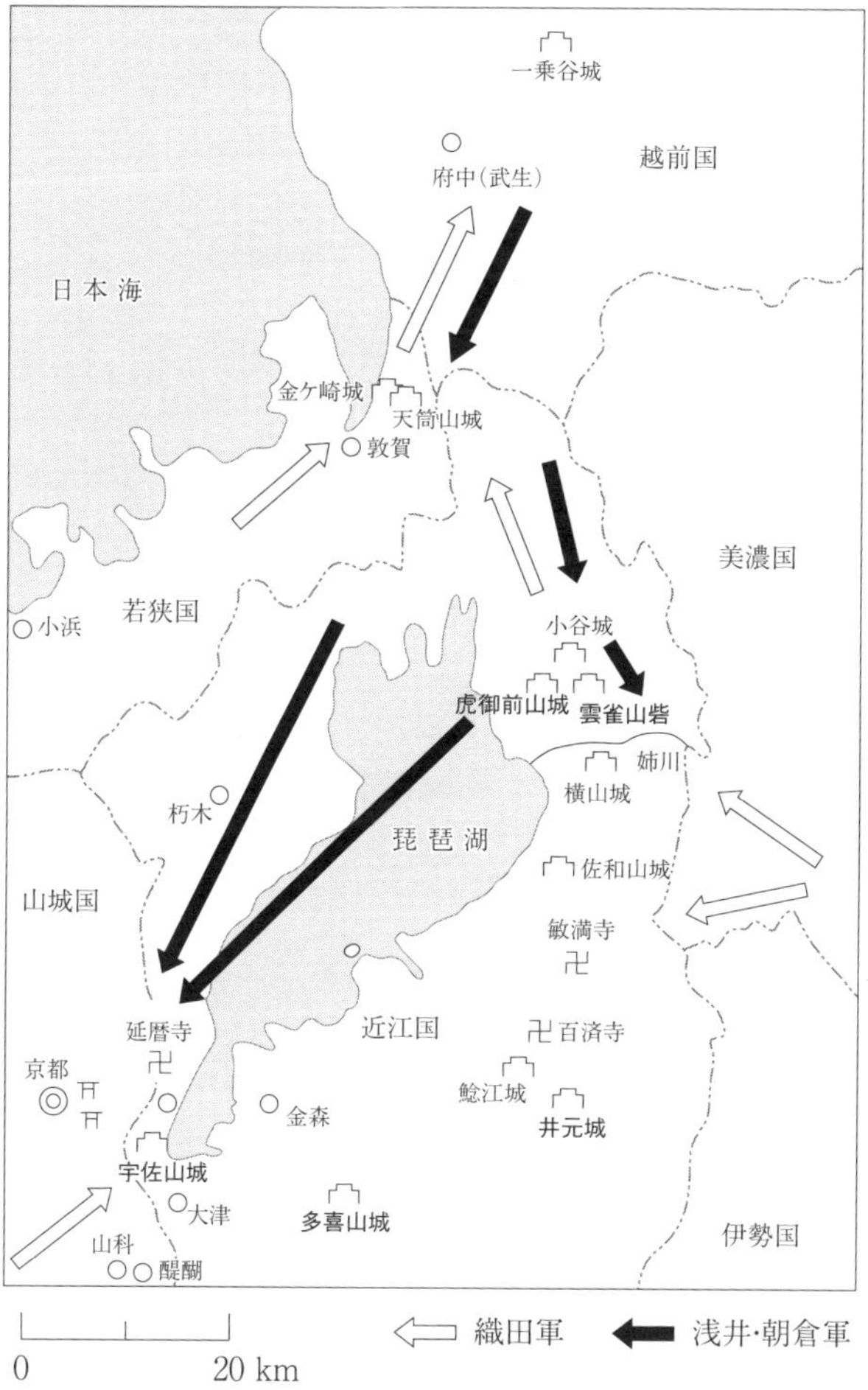

元亀争乱の関係位置図

元亀争乱　城郭位置図

林
伊勢落
旧和中散本舗
大角氏庭園
115
222.9
2、多喜山城

江町
中戸町
165.4
164
妹
1、井元城
曽根町

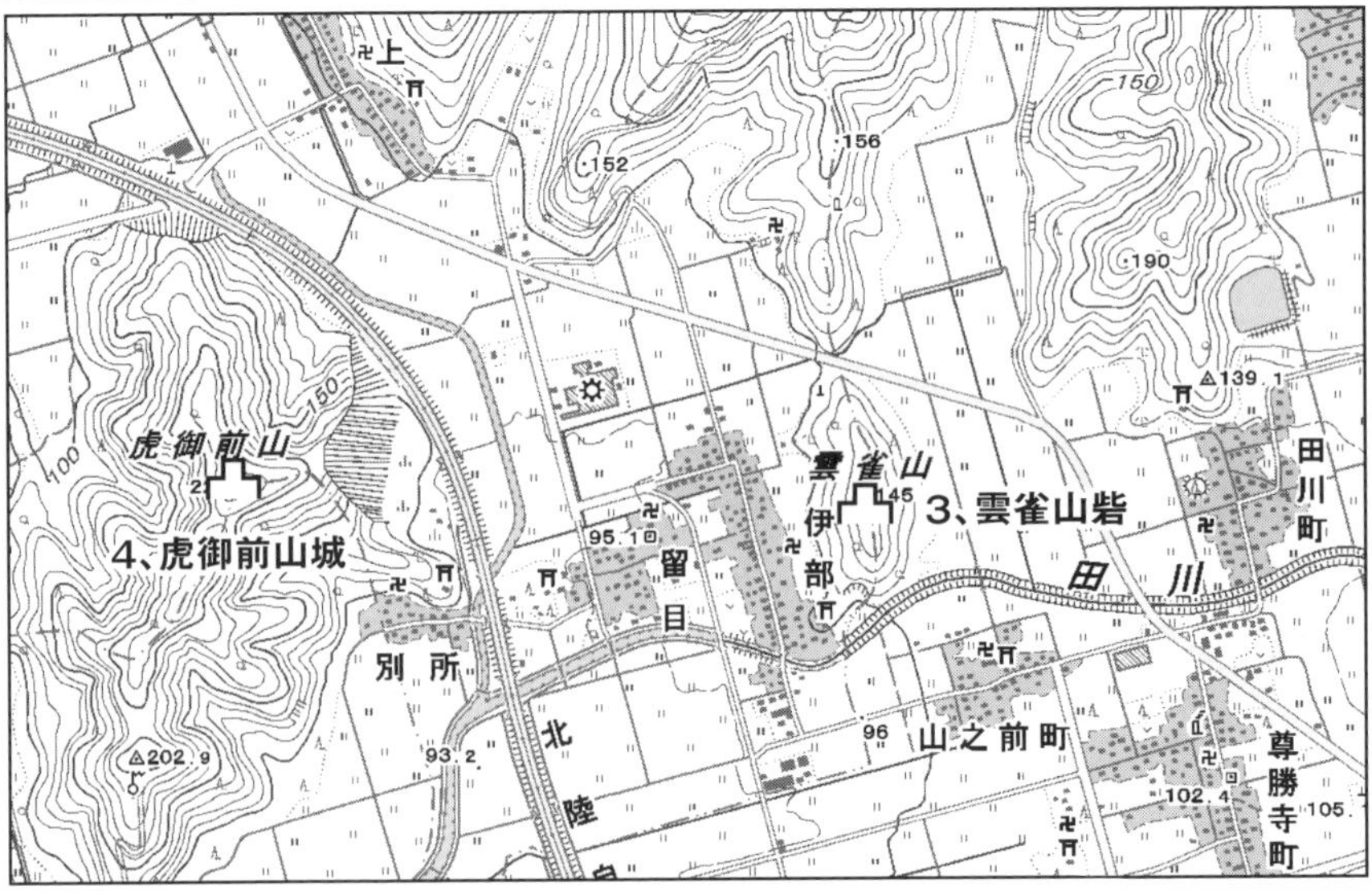

上
150
152
156
190
139.1
虎御前山
4、虎御前山城
雲雀山
145
3、雲雀山砦
伊部
田川町
田川
95.1
留目
別所
96
山之前町
93.2
北陸
202.9
102.4
尊勝寺町
105

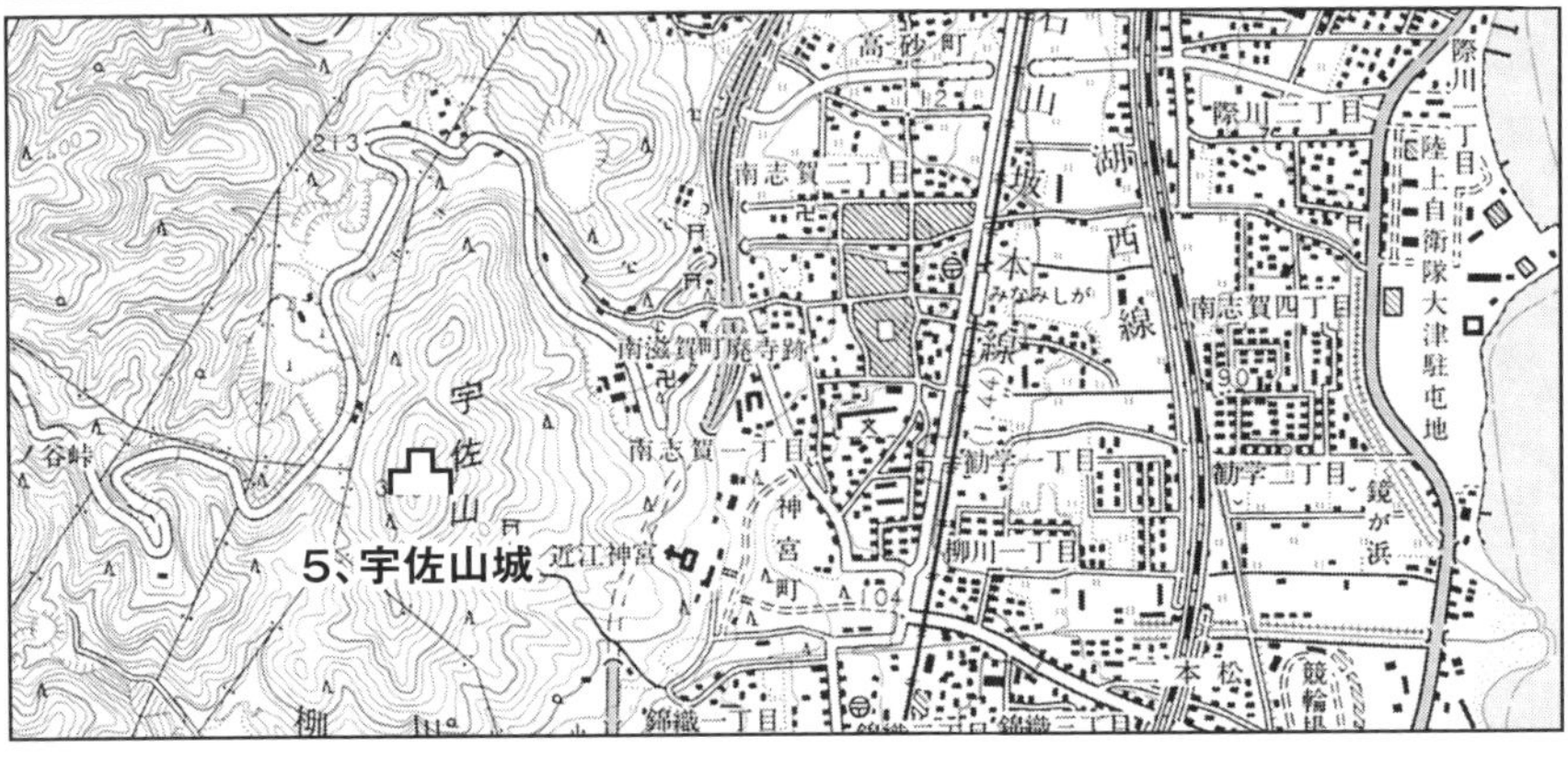

高砂町
際川二丁目
際川一丁目
陸上自衛隊大津駐屯地
南志賀二丁目
湖西線
南志賀四丁目
南滋賀町廃寺跡
宇佐山
南志賀一丁目
勧学一丁目
勧学二丁目
鏡が浜
5、宇佐山城
近江神宮
神宮町
柳川一丁目
104
二本松
錦織一丁目

1　井《い》元《もと》城《じょう》

主郭に重ね馬出しを有する珍しい遺構

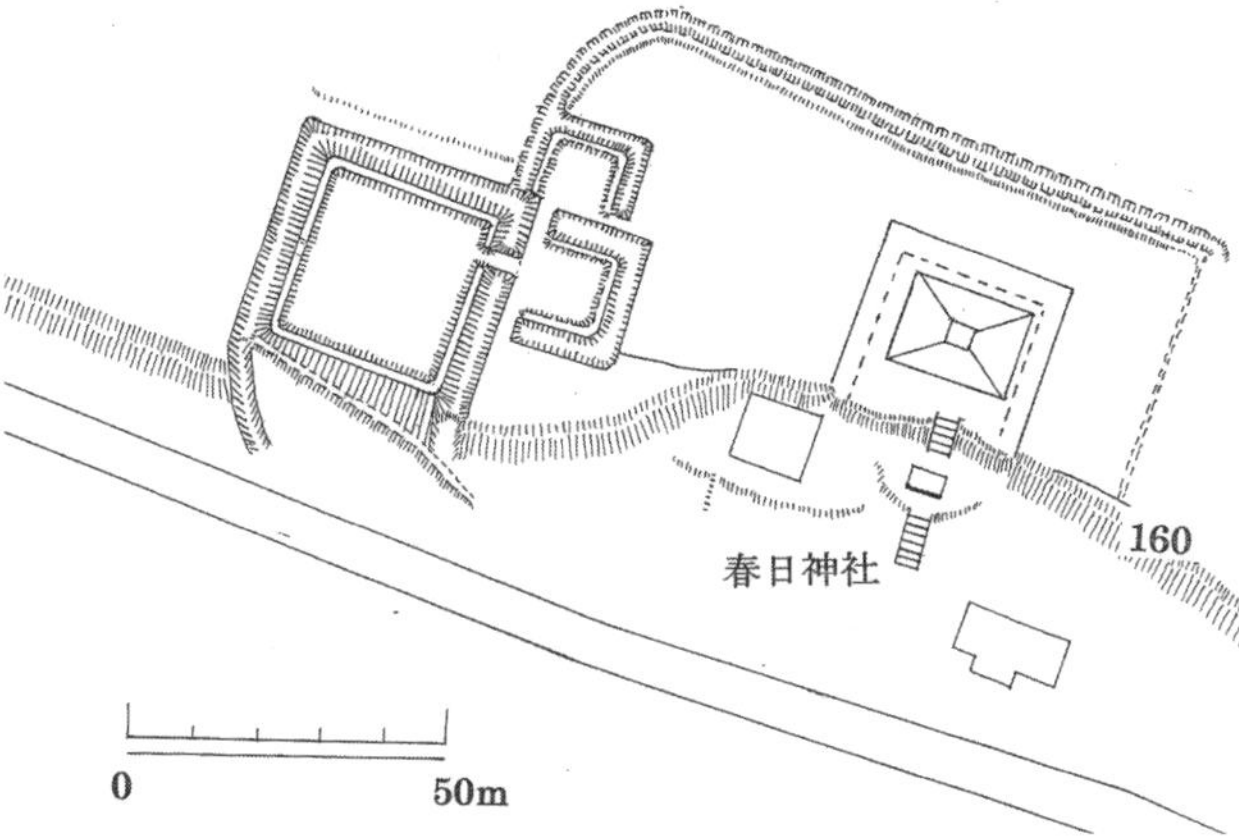

所在地：滋賀県東近江市妹町妹／城主：柴田勝家カ
遺構：曲輪・重ね馬出・土塁・空堀・虎口
規模：一二〇×七〇m／標高・比高：一六〇m・一〇m

【選地】　愛知川《えちがわ》の右岸で交叉する国道三〇七号の、妹南《いもうとみなみ》交差点から北西一〇〇mの河岸段丘《かがんだんきゅう》に位置し、城内の南東には春日神社がある。北西一kmの距離には鯰江《なまずえ》城がある。

【歴史】　元亀四年（一五七三）、鯰江城攻めの付城として、織田信長家臣の柴田勝家が構築したとされる。このとき、六角承禎《ろっかくじょうてい》と義治《よしはる》父子が鯰江城に入城していた。[*1]

【遺構】　春日神社裏の丘陵にある主郭は、四〇×三〇mの土塁囲みで、東に重ね馬出を設け、その東側には駐屯地としての自然地形が広がる。

城跡遠景

【評価】　主郭東側に重ね馬出しがある珍しい遺構である。現存する城郭遺構の年代は、地元に伝承が存在しないことから不明であり、臨時的な遺構であろう。『信長公記』は、鯰江城に籠もった六角氏を攻めたとしているため、織豊系城郭の陣城と考える。

＊1　『信長公記』（奥野高広・岩沢愿彦註、角川書店、一九六九年）。

虎口

織豊系城郭の編年の指標とされた城

2 多喜山城《たきやまじょう》

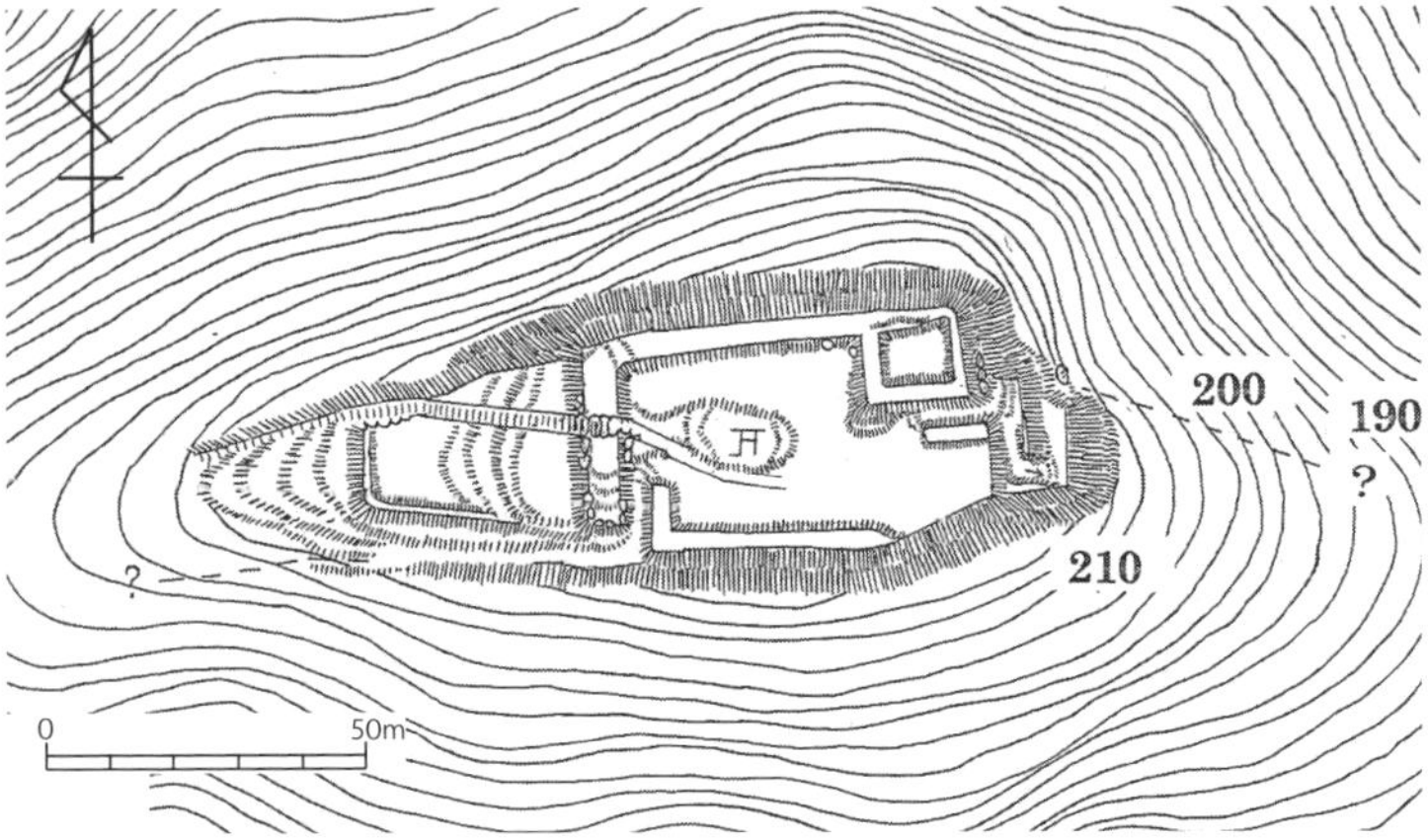

所在地：滋賀県栗東市六地蔵・伊勢落／城主：佐久間信盛カ
遺構：曲輪・土塁・虎口・櫓台・石積み
規模：一三〇×五〇m／標高・比高：二二三m・一一〇m

【選地】城の位置する標高二二三mの日向《にっこう》山は、野洲《やす》川の左岸に位置し、東海道を甲賀《こうか》方面に東上するとき、関門となる交通の要衝である。

【歴史】近世の地誌《ちし》類は、地元の土豪・高野氏の詰城ではないかとする。*1 しかし、村田修三氏の説により、虎口の形状が嘴《くちばし》型のため織豊系城郭であると考え、元亀年間に織田氏の家臣である佐久間信盛《さくまのぶもり》が六角氏と戦ったときの城郭と位置づけた。また、千田嘉博氏が織豊系城郭における元亀年間の虎口編年の指標としている。

【遺構】主郭を土塁が囲繞し、北東には穴蔵式の櫓台がある。東側の虎口は一折れして入る構造で、西側の虎口は食い違い虎口である。主郭の西側には二段の曲輪があり、南西側に土塁がみられる。

【評価】東西の虎口は、元亀年間の遺構といわれる。北東隅にある穴蔵式の櫓台は野洲川方向を向き、東海道を監視する機能を有し、交通の要衝に築かれた重要な城郭である。

城跡遠景

虎口

*1『図解　近畿の城郭』Ⅱ（中井均監修・城郭談話会編、戎光祥出版、二〇一五年）。

小谷城を牽制する東の砦

3 雲雀山砦《ひばりやまとりで》

所在地：滋賀県長浜市湖北町／城主：織田信長
遺構：曲輪 櫓台ヵ／規模：二〇〇×三〇m
標高・比高：一四五m・五〇m

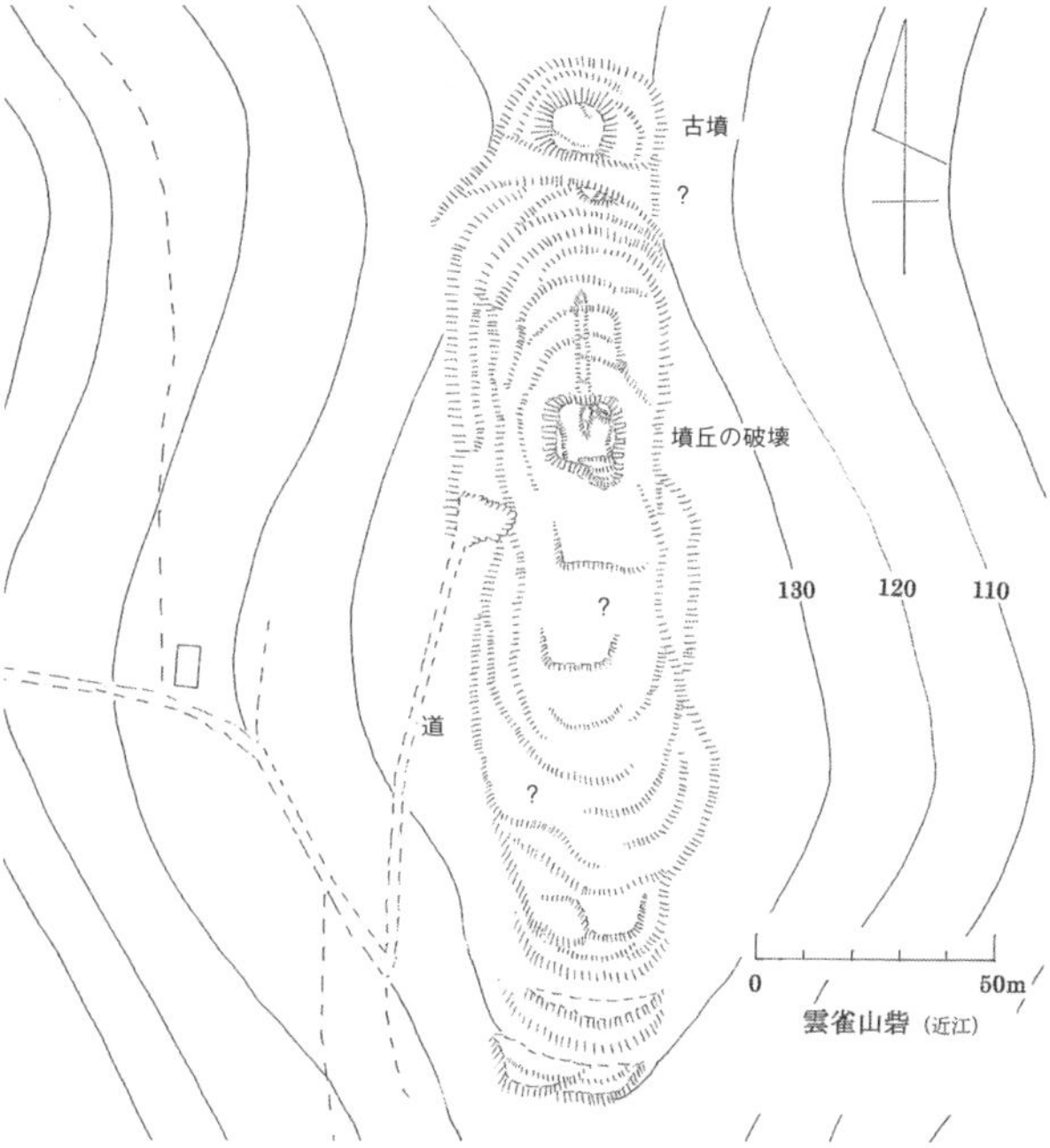

雲雀山砦（近江）

【選地】城の位置する雲雀山は、小谷城の南一・五kmほどにある南北に四〇〇mほどの小山である。現在は国道三六五号線で分離されているが、当時は小谷城から派生する尾根に続いていたと考える。

【歴史】年代は不明だが、小谷城の砦があったといわれる。『信長公記』によると、元亀元年（一五七〇）六月二十一日に「雲雀に取上り、町を焼払ふ」とあり、同三年七月十九日にも雲雀山・虎御前山に着陣するとある。＊1

【遺構】山頂の南部分に平地があり、中央部分の墳丘を破壊して櫓台に利用し、南斜面には三段の削平地がみられる。

【評価】雲雀山の南斜面の削平地は、浅井氏が砦を構えたときの遺構であろう。全体の曲輪跡の状態はデコボコ状態のため、丘陵上には多数の古墳があり、これを破壊して整地し、曲輪を造成したようである。

＊1『信長公記』（奥野高広・岩沢愿彦註、角川書店、一九六九年）。

城郭中央の墳丘の破壊部分（櫓台ヵ）

浅井・朝倉氏討伐の本拠

4 虎御前山城《とらごぜんやまじょう》

所在地：滋賀県長浜市湖北町／城主：織田信長・羽柴秀吉
遺構：曲輪・虎口・土塁・竪堀・堀切・竪土塁・横堀
規模：五〇〇×二〇〇m／標高・比高：二二四m・一二〇m

【選地】浅井氏の本拠小谷城から南へ一・五kmの距離にあり、南北に一・五kmほど延びる小山に位置する。小谷城の南側に立ち塞がるため、向城として最適な環境にある。東側一kmにある雲雀山にも砦を構え、小谷の城下町と北国脇往還を封鎖した。南北一km以上にわたって構えられ、東側の「大洞」という小谷に出撃口を構えている。

【歴史】元亀三年（一五七二）七月に築城して兵を入れた。さらに宮部《みやべ》砦を構築し、両者間の道幅を三m以上に整備し、その東側に約三mの土塁を築き、外側に空堀を設けて川の水をひき、南の横山城と同城との安全な通行を確保した。[*1]

【遺構】城跡中央部の標高二一〇mにある（伝）信長陣所跡Ⅰの南にある虎口aは、桝形状を呈する。この曲輪から一一〇mほど北にある標高二二四mの（伝）秀吉陣所跡Ⅱは、中心に楕円形の櫓台イを構え、曲輪は円心状に構成され、東尾根上に曲輪が続く。その北にある（伝）柴田勝家陣所跡Ⅲは自然地形で、加工された場所が少ない。この城の特徴は、東尾根にある（伝）佐久間信盛陣所跡Ⅳと、その南にある曲輪Ⅴの両方から山麓に延びる竪土塁で囲まれた出撃口で、「大洞」の小谷入口に食い違い虎口bを設け、土塁と空堀で囲まれている。

【評価】小谷城側に対する構えが少なく、（伝）信長陣所跡Ⅰを中心とした東尾根上に曲輪の造成が集中している。これは、南東八kmほどにある横山城への繋ぎと、東の雲雀山砦への連絡が起因していると考える。とくに、南東の宮部砦までは軍事専用道を整備したといわれ、小谷城を攻撃するだけでなく、越前の朝倉氏に対する拠点でもあった。

南東山麓の虎口の土塁と空堀

＊1　『信長公記』（奥野高広・岩沢愿彦註、角川書店、一九六九年）。

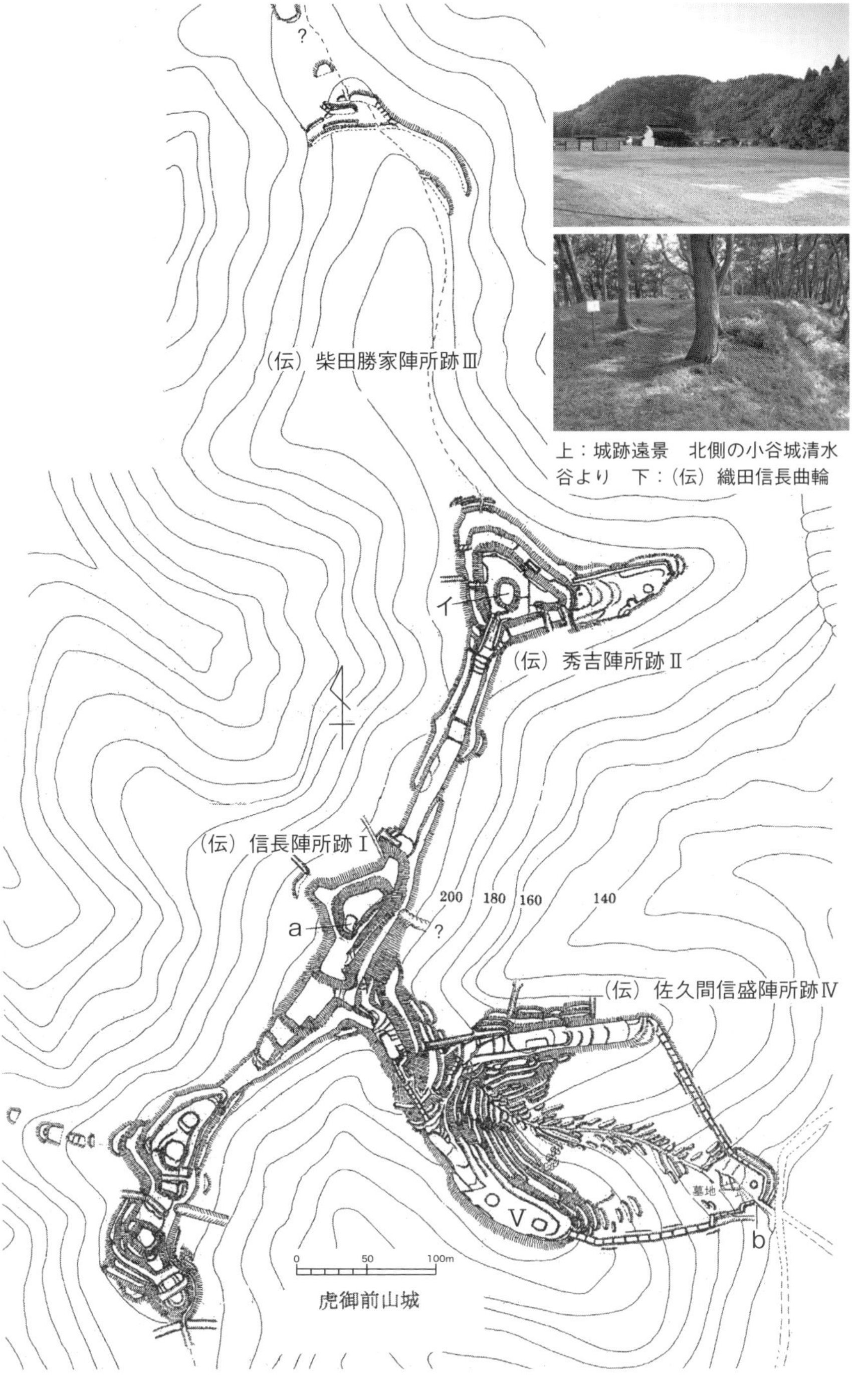

上：城跡遠景　北側の小谷城清水谷より　下：(伝）織田信長曲輪

虎御前山城

浅井・朝倉軍の進軍阻止と街道の監視

5 宇佐山城《うさやまじょう》

所在地：滋賀県大津市錦織町字牛尾／城主：森可成・織田信長
遺構：曲輪・虎口・竪堀・堀切・塹壕・石垣
規模：三〇〇×一〇〇m／標高・比高：三三五m・一〇〇m

【選地】近江神宮の西側山道を登ると宇佐八幡宮に至り、北の支尾根を登ると宇佐山山頂に到着する。山頂は二つの山で構成され、北東方向に展望がきき、湖西から京都に至る街道監視にはよい地形である。

【歴史】『多門院日記《たもんいんにっき》』によると、永禄十三年（一五七〇）に織田信長の命を受けて森可成が築き、京都と近江を結ぶ二つの街道を封鎖して新道を普請し、それを監視するためにこの城を築かせたとされる。[*1] 元亀元年九月の浅井・朝倉軍の攻撃で森可成と織田信治（信長弟）が戦死した。『信長公記』によると、端城まで浅井・朝倉軍が迫ったが、肥田彦左衛門等が防戦し、落城にいたらなかった。[*2] 翌二年九月の比叡山焼き討ちの際には信長が入城し、本陣的機能を果たした。その後、城が所在する志賀郡は明智光秀に与えられ、支配拠点は坂本（大津市）に移る。

【遺構】Ⅰ、Ⅱ、Ⅲ、Ⅳの曲輪群で構成される。Ⅰが中心で中央部に桝形虎口を設け、ⅠとⅢの鞍部には東西から虎口が集まる。南側には二〇m以上の塹壕《ざんごう》を設け、鞍部に攻め寄せた敵をⅠの主郭側から攻撃できるようになっている。ⅠとⅡに至る通路は東から南のⅤに至り、南のⅡに入る構造で、それ以外の通路は見当たらない。

【評価】比叡山系が高く、北東方向以外は展望が悪いため、浅井・朝倉軍と戦うには地形的に不利である。しかし、京都への街道封鎖と浅井・朝倉軍の進軍を阻止するためには、琵琶湖と山で狭まった地形が優位となる。山が険しく曲輪の面積が狭いため、地域支配の拠点としては無理があるが、攻城戦用の陣城としては最適である。

城跡遠景

＊1 『元亀争乱―信長を迎え討った近江』―平成八年度秋季特別展図録（滋賀県立安土城考古博物館、一九九六年）。
＊2 『信長公記』（奥野高広・岩沢愿彦註、角川書店、一九六九年）。

城の東側にある石垣は、坂本の町から見える部分にあり、京都に入った織田氏の権威を示す、「見せる石垣」を構築した可能性もある。

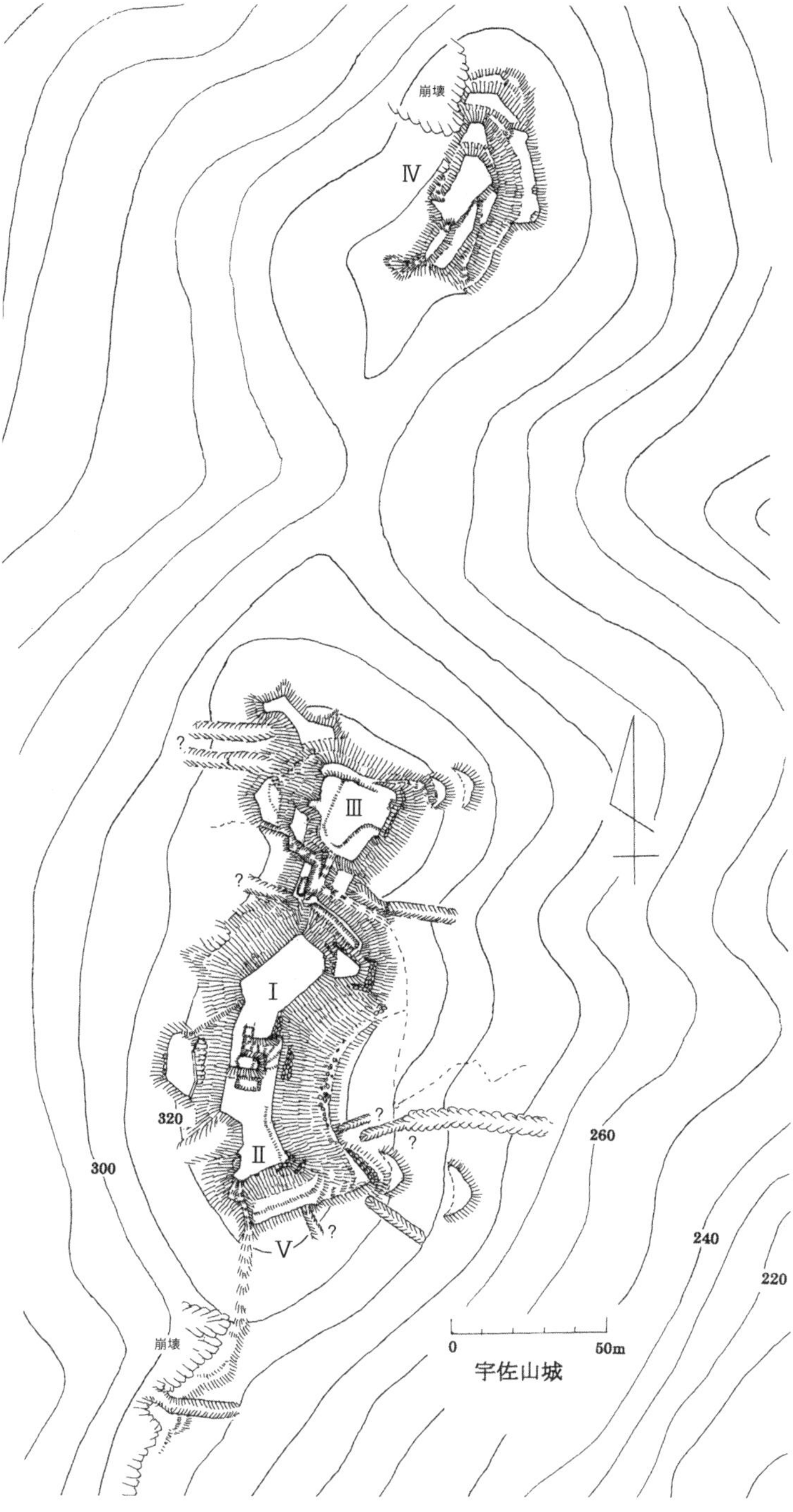

宇佐山城

2、雑賀攻め

天正五年（一五七五）二月～天正五年三月

天正五年（一五七七）二月、和泉国から紀伊国へ侵攻する織田信長軍は、山手と浜手の二軍に分かれた。山手軍は、雄ノ山《おのやま》峠を越えた可能性が高く、浜手は岬町 孝子《きょうし》より平井峠、孝子峠、木ノ本《きのもと》峠の三方向から、和歌山平野へ侵攻した。*1 浜手軍の侵攻路は不明だが、長岡藤孝《ながおかふじたか》宛て黒印状には、「長尾合戦」で敵を「数十人討補之首到来」とあり、*2『信長公記』の記述と一致する。

浜手軍の攻撃目標は、木ノ本城の南東に位置する中野《なかの》城であった。しかし、『信長公記』には「中野の城降参申し退散なり」とあり、本願寺顕如《ほんがんじけんにょ》の書状には「中野在衆敵同心之儀言語道断次第候」と見え、すんなり開城したようである。*3 雑賀《さいか》攻めの目的は、本願寺支援を中止させることにあるため、雑賀からの講和申し入れを受けて、戦いは終結した。

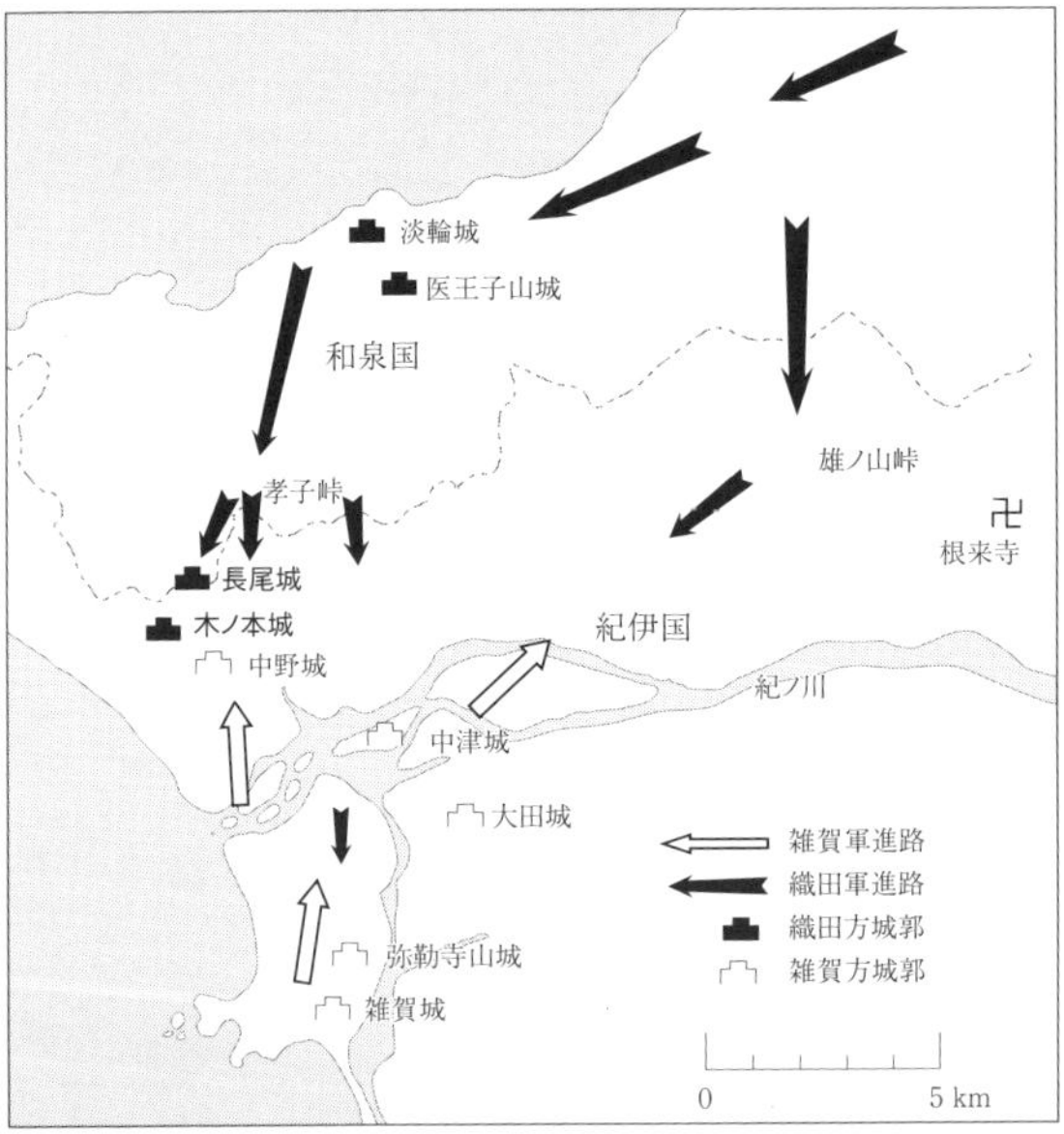

雑賀攻めの関係位置図

*1　伊藤俊治「織田信長の雑賀攻めについて」(『和歌山城郭研究』十二号、和歌山城郭調査研究会、二〇一三年)。

*2　「年未詳二月二十三日付長岡藤孝宛て黒印状写」(奥野高廣『増訂　織田信長文書の研究』下巻、吉川弘文館、一九八八年)。

*3　前掲註*1。

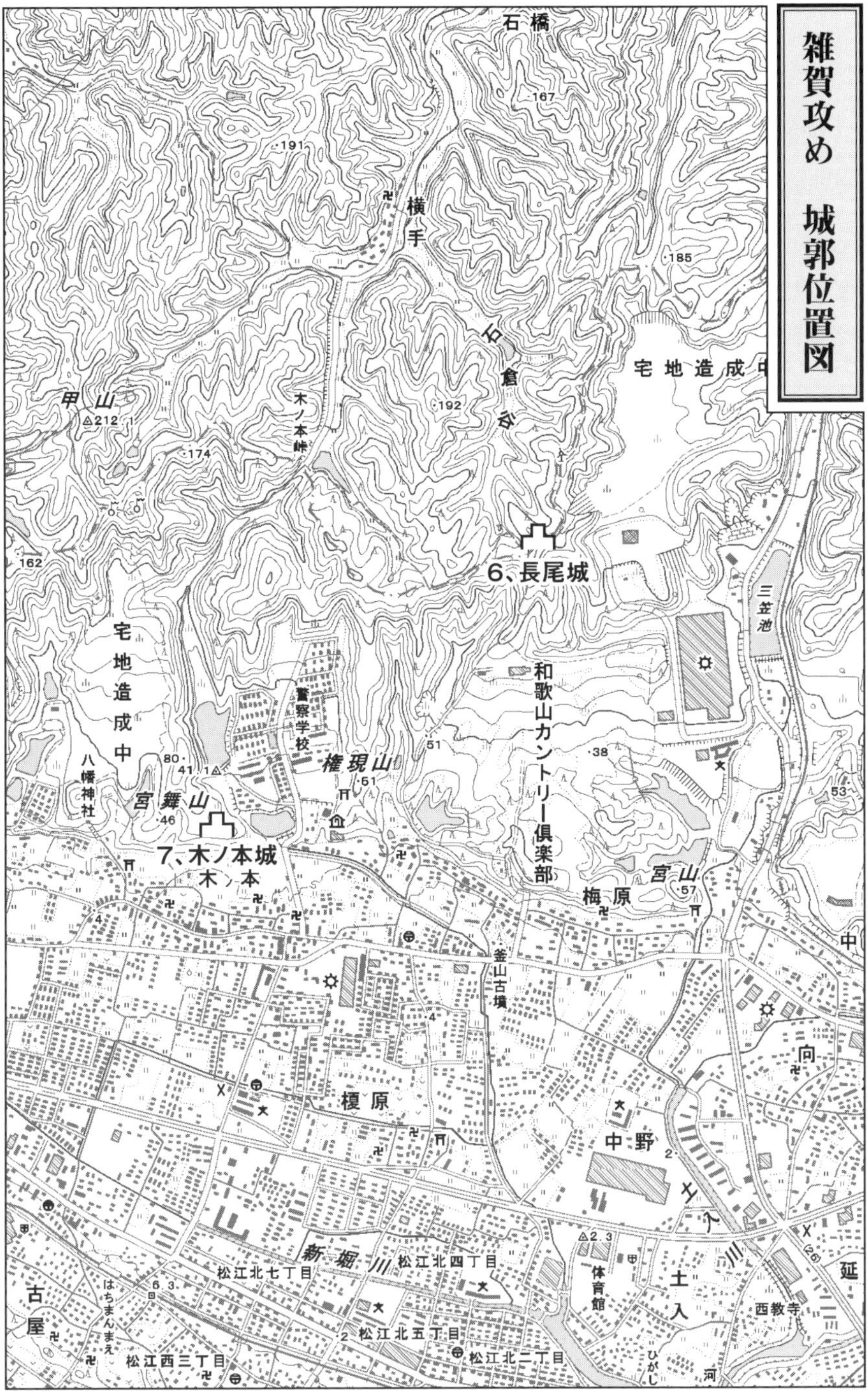
雑賀攻め　城郭位置図
6、長尾城
7、木ノ本城
石橋
横手
石倉谷
宅地造成中
甲山
木ノ本峠
宅地造成中
八幡神社
宮舞山
警察学校
権現山
和歌山カントリー倶楽部
三笠池
宮山
梅原
木本
釜山古墳
向
中
榎原
中野
土入川
新堀川
松江北七丁目
松江北四丁目
松江北五丁目
松江北二丁目
松江西三丁目
はちまんまえ
体育館
土入
西教寺
ひがし
古屋
延
河

織田氏の雑賀攻めの陣城との伝承あり

6 長《なが》尾《お》城《じょう》

所在地：和歌山市木ノ本・泉南郡岬町孝子／城主：織田信孝
遺構：曲輪・土塁・虎口／規模：三〇×三〇m
標高・比高：一六〇m・一五〇m

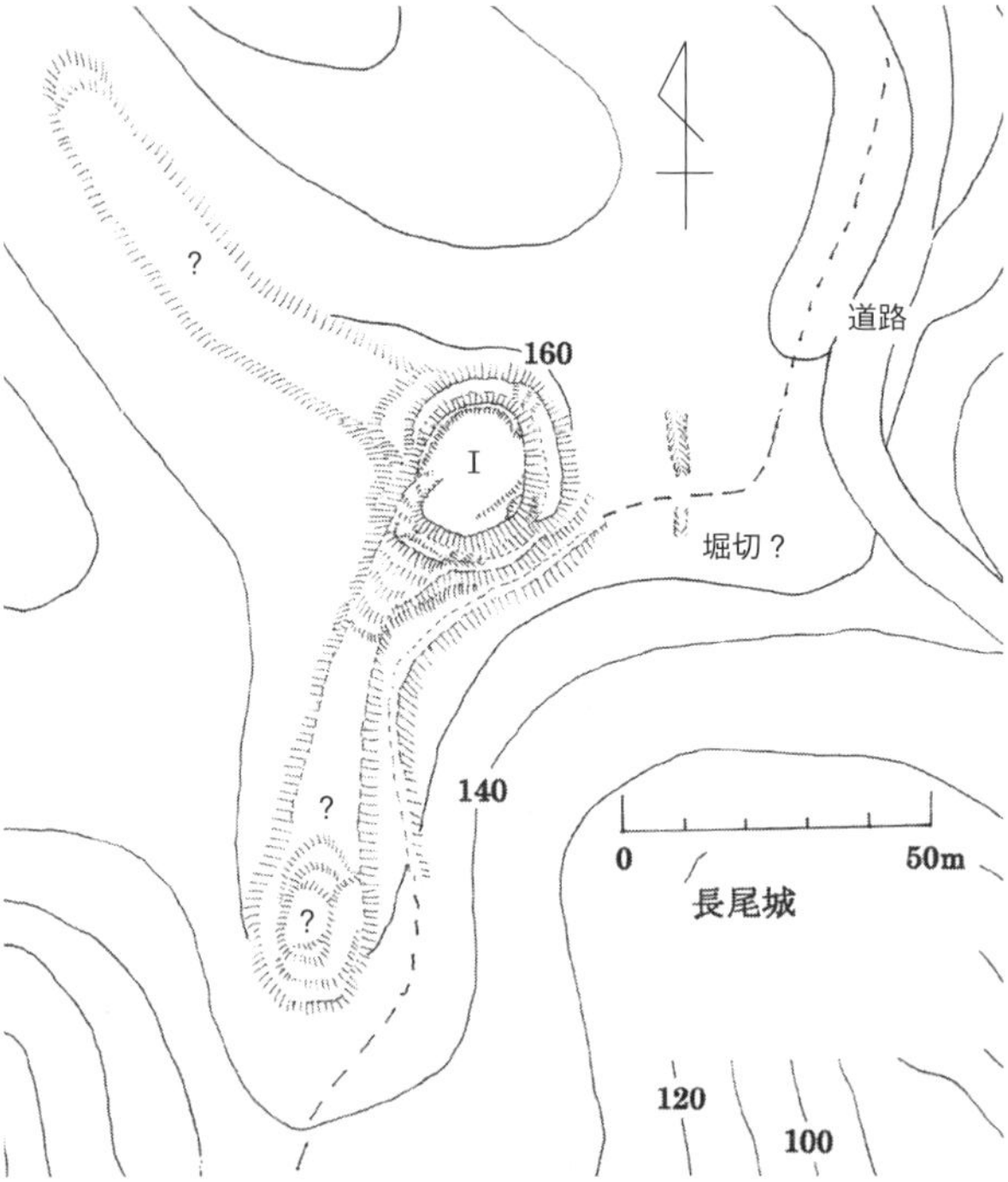

【選地】 木ノ本峠の東七〇〇m、三方向に尾根が交差し、東と南に展望の良好な位置にある。

【歴史】『紀《き》伊《い》続《ぞく》風《ふ》土《ど》記《き》』に、「村の北に一二町許《ばかり》山上紀泉ノ境にあり、（略）松の西数歩に方十間許平地あり、織田三七信孝雑賀を攻めんとて、此の地に砦を築きし址なりといふ」とある。＊1

【遺構】 主郭Ⅰは、一辺が二〇mほどの楕円形をしており、西と北側に低土塁が残る。虎口は南側にあり、西側を除いた部分に腰曲輪がめぐる。南に延びる尾根上の六〇mほどが、駐屯地として利用された可能性があり、一部に加工痕も残る。

【評価】 尾根が三方向に交差する地形の中心部に主郭Ⅰを配置し、南方向（和歌山市）に延びた尾根上も駐屯地の可能性があるため、織田氏の陣城の可能性が高い。

虎口

＊1　『図解　近畿の城郭』Ⅱ（中井均監修・城郭談話会編、戎光祥出版、二〇一五年）。

発掘で判明した雑賀攻めの陣城

7 木《き》ノ《の》本《もと》城《じょう》

所在地：和歌山県和歌山市木ノ本／城主：—
遺構：曲輪・土塁・虎口／規模　四〇m×四〇m
標高・比高：四一m・三〇m

【選地】紀《き》ノ《の》川《かわ》北岸の、和泉山脈から派生した尾根先端部の標高四一mに位置していた。一九九二、三年に開発のため、発掘調査が実施された。

【歴史】歴史は不明だが、『信長公記』によると、＊1天正五年（一五七七）に織田信長が雑賀を攻めたとき、南東一・五kmほどにある中野城（和歌山市）を攻撃したという記録があるため、織田軍が雑賀攻めの陣城として構築したと考える。

【遺構】発掘前の遺構状態を報告書でみると、一辺が二七mほどの方形の曲輪で、内側は高さ三mほどの土塁が囲繞し、南側の土塁の一部は破壊されていた。土塁の上部は三mほどあり、通称「擂鉢山《すりばちやま》」といわれていた。

外側の土塁の高さは四・五mを測り、幅五mほどの腰曲輪が、南を除く三方に廻っている。内曲輪の中央部からタイ国産の二個の鉛製インゴット（地金《じがね》）が出土し、これは火縄銃の玉に使用したものである。＊2

【評価】尾根先に展開する遺構は、土塁が高く分厚いため、伊賀の方形居館を思わせる。平地に近く要害性が低いためか、山頂にある長尾城と対比すると、土塁を厳重に設けている。他の織豊系城郭をみても、土塁の厚みが薄く低土塁が多い。

城跡全景　写真提供：和歌山市教育委員会

＊1　『信長公記』（奥野高広・岩沢愿彦註、角川書店、一九六九年）。

＊2　『和歌山市埋蔵文化財発掘調査年報3』（(財)和歌山市文化体育振興事業団、一九九六年）。

3、丹波国攻め

天正三年（一五七五）十月〜天正七年十月

元亀二年（一五七一）十一月、但馬の山名《やまな》祐豊《すけとよ》と磯部《いそべ》豊直《とよなお》が、山垣《やまがい》城（兵庫県丹波市）に侵攻して足立《あだち》氏を攻撃した。黒井《くろい》城主赤井《あかい》直正《なおまさ》は、山垣城を救援して山名勢を退散させた。その後、直正は但馬へ侵攻し、但馬竹田城（同朝来市）を攻略して、山名氏の本拠である此隅山《このすみやま》城（同豊岡市）へ迫った。この事態に、山名祐豊は織田氏に救援を求めたが、織田信長は石山本願寺、三好氏、朝倉氏、浅井氏等と戦闘中であり、但馬に派兵できる状態ではなかった。

天正三年（一五七五）になって、山名氏の要請に応えるべく明智光秀を丹波に出兵させた。但馬竹田城に拠っていた赤井直正は、急遽、黒井城（同丹波市）に帰り戦闘態勢をとった。光秀は丹波の国人の過半数を味方につけて、黒井城を包囲した。但馬の八木《やぎ》豊信《とよのぶ》が吉川元春《きっかわもとはる》に送った書状によると、*1光秀は黒井城の周囲に十二、三ヵ所の付城を構え、近い所では黒井城の尾根を占拠したといい、来春は兵糧が尽きて落城するであろうと記している。また、光秀は同年十二月に丹波の百姓に徳政《とくせい》を発布し、民心を味方につけようとしている。

攻城戦は二ヵ月余り続き、同四年正月十五日に突然、明智方の波多野秀治《はたのひではる》が背いて光秀の本陣に突入し、織田勢は退却を余儀なくされた。波多野氏の裏切りで敗れた光秀は、三日後の十八日、小畠左馬助*2に対して林某との軍事的連携や本拠の維持を命じ、信長は川勝兵衛大輔*3に不利な状況下での忠節を賞している。二月には光秀の侵攻に協力した船井郡曽根村（京都府京丹波町）の百姓に万雑公事《まんぞうくじ》等を免除した。また、論功行賞を行い、家臣の荒木藤内の戦功を賞している。荒木

＊1　『史跡　黒井城』保存管理計画策定報告書（兵庫県氷上郡春日町、一九九三年）。

＊2　小畠氏は丹波（京都府南丹市園部町）の国人である。

＊3　川勝氏は丹波（京都府南丹市美山町）の国人である。

＊4　高橋成計「丹波黒井城攻略期の陣城考察―織田氏の丹波攻略期から―」（『中世城郭研究』第二三号、中世城郭研究会、二〇〇九年）。

＊5　高橋成計「八上城包囲の付城群について」（『戦国・織豊期城郭論―丹波国八上城遺跡群に関する総合研究』、八上城研究会、二〇〇〇年）。

藤内の詳細は不明であるが、敗戦後半月にして、丹波攻めの現状復帰に取り組んでいたことがわかる。波多野氏の加勢で勝利した赤井直正は、反織田連合を形成するため、甲斐の武田《たけだ》勝頼《かつより》や石山本願寺勢力との関係を密にし、前将軍の足利義昭を中心とし、毛利方の吉川氏に親書を送って出兵を促し、その先兵となることを約束している。*4

天正五年十月二十九日、波多野氏の配下である籾井《もみい》氏を攻め、郡内の敵城十三ヵ所を落城させ、残りは荒木氏と波多野氏の城となった。翌年四月十日に織田方の滝川氏と丹羽氏が細工所《さいくしょ》の荒木城を攻めて降伏させ、兵士を入れ置くなど再度丹波攻略に着手し、八上《やかみ》城（京都府篠山市）や黒井城に迫った。このような緊張状態のなか、直正は同六年の三月九日に病死した。光秀とともに丹波攻略にあたっていた細川藤孝は、信長から「丹波へ出馬するので、氷上郡と多紀郡への通路を二筋も三筋にも整備し、人馬の往来に支障がないように、三月二十日までに整備せよ。大軍の通過であるからそのつもりで油断のないように、再度検使を出す」という指令を受けた。*5

『信長公記』の同六年三月の記事には、「惟任日向守（明智光秀）は直に丹波へ相働き、波多野が館取巻き、四方三里がまわりを惟任一身の手勢を以て取巻き、堀りをほり塀、柵幾重も付けさせ、其上、廻番を丈夫に、警固を申付けられ、誠に獣の通ひもなく在陣なり」とある。この頃、光秀は人質を余部《あまるべ》（京都府亀岡市）まで連行するように小畠左馬助に命じており、同四年の裏切り行為を教訓に、丹波衆の引き締めを強化している。

この頃から黒井城に対する攻撃態勢が開始されたと考えられ、細川藤孝に指示した内容の中に、氷上郡への通路確保がある。同六年十一月十九日には、小畠氏による金山《きんざん》城（兵庫県篠山市）と国領城（三尾山城ヵ）（丹波市）の見廻りが実施された。これは、八上城と

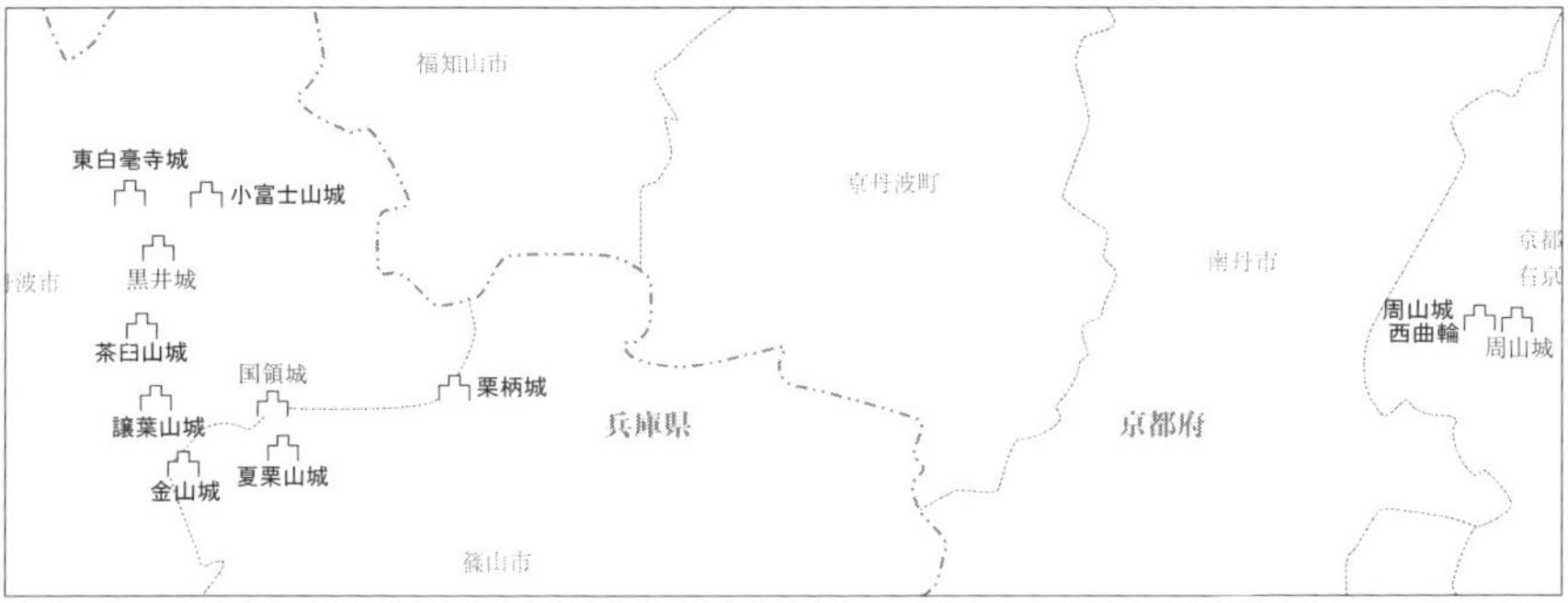

丹波国攻めの関係位置図

黒井城の連絡を遮断するのが目的であった。以前の敗北は、赤井氏と波多野氏の連携によるものであり、このことを充分理解していたのである。[*6]

同七年六月一日に八上城は落城し、八月九日には黒井城も落城した。同月二十四日付の光秀の書状によると、氷上郡の「寺庵中」や「高見山下町人」等に、赤井五郎を成敗したので環住せよと命じている。また、同年七年九月二十二日に国領城（三尾山城ヵ）に赤井氏の残党が立て籠もり、反抗したのでこれを成敗し、十月二十四日に丹波平定を信長に報告し、丹波攻略は終了した（「雨森善四郎氏所蔵文書」）。

＊6　高橋成計「明智光秀の丹波攻略と陣城—多紀連山に展開する陣城について—」（『丹波』第五号、丹波史談会、二〇〇三年）。

丹波国攻め　城郭位置図

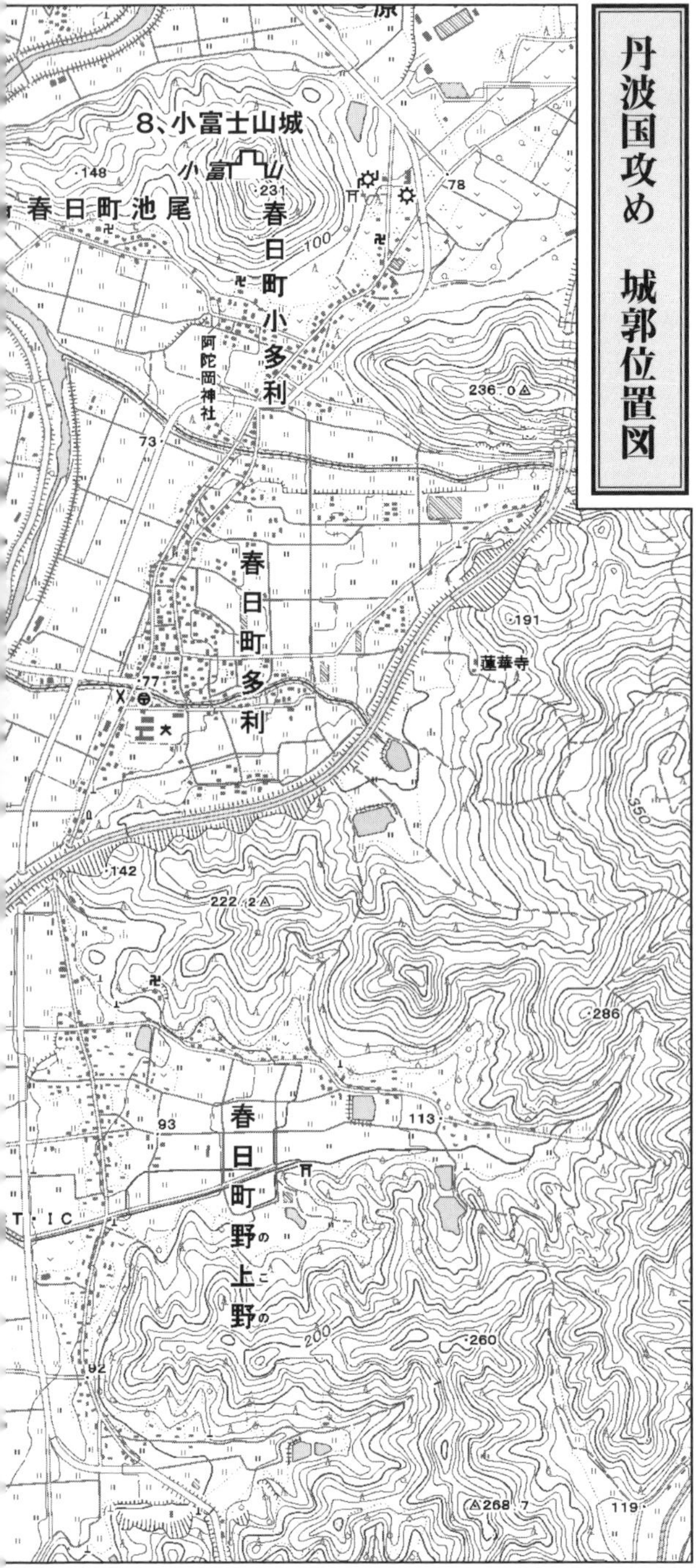

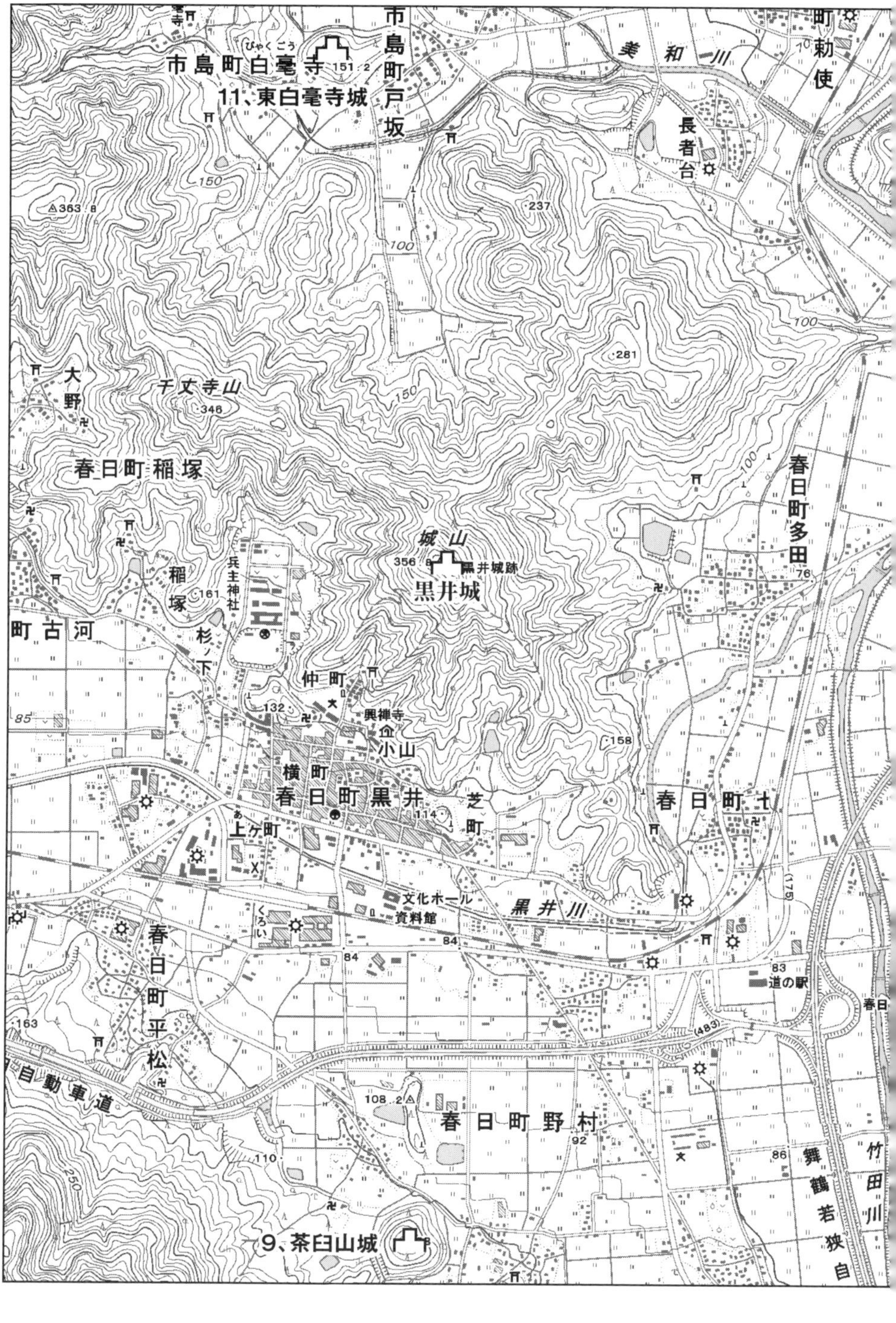
市島町白毫寺《びゃくこう》
151.2
11、東白毫寺城
市島町戸坂
美和川
町勅使
長者台
237
363.8
150
100
281
大野
千丈寺山
346
春日町稲塚
春日町多田
76
城山
356.8
黒井城跡
黒井城
稲塚
161
兵主神社
町古河
杉ノ下
仲町
132
85
興禅寺
小山
158
横町
春日町黒井
114
芝町
上ケ町
春日町
文化ホール
資料館
黒井川
くろい
(175)
84
83
道の駅
春日
163
春日町平松
(483)
自動車道
108.2
春日町野村
92
110
250
86
舞鶴若狭自
竹田川
9、茶臼山城

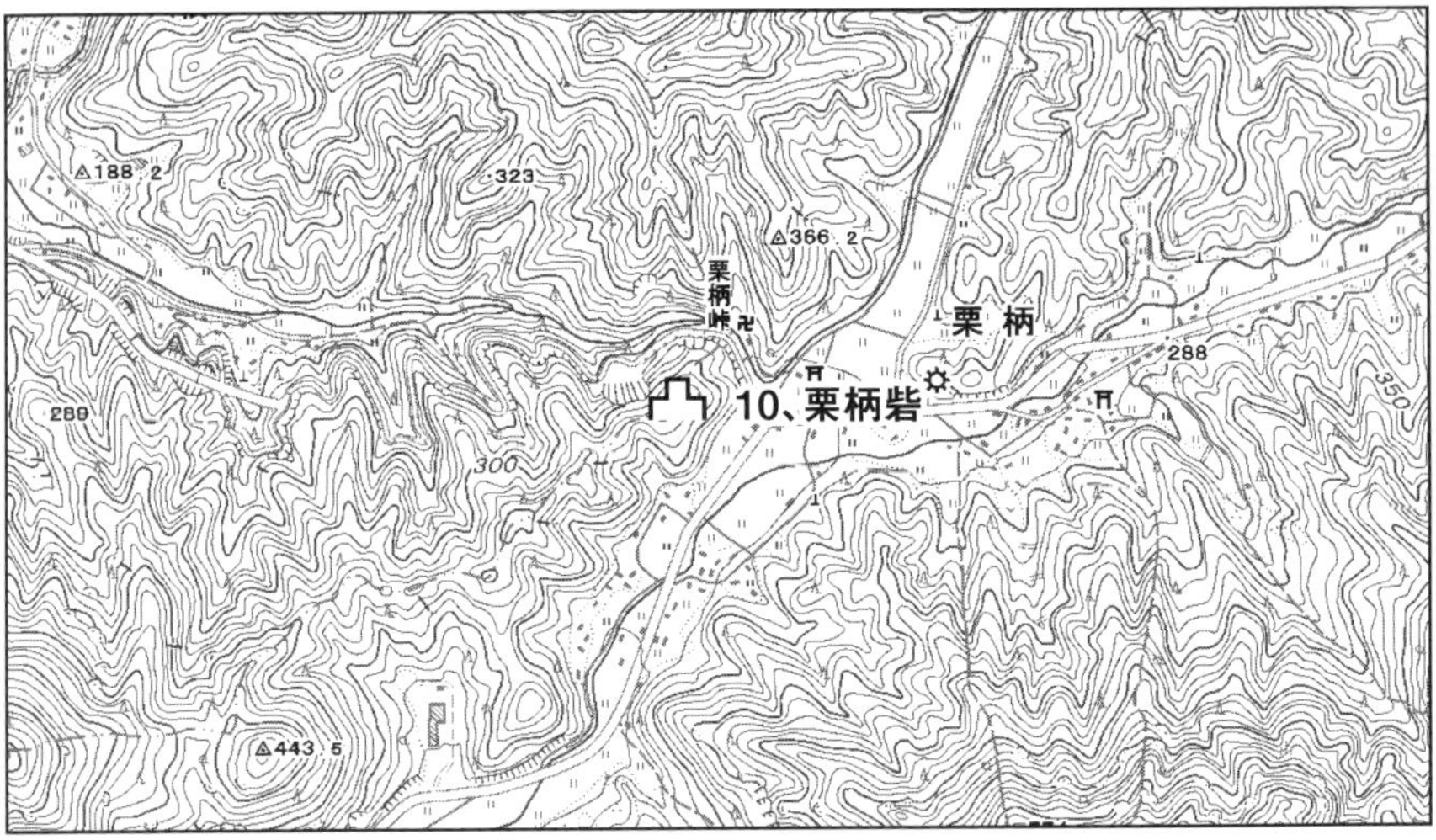
△188.2
323
△366.2
栗柄峠
栗柄
288
10、栗柄砦
289
300
350
△443.5

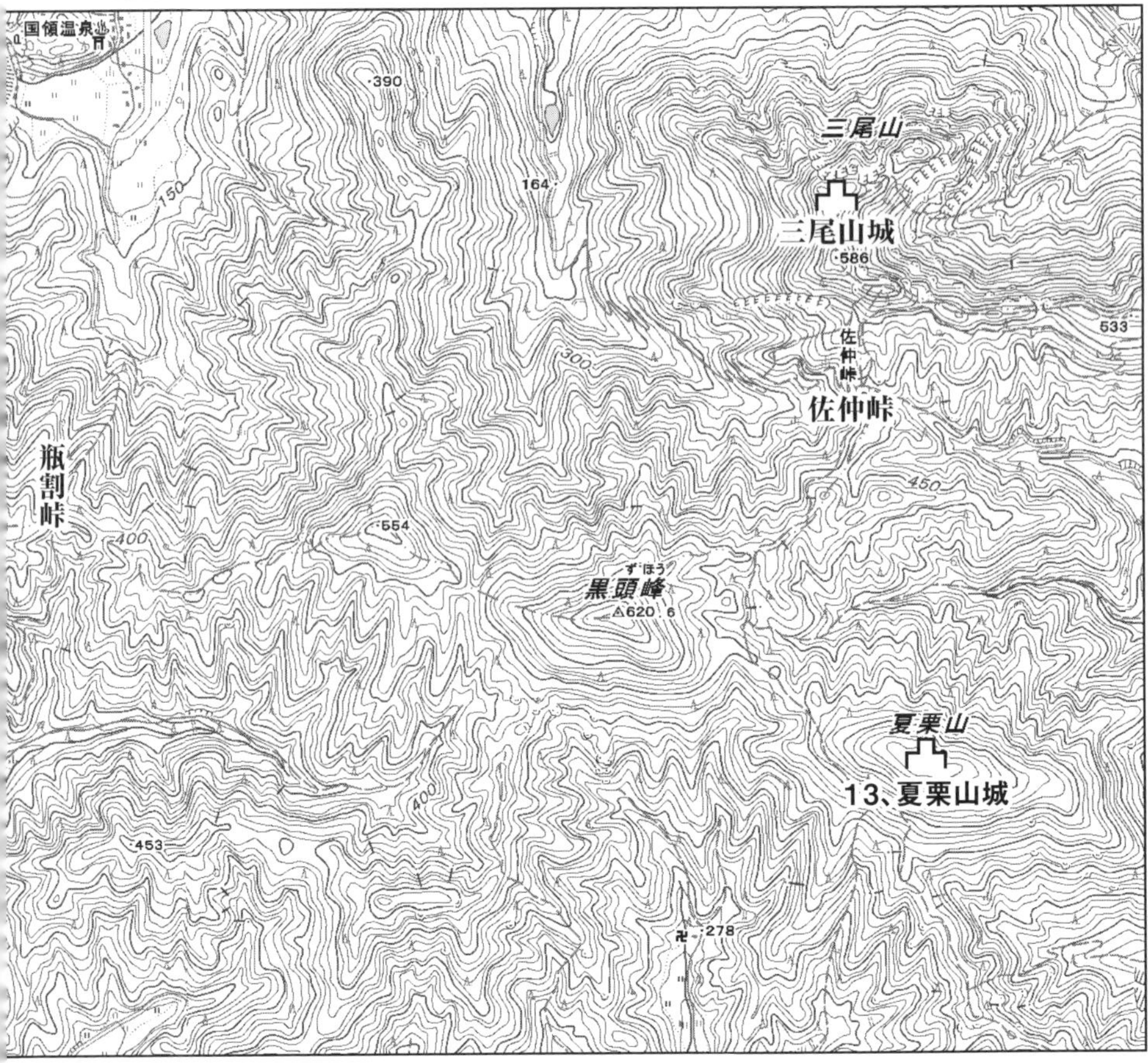
国領温泉
390
164
150
三尾山
三尾山城
586
533
佐仲峠
佐仲峠
300
瓶割峠
450
554
400
黒頭峰《ずほう》
△620.6
夏栗山
13、夏栗山城
453
400
278

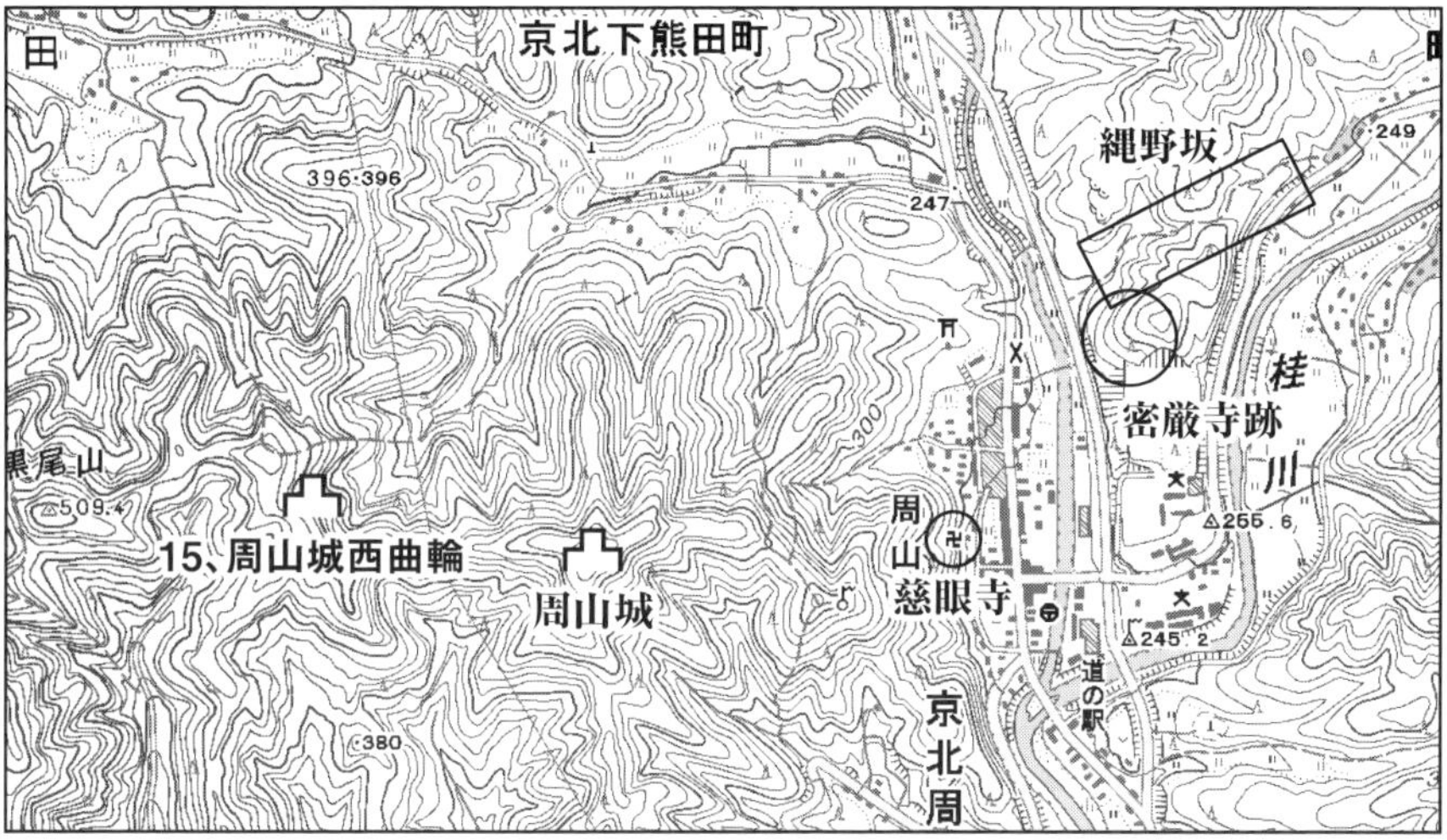
京北下熊田町
縄野坂
396·396
247
·249
桂
川
密厳寺跡
黒尾山
△509.4
15、周山城西曲輪
周山城
周山
慈眼寺
△255.6
△245.2
道の駅
京北周
300
·380

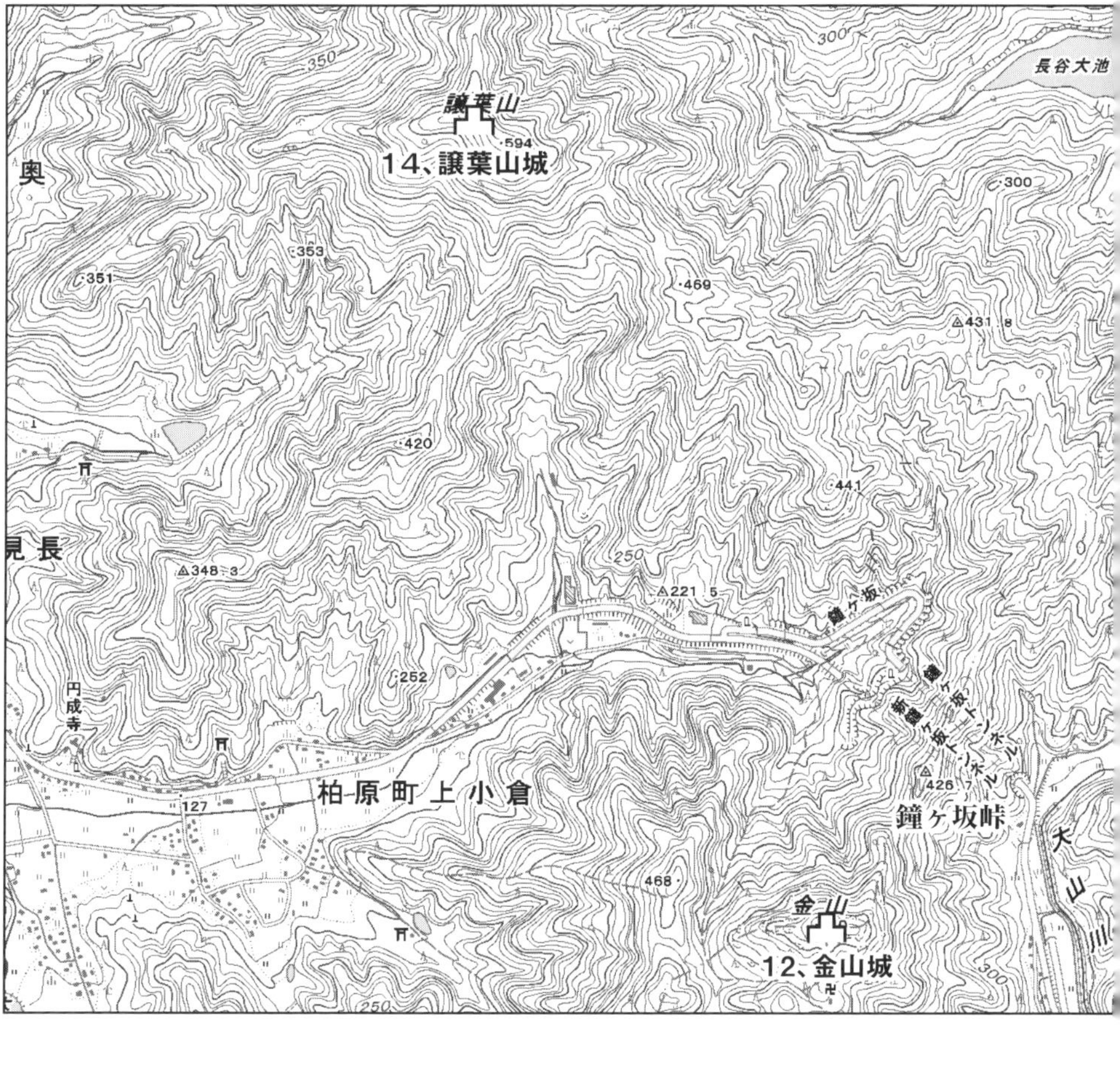
350
300
長谷大池
譲葉山
·594
14、譲葉山城
奥
·300
·353
·351
·469
△431.8
·420
·441
長
250
△348.3
△221.5
鐘ケ坂
新鐘ケ坂トンネル
·252
円成寺
△426.7
127
柏原町上小倉
鐘ケ坂峠
大山川
468·
金山
12、金山城
300
250

第一次黒井城攻めの陣城

8　小富士山城《こふじやまじょう》

所在地：兵庫県丹波市春日町池尾／城主：明智光秀ヵ
遺構：曲輪・土塁・竪堀・虎口?
規模：一〇〇×六〇m／標高・比高：二三一m・八〇m

【選地】黒井城の北東二・五kmに位置する標高二三一mの小山で、西側に尾根が続く。山頂には小さな神社があり、四方に展望のきく場所である。

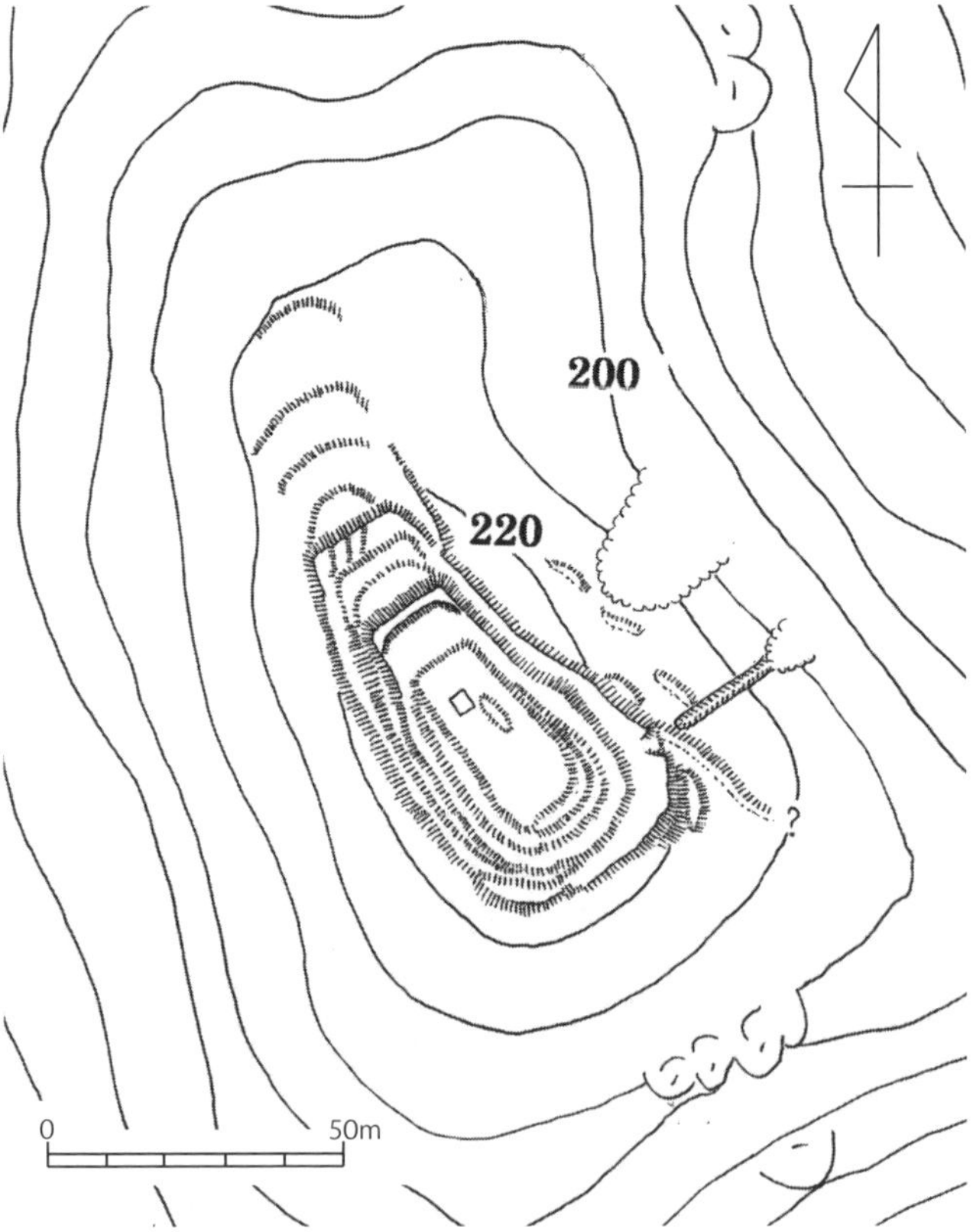

【歴史】歴史は不明であるが、伝承によると、天正三年（一五七五）の黒井城攻めに、明智光秀軍が陣城を構えたという。

【遺構】北西側に土塁がある。登城道は東側の尾根筋を登るため、この部分に竪堀が敷設されている。

【評価】自然地形に近い曲輪と一文字土塁だけの縄張りは、いかにも陣城らしい。

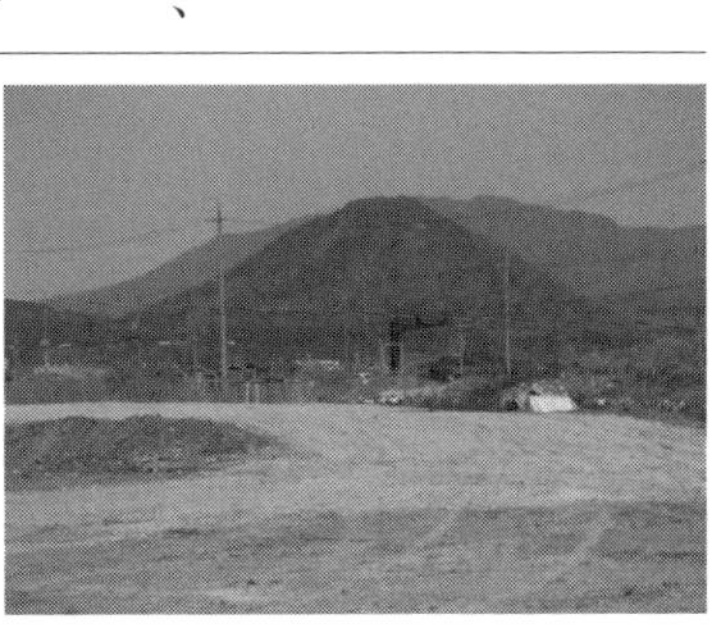
城跡遠景　南より

明智光秀画像　東京大学史料編纂所蔵模本

第二次黒井城攻めの本陣か

9 茶臼山城《ちゃうすやまじょう》

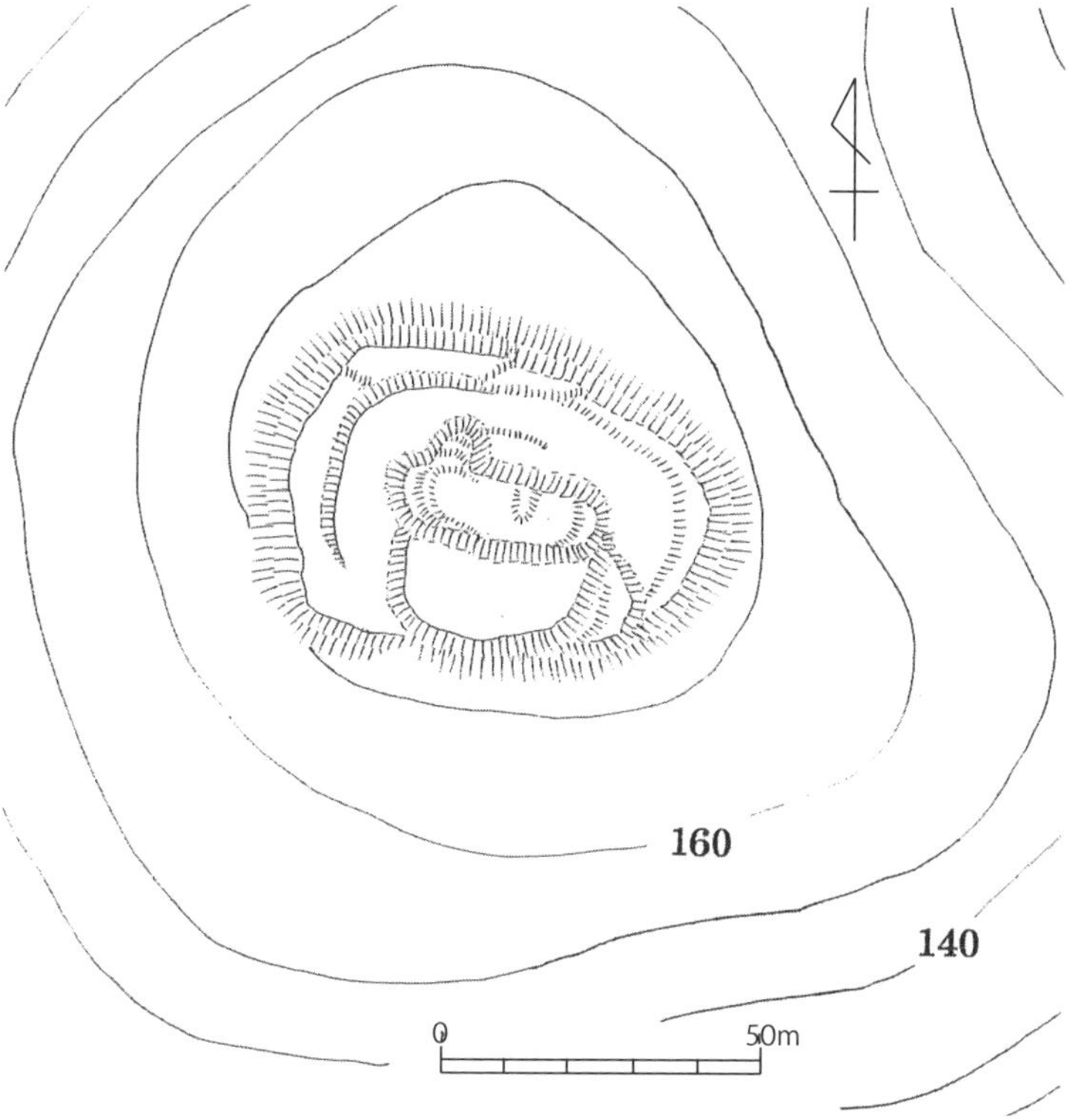

所在地：兵庫県丹波市春日町野村／城主：明智光秀ヵ
遺構：曲輪／規模：一八〇×八〇m
標高・比高：一八〇m・八〇m

【選地】黒井城の南二km、標高一八〇mの茶臼山の尾根先に位置する。南の背後には標高六〇〇m級の山が屏風のようにそそり立ち、北の黒井城を見上げる位置にある。

【歴史】伝承によると、明智光秀の本陣というが、詳しいことは不明である。

【遺構】山頂部に東西二五×南北一五mの掘り残しの部分があり、この周囲に二段の曲輪が造成されている。

【評価】曲輪の削平状態は良好であるが、遺構は小規模である。

城跡遠景　北より

交通の要衝にある黒井城攻めの陣城

10 栗《くり》柄《から》砦《とりで》

所在地：兵庫県丹波市春日町栗柄／城主：—
遺構：曲輪・虎口・土塁
規模：二五×二〇m／標高・比高：三三〇m・四〇m

【選地】栗柄は西は丹波市春日町、東は京都府京丹波町や京都市に通じ、南は兵庫県篠山市に通じる交通の要衝である。標高三三〇mにある城跡は、春日町方面への展望が良好である。

【歴史】伝承によると、城主は赤井直正というが、縄張りから判断すると織豊系の陣城である。

【遺構】縄張りは、南東に虎口と塁線に折れをもち、一部分に低土塁を設けた横矢掛け構造で、塁線の折れは直角を呈しているなど、周辺の地域には見られない縄張りである。

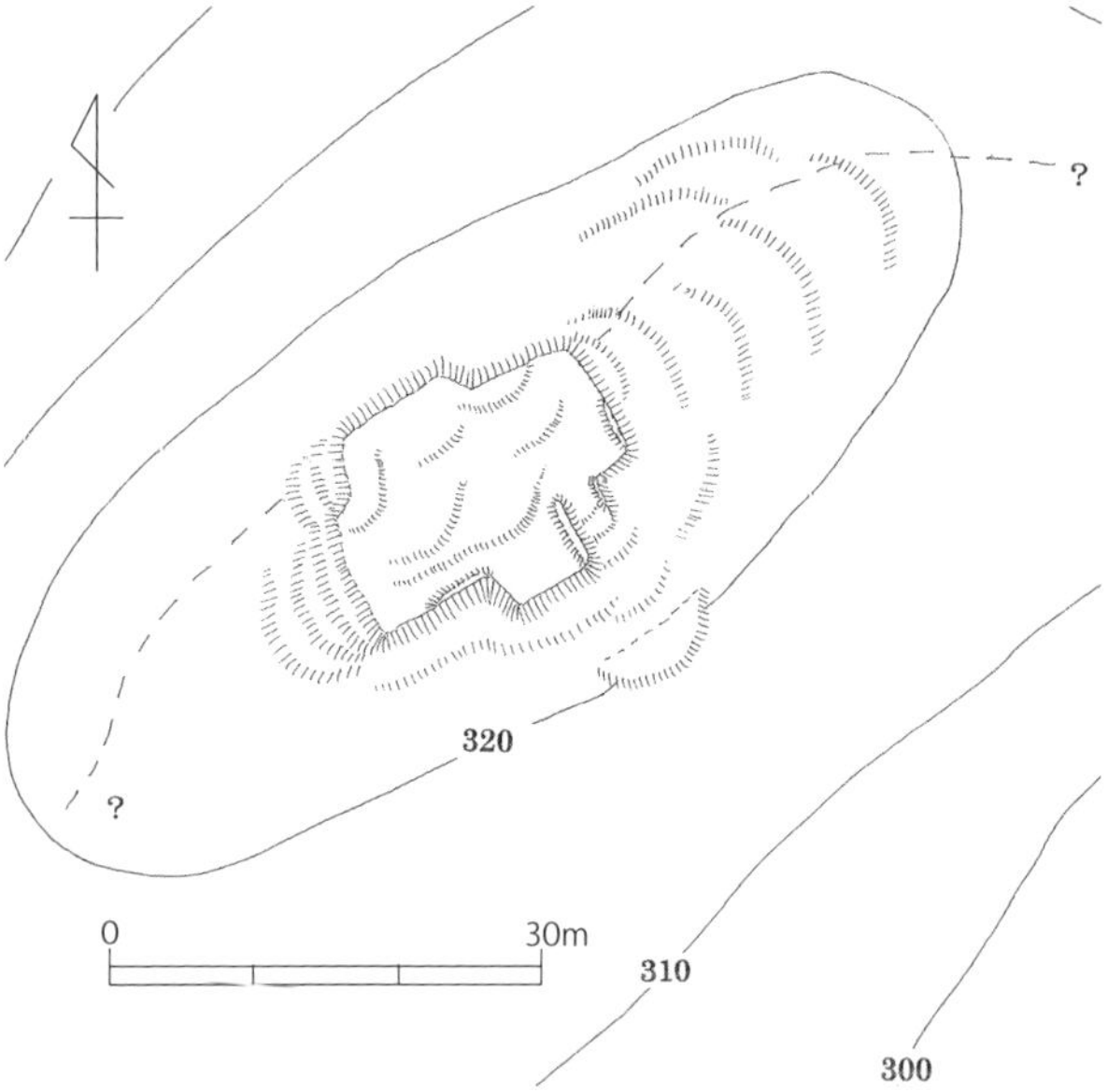

城跡遠景　東より

【評価】黒井城攻めの玄関口に当たる重要な峠に所在するため、赤井氏と波多野氏の勢力を分断するために、織田氏が構築したと考える。

南の虎口

東側の切岸

黒井城の背後にある陣城

11 東《ひがし》白《びゃく》毫《ごう》寺《じ》城《じょう》

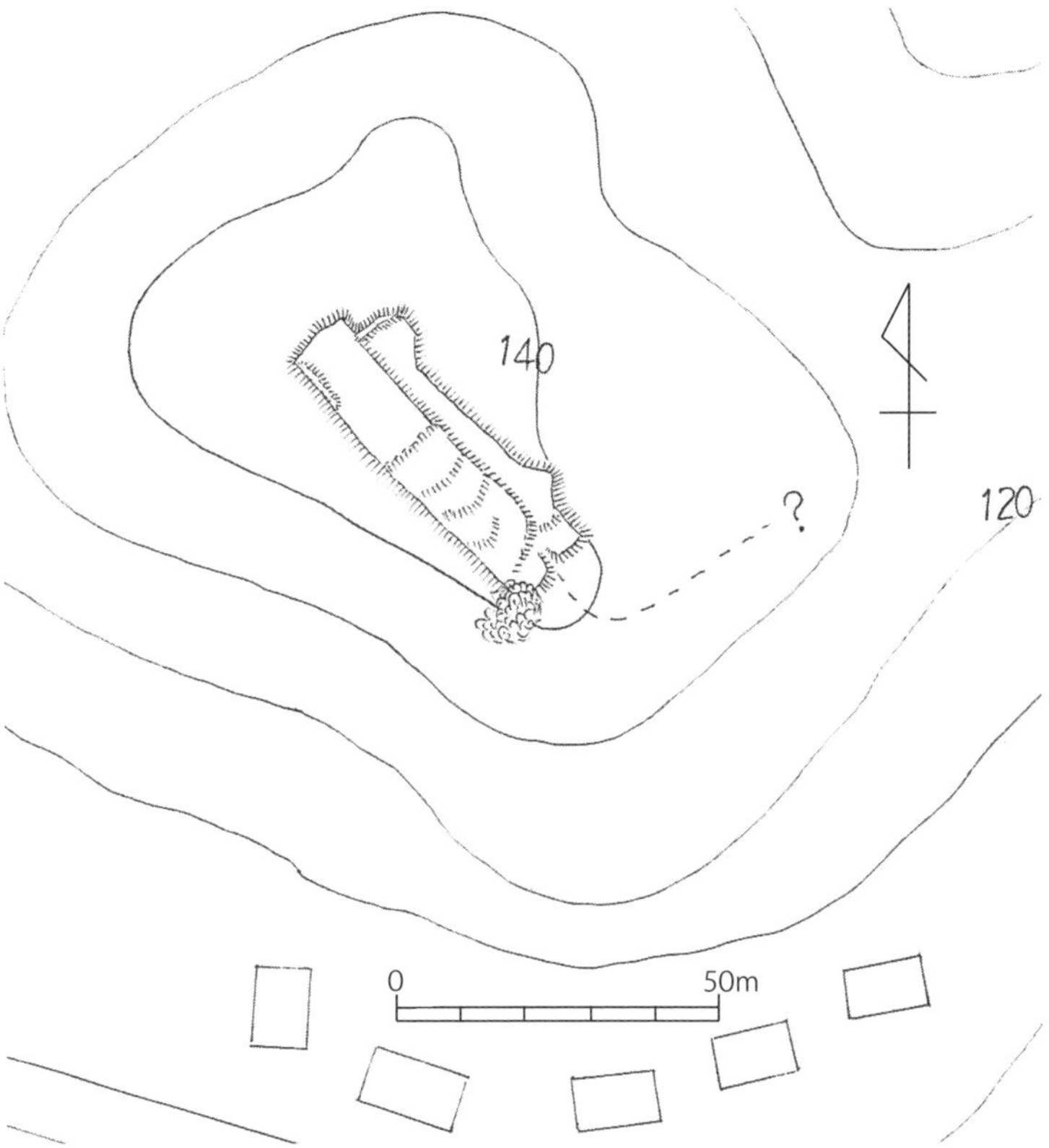

所在地：兵庫県丹波市市島町白毫寺／城主：—
遺構：曲輪・土塁／規模：五〇×二〇m
標高・比高：一五一m・四〇m

【選地】 黒井城の北西二kmの、標高一五一mの丘陵にある。丘陵は、山頂部から東へ緩やかに山麓まで続いている。

【遺構】 遺構は頂上部分だけで、自然地形部分に少しの加工痕がみられ、北西の一部分に低土塁がある。

【評価】 遺構は自然地形の部分が多く、歴史も不明なため、陣城としての評価は低い。しかし、黒井城包囲の一役を担っていたと考える。

城跡遠景　東より

赤井氏と波多野氏勢力の分断を目的とする

12 金《きん》山《ざん》城《じょう》

所在地：兵庫県篠山市追入／城主：明智光秀ヵ
遺構：曲輪・虎口・竪堀・竪土塁・石垣・堀切
規模：三三〇×二五〇m／標高・比高：五四〇m・二八〇m

【選地】兵庫県篠山市と丹波市の境界に位置する、標高五四〇mの金山にある。城跡の東にある追入《おいれ》（篠山市）から西の上小倉《かみおぐら》（丹波市）へ通じる街道が、金山城北側の鐘ヶ坂《かねがさか》峠を通っており、この街道を南の金山城内へ取り込んでいる。山頂部分は岩山であるが、曲輪の造成がみられ、南に下った部分にも曲輪が造成されている。

【歴史】『兼見卿記《かねみきょうき》』天正七年（一五七九）十月十二日条に、吉田兼見《よしだかねみ》の普請見舞いの記録があり、八上城と黒井城の落城後も工事を実施していた。しかし、見舞いの場所が柏原となっており、金山城を指すのか不明である。「山口直友事蹟覚《やまぐちなおともじせきおぼえ》」によると[*1]、金山城の構築は、赤井氏と波多野氏の勢力分断が目的であったとしている。

【遺構】主郭Ⅰ周辺は岩山が中心で、「小切丸」といわれる曲輪Ⅱは、岩盤上に造成されている。Ⅰの南下には、「馬場」といわれる尾根上を造成した曲輪Ⅲがある。南先は大手門といわれる虎口aがあり、『丹波志《たんばし》』によると、当時は石垣造りであったが、日蓮宗園林寺《えんりんじ》の石垣構築に転用されたといわれる。廃寺園林寺の西側の谷筋には、柏原町（丹波市）からの街道が通っており、城内に取り入れた街道であると考える。この場所が街道監視の番所跡で、谷筋の両側の斜面には、竪堀と竪土塁を混合して敷設している。

【評価】山頂の岩盤部分を駆使して曲輪を造成していることや、四方への展望が良好であることから、赤井氏と波多野氏勢力を分断するには最適の場所である。また、城内に街道を取り込んでいることから、通行人のチェックや、軍勢の通行阻止機能をもった陣城として評価できる。

城跡遠景　東より

城跡遠景　西より（鬼のかけ橋）

＊1　『史跡　黒井城』保存管理計画策定報告書（兵庫県氷上郡春日町、一九九三年）。

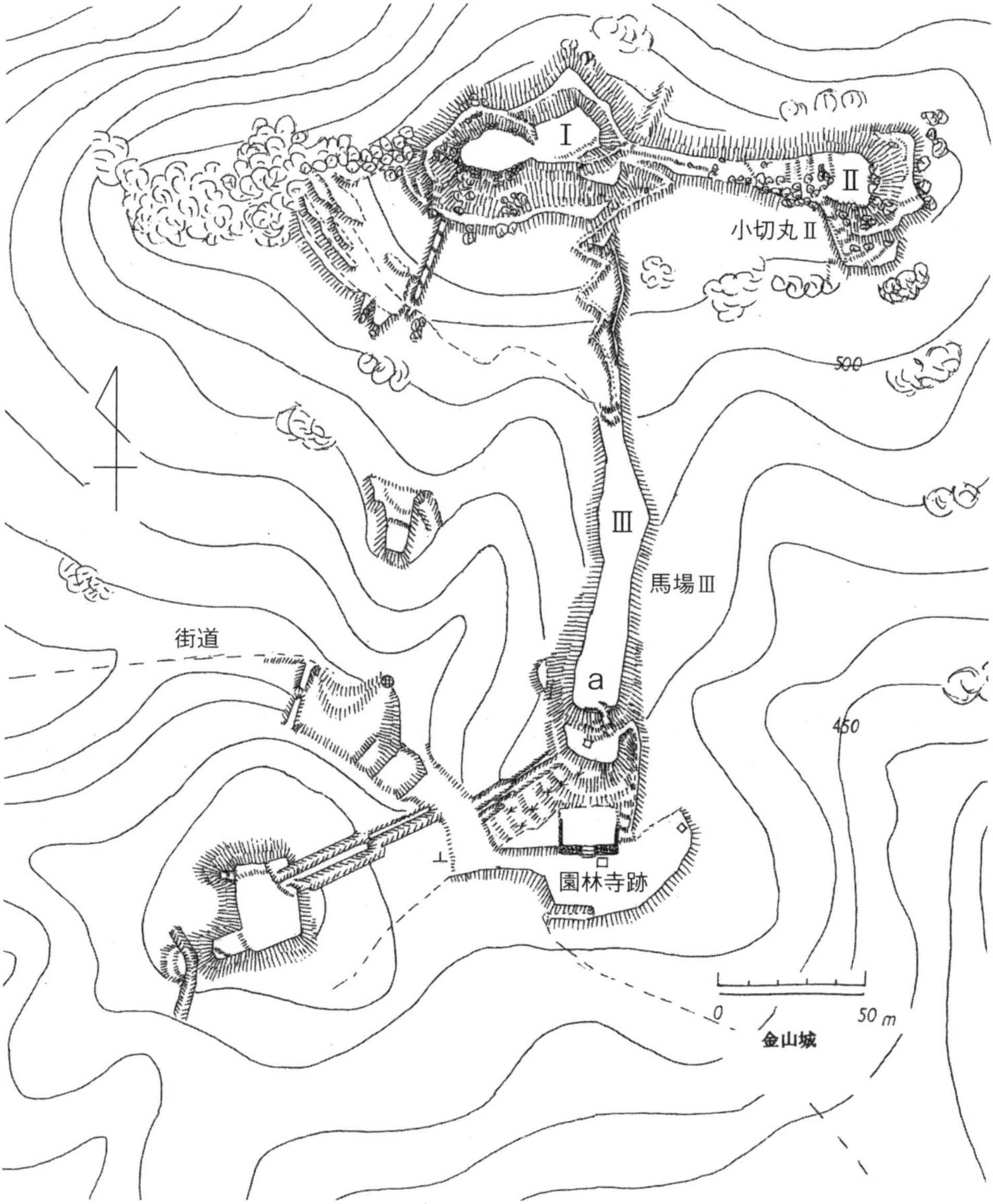
Ⅰ
Ⅱ
小切丸Ⅱ
500
Ⅲ
馬場Ⅲ
街道
a
450
園林寺跡
0
50 m
金山城

佐仲峠の監視と国領城の向城

13 夏栗山城《なつぐりやまじょう》

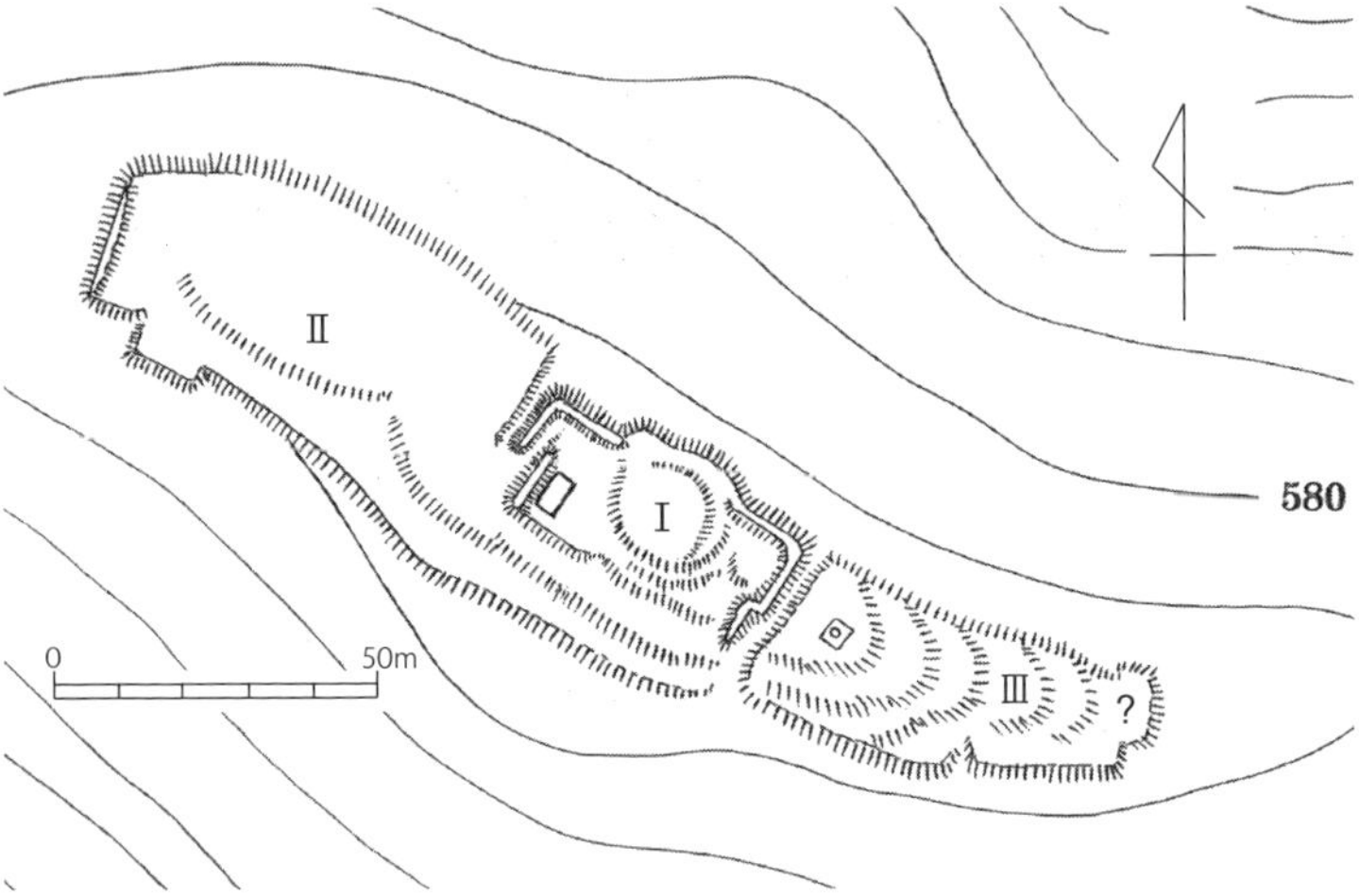

所在地：兵庫県篠山市小坂夏栗／城主：明智光秀
遺構：曲輪・虎口・空堀・土塁／規模：一五〇×四〇m
標高・比高：六〇〇m・五〇〇m

【選地】 佐仲《さなか》峠は、兵庫県丹波市春日町と、篠山市西紀町を結ぶ交通の要衝である。城はこの峠の南、標高六〇〇mの位置にある。

【歴史】 明智光秀の書状によると、[*1]天正六年（一五七八）十一月には明智光秀勢力が国領城（三尾山城カ）に陣取っていたが、同七年九月二十三日には赤井方の残党に奪われ、夏栗山に向城を構えて、攻撃を実施している。

【遺構】 中心部分に東西五〇×南北三〇mほどの東西に低土塁を設けた主郭Ⅰがあり、西に食い違い虎口がある。西の曲輪Ⅱと東の曲輪Ⅲは、駐屯地としての機能をもっていたと考えられる。曲輪全体の加工状態が悪く、自然地形の部分もある。

【評価】 国領城攻めの織田方の陣城と評価でき、夏栗山の山頂全体を城域とする。南東部の篠山方面への展望が良好なため、赤井氏と波多野氏勢力の分断と佐仲峠の監視のために構築されたと考える。

主郭東の切岸外側

＊1　「年未詳九月二十三日付明智光秀書状」（「雨森善四郎氏所蔵文書」東京大学史料編纂所所蔵の影写本）。

黒井城の監視と赤井氏領地への遠見の城

14 譲葉山城《ゆずりはやまじょう》

所在地：兵庫県丹波市柏原町／城主：—
遺構：曲輪・虎口・土塁／規模：東郭五〇×三〇m、西郭　六〇×三〇m／標高・比高：五九四m・四九〇m

【選地】兵庫県柏原町の北東にある標高五九四mの城跡で、北の黒井城方面と、南の柏原町方面への展望は良好である。山頂には「譲葉権現」を祀った小さな神社があり、信仰の山でもある。

【歴史】歴史は不明だが、縄張りや地理的環境から考察して、織田方が黒井城の監視と、赤井氏の領地を遠見するための城であろう。[*1]

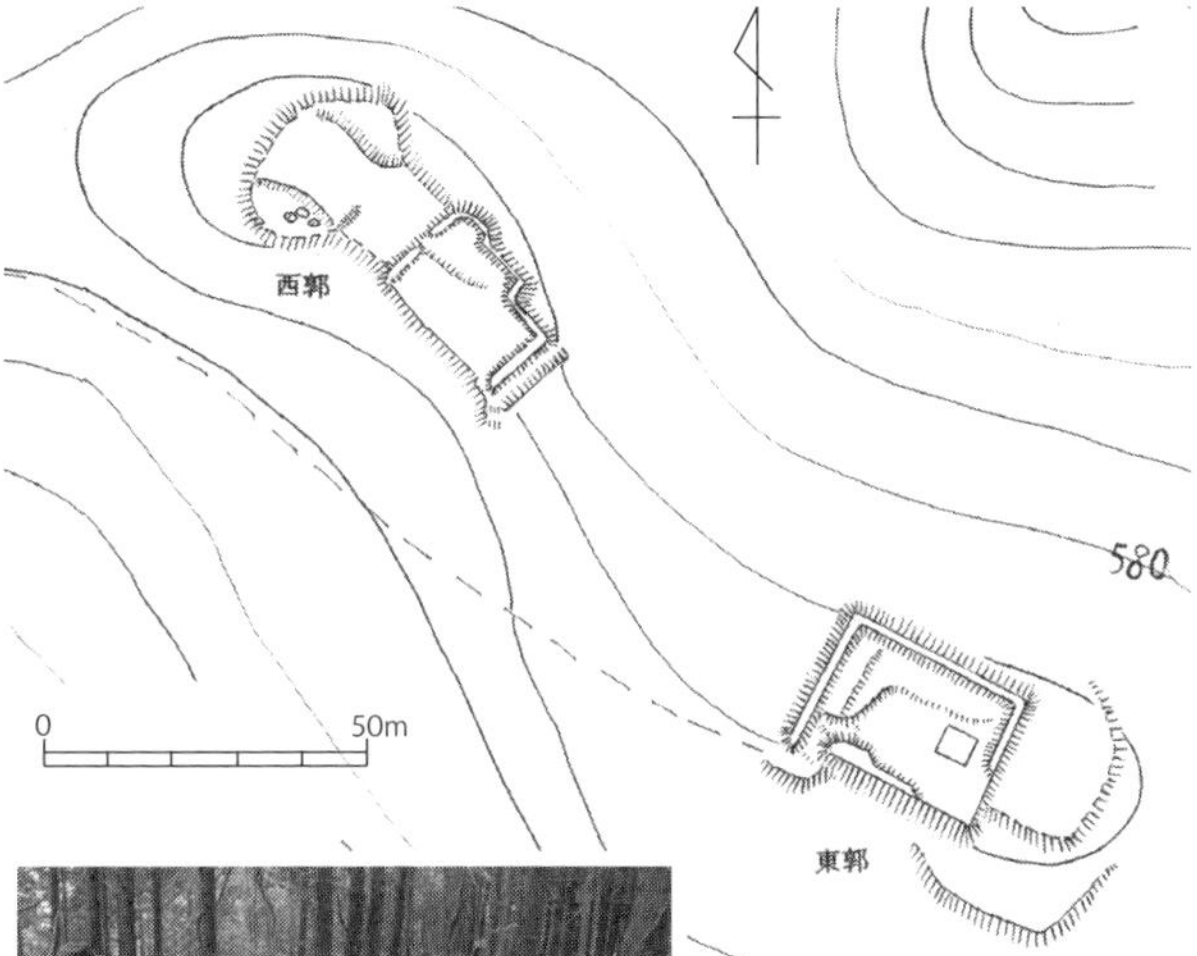

【遺構】遺構は東西にあり、東の遺構は一辺が三〇mほどの正方形に近い形をしている。土塁が南東隅を除く部分にあり、高い所では一mほどある。虎口は南西隅に位置する。西の遺構は、東西三〇×南北一五mほどの規模で、北側に折れがあり、部分的に低土塁も残る。西方には削平地の痕跡が残るため、山頂全体が陣城として利用されたと考える。

土塁

【評価】曲輪は方形で低土塁がめぐり、塁線が直線に近く、塁線の隅折れ角度が直角に近いことと、地理的に丹波市の領域に展望が良好であるため、織豊系城郭と考える。

＊1　高橋成計「丹波黒井城攻略期の陣城考察—織田氏の丹波攻略期から—」（『中世城郭研究』第二十三号、中世城郭研究会、二〇〇九年）。

東郭の土塁

周山城の西部を守備する曲輪

15 周山《しゅうざん》城《じょう》西《にし》曲輪《くるわ》

所在地：京都市右京区京北下熊田町・柏原町
城主：明智光秀／遺構：曲輪・土塁・堀切・虎口
規模：二二〇×九〇m／標高・比高：四八〇m・二三〇m

【選地】周山城の主郭から西へ〇・五kmほどにある曲輪で、周山城との間は空堀で遮断している。西には城跡より高い黒尾山（標高五〇九m）があり、西側への展望は良くないが、北西の熊田川・明石川流域への展望は良好で、周山城を西方面からの攻撃から守るための備えである。

【歴史】『津田《つだ》宗及《そうぎゅう》茶湯《ちゃゆ》日記《にっき》』では、明智光秀が周山城に津田宗及を招いて月見をしたとする。また、『丹波志』[*1]には、天正八年（一五八〇）に光秀が築城したとある。

【遺構】縄張りは地形に沿って南北に長く、築城形式は本城（周山城）とは異なっており、陣城形式である。

特徴があるのは北側の曲輪Ⅰで、西側に三角形状をした桝形虎口、南東側には食い違い虎口があり、外側に虎口空間をもつ発達した縄張りである。東の本城（周山城）との違いも明確で、支城としての独立性がある。

しかし、本城（周山城）側の虎口は、片平入り虎口[*2]である。曲輪間の区切りは土塁と低い切岸であるため、北側のⅠを軸として構成されていたと考える。

【評価】周山城は西への展望が悪く、周山城の西側を守備する砦として築かれた。

食い違い虎口

＊1　『丹波志』は、篠山藩士水戸貢と福知山藩士古川茂正とが共著した丹波の「地誌」である。寛政六年の序文をもち、二十一巻二十六冊からなる。盛田嘉徳『丹波志』（名著出版、一九七四年）。

＊2　片平入り虎口　平入り虎口には両側に塁線（受袖）があるが、虎口の片側が斜面等で塁線のないものがある。これを片平入り虎口と称する。とくに山城に多くある。

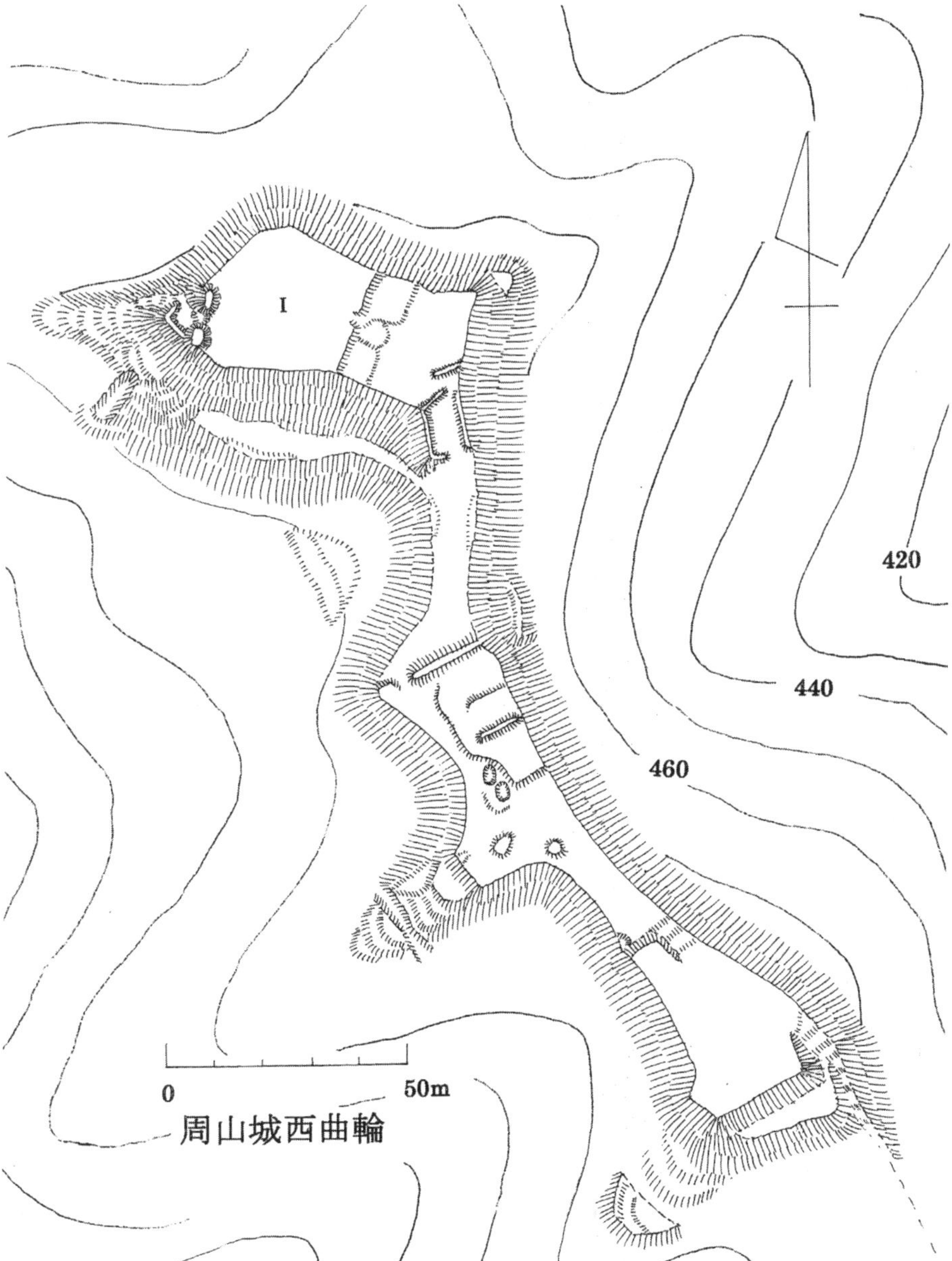

周山城西曲輪

4、播磨国攻め　天正五年（一五七七）十月〜天正八年一月

上月合戦

羽柴秀吉が播磨に出陣したのは、天正五年（一五七七）十月のことである。[*1] 当時、播磨国は毛利と織田の勢力の「境目《さかいめ》」であり、織田氏は美作東部の江見《えみ》氏を調略し、山中幸盛《やまなかゆきもり》が美作東部の国人の調略を進行させていた。[*2] 十一月二十七日には福原《ふくはら》城（兵庫県佐用町）を落とし、二十八日に上月《こうづき》城（同）を攻撃すると、援軍に来た宇喜多軍を撃退し、十二月三日に落城させた。

その後、上月城には尼子勝久《あまごかつひさ》を城主として入城させたが、同六年四月に毛利方の吉川・小早川軍三万が上月城を包囲したため、秀吉は荒木村重《あらきむらしげ》とともに上月城救援に向かい、高倉山《たかくらやま》に着陣した。しかし、毛利方の三万の兵力に対し、織田軍は一万にも満たないため劣勢であった。また、三木の別所《べっしょ》氏が毛利方となってしまい、三木城（兵庫県三木市）は京都と姫路を結ぶ湯山《ゆやま》街道に位置するため、姫路の織田軍が孤立する危険性があった。そのため、上月城の救援軍を撤退させ三木城包囲に変更するように信長の指示があり、天正六年六月に織田軍は撤退した。見捨てられた上月城は、七月五日に落城している。

三木合戦

天正六年二月末、羽柴秀吉が姫路在陣中に別所長治《ながはる》が織田信長に反旗を翻した。六月二十六日、神吉《かんき》城（兵庫県加古川市）で激戦があり、七月には神吉城と志方《しかた》城（同）が織田方の手に落

*1　山下晃誉『上月合戦―織田と毛利の争奪戦―』（兵庫県上月町、一九九九年）。

*2　「年未詳十月二十日付織田信長書状写」（『久世町史』、岡山県真庭郡久世町教育委員会、二〇〇四年）。

*3　『三木城跡及び付城跡群総合調査報告書』（三木市教育委員会、二〇一〇年）。

*4　前掲註*3。

ちた。この頃、秀吉の本拠は書写山《しょしゃざん》（同姫路市）であったが、八月二十三日に書写山の衆徒が環住しており、八月には三木城攻撃の本陣である平井山上ノ付城に入った。*3 十月になると、荒木村重が信長を裏切り毛利方となった。この事態に信長は動揺し、一時、正親町《おおぎまち》天皇を仲介として毛利方との和議を画策したという。

この頃、平井山合戦があったといわれるが、同六年四月説と同七年二月説の二説ある。これは、荒木村重の離反に始まる一連の軍事行動ではないかといわれている。*4

同七年四月になると、信長が播磨に軍勢を派遣し、三木城包囲の陣城を構築した。この頃、淡河《おうご》城（神戸市）にも丹羽《にわ》長秀《ながひで》や越前衆が陣城を構築した。九月には、毛利方が三木城へ兵糧の搬入を試みた、平田大村合戦が発生している。毛利方によれば、九月九日に三木城に兵糧を搬入したという。毛利、織田の戦死者数に違いがあり、詳しいことは不明であるが、織田方は谷衛好《たにもりよし》が戦死している。

同八年正月、織田軍は三木城に総攻撃を開始し、宮山《みややま》要害を調略し周囲を包囲したため、三木城は落城した。その後、英賀《あが》城（姫路市）や長水《ちょうずい》城（同宍粟市）を落城させ、五月初旬には播磨国の平定が終了した。

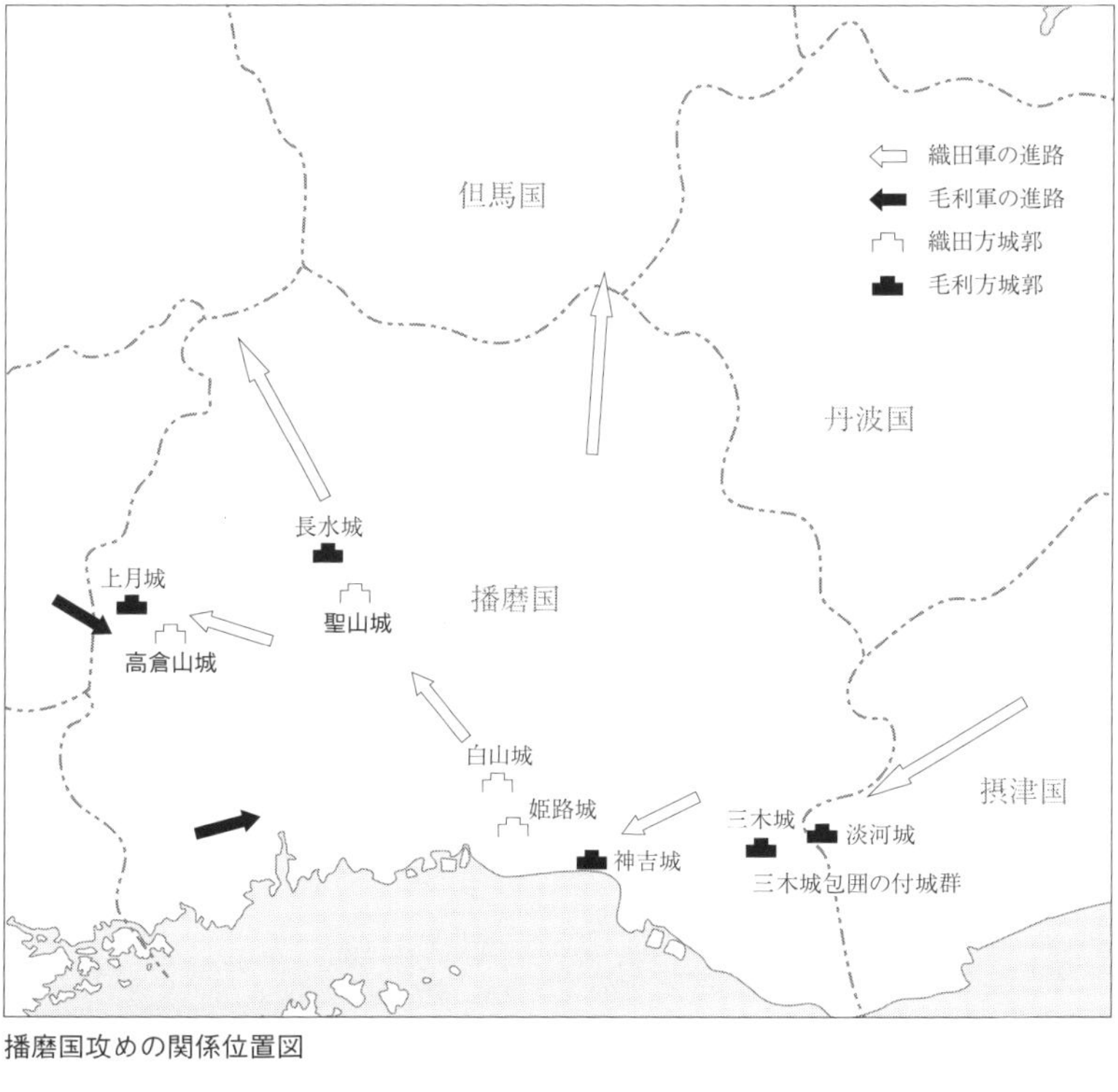

播磨国攻めの関係位置図

播磨国攻め　城郭位置図

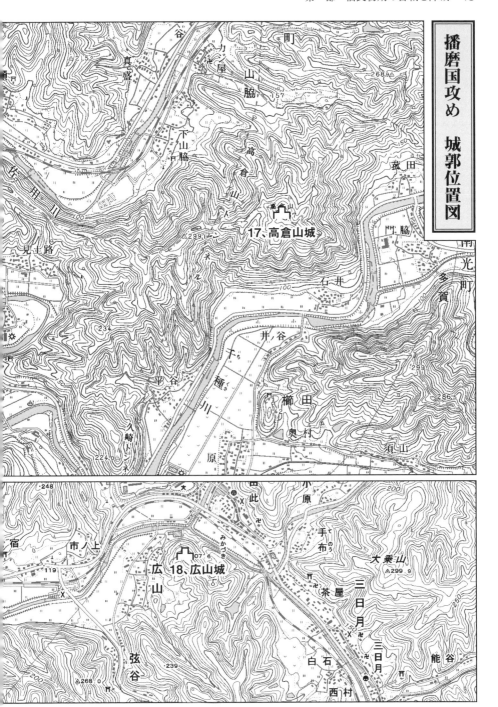

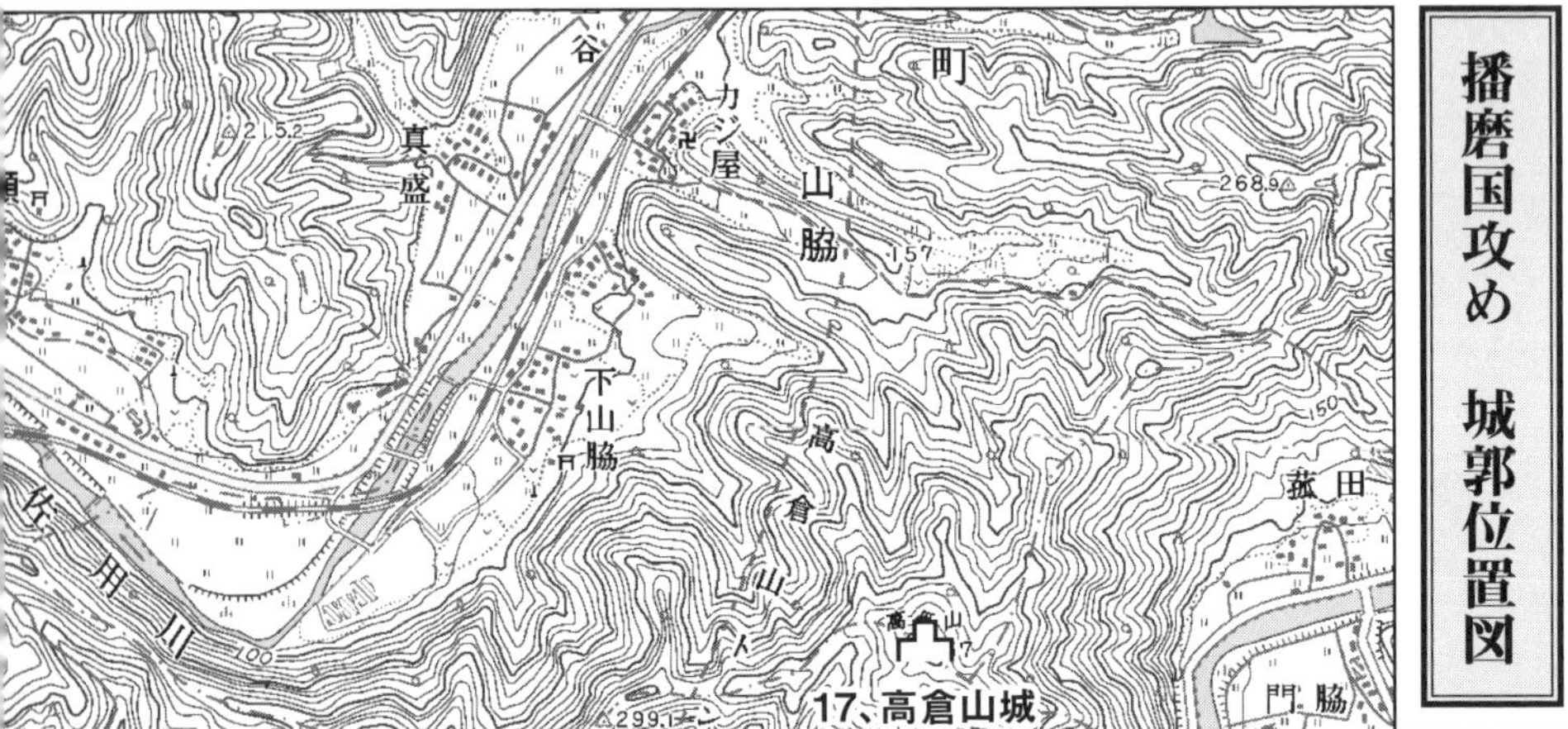
17、高倉山城
高倉山
町
真盛
カジ屋
山脇
下山脇
佐用川
見土路
石井
門脇
光町
多賀
井ノ谷
千種川
平谷
櫛田
奥村
須山
久崎トンネル
原

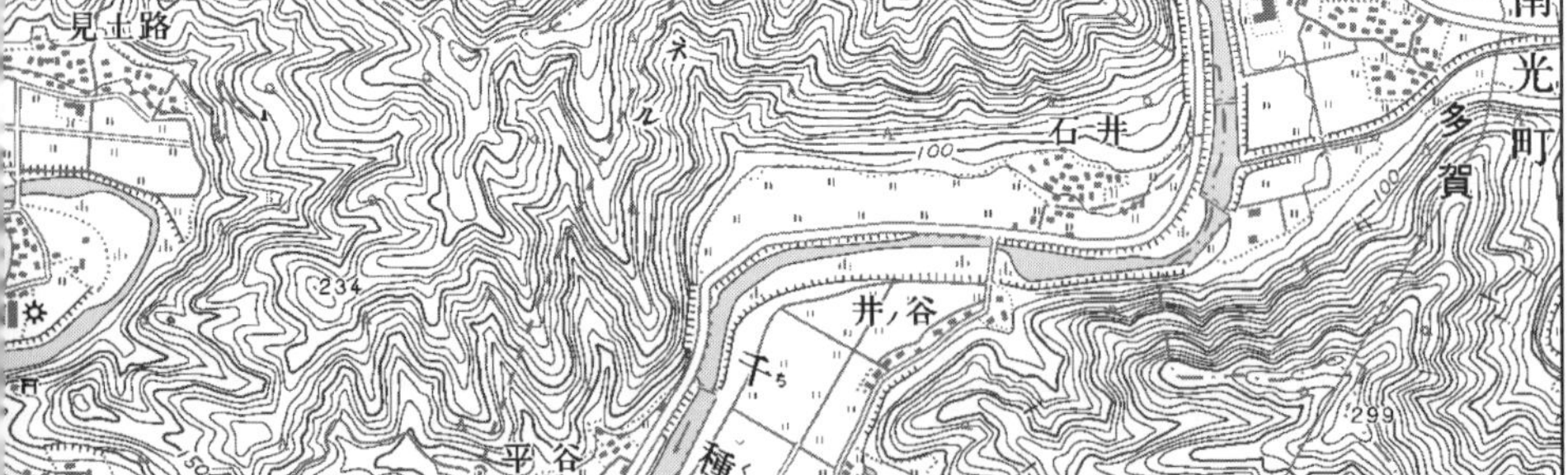
18、広山城
広山
市ノ上
宿
小原
手布
大乗山
茶屋
三日月
白石
西村
弦谷
能谷

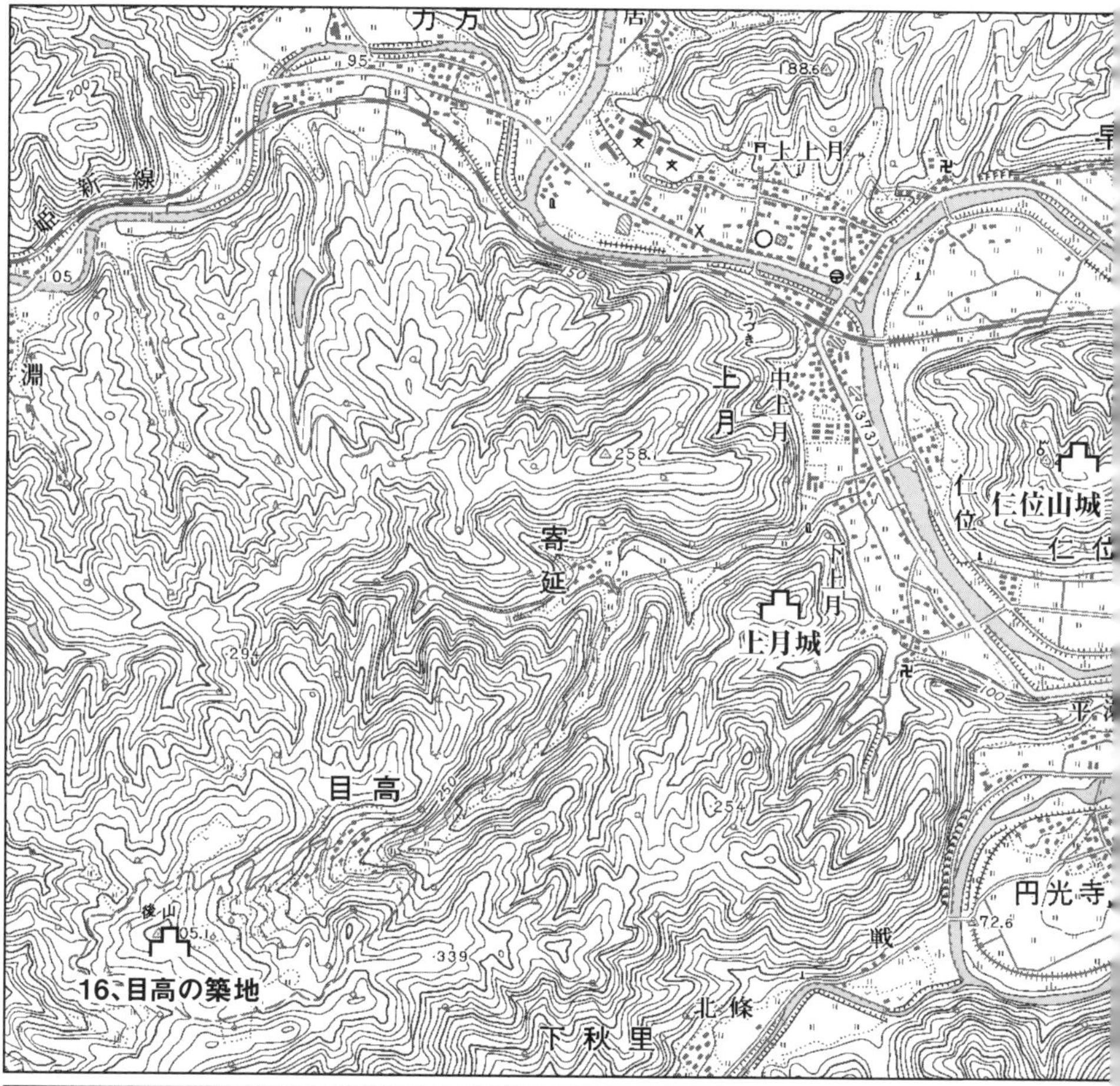
姫新線
上上月
上月
中上月
下上月
仁位
仁位山城
仁位
寄延
上月城
目高
後山
16、目高の築地
下秋里
北條
戦
円光寺

小山
土井
安川
19、長田山城
鳥脇
末広
久保
宝蔵寺

33、天正寺城
148.8
淡河疏水
123.7
八幡神社
道の駅
淡河城
淡河町淡河
34、淡河西付城
淡河町勝
133.6
207
253
250

平井
20、平井村中村間ノ付城
99
竹中半兵衛墓
158.3
21、平井山ノ上付城
志染町安福田
長早橋
62
59.7
志染町吉田
32、和田村四合村ノ口付城
御春池
92.1
志染町細目

107.5
さつき台一丁目
31、二位谷奥付城A
小林池

道の駅
高所
今宿
須賀
出石
36、聖山城
中広瀬
出石
150
山崎
97

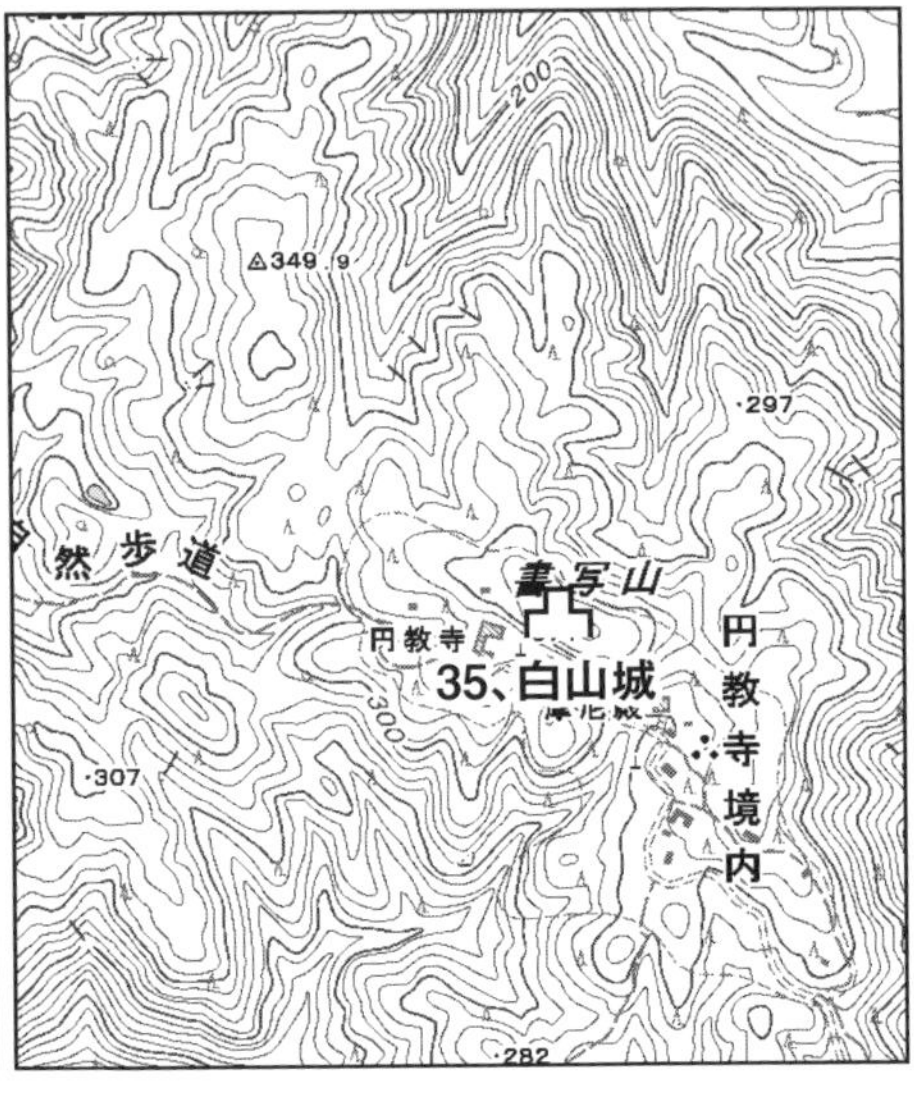
200
349.9
297
自然歩道
書写山
円教寺
35、白山城
円教寺境内
300
307
282

22、慈眼寺山城
23、久留美村
大家内谷上付城
24、跡部村山ノ下付城
八雲神社
慈眼寺
久留美
三木SA
加佐
岩宮

25、法界寺
山ノ上付城
26、高木大塚城
27、シクノ谷峯構付城
28、明石道峯構付城
29、小林八幡
神社付城
30、八幡谷ノ上
明石道付城A
三木城
三木市
三木山森林公園
三木山総合公園
三木ホースランドパーク
道の駅
別所町高木
東這田
法界寺
在田寺
朝日ケ丘
福井一丁目
福井二丁目
福井三丁目
本町二丁目
本町三丁目
上の丸町
雲竜寺
体育館
文化会館
大宮八幡宮
末広橋
福有橋
福井

上月城を西側の攻撃から守る城郭

16 目高《めだか》の築地《ついじ》

所在地：兵庫県佐用郡佐用町目高／城主　羽柴秀吉ヵ
遺構：曲輪・土塁・竪土塁・虎口
規模：四〇〇×二三〇m／標高・比高：四〇五m・三一〇m

【選地】 上月城から尾根続きに、南へ二kmほどの所に位置する目高の築地は、北に標高四〇五mの後山と、谷を挟んで南に標高三九一mの山があり、この間に竪土塁を敷設して、久木原《しゃきはら》から目高の集落への街道を遮断している。

【歴史】 歴史は不明であるが、羽柴秀吉が天正五年（一五七七）の第一次上月合戦後、上月城の西の要として、毛利氏に対して構築したという説が有力である[*1]。

土塁

【遺構】 北の後山の砦Ⅰ（四〇五m）と南の砦Ⅱ（三九一m）の砦間に、全長約三五〇mにわたって土塁イを敷設し、両山間の谷筋を通る街道には、食い違い虎口aが開口していたと考える（現在は破壊されて遺構はない）。後山の砦は自然地形の残る削平加工地であるが、塁線には折れが残っている。Ⅱは、東西一〇〇×南北二五mほどの長方形の曲輪で、低土塁が囲繞し、曲輪の北隅から竪土塁が下っている。南東隅の虎口bは嘴状で、北西隅にはかざし虎口c[*2]がある。東側にも長さ一五〇mほどの平坦地があり、南側に桝形状の虎口dが開口している。

【評価】 目高の築地は、北の後山の砦と南の砦の間を通る街道の封鎖と、東尾根先にある上月城の西方を守る砦として構築されたと考える。

＊1 『播磨利神城』（城郭談話会、一九九三年）。

＊2 かざし虎口　虎口の外側に一文字形の防塁（土塁や石垣など）を構築し、前面から郭内が容易に視認できない虎口。

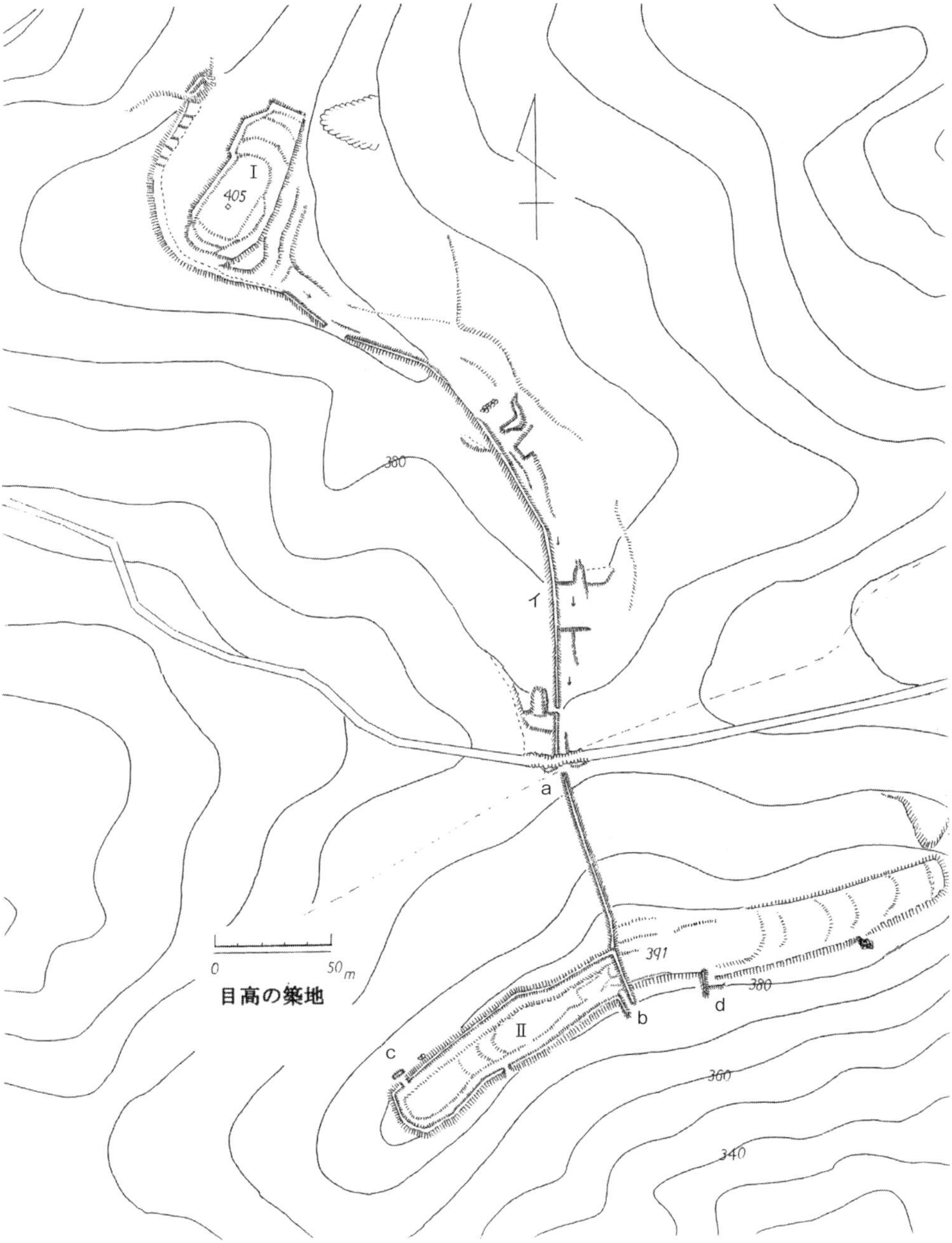

目高の築地

地形を巧みに生かした上月城の後詰の城

17 高倉山城《たかくらやまじょう》

所在地：兵庫県佐用郡佐用町櫛田・多賀
城主：羽柴秀吉・荒木村重／遺構：曲輪・虎口・堀切・竪土塁・竪堀・土塁／規模：一〇〇〇×二五〇m
標高・比高：三五七m・二八〇m

【選地】上月城の東約三kmの、標高三五七mの高倉山に位置する。高倉山は北に佐用川《さようがわ》、南に千《ち》種川《ぐさがわ》が流れ、山系は北東から南西に延びる。一・五km東で千種川と志文《しぶみ》川が合流する。高倉山への街道は、中島集落あるいは菰田集落から太閤道が続いていたという。山頂には、旧高倉山城や高倉寺跡を取り込んで城郭としている。

【歴史】『信長公記』によると、天正六年四月中旬に毛利勢が上月城を包囲したため、「羽柴筑前守、荒木摂津守両人罷立ち、高倉山に近々と対陣なり」とあり、[*1]織田軍が高倉山に着陣している。

【遺構】仁位山《にいやま》城（佐用町）から東に尾根を縦走すると、高倉山城に至る。頂上の曲輪スペースは広いが、削平状態が悪い。二ヵ月ほどの在陣であるが、充分な土木工事がなされなかったよう

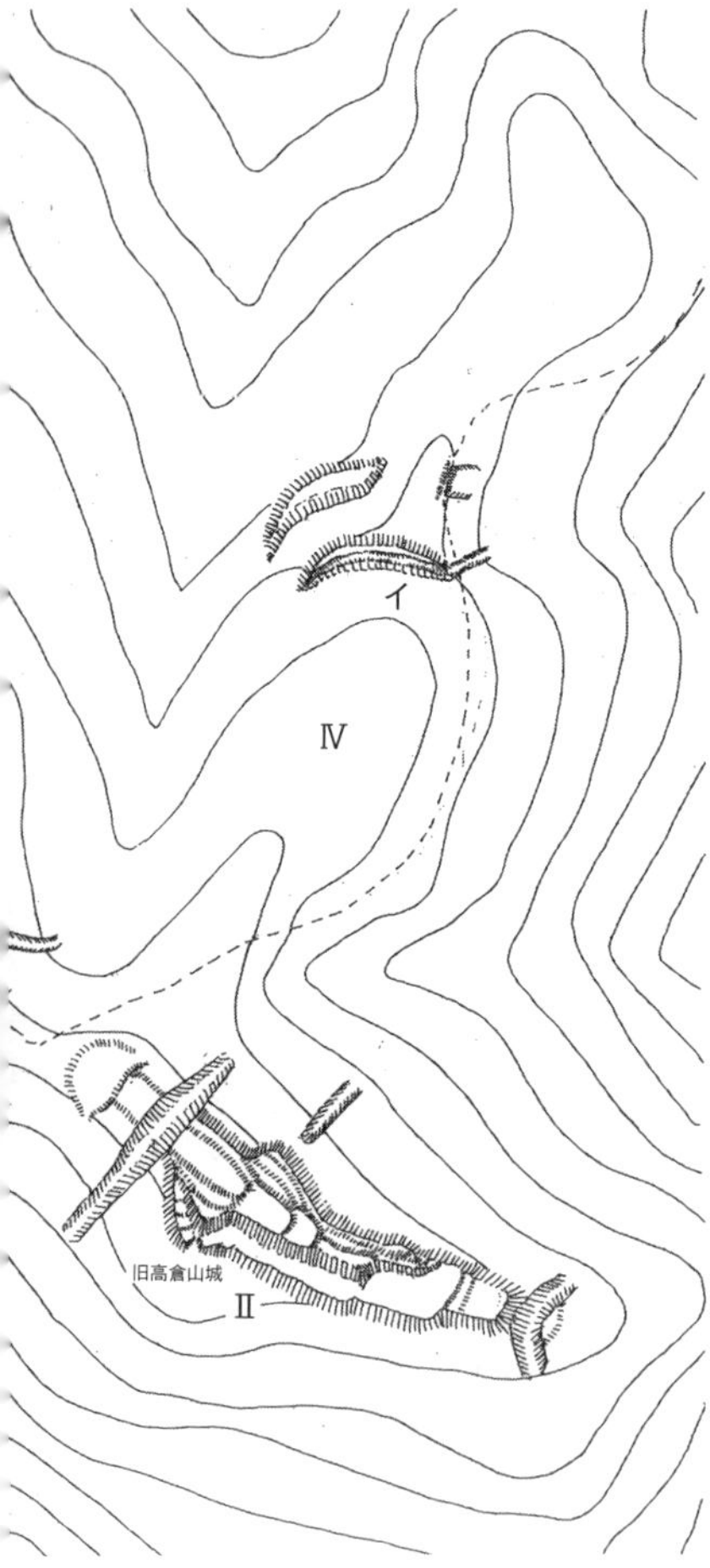

＊1　『信長公記』（奥野高広・岩沢愿彦註、角川書店、一九六九年）。

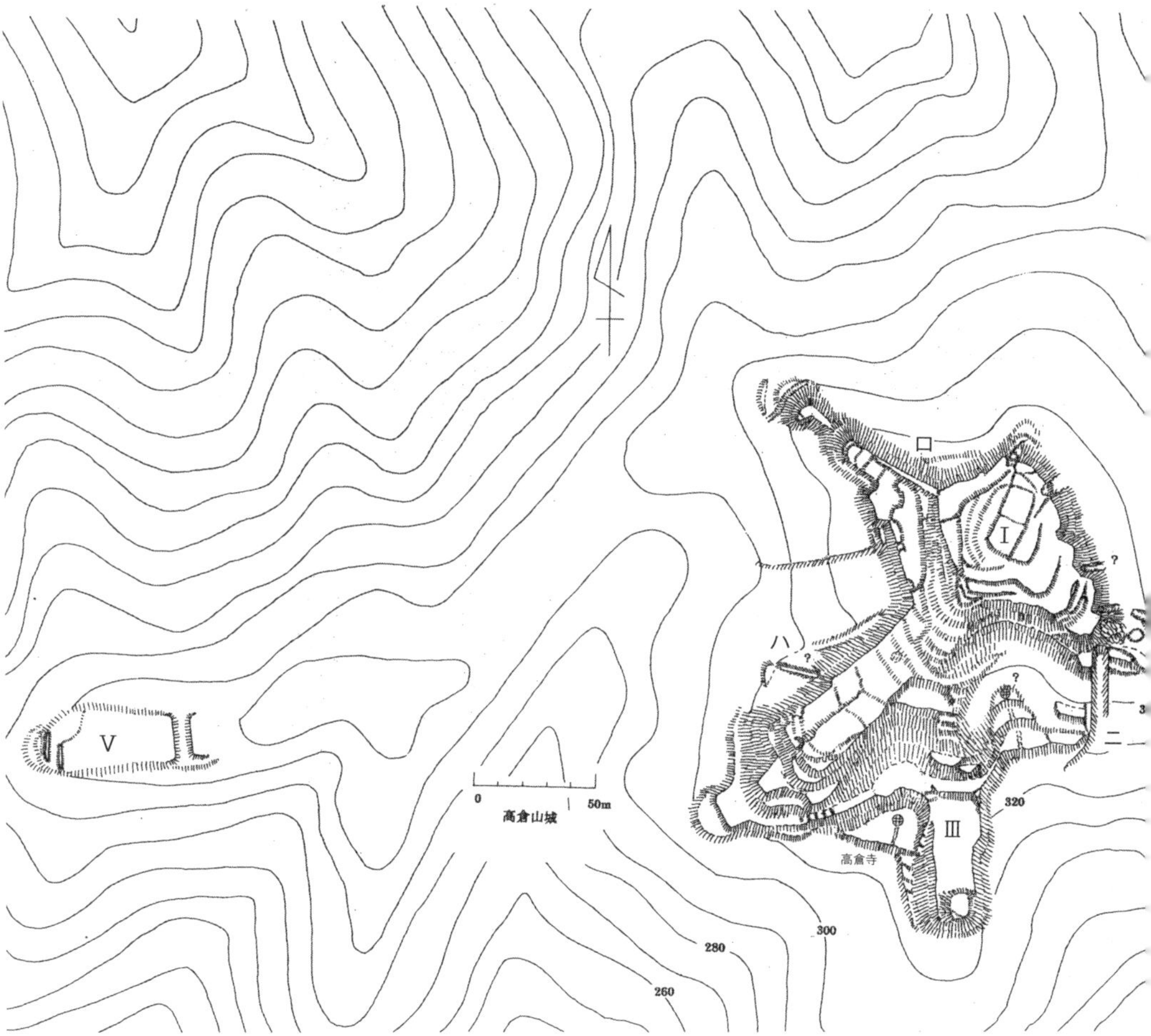

竪堀

土塁

である。主郭Ｉの南東尾根にある旧高倉山城Ⅱや、南の高倉寺Ⅲの遺構を含めると、広大な城域となる。Ｉの北東には横堀イがあり、この中間尾根Ⅳも駐屯地として利用されたと考える。

Ｉを中心とした塁線の切岸《きりぎし》が判然としないという批判もあるが、中心部と思われる一〇〇ｍ範囲内の切岸は、陣城として充分に切り落とされており、主郭Ｉの北西にある長さ二五ｍほどの土塁ロは見事である。主郭Ｉの南西にある一五ｍほどの竪土塁ハは見落とされ、評価されていない。東尾根からＩに至る所に竪堀ニを敷設し、通路を遮断する構造は、上部の曲輪からの横矢掛けに曝されるため、東尾根からの攻撃のポイントとなる。

西の毛利方と直接対峙する尾根上は、東の堀切と西の食い違い土塁に囲まれた曲輪Ｖや、Ｌ型土塁と交互に食い違い土塁を敷設している曲輪Ⅵなど、細かく観察すれば見事なパーツの使い方に感嘆する。

【評価】上月城救援の後詰としては、川に遮られ、山が険しい地形のため不利な条件が多く、とくに上月城方面への展望が悪い。しかし、陣城の縄張りは地形の要害性を巧みに生かしたものであり、陣城として一定の評価は可能である。

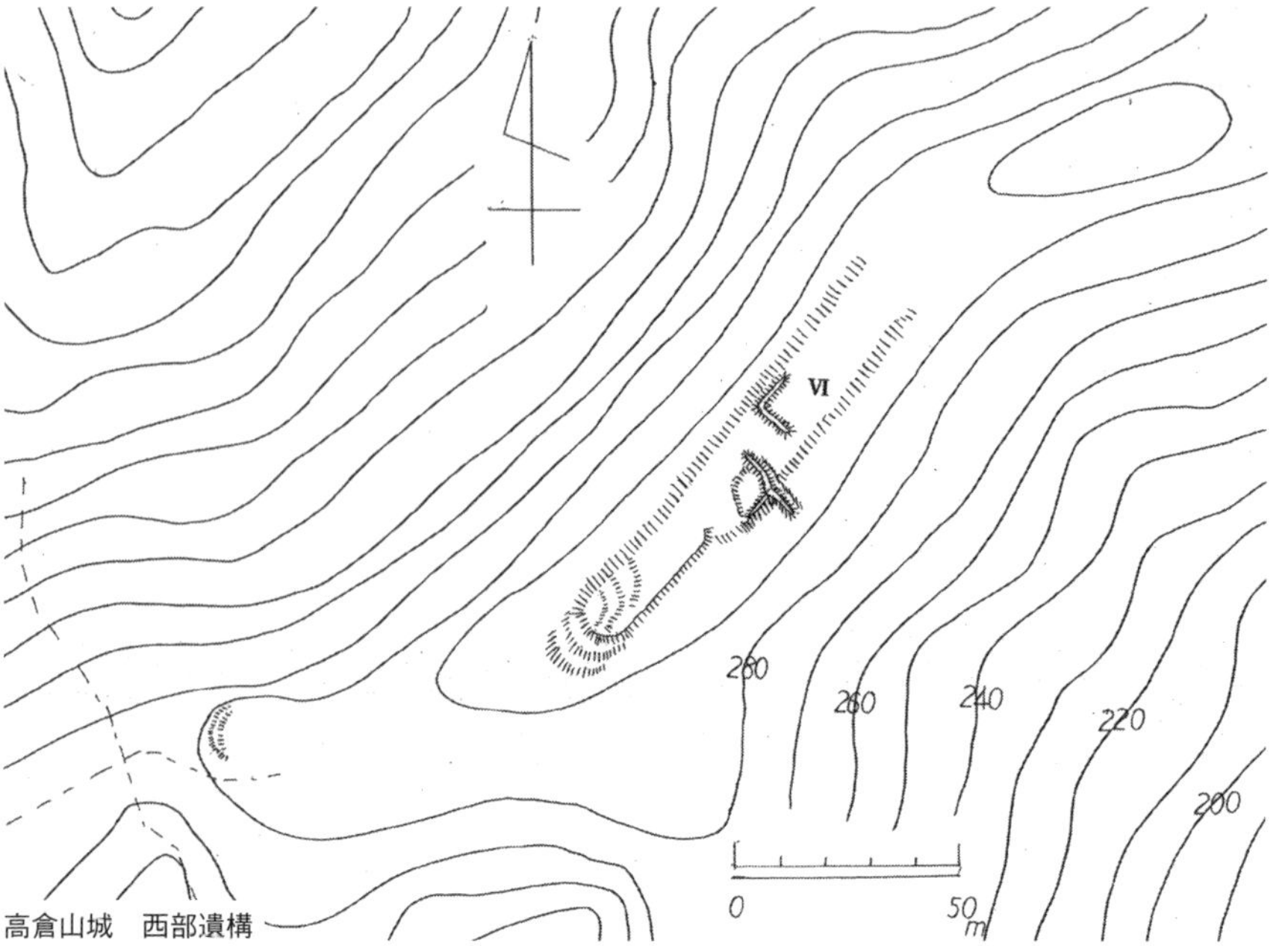

高倉山城　西部遺構

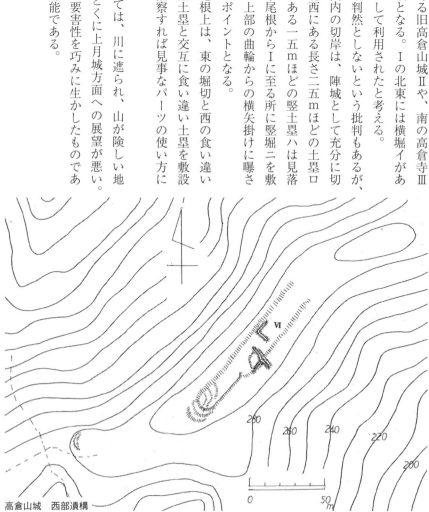

秀吉の高倉山城撤退を助ける砦

18 広山城《ひろやまじょう》

所在地：兵庫県佐用郡佐用町広山／城主：—
遺構：曲輪・土塁・虎口
規模：三〇×二〇m／標高・比高：二〇七m・九〇m

【選地】姫路から龍野《たつの》（兵庫県たつの市）を通り、佐用へ通じる街道の相坂峠《あいさか》（たつの市）を越えて北西に進むと、ＪＲ姫新線《ひめしん》三日月《みかづき》駅の南西方向二五〇ｍの尾根先に所在する。志文川下流にある高倉山方面への、展望が良好である。

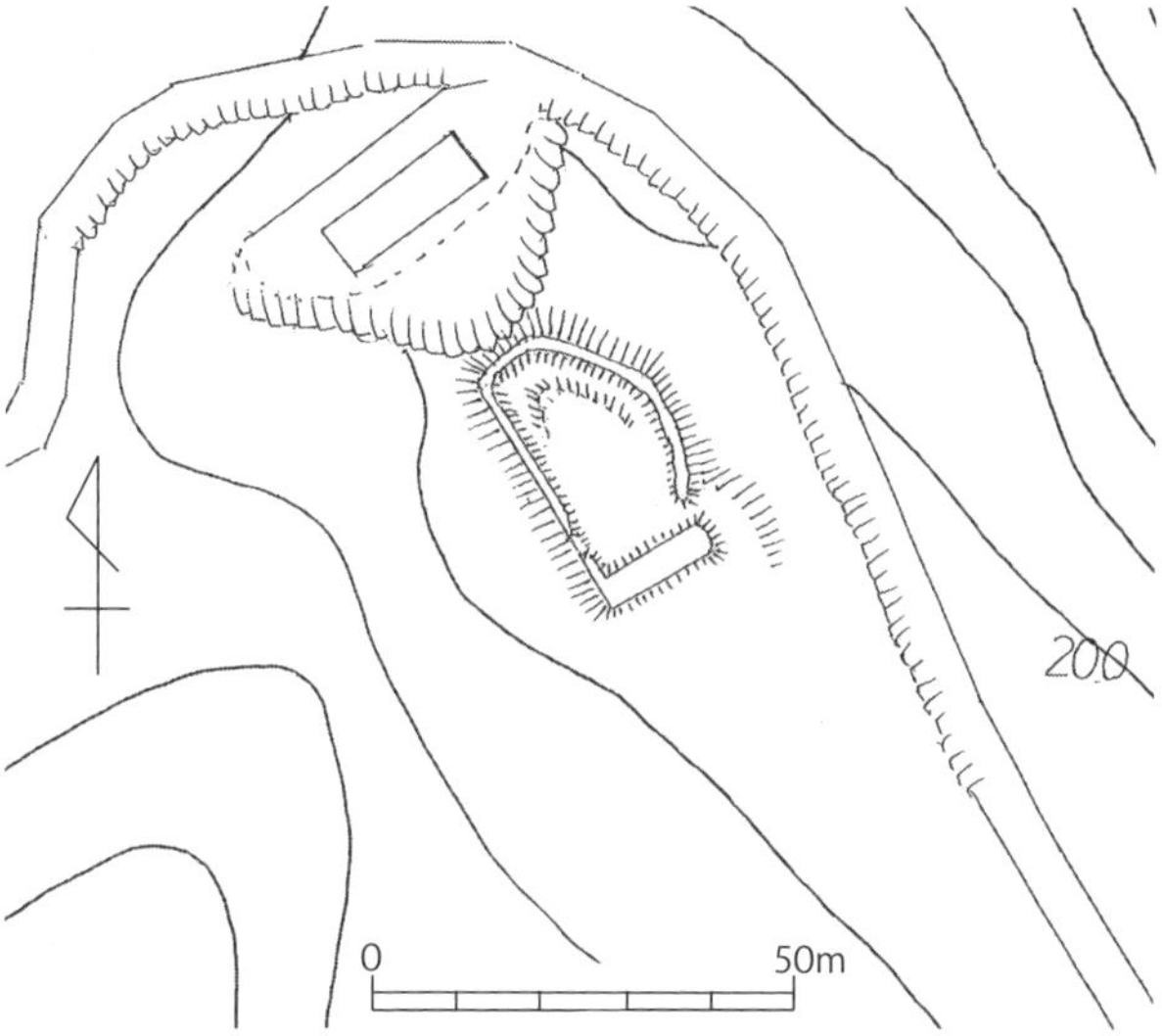

【歴史】『信長公記』天正六年（一五七八）六月二十六日条に、「滝川、惟任、惟住人数、三日月山へ請手に引上せ、羽柴筑前・荒木摂津守高倉山の人数引払ひ」とあるため、このときの織田方の陣城と考えられる。＊1

【遺構】南東から延びる尾根先端に、低土塁囲みの曲輪がある。尾根先の三方向は土塁幅が狭く、南東の部分は土塁が分厚くなり、虎口は東隅に開口している。先端部分はアンテナの建設で破壊されており、遺構の状態は不明である。

【評価】志文川が南から西に曲流する地点の尾根先に構築している。西の「市ノ上」から南の龍野方面に街道が分岐する交通の要衝のため、小規模ながらここに構築したと理解できる。

＊1『信長公記』（奥野高広・岩沢愿彦註、角川書店、一九六九年）。

城跡遠景　西より

秀吉の高倉山城撤退を助ける前衛の砦か

19 長田山城《おさだやまじょう》

所在地：兵庫県佐用郡佐用町土井・島脇／城主：—
遺構：曲輪・土塁・虎口／規模：四五m ×三〇m
標高・比高：二五〇m・一五〇m

【選地】西の高倉山から東へ五kmほどの、標高二四〇mに所在する。高倉山城と東方二・七kmほどにある広山城の中間に位置し、志文川流域への展望も良好である。

【歴史】『信長公記』天正六年六月二十六日条に、「滝川、惟任、惟住人数、三日月山へ請手に引上せ、羽柴筑前・荒木摂津守高倉山の人数引払ひ」とあり、このときの織田方の陣城であろう。[*1]

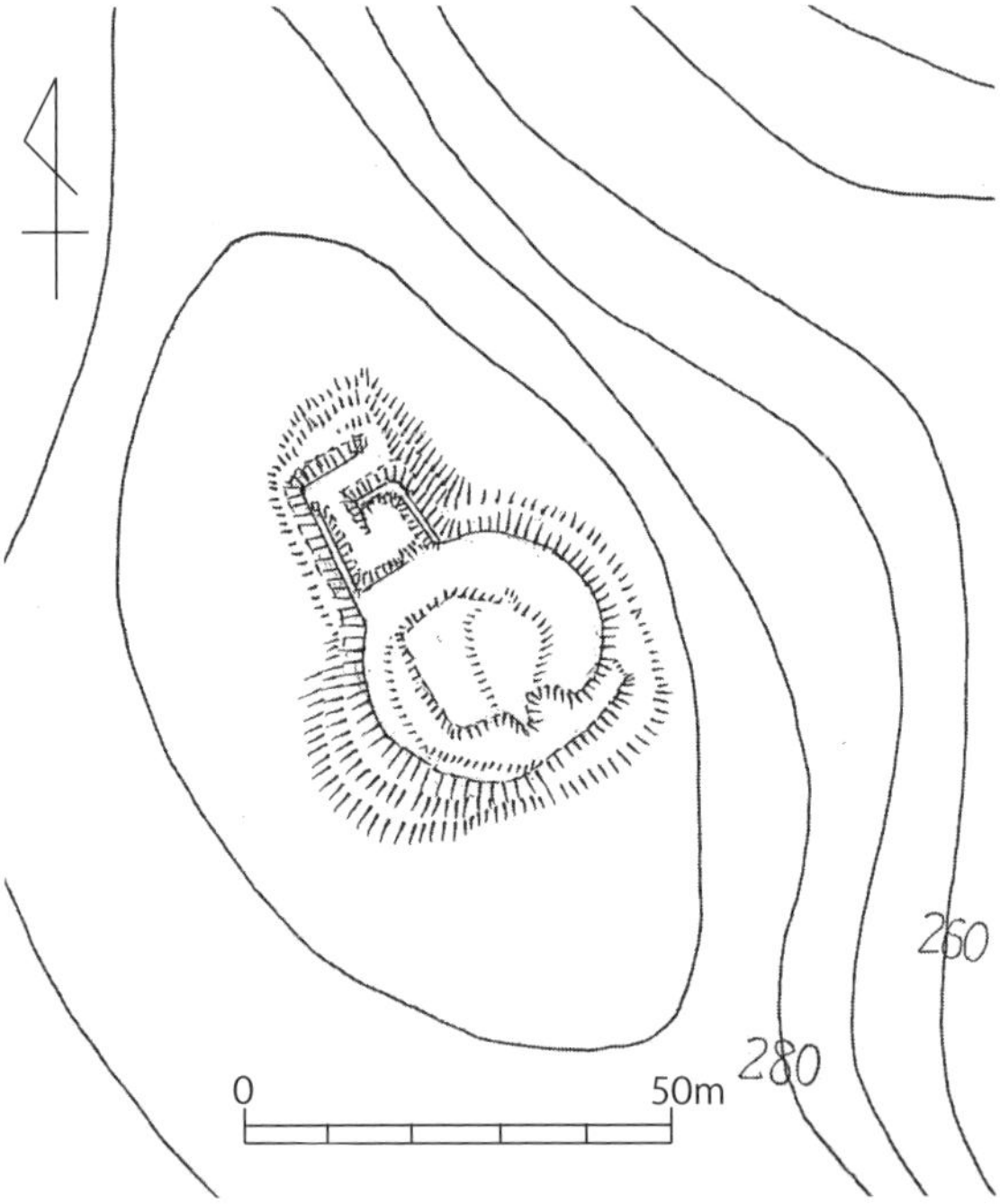

【遺構】志文川がクランク状に曲流する場所で、北から延びた尾根の中央部に直径三〇mほどの円形状の曲輪があり、中心部が高くなっている。北側に桝形虎口が開口しているなど、周辺には見られない縄張りで、蝸牛《かたつむり》型の遺構である。

【評価】志文川がクランク状に曲流する要害性の高い地形と曲輪の大きさに比べて、桝形虎口の規模が突出していることなどから、織豊系陣城の要素がある。

城跡遠景　西より

＊1　『信長公記』（奥野高広・岩沢愿彦註、角川書店、一九六九年）。

谷間にあった秀吉本陣北の防御施設か

20 平井村中村《ひらいむらなかむら》間ノ山付城《あいだのやまつけじろ》

所在地：兵庫県三木市平井
城主：竹中重治
遺構：曲輪・土塁・虎口
規模：八〇×五〇m
標高・比高：一二四m・五〇m

【選地】平井山ノ上付城の北にある尾根の西端に所在する。南麓の谷間にある長福寺《ちょうふくじ》跡を、北からの攻撃から守備するような位置にあり、北の谷は垂直に近い崖である。

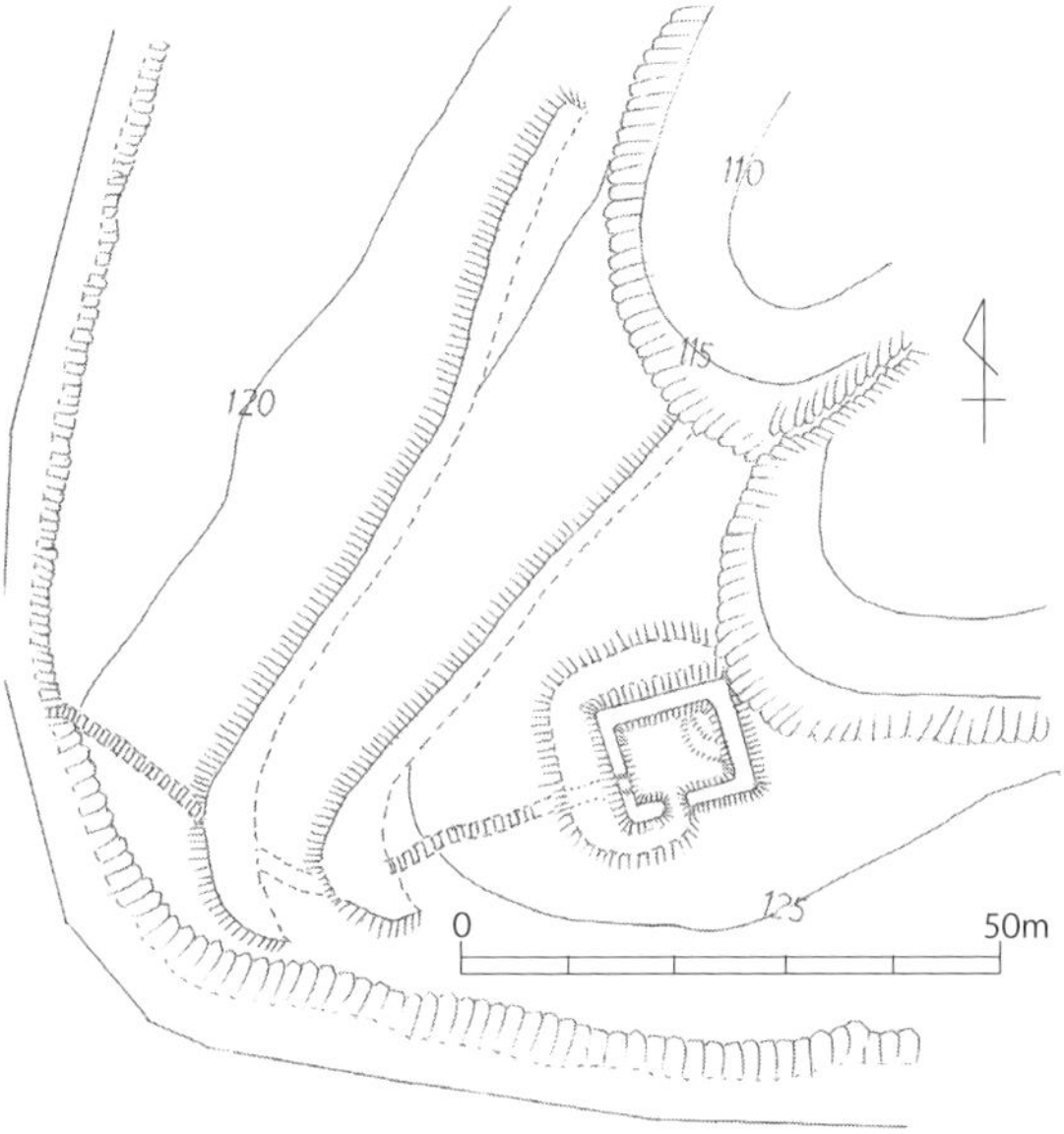

【歴史】『播磨鏡《はりまかがみ》』や『別所軍記《べっしょぐんき》』は、城主を竹中重治《たけなかしげはる》とする。*1 近年まで平井山本陣といわれており、現在も標柱が建っている。

【遺構】尾根上に東西一五×南北一〇mほどの土塁が囲む曲輪があり、虎口は南に開口している。西斜面には幅二m～五m、長さ五〇m～八〇mほどの帯状曲輪が二段ある。

【評価】三木城を攻撃する場合、この位置に陣城は不要だが、南の谷間の長福寺跡に本陣としての機能がある場合、北からの攻撃に対して必要な陣城となる。

*1　『三木城跡及び付城跡群総合調査報告書』（三木市教育委員会、二〇一〇年）。

土塁

三木城包囲の最大規模の付城

21 平井山ノ上付城《ひらいやまのうえつけじろ》

所在地：兵庫県三木市平井・与呂木・安福田
城主：織田信忠・羽柴秀吉／遺構：曲輪・土塁・櫓台・虎口
規模　五五〇×五〇〇m／標高・比高一四五m・九〇m

【選地】三木城の北東二・六kmに位置し、標高一四〇mの丘陵上にある。西に曲流する美嚢《みのう》川と、南に志染《しじみ》川が流れる要害の地である。

【歴史】天正六年（一五七八）七月、織田信忠《のぶただ》が神吉城攻略後、当地に着陣して築城し、羽柴秀吉に引き継がれたとされ、十月十五日に秀吉が津田宗及を招いて茶会を開催している。[*1]

【遺構】東西五五〇×南北五〇〇mに達し、三木城包囲の陣城中、最大規模である。中心となるのは、櫓台のある曲輪Ⅰと、西にある三方土塁囲みの曲輪Ⅱ、東の曲輪Ⅲの東西二〇〇mに及ぶ城域である。城域には北に五つ、南に四つの尾根があり、すべて段状の曲輪が造成されている。三木城への展望はⅡから良好である。また、南西の谷間から登る道が大手道とされるが、不明な部分が多い。秀吉が駐屯していたのは、北の谷間にあった寺ではないかという説があり、そこには寺池と長福寺跡がある。

【評価】縄張り的に複雑な陣城で、中心となる曲輪の防御が明確でない。東西五五〇mの尾根上に曲輪を造成し、尾根には明確な堀切等の遮断パーツがない。あえて堀切といえるのは、曲輪Ⅲの東にある堀切道イだけだが、これも遮断を重視しておらず、通路としての機能が中心である。

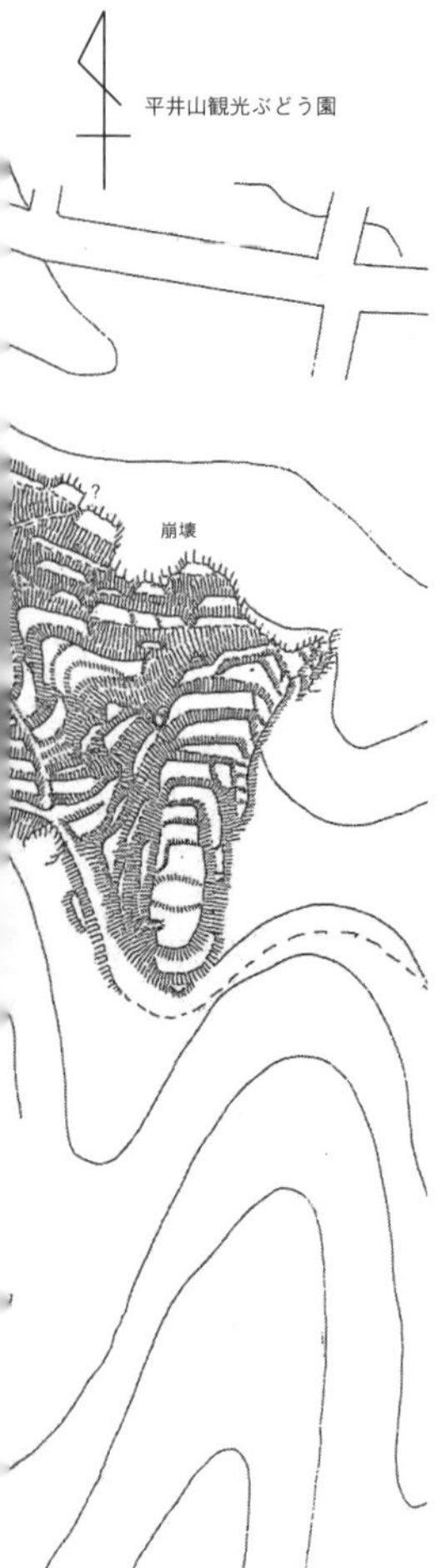

＊1　『三木城跡及び付城跡群総合調査報告書』（三木市教育委員会、二〇一〇年）。

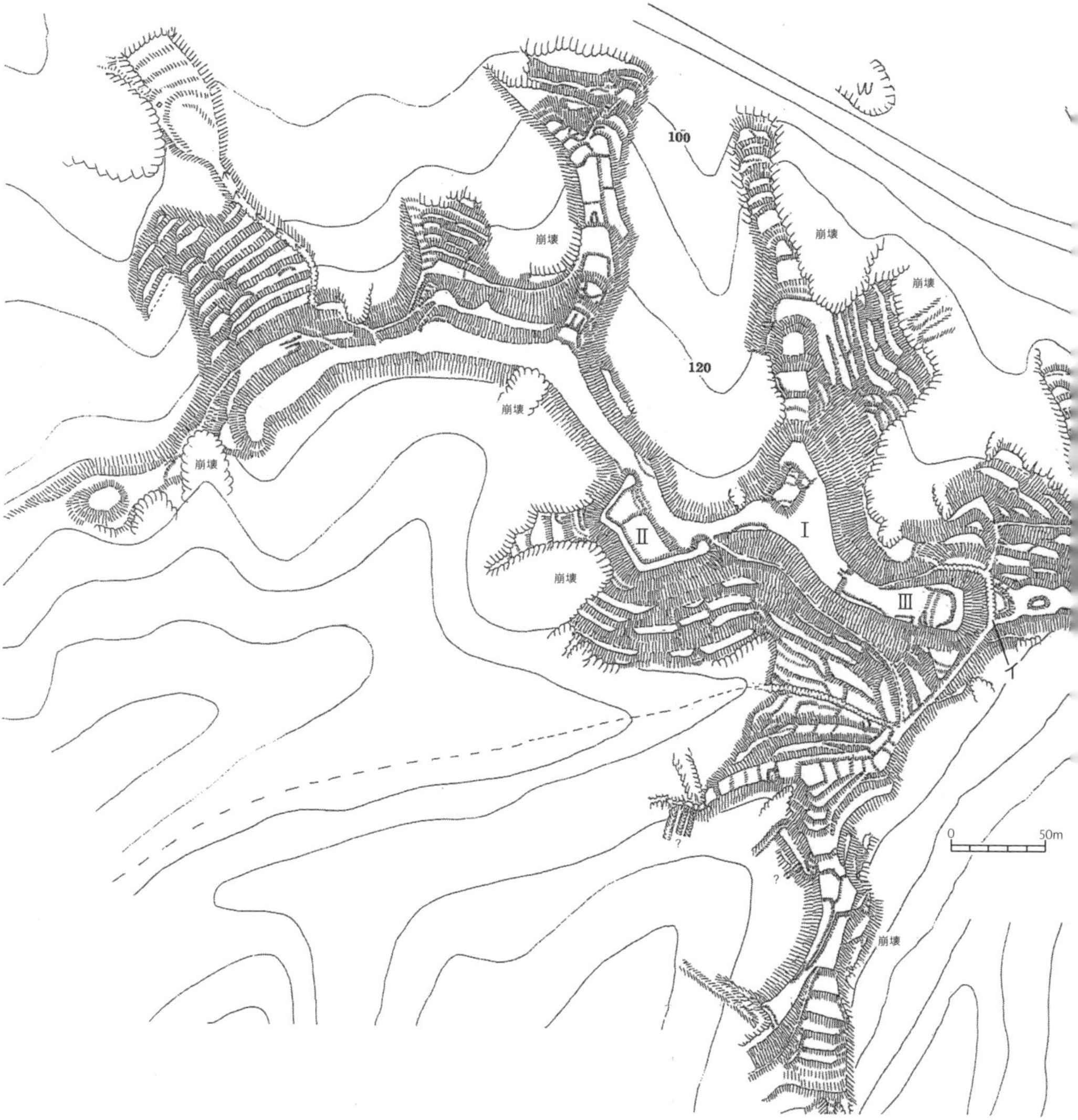

竹中半兵衛の墓

城跡遠景　南より

慈眼寺の背後にある付城

22 慈眼寺山城《じげんじやまじょう》

所在地：兵庫県三木市久留美／城主：有馬則頼
遺構：曲輪・土塁／規模：一七〇×一五〇m
標高・比高：一四八m・七〇m

【選地】美嚢川北岸の標高一四八mの山頂に位置し、東側に兵庫県小野市山田町に至る街道が通る。三木城を南に眺め、展望の良好な場所である。

【歴史】『播磨鏡』や『別所軍記』によると、城主は有馬則頼《ありまのりより》という。*1

【遺構】山頂には「水神八大龍王」が祀られ、現在の主郭Ⅰの規模は南北四〇×東西一〇mほどだが、南側が山陽自動車道の建設に伴い削り取られている。発掘調査により、南北四間、東西三間以上の礎石建物跡が検出された。主郭の周囲を空堀がめぐり、幅五×深さ三mと推定されているが、現在は破壊されており不明である。

Ⅰの西に七〇mほど離れて、東西二〇×南北一〇mほどの曲輪Ⅱがあり、中間の尾根部Ⅲも曲輪として使用された可能性がある。北に続く尾根の平坦地と、東の傾斜を伴った尾根も、駐屯地として使用された可能性を考えたい。

【評価】現在残っている主郭Ⅰは、切岸が明確で、発掘も実施され遺物が出土している。しかし、その他の曲輪は自然地形の部分が多く曖昧である。

北側の切岸

主郭部分の社

*1 『三木城跡及び付城跡群総合調査報告書』（三木市教育委員会、二〇一〇年）。

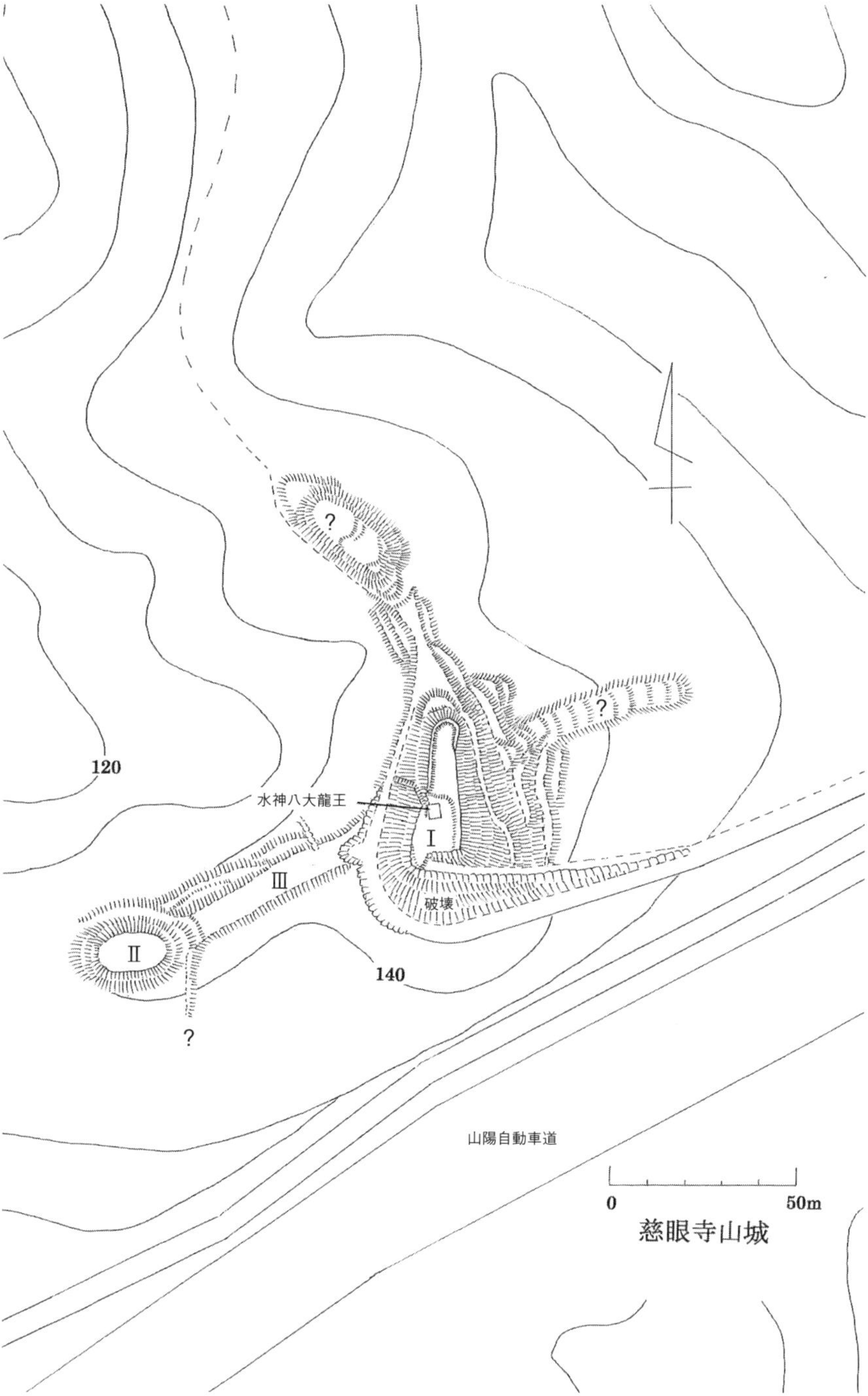

慈眼寺山城

広大な曲輪面積を誇る付城

23 久留美村《くるみむら》大家内谷上付城《おがちたにのうえつけじろ》

所在地：兵庫県三木市跡部・西ノ谷、東谷
城主：加藤光泰
遺構：曲輪・竪堀・櫓台・虎口・土塁
規模：二〇〇×一七〇m
標高・比高：八二m・三〇m

【選地】美嚢川が志染川と合流し、東から西に流れる北三〇〇mの、三角形の台地に位置する。曲輪は上段と下段で構成されている。

【歴史】『播磨鏡』や『別所軍記』によると、城主は加藤光泰《かとうみつやす》という。*1

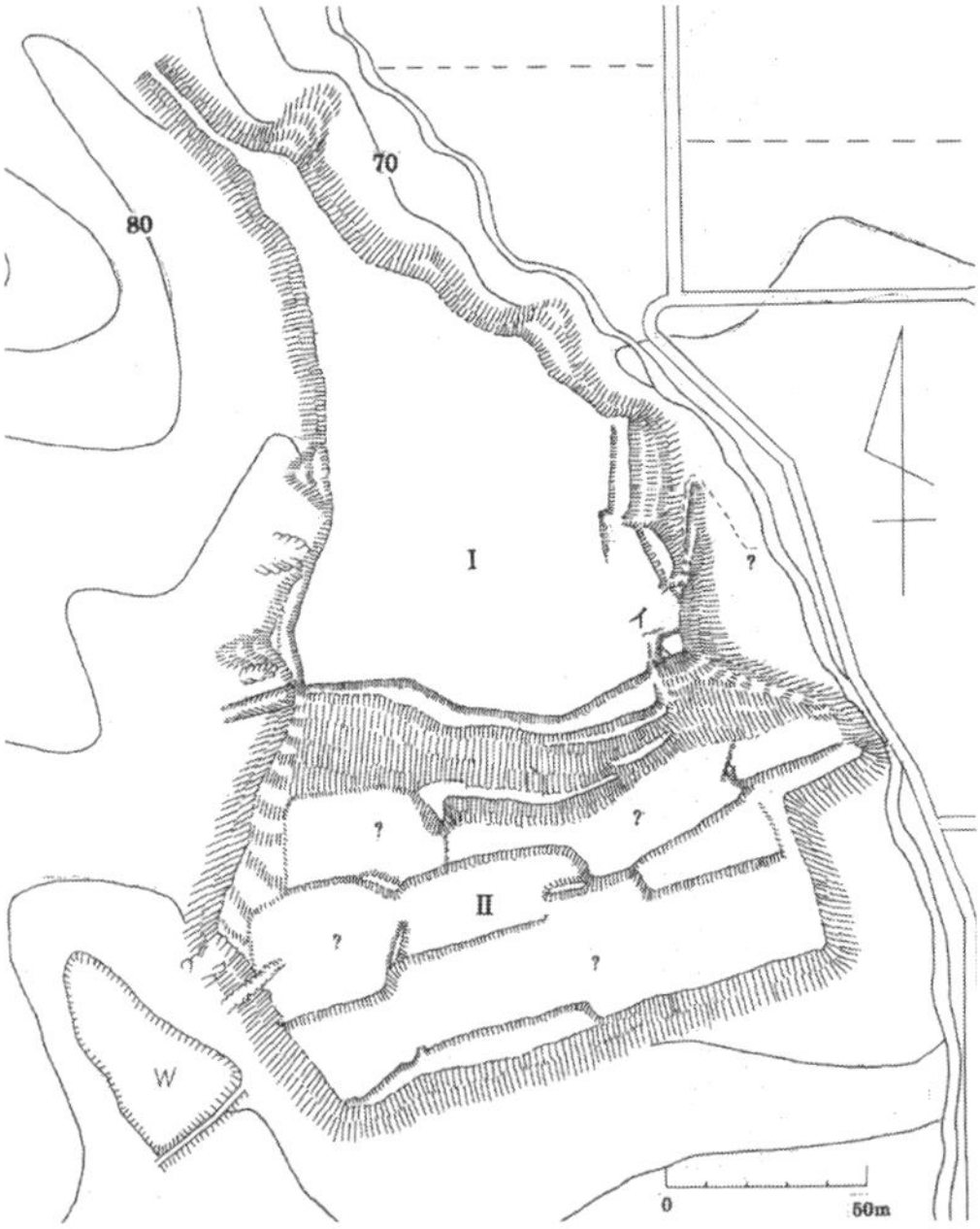

【遺構】城域は丘陵を利用しており、三角形をした上段曲輪Ⅰの面積は広い。東隅に五×五mの櫓台イがあり、虎口が南側に開口している。下段曲輪Ⅱまでの切岸は三〇mほどで、帯状の曲輪が四段見られる。下段のⅡの規模は、東西一五〇×南北六〇mほどあり、内部は三段ほどの岸を設けた構造である。

【評価】Ⅰは、自然地形の部分もあるが平坦である。Ⅱは、八ヵ所ほどに細分化されており、後からの耕作地と考えられる。

城跡遠景　東より

＊1　『三木城跡及び付城跡群総合調査報告書』（三木市教育委員会、二〇一〇年）。

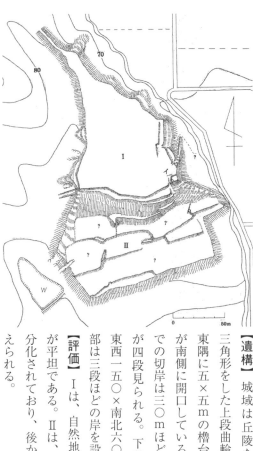

尾根先端西隅の土塁囲みの付城

24 跡《あと》部《べ》村《むら》山《やま》ノ《の》下《した》付《つけ》城《じろ》

所在地：兵庫県三木市跡部
城主：織田信澄／遺構：曲輪・虎口・土塁
規模：三五×二〇m／標高・比高：七一m・一〇m

【選地】北の跡部の山から南へ延びた、標高七一mに位置する。西の谷間には、北の加佐《かさ》坂を経由して兵庫県小野市山田町へ抜ける道がある。北西六〇〇mほどの山陽自動車道三木サービスエリアが建設される以前には、同所に加佐山城があった。

【歴史】『播磨鏡』によると、城主は織田信澄《のぶずみ》という。*1

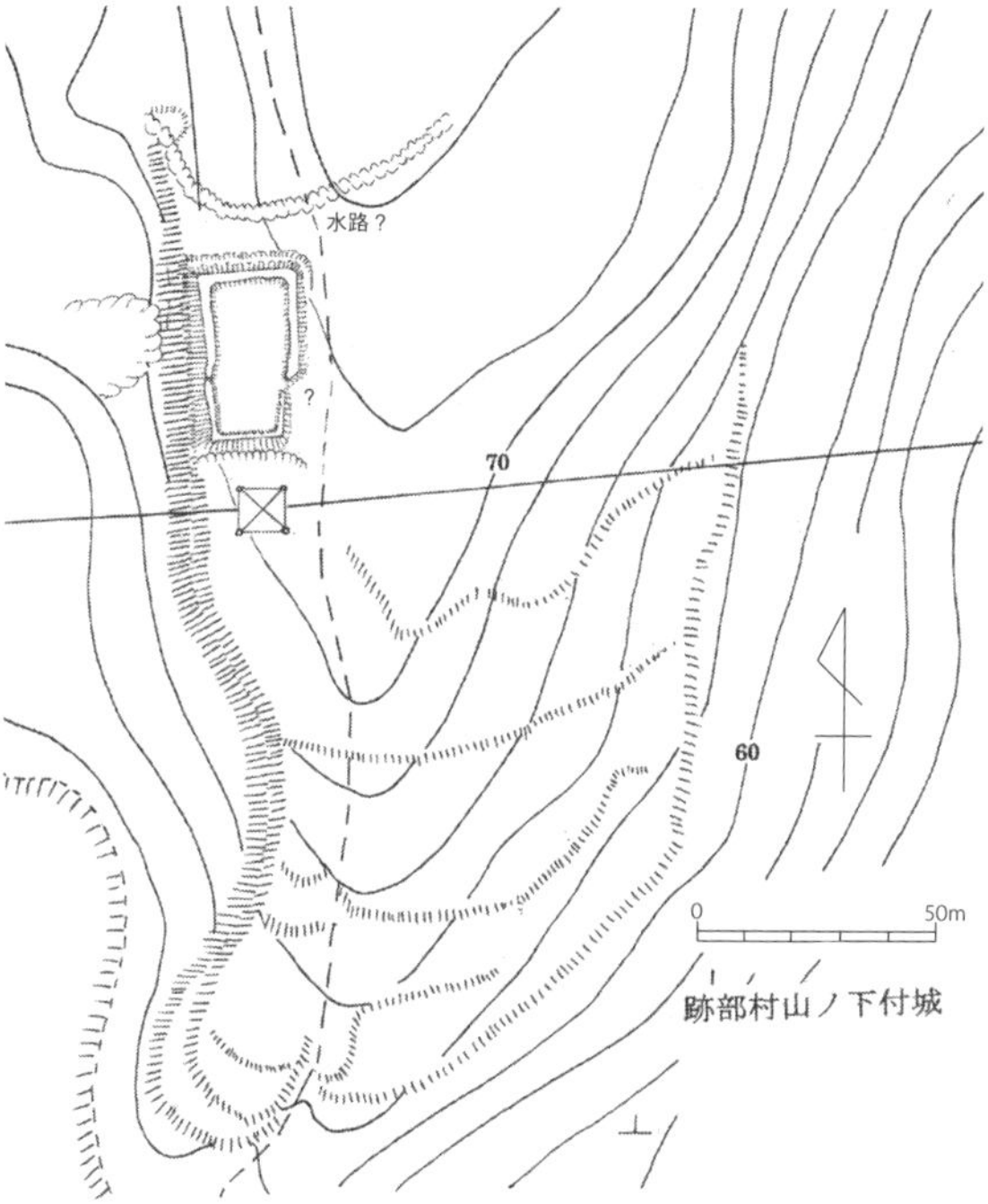

跡部村山ノ下付城

【遺構】尾根先端の西隅に、南北三五×東西二〇mほどの方形の曲輪があり、周囲に土塁が囲繞する構造である。虎口は東側に開口するとされるが、明確ではない。尾根先端部の一五〇mほどは傾斜地となっているため、駐屯地は曲輪の北から東にかけての平坦地であろう。

【評価】丘陵先端部の自然地形は駐屯地として利用されたことが考えられ、土塁の囲繞する部分は、戦闘指揮所と評価する。

*1 『三木城跡及び付城跡群総合調査報告書』（三木市教育委員会、二〇一〇年）。

城跡遠景　西より

北側の土塁　東より

土塁

25 多重土塁の起点となる繋ぎ付城

法界寺山ノ上付城《ほうかいじやまのうえつけじろ》

所在地：兵庫県三木市別所、高木／城主：宮部継潤
遺構：曲輪・虎口・土塁・空堀
規模：一九〇×一二〇m／標高・比高：八〇m・五〇m

【選地】 美嚢川に沿って西に向かう湯の山街道の、南側丘陵先端の標高八〇mに位置する。加古川《かこがわ》流域からの敵を意識した付城で、南の丘陵上には多重土塁が高木大塚《たかぎおおつか》城方向へと延びている。

【歴史】『播磨鏡』や『別所軍記』によると、城主は宮部継潤《みやべけいじゅん》という。[*1]

【遺構】 東に三〇×二五mの土塁と空掘で囲まれた曲輪Ⅰと、西の四〇×二三mほどの土塁囲みの曲輪Ⅱがある。

Ⅰの虎口は北と南に開口し、西のⅡは北と東に虎口が開口しており、両曲輪とも北斜面の帯状曲輪への繋がりを重視している。南の丘陵地にはL型や一文字土塁を設け、駐屯地の防御としている。また、五〇mほど南東から多重土塁が始まり、高木大塚城に接続していたと考えられる。

【評価】 本城の重要性は、多重土塁による繋ぎ付城[*2]ということである。現在、ほかの多重土塁は一部分しか残っていないため、詳しいことは不明だが、多重土塁の機能を考えると、付城間の通行の安全性と敵の攻撃からの遮断を図り、土塁と土塁の間の空間を曲輪として利用できる利便性がある。

多重土塁

＊1 『三木城跡及び付城跡群総合調査報告書』（三木市教育委員会、二〇一〇年）。

＊2 繋ぎ付城　付城と付城の間を土塁や柵で繋ぎ、敵城への補給や攻撃を防ぐ。付城と付城の連携を向上させて包囲するもの。

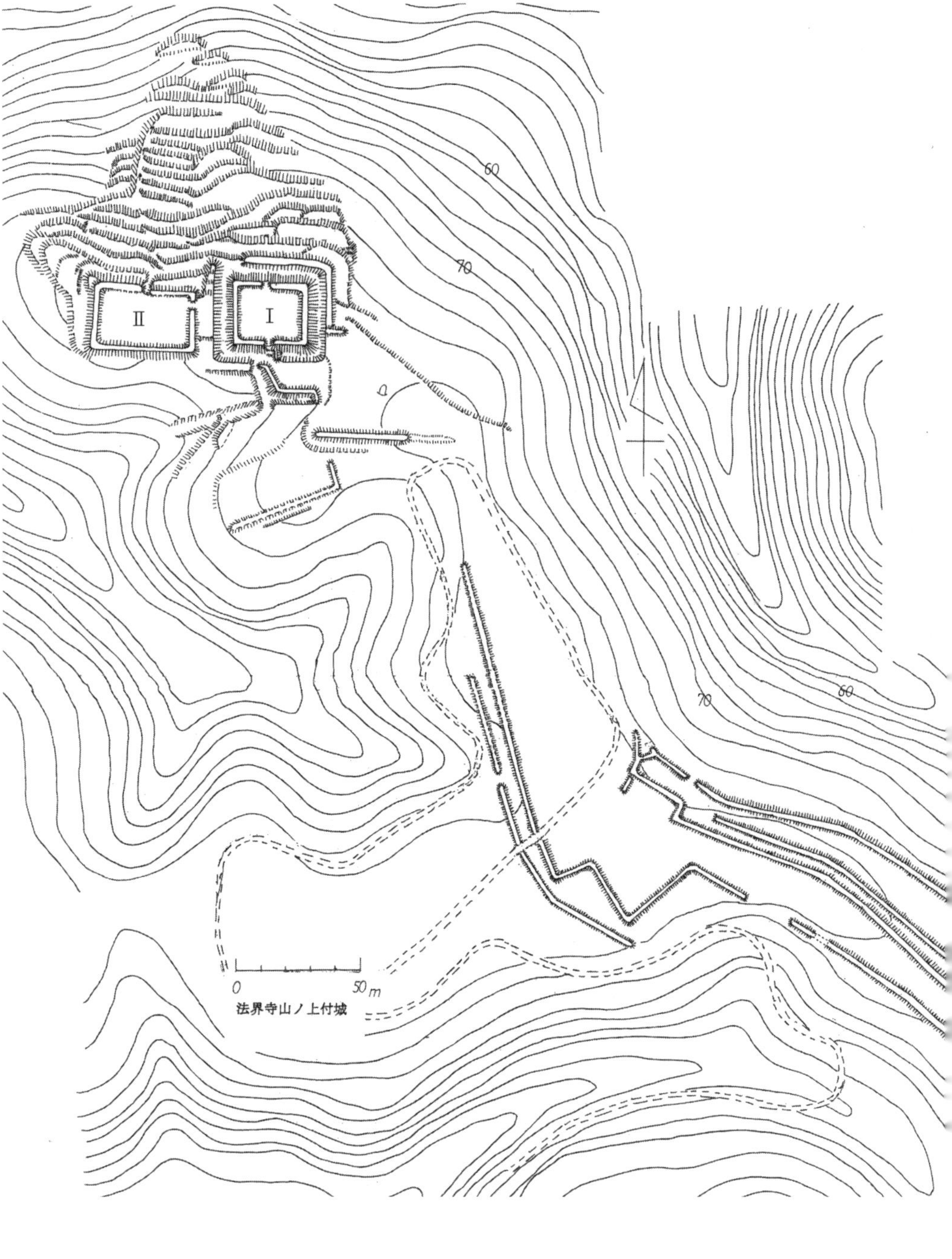

法界寺山ノ上付城

多重土塁の中間にある付城

26 高《たか》木《ぎ》大《おお》塚《つか》城《じょう》

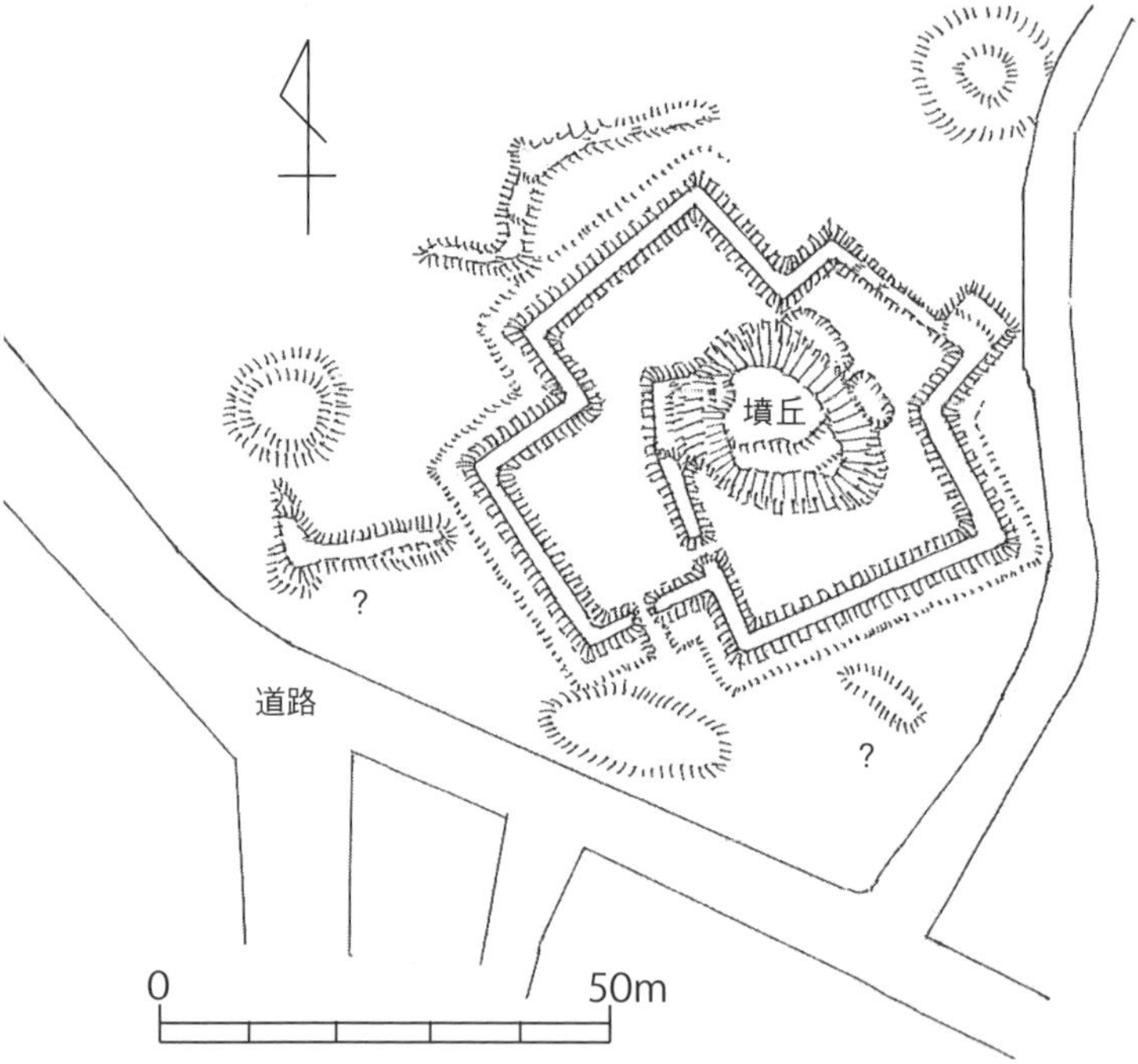

所在地：兵庫県三木市別所町朝日ヶ丘／城主：—
遺構：曲輪・虎口・土塁・櫓台
規模：六〇×六〇m／標高・比高：八五m・三〇m

【選地】法界寺山ノ上付城から南東に八〇〇mほどの朝日ヶ丘団地の一画に位置し、南に三木ホースランドパークがある。法界寺山ノ上付城から、多重土塁が繋がっていたと考えられる。

【歴史】『播磨鏡』や『別所軍記』には記述がなく、不明である。*1

【遺構】櫓台は直径が二〇mほどの古墳を利用し、周りを土塁で取り巻き、土塁には折れを設けている。虎口は南に開口しており、東側の折れから横矢掛けが可能となっている。

【評価】曲輪の規模は小さいが縄張りが技巧的で、多重土塁で繋ぐ付城群の中心に位置する付城である。

土塁

＊1　『三木城跡及び付城跡群総合調査報告書』（三木市教育委員会、二〇一〇年）。

「宿の谷」を望む付城

27 シクノ谷《たに》峯《みね》構《かまえ》付城《つけじろ》

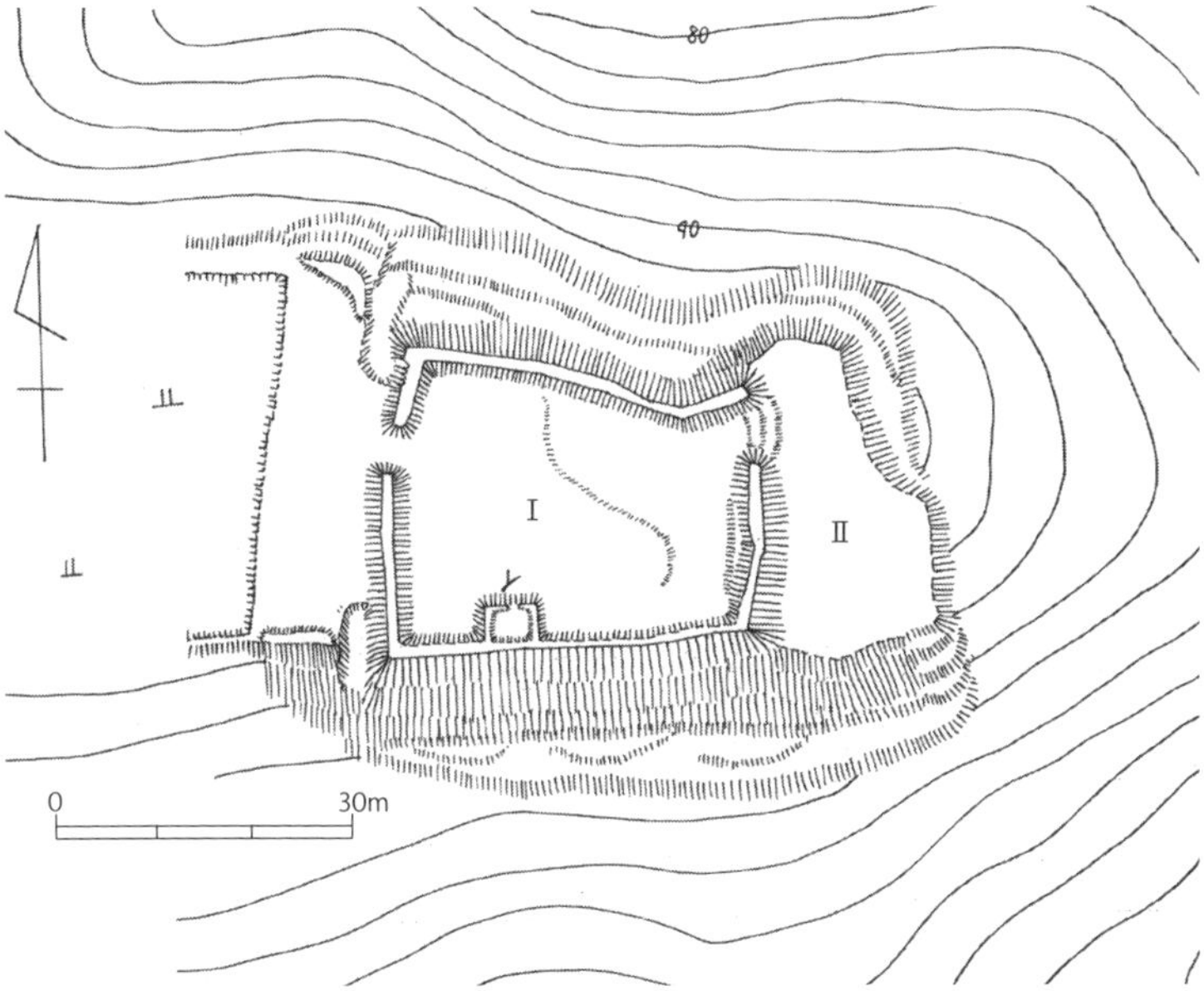

所在地：兵庫県三木市福井／城主：―
遺構：曲輪・虎口・土塁・櫓台
規模：八〇×三〇m／標高・比高：九五m・二五m

【選地】 高木大塚城の南東一km、三木ホースランドパークの東側に所在し、北西から南東に延びる丘陵の東端から北に延びる丘陵端で、「宿の谷」を望む位置にある。

【遺構】 曲輪群は東西に並んでおり、西の土塁が囲繞する曲輪Ⅰと、東の曲輪Ⅱで構成されている。また、Ⅰの西側に田圃があり、土塁の一部が南と北に残っているため、曲輪であった可能性が高い。Ⅰは、東西に虎口が開口し、南に五×四mの櫓台イがある。北東の「宿の谷」を見下ろす付城であり、平成八年と十三年に確認調査が実施された。

【評価】 現存するⅠは、土塁が囲繞し櫓台をもつ、技巧的な縄張りである。西側の田圃で消滅した曲輪を含めると、中規模の付城である。

土塁

28 明石道峯構付城《あかしみちみねがまえつけじろ》

「明石道」を監視する付城

所在地：兵庫県三木市福井／城主：―
遺構：曲輪・虎口・土塁・櫓台
規模：八〇×三〇m／標高・比高：一〇四m・三〇m

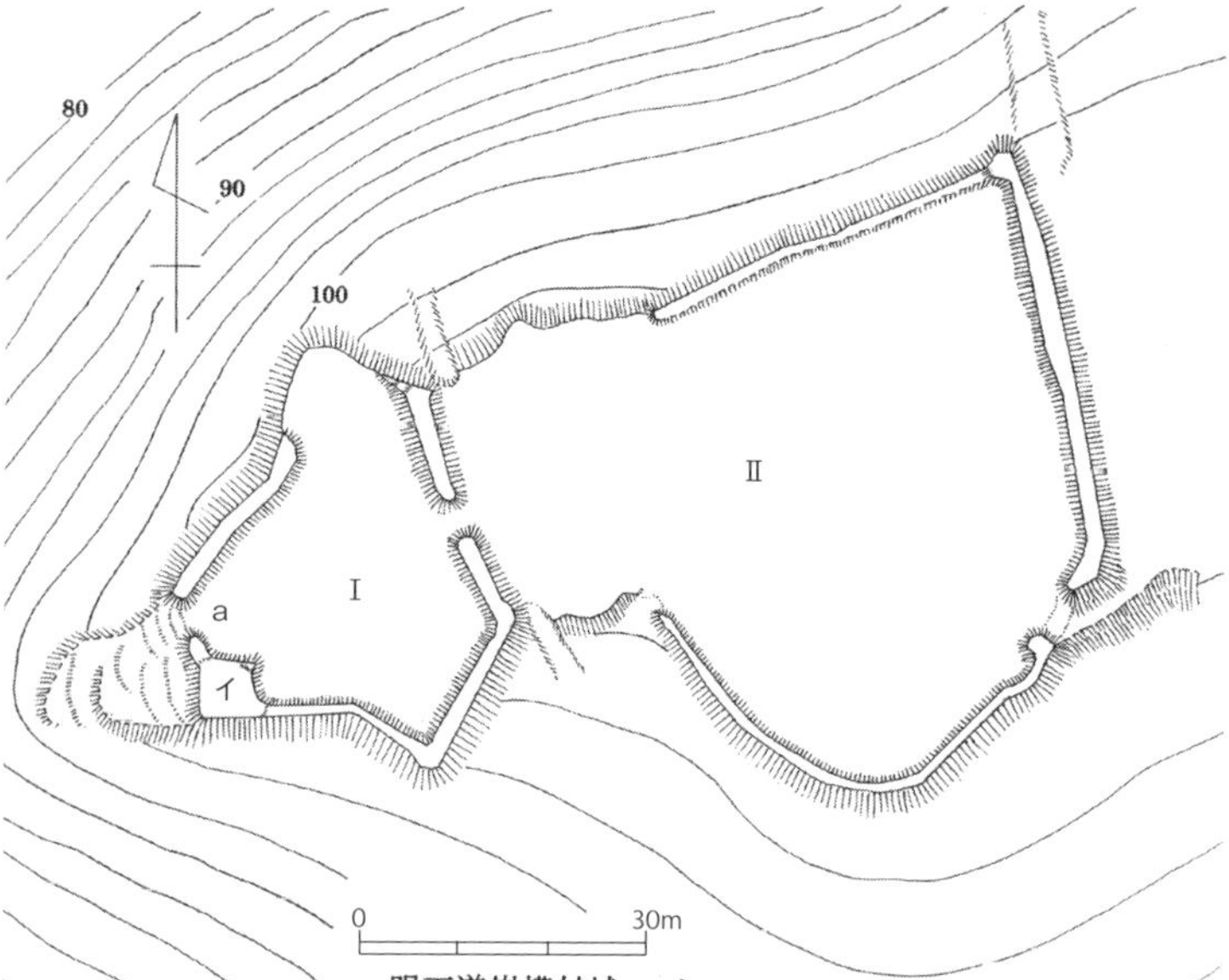

明石道峯構付城

【選地】 シクノ谷峯構付城から「宿の谷」を挟んで、北東六〇〇mに位置する。南東山麓を明石道が通るため、この城名が付けられた。

【遺構】 東西の曲輪で構成され、地形に沿った縄張りである。西の曲輪Ⅰは、北側の一部を除いて土塁が囲繞する。虎口は西と東に開口し、虎口aの南に櫓台イがある。

東の曲輪Ⅱは面積が広く、全体の八割ほどを土塁が囲んでいる。虎口は南東と南にあるが、南の虎口は疑問が残る。

【評価】 三木城は北にあるが、付城の防御方向は南西側となっている。三木城方向ではなく、明石道の監視が目的であったと考える。

土塁

三木城包囲の重要な位置に所在する付城

29 小林八幡神社付城《こばやしはちまんじんじゃつけじろ》

所在地：兵庫県三木市別所町小林／城主：—
遺構：曲輪・虎口・土塁・櫓台
規模：一〇〇×七〇m／標高・比高：一一八m・二〇m

【選地】神戸電鉄粟生《あお》線志染駅から西へ約一・五kmの、東から延びる舌状丘陵先端に位置し、北の三木城とは低地を挟んだ地形となる。江戸時代中期には城跡に八幡神社が祀られた。

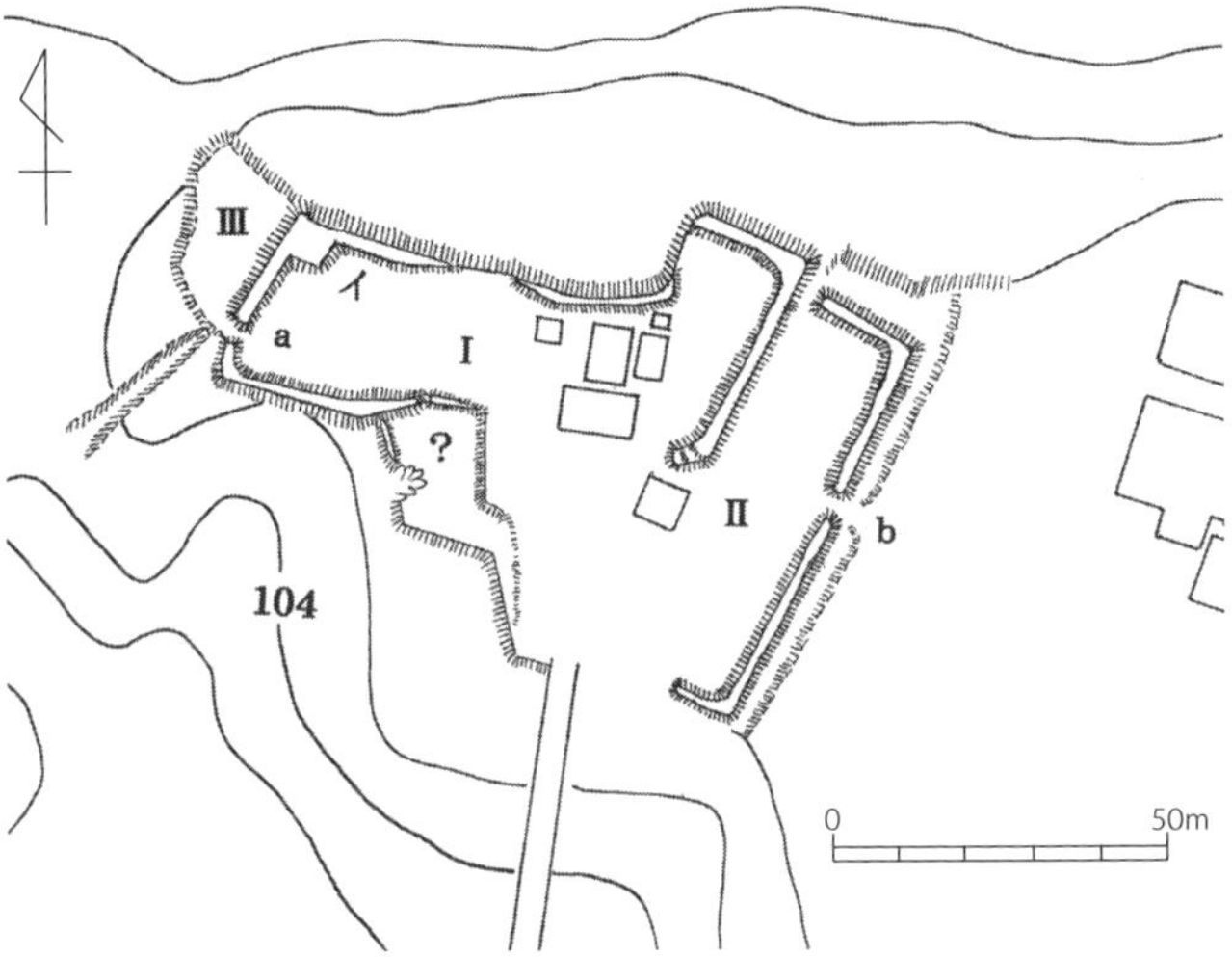

【遺構】全体的な縄張りは地形に沿ったもので、曲輪Ⅰの主郭部と曲輪Ⅱの丘陵接続部分で構成される。北西の先端部分に曲輪Ⅲがあり、南側の参道部分は、八幡神社建設時に破壊されている。西側の櫓台イや虎口aは、道路建設のために破壊され、現在は八幡神社社殿のある東側に遺構が残る。

平成四・五・八年度に発掘調査が行われ、西側の調査区域では、盛り土による整地が行われていたことがわかった。北西隅には六×五mの櫓台イがあるが、ピットや礎石は発見されなかった。周辺には多重土塁が残っており、多重土塁による繋ぎ付城であったようだ。

【評価】シクノ谷峯構付城から明石道峯構付城を経て、小林八幡神社付城への多重土塁が構築され、三木城包囲の外郭部の付城として重要な位置にある。

土塁

南西にある前衛の明石道監視の付城

30 八幡谷ノ上《はちまんだにのうえ》 明石道付城《あかしみちつけじろ》A

所在地：兵庫県三木市福井
城主：間島氏勝
遺構：曲輪・土塁
規模：六〇×三〇m
標高・比高：九四m・三五m

【選地】三木城の南西一㎞ほどの、南東方向から北西に延びた丘陵先端の標高九四mに位置する。南西に明石道が通り、北の三木城へも近距離で、最前線の付城である。

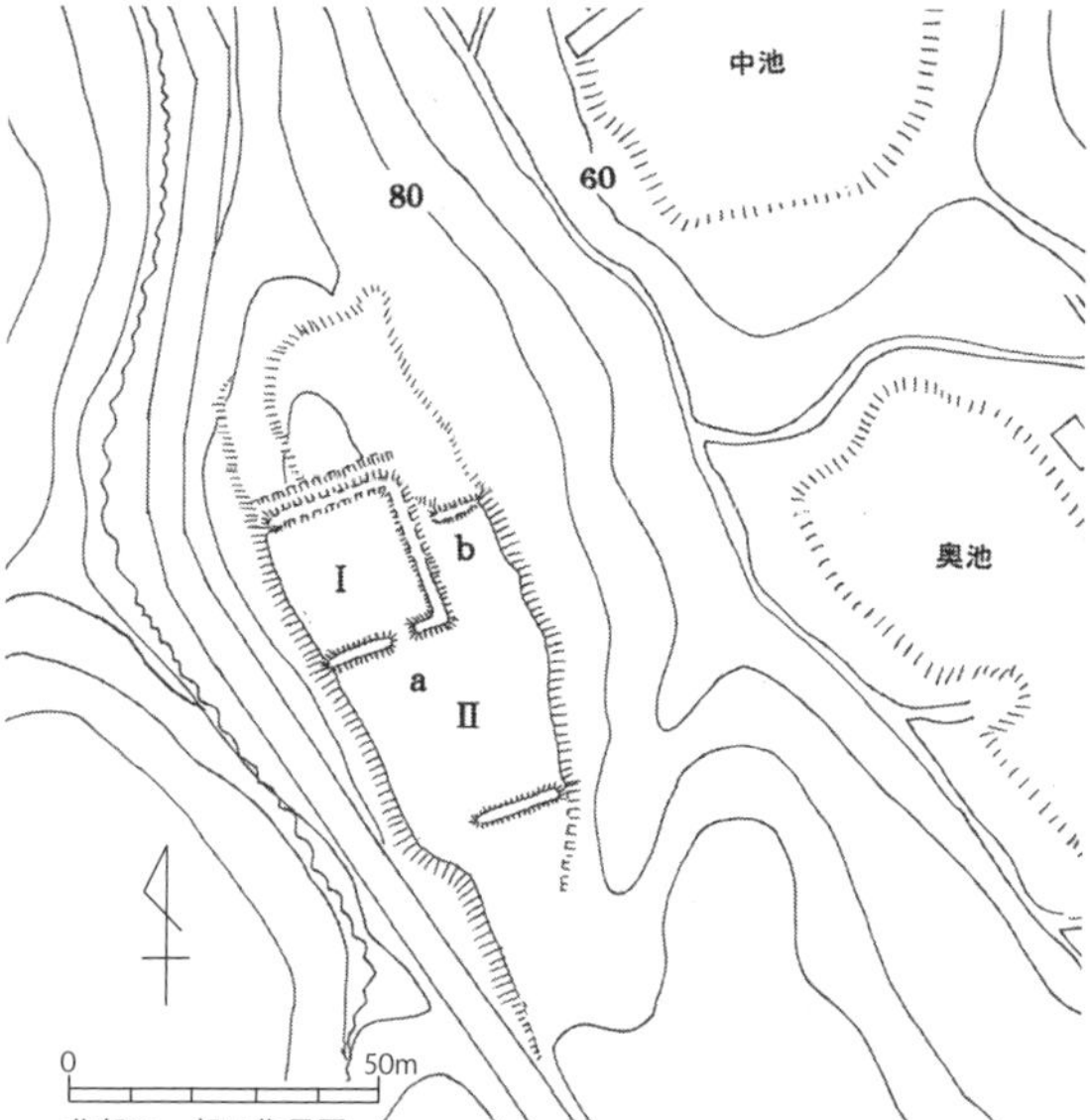

北部の一部は復元図

【歴史】『播磨鏡』や『別所軍記』によると、城主は間島氏勝《まじまうじかつ》という。*1

【遺構】関西電力の鉄塔の建て替えに伴い、平成十年に発掘調査が実施された。曲輪Ⅰは方形で、西側以外の三方に土塁をめぐらし、南東に虎口aが開口する。曲輪内部では多くの柱穴が検出されている。東南には曲輪Ⅱがあり、発掘でⅠの東から虎口bが見つかり、門の礎石が検出されている。その他、発掘報告書では四つの曲輪の存在を指摘しているが、詳しいことは不明である。

【評価】北の三木城とは谷を隔てており、前衛の付城として地形的にも要害性が高い。

土塁

＊1　『三木城跡及び付城跡群総合調査報告書』（三木市教育委員会、二〇一〇年）。

三木城包囲の最前線の付城

31 二位谷奥付城《にいだにおくのつけじろ》A

所在地：兵庫県三木市さつき台一丁目
城主：浅野長政・一柳直末／遺構：曲輪・土塁・虎口・櫓台
規模：九〇×八〇m／標高・比高：一一八m・四〇m

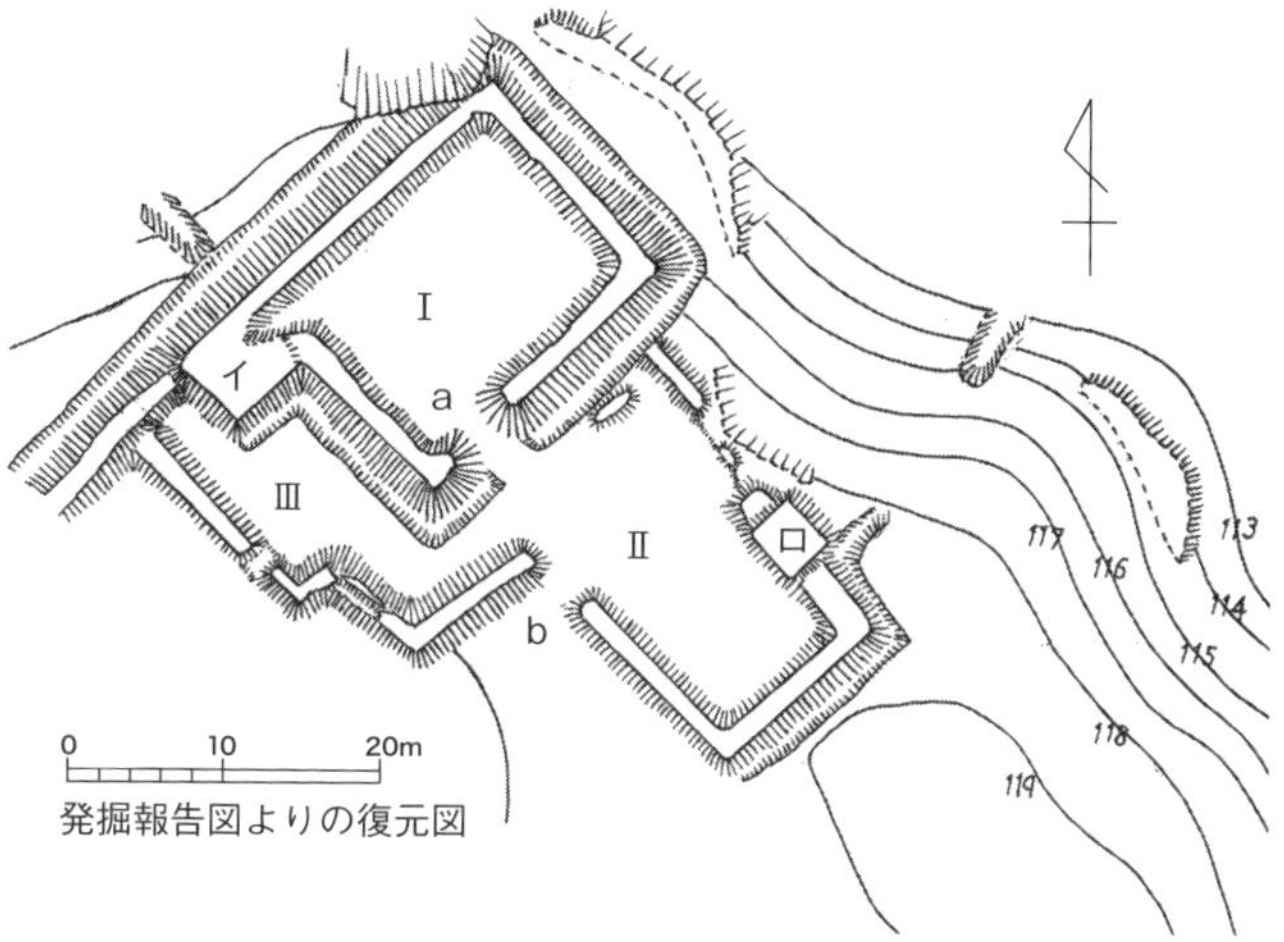

発掘報告図よりの復元図

【選地】三木城の宮ノ上要害の東南一kmほどにあり、西は八幡谷方面に通じ、東は斜面となる丘陵上に位置する。三木城が北西の丘陵先端にあるため最前線にあたり、丘陵上には障害となるものがない。

【歴史】『播磨鏡』は城主を浅野《あさの》長政《ながまさ》とし、『別所軍記』は一柳直末《ひとつやなぎなおすえ》とする。*1

【遺構】団地の道路整備に伴い、平成九・十年度に発掘調査が実施され、方形の二〇×一五mの曲輪Ⅰが検出された。西隅に七×五mの櫓台イがあり、周囲には高さ一mほどの土塁が囲繞し、外側に狭い空堀がめぐっていた。南東には虎口aが開口し、門の礎石が検出され、曲輪内部からは建物の柱穴三棟分を検出した。南東の曲輪Ⅱも土塁が囲繞し、北東の土塁上には櫓台ロがあり、南西には虎口bが開口している。西側の曲輪Ⅲは、Ⅰの南西側にある。

【評価】三木城に対しての最前線の付城で、曲輪の周囲を完全に土塁が囲繞し、土塁の高さも高く、包囲網の付城の中で、最も厳重な防御である。

＊1　『三木城跡及び付城跡群総合調査報告書』（三木市教育委員会、二〇一〇年）。

発掘調査風景（曲輪）

古城を改修した三木城包囲の付城

32 和田村四合谷《わだむらしごうだに》村ノ口付城《むらのくちつけじろ》

所在地：兵庫県三木市志染町吉田
城主：五十嵐九郎衛門・遠藤兵部
遺構：曲輪・土塁・虎口・櫓台・竪堀・空掘
規模：一五〇×一二〇m
標高・比高：九六m・三七m

【選地】志染川が東から西へ流れ、南側へ曲流する吉田の地のうち、南から丘陵が突出した標高九六mに位置する。西と東の志染川流域への展望は良好である。

【歴史】南北朝期の暦応二年（一三三九）、赤松則祐《あかまつそくゆう》が丹生山の南朝方を攻めた「志染陣」であった可能性が指摘されている。[*1] また、『播磨鏡』は城主を五十嵐九郎衛門とし、『別所軍記』は遠藤兵部とする。[*2]

【遺構】曲輪Ⅰは東西八〇×南北三〇mほどの規模で、三木城側は三条の堀切で遮断しており、虎口aは北西方向に開口している。北西隅には墳丘を利用した櫓台イがあり、堀切側には低土塁を設けている。東の中腹には大堀切を敷設し、北側には五段から七段の帯状曲輪を設けている。曲輪北西斜面の曲輪Ⅱも、西側に竪堀を敷設して防御しているため、曲輪として認識してよい。曲輪内の神社は後から祀ったようである。また、最下段の曲輪Ⅲも城郭の一部として認められる。

県道の建設に伴い、平成十五年に発掘調査が実施され、Ⅰから掘立柱建物跡、ピット、土坑、溝、集石、鍛冶炉等が検出された。ピットでは建物跡が一棟復元できた。

【評価】古城跡を改修して付城に利用している。櫓台も墳丘を利用したものであり、付城としての縄張りは評価できない。

＊1　「ひょうごの遺跡」（兵庫県教育委員会、二〇〇四年）。
＊2　『三木城跡及び付城跡群総合調査報告書』（三木市教育委員会、二〇一〇年）。

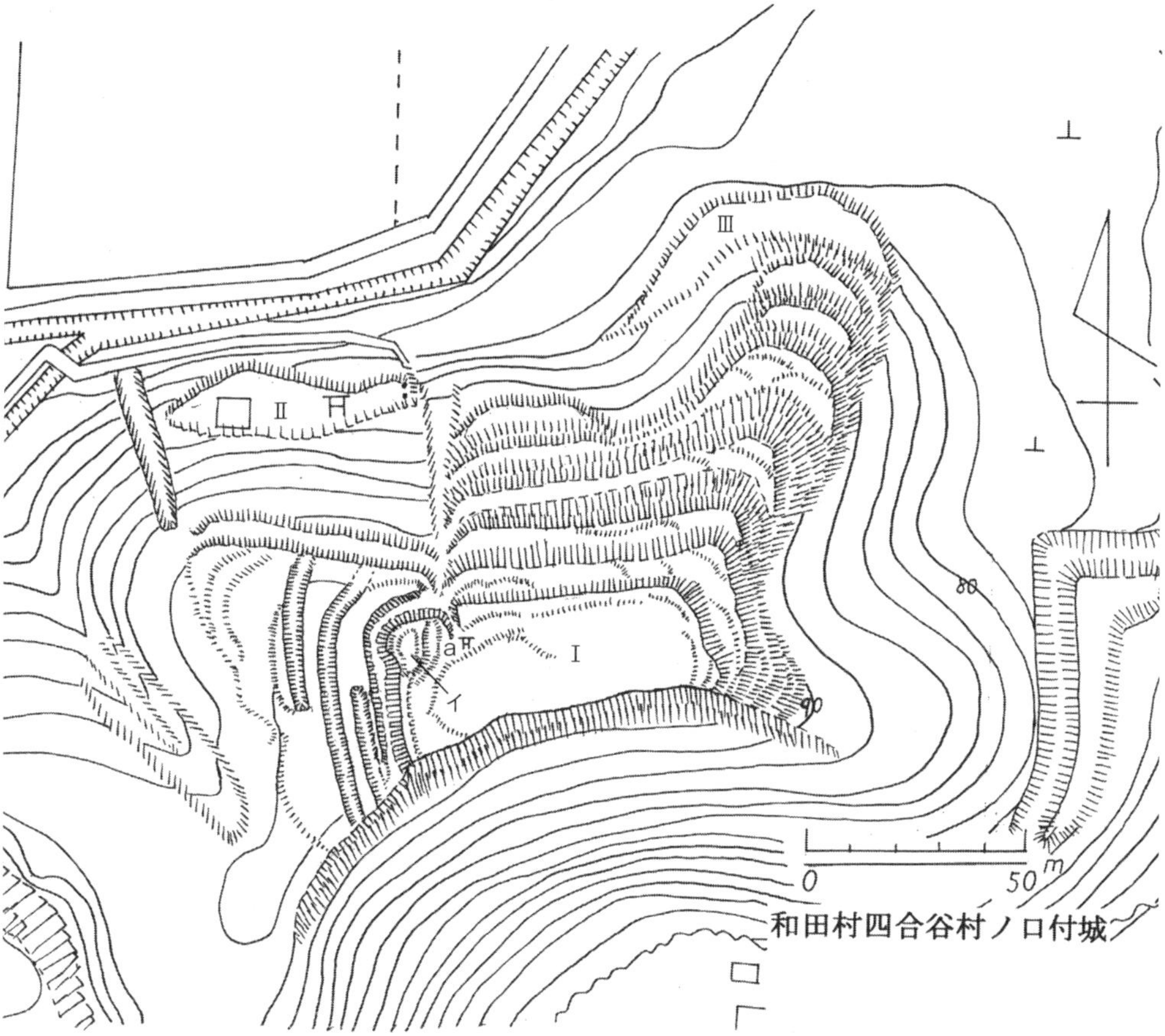

空堀

城跡遠景　東より

古城を使用した淡河城を見下ろす付城

33 天《てん》正《しょう》寺《じ》城《じょう》

所在地：兵庫県神戸市北区淡河町淡河／城主：―
遺構：曲輪・堀切・竪堀・土橋／規模：一二〇×七〇m
標高・比高：二三〇m・九〇m

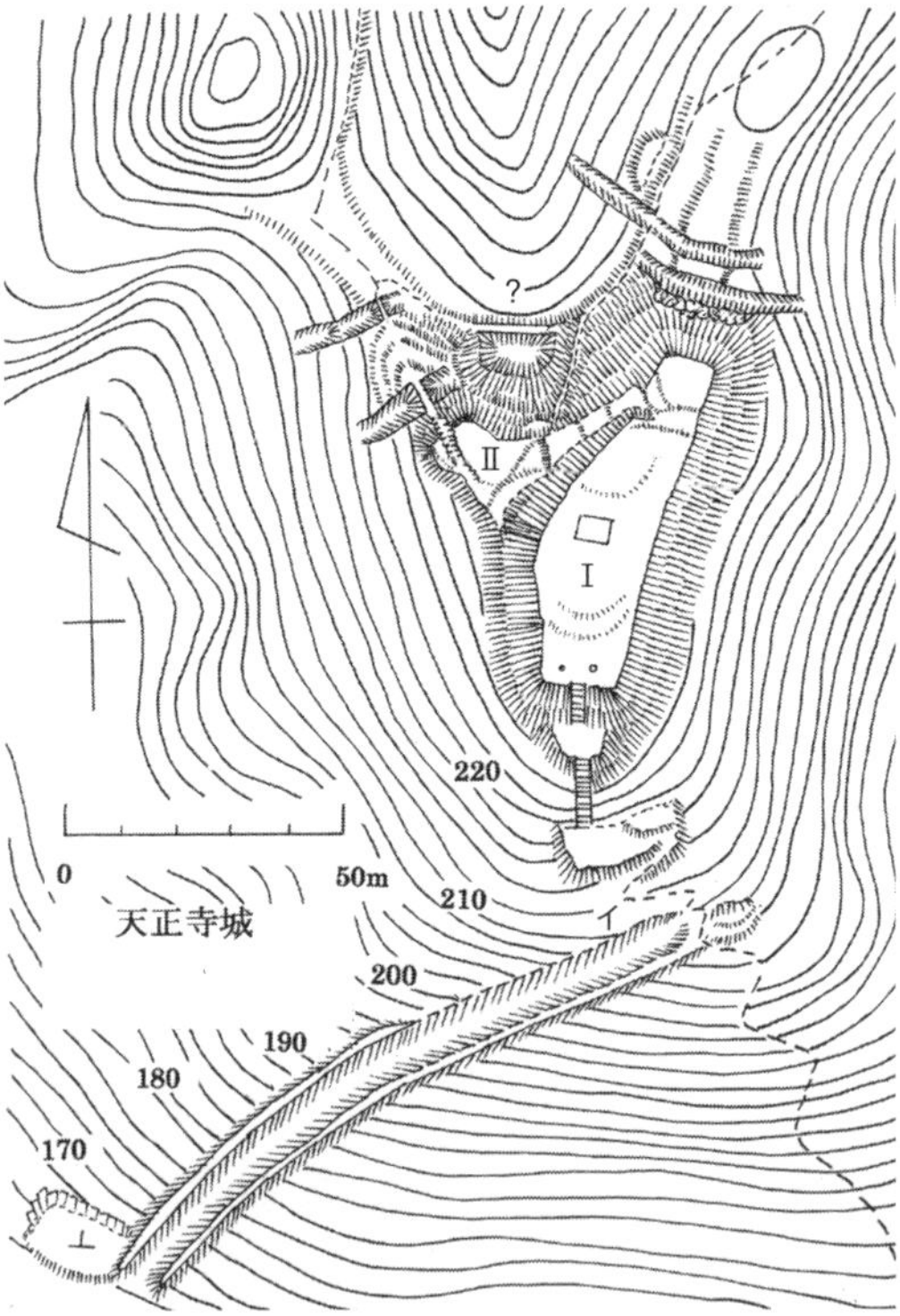

【選地】 淡河城から北へ一kmほど、山陽自動車道を隔てた標高二三〇mの山頂に位置する。山頂には愛宕《あたご》神社が祀られ、南に淡河城を見下ろす環境にある。

【遺構】 淡河城の向城として構築したものを、織田氏が付城として使用したといわれる。南北六〇×東西二〇m規模の曲輪Ⅰと、北西に一段下がって東西二〇×南北一〇mほどの曲輪Ⅱがあり、長さ二〇mほどの帯状曲輪でⅠに接続している。

北と北西の尾根続きは、各二条の堀切で遮断し、北西方向の堀切には土橋が設けられている。

南側斜面には二段の小規模曲輪があり、その下側には、東から南西方向に幅六mほどの竪堀が下っている。

【評価】 織田氏が付城として使用したときに改修されたと考えられるのは、南斜面の竪堀だけであろう。

城跡遠景　南より

南斜面の竪堀

織田氏が構築した淡河城の付城

34 淡河《おうご》西《にし》付《つけ》城《じろ》

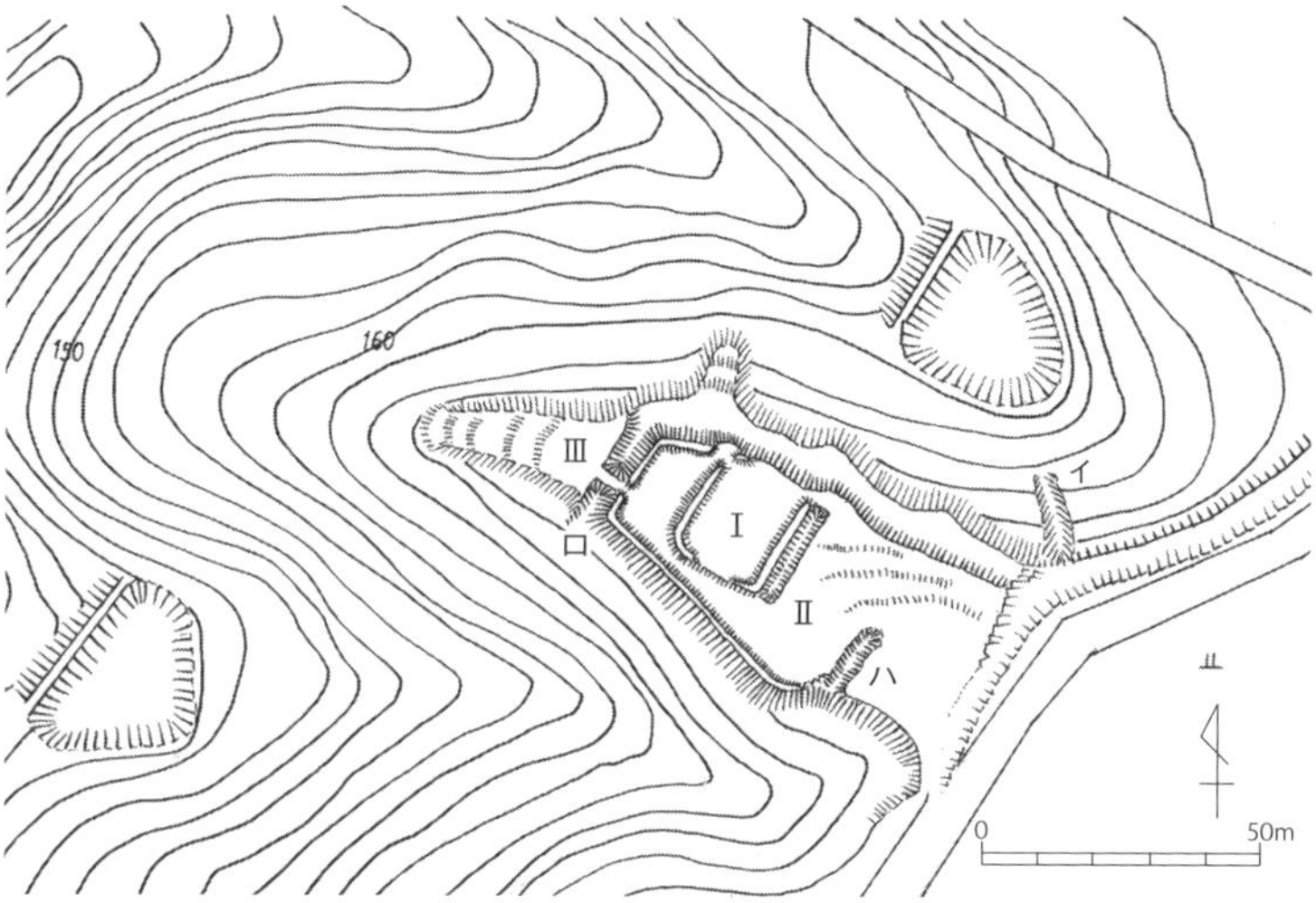

所在地：兵庫県神戸市北区淡河町淡河／城主：―
遺構：曲輪・空堀・竪堀・土橋・土塁
規模：八〇×四〇m／標高・比高：一七〇m・六〇m

【選地】淡河城の南〇・五㎞ほどの丘陵先端に位置する。現在、城跡の南東側は耕地化して農道が通り、地形が変化している。

【遺構】丘陵先端部の東西八〇mほどを城域としている。現在、農道となっている部分にも空堀があったと考えられ、竪堀イが東斜面に残っている。城域の中央部には、一辺二〇mほどの方形の曲輪Ⅰがあり、東と西に低土塁を設けている。東の丘陵先端は空掘ロで遮断し、土橋が付く。先端も駐屯地Ⅲとして使用された可能性がある。

曲輪Ⅱの西と南側には低土塁が設けられ、南東には長さ一五mほどの空堀ハがあり、Ⅰを囲い込むような縄張りとなっている。

【評価】小規模の丘陵に構築した付城で、地形の要害性を活かした縄張りである。遺構の東部は破壊されて不明であるが、織田軍が構築した淡河城の付城として残っているのはこの城だけである。

空堀

土塁

書写山円教寺裏山の陣城

35 白山城《はくさんじょう》

所在地：兵庫県姫路市書写／城主：羽柴秀吉
遺構：曲輪・土塁・虎口・竪土塁・櫓台
規模：一一〇×五〇m／標高・比高：三七一m・三二〇m

【選地】姫路城の北西六kmほどにあり、東に夢前川が流れる標高三七一mの書写山中に位置する。書写山円教寺《えんきょうじ》は西の比叡山とも呼ばれ、書写山から南東に延びる尾根上に展開する。城跡は山頂の北西部に位置し、東側には白山権現《はくさんごんげん》社が祀られている。

【歴史】天正六年二月末日、羽柴秀吉が「書写山に要害を構え、居陣する」とある。*1

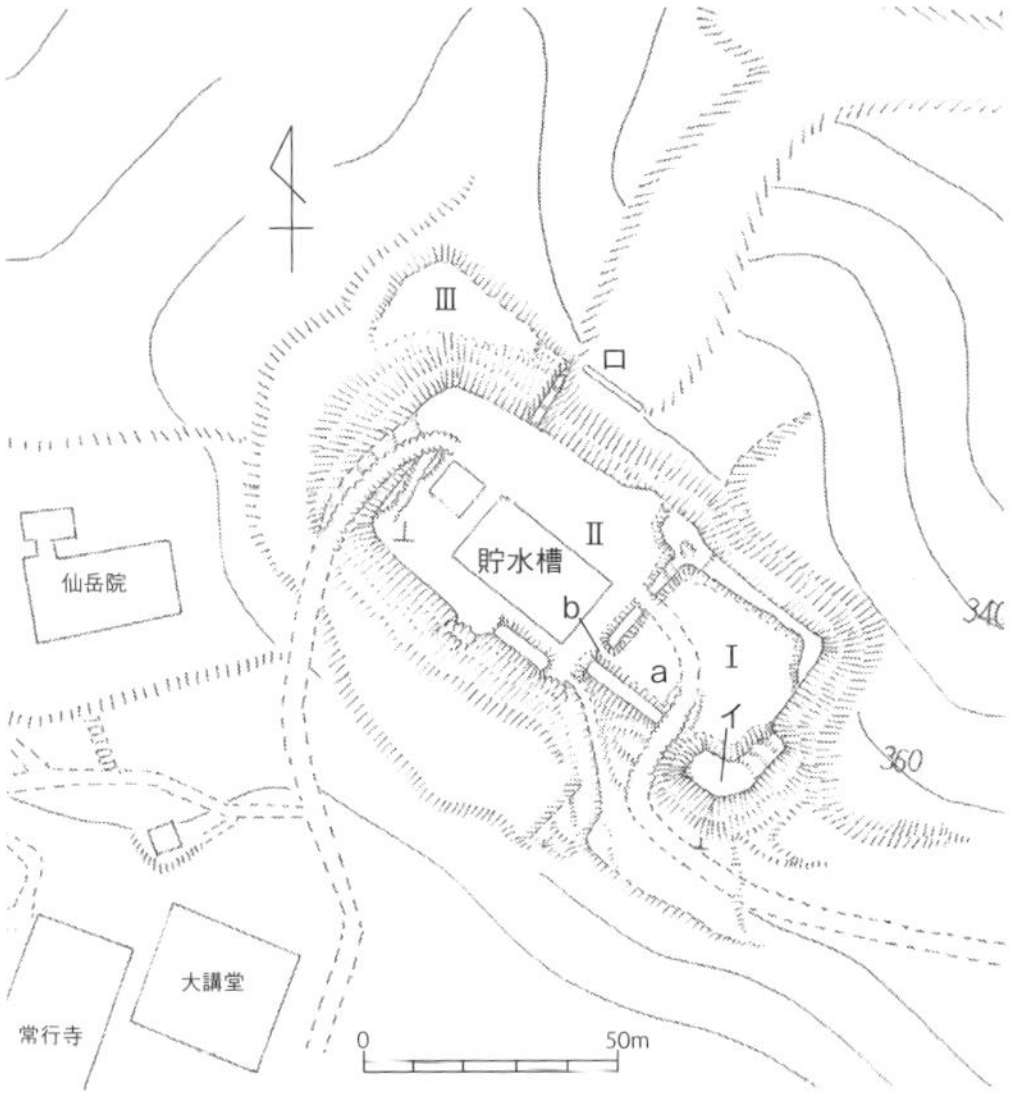

【遺構】土塁が囲繞する一辺三七m規模の曲輪Ⅰが東側にある。虎口aは現在道路で破壊されているが、南東隅の櫓台イの西側に開口する。北西側には五五×四〇mほどの曲輪Ⅱがあり、Ⅰへの虎口bが東に開口し、南には一〇mほどの破壊された土塁が残っている。北の切岸には長さ一〇mほどの竪土塁ロの敷設があり、北には二五×一〇mほどの曲輪Ⅲがある。

【評価】貯水槽の建設や曲輪内の道路通過により、遺構の破壊が大きいが、陣城の規模には変化がない。特徴のある縄張りは、東側にある曲輪Ⅰの櫓台イである。囲繞する土塁より外側に構築しており、円教寺の寺院方向が見渡せるような構造になっている。

土塁

＊1『信長公記』（奥野高広・岩沢愿彦註、角川書店、一九六九年）。

宇野氏討伐のための本陣

36 聖《ひじり》山《やま》城《じょう》

所在地：兵庫県宍粟市山崎町須賀沢字出石
城主：羽柴秀吉／遺構：曲輪・土塁
規模：八〇×四〇m／標高・比高：一六八m・七四m

【選地】揖保《いぼ》川に突出した堅木山（ひちりき）の尾根先端に位置する。平野に面した三方は急斜面となり、南東が尾根続きで、山麓にはヒチリキ神社が祀られている。西の篠ノ丸《ささのまる》城や北西の長水城への展望が良好である。

【歴史】『信長公記』によると、「天正八年、長水城に立て籠もる宇野民部が、六月五日の夜中に脱出したが、木下平太輔・蜂須賀小六が追いかけて宇野氏と家臣数十人を討ち捕った」とある。*1

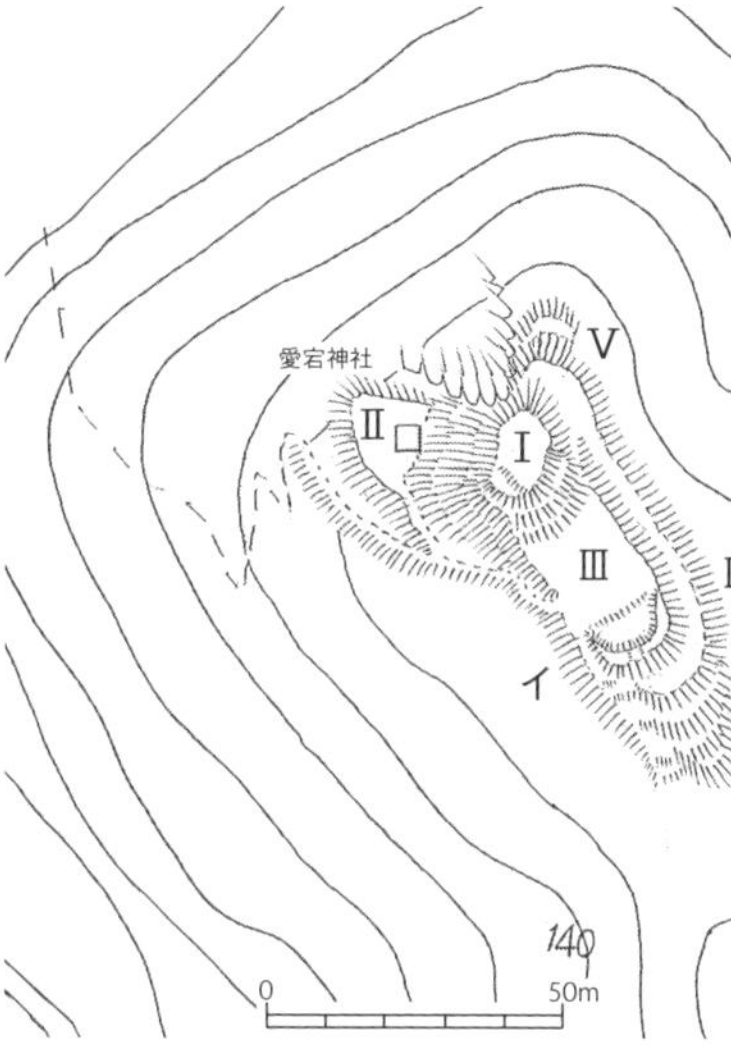

【遺構】尾根先の曲輪Ⅰを中心に、西側に愛宕神社を祀った曲輪Ⅱがある。Ⅰの南側に曲輪Ⅲがあり、尾根続きに三日月型の土塁イがある。また、北東方向には長さ六〇mほどの帯状曲輪Ⅳがあり、北側には小規模曲輪Ⅴがある。羽柴秀吉はこの城を、宇野氏攻略の本陣とした。

【評価】古くから宇野氏の家臣下村氏が城を構えていたというが、堀切等の遮断パーツがなく、曲輪の削平状態も悪い。古くから陣城として機能していたのだろう。揖保川を隔てて、宇野氏の篠ノ丸城や長水城攻めの本陣として、最適の場所である。

*1 『信長公記』（奥野高広・岩沢愿彦註、角川書店、一九六九年）。

城跡遠景　西より

5、摂津三田城攻め　天正六年（一五七八）十二月〜天正七年九月

天正元年（一五七三）、荒木村重は織田信長から摂津一国の守護に任じられ、信長の家臣となった。しかし、同六年七月に信長に反旗を翻し、播磨三木城主の別所長治、丹波八上城主の波多野秀治等と挙兵した。信長は大軍を動員して村重の拠城・有岡城（兵庫県伊丹市）を攻撃したが、短期間の攻略は無理と考え、包囲して付城を構えた。[*1] 八上城を包囲中の明智光秀はこのとき、「荒木重堅に味方する者が山越に攻めて来たとき、指示がなくても、いずれの砦も思い悩まず一気に攻撃せよ」と、三田城主荒木重堅と波多野氏の連携を警戒している書状を、同じく八上城を包囲中の小畠氏に送っている。[*2]

同六年十二月、荒木重堅が籠もる三田城の包囲について、『信長公記』には、「各所に守備人数を指示し、羽柴秀吉に協力するように佐久間・惟任・筒井順慶を播州へ行かせた。有馬郡の三田城には、道場河原と三本松の二ヵ所に付城を設け、秀吉が人数を入置いた」とある。[*3]

また、明智光秀の文書によると、「有馬郡の三田城に付城を四ヵ所申し付け、今日普請が完成した」とある。[*4] 三田城主はもともと有馬氏であったが、荒木重堅にいつ交替したかはわからない。同七年二月、荒木村重が尼崎《あまがさき》城（兵庫県尼崎市）に退くと、重堅は三田城を明け渡して投降する。それ以後、羽柴秀吉の家臣となり、因幡国若桜鬼ヶ《わかさおにが》城主となった。

＊1　『信長公記』（奥野高広・岩沢愿彦註、角川書店、一九六九年）。

＊2　藤田達生・福島克彦編『明智光秀』（八木書店、二〇一五年）。

＊3　『三田市史』第三巻　古代・中世資料（兵庫県三田市史編さん専門委員、二〇〇〇年）。

＊4　前掲註＊2。

摂津三田城攻め　城郭位置図

ニュータウンの建設で消えた付城

37 釜《かま》屋《や》城《じょう》

所在地：兵庫県三田市すずかけ台二丁目／城主：―
遺構：曲輪・土塁・虎口／規模：六五×五〇m
標高・比高：二三一m・六〇m

【選地】武庫《むこ》川中流域の右岸で、東には丹波方面への街道が通る。三田城から北西に一一・五kmほどにあり、この周辺では最も標高が高く、四方への展望も良好である。なお、北摂三田ニュータウン建設に伴う調査により、城があったことが確認された。

【歴史】明智光秀の書状によると、「有馬郡の三田城に付城を四ヵ所申し付け、今日普請が完成した」とあり、三田市北部の付城は、明智光秀が中心となって構築した可能性がある。[*1]

【遺構】北摂三田ニュータウンの建設に伴い開発され、現在は遺構を残していないが、規模は南北六〇×東西五〇mほどで、土塁が囲繞する単郭の付城であった。東と南の尾根を小規模の空堀で遮断し、土塁の高さは曲輪内部で一mほどある。虎口は南東と西側にあり、直接尾根から入る構造を避けている。曲輪内部の削平状態は、自然地形をそのまま使用しているが、土塁側は掻揚土塁の溝が残っていたと記述されている。

発掘遺物はコンテナ十箱分に相当し、多種多様の物（備前焼擂鉢、徳利、丹波焼壺、擂鉢、瀬戸、美濃焼の灰釉小皿、中国産の白磁皿、染付皿、青磁香炉、碗などの土器や陶磁器、小札《こざね》などの鉄製品、銭貨、飾金具等の銅製品、鉄砲玉等の鉛製品、石臼）が出土している。磁器の比率が高く、染付が多く出土している点や、土師器《はじき》皿が手づくね製品のみで構成されるなど、上層階層の人々の駐屯をうかがわせる。また、陶磁器も丹波、備前、瀬戸、美濃と幅広く、遠隔地の商品の売買をしていた階層がいたこと、鉄砲玉の出土により、当時鉄砲を使用していたことが判明し、重要な成果であった。[*2] ほかの出土物からは、以前に山城が存在していたことが明らかになった。

土塁全景　写真提供：兵庫県立考古博物館

＊1　藤田達生・福島克彦編『明智光秀』（八木書店、二〇一五年）。

＊2　『三田市史』第三巻（三田市史編さん専門委員、兵庫県三田市、二〇〇〇年）。

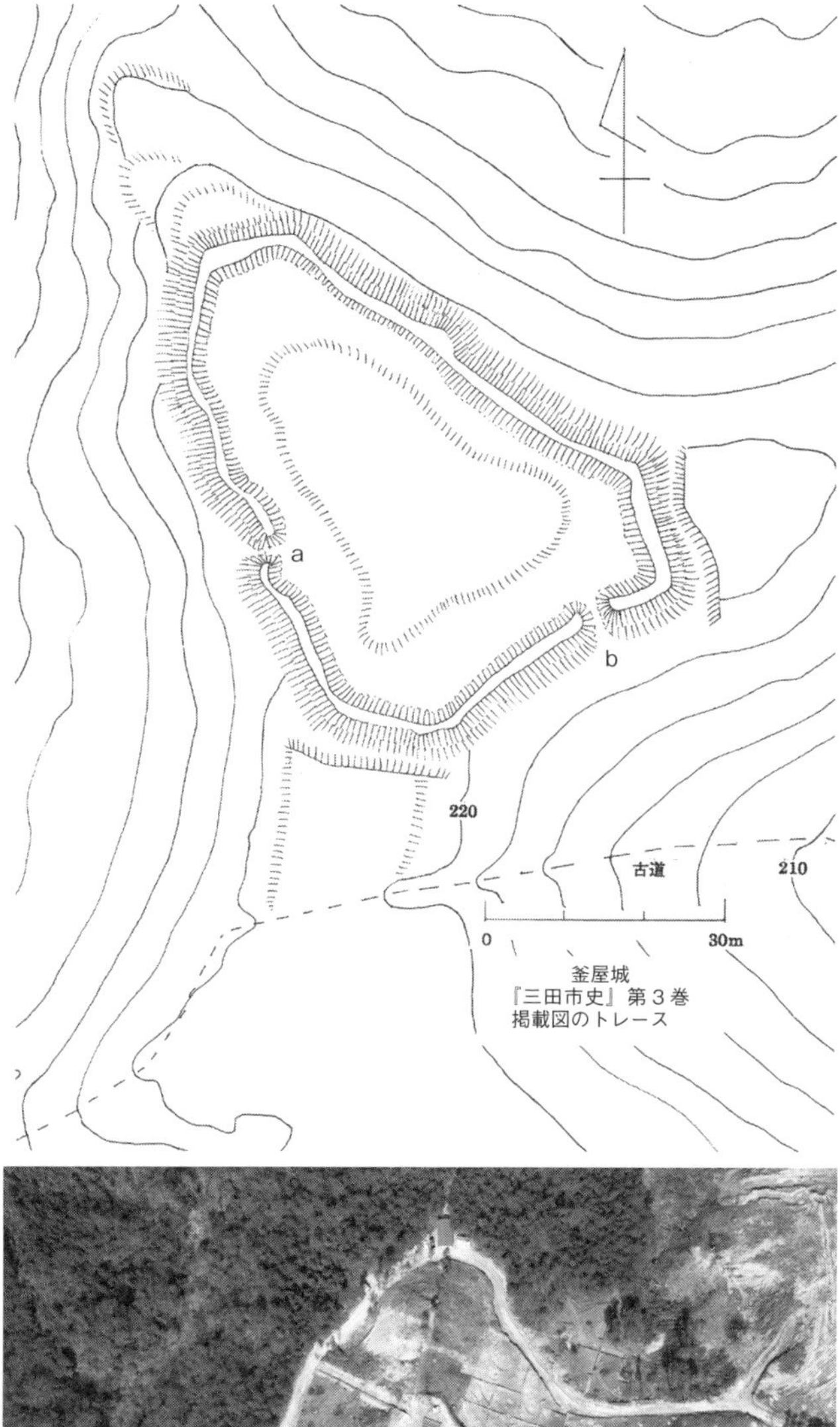

釜屋城
『三田市史』第３巻
掲載図のトレース

上空から見た釜屋城址　写真提供：兵庫県立考古博物館

【評価】山頂部の地形を利用し、周囲の土を掻揚て土塁を形成する方式で、明確な遮断用の堀切をもちいない点、曲輪内の造成を行わず、生活痕跡も認められないため、臨時的な遺構と評価できる。また、出土物から一定期間の駐屯ないし生活痕が裏付けられ、一六世紀後半の遺物や鉄砲玉、小札が出土したことからすると、縄張りや文献から、三田城の付城と考える。

ニュータウンの尾根先に残る付城

38 五良谷城《ごろたにじょう》

所在地：兵庫県三田市貴志字五良谷／城主：―
遺構：曲輪・土塁・櫓台
規模：一四〇×五〇m／標高・比高：一八〇・二〇m

【選地】武庫川の右岸、西へ突出する舌状丘陵に位置する。南東の三田城へは一・二kmほどの距離にあり、展望も良い。西には三田ニュータウンが迫る環境で、西側背後の尾根を登ると釜屋城にいたるが、現在、城跡はニュータウン化している。

【歴史】明智光秀の書状によると、「有馬郡の三田城に付城を四ヵ所申し付け、今日普請が完成した」とあり、三田市北部の付城は、明智光秀が中心となって構築した可能性がある。*1

【遺構】舌状丘陵にある古墳を崩して、櫓台や土塁に使用している。南西の丘陵続きに、高さ〇・五〜〇・七mほどの土塁と古墳で遮断し、先端部の東西七〇×南北三〇mほどの曲輪Iを確保している。北西隅には、一辺一五mほどの三方土塁囲みの曲輪もあり、曲輪全体から把握して、虎口は明確でないが、南東の虎口aが考えられる。

【評価】明智光秀の書状によると、付城普請の完成日数が短く、簡易的な構造であったと考えられる。このような地形の要害性を活かした付城として、西へ五〇〇mほどの釜屋城との関連性が考えられる。

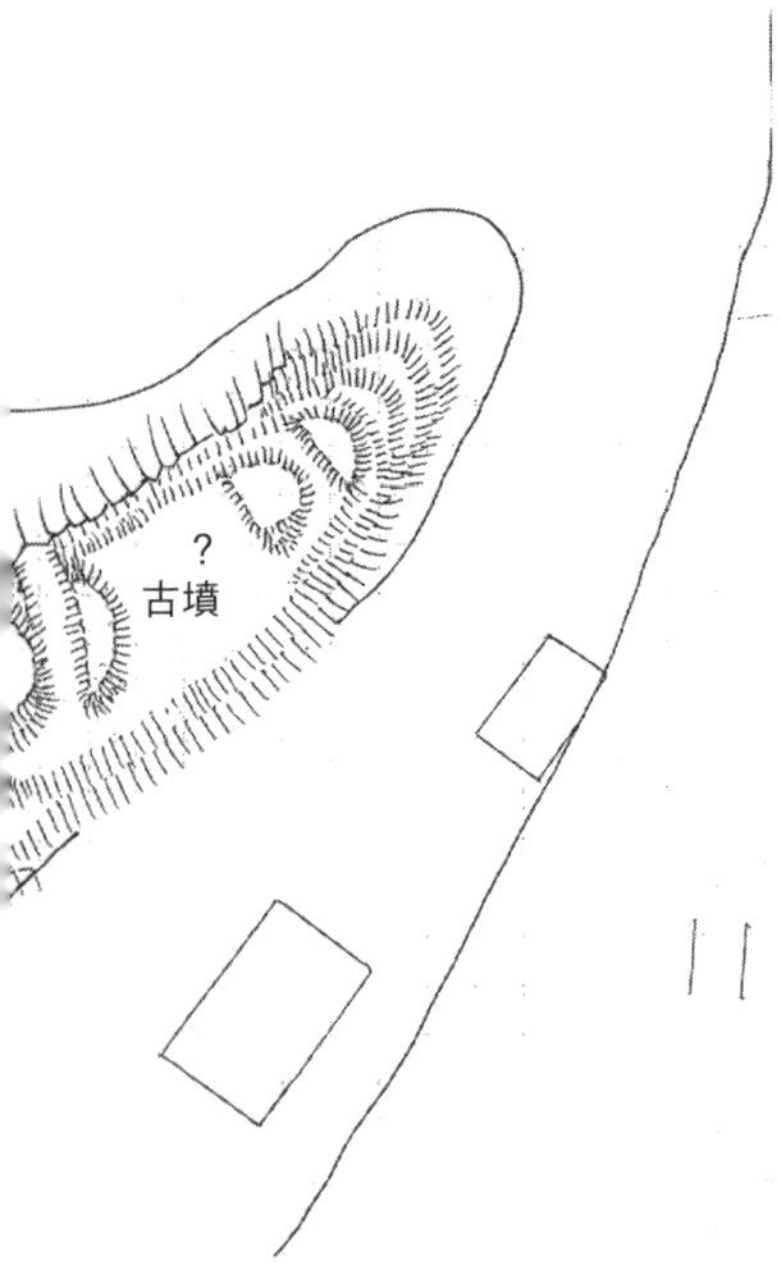

谷城

城跡遠景　南より

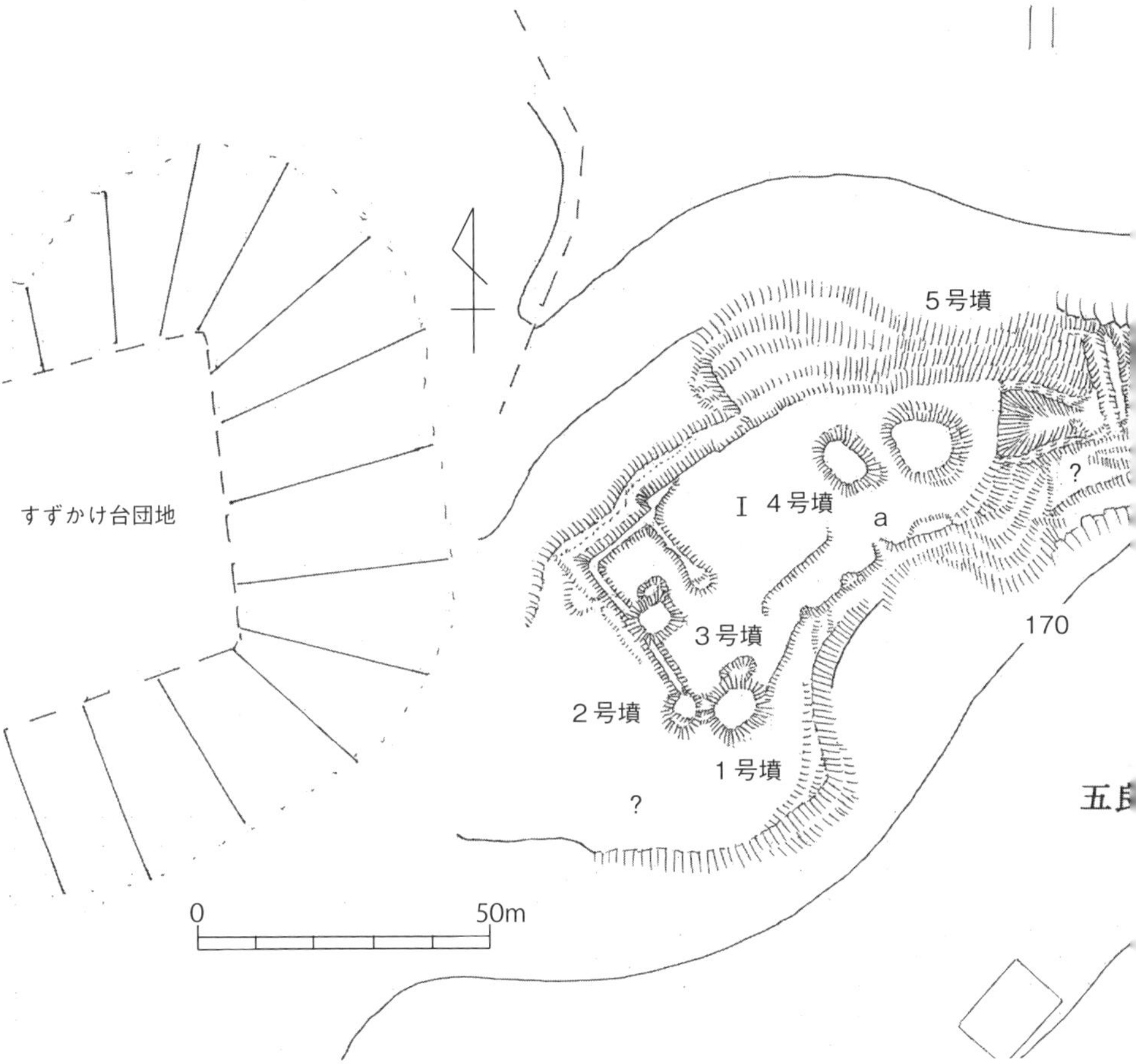

土塁

摂津・丹波・播磨の境目の付城

39 宅《えい》原《ばら》城《じょう》

所在地：兵庫県神戸市北区長尾町宅原字曲り／城主：―
遺構：曲輪・土塁・虎口
規模：九〇×五〇m／標高・比高：一九九m・三〇m

【選地】三田城から南へ二・二㎞ほどの距離にあり、神戸電鉄道場駅から西へ一㎞ほどの、標高一九九mの丘陵地に位置する。現在、周辺は北神ニュータウンとして開発が進んでいる。北や東の三田平野に展望が良好で、三田城に対する付城構築の条件が備わっている。

【歴史】『信長公記』によると、「羽柴秀吉に協力するように佐久間・惟任・筒井順慶を播州へ行かせた。有馬郡の三田城には、道場河原と三本松の二ヵ所に付城を設け、秀吉が人数を入れ置いた」とある。*1

【遺構】標高一九九mの丘陵地のうち南北九〇×東西五〇mの領域を低土塁で囲み、曲輪Ⅰを確保している。北西の斜面には、東と西の一部に土塁を設けた「タケノコ」形の曲輪Ⅱがある。北の三田城に対する付城のためか、Ⅰの虎口aは北の窪地側に開口し、窪地の西側をⅡでサポートしている。また、aは東に張出した曲輪からの横矢掛けが可能な構造である。Ⅰの西側の塁線には折れがあり、横矢掛け構造となっている。Ⅰには虎口の可能性がある東のb、南東のc、南西のdがあり、どれが虎口か判断が難しい。

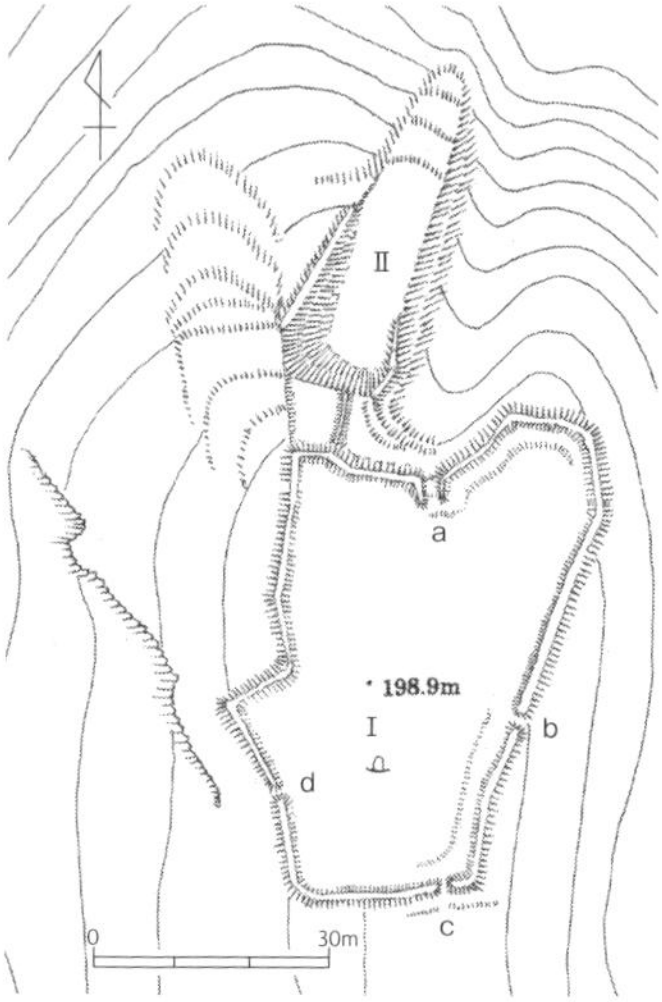

【評価】山頂部の自然地形を土塁で囲い込み、出撃用と考えられる虎口が三田城方向に設けられているため、三田城に対する付城と考える。

土塁

*1　『信長公記』（奥野高広・岩沢愿彦註、角川書店、一九六九年）。

【第二部】信長後期の合戦と陣城

6、伊賀国攻め　天正七年（一五七九）九月～天正九年九月

伊賀国は、室町・戦国時代を通じて守護の支配が貫徹しない国であった。国衆《くにしゅう》（国人・土豪）が結集した「惣国《そうこく》」として知られ、国衆たちはほかの地域から「伊賀衆」と呼ばれている。「衆」と呼ばれる人たちは、国内の地域ごとにまとまって居館群を造った。また、同格の土豪層が多く存在し、それが惣国を支える階層であった。中世後期の地域支配体制は、公権力である室町幕府や守護、あるいは大名権力を中心に考えられることが多いが、伊賀国は国内の一揆的結合が中心となっていた。[*1]

隣国の伊勢国の支配者となった織田信長の次男北畠信雄《きたばたけのぶかつ》は、伊賀国を領国化するため天正六年三月、家臣の滝川雄利《たきがわかつとし》に丸山城《まるやま》（三重県伊賀市）構築を命じた。しかし、これに対して伊賀衆が同年十月に丸山城を攻撃し、滝川氏を伊勢国へ追い返した。そこで、同七年九月に信雄は伊賀攻略のために進軍したが、伊賀衆は惣国の掟書通りの防戦体制を構築し、[*2]地形の要害性を利用してゲリラ戦を展開して、信雄の重臣柘植《つげ》三郎左衛門を討ち取るなどの勝利をあげた。このときの伊賀衆については、「しのひ夜うち上手ニ候へは我等も陣所きびしく用心いたし」とある。[*3]この戦いは第一次天正伊賀の乱と呼ばれる。

当時、織田政権は畿内周辺での合戦に加えて、大坂の本願寺や毛利氏との合戦を控えており、正面から対立しない限り、積極的に惣国一揆と戦う意志はなかった。そのため信長が信雄に宛てた書状の中で、「剰始三郎左衛門打死之儀、言語道断曲事之次第候、実ニ於其覚悟者、親子之旧

＊1　『伊賀市史』第四巻　史料編（三重県伊賀市、二〇〇八年）。

＊2　前掲註＊1。

＊3　『伊賀市史』第四巻　史料編（三重県伊賀市　神宮文庫所蔵文書　六四五「伊賀の国にての巻」二〇〇八年）。

＊4　『増訂　織田信長文書の研究』下巻　八四三「北畠信雄宛書状写」（吉川弘文館、二〇〇七年）。

＊5　『信長公記』（奥野高広・岩沢愿彦註、角川書店、一九六九年）。

＊6　『伊乱記』とは、伊賀上野の国学者菊岡如幻によって、一六〇〇年代に作成された伊賀地方の歴史を記録したものであるが、信憑性に問題があるといわれる。

離不可許容候」と憤慨し、[*4] 勝手な軍事行動は織田の命取りになると叱責している。

同九年九月、信長は伊賀惣国一揆討滅のため、軍事行動を開始した。これが第二次天正伊賀の乱である。『信長公記』によると、[*5] 総大将の北畠信雄が甲賀口から侵入し、信楽《しがらき》口が堀秀政《ほりひでまさ》、加《か》太《だ》口が滝川雄利、大和口が筒井《つつい》順慶《じゅんけい》という軍事配置であった。このため各所で攻城戦があり、それを『信長公記』、『伊乱記』[*6]、『三国地誌』で確認すると、伊賀市島ヶ原の増地《ますじ》氏城、川合の田矢《たや》伊予守《いよのかみ》城、柏野の柏野《かしわの》城、坂之下の楽音寺城、川東の壬生野《みぶの》城、春日《かすが》山《やま》城、長田の比自山《ひじやま》城、柏尾の本田氏《ほんだし》城、名張市の柏《かし》原《はら》城等があり、伊賀国全域に及んだ惣国一揆の弾圧であった。

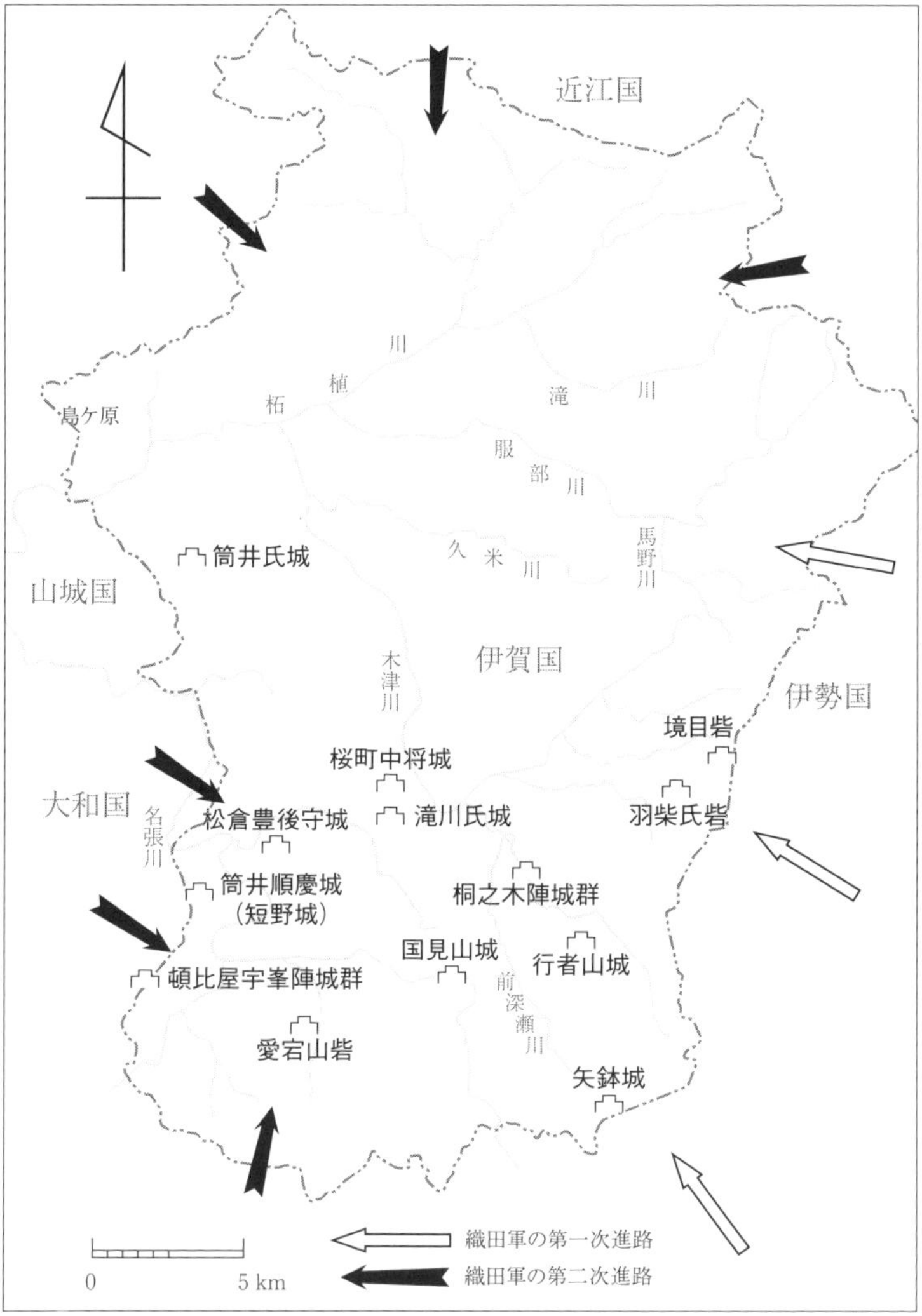

伊賀国攻めの関係位置図

伊賀国攻め　城郭位置図

笠間峠
450
437
43、頓比屋宇峯陣城群

治田IC
227.6
40、筒井氏城
パークヒルゴルフ場

百合が丘東四番町
番町
百合が丘東五番町
百合が丘西三番町
百合が丘東二番町
百合が丘東九番町
44、愛宕山砦
青蓮寺
337

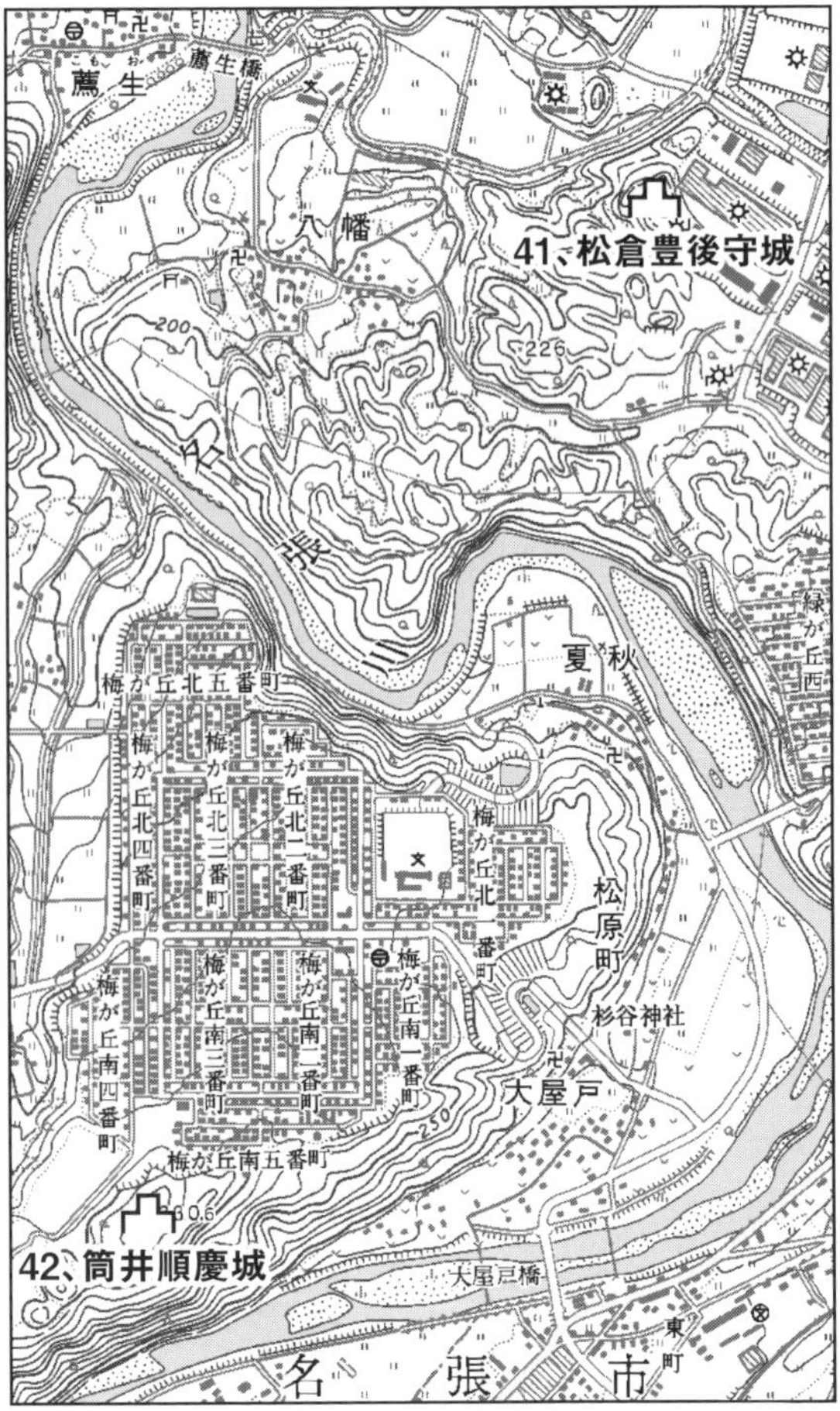
薦生《こもお》
薦生橋
八幡
41、松倉豊後守城
200
226
名張川
夏秋
緑が丘西
梅が丘北五番町
梅が丘北四番町
梅が丘北三番町
梅が丘北二番町
梅が丘北一番町
松原町
梅が丘南四番町
梅が丘南三番町
梅が丘南二番町
梅が丘南一番町
杉谷神社
大屋戸
250
梅が丘南五番町
42、筒井順慶城
大屋戸橋
名張市
東町

桐ヶ丘六丁目
桐ヶ丘八
桐ヶ丘四丁目
332
48、桐之木城塞群
396

市
メナードカントリークラブ
青山コース
52、矢鉢城

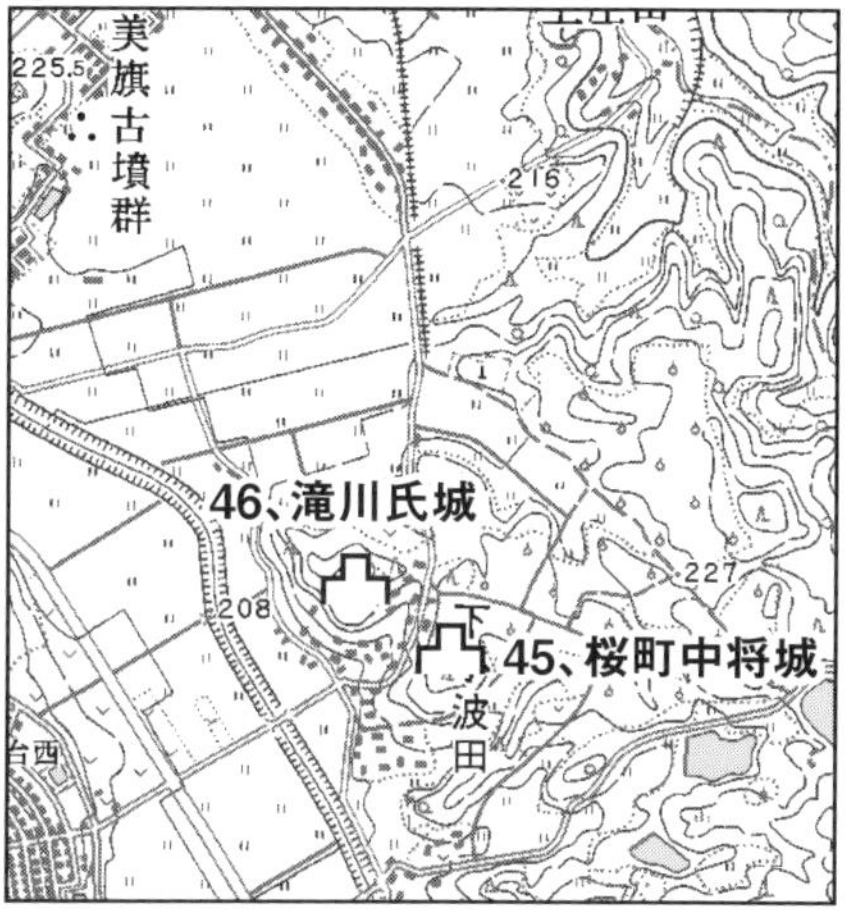
美旗古墳群
225.5
216
46、滝川氏城
208
227
下
45、桜町中将城
波田
台西

408
諸木
50、行者山城
腰山
川

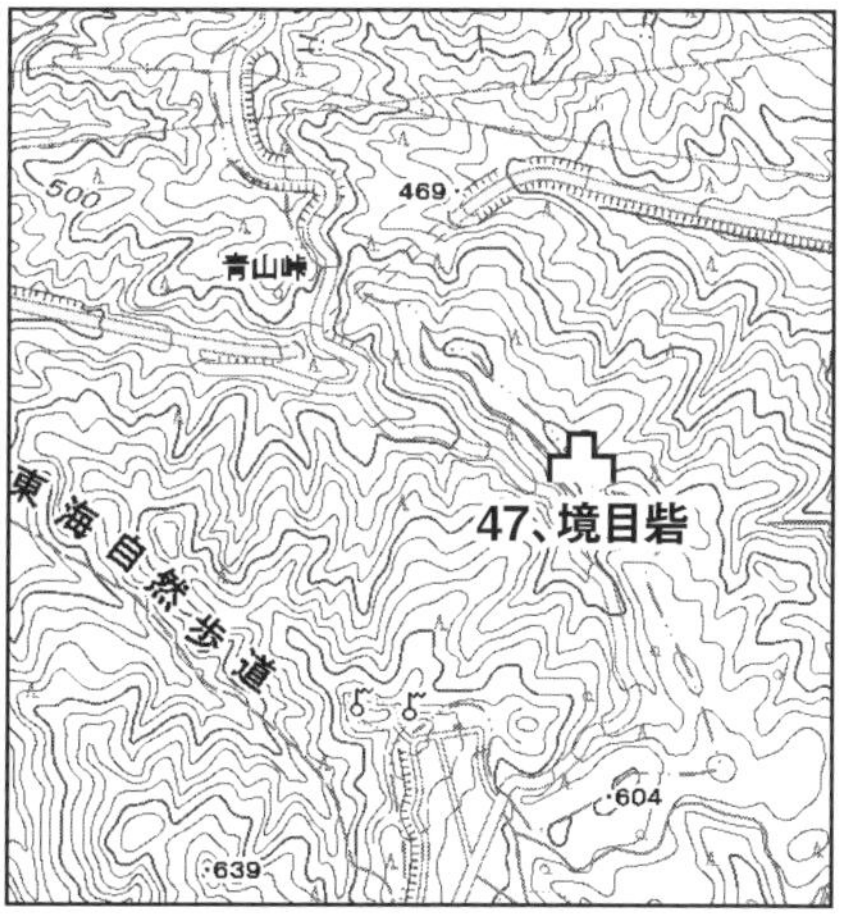
500
469
青山峠
東海自然歩道
47、境目砦
604
639

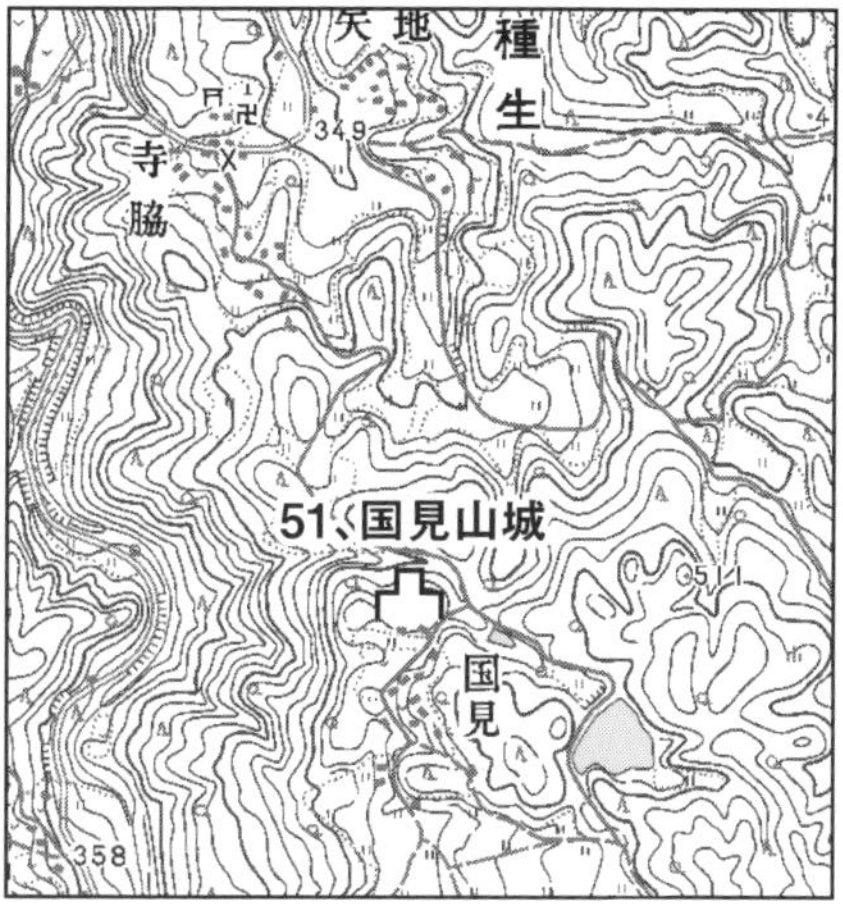
矢地
種生
349
寺脇
51、国見山城
国見
358

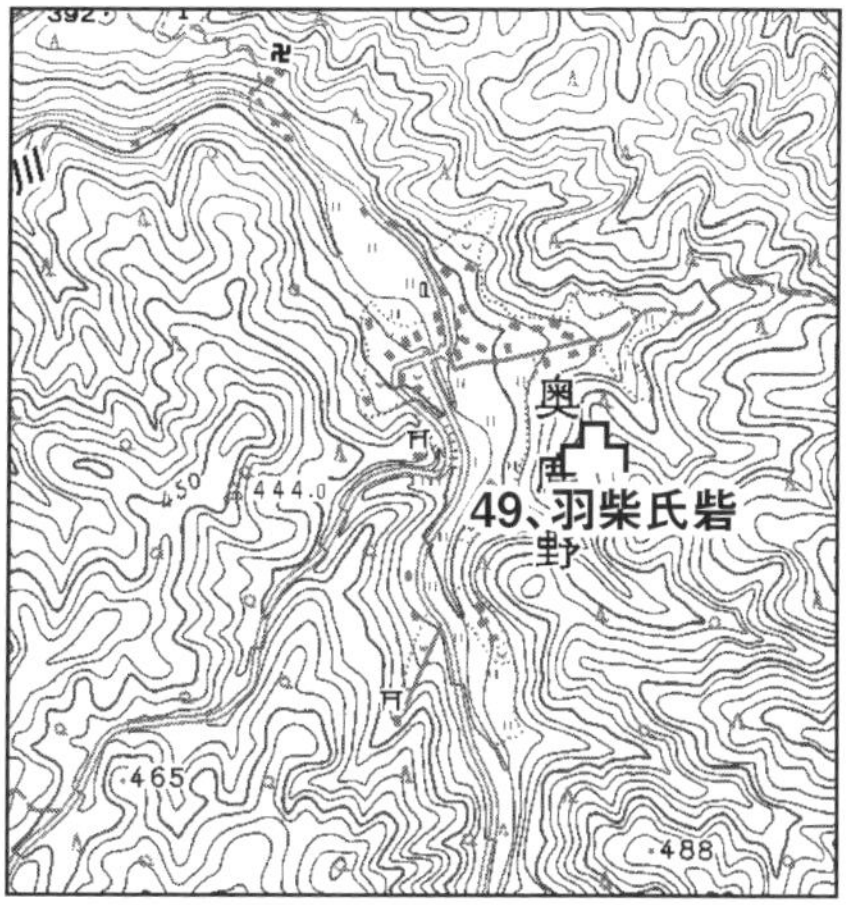
392
川
450
444.0
奥
49、羽柴氏砦
野
465
488

在地系から織豊系への転換期の陣城

40 筒井《つつい》氏《し》城《じょう》

所在地：三重県伊賀市予野字尼ヶ谷／城主：筒井氏
遺構：曲輪・土塁・堀切・虎口・土橋・竪堀
規模：七〇×七〇m／標高・比高：二二七・四m・七〇m

【選地】伊賀と大和の国境に近く、西の名張《なばり》川に北から予野《よの》川が合流する、北東の標高二二七・四mに位置する。西側には伊賀から大和への街道が通る、交通の要衝でもある。

【歴史】年代は不明であるが、「伊賀の乱」で筒井順慶が陣を置いたという。*1

【遺構】丘陵上の東側を堀切で遮断し、南側の堀切は土橋を伴っており、南の丘陵への通路となっている。土橋を渡って曲輪内部に進むと、食い違い虎口があり、織豊系の縄張りを意識している。曲輪内部は削平状態が悪く、起伏がある。

【評価】全体の縄張りは在地系に近く、食い違い虎口だけが進化しており、在地系から織豊系に変化を遂げる過渡期の遺構と考える。

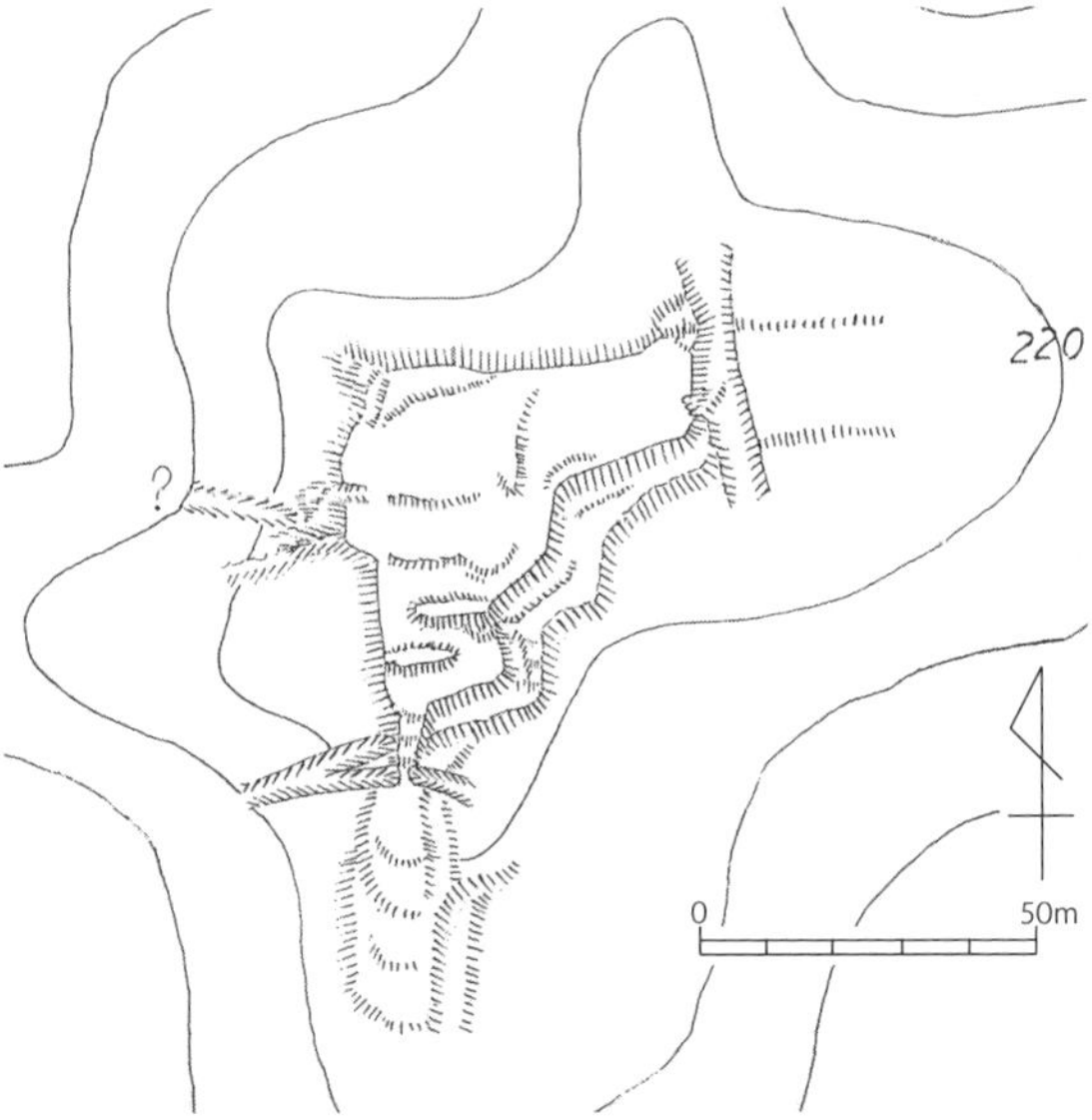

土塁・虎口

空堀

*1 『伊賀の中世城館』（伊賀中世城館調査会、一九九七年）。

在地系縄張りから脱却した織豊系陣城

41 松倉豊後守城《まつくらぶんごのかみじょう》

所在地：三重県名張市八幡字刈山／城主：松倉豊後守
遺構：曲輪・土塁・虎口／規模：一〇〇×三〇m
標高・比高：二三四m・六〇m

【選地】西の名張川を渡り、名張市八幡の東側にある標高二三四mの丘陵に位置する。丘陵の東側は、八幡工業団地の建設により破壊されている。西に大和と伊賀の国境があり、この国境を越えて織田方が伊賀国内に構築した陣城である。

【歴史】年代は不明であるが、「伊賀の乱」で筒井順慶の家臣・松倉豊後守が陣を置いたという。[*1]

【遺構】規模は南北一〇〇×東西三〇mほどで、南北の三つの曲輪で構成されている。北の曲輪Ⅰは変形の六角形をした土塁囲みの曲輪で、土塁幅がほかの曲輪に比べて広く、三ヵ所に土塁の切れ目があり、どれが虎口なのか判明しない。

中心部の曲輪Ⅱは、南北三〇×東西一五m規模の低土塁囲みの曲輪で、南側に虎口aが開口し、南の曲輪に続く。南の曲輪Ⅲは、南北四三×東西一三mほどの規模で、曲輪の八割ほどに低土塁がめぐり、虎口bは東側の丘陵から山麓に下っていく。Ⅰの西側にも自然地形が少し加工された部分があり、城域と考えられる。

【評価】堀切等の遮断系パーツを使用せず、丘陵地の空間を土塁で囲い込む手法は、在地系から脱却し、織豊系を意識した縄張りである。

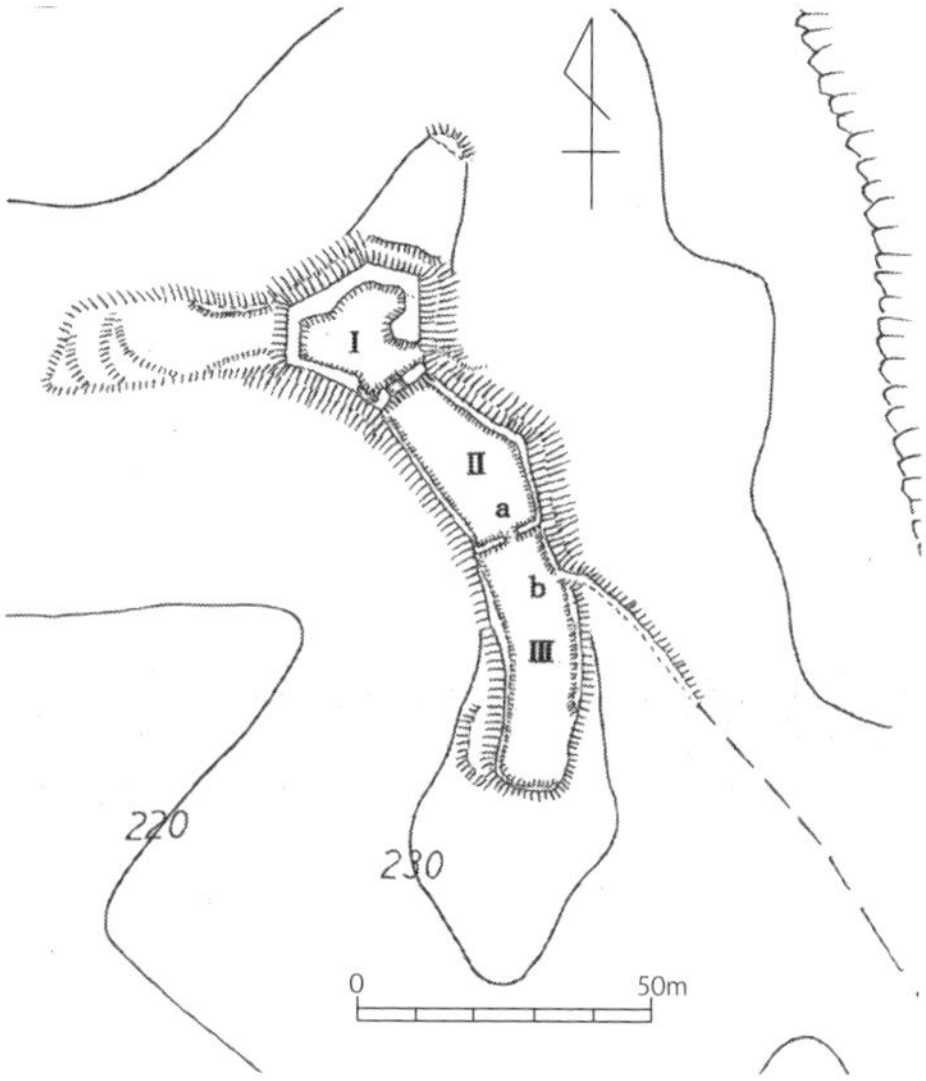

＊1　『伊賀の中世城館』（伊賀中世城館調査会、一九九七年）。

曲輪Ⅰ切岸

伊賀における織豊系陣城の見本

42 筒井《つつい》順慶《じゅんけい》城《じょう》（短野《みじかの》城《じょう》）

所在地：三重県名張市短野本陣山／城主：筒井順慶
遺構：曲輪・土塁・虎口・空堀／規模：九〇×七〇m
標高・比高：三三一m・一五〇m

【選地】 名張川の流れが北東に変化する短野の地、標高三三〇mに位置する。西は伊賀と大和の国境となり、織田方が国境を越えて伊賀国に構築した陣城である。南は名張川が南西から北東に流れ、斜面は急傾斜地となり、名張の平野部を一望できる場所である

【歴史】 地名から短野城とも呼ばれる。『三国地志』では、本陣山に筒井順慶が陣を置いたと記され、『伊乱記』には柏原城主の滝野十郎吉政が本陣山の北畠信雄を訪れ、降伏を伝えたと記している。第二次天正伊賀の乱における名張方面攻略の拠点として、筒井氏が在城したと考える。＊1

【遺構】 曲輪Ⅰの規模は二五×二〇mの低土塁囲みで、虎口aは南側にある。虎口前は左右に幅二×長さ七～八mほどの空堀イで遮断しており、虎口の防御が厳重であり、織豊系陣城の防御ポイントを見ることができる。

背後には低土塁囲みの曲輪Ⅱがあり、虎口bはⅠとの間の南東側にあり、虎口右側は竪土塁ロを敷設して、東側からの侵入を防止している。また、ⅠとⅡの東斜面には、三段の帯状曲輪を敷設し、切岸による防御方法をとっている。西側斜面は曖昧な処理方法で、傾斜を伴う平場となっている。Ⅰの虎口前は、低土塁と空堀で囲い込み、六〇×二〇mほどの曲輪Ⅲがあり、部分的な加工面はあるが自然地形の部分が多い。

【評価】 主郭Ⅰと副郭Ⅱの形式を取り、周囲は空堀や土塁、切岸で防御する。小規模ではあるが、伊賀における織豊系陣城の見本である。

空堀

＊1　『伊賀の中世城館』（伊賀中世城館調査会、一九九七年）。

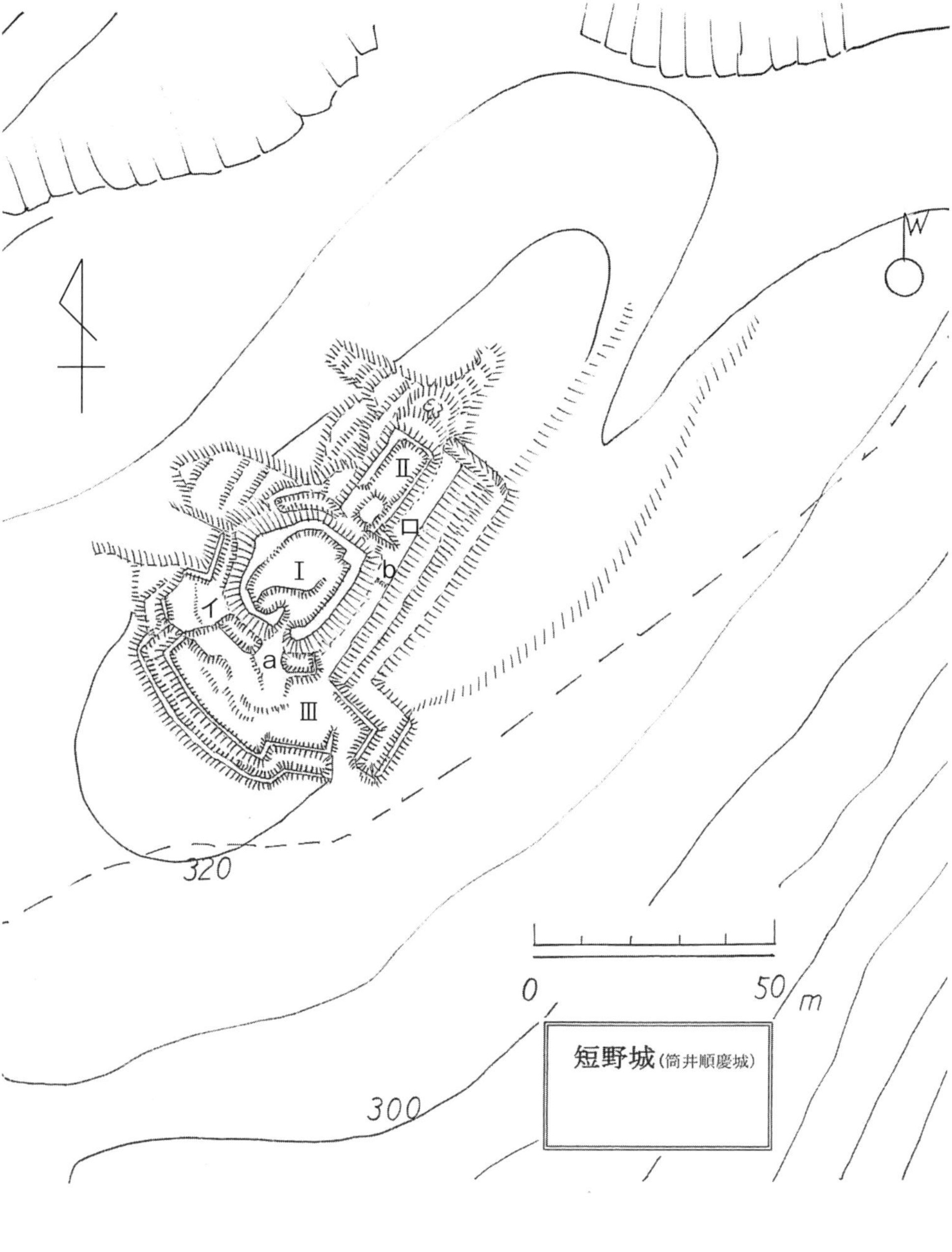

短野城（筒井順慶城）

柏原城を眼下に眺める陣城

43 頓比屋宇峯《とんひやうみね》陣城群《じんじろぐん》

所在地：三重県名張市安部田字馬廻り・奈良県宇陀市室生区笠間／城主：筒井順慶／遺構：曲輪・土塁・虎口・空掘
規模：頓比屋宇峯北砦三〇×一五m、頓比屋宇峯砦二五×二五m、頓比屋宇峯南砦三〇×二七m
標高・比高：四九〇m・二〇m

【選地】西が大和国、東が伊賀国の国境ライン上にある笠間《かさま》峠は、名張の平野部より比高差が二九〇mほど高く、名張方面が一望できる環境にある。

【歴史】天正伊賀の乱の際に筒井軍が駐屯した場所という。笠間峠から第二次、第三次の天正伊賀の乱で籠城した柏原城が眼下に眺められる位置にある。[*1]

【遺構】笠間峠には陣城が三ヵ所あり、北から頓比屋宇峯北砦（Ⅰ）、頓比屋宇峯砦（Ⅱ）、頓比屋宇峯南砦（Ⅲ）で、規模は最大で三〇mほどの遺構である。Ⅰは南北三〇×東西一三mで、曲輪の周囲の七割ほどが低土塁囲みとなっている。虎口aは小規模の内枡形状となっており、塁線の折れは直角に近く、塁線も直線化をめざしている。

笠間峠の旧街道を挟んで、南にⅡがある。L字型をした陣城の規模は、東西二〇×南北一四mで、虎口bは食い違いとなっており、曲輪の土塁は虎口部分に低土塁が見られる程度である。地元の人は、この場所から名張の花火をよく見たという。

この砦から南へ八〇mほどの位置にⅢがある。規模は南北三〇×東西一八mほどで、虎口cは食い違いとなっている。曲輪の周囲にある土塁は七割ほどで、塁線の折れは直角に近く、塁線も直線化を狙っている。

【評価】当陣城群は、伊賀国にあるほかの筒井氏の陣城と違い、完成度の高い織豊系の陣城である。

頓比屋宇北砦　土塁

＊1　『伊賀の中世城館』（伊賀中世城館調査会、一九九七年）。

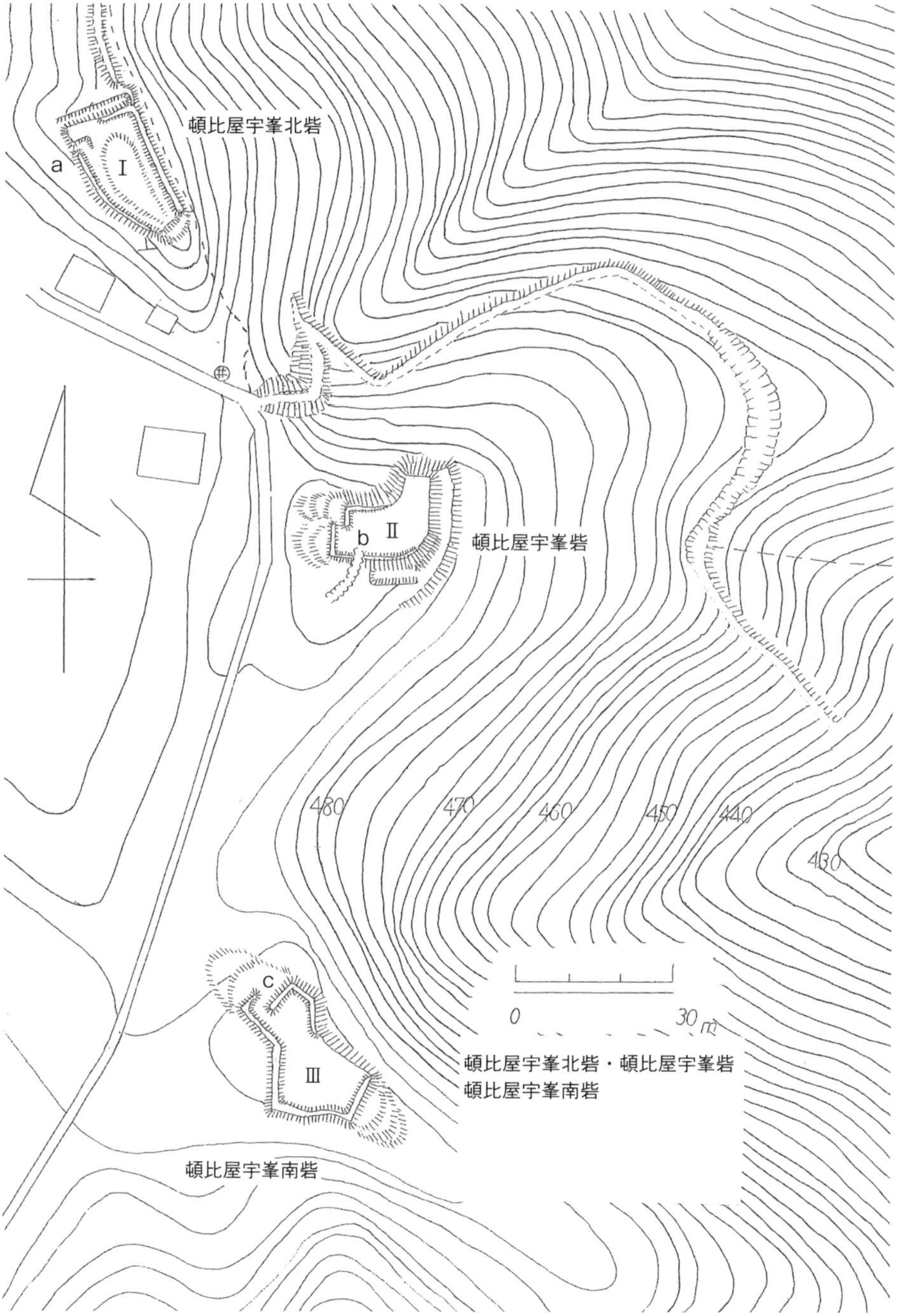

頓比屋宇峯北砦・頓比屋宇峯砦
頓比屋宇峯南砦

団地の造成により消滅した陣城

44 愛宕山砦《あたごやまとりで》

所在地：三重県名張市青蓮寺字後山／城主：―
遺構：曲輪・土塁・虎口・空堀／規模：五五×四〇m
標高・比高：三〇六m・五〇m

【選地】青蓮寺《しょうれんじ》城の北側、百合が丘団地のある標高三〇六mの頂上部にあったが、昭和五十三年の団地開発時に破壊された。団地開発前は頂上部に愛宕神社があったため、愛宕山砦と称したといわれる。

【遺構】発掘報告書によると、[*1] 空堀と土塁に囲まれた東西三一×南北二〇mのやや変形した長方形の曲輪Ⅰと、虎口前の東西三八×南北一〇mの曲輪Ⅱ、主郭西部に空堀で区切られた東西一五×南北一五mの曲輪Ⅲで構成されていたという。主郭を囲む土塁の高さは、空堀底部から二m前後であると記されており、地上では一mほどあったと考える。出土物は土師器片、瓦器片、石臼片、サヌカイト片と少なく、年代推定は不可能であったという。発掘報告書は「ここでは一般的な生活が営まれていなかったと考えられる」とし、恒久的な城館ではなく陣城としての使用が考えられる。遺構から考えると、低土塁囲みの長方形の主郭と、塁線の折れ角度や塁線の直線化が織豊系の陣城の縄張りであり、曲輪構成から考えて、主郭前面の曲輪や平入り虎口aの二重構造からも織豊期の陣城と考えられる。

【評価】村田修三氏は、愛宕山砦が南の青蓮寺城に対する付城であるという説をとるが、縄張りから考察すると、Ⅰの虎口aが南の青蓮寺城方向に開口していることに違和感を覚える。Ⅰの南西側にⅡがあり、出撃する体制づくりができるため、西の伊賀衆が籠城した柏原城に対する付城が考えられる。直線で二kmの距離にあり、付城の距離としてはベストである。

＊1『名張市遺跡調査概要』（名張市教育委員会・名張市遺跡調査会、一九七八年）。

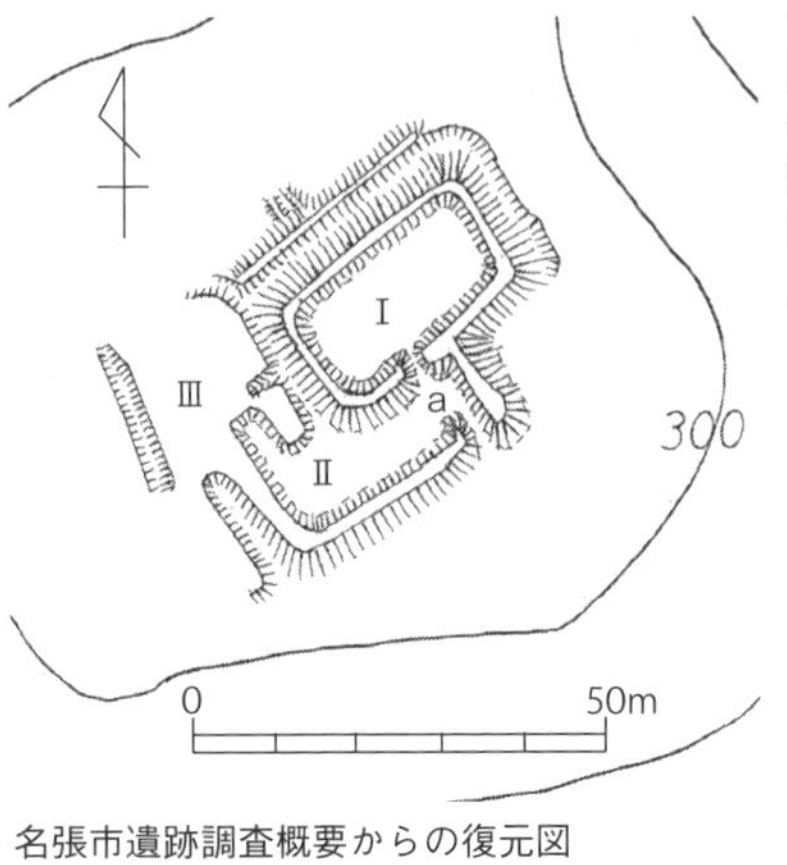

名張市遺跡調査概要からの復元図

伊賀城館と織豊系築城技術をプラスした陣城

45 桜町中将城《さくらまちちゅうじょうじょう》

所在地：三重県名張市下小波田字内山／城主：北畠信雄
遺構：曲輪・土塁・虎口・空堀・竪土塁
規模：一五〇×一五〇m／標高・比高：二四〇m・二〇m

【選地】近鉄大阪線の美旗《みはた》駅より南東に一・二kmほどの、下小波田《しもおばた》の丘陵地に位置する。南西側の集落を下ると、南から北西に小波田川が流れ、東方面は丘陵地が続いている。

【歴史】天正九年の第二次天正伊賀の乱で織田信長が来城し、伊賀攻めの将兵を労っている。[＊1]

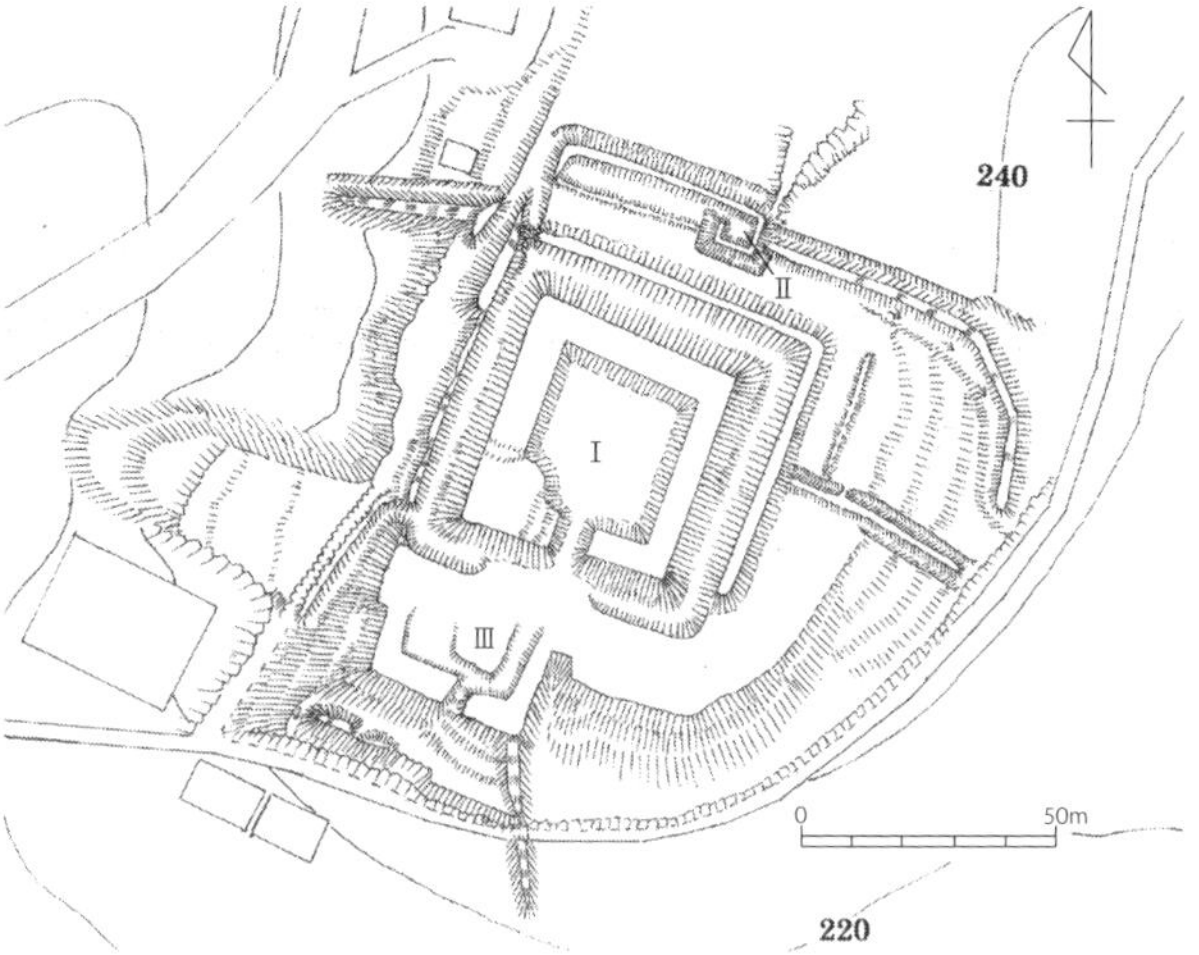

【遺構】方形館型の主郭Ⅰは土塁の幅が広く、空堀と二重の土塁囲みという厳重さである。北側の丘陵続きは土塁と空堀による遮断で、中心部に一辺一〇mほどの低土塁囲みの見張所Ⅱがある。

Ⅱは伊賀城館を囲む土塁上にあるもので、伊賀城館の構築技術が使用されている。主郭の西、南、東に竪土塁による斜面防御を実施し、陣城周囲での敵の横移動を規制している。南の虎口前には馬出状の曲輪Ⅲがあり、伊賀城館型に織豊系の構築技術をプラスしたものである。

【評価】『三国地志』によると、滝川三郎兵衛の家臣に伊賀衆の小野田氏、島藤氏、川上出羽の三士があるとし、この三士の城館が桜町中将城の南側に残っているという。[＊2] 伊賀攻略の中心的な陣城である。

＊1　『信長公記』（奥野高広・岩沢愿彦註、角川書店、一九六九年）。

＊2　『三国地誌』は伊賀上野藩城代家老、藤堂元甫が宝暦十三年（一七六三）に完成させた、伊勢、志摩、伊賀の三国の地誌。

空堀

大規模伊賀城館と変形馬出をプラスした陣城

46 滝《たき》川《がわ》氏《し》城《じょう》

所在地：三重県名張市下小波田字下出／城主：滝川雄利
遺構：曲輪・土塁・虎口・空堀・馬出
規模：一四〇×一三〇m／標高・比高：二四〇m・二〇m

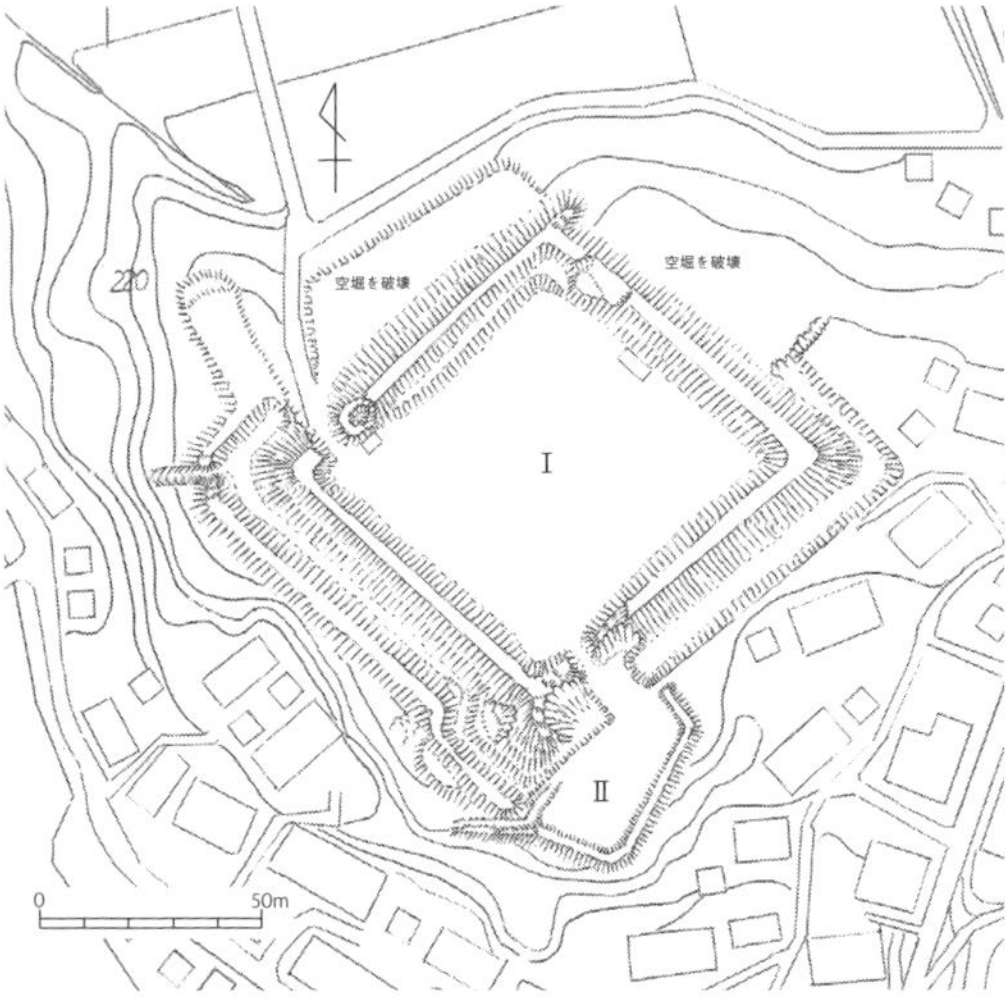

【選地】近鉄大阪線の美旗駅より南東に一・一㎞ほどの、下小波田の丘陵地に位置し、南東一〇〇mほどには桜町中将城がある。城跡からは南西の名張方面への展望が良好である。

【歴史】『信長公記』によると、天正九年の第二次天正伊賀の乱で織田信長が来城し、伊賀攻めの将兵を労っている。*1 また、『三国地志』によると、滝川三郎兵衛の陣城と記されている。

【遺構】方形館型の曲輪Ⅰが主郭で、伊賀城館と異なる点は、南東の虎口前にある馬出Ⅱである。Ⅱの規模は、南北四〇×東西が二二〜一一mと、いびつな形となっている。全体の規模は一四〇×一三〇mほどで、周囲は土塁と空堀で囲んでいる。土塁の高さは四m以上あり、大規模な遺構である。北西方向の土塁が途切れている部分は破壊ではなく、構築当時から虎口であったと考える。伊賀丸山城の北側にあった滝川三郎兵衛城をみると、規模の違いはあるが形状が似ている。

【評価】Ⅰの周囲の空堀は土塁に付随したもので、築城技術から見ても伊賀の諸城と変わらず、織豊系の城郭とは別のものである。伊賀城館に変形馬出を加えた縄張りと評価できる。

土塁

*1 『信長公記』（奥野高広・岩沢愿彦註、角川書店、一九六九年）。

伊賀・伊勢国境の峠にある陣城

47 境《さかい》目《め》砦《とりで》

所在地：三重県伊賀市伊勢路青山峠／城主：—
遺構：曲輪・土塁・虎口・櫓台／規模：四〇×二五m
標高・比高：五五〇m・七〇m

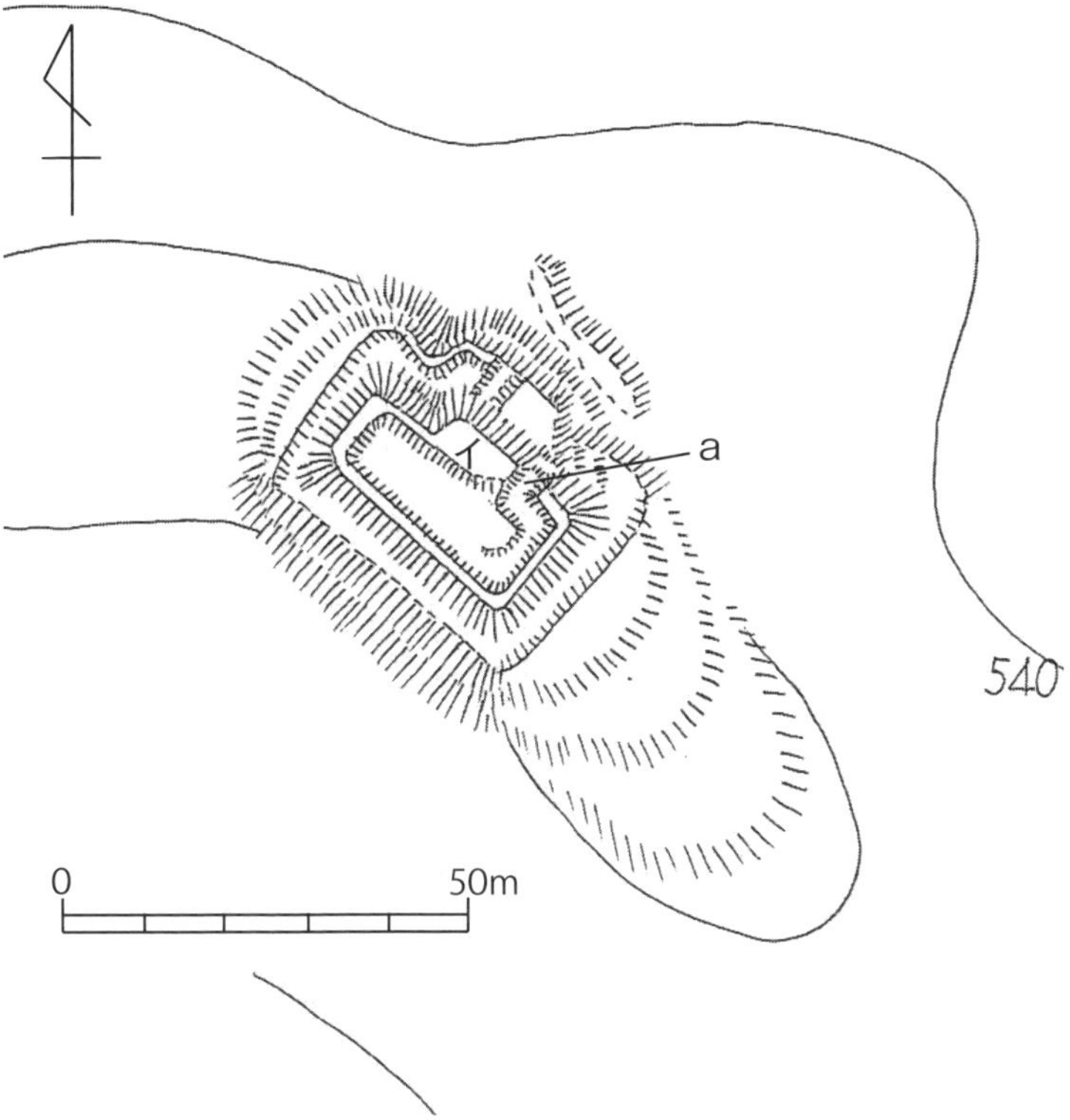

【選地】伊賀国の伊勢路と伊勢国の白山町垣内との国境にある青山峠の、標高五五〇mに位置する。

【遺構】遺構は四〇×二五mほどの小規模なもので、周囲には土塁と部分的に空堀が見える。虎口aは伊勢国側にあり、北側の土塁幅の広い部分が櫓台イである。

【評価】伊勢街道は境目砦の北を通るため、街道周辺を監視する目的と、伊勢国と伊賀国との繋ぎの役割をもった陣城である。

土塁

尾根道の拠点にある城塞群

48 桐《きり》之《の》木《き》城《じょう》塞《さい》群《ぐん》

所在地：三重県伊賀市青山町阿保字桐之木／城主：―
遺構：曲輪・土塁・虎口／規模：桐之木二号城二五×二〇m、桐之木三号城二五×一五m、桐之木四号城一五×一〇m
標高・比高：二四〇m・二〇m

【選地】伊賀市の桐ヶ丘団地南側の尾根部に位置する陣城群で、北西尾根先の桐之木二号城、南一五〇mの桐之木三号城、桐之木二号城の東一五〇mにある桐之木四号城の三陣城の総称である。北側には青山町の平野部が展望できる位置にある。

【遺構】桐之木二号城は、一辺が一五mほどの低土塁囲みの変形した正方形の陣城で、西の一部には土塁がなく、虎口が南aと北bにあるが、南の虎口外は尾根伝いに三号城へ続いており、陣城を結ぶ連絡路である。北の虎口bは幅が広く、前面に小規模の曲輪がある。北側斜面の竪堀、竪土塁状のものは陣城との関係は不明である。

　桐之木三号城は街道に面してコの字型の低土塁イと、一〇mほどの一文字土塁ロが交差している。これは、二号城と三号城の空間を確保するための土塁と考える。桐之木四号城は、東西一五×南北一一mほどの低土塁囲みの陣城で、虎口は西側cと北側dにあり、周辺部の自然地形は駐屯地としての利用したのだろう。

【評価】南の布引《ぬのびき》峠や塩見《しおみ》峠を経由して川上川沿いに北上し、当桐之木陣城群に進軍してくる行程が確保されていたと考える。なお、桐之木一号城も近くにあったとされるが、現在は不明である。

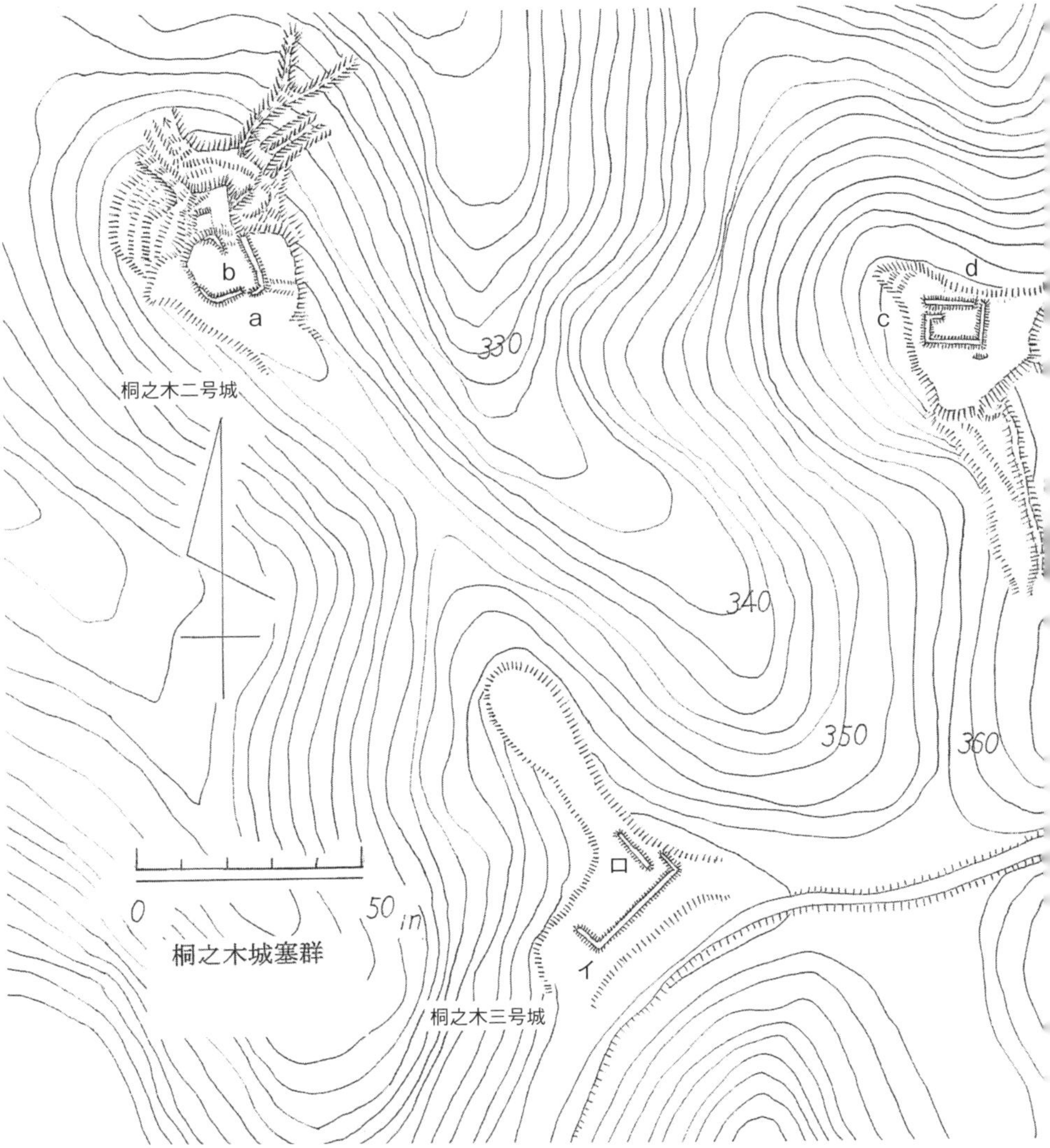

土塁

陣所と駐屯地が分離した陣城

49 羽《は》柴《しば》氏《し》砦《とりで》

所在地：三重県伊賀市奥鹿野字井戸／城主：滝川雄利
遺構：曲輪・土塁・虎口・空堀／規模：四〇×二五m
標高・比高：四三〇m・八〇m

【選地】近鉄大阪線の青山駅から東へ柏尾川を上流方向に進むと、奥鹿野《おくがの》集落に至る。ここで街道が南と東に分岐する南東の、標高四三〇mの尾根先に位置する。ここから東に行くと白山町伊勢見へ越える街道、南に行くと白山町大原に越える街道がある。

【歴史】『三国地志』は、滝川三郎兵衛が伊賀攻めの際に構築した陣城であるとする。

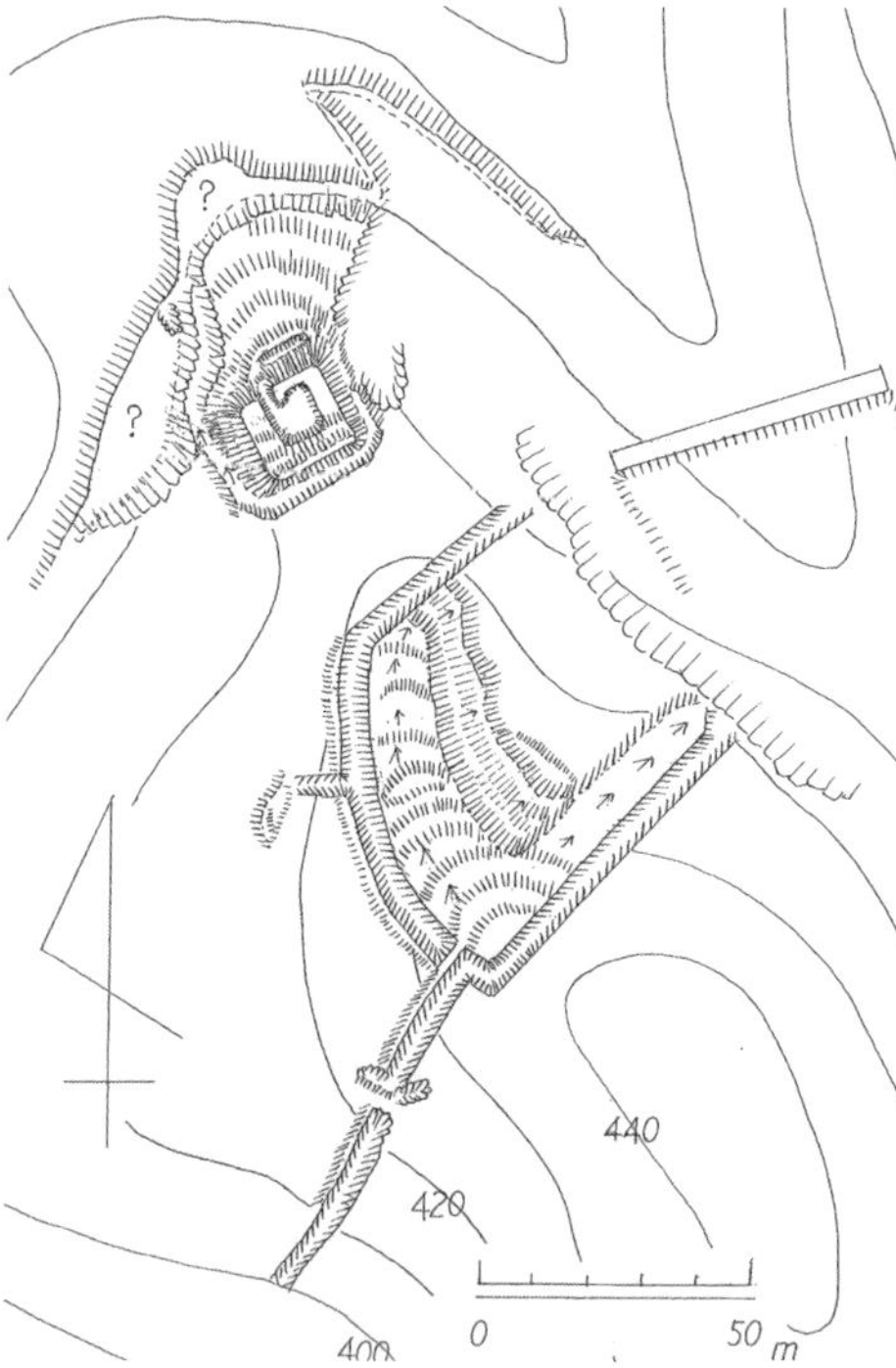

【遺構】一辺が一八mの土塁囲みの城館があり、内部の曲輪は八m四方の小規模の城館である。土塁の幅が五mほどあり、城館の規模に比べると異常に広い。この部分は伊賀城館の構築技術の継承が感じられる。

背後の標高四二〇mには斜面を空堀で囲い込んだ部分があり、駐屯部分として利用されたことが考えられる。

【評価】滝川氏は秀吉から羽柴姓の使用を許されていたため、江戸時代に「羽柴氏砦」と呼ばれるようになったという。

切岸と空堀

集落の中間にある陣城

50 行者山城《ぎょうじゃやまじょう》

【選地】伊賀市諸木《もろき》と腰山《こしやま》の中間にある標高四九四mの行者山にある。行者山とは、行者を祀った跡があることから呼ばれるようになったという。諸木や腰山集落および、東の伊勢国境への展望は良好である。

【遺構】土塁が囲繞する曲輪Ⅰは、北と南を空堀で遮断する。虎口aが北西に開口し、南の虎口bは土塁の食い違いを利用し、虎口前曲輪Ⅱを設けている。北の空堀の外側にも曲輪Ⅲがあり、駐屯地の可能性がある。西側に曲輪Ⅳ、東側に曲輪Ⅴがあり、小規模な曲輪が二段続く。その下に一二×八mほどの曲輪Ⅵがあり、空堀により破壊された曲輪である。

【評価】行者山には古い城があり、それを改修して土塁が囲繞する曲輪を構築した可能性がある。国境にある矢鉢《やはち》城（三重県津市）から腰山、そして諸木へ抜ける街道の監視と、伊勢国から伊賀国への繋ぎの陣城と考える。

所在地：三重県伊賀市諸木字庄原／城主：—
遺構：曲輪・土塁・虎口・空堀・櫓台
規模：六〇×五〇m／標高・比高：四九四m・七〇m

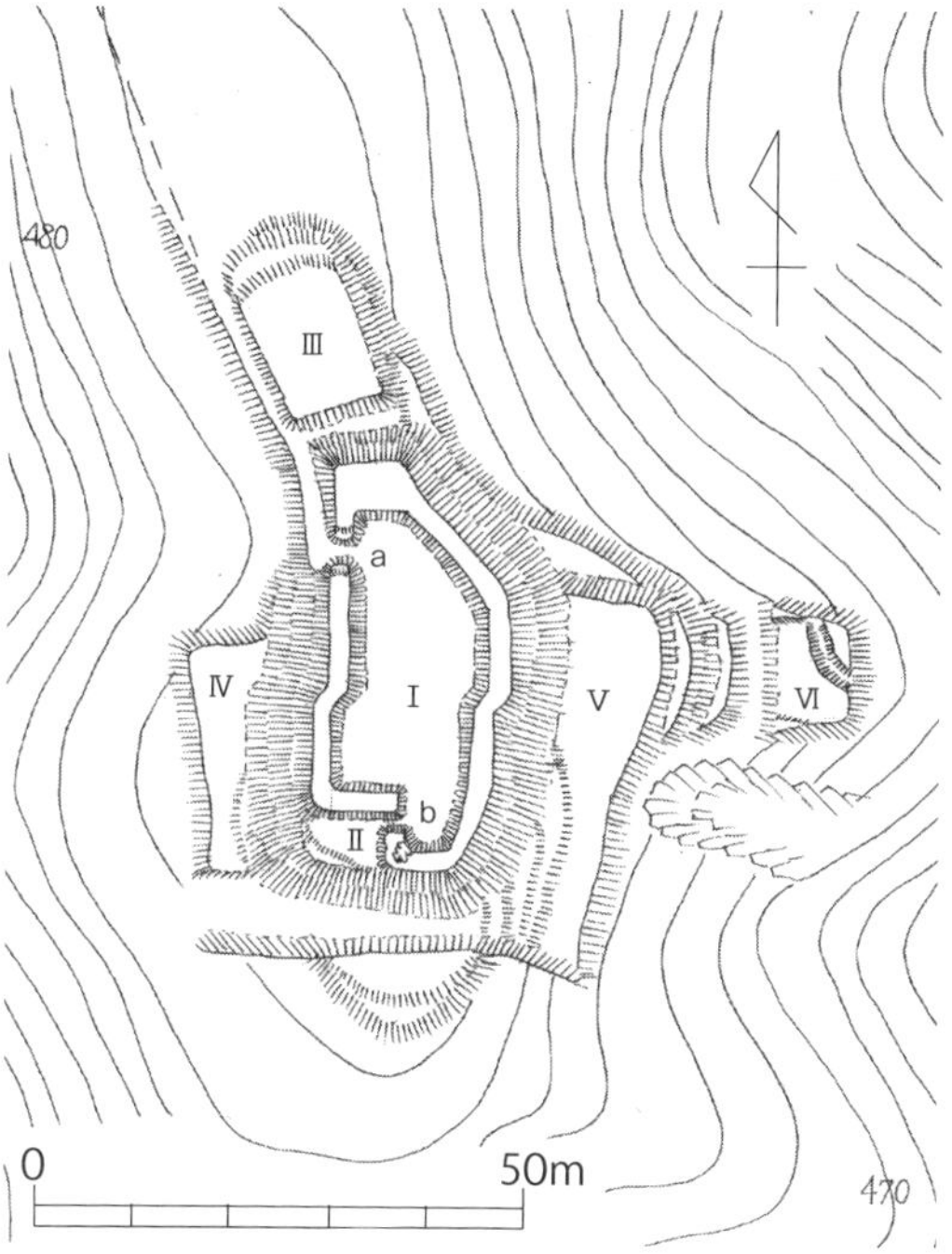

堀切

伊賀衆の城郭といわれる陣城

51 国見山城《くにみやまじょう》

【選地】伊賀市種生《たねお》国見《くにみ》の標高五〇〇ｍに位置する砦跡である。伊勢・伊賀国境の桜峠を越えて、高尾から国見に至るコースを国見山口あるいは国見口という。

【歴史】北畠信雄の家臣・小川新九郎の回顧録「伊賀の国にての巻」には、＊1 国見山口、国見口として三度の記録がある。そして、天正七年に国見山口から滝川三郎兵衛、小川久兵衛の両大将が伊賀国へ侵入し、「おたけと中城へ取かけられ候」とあり、この城は伊賀市種生字寺脇の小竹氏城か種生字中田の小嶽氏城のどちらかと考える。両城の距離は一㎞足らず、国見山城と小竹氏城の距離も一㎞ほどである。

所在地：三重県伊賀市種生字国見／城主：―
遺構：曲輪・土塁・虎口・空堀／規模：七〇×五〇ｍ
標高・比高：五〇〇ｍ・二〇ｍ

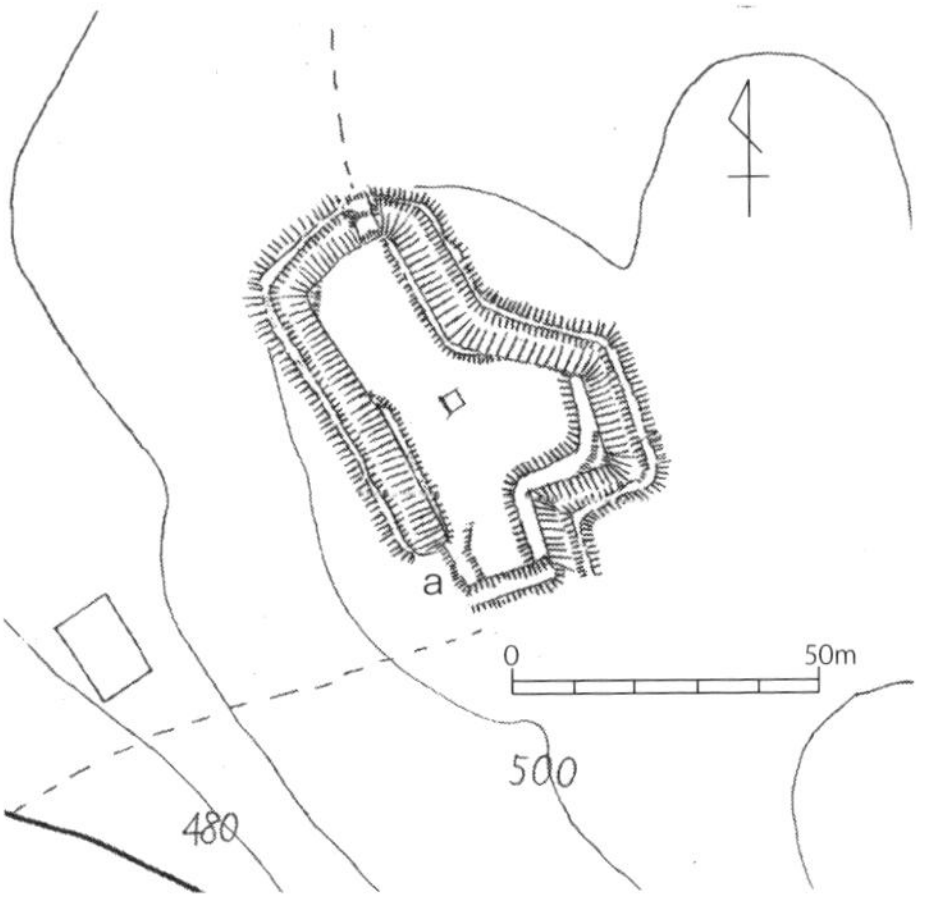

【遺構】尾根の先端に三方向に空堀を巡らし、尾根続きには虎口ａと低い切岸を設けた、奇妙な縄張りの城郭である。土塁は東南側が分厚く、高さが一ｍほどあり、塁線に折れを設けている。そのほかは低土塁あるいは、土塁のない部分もあり、伊賀衆が構築した陣城とは考えられない縄張りである。虎口は南西に広く開いており、北の攻撃側と考えられる虎口状のものは、神社への通路を確保したときの破壊跡と考える。

【評価】小竹氏城あるいは小嶽氏城を攻撃するための陣城および、伊賀攻めの繋ぎの陣城であると考える。

空堀

＊1　『伊賀市史』第四巻　史料編（三重県伊賀市　神宮文庫所蔵文書　六四五「伊賀の国にての巻」　二〇〇八年）。

北畠信雄の指示で構築した陣城

52 矢《や》鉢《はち》城《じょう》

所在地：三重県津市美杉町八知／城主：北畠信雄
遺構：曲輪・土塁・虎口・空堀
規模：九〇×四〇m／標高・比高：六五五m・三〇m

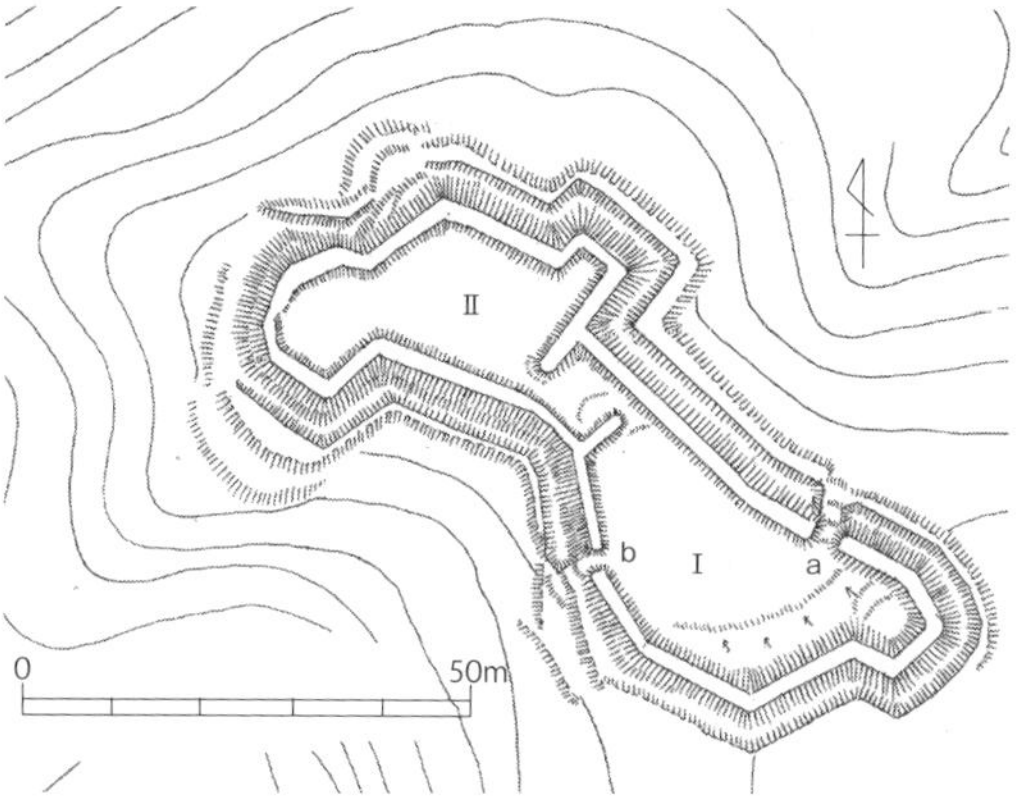

【選地】伊賀国と伊勢国の境目にあり、南の津市美杉町八知《やち》より伊賀市霧生《きりゅう》への街道が通る中間に位置する。北にはメーナードカントリークラブ青山コースが隣接しており、城跡は南の標高六五五mの山頂に構築されている。当時の街道がどこを通っていたかは不明である。

【歴史】天正七年の第二次天正伊賀の乱で北畠信雄方が敗れると、伊勢国に逃亡途中の信雄の命により、伊勢と伊賀の国境に砦を築いたとされ、『神宮文庫所蔵文書』に「伊勢と伊賀との堺ニ屋はちしばりと申所にとりでこしらへ」とある。*1

【遺構】周囲を土塁と空堀で囲み、中央部には二ヵ所の土塁による仕切りがあり、城内を二つに区切っている。東の曲輪Ⅰは内部の東側が傾斜しており、土塁も高くなっている。虎口は北東のaと、南西のbの二ヶ所に開口している。西の曲輪Ⅱは低土塁が囲繞するが、西側の一部では崩壊している。全体的に塁線の折れや、張出しによる横矢掛けの構造は見事で、土塁も高く堀も明確である。伊賀における境目の陣城で、「繋ぎの陣城」としての縄張りが残っている。

【評価】北畠信雄の命による構築の歴史が明確であり、織田氏の他国侵攻時の「繋ぎの城」としての縄張りがわかる遺構である。

＊1『伊賀市史』第四巻　史料編（三重県伊賀市　神宮文庫所蔵文書　六四五「伊賀の国にての巻」二〇〇八年）。

虎口a

7、因幡国攻め

天正八年（一五八〇）五月～天正九年十月

羽柴秀吉は天正六年（一五七八）四月から但馬国の攻略に着手し、同八年五月には因幡国に出陣して、鳥取城主山名豊国《とよくに》を降伏させた。しかし、同年九月に山名家臣の中村、森下氏が山名豊国を追放して毛利方となり、同九年三月、石見国福光《ふくみつ》城主吉川経家《つねいえ》を鳥取城主として迎えた。このため、第二次の因幡進攻が必要となり、秀吉は同九年六月二十五日に姫路城を出発し、但馬国の小代一揆を討伐した。*1

毛利方の「山縣長茂覚書」*2によると、鳥取城攻めでは羽柴秀長《ひでなが》は鳥取城北方の吹上浜へ上陸し、丸山城を包囲した。秀吉は七月十二日には鳥取城北東部の帝釈山に本陣を定め、東の尾根に堀尾《ほりお》茂助《もすけ》、一柳市介、南は袋川を堀として浅野長政、中村一氏《なかむらかずうじ》、黒田孝高《くろだよしたか》、蜂須加正勝《はちすかまさかつ》、鳥取城と丸山城の遮断には宮部継潤、垣屋駿河守、海上は荒木重堅が守備し、千代川《せんだいがわ》の河口には杉原家次《すぎはらいえつぐ》が陣取った。

鳥取城と丸山城の周囲の警備は固く、塀、堀、柵で堅固に守備し、十～二十間には櫓を構えた。鳥取城に近い陣所は四～五町ほどの距離で、秀吉は日々陣廻りをしている。また、千代川の河口には乱杭《らんぐい》、縄網を張り、厳重に警備した。これにより、籠城も日を重ねるにつれ兵糧が欠乏し、毛利方からの補給も千代川河口で細川藤孝の配下である松井康之《まついやすゆき》の軍勢により兵糧運搬を阻止され、城中の兵糧は絶望的となった。毛利氏も、鳥取城を支援するための糧道確保に吉川元長《もとなが》の軍勢を伯耆国東部に出陣させたが、織田方の南条元続《なんじょうもとつぐ》と小鴨元清《おがももときよ》らの守る羽衣石《うえし》城（鳥取県梨浜町）

＊1　『大屋町史』通史編（兵庫県大屋町史編集委員会、二〇一〇年）。

＊2　「寛永二十一年十一月十一日付山縣長茂覚書」（『天正九年鳥取城をめぐる戦い』、鳥取市歴史博物館、二〇〇五年）。

＊3　奥野高広・岩沢愿彦註『信長公記』（角川書店、一九六九年）。

で足止めされた。このため、城内の餓えが極限となって人肉を食べる状態になり、城主吉川経家は家臣の中村、森下等の自刃の確認および、ほかの城兵の助命の確約をとり、鳥取城を開城して十月二十五日に自刃した。

『信長公記』によると、[*3] 天正九年十月二十六日に吉川氏が南条氏の羽衣石城を包囲したとの情報があり、秀吉が南条氏を見殺しにしたら世間の笑いものになるといって、伯耆国東部への出陣を決意した。伯耆国東部は、南条元続、小鴨元清兄弟が織田方として、羽衣石城と岩倉《いわくら》城（鳥取県倉吉市）を守備していた。

秀吉は、十月二十六日に先発隊を出陣させ、二十八日に本人が出陣した。亀井茲矩《かめいこれのり》の鹿野《しかの》城（鳥取市）で合流し、羽衣石城近くの御冠山《みかんむりやま》に陣取り、吉川元春の馬《うま》ノ山《のやま》砦と対峙した。しかし、雪のため七日間在陣し、羽衣石城と岩倉城には兵糧と弾薬を補給して、対毛利対策には蜂須賀正勝と荒木重堅の二人を備えとして入城させ、秀吉は十一月八日に姫路へ帰陣した。

吉川経家の墓

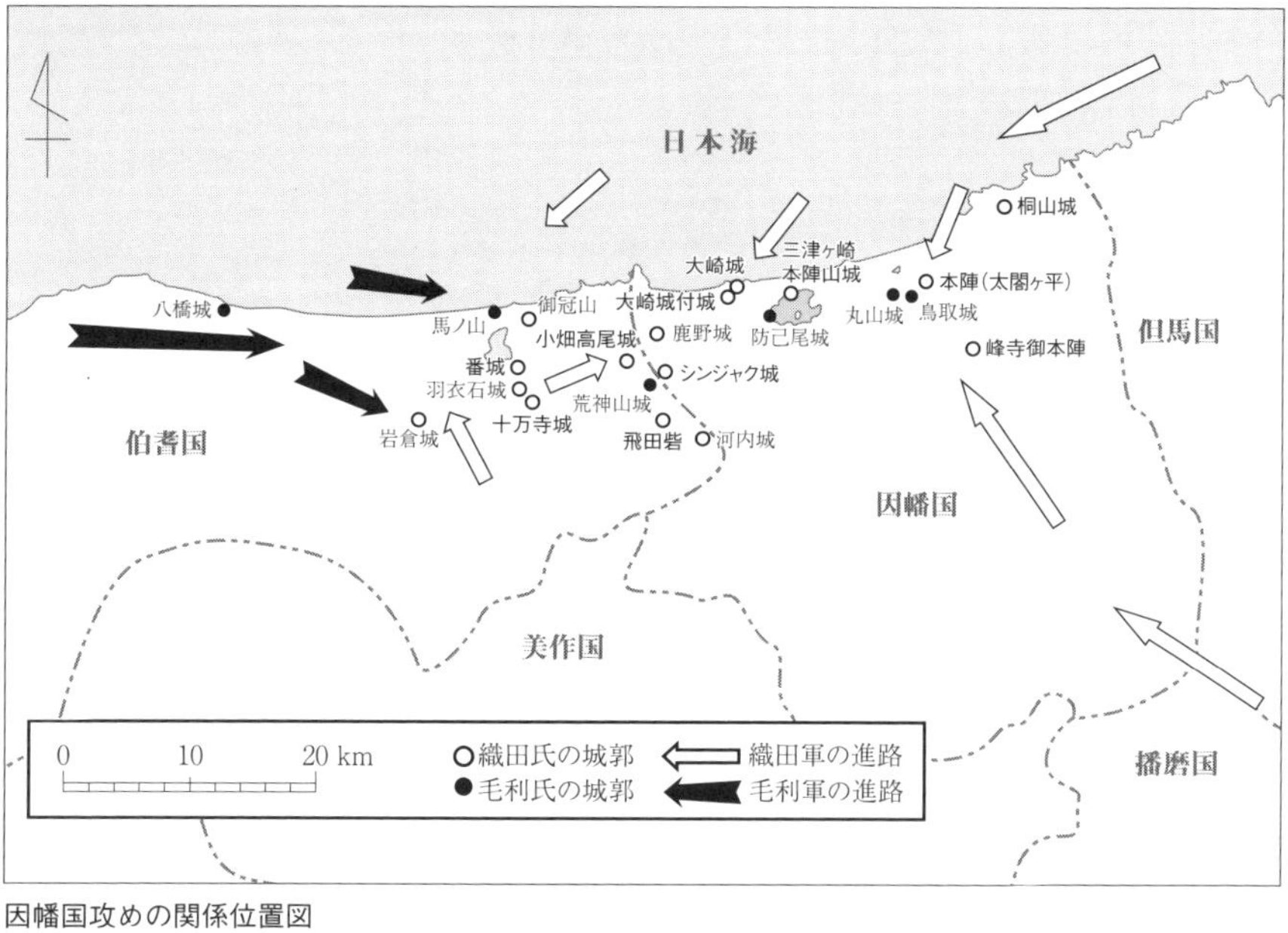

因幡国攻めの関係位置図

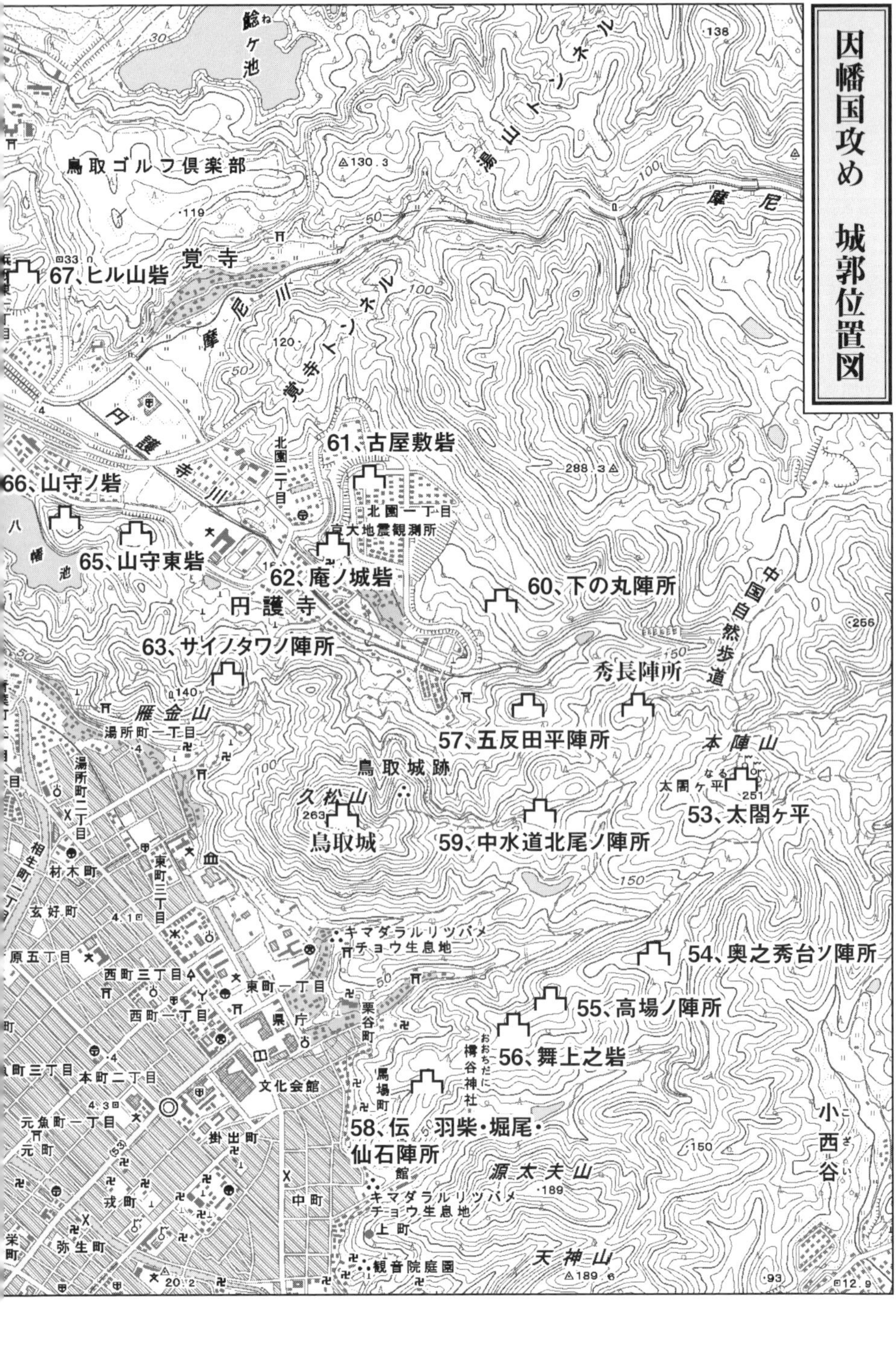

67、ヒル山砦
66、山守ノ砦
65、山守東砦
61、古屋敷砦
62、庵ノ城砦
60、下の丸陣所
63、サイノタワノ陣所
秀長陣所
57、五反田平陣所
鳥取城跡
久松山
鳥取城
59、中水道北尾ノ陣所
53、太閤ヶ平
本陣山
54、奥之秀台ノ陣所
55、高場ノ陣所
56、舞上之砦
58、伝 羽柴・堀尾・仙石陣所
鳥取ゴルフ倶楽部
覚寺
円護寺
円護寺川
摩尼川
摩尼
覚寺トンネル
湯山トンネル
中国自然歩道
雁金山
源太夫山
天神山
小西谷
樗谷神社
キマダラルリツバメチョウ生息地
観音院庭園
文化会館
県庁
八幡池

因幡国攻め　城郭位置図

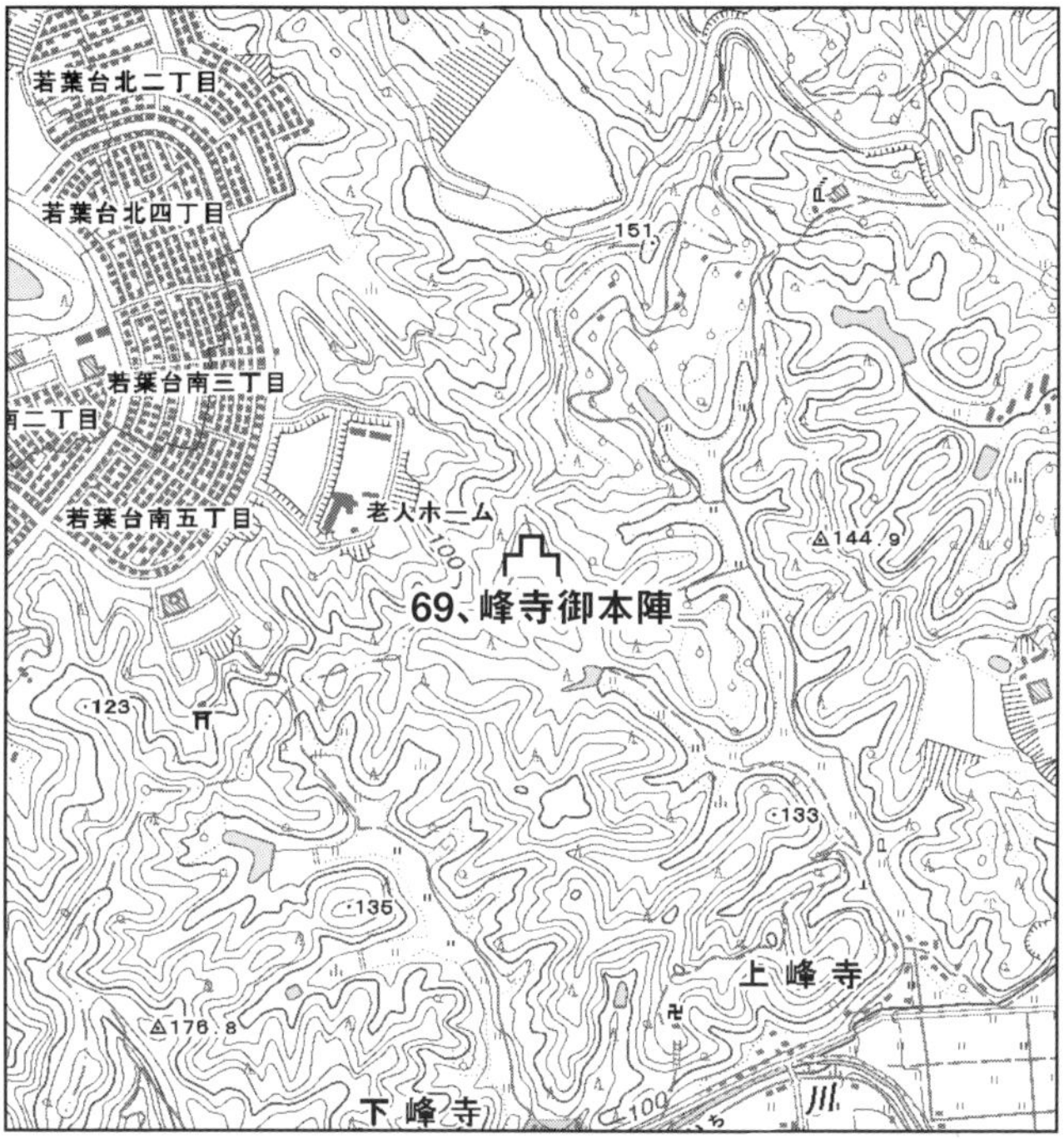
若葉台北二丁目
若葉台北四丁目
若葉台南三丁目
南二丁目
若葉台南五丁目
老人ホーム
69、峰寺御本陣
151
144.9
123
133
135
上峰寺
176.8
下峰寺
川

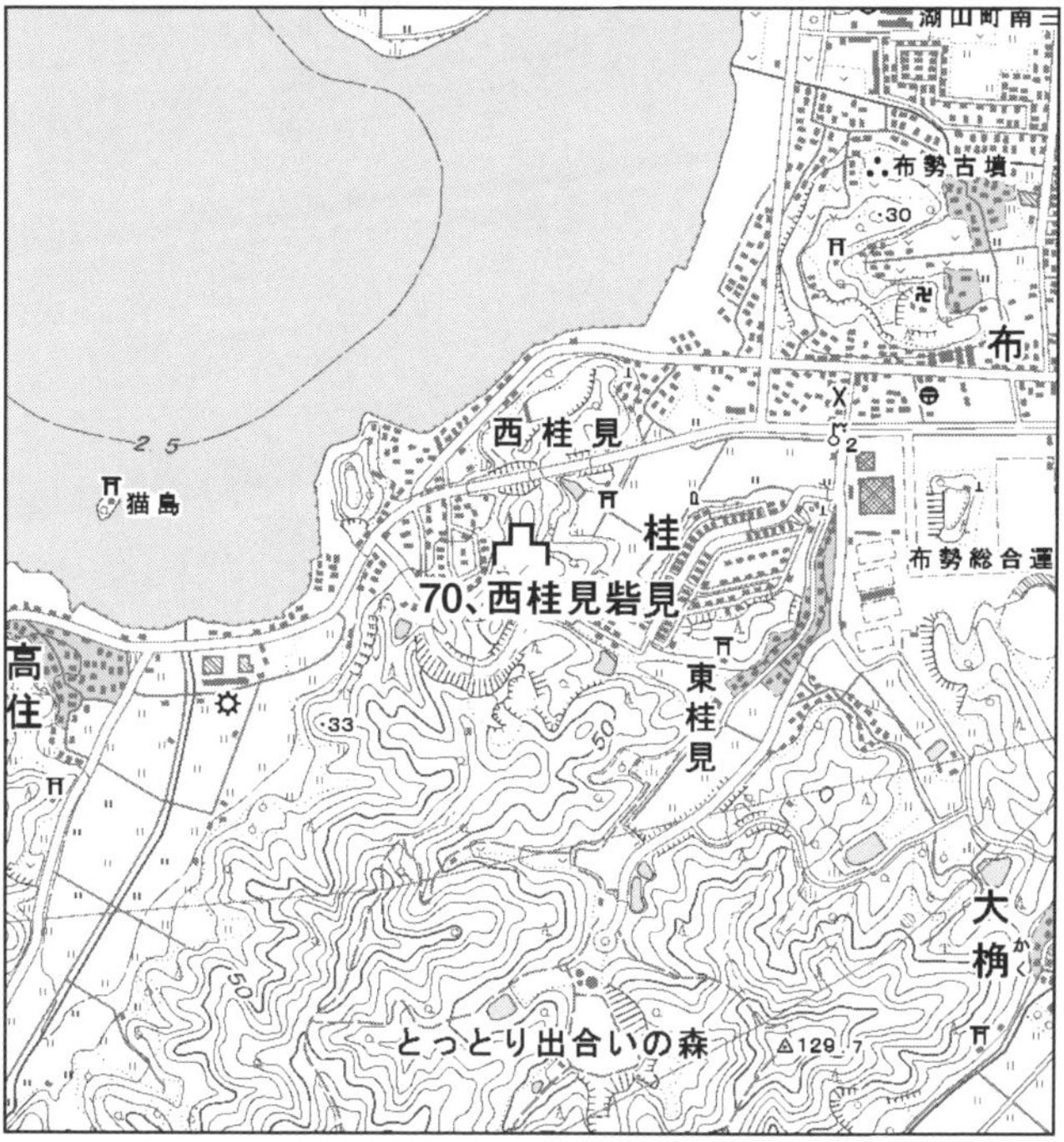
湖山町南三
布勢古墳
30
布
西桂見
猫島
桂
70、西桂見砦見
布勢総合運
高住
東桂見
33
大桷《かく》
とっとり出合いの森
129.7

センター
72
砂丘こども
浜坂三丁目
68、其次之要害
浜坂一丁目
浜坂
丸山城
松並町
64、雁金尾西端ノ砦
松並町二丁目
青葉町三丁目
松並町一丁目
田島
相生町
薬師町
西品治《ほん》
新品治町
寿町
行徳三丁目
行徳二丁目
今町一丁目
行徳一丁目
幸町

萩野四丁目
美萩野五丁目
△123.9
50
94
三津
3
72、三津ヶ崎本陣山城
団子島
20

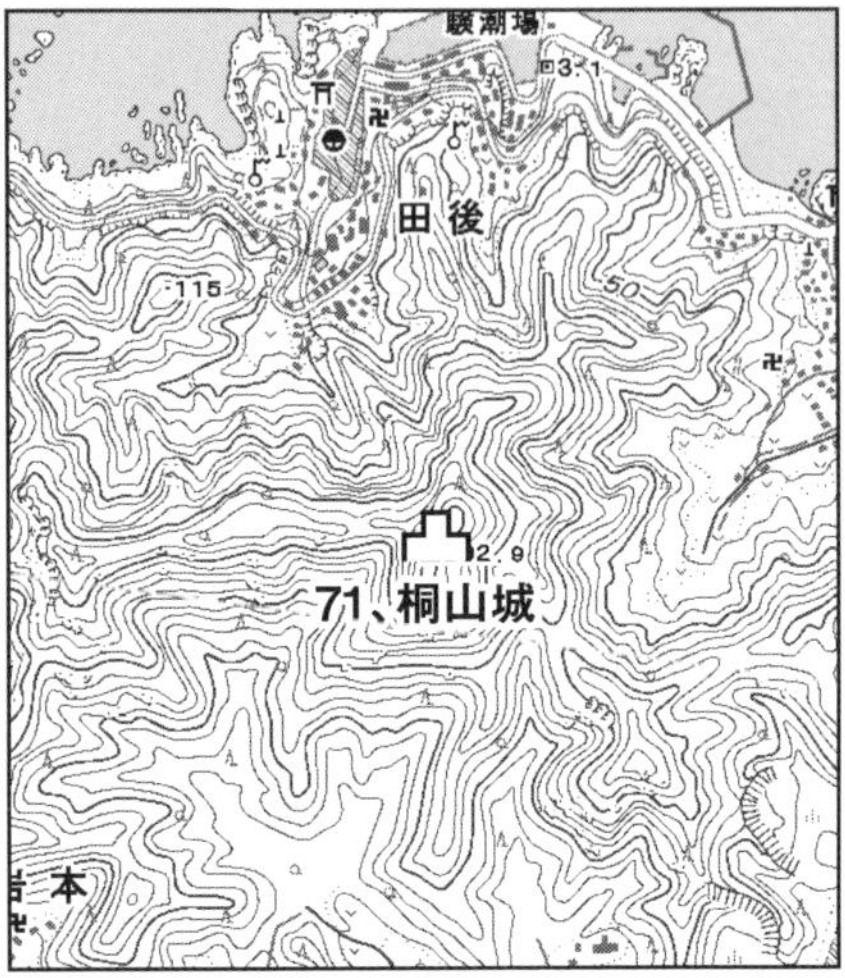
観潮場
田後
115
50
71、桐山城
岩本

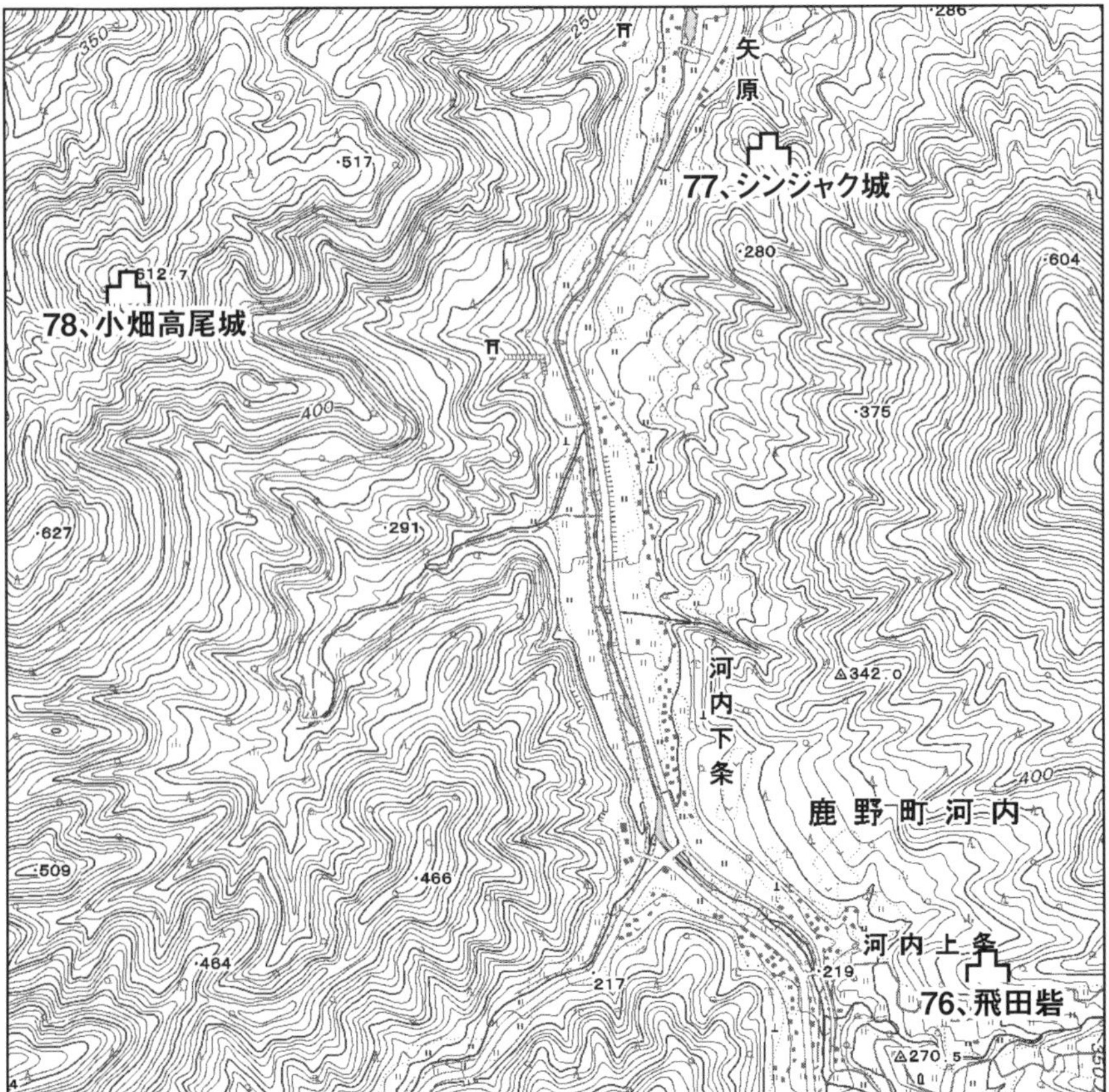
350
250
286
矢原
77、シンジャク城
517
280
604
612.7
78、小畑高尾城
400
375
627
291
河内下条
△342.0
400
鹿野町河内
509
466
河内上条
464
217
219
76、飛田砦
△270.5
350
河

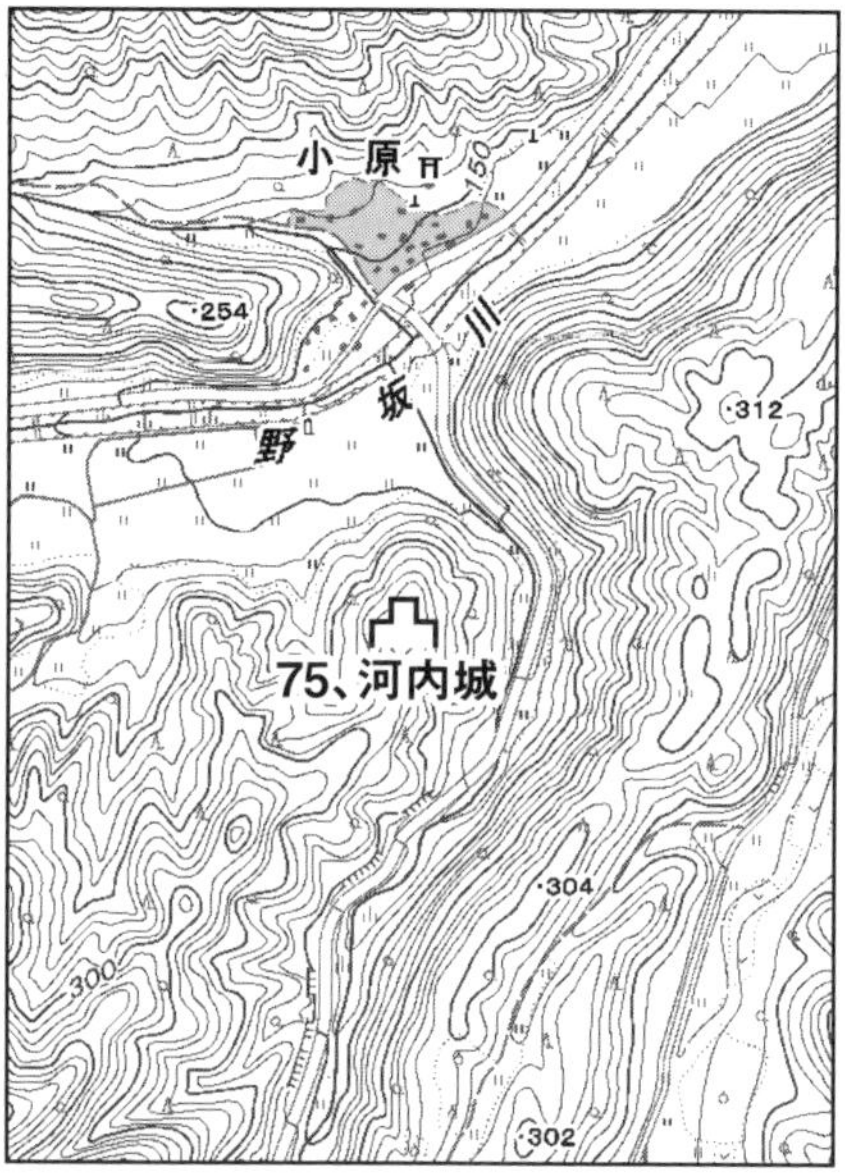
小原
150
254
野坂川
312
75、河内城
304
300
302

73、大崎城
小《こ》沢《ぞ》見《み》
74、大崎城付城
水尻
小沢見
8.6
水尻池
長丁
97
気高
50

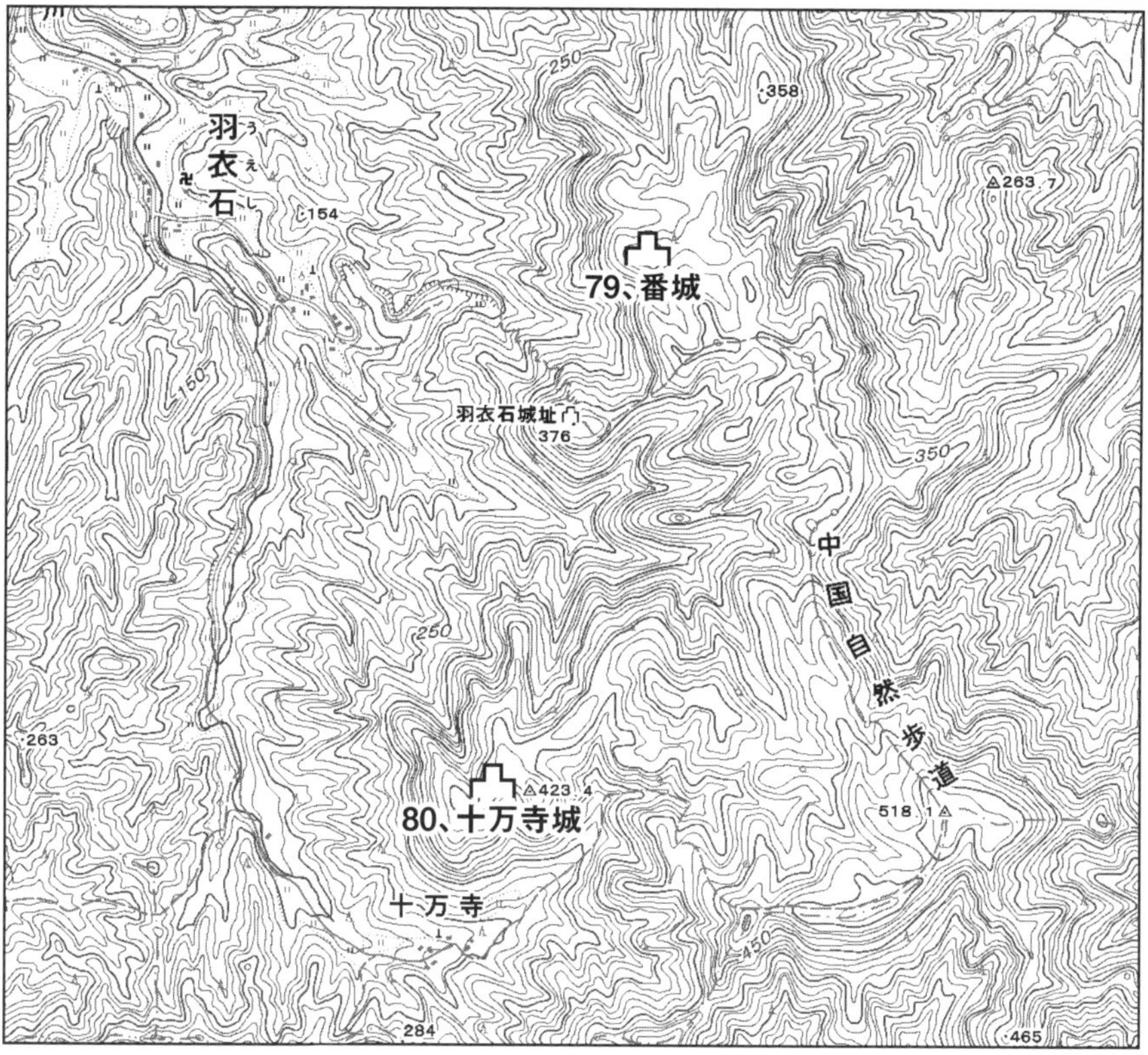
川
250
358
羽《う》衣《え》石《し》
263.7
154
79、番城
150
羽衣石城址
376
350
中国自然歩道
250
263
423.4
80、十万寺城
518.1
十万寺
450
284
465

信長を迎えるための本陣か

53 太閤ヶ平《たいこうがなる》（本陣山《ほんじんやま》）

所在地：鳥取県鳥取市百谷字太閤ヶ平／城主：羽柴秀吉
遺構：曲輪・土塁・虎口・空堀・櫓台・竪土塁
規模：七五〇×六八〇m／標高・比高：二五一m・二四〇m

【選地】 鳥取城の東一kmほどに位置する。鳥取城を包囲する陣城群の要で、羽柴秀吉が本陣として守備した。

【歴史】「山縣長茂覚書」によると、[*1]羽柴秀長は鳥取城北方の吹上浜へ上陸し、丸山城を包囲し、秀吉は天正九年七月十二日には鳥取城北東部の帝釈山に本陣を定めとある。「羽柴秀吉書状写」によると、[*2]鳥取城を取り巻き、明日十五日より砦数十四・五を丈夫に申し付けたという。鳥取城と丸山城の周囲を、塀、堀、柵で堅固に守備し、十〜二十間には櫓を構え、鳥取城に近い陣所は、四〜五町程の距離である。秀吉は日々陣廻りを実施している。また、千代川の河口には乱杭、縄網を張り、厳重に警備した。

【遺構】 本陣の北西尾根には羽柴秀長が守備したという（伝）秀長陣所Ⅰがある。さらに、本陣の西斜面下には陣所Ⅱ、そこから南西に延びる尾根上には陣所Ⅲ、本陣と通路で繋がる陣所Ⅳがある。ⅠからⅣまでの陣所を二重の竪堀、竪土塁で遮断しており、二つの谷と三つの尾根を利用した距離は七〇〇mにも及ぶ。この竪堀、竪土塁が秀吉の本陣である太閤ヶ平と鳥取城の間を遮断している。また、本陣と各陣所間の尾根や斜面には小規模の曲輪が構築され、曲輪の面積としてはほかに例を見ないほど大規模である。

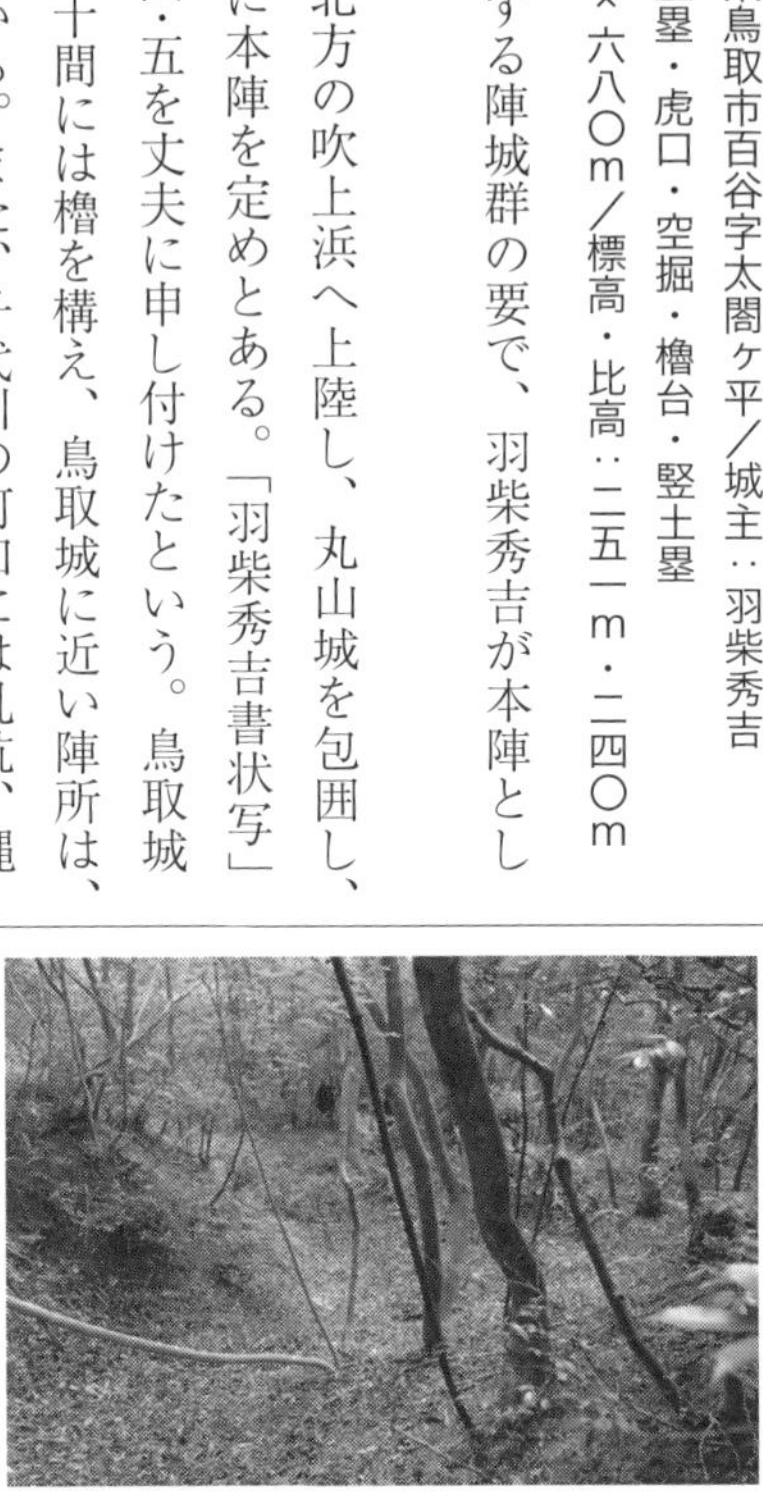

空堀

＊1 「寛永二十一年十一月十一日付山縣長茂覚書」（『天正九年鳥取城をめぐる戦い』、鳥取市歴史博物館、二〇〇五年）。

＊2 三鬼清一郎『稿本 豊臣秀吉文書（Ⅰ）』二四〇「閥閲録遺漏」巻三ノ三

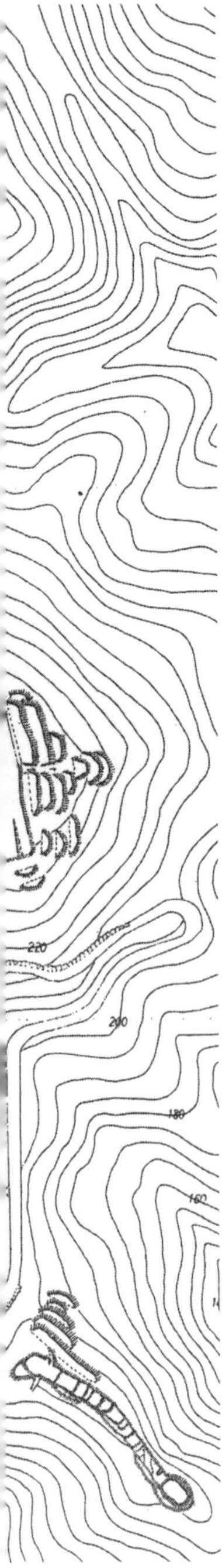

鳥取城包囲の陣城(太閤ヶ平)

本陣の規模は南北九〇×東西六〇mほどで、周囲を土塁で囲み、平入り虎口が南と東にあり、南の平入り虎口aが大手口と考えられる。完周した土塁上には二ヵ所の櫓台があり、すべて鳥取城側に設置されている。また、南東隅には張り出しとなっている。大手虎口aに対して東側から横矢掛けが可能となっている。aの西側には一辺一一m四方の櫓台イがあり、ここからも横矢掛けが可能である。東の平入り虎口bを出ると、本陣と同一の面積を有する広場がある。現在は無線中継所となっており、当時の遺構状態は不明である。

本陣から北へ延びる尾根が五〇〇mほどで西に曲がり、鳥取城方向へと延びる途中の標高二一〇mにIがある。本陣から見ると北西の方向となり、鳥取城に繋がる尾根上のため、前線にあたる場所である。西に位置する丸山城や千代川の河口への展望が良く、本陣から見えない鳥取城西部をカバーする。Iの規模は東西八〇m、南北は広い所で二〇m、狭い所で一〇mと東西に長い曲輪構成で、細かくは三区画となっている。西側の曲輪の北部分と南側部分に低土塁が敷設されている。

西側の曲輪Aは東西二七×南北二〇mほどの規模で、土塁で区画され、区画された土塁部分が虎口となっている。中心部分の曲輪Bは、東西三五×南北一〇mほどの規模で、北西側に北斜面へ下る虎口がある。南側には部分的に低土塁の敷設が見られる。

東側の曲輪Cは東西一五×南北一六mほどの規模で、曲輪Bより一mほど高くなっている。虎口は南側にあり、遮断線となっている竪堀、竪土塁側に通じている。Aから北西斜面を下る竪堀と竪土塁は九〇m以上あり、土塁の東斜面には小規模の曲輪が造成されている。

また、竪堀と竪土塁下には東西二〇×南北一〇mほどの曲輪Dがある。Cから南東斜面を竪堀、竪土塁が二五mほど下り、太閤ヶ平に続く登山道で下の竪堀、竪土塁が少し食い違いとなってい

土塁と虎口

る。竪堀、竪土塁は少し南西に寄って、一一〇mほど斜面を下り、下の谷部近くまで敷設されている。北西斜面と同じく竪堀、竪土塁の東側斜面には小規模の曲輪があり、兵士の駐屯地として利用されたと考えられる。

陣所から陣所への遮断のために敷設される竪堀、竪土塁の内側（鳥取城側を外と考えた場合）の斜面に小規模の曲輪が造成されているのは、竪堀のラインに沿って兵士が守備していたことを意味している。

本陣から西へ一五〇mほど下ると曲輪群Ⅱがあり、本陣からは小規模の曲輪群で繋がっている。曲輪群Ⅱは、鳥取城の南東を流れる水道谷《すいどうたに》を攻め上って来る敵への布陣である。曲輪群Ⅱから南東へ延びる尾根上に曲輪群Ⅲがあり、鳥取城側に堀と土塁がないのは、斜面が急傾斜のためであろう。曲輪群Ⅲの尾根先端は二重の堀切で遮断され、堀切から竪堀が南の斜面を下っている。谷部は西に二重の空堀があり、東側には幅二mほどの空堀が四〇mほど敷設されている。内部は南北一五×東西六mほどの台地があり、瓢簞《ひょうたん》池から続く谷部を防御する遺構である。

ここから二五mほど南に斜面を上ると、細尾根にあるのが曲輪Ⅳである。西側の尾根先端は二重の横堀が廻り、西の尾根を下る通路で途切れた竪堀、竪土塁は南斜面を五〇mほど下る。

【評価】信長の山陰出陣を予定して、秀吉が鳥取城包囲の本陣を構築した可能性がある。鹿野城に信長の「御座所」を建設するよう秀吉が亀井氏に指示していることや、[*2] 兵粮米千石を鹿野城に搬入するなど、[*3] 伯耆国東部での毛利氏との決戦を目論んでいたことがわかる。

＊2　三鬼清一郎『稿本　豊臣秀吉文書（1）』二〇八「牧文書」。

＊3　三鬼清一郎『稿本　豊臣秀吉文書（1）』二一三「亀井文書」。

竪堀C

本陣と南西方面への繋ぎの付城

54 奥《おく》之《の》秀《しゅう》台《だい》ノ《の》陣《じん》所《しょ》

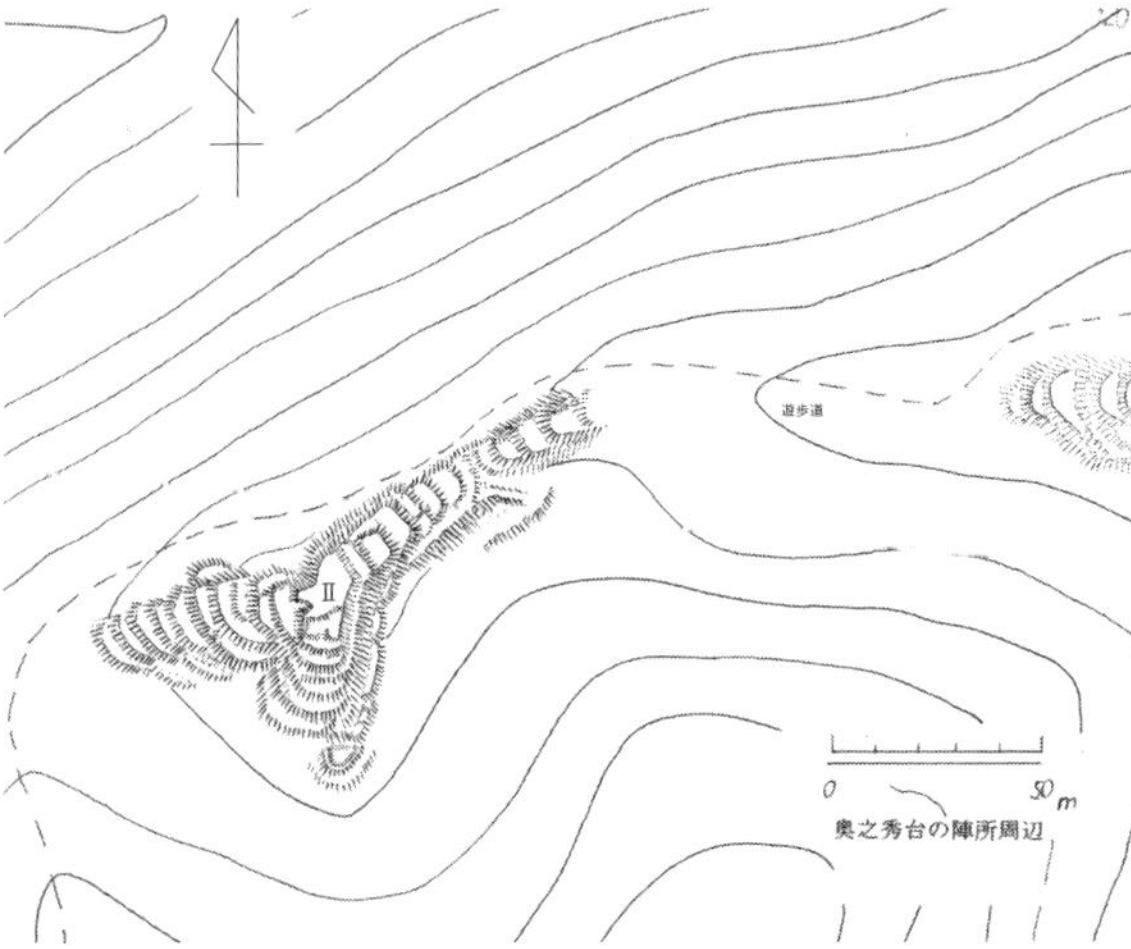

奥之秀台の陣所周辺

所在地：鳥取県鳥取市上町／城主：羽柴氏
遺構：曲輪・土塁・虎口／規模：東曲輪群七五×二五m、西曲輪群一三〇×五〇m／標高・比高：一七〇m・一六〇m

【選地】 太閤ヶ平の南六〇〇mほどの、標高一七〇mの丘陵上に位置する。東側で南に丘陵が分岐し、南の天神山方向に延びる。北西一・二㎞に鳥取城を望む。

【歴史】 羽柴秀吉が、天正九年七月十二日に鳥取城北東部の帝釈山に本陣を定めたときに同時に構築された。

【遺構】 遺構は東と西にあり、東の曲輪Ⅰは南北三五×南北二〇mほどの規模で、東に桝形状の虎口aがある。曲輪は西側の面積が広く、一部に低土塁も残っている。西斜面には六段の小規模曲輪がある。

西の曲輪群Ⅱとは一〇〇mほど離れており、中心となる曲輪は標高一五〇mにあり、この曲輪を中心に、南・西・北東方向へ小規模な曲輪が造成されている。曲輪群Ⅱの規模は、東西一三〇×南北五〇mほどである。

【評価】 北方の本陣と、南へ延びる丘陵上の曲輪群との繋ぎの陣城である。

奥之秀台ノ陣所から鳥取城を望む

丘陵中間を監視するための付城

55 高場《たかば》ノ《の》陣所《じんしょ》

所在地：鳥取県鳥取市上町／城主：羽柴氏
遺構：曲輪・土塁・虎口・櫓台ヵ・塹壕
規模：一一〇×三〇m／標高・比高：一五〇m・一四〇m

【選地】本陣から延びた丘陵が鞍部を経て、高くなった標高一五〇mの位置に構築され、クランク状に尾根が変化している。

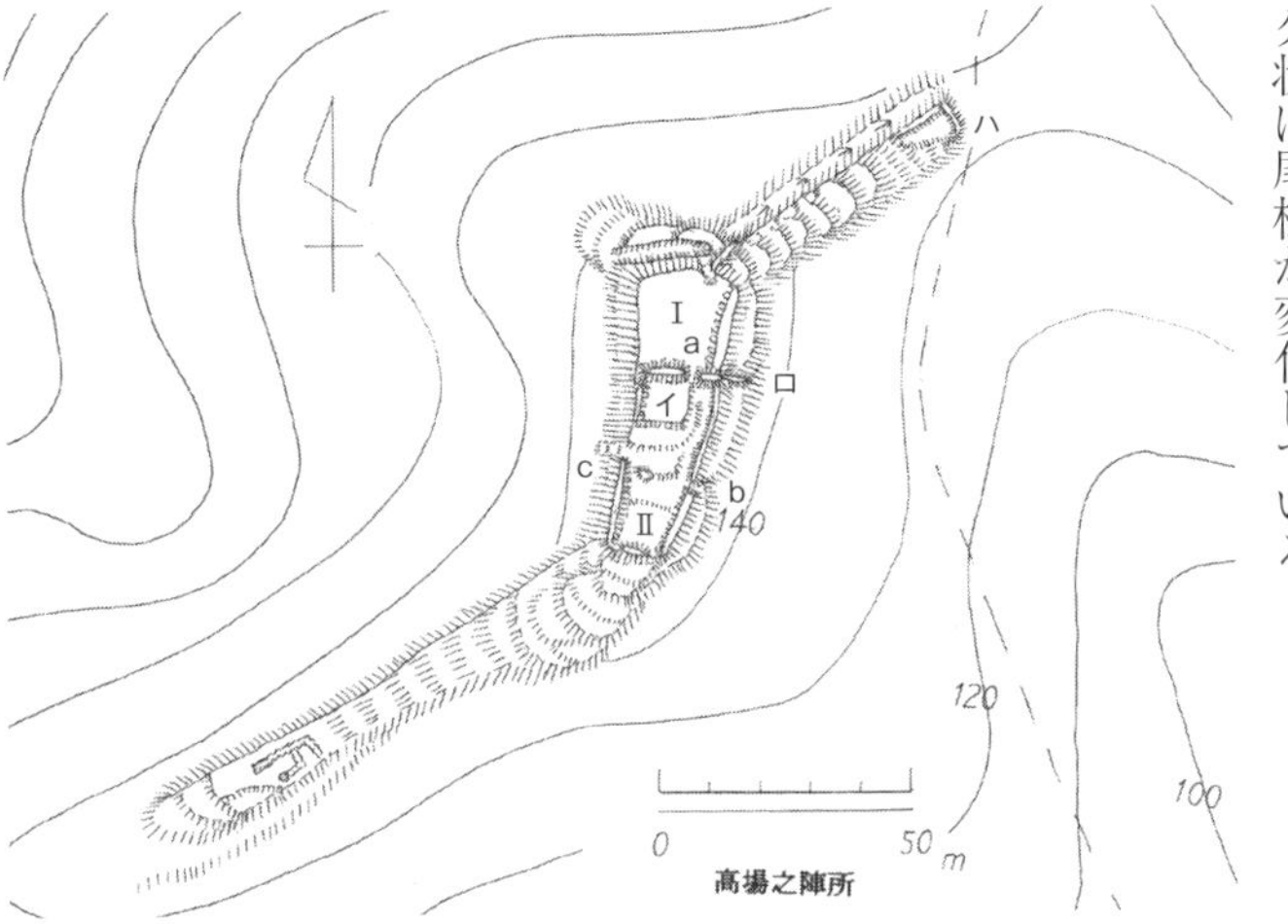

高場之陣所

【歴史】天正九年七月十二日、羽柴秀吉が鳥取城北東部の帝釈山に本陣を定めたときに同時に構築された。

【遺構】南北六〇×東西一五mほどの規模の二曲輪で構成され、北の曲輪Ⅰは南北二〇×東西二〇mの規模で、東と南に低土塁を設け、虎口aが南に開口する。南の曲輪Ⅱは、南北三五×東西一七mほどの規模で、東西に虎口bとcがある。Ⅱの北西隅に、櫓台らしき一〇×七mほどの台地イがある。ⅠとⅡの東側土塁下には通路があり、途中に六mほどの竪土塁ロで遮断している。北東の丘陵続きには、北西側通路を確保して、小規模の曲輪が七段続き、先端の鞍部にはL型の土塁をもった武者隠しハがある。南西側の丘陵上西側は、切岸状にカットしている。

【評価】丘陵上を進攻してくる敵の阻止と、丘陵中間の監視を目的としている。

土塁・東虎口

駐屯地用に構築された付城か

56 舞上《まいのうえ》之《の》砦《とりで》

所在地：鳥取県鳥取市上町／城主：羽柴氏
遺構：曲輪・土塁・堀切・土橋
規模：一一〇×三〇m／標高・比高：一三〇m・一二〇m

【選地】本陣山から南西に延びる丘陵上の、標高一三〇mに位置する。丘陵上が狭くなるとともに、北西に分岐している。

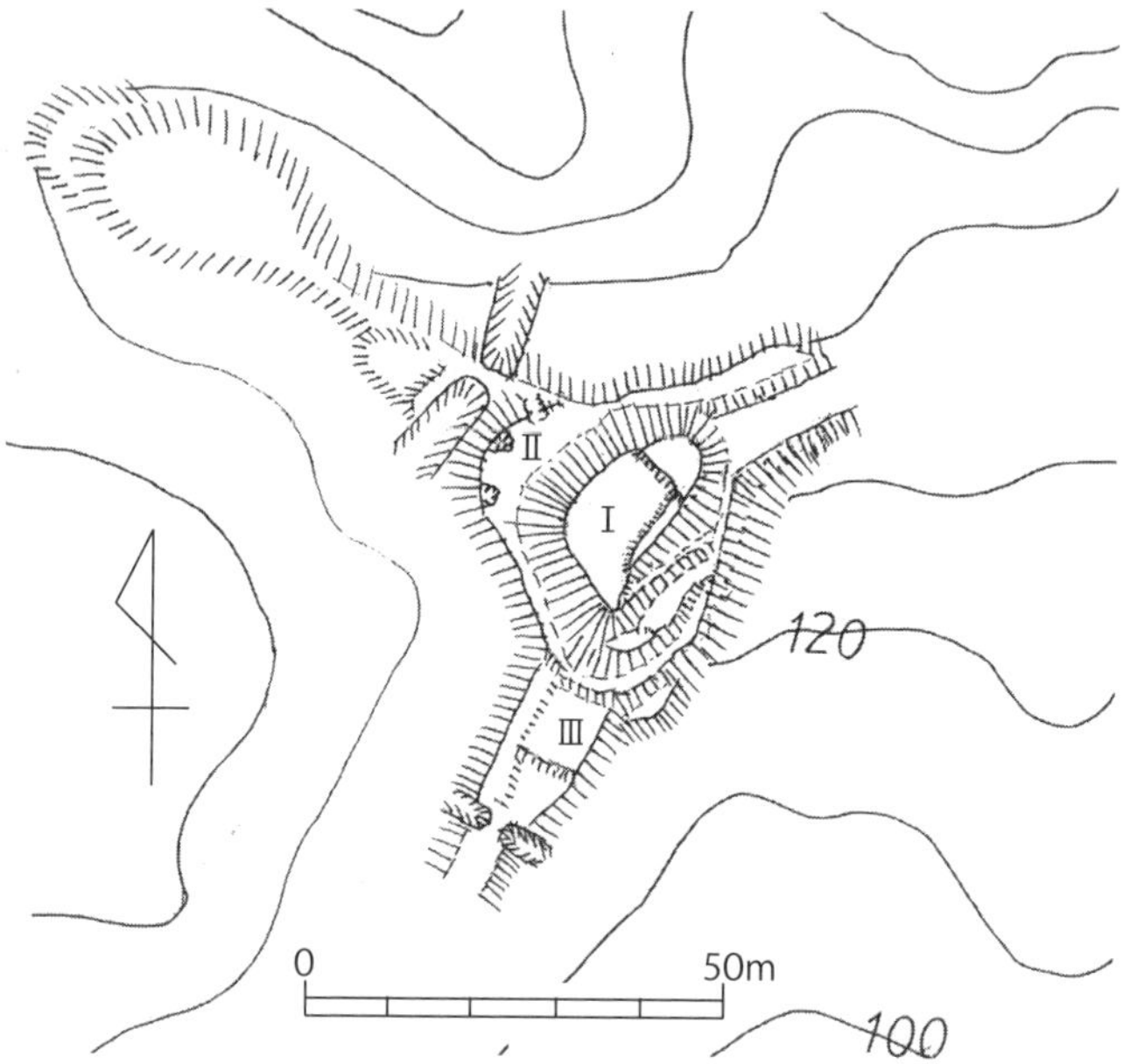

【歴史】天正九年七月十二日、羽柴秀吉が鳥取城北東部の帝釈山に本陣を定めたときに同時に構築された。

【遺構】中心となる曲輪Ⅰは、南北二三×東西一〇mほどの足形に似た曲輪で、西側に二〇×七mほどの曲輪Ⅱ、北西には土橋付きの堀切がある。Ⅰの南丘陵には二〇×一〇mの曲輪Ⅲがあり、南側には土橋付きの小規模な堀切を設けている。北東の高場之陣所方向は、幅の広い通路となっている。

【評価】鳥取城の南東で丘陵が北西と南西に分岐しており、西側（鳥取城）の丘陵上も広い自然地形が広がるため、駐屯地として使用された可能性がある。

腰曲輪

円護寺川を挟んだ最前線の付城

57 五反田《ごたんだ》平陣所《だいらのじんしょ》

所在地：鳥取県鳥取市円護寺／城主：羽柴氏
遺構：曲輪・土塁・虎口・櫓台
規模：三五×一五m／標高・比高：一五〇m・一〇〇m

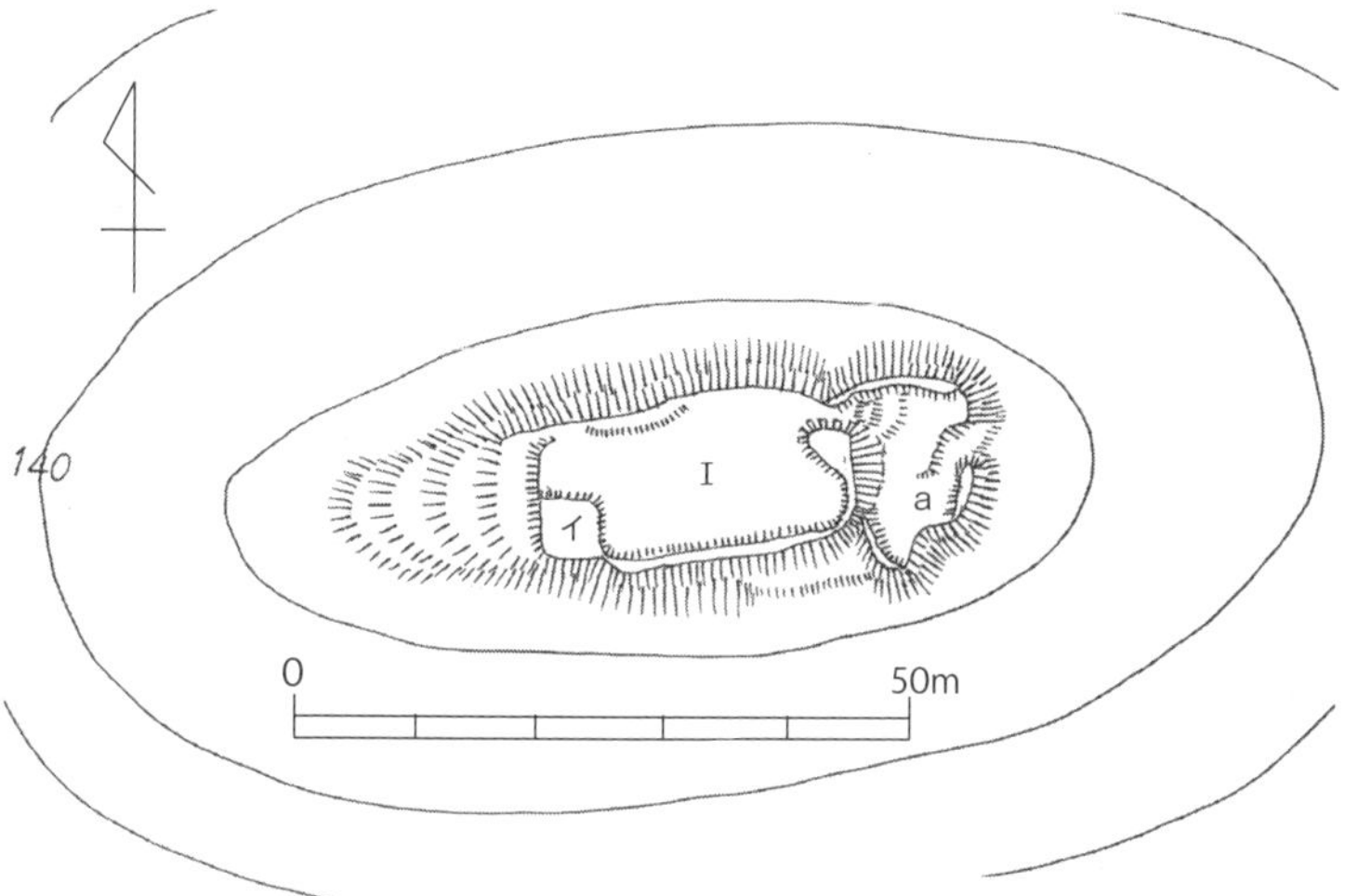

虎口

【選地】鳥取城の北東七〇〇mに位置する丘陵先端の小山に所在する。鳥取城とは円護寺《えんごうじ》川を挟んで、最前線の陣城である。

【歴史】天正九年七月十二日、羽柴秀吉が鳥取城北東部の帝釈山に本陣を定めたときに同時に構築された。

【遺構】北に桝形状の虎口aが開口している。曲輪Ⅰは東西二五×南北一五mほどの長方形で、南西隅に櫓台イがあり、曲輪の南側には低土塁がある。

【評価】西の鳥取城に対する付城で、比高差は一一〇mほどあり、上から城内を見降ろされた環境にある。敵の攻撃により孤立する危険性が高い。

主郭曲輪内部

丘陵先端にある合同付城

58 伝《でん》 羽柴《はしば》・堀尾《ほりお》・仙石陣所《せんごくじんしょ》

所在地：鳥取県鳥取市馬場町
城主：堀尾吉晴・一柳直盛等
遺構：曲輪・土塁・堀切・虎口・竪堀
規模：四〇〇×五〇m
標高・比高：八〇m・七〇m

【選地】本陣山から南西に延びる丘陵の先端に位置する。先端は西と南に分岐し、南側の丘陵上に遺構がある。丘陵の先端から北へ四〇〇mほどに遺構がある。

【歴史】「山縣長茂覚書」によると、*1 羽柴秀吉は天正九年七月十二日には鳥取城北東部の帝釈山に本陣を定め、東の尾根に堀尾茂助、一柳市介が着陣したとされる。

【遺構】最も北の曲輪が羽柴陣所といわれ、一辺一五mほどの正方形の曲輪Ⅰがあり、虎口aは北東の堀切側に開口し、南東側には腰曲輪Ⅱがある。五〇m南西に楕円形の曲輪Ⅲがあり、北西から北にかけて土塁を設け、虎口bが北側に開口している。ⅠとⅡの間には、北西側に土塁が五〇mほどにわたって敷設され、現在はところどころ破壊されている。土塁の外側（北西）は傾斜地となっているが、部分的に削平がみられ、北西側に土塁が一五mほどにわたって敷設されている。北西の丘陵地は広い自然地形のため、駐屯地の可能性がある。また、Ⅱの西側斜面の両側には竪堀を敷設し、L型土塁や塹壕を設ける厳重な構えである。

中間にある堀尾陣所は、南北一六〇m以上あり、中心となる曲輪Ⅳは一辺一五mほどの正方形の曲輪で、北側寄りにある。西側には、一部空堀となった帯状曲輪を二段敷設している。

丘陵先端にある仙石《せんごく》陣所は、一二五×一五mほどの曲輪Ⅴが中心となり、城域は一〇〇mほどある。Ⅴの周囲には帯状曲輪がめぐり、西丘陵先端には四〇×一五mほどの傾斜した曲輪がある。

空堀中尾根南

＊1　「寛永二十一年十一月十一日付山縣長茂覚書」（『天正九年鳥取城をめぐる戦い』、鳥取市歴史博物館、二〇〇五年）。

先端の斜面は墓地となり、遺構は不明である。

【評価】秀吉の直臣が守備した陣城である。

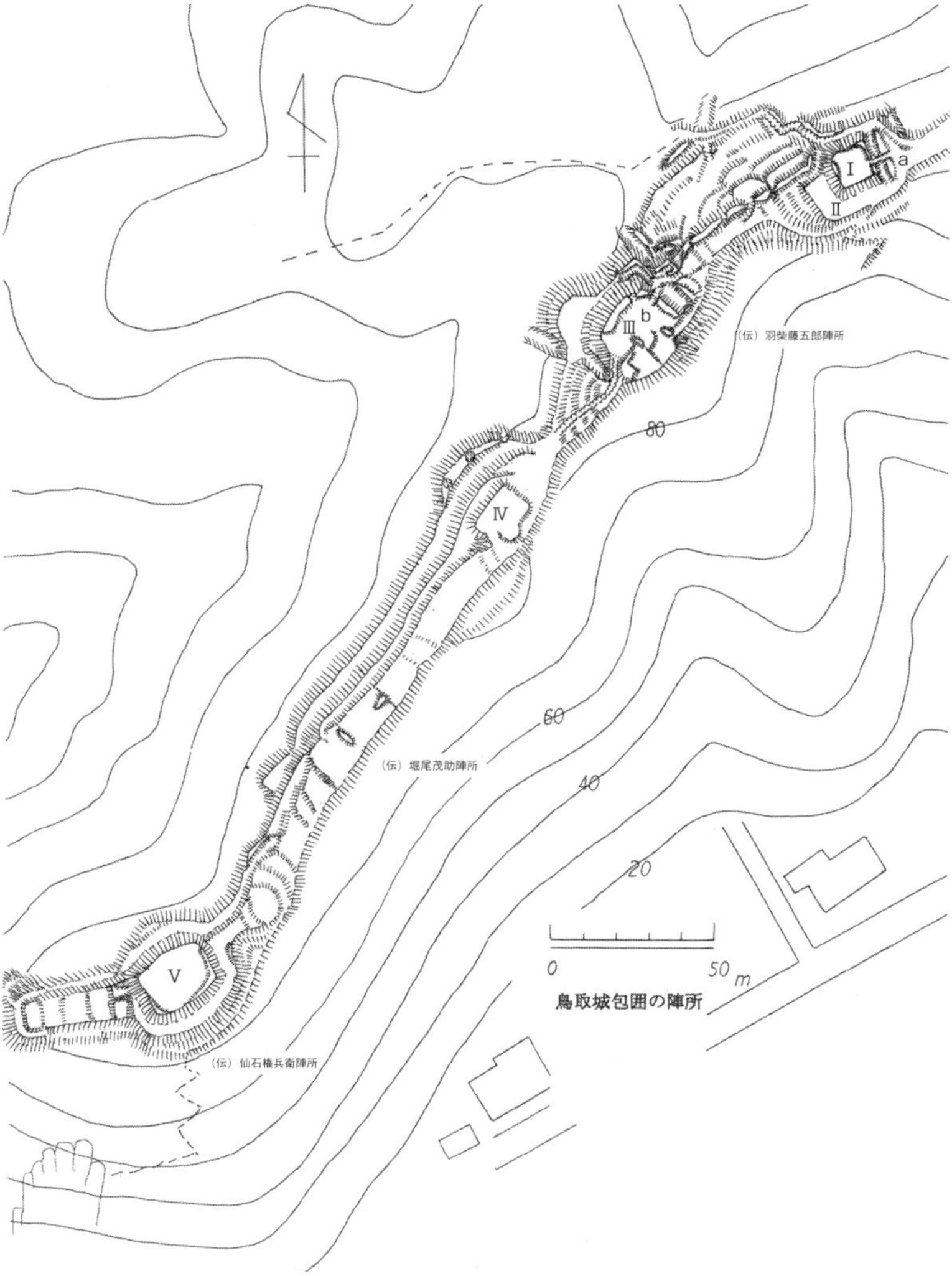

鳥取城包囲の陣所

羽柴藤五郎切岸東側

鳥取城に対する前線の付城

59 中水道北尾ノ陣所《なかすいどうきたおのじんしょ》

所在地：鳥取県鳥取市上町／城主：羽柴氏
遺構：曲輪・土塁・虎口・櫓台／規模：南曲輪群三五×一五m、北曲輪群三五×一五m、東曲輪群五〇×二〇m／標高・比高：一九〇m・一八〇m

【選地】北東の（伝）秀長陣所と鳥取城を繋ぐラインの中間にあり、遺構は三ヵ所ある。鳥取城への展望は良くないが、丘陵上は狭く、両側の斜面は急傾斜であるため、地形の要害性を活かした陣城造りが可能である。

【歴史】天正九年七月十二日、羽柴秀吉が鳥取城北東部の帝釈山に本陣を定めたときに同時に構築された。

【遺構】南曲輪群Ⅰと北曲輪群Ⅱ、東曲輪群Ⅲの三ヵ所で構成されている。南曲輪群Ⅰは、北の土塁囲みの曲輪と南の曲輪とで構成され、規模は南北三五×東西一五mほどで、櫓台イが北西隅にある。虎口は東のaと南のbがあり、東側には帯状曲輪がめぐる。

北曲輪群Ⅱは、南北三五×東西一五mほどの規模で、西の鳥取城側に食い違い土塁が敷設されている。東曲輪群Ⅲは、東西五〇×南北二〇mほどの自然地形の山頂部があり、西側に長さ二〇×五mほどの低土塁を伴った曲輪Ⅳがある。鳥取城から北東の（伝）秀長陣所への通路口にあたる曲輪群である。

【評価】西の鳥取城に対して最前線に位置するが、小規模の陣城である。地形的に丘陵上が狭くなり、両側が傾斜地のため、三ヵ所に分散して曲輪を構築したものと考える。

曲輪の切岸

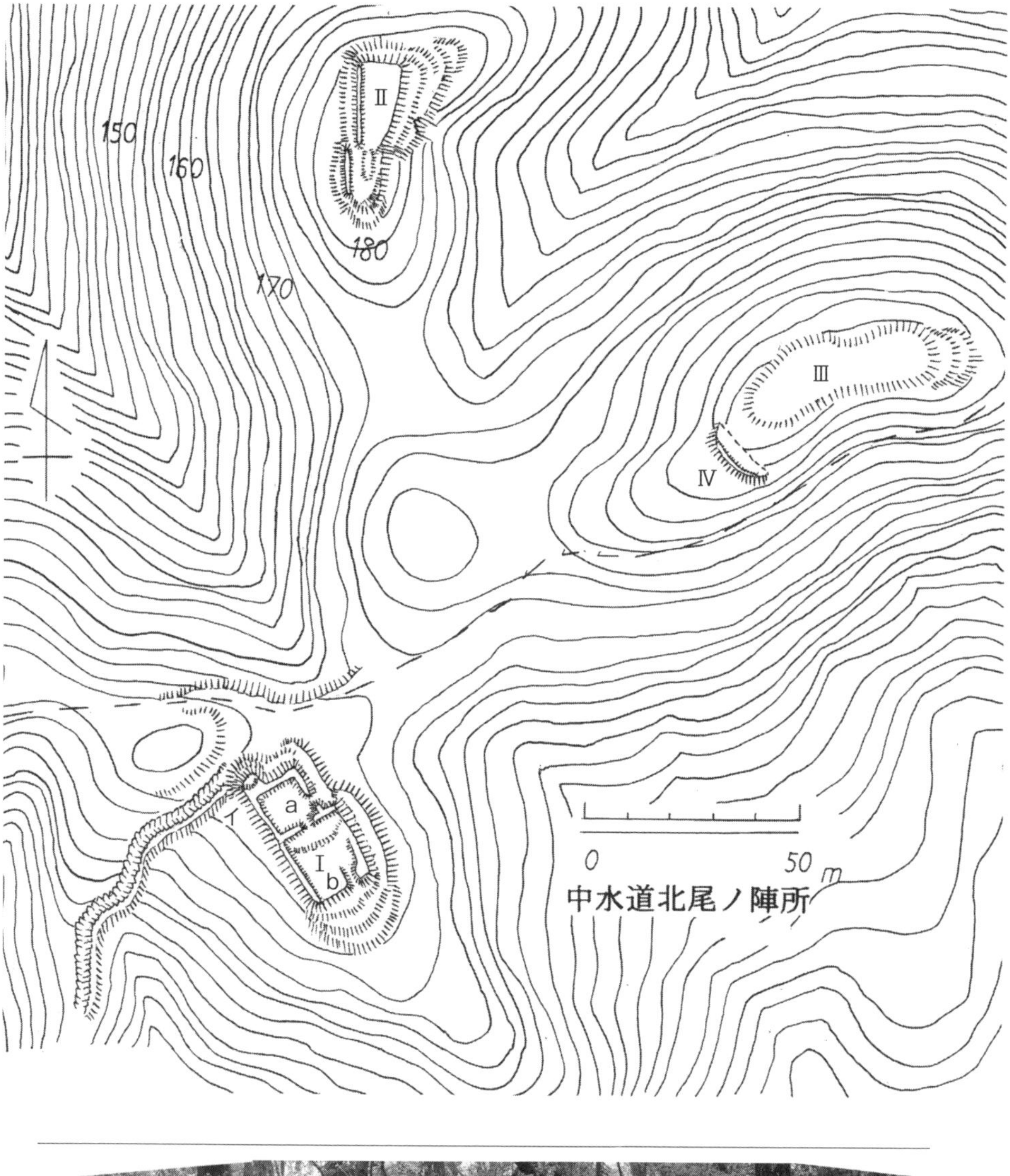

曲輪内部

鳥取城包囲の最大規模の付城

60 下《しも》の丸陣所《まるじんしょ》

所在地：鳥取県鳥取市円護寺／城主：垣屋光成カ
遺構：曲輪・土塁・虎口・櫓台
規模：五五〇×二〇〇m／標高・比高：一五〇m・一〇〇m

【選地】鳥取城の北東八〇〇mに位置する丘陵上にある。北西の遺構は団地の造成により破壊された。北側にも谷があり、東西に長く延びた丘陵地のため、城域は東西五五〇m以上に及ぶ。

【歴史】『旧塁鑿覧』[*1]は、垣屋播磨守の陣の一部かとしている。

【遺構】鳥取城の北東、（伝）秀長陣所と円護寺川を挟んで、西に下の丸陣所がある。南東の曲輪群Ⅰの規模は東西七〇×南北二〇mほどで、頂上から西へ三段の曲輪で構成され、東と南側には土塁を設け、東の丘陵鞍部側にも三段の小規模曲輪がある。南西側は堀切で遮断する。東西三五〇mの細長い曲輪Ⅱの南側には土塁が敷設され、折れや一辺三mほどの櫓台イがある。部分的に土塁の外側（鳥取城側）に帯状曲輪があり、一部には土塁を設ける。北西側の曲輪群Ⅲには、中央部に東西三五×南北一五mの土壇ロがあり、西側には土塁を設け、虎口aが開口する。南の切岸を下ると、区画された曲輪群があるが、曲輪群の一部は住宅地建設のために破壊され、遺構は不明である。

【評価】現在、北西側が破壊されているため、北西側の団地造成以前の遺構状況は不明。東の（伝）秀長陣所とは谷を挟むため、包囲網の繋がり遺構としての重要性を感じる。

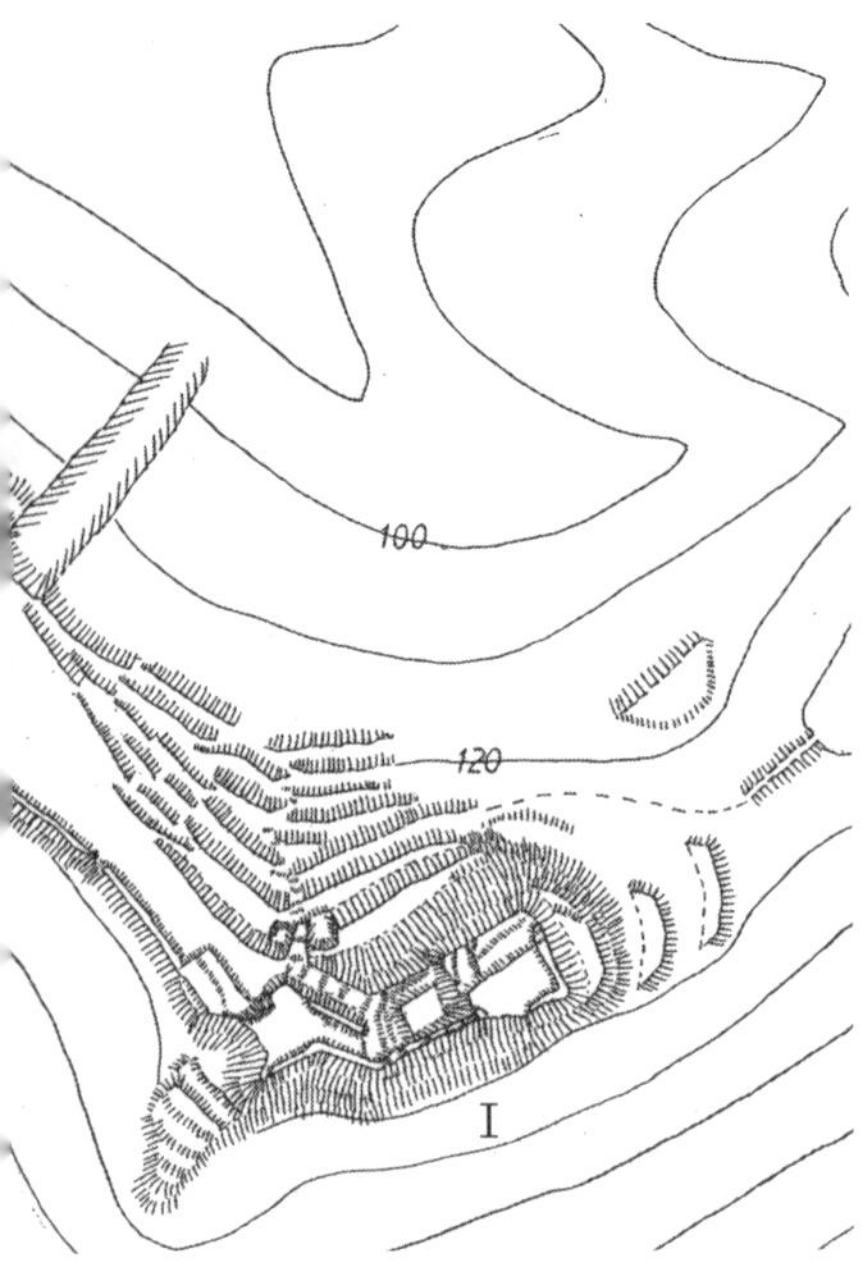

土塁

＊1　『旧塁鑿覧』は鳥取藩士岡島正義の著作。天正九年（一五八一）の鳥取城攻撃の際、城を包囲する羽柴秀吉方の陣地配置を記述したものである。

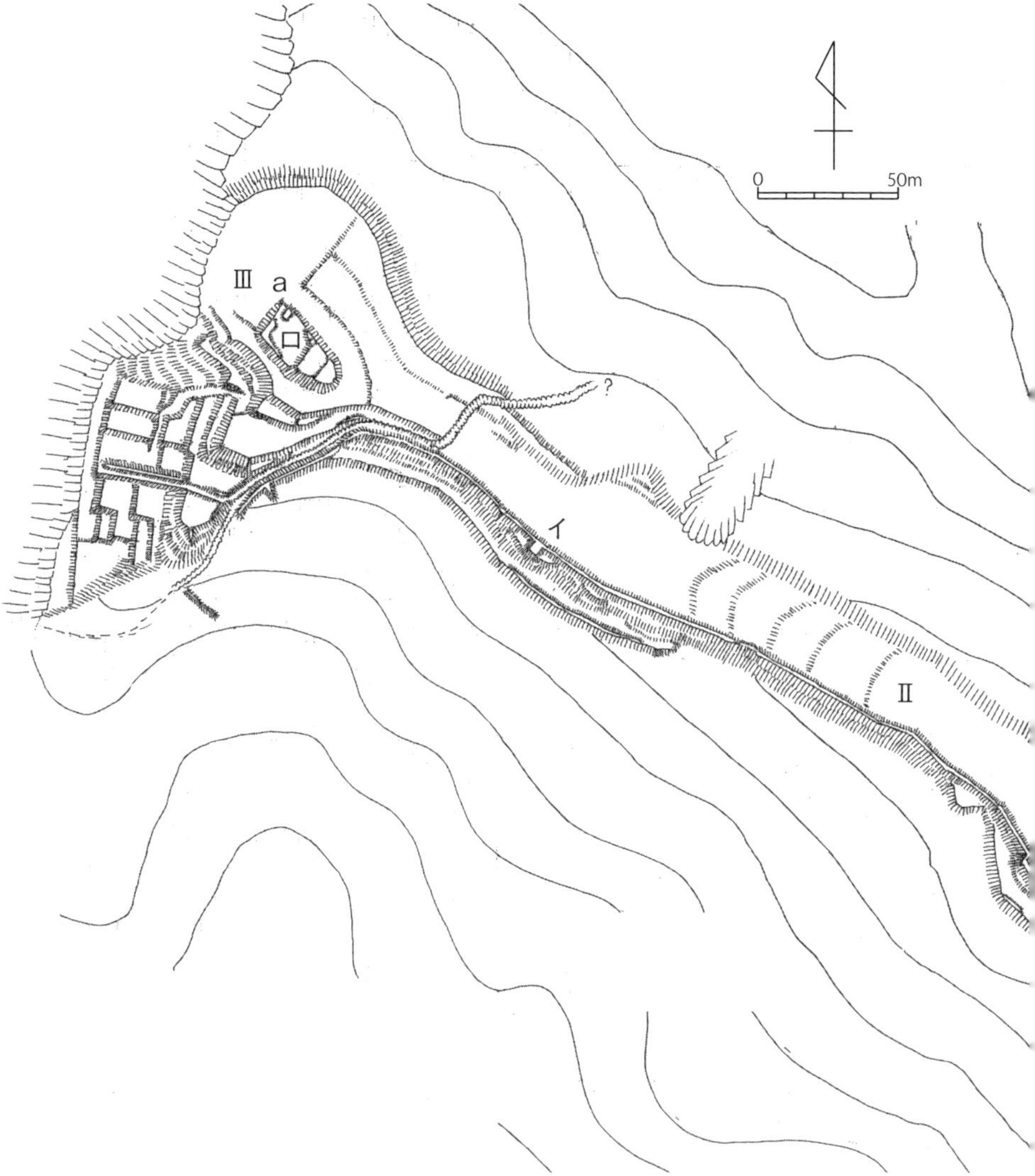

竪土塁

千代川河口・丸山城への付城か

61 古屋敷砦《ふるやしきとりで》

所在地：鳥取県鳥取市円護寺北園／城主：垣屋光成
遺構：曲輪・土塁／規模：七〇×二五m
標高・比高：七五m・七〇m

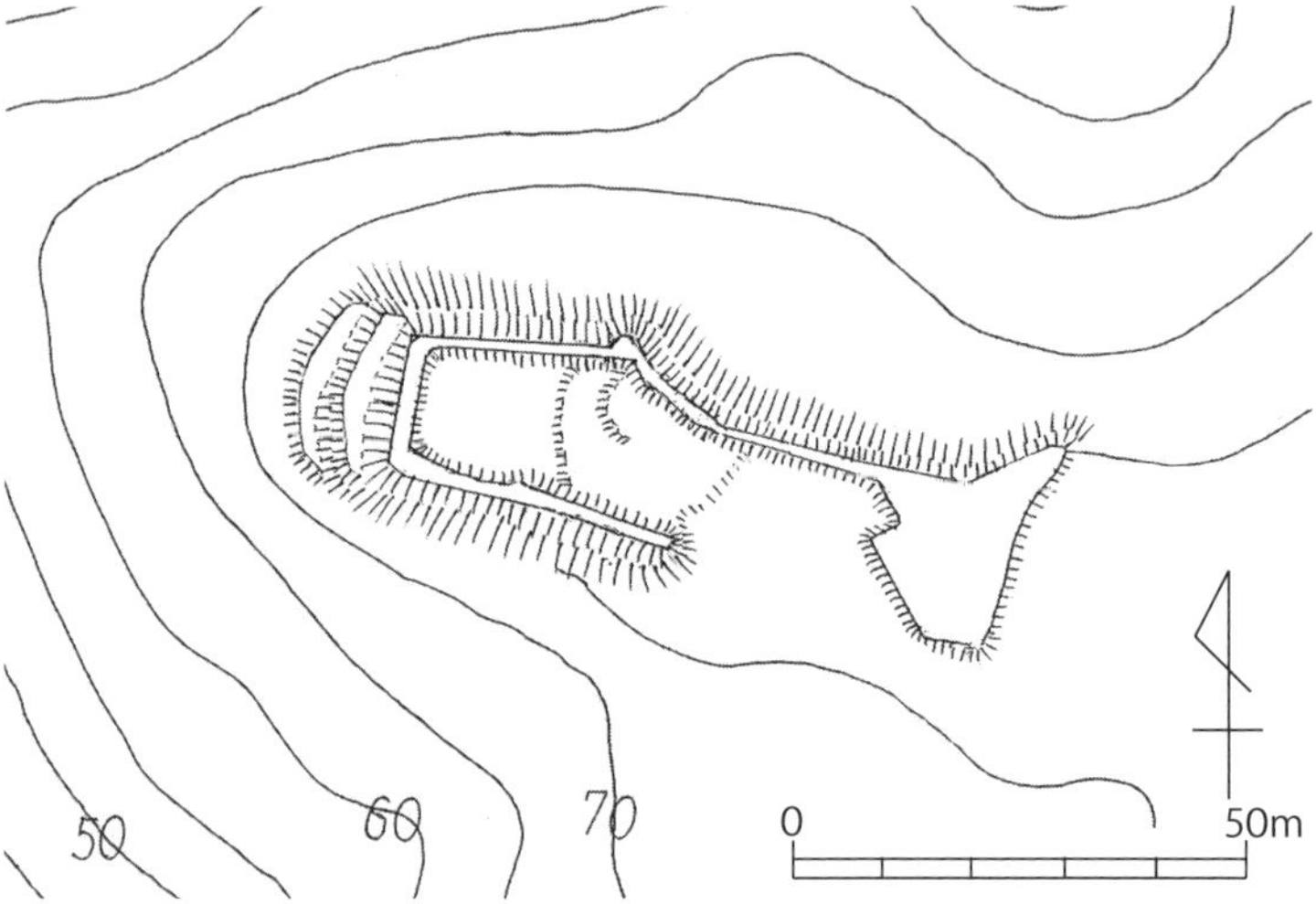

発掘報告書からの復元図

【選地】南東から北西に向かって流れる円護寺川に、北東から妙見川が合流する地点から北東へ五〇〇mの、標高七五mに位置した。南東に位置する下ノ丸陣所の付城であろうか。

【歴史】『旧塁鑿覧』によると、垣屋播磨守の陣の一部かとしている。

【遺構】住宅地（円護寺団地）が開発されるため、昭和五十八年に鳥取県教育文化財団が発掘調査を実施した。曲輪は東西三〇×南北一五mほどで、全体に北西方向に傾斜し、丘陵先端方向に土塁が残り、虎口は南にあったという。

　城内の高い所には妙見堂があった。発掘調査では砦に関する遺物の出土はなかった。発掘報告書から復元図を作成したが、不明な点が多い。

【評価】千代川河口や丸山城方面への展望が良好なため、その方面への付城の可能性がある。

千代川河口・丸山城への付城

62 庵《あん》ノ《の》城《しろ》砦《とりで》

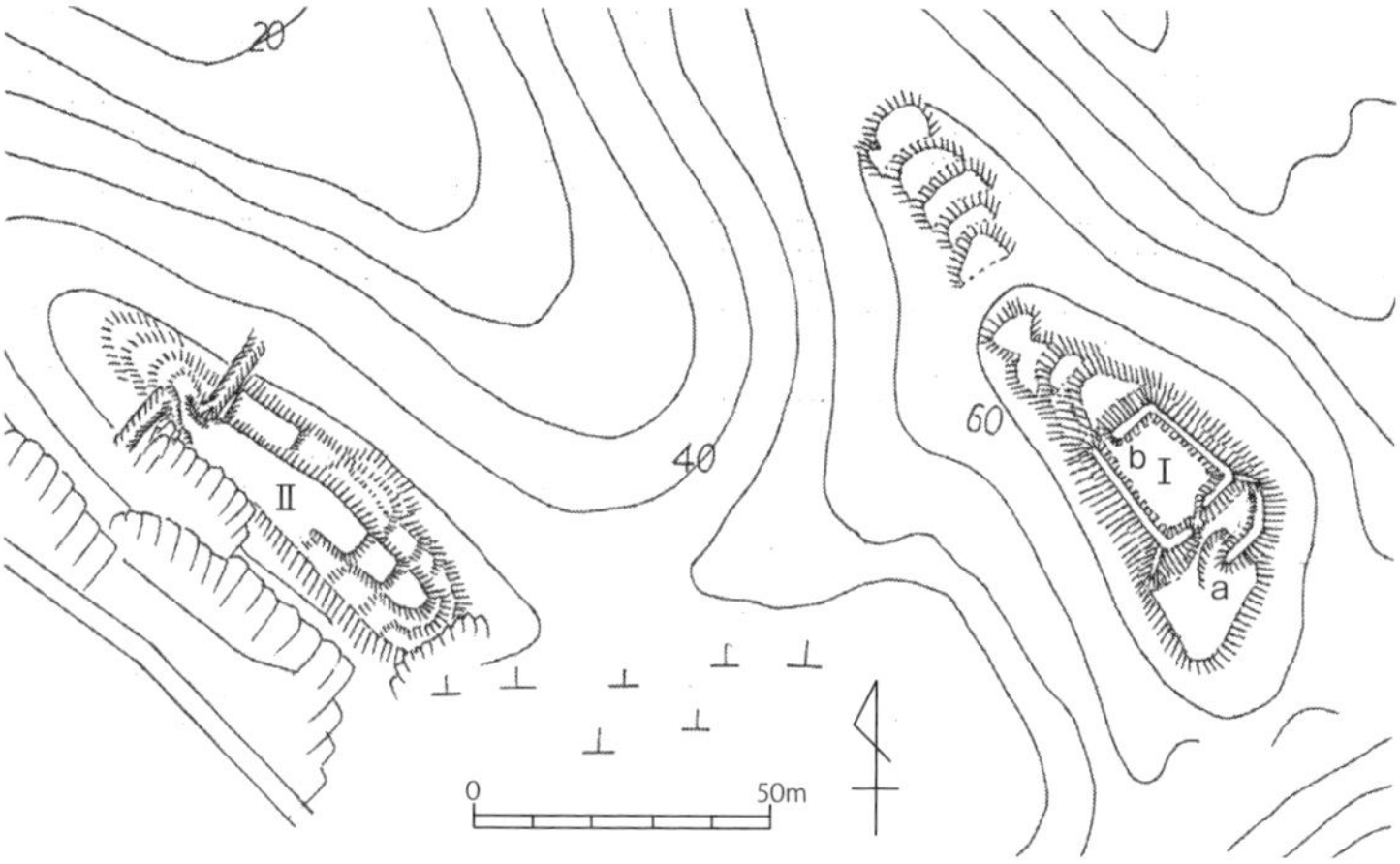

Ⅰは発掘報告書からの復元図

所在地：鳥取県鳥取市円護寺北園／城主：垣屋光成ヵ
遺構：曲輪・土塁・虎口・堀切／規模：東曲輪群Ⅰ二〇×三〇m、西曲輪群Ⅱ七〇×三〇m／標高・比高：Ⅰ六一m（標高）、Ⅱ五〇m・四〇m

【選地】 円護寺川に北東から妙見川が合流する地点から北東へ三〇〇mに位置する、団地造成で残った標高五〇mの丘陵先端に城郭遺構があり、さらにそこから東へ一〇〇mの標高六一mに所在する。

【歴史】『旧塁鑿覧』によると、垣屋播磨守の陣の一部かとしている。

【遺構】 住宅地（円護寺団地）開発のため、昭和五十八年に鳥取県教育文化財団が発掘調査を実施した。東曲輪群Ⅰの中心は、南北二二×東西一五mほどの土塁が囲繞する曲輪で、南東に桝形虎口aが開口し、北には虎口bが開口して、尾根先端側へ八段の小規模な曲輪が階段状に続く。西曲輪群Ⅱは、北西に食い違いの竪堀を敷設し、五〇mほどの削平地が広がる。現在、遺構は南東部が少し破壊されている。

【評価】 Ⅰは土塁が囲繞し、桝形虎口を備えた完成度の高い縄張りである。千代川河口や丸山城方面への付城の一つである。

城跡遠景

鳥取城と丸山城を分断する付城

63 サイノタワノ陣所《じんしょ》

所在地：鳥取県鳥取市円護寺／城主：宮部継潤
遺構：曲輪・土塁・虎口・竪土塁
規模：一四〇×三五m
標高・比高：一四〇m・九〇m

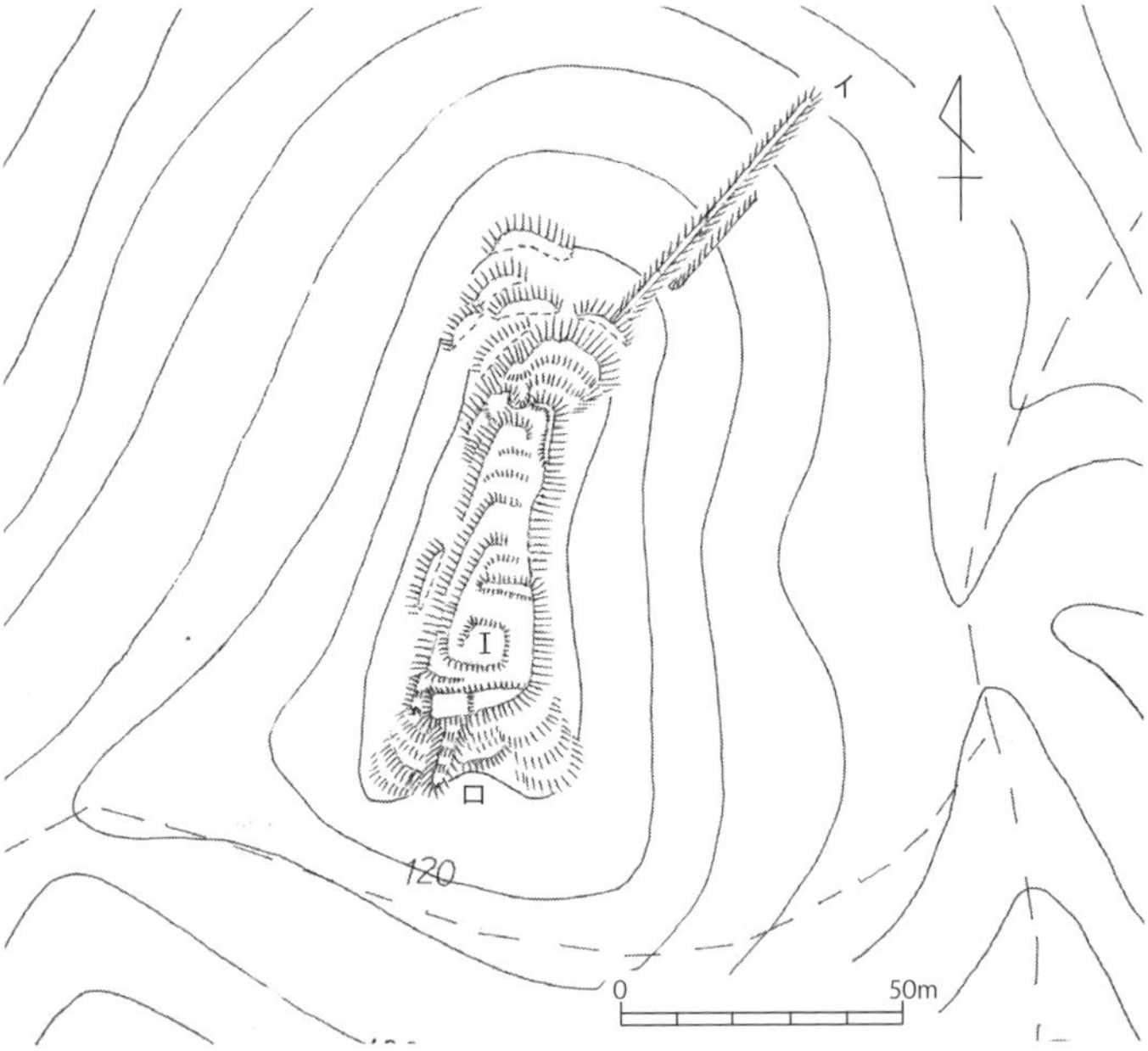

【選地】西の雁金山《かりがねやま》城と東の道祖神峠の間にある標高一四〇mの山頂にある。

【歴史】『旧塁鑿覧』によると、宮部善乗坊《ぜんじょうぼう》（継潤）が鳥取城と丸山城間の糧道を分断するため構築したとする。

【遺構】曲輪Ⅰは南北七〇×東西三五mほどの規模で、北側の斜面には小規模の曲輪が造成され、北東側に長さ五〇mほどの竪土塁イが敷設されている。曲輪は全体的に削平状態が悪く、南斜面にある長さ一五mの分厚い竪土塁ロも、敵兵の横移動防止を目的としている。

【評価】丸山城から鳥取城への糧道を分断するために陣所を構築したもので、斜面に竪土塁を構築し、敵兵の横移動を防止しているのが注目される。

切岸

丸山城攻撃の最前線の付城

64 雁金《かりがね》尾《お》西端《にしはし》ノ《の》砦《とりで》

所在地：鳥取県鳥取市丸山町／城主：羽柴氏
遺構：曲輪・土塁・虎口・竪土塁
規模：九〇×二〇m／標高・比高：六〇m・五五m

【選地】鳥取城のある久松山《きゅうしょうざん》とは峰続きで、雁金山城の北西先端に位置する。北方四〇〇mに丸山城があり、丸山城攻撃の最前線の付城である。

【歴史】天正九年七月十二日、羽柴秀吉が鳥取城北東部の帝釈山に本陣を定めたときに同時に構築された。

【遺構】曲輪Ⅰは一辺が一〇mほどの方形で、土塁が囲繞し、虎口aが南東に開口する。北東には一五×一〇mほどの曲輪Ⅱがあり、西側に短い竪土塁イがある。北に下る尾根には、直径四mほどの塹壕ロをはじめとして、三段の曲輪が造成され、先端は道路で破壊されている。

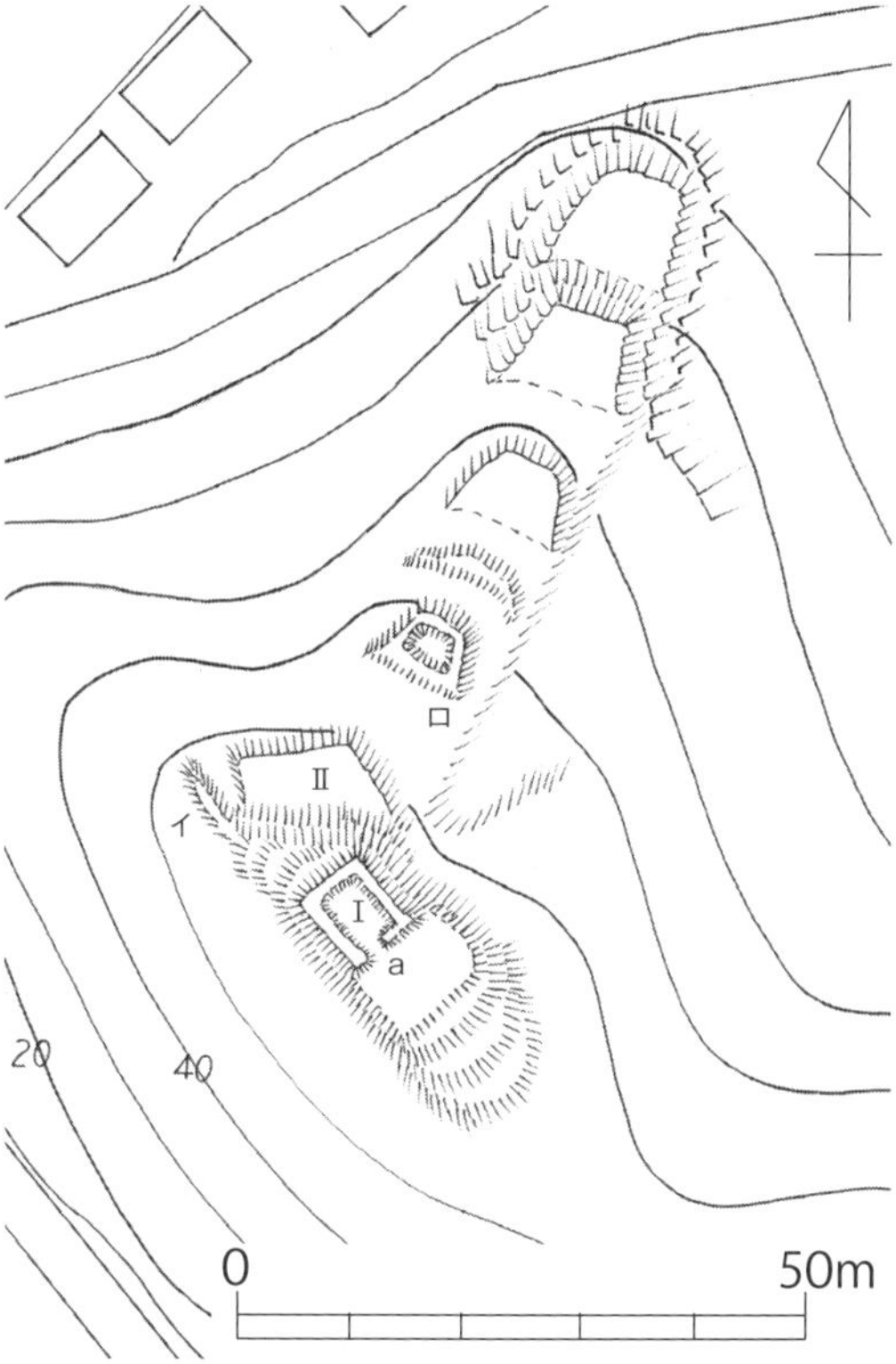

【評価】指揮所としての土塁囲みの陣所と、北尾根の曲輪群の連なりが陣構成の参考となる。

土塁

65 山守東砦《やまもりひがしとりで》

要害性の高い丸山城攻撃の最前線の付城

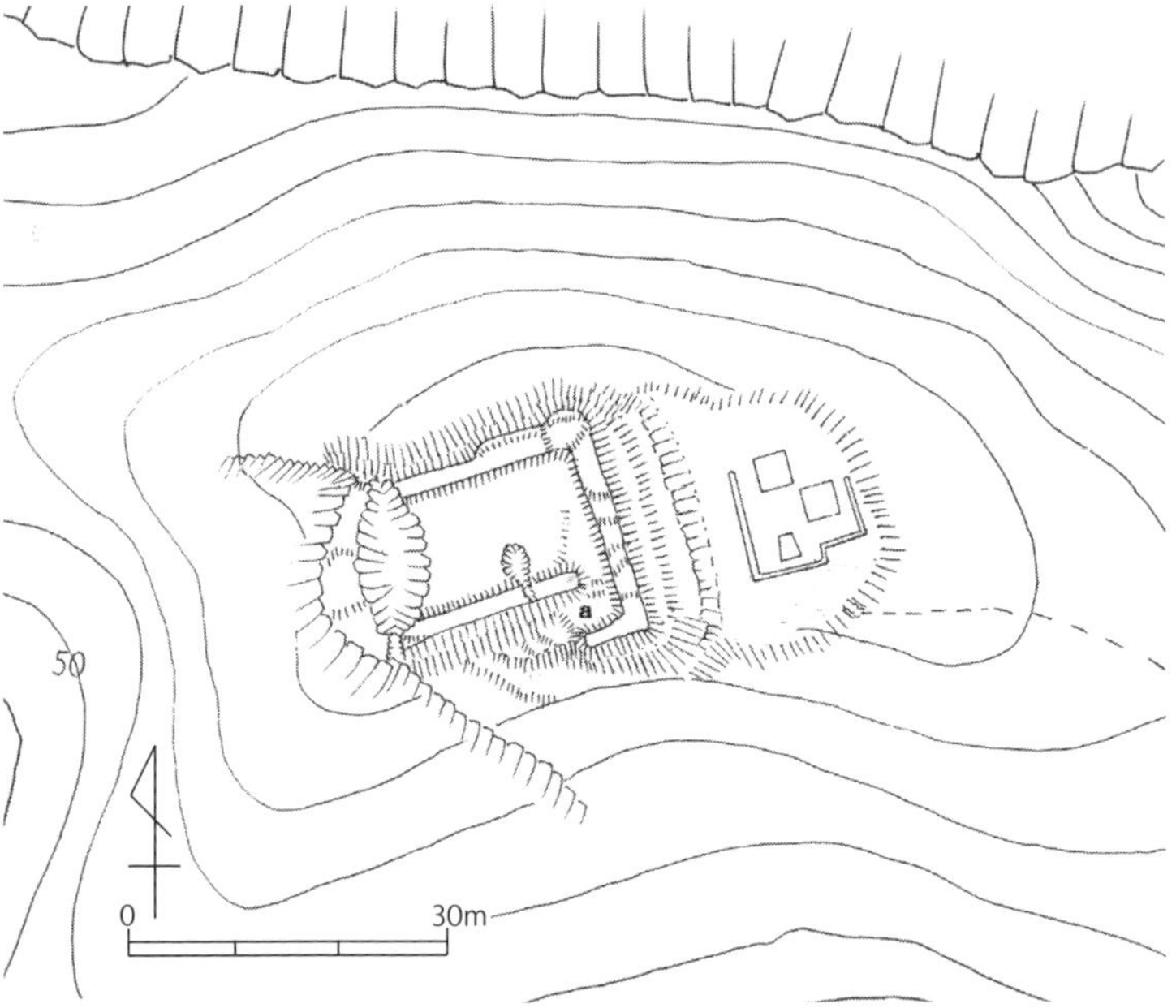

所在地：鳥取県鳥取市円護寺／城主：羽柴氏
遺構：曲輪・土塁・虎口
規模：三〇×二〇m／標高・比高：六二m・五〇m

【選地】円護寺川の南に位置する。西二五〇mに山守《やまもり》ノ砦があり、攻城の対象である丸山城へは一kmほどの距離にある。

【歴史】天正九年七月十二日、羽柴秀吉が鳥取城北東部の帝釈山に本陣を定めたときに同時に構築された。

【遺構】南西側が円護寺石採掘により破壊されてしまい不明であるが、東西三〇mほどの方形の遺構のようで、南に食い違い虎口aが開口している。東側はアンテナが設置され、破壊されている。

【評価】丸山城と対峙するが、前面には山守ノ砦があり、八幡池のある谷間となるため、要害性の高い地形である。南西側の遺構が不明なのは残念である。

城跡遠景

前線での戦闘を意識した縄張りの付城

66 山守ノ砦《やまもりのとりで》

所在地：鳥取県鳥取市覚寺／城主：羽柴氏
遺構：曲輪・土塁・虎口
規模：一一〇×三〇m／標高・比高：六〇m・五〇m

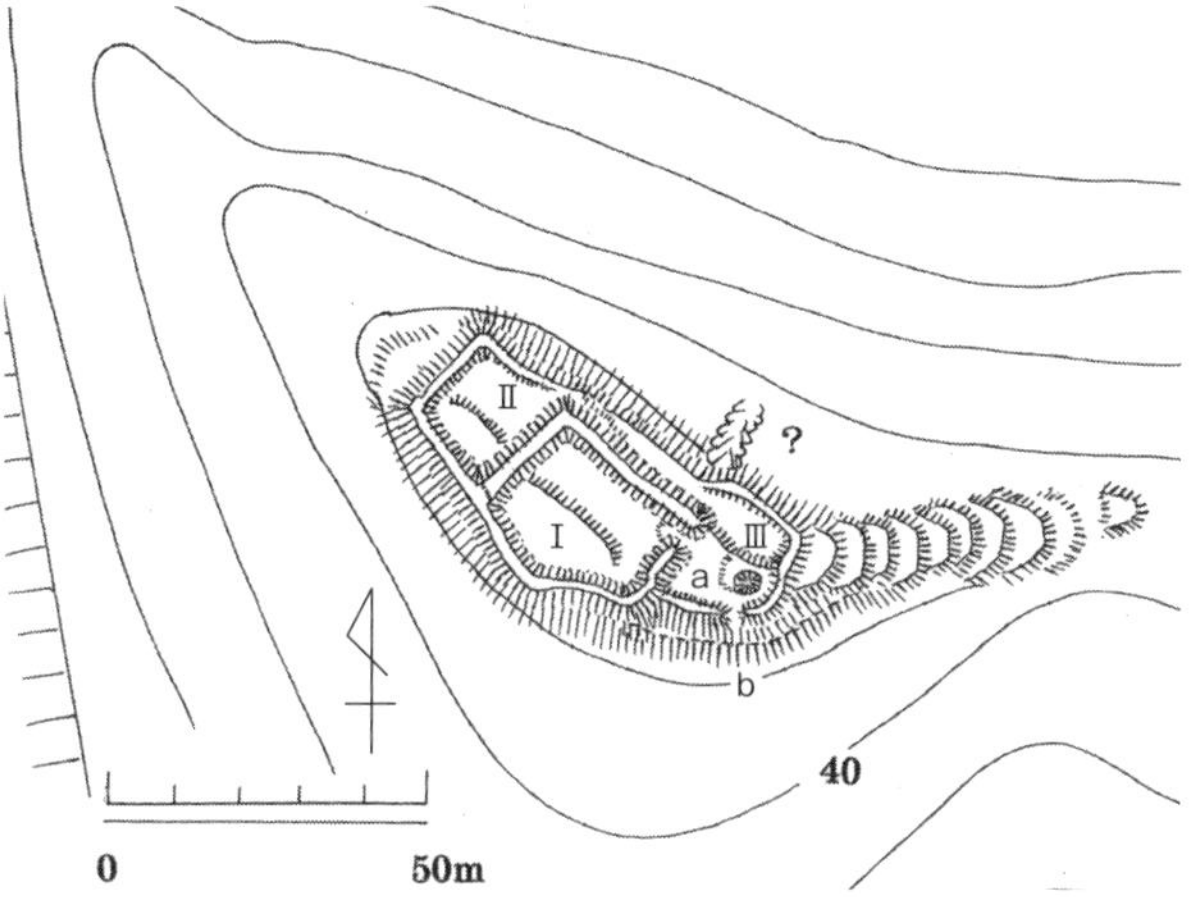

【選地】北の円護寺川と南の八幡池に挟まれた、丘陵地の先端に位置する。攻城の対象である丸山城は北西六〇〇mほどの位置にある。

【歴史】天正九年七月十二日、羽柴秀吉が鳥取城北東部の帝釈山に本陣を定めたときに同時に構築された。通称（伝）秀次《ひでつぐ》陣所と呼ばれているが、羽柴秀次が鳥取城攻めに参加していたという記録はない。

【遺構】中心となる曲輪Ⅰの規模は東西三〇×南北二五mほどで、虎口aが東側に開口している。北西に一辺が二五mほどの方形の曲輪Ⅱがあり、Ⅰ、Ⅱとも高さ一mほどの土塁が囲繞する。Ⅰの北側にⅡへの通路があり、ⅠとⅡの通行は現在不能である。Ⅰの東側には二五×二〇mほどの曲輪Ⅲがあり、曲輪中央部で北側が低くなり、Ⅱへの通路が北西に延びている。虎口bが南に開口し、東の山守東砦方向の斜面には一〇段の小規模な曲輪があり、両砦の連携が考えられる。

【評価】丸山城攻めの最前線の付城で、中心となるⅠと前線のⅡの間は高い土塁で仕切られ、敵が容易にⅠに侵入できない構造になっている。

虎口

竪土塁が特徴的な丸山城攻めの付城

67 ヒル山砦《やまとりで》（伝《でん》 高野駿河守陣所《たかのするがのかみじんしょ》）

所在地：鳥取県鳥取市浜坂東一丁目
城主：羽柴氏
遺構：曲輪・土塁・虎口
規模：一一〇×三〇m
標高・比高：六〇m・五〇m

【選地】丸山城の北東に位置し、水道施設と住宅地のため、一部が破壊されている。

【歴史】天正九年七月十二日、羽柴秀吉が鳥取城北東部の帝釈山に本陣を定めたときに同時に構築された。通称（伝）高野駿河守陣所と呼ばれているが、詳細は不明である。

【遺構】中心となる曲輪Ⅰの規模は東西二〇×南北一五mほどで、南に虎口aが開口し、北側が低土塁となっているが、一部に土塁のない部分がある。Ⅰを取り巻く曲輪Ⅱは、東西七〇×南北二五mほどの規模で、北東側を竪土塁イで遮断し、東側に低くなる二曲輪がある。

　また、西側に曲輪Ⅲがあり、北西方向への防御のため曲輪Ⅳを造成し、南側は竪土塁ロで防御している。南尾根筋の竪土塁ハは中間で食い違いとなり、南の曲輪群に繋がる。先端には南北二五×東西一〇mほどの曲輪Ⅴがあり、丸山城へ六〇〇mほどの最前線の曲輪としての役割をもつ。

　曲輪群は南の尾根方向に続くが、東側が水道施設の建設のため破壊されている。途中から竪土塁がみられ、西側に輪の痕跡が残る。しかし、尾根先端は住宅建設で破壊され、発掘調査が実施された。今回は発掘調査報告書に基づき復元図を作成した。

【評価】山頂の曲輪群と尾根先端の曲輪群を結ぶ竪土塁は、上、下の曲輪分断を防ぐための敷設である。

竪土塁

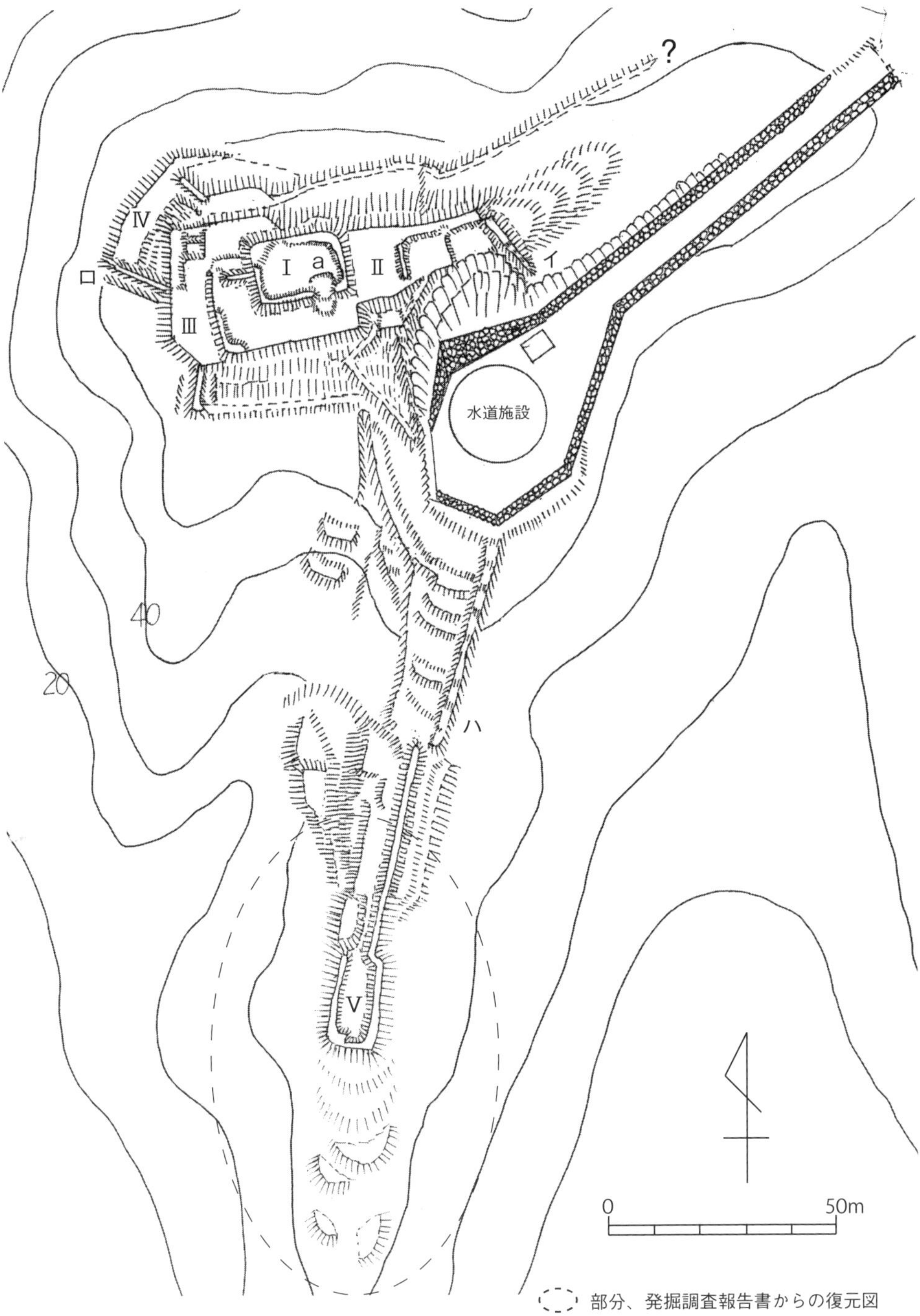

部分、発掘調査報告書からの復元図

日本海への展望が良い鳥取砂丘の付城

68 其《その》次《つぎ》之《の》要害《ようがい》

所在地：鳥取県鳥取市浜坂／城主：羽柴氏
遺構：曲輪・土塁・虎口
規模：一一〇×三〇m／標高・比高：九五m・八〇m

【選地】丸山城の北一kmほどの砂丘の一部にある。標高九五mに位置し、北の日本海にも展望が良好な場所である。

【歴史】天正九年七月十二日、羽柴秀吉が鳥取城北東部の帝釈山に本陣を定めたときに同時に構築された。

【遺構】曲輪Ⅰは南北三〇×東西二五mの変形した曲輪で、北に土塁を設け、大きな虎口aが北西に開口する。西側には南北六〇×東西二〇mほどの自然地形に近い曲輪Ⅱがあり、虎口bが南に開口する。Ⅰの南側には、窪地と傾斜のある曲輪Ⅲがあり、東側の一部に土塁が残る。Ⅰの北側は自然地形が広がり、東側に低土塁イが残り、西側にも土手のような自然な高まりが五〇mほど続く。遺構の北側部分は「砂丘こどもの国」の一部となっており、不明である。

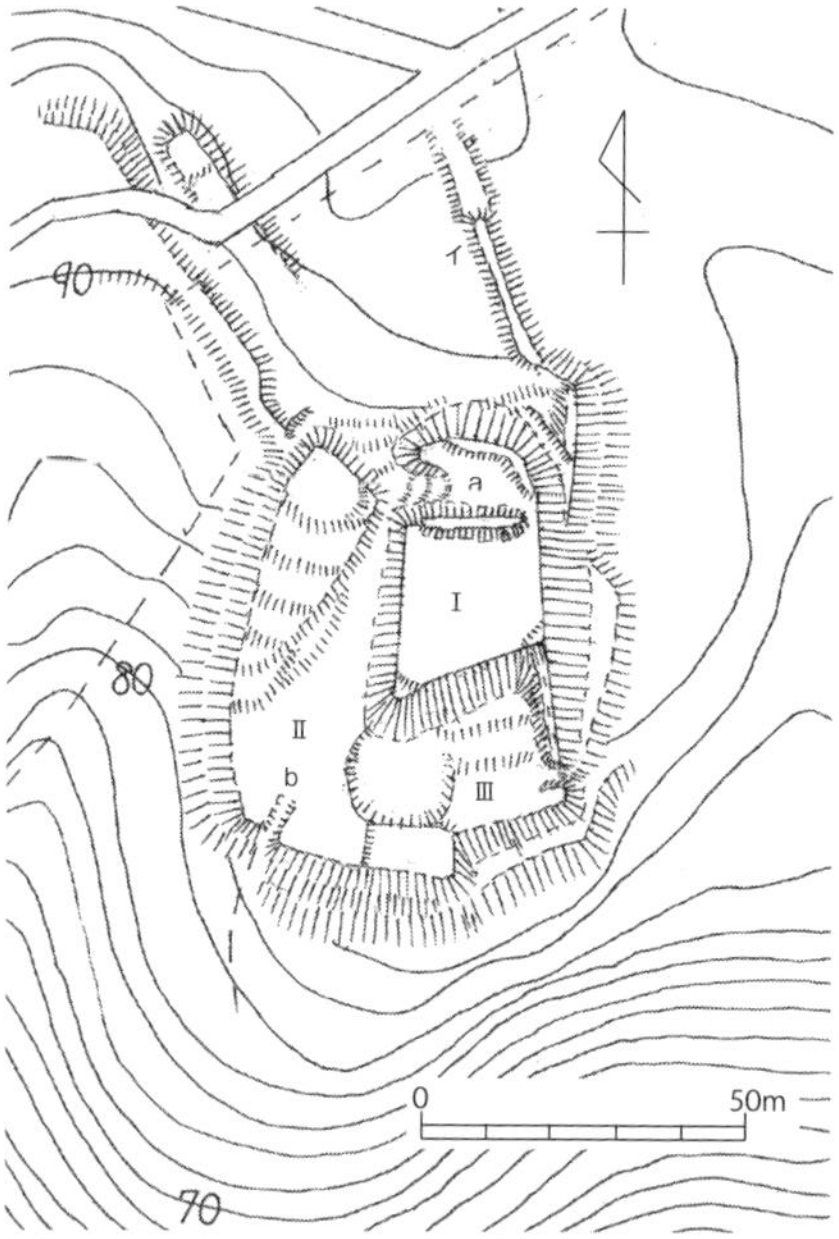

【評価】中心のⅠ以外は自然地形を取り込んだ曲輪である。砂地のため加工しやすいが、同様に崩壊も早い。丸山城に対する付城と、北の海上からの毛利勢に対する備えを目的としたと考える。

城跡遠景

鳥取城攻めの遠見の陣城か

69 峰寺御本陣《みねてらごほんじん》

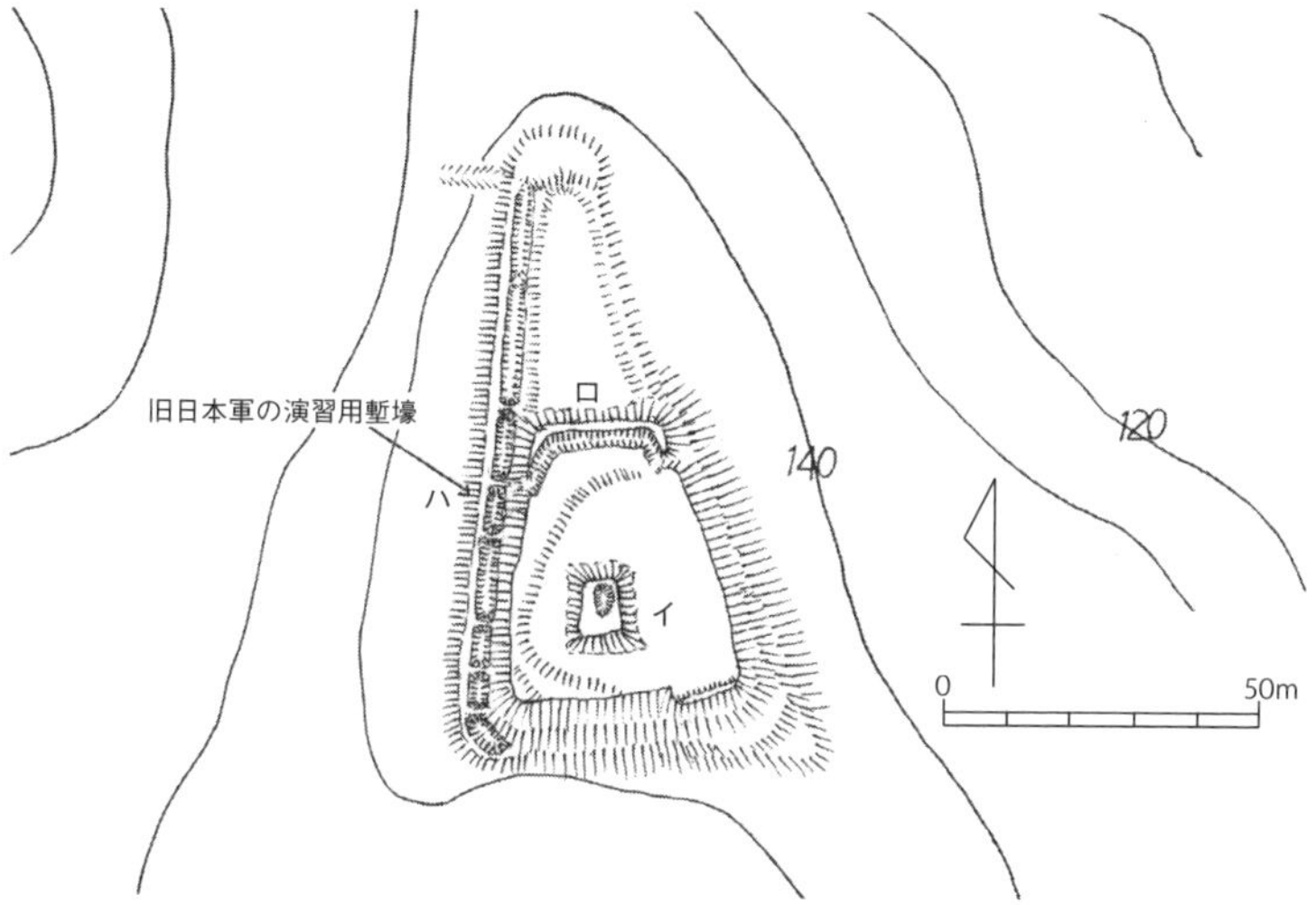

所在地：鳥取県鳥取市上峰寺／城主：羽柴氏
遺構：曲輪・土塁・櫓台
規模：九〇×四五m／標高・比高：一四〇m・八〇m

【選地】鳥取市生山《しょうざん》と八頭町上峰寺《かみみねでら》との境に位置する標高一四〇mにある。鳥取城から八㎞ほど南東に位置し、姫路から若桜《わかさ》を通り、本城の北東を通って国府に至る因幡街道筋に所在する。

【歴史】『因幡誌』*1に、「下峰寺村在、鷹巣山御本陣山古城、天正中秀吉公市場城を責めた時に、此処に陣を張る」とある。

【遺構】規模は南北五〇×東西三〇mほどで、中心より少し南西よりに一〇×六mの櫓台イがある。高さは二mほどで、中心部に窪地がある。北側には長さ二〇mほどの土塁ロがあり、内部の空堀が通路になっている。これと西側の長さ九〇mほどの塹壕ハは、旧日本軍が演習時に掘った塹壕であると考える。

【評価】旧日本軍がこの周辺で軍事演習をしており、塹壕はこのときの遺構である。とくに西側の塹壕ハに注意を要する。

＊1　『因幡志』は、鳥取藩の侍医を務めた安部恭庵によって寛政七年（一七九五）に著された因幡国の史誌である。原本八六冊は因幡一の宮である宇倍神社に所蔵されている。

城跡遠景

鳥取城攻めの防塁か

70 西桂見砦《にしかつらみとりで》

所在地：鳥取県鳥取市桂見／城主：羽柴氏
遺構：曲輪・土塁・竪堀
規模：三〇〇×三〇m／標高・比高：六〇m・五〇m

【選地】鳥取城の西側六・五㎞の湖山《こやま》池の南側にあたる、西桂見《にしかつらみ》の山頂部に土塁が構築されている。道路を越えた北部は開発され遺構はないが、土塁が構築されていた可能性がある。

【歴史】天正九年七月十二日、羽柴秀吉が鳥取城北東部の帝釈山に本陣を定めたときに同時に構築された。

【遺構】尾根を東西に通る道路工事に伴う発掘調査で、四〇mにわたって高さ一・七m～〇・五mの土塁が構築されていたと報告書にある。[*1] しかし、何のために構築されたのかは伝わっていない。地境のために構築されたとしても、非常にていねいな造りとなっていることから、それ以外の用途も考えなければならないと報告書は記している。

南北三〇〇mにわたる城域では、北側の一二〇mほどの東側に二段の帯状曲輪と、西側に一段の帯状曲輪が敷設され、東と西の斜面には竪堀があり、斜面の横移動を規制している。南側一八〇mには曲輪遺構はないが、報告書が伝えるようにていねいな造りのため、城郭遺構以外のものではないだろう。

【評価】西にある防己尾《つづらお》城の吉岡氏が湖山池の南側を通り、鳥取城包囲の陣城を脅かす行為を阻止するために構築したか、あるいは西の鹿野方面の鹿野往来から毛利勢力の進入を阻止するために構築されたものか決定づけるものはない。

土塁

＊1『西桂見遺跡・倉見古墳群』（鳥取県教育文化財団、一九九六年）。

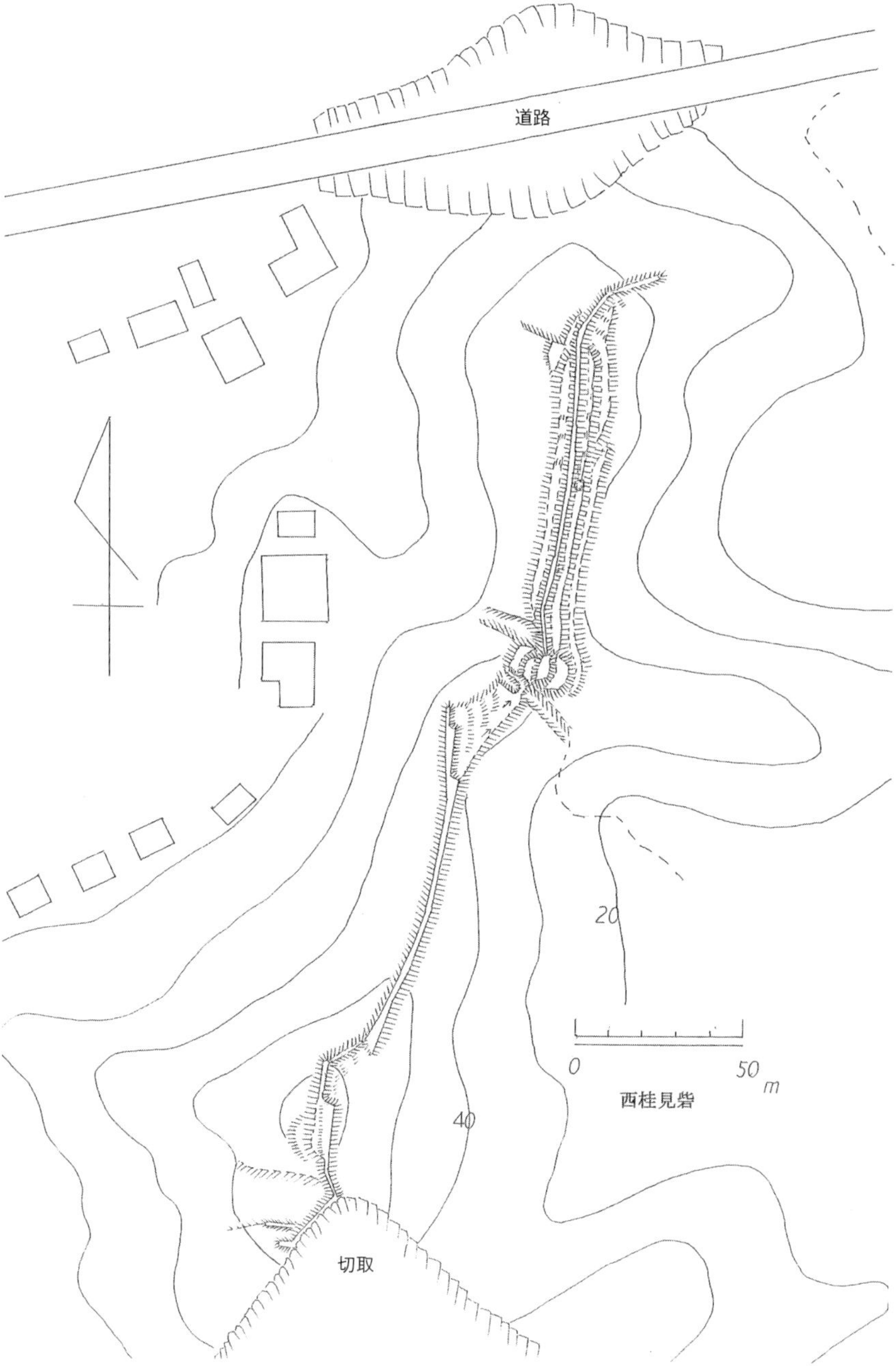
道路
20
40
0
50 m
西桂見砦
切取

但馬と因幡国境の遠見の城

71 桐《きり》山《やま》城《じょう》

所在地：鳥取県岩美郡岩美町大字浦富／城主：垣屋光成
遺構：曲輪・土塁・竪土塁・竪堀
規模：一五〇×一一〇m／標高・比高：二〇三m・一九〇m

【選地】日本海を一望できる標高二〇三mの桐山山頂にあり、眺望の良い地形と、田後・岩本・網代の三地区にも尾根が続く独立した山である。古くから浦富は因但国境の海上交通の要所となる港町であった。

【歴史】羽柴秀吉が、天正九年の鳥取城攻めのとき、垣屋光成の知行地を但馬と因幡の境目としたとある。[*1]

【遺構】山頂には南北一五〇m、東西の平均が一〇mの曲輪Ⅰがある。狭いため、居住できるスペースはない。この城の特徴は、北の東斜面にある曲輪群Ⅱを竪土塁で防御する縄張りである。山頂から四条の竪土塁が敷設され、竪土塁イは途中で食い違いになっている。全体的に恒久的な城郭というよりも、「遠見の城」というべき縄張りで、陣城的要素をもった城郭である。

【評価】城郭の斜面は険しく、住居には向かない城郭のため、縄張りから推察して、天正八年の垣屋氏入城時の縄張りが残っていると考える。

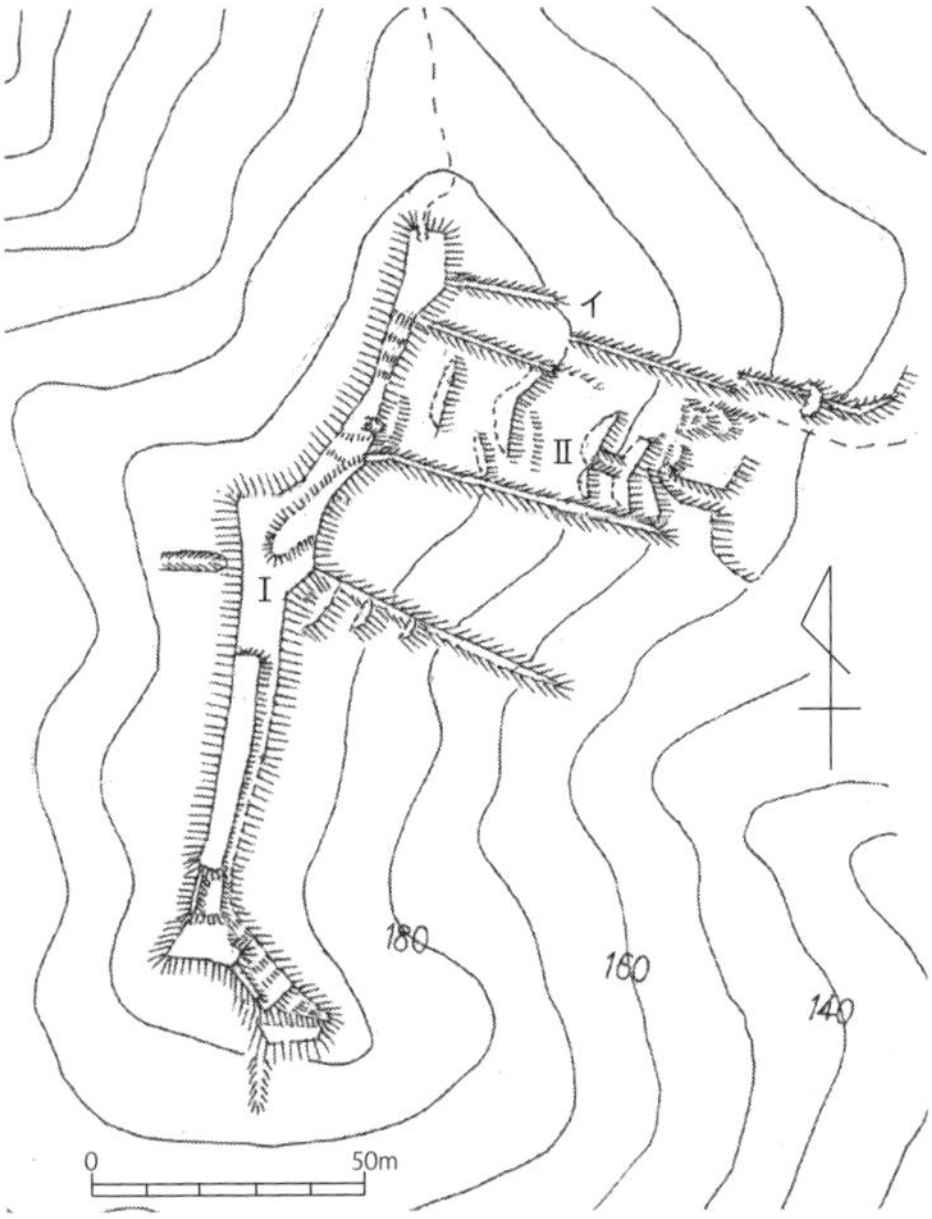

城跡遠景

＊1　『岩見町郷土文化研究会誌』第九集（岩見町郷土文化研究会、一九九九年）。

秀吉軍が三度負けた防己尾城攻撃の本陣

72 三《み》津《つ》ヶ《が》崎《さき》本《ほん》陣《じん》山《やま》城《じょう》

所在地：鳥取県鳥取市三津／城主：羽柴氏
遺構：曲輪／規模：二六〇×九〇m
標高・比高：三〇m・二五m

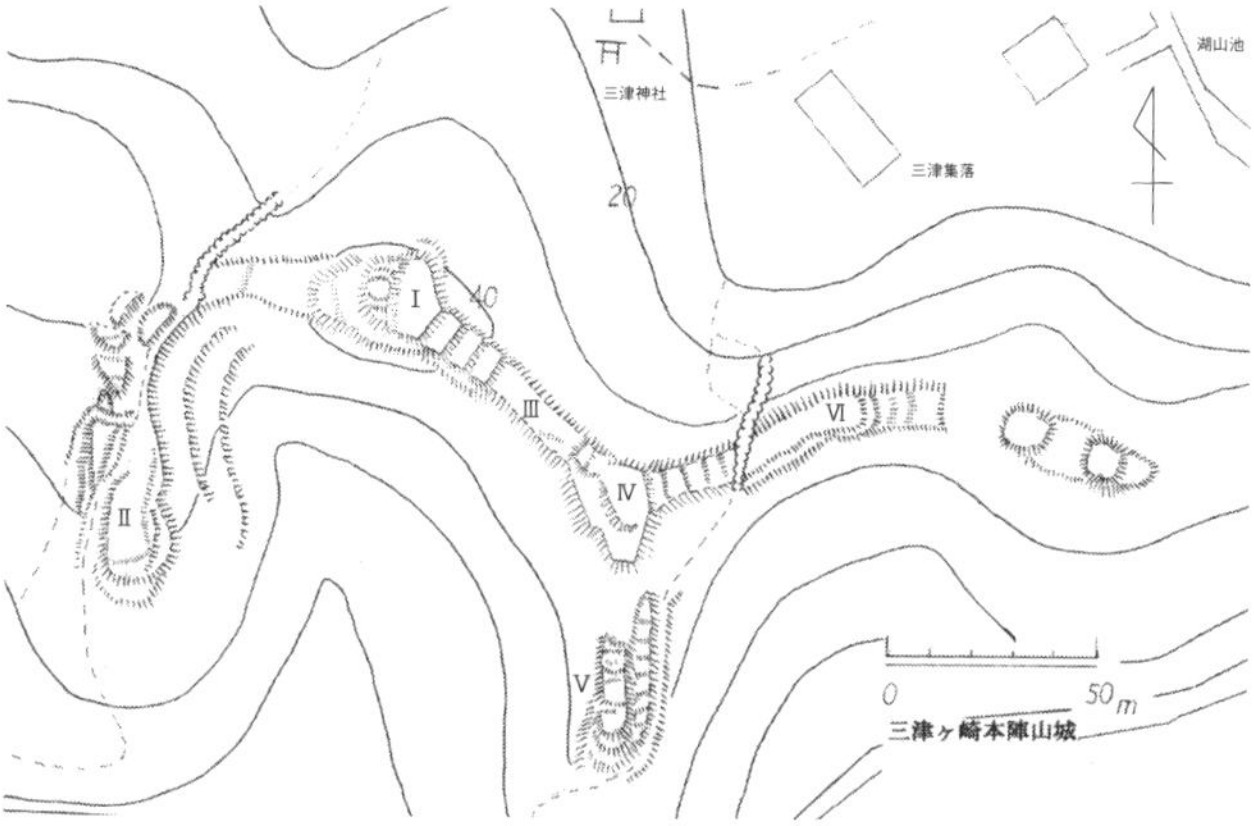

三津ヶ崎本陣山城

【選地】鳥取市の中央部に位置する、湖山池北部湖岸の三津《みつ》集落の南丘陵上に所在する。三津から南の福井へ越える街道が通り、低い峠となっている。

【歴史】鳥取城包囲を西の背後から脅かす防己尾《つづらお》城主吉岡安芸守は、秀吉の三度の攻撃を撃退したが、鳥取城開城の直後に城を放棄して退城した。

【遺構】三津神社の背後の頂上が主郭となる曲輪Ⅰで、西の鞍部を街道が通り、峠となっている。峠から南に延びる丘陵上は削平され曲輪Ⅱとなり、防己尾城へは湖山池を隔てて一・二kmの距離にある。Ⅰから南東へ三段の小規模曲輪をへて、三〇mほどの細長い曲輪Ⅲを過ぎると、中央部で二段になる菱形の東西二九×南北一五mの曲輪Ⅳがある。Ⅳから南に延びる丘陵先端に曲輪群Ⅴがあり、防己尾城への展望が良い。また、Ⅳから東の丘陵上にも曲輪群Ⅵが一五〇m以上続くが、削平状態は悪く自然地形が多い。

【評価】湖山池に突出した丘陵地を城域とし、削平地だけの付城である。秀吉軍が三度の合戦に負けた付城として有名である。

城跡遠景

毛利方の城を織田方が改修した城郭

73 大《おお》崎《さき》城《じょう》

所在地：鳥取県鳥取市気高町小沢見／城主：木下民部大輔
遺構：曲輪・土塁・虎口・櫓台
規模：二〇〇×一〇〇ｍ／標高・比高：九四ｍ・九〇ｍ

【選地】旧鳥取市と気高町の境界に位置し、日本海に突出した標高九四ｍの地にある。毛利方の海城として船着場が南東の入江Ａにあり、大手道がこの入江から上っている。

【歴史】『因幡誌』によると、天正期の城主は樋土佐右衛門といい、『陰徳太平記《いんとくたいへいき》』は田公高次《たきみたかつぐ》と伝える。天正十年には織田方の城となり、二月十四日未明に吉川元春が率いる杉原勢一五〇〇人の軍勢が攻めると、城主木下民部大輔軍は総崩れとなり、四六〇名が討ち死にしたという。*1

【遺構】城域は東西二〇〇ｍほどあり、西側の標高九四ｍの曲輪Ⅰから東に傾斜し、段々に九段の曲輪が造成されている。Ⅰの規模は東西四〇×南北二〇ｍほどで土塁が囲繞し、南西隅に七×五ｍの櫓台イがあり、東には食い違い虎口ａがある。Ⅰから東へ階段状に続く曲輪Ⅱの虎口ｂには城門跡があり、Ⅰから南に続く一二〇ｍの土塁幅が、門跡で広くなっている。また、最下段の曲輪Ⅲは南東から大手道が取り付く曲輪で、虎口ｃには城門跡が残る。北と北西斜面には帯状曲輪群が続く。

【評価】この城郭の縄張りが織豊系に改修されたのは、鳥取城が落城した天正九年以後である。改修はⅠの土塁の囲繞と櫓台の部分であろう。城跡は南西の丘陵上にもあるといわれるが、畑地に開墾されており不明である。

主郭土塁

*1 『因伯の戦国城郭―通史編―』（高橋正弘、一九八六年）。

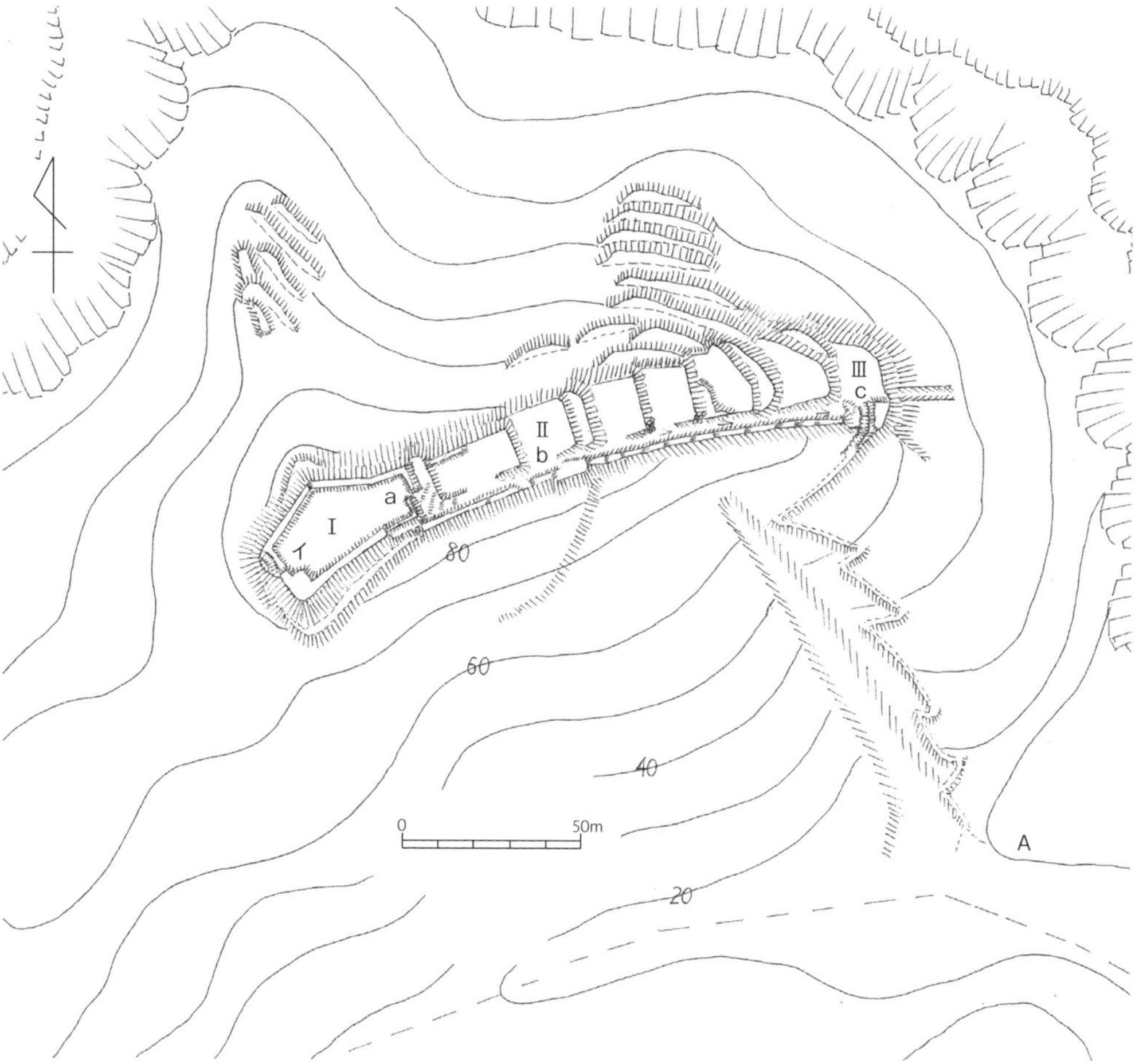

主郭虎口

陸地から攻撃するための大崎城の付城

74 大崎城付城《おおさきじょうつけじろ》

所在地：鳥取県鳥取市気高町小沢見／城主：―
遺構：曲輪・土塁・虎口
規模：一〇〇×三〇m／標高・比高：七〇m・六五m

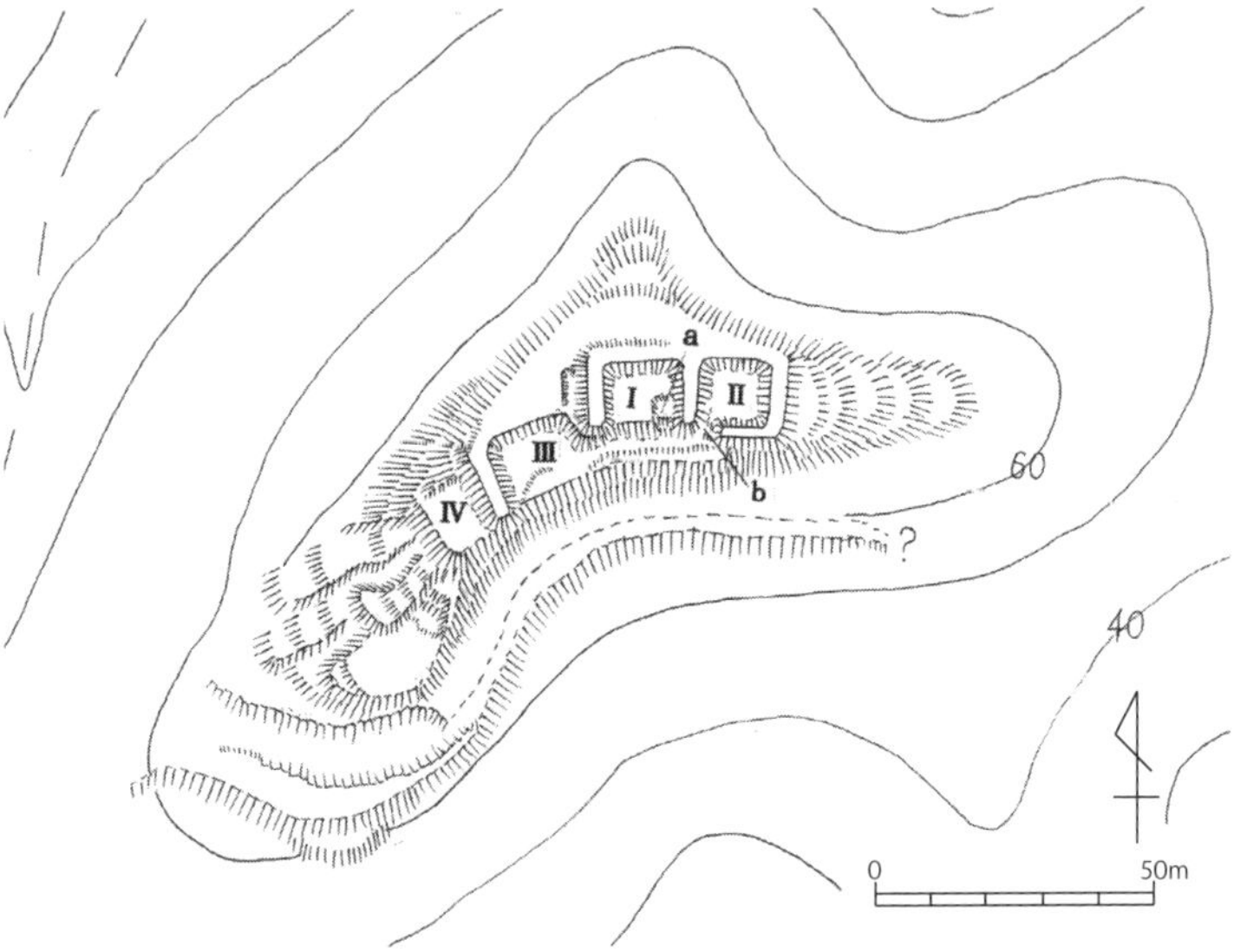

【選地】 大崎城の南東に位置し、標高七〇mにある。大崎城との距離は二〇〇mほどである。

【歴史】 歴史は不明だが、天正八年から九年の織田軍による陸地からの攻撃陣地であろう。

【遺構】 中心となる曲輪Ⅰは、東西一九×南北一四mほどの三方土塁囲みで、虎口aが南に開口する。東に東西一七×南北一五mの方形の曲輪Ⅱがあり、虎口bは南西に開口する。どちらの曲輪も伊賀（三重県）や甲賀（滋賀県）地方の方形館に似ている。また、Ⅰの南西には掘り込み型の東西二〇×南北一五mほどの曲輪Ⅲがあり、南西に南北一三×東西八mの曲輪Ⅳがある。南西の斜面は土取りのように荒れており、自然破壊が進行している。

【評価】 南東にある大崎城の付城で、織田方が陸地から攻撃するために構築したと考える。

城跡遠景

織田軍と南条氏連絡路確保の付城か

75 河《こ》内《うち》城《じょう》

所在地：鳥取県鳥取市河内／城主：羽柴氏ヵ
遺構：曲輪・土塁・虎口・竪土塁
規模：一二五×五〇m／標高・比高：二五〇m・一〇〇m

【選地】鳥取市から西の三朝町へ通じる街道が、中国山地の北麓を通っている。鳥取市から野坂川を南西に上ると、中流の小原集落に着く。小原集落の南六〇〇mの標高二五〇mの尾根先端に城跡がある。

【歴史】『因幡民談記』*1に、「松上城山 秀吉公番主とあるは是なり」とある。

【遺構】中心となる曲輪Ⅰの規模は南北二五×東西一八mほどで、土塁が囲繞し、虎口aが東に開口する。aの前は両側を竪土塁で防御し、その下部には一五mほどの竪土塁イを敷設し、その北に二八mの空堀ロがあり、Ⅰのa前面を防御する。北に延びる尾根上の一〇mほどの切岸を下ると、北西斜面に三〇mほどの片側を切り落とした堀状遺構ハがあり、南北三〇×東西二〇mほどの自然地形がある。

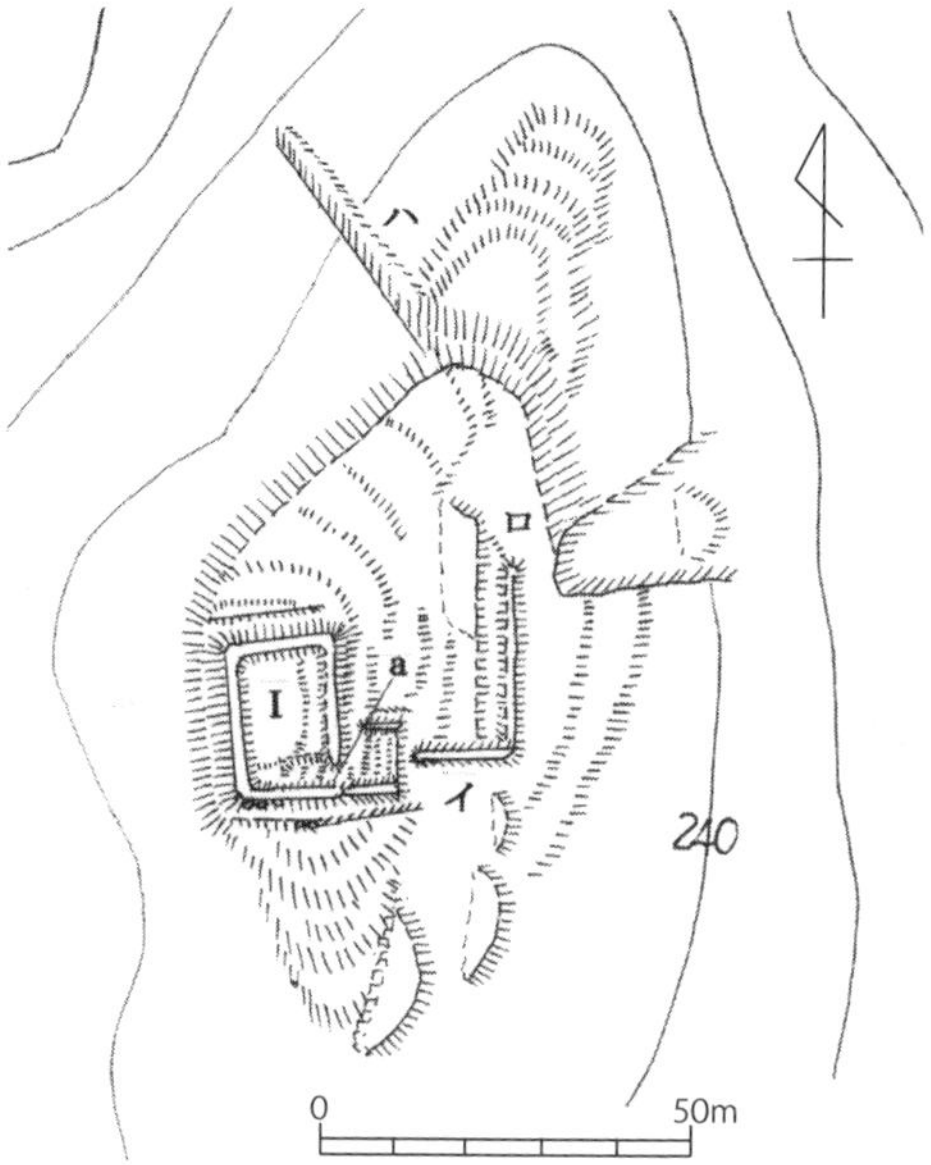

【評価】鳥取城の織田軍と西の南条氏との連絡路として、中国山地北麓の街道確保のために構築した可能性がある。また、土塁が囲繞した方形の曲輪でも証明できるが、『因幡民談記』の「秀吉公番主」とあるのも考察材料になる。

*1　『因幡民談記』鳥取藩の侍医であった小泉友賢の地誌。元禄元年（一六八八）に成立した。

土塁

荒神山城攻めの本陣か

76 飛《ふ》田《だ》砦《とりで》

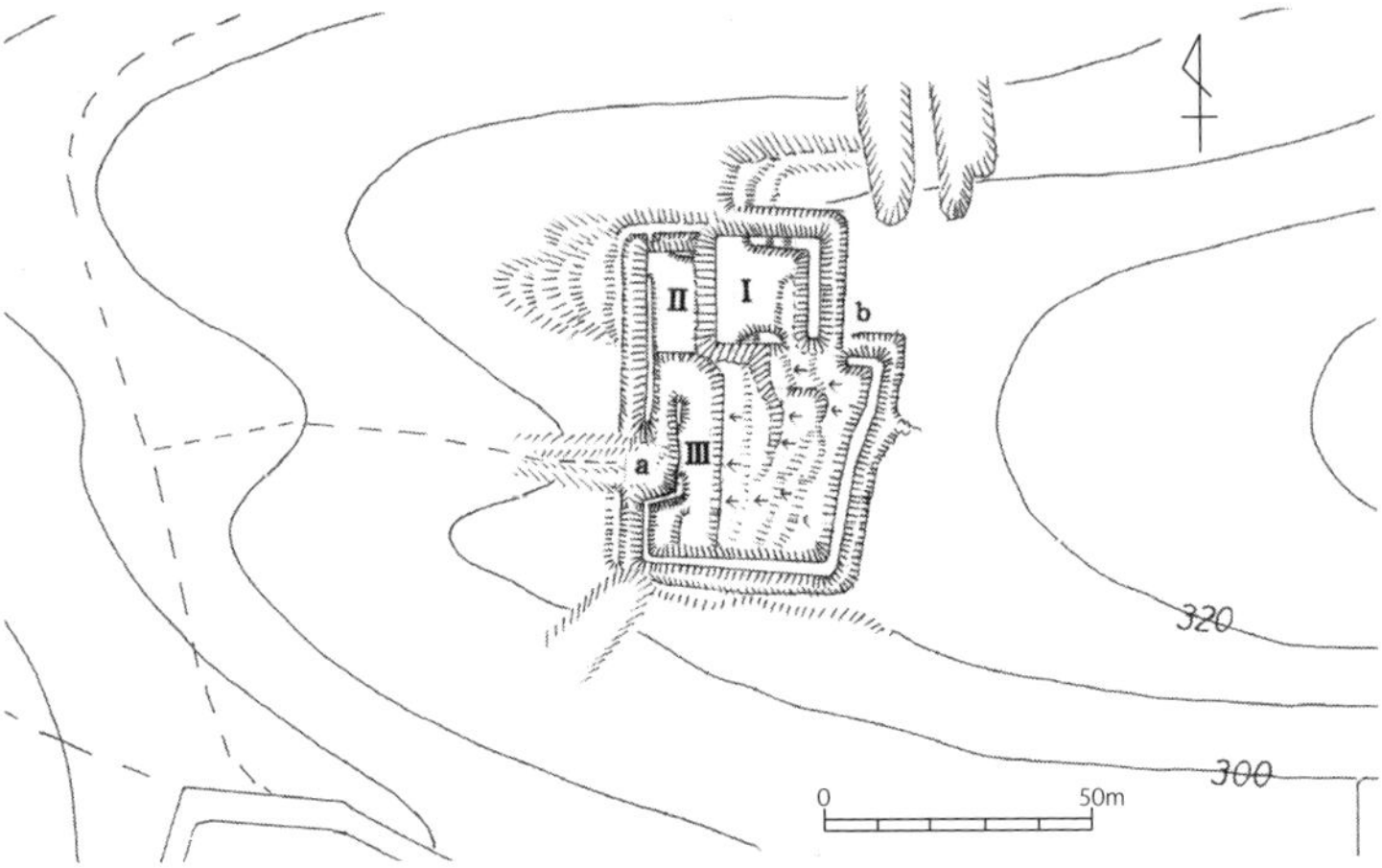

所在地：鳥取県鳥取市鹿野町河内上条／城主：—
遺構：曲輪・土塁・虎口・竪堀
規模：九〇×六〇m／標高・比高：七〇m・六五m

【選地】 鹿野城より南西に河内川を一〇kmほど上流へ上ると河内上条集落があり、同集落の標高三一〇mの東から西に延びる尾根先端に位置する。

【歴史】 天正八年九月下旬、鹿野衆が亀井茲矩に対して、羽衣石と鹿野間を分断するために荒神山《こうじんやま》城（鳥取市）に在城したため、亀井氏が付城を構築して対応した。＊1

【遺構】 南北七〇×東西五〇mの土塁が囲繞した方形館で、西に内枡形虎口aが開口する。北西には中心となる南北二五×東西一五mの曲輪Ⅰがあり、西側の一段下には南北一五×東西一〇mの曲輪Ⅱがある。枡形虎口aを入った所に、南北四〇×東西一〇mほどの曲輪Ⅲがあるが、この曲輪の背後は斜面となり、部分的に削平された状態である。北西には虎口bがあり、東尾根の自然地形への出入口となっている。

【評価】 河内にある毛利氏の荒神山城への付城の本陣としての役割と、佐谷峠方面への監視を目的としていたと考える。

空堀

＊1 『鳥取県中世城館分布調査報告書』第一集（鳥取県教育委員会、二〇〇二年）。

荒神山城攻めの小規模の付城

77 シンジャク城《じょう》

所在地：鳥取県鳥取市鹿野町河内下条／城主：—
遺構：曲輪・土塁・堀切／規模：五〇×一五m
標高・比高：二五五m・一一一m

【選地】荒神山城の北二㎞ほどにある、矢原集落の南に所在する。南東から北西に延びた尾根の先端に位置し、この場所は鹿野から三朝方面への街道が通り、河内川が最も狭くなった場所である。

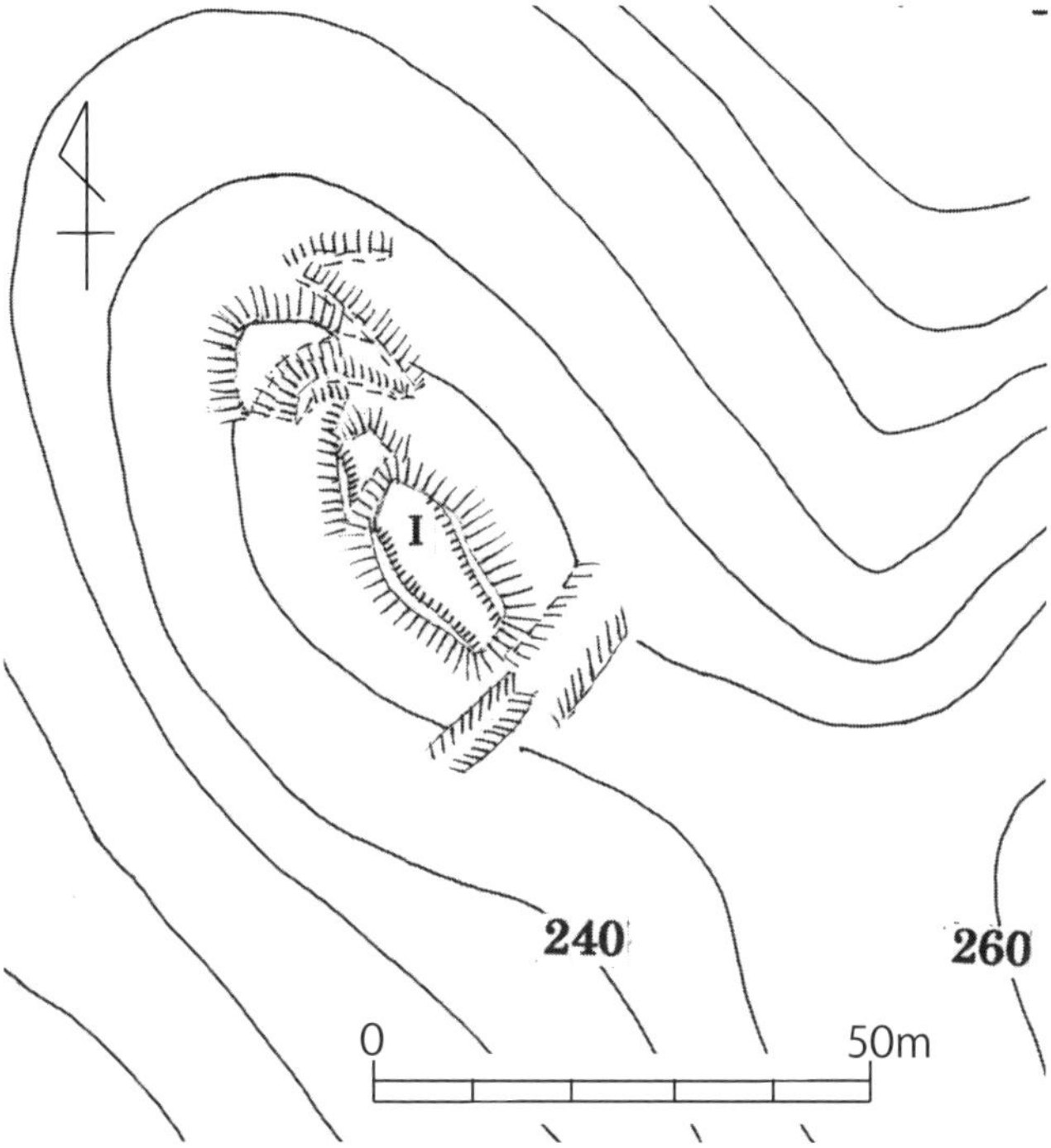

【歴史】天正八年九月下旬、鹿野衆が亀井茲矩に対して、羽衣石と鹿野間を分断するために荒神山城に在城したため、亀井氏が付城を構築して対応した。

【遺構】曲輪Ⅰの規模は南北二〇×東西一〇ｍほどで、曲輪の東と西には低土塁が設けられ、南東の尾根続きには幅五ｍほどの堀切があり、北尾根先端には二段の曲輪がある。

【評価】河内川で一番狭くなった場所にあり、小規模な遺構のため、見張りを中心とした機能の陣城か。

堀切

荒神山城を見下ろす付城

78　小《お》畑《ばた》高《たか》尾《お》城《じょう》

所在地：鳥取県鳥取市青谷町小畑／城主：亀井氏ヵ
遺構：曲輪・土塁・虎口／規模：八〇×四〇m
標高・比高：六一二・七m・四一〇m

【選地】荒神山城の北一・六kmほどの標高六一二・七mに所在し、荒神山城を見下ろす位置にある。

【歴史】天正八年九月下旬、鹿野衆が亀井茲矩に対して、羽衣石と鹿野間を分断するために荒神山城に在城したため、亀井氏が付城を構築して対応した。

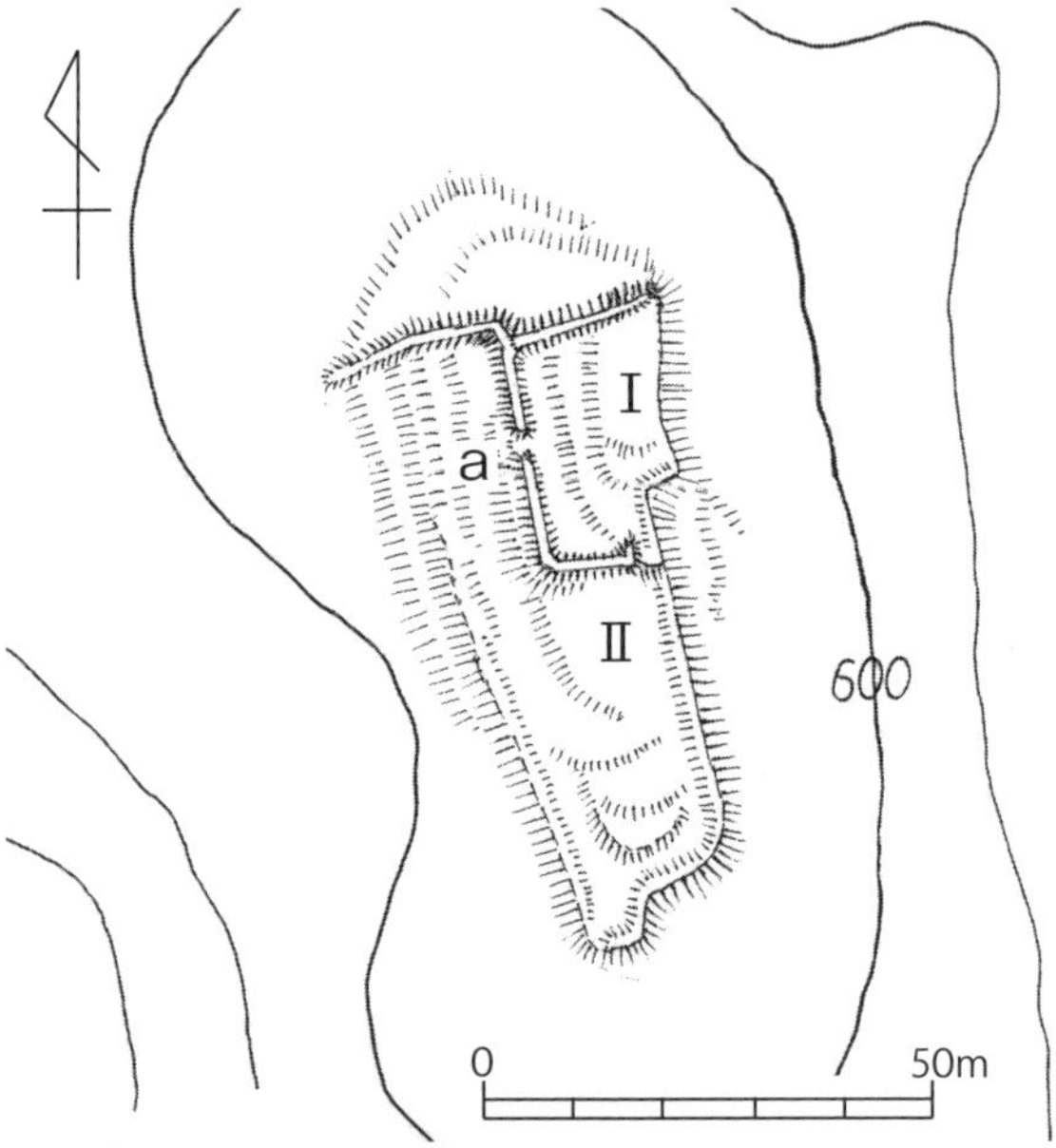

【遺構】頂上部の北側に四五mほどの土塁を敷設し、北東部に南北三〇×東西一八m規模の曲輪Ⅰがある。東側を除く三方に土塁がめぐり、虎口aが西側に開口する。南側には南北五〇×東西二五mほどの、一部に低土塁を設けた曲輪Ⅱがある。
【評価】要害性が高いこともあり、土塁で仕切るだけの縄張りである。荒神山城を監視するための陣城であると考える。

土塁

城跡遠景

79 番《ばん》城《じょう》

羽衣石城の北側をサポートする城郭

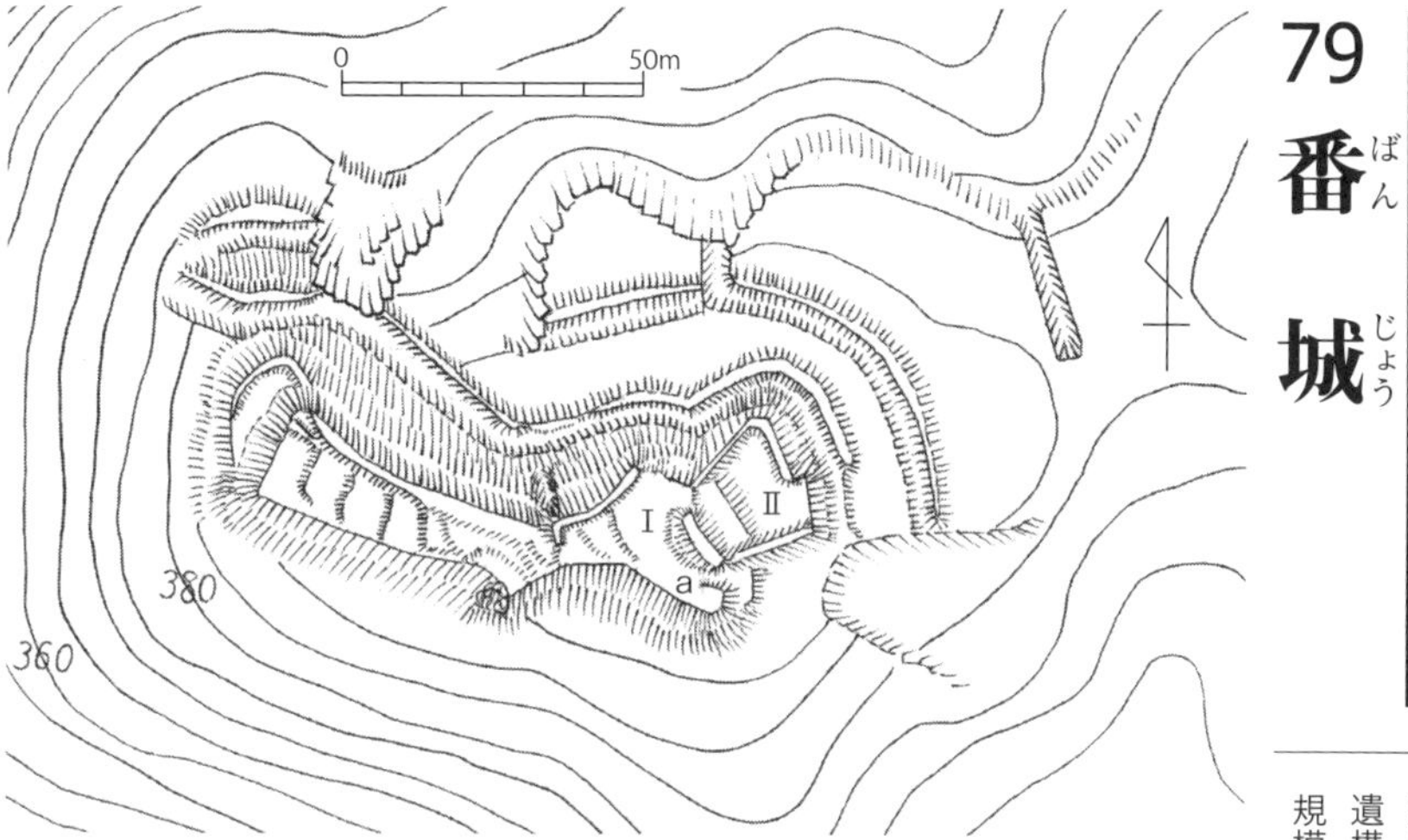

所在地：鳥取県東伯郡湯梨浜町羽衣石／城主：—
遺構：曲輪・土塁・堀切・空堀・竪土塁・竪堀
規模：一三〇×六〇m／標高・比高：四一三m・三一〇m

【選地】 羽衣石城の北五〇〇mに位置し、羽衣石城の北部を見張るために構築されたという。

【遺構】 中心となる曲輪Ⅰは東西三〇×南北二〇mで、西に傾斜した曲輪である。西側の尾根上には二〇mほどの傾斜地を置いて、五段の明確な曲輪がある。

北東側には低土塁囲みの二〇×二〇mの二段になった曲輪Ⅱがあり、北側には二重の横堀を敷設している。虎口aは外枡形状となり、東側に位置する。南東の羽衣石城より尾根伝いに通じる道があったと考える。

【評価】 縄張りから推察して、外枡形状の虎口等から織豊期の縄張りが読み取れる。

土塁

城跡遠景

羽衣石城の南に位置する支城

80 十万寺城《じゅうまんじじょう》

所在地：鳥取県東伯郡湯梨浜町大字羽衣石／城主：—
遺構：曲輪・土塁・堀切・虎口・空堀
規模：二三〇×一五〇m／標高・比高：四二三m・一七〇m

【選地】羽衣石城の南東一㎞に位置する標高四二三mにあり、南の十万寺集落では「太閤ヶ平」と呼んでいる。

【歴史】「吉川元春書状写」によると、*1「今日十万寺山に至り、人数を出して、敵一人に射かけ」とある。十万寺山とは十万寺城で、南条氏が詰めていた。

【遺構】二つの時期の遺構がみられる。一つは、南東にある南北七〇×東西三五mほどの曲輪群Ⅰである。構築中に中止したようにもみえる西側の縄張りとの違いがある。堀切で完全に遮断し、中央部の直径一〇mほどの楕円形の曲輪を中心に構成されている。このⅠが、初期の南条氏の十万寺城ではなかろうか。

西の曲輪群は、南西の鞍部にある浅い空堀イを区切りとして、北を曲輪群Ⅱとし、南を曲輪群Ⅲとする。Ⅱには、北と北東の尾根続きを大規模な堀切で遮断し、両方の尾根側に土塁付きの張り出しを構築しており、東西五〇×南北三五mほどの掘り込みの曲輪を設けている。南東に続く尾根上は、所々を削平した平坦地が続く。Ⅲは、幅一八mほどの浅い空堀イで区切り、西側へ曲がった曲輪は、未削平の自然地形を中心とした曲輪群である。全体の縄張りから、北側の遺構が造成の中心で、南西の遺構は駐屯地としての要素が強い。虎口aは、東の谷から入るようになっており、十万寺集落を管理するための城郭の可能性がある。

【評価】羽衣石城の大規模な支城で、大軍が収容できるため、天正九年十一月初めの秀吉着陣時や、その後の居残り部隊から考えても、織田軍の駐屯があったと考える。

北東部土塁

＊1　『因伯の戦国城郭—通史編—』（高橋正弘、一九八六年）。

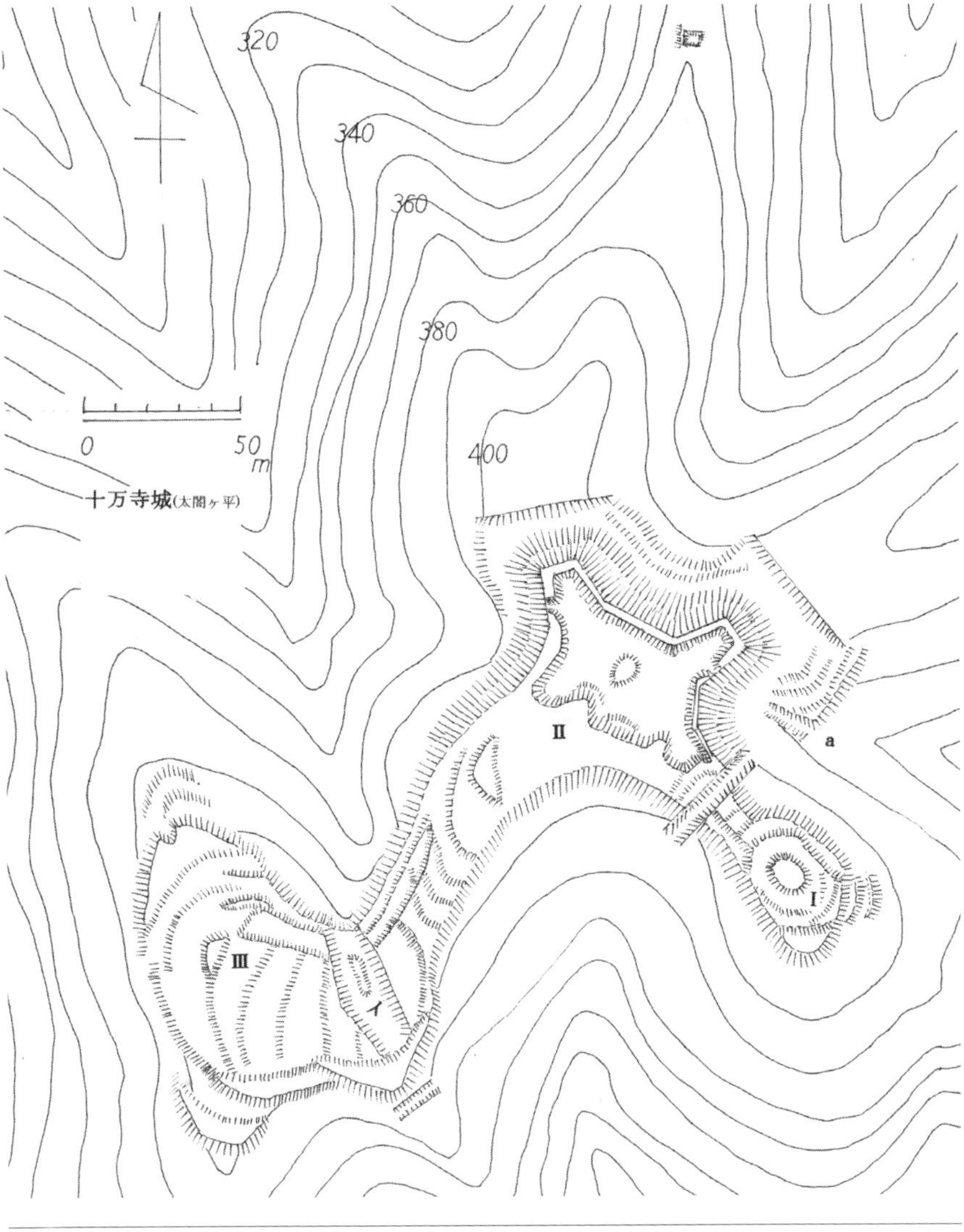

北側堀切

8、美作国攻め　天正六年（一五七八）五月〜天正十一年十一月

備前の宇喜多《うきた》氏は、上月城から撤退する毛利氏を尻目に、織田方への内通を画策していた。毛利氏が上月城を包囲している最中の天正六年五月二十四日、備前八幡山城主が竹中半兵衛に内応の相談を持ちかけてきたという。[*1]このときの八幡山城主は、『諸国廃城考』によると宇喜多氏の家臣明石行雄《あかしゆきかつ》という。『備前軍記』によると、[*2]宇喜多の家臣花房正成《はなぶさまさなり》は、秀吉が直家からの和議の申し出を受け入れたのち、直家の命により秀吉の加勢として武士・足軽を連れて参戦したという。『信長公記』によると、[*3]同七年の九月四日に秀吉が「播磨より安土へ来て、備前の宇喜多直家が織田方になるというので、信長に朱印状を出してほしいと言上した。信長は秀吉に対し、相談もなくそのようなことを言うのは裏切りに等しいと怒り、秀吉を播磨へ追い帰した」とある。十月晦日には、「備前の宇喜多直家が織田方に加勢することを許され、名代として宇喜多与太郎が、摂津古屋野にいる織田信忠に挨拶におとずれた。これは秀吉の取次であった」とある。これにより、信長から宇喜多氏へ朱印状が発布された。

年未詳（天正八年）三月九日付草刈氏頸注文写によると、[*4]「羽柴内隠岐土佐守・同内太田垣・同内中村太郎」の三人が宇喜多勢とともに討ち取られている。理由として、宇喜多勢に羽柴勢が加勢していたことが考えられる。

また、年未詳（天正八年）七月十四日付の羽柴秀吉書状写によると、[*5]宇喜多直家が美作国の草刈攻めに対して、因幡側からの攻撃を要請している。さらに年未詳（天正十年）九月五日付の小

＊1　山下晃誉『上月合戦―織田と毛利の争奪戦―』（兵庫県上月町、二〇〇〇年）。

＊2　『新釈　備前軍記』（柴田一氏・訳、山陽新聞社、一九八六年）。備前軍記は江戸時代中期（一七〇〇年代）に岡山藩士・土井経平が、室町時代中期から戦国・安土桃山時代にかけての、備前を中心に近辺の播磨、美作、備中の戦乱や武将の興亡を描いたものである。

＊3　『信長公記』（奥野高広・岩沢愿彦註、角川書店、一九六九年）。

＊4　「年未詳三月九日付　草刈氏頸注文写」八六九　『久世町史』史料編　第一巻（久世町教育委員会、二〇〇四年）。

早川隆景書状写によると、[*6]「去十八日に備前衆と荒木平太夫（重堅）が攻めかかり、周辺の付城に誘いをかけた」とあり、宇喜多勢と荒木重堅が合同で草刈氏を攻撃しており、秀吉と宇喜多氏の合同軍事作戦の進攻を証明している。

年未詳（天正九年）八月二十九日付の織田信長黒印状写によると、[*7]「備前境の伊賀氏が宇喜多氏から離反し毛利方になったのは、宇喜多氏に油断があったからだ」と、信長は蜂須賀正勝に宇喜多氏の不甲斐なさを嘆いている。年未詳（天正十一年）十一月二日付の岡家利《おかいえとし》・黒田孝高・蜂須賀正勝連署書状写によると、[*8]毛利方の安国寺恵瓊《あんこくじえけい》に出した書状を、宇喜多氏の家老である岡家利と秀吉の重臣である黒田孝高・蜂須賀正勝が連署で提出しており、宇喜多氏が完全に羽柴軍の一員であったことを証明している。

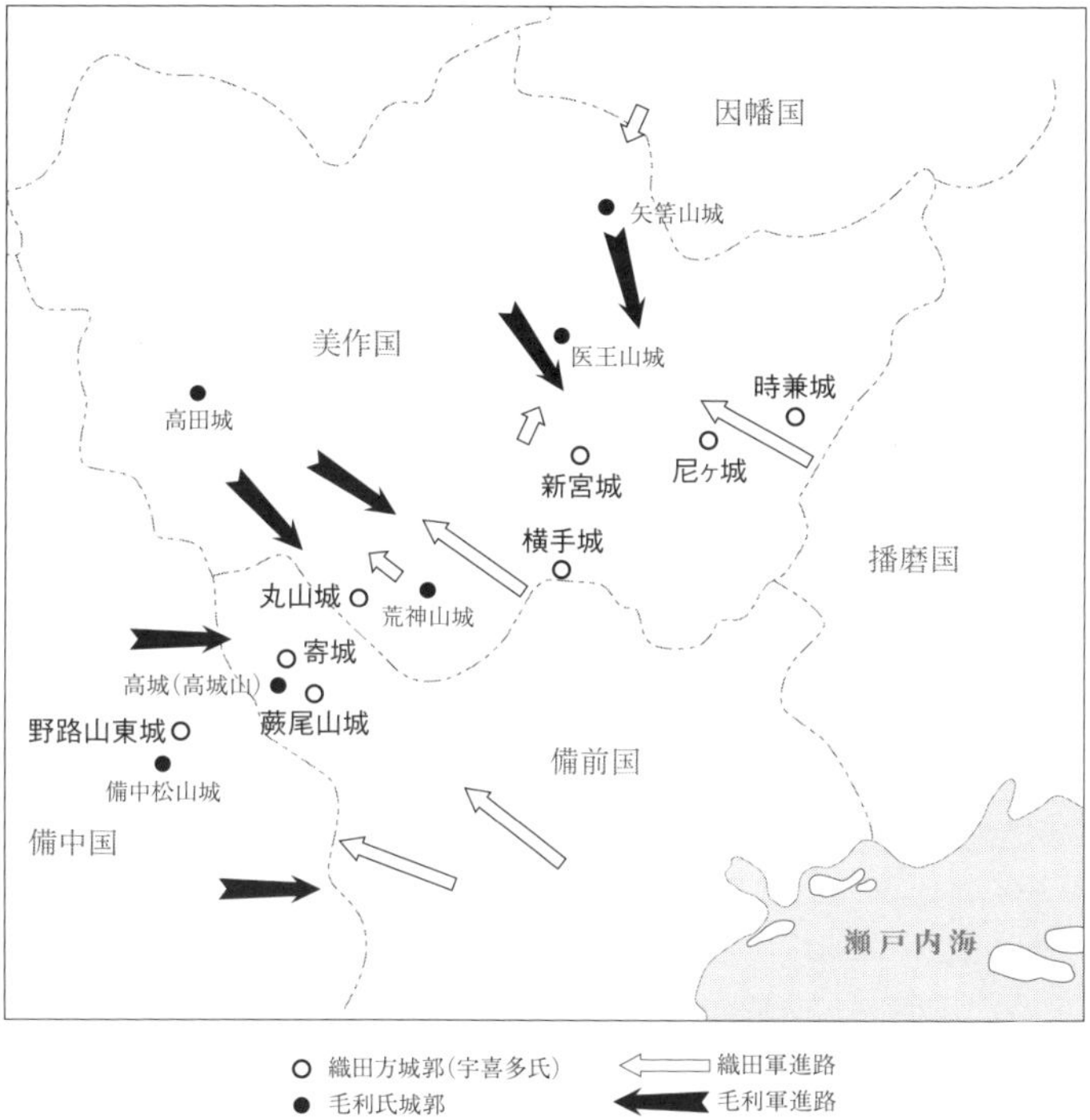

美作国攻めの関係位置図

＊5　「年未詳七月十四日付羽柴秀吉書状写」一一七二『久世町史』史料編　第一巻（久世町教育委員会、二〇〇四年）。
＊6　「年未詳九月五日付小早川隆景書状写」一一六四『久世町史』史料編　第一巻（久世町教育委員会、二〇〇四年）。
＊7　「年未詳八月二九日付織田信長黒印状写」一一七九『久世町史』史料編　第一巻（久世町教育委員会、二〇〇四年）。
＊8　「年未詳十一月二日付岡家利・黒田孝高・蜂須賀正勝連署書状写」一一七六『久世町史』史料編　第一巻（久世町教育委員会、二〇〇四年）。

美作国攻め　城郭位置図

小房
小房川
81、時兼城
粟井川
東谷
西谷
小
250
三毛ヶ池
本平
82、新宮城
130
新田
広戸
土居
62
129
北山
渡里
83、尼ヶ城
美
火の神
311
84、横手城
200
255
和気山酪農牧場
278.2
中筋
福
85、美作丸山城
150
86、寄城
新屋
高城山
336.9
建部町角石谷
円通寺
300
87、蕨尾山城
200
大地
372
城山
263
町鶴田《たづ》
三南
陰地
陰地
430
88、野路山東城
503
441

宇喜多氏と対陣した小房城の向城

81 時《とき》兼《かね》城《じょう》

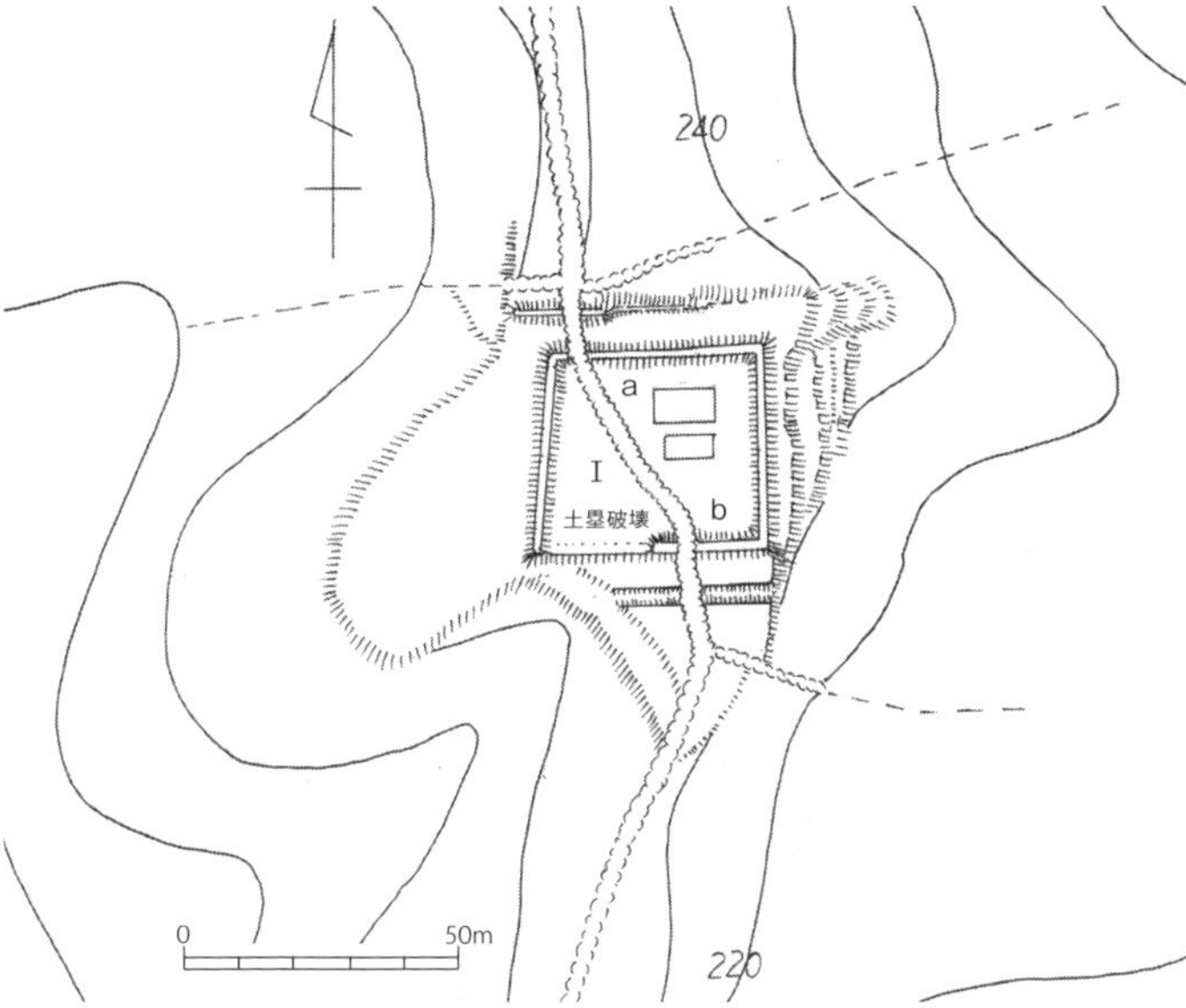

所在地：岡山県美作市小野／城主：—
遺構：曲輪・土塁・空堀・虎口
規模：五〇×五〇m／標高・比高：二四〇m・五〇m

【選地】粟井川《あわい》と小房川《おぶさ》が合流する北方四〇〇mの、標高二四〇mの丘陵上に位置する。北一・五kmの地には、敵城の小房城がある。

【歴史】天正七年頃、美作北部の草苅《くさかり》氏のもとに美作東西の牢人衆が集結し、後藤氏の牢人衆と思われる龍門清兵衛が梶並口《かじなみぐち》の城を修築し、普請等を実施して宇喜多氏と対陣した。*1

【遺構】一辺四〇mほどの低土塁が囲繞する曲輪Iは、現在虎口が現在山道となっている。北の虎口aの外側には、高さ一mほど、長さ一三mの一文字土塁がaの前面を遮断している。また、南の虎口b前は幅二×長さ二五mの空堀で遮断している。

【評価】いびつな方形の陣城であるが、北にある小房城の向城であると考える。

*1 「年未詳十月三日付吉川元春書状写」七七五『久世町史』史料編　第一巻（久世町教育委員会、二〇〇四年）。

土塁

医王山城攻撃の本陣か

82 新《しん》宮《ぐう》城《じょう》

所在地：岡山県津山市新田・福井／城主：―
遺構：曲輪・土塁・空堀・虎口・堀切・櫓台
規模：四〇〇×一八〇m／標高・比高：二〇四m・一〇〇m

【選地】医王山《いおうやま》城（津山市）から南へ七・七kmほどの距離にあり、加茂《かも》川を隔てた標高二〇四mの丘陵上に位置する。

【遺構】中央部の空堀により東西に二分される。東側の曲輪群Ⅰは、以前から城郭遺構があったような本格的な城郭遺構が残っている。土塁は外側で六m、内側が二m以上の高さがあり、この土塁イが東西の曲輪を仕切り、東西二五〇×南北一八〇mほどのⅠの空間を確保し、南と北の斜面には三～五段の帯状曲輪を敷設している。

西側の曲輪群Ⅱは、自然地形の部分に土塁を敷設し、東西一五〇×南北一〇〇mほどの空間を確保している。土塁ロには折れがあり、高さも一～二mと大規模である。医王山城攻めの宇喜多氏の本陣として、拡張工事が実施されたと考えられる。

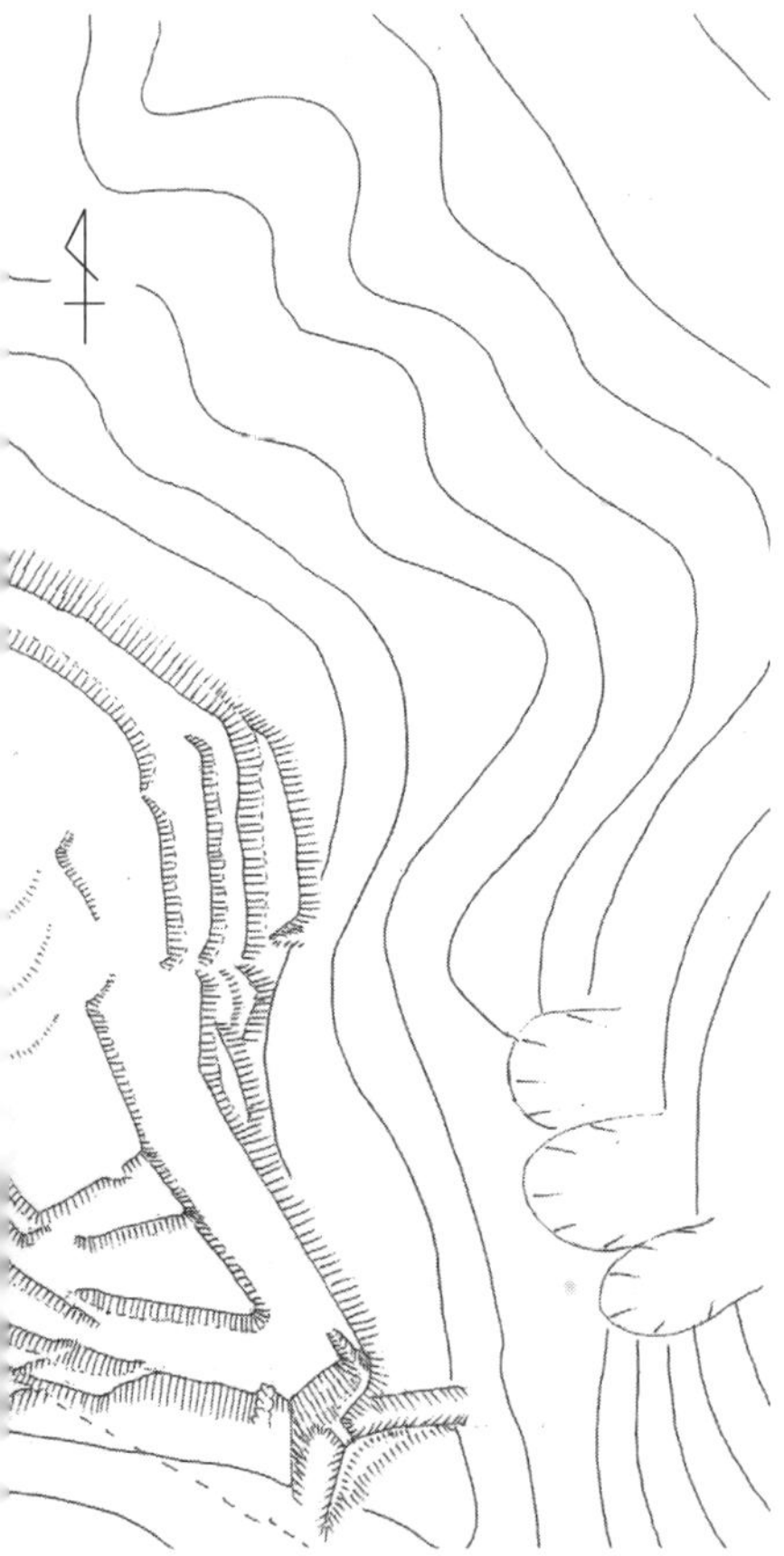

【評価】医王山城との間には深い谷や小山が多く、すぐに攻撃を受ける状態の地形ではない。東西を二分する土塁や空堀から

虎口

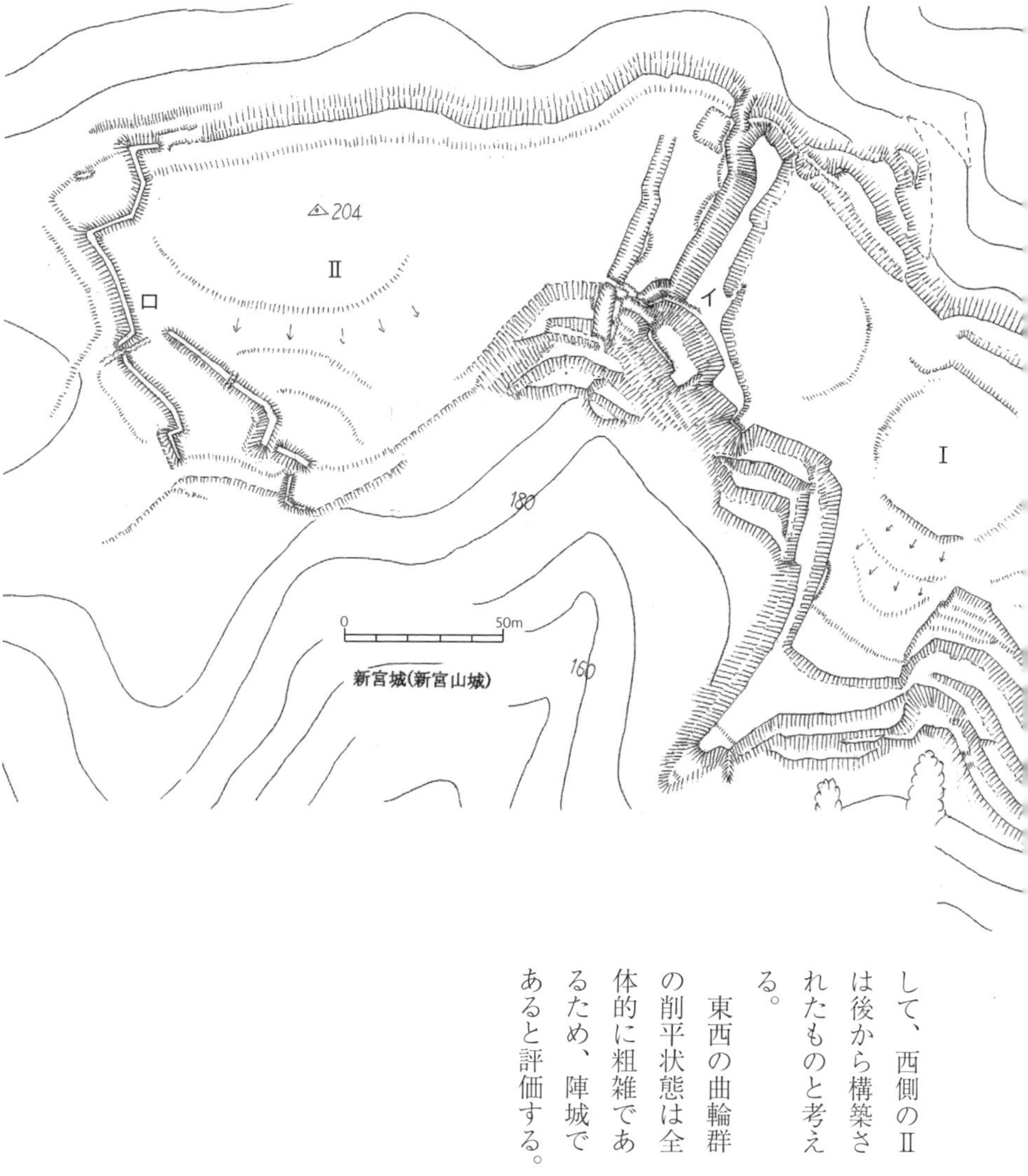

して、西側のⅡは後から構築されたものと考える。

東西の曲輪群の削平状態は全体的に粗雑であるため、陣城であると評価する。

土塁

旧出雲街道を守備する陣城

83 尼《あま》ヶ《が》城《じょう》

所在地：岡山県美作市北山字城山／城主：―
遺構：曲輪・土塁・空堀・虎口／規模：九〇×七五m
標高・比高：一二九m・三〇m

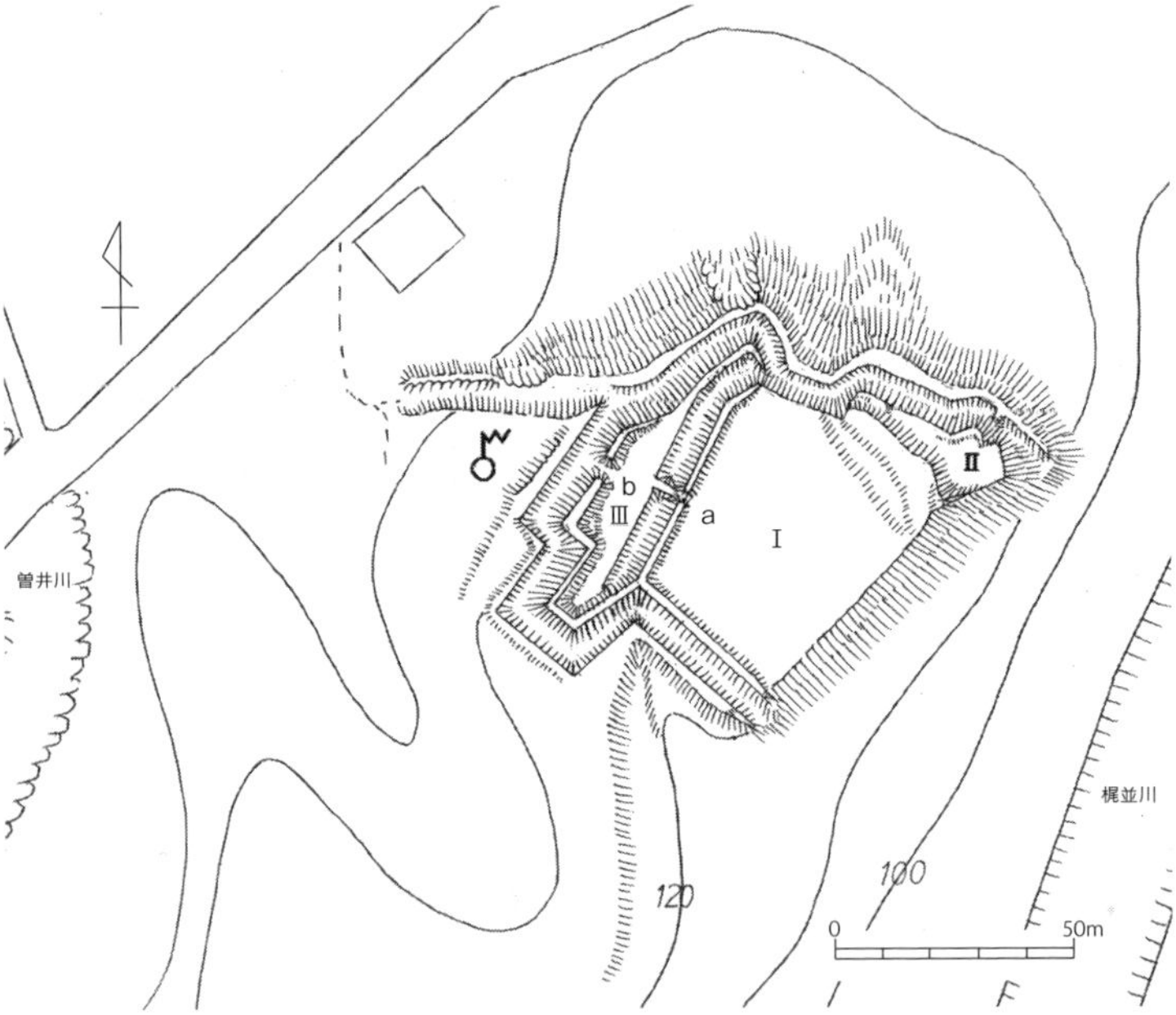

【選地】美作国の東部、旧出雲街道の北にあたる標高一二〇mの丘陵上に位置する。東に梶並川が流れ、西に曽井川が流れる狭間にある。

【遺構】曲輪Ⅰは南北六〇×東西五〇mの規模があり、北東に一五×一五mほどの突出した曲輪Ⅱがある。

西の虎口aの外側には、空堀を越えて南北四五×東西一五mほどの馬出し状の曲輪Ⅲがある。北西に虎口bが開口し、塁線には折れが見られる。西側の虎口部分の防御は厳重で、「一方堅固で一方無防備」の縄張りである。

【評価】美作東部の旧出雲街道に、南北に交わる梶並川に沿って通る街道を守備するため構築された陣城だろう。

空堀

土塁

84 横《よこ》手《て》城《じょう》

荒神山城の東側の繋ぎの陣城か

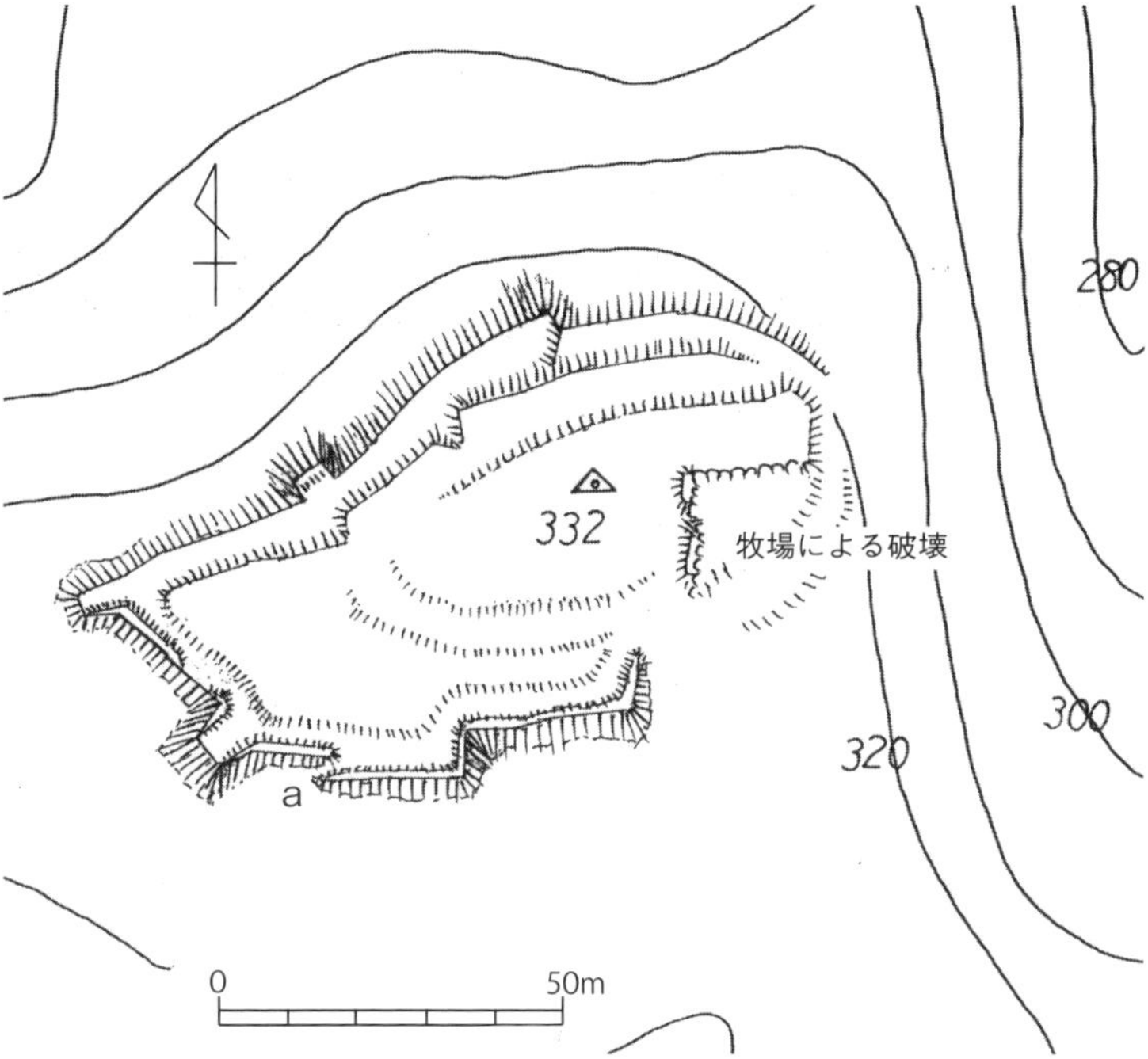

所在地：岡山県津山市瓜生原／城主：—
遺構：曲輪・土塁・虎口／規模：九〇×五〇m
標高・比高：三三二m・二四〇m

【選地】津山市の南東にあたる標高三三二mの和気《わけ》山の山頂部に位置する。東側の一部は牧場のため、遺構が破壊されている。

【遺構】現存している北・西・南の塁線には、折れや張り出しがあり、横矢掛け構造となっている。虎口aは土塁の食い違いとなっており、南に開口している。曲輪内部の削平状態は自然地形の残りが多く、陣城の様相を残している。

【評価】「一方堅固で一方無防備」の状態が表れているとすれば、東側の破壊された状態如何による。北の新宮城とともに、医王山城を中心とする毛利勢力への布陣であると考える。

土塁

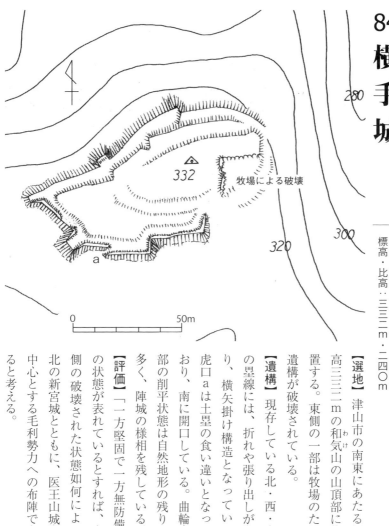

皿川流域の監視を目的した陣城か

85 美作丸山城《みまさかまるやまじょう》

所在地：岡山県津山市福田／城主：—
遺構：曲輪・土塁・虎口／規模：二五〇×四〇m
標高・比高：二八〇m・五〇m

【選地】 皿《さら》川に西から倭文《しとり》川が合流する高尾集落から南へ一kmの、福田集落の標高二一〇mの丘陵上に位置する。

【歴史】『作陽誌《さくようし》』によると、宇喜多の家臣岡平内家利が駐屯したという。*1

【遺構】 遺構は南北に長く、ひらがなの「く」の字形をしている。「く」の字形に曲がった部分に低土塁があり、食い違い虎口aや折れが見られ、この部分から西に繋がる丘陵部分への防御を重視している。北に続く曲輪群Ⅰの丘陵先端は、帯状の幅二mから四mほどの曲輪を階段状に連ねている。南の曲輪Ⅱは、南北五〇mほどの規模がある。

【評価】 美作西部から備前岡山方面にぬける街道を見張るための陣城と考えられる。曲輪群は北側に造成が多いため、北への備えが中心となっている。

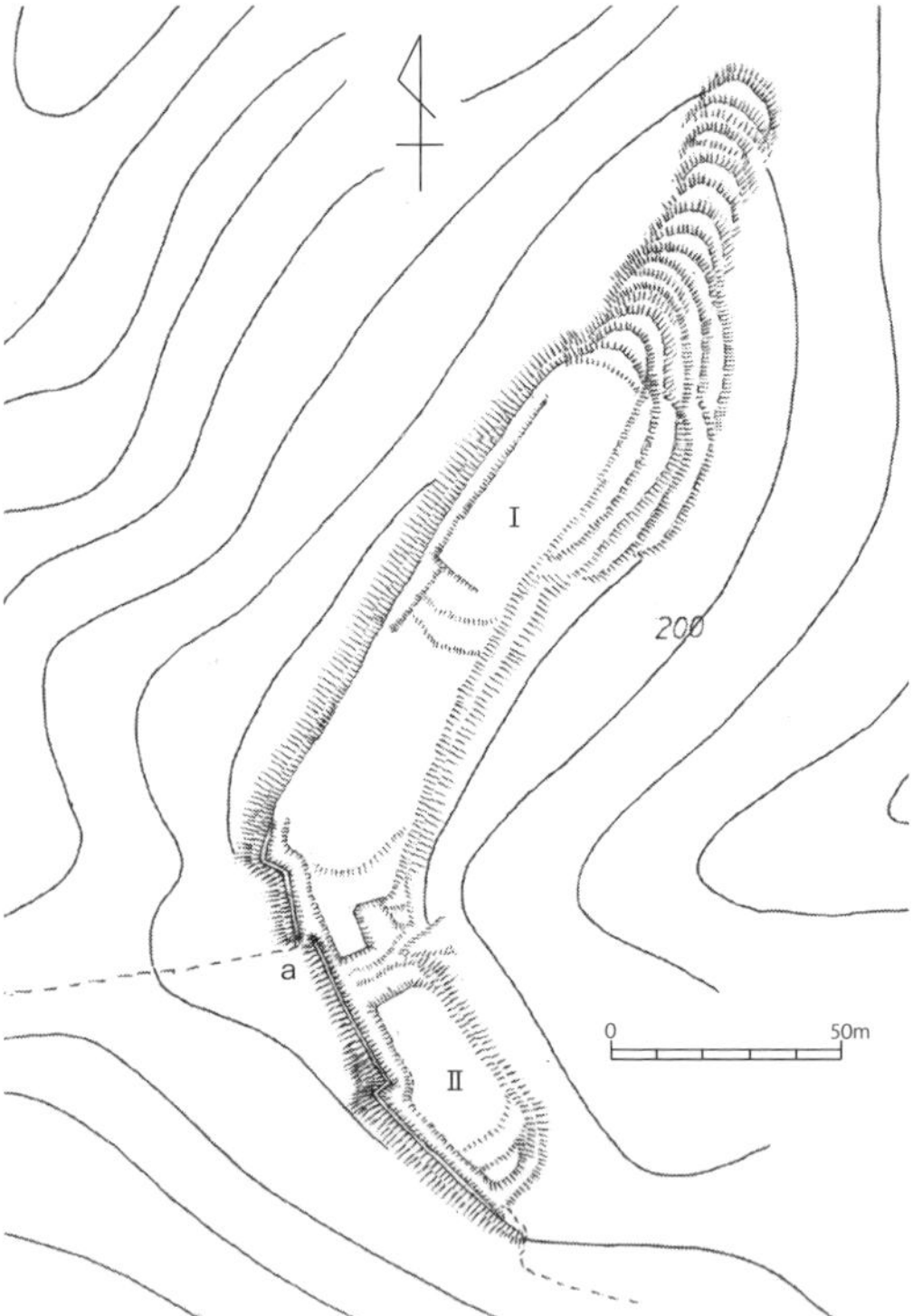

土塁

*1 『美作国の山城』（第二五回国民文化祭津山市実行委員会、二〇一〇年）。

高城攻めの最前線の付城

86 寄《より》城《しろ》

所在地：岡山県岡山市北区建部町和田南／城主：―
遺構：曲輪・土塁・虎口／規模：五〇×二五m
標高・比高：三四三m・二三〇m

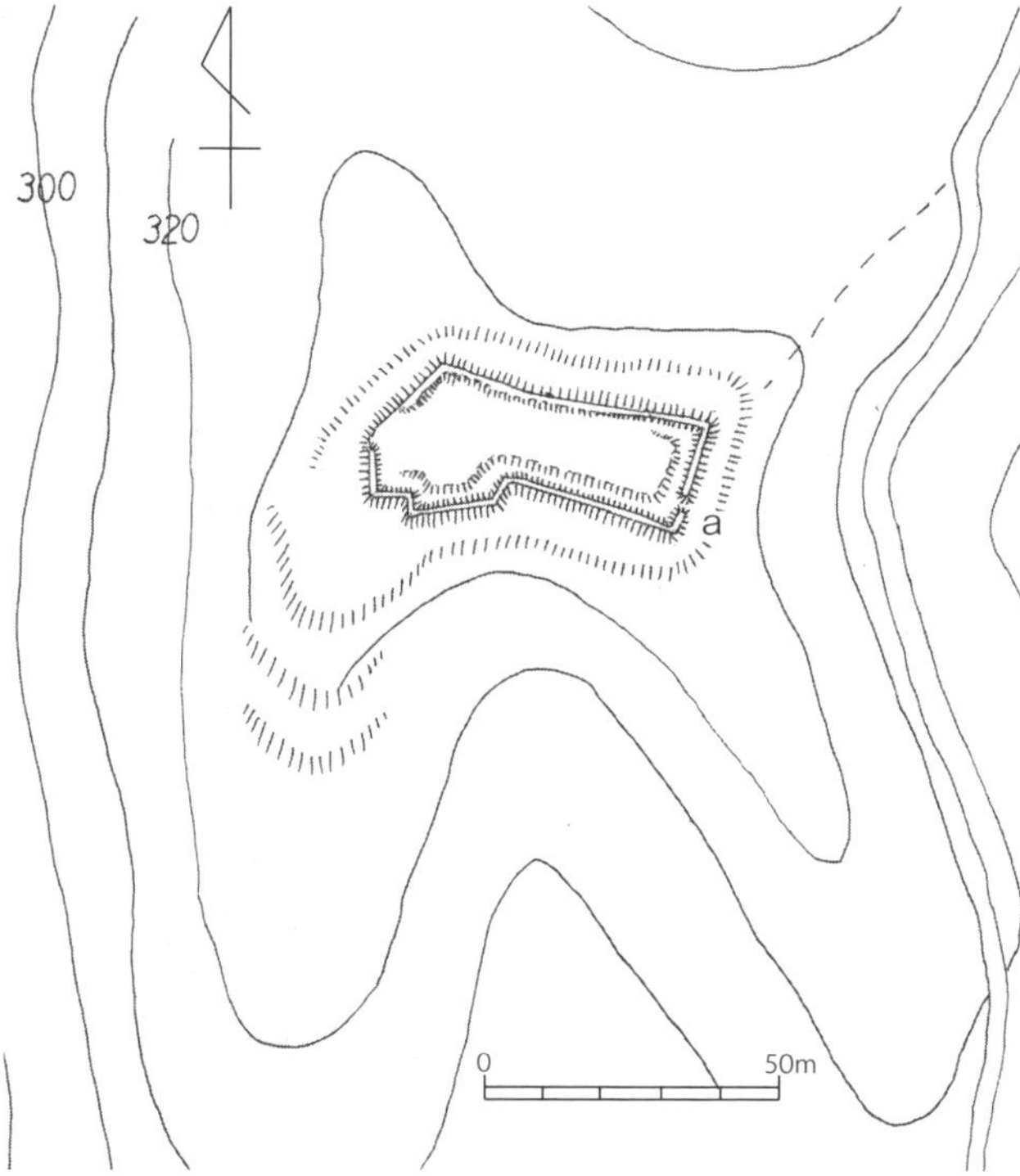

【選地】南で旭《あさひ》川に合流する滝谷川の右岸に位置し、南の高城へは五〇〇mの距離にある。

【歴史】『美作国諸家感状記』によると、新免《しんめん》氏の家臣春名三之丞が、宇喜多直家《なおいえ》による埒高城攻めのとき、敵の河本又四郎を討ち取ったという。*1

【遺構】東西に長い単郭で、南の高城方向に塁線の折れがあり、張り出しとなっている。曲輪の九割ほどが低土塁囲みで虎口aが東側にある。土塁の高さは南と東が一mほどで、北側は低土塁あるいは土塁のない部分もある。

【評価】塁線の直角化や直線化は織豊系の特徴であり、攻城側方向の土塁が高く塁線は折れており、横矢掛け構造になっている。

＊1　「天正八年五月五日付新免宗貫書状写」『久世町史』史料編　第一巻（久世町教育委員会、二〇〇四年）。

土塁

高城攻めの宇喜多氏の付城

87 蕨尾山城《わらびおさんじょう》

所在地：岡山県岡山市北区建部町三明寺／城主：―
遺構：曲輪・土塁・虎口／規模：四〇×二〇m
標高・比高：三一〇m・二〇〇m

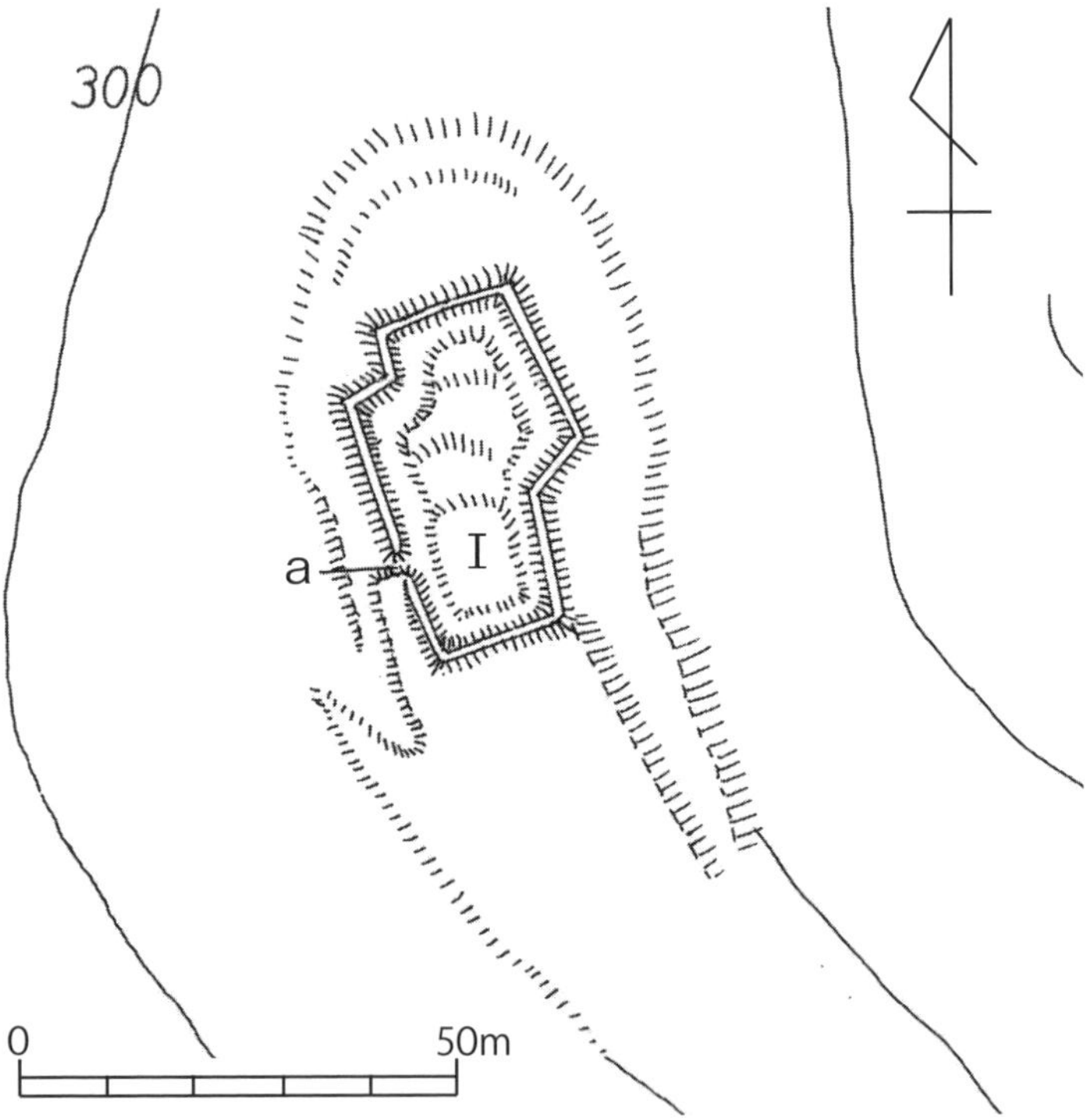

【選地】高城の一㎞ほど東、滝谷川を隔てた標高三一〇mに位置する。

【歴史】『作陽誌』によると、宇喜多氏の家臣・明石飛騨守が高城攻撃で在陣したとある。[*1]

【遺構】尾根先端部に南北四〇×東西二〇mほどの低土塁囲みの曲輪Iがあり、平入り虎口aが西側に開口している。土塁の高さは〇・三m～一mで塁線には折れがあり、横矢掛け構造となっている。

【評価】低土塁が囲繞し、塁線に折れや張り出しがあるのは、宇喜多氏の陣城の特徴的な縄張りである。

*1 『美作国の山城』（第二五回国民文化祭津山市実行委員会、二〇一〇年）。

土塁と虎口

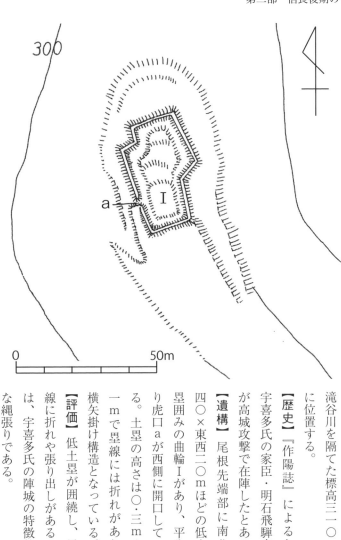

備中・備前の境目を守備する付城

88 野《の》路《じ》山《やま》東《ひがし》城《じょう》

所在地：岡山県加賀郡吉備中央町上竹／城主：―
遺構：曲輪・土塁・虎口・空堀／規模：四〇×二〇m
標高・比高：四五〇m・九〇m

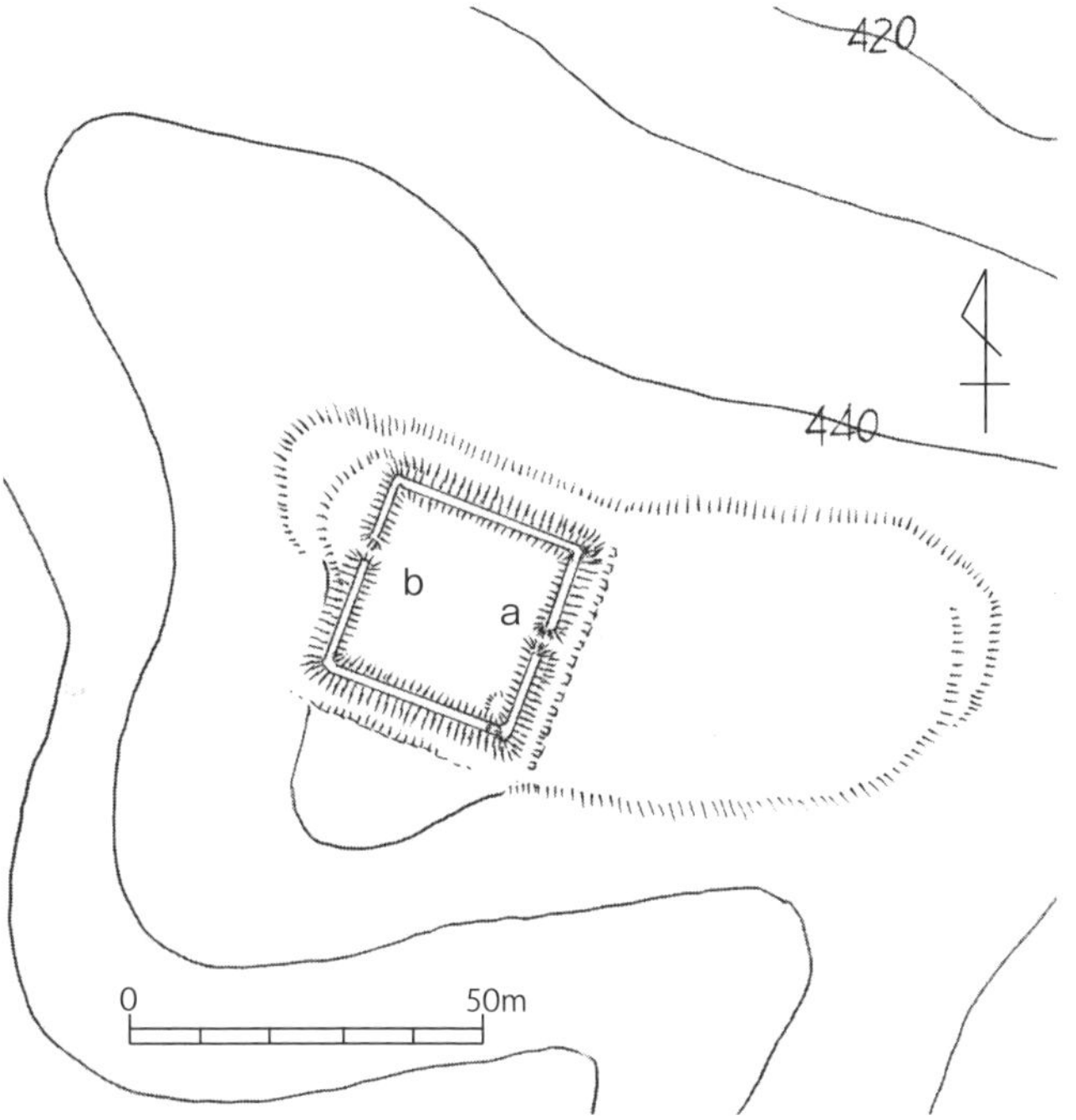

【選地】陰地集落の東丘陵上の標高四五〇mに位置する。南西にある毛利方の備中松山《びっちゅうまつやま》城（岡山県高梁市）に備えた陣城で、備中松山城からは佐与谷《さよたに》川を上って上竹集落に入る街道がある、重要な場所である。

【遺構】一辺が二九mの土塁が囲繞する正方形の城で、虎口a・bが東と西に開口する。土塁の高さは一mほどで、東と南の土塁の外側には空堀の痕跡が残る。

同丘陵の北西先端にある野路山城は、過去に畑地であったものが公園として整備され、土塁等が破壊されているが、現状の地形から野路山東城と同様に、土塁が囲繞する織豊系陣城であったと考える。

【評価】備中国と備前国の境目守備のために構築された織豊系陣城である。

城跡遠景（中央の山）

土塁

9、備中高松城合戦の前哨戦

天正十年（一五八二）四〜五月

備中高松城（岡山市）攻めの前哨戦として、宮路山《みやじやま》城（同）と冠山《かんむりやま》城（同）の合戦が行われた。このとき、宮路山城を守備していた乃美元信《のみもとのぶ》に対して、羽柴秀吉が再三にわたり内通を促したが徒労に終わった。天正十年四月十五日に攻撃を開始すると、乃美方に裏切りが発生し、元信は城を放棄して備後に帰国した。*1

宮路山城は足守陣屋《あしもりじんや》（同）の北にある標高一六六mの山上にあり、東に足守川が流れ、西は頂上から五〇mほど下ると鞍部となる。南と北の足守川の平地部に展望がきき、足守川に沿って街道が通る交通の要衝でもある。この西に広がる丘陵地が奥坂地区で、鬼ノ城ゴルフ場が造成されたときに千引《ちびき》砦と名越《なごし》砦が発掘され、織豊系陣城であると決論づけられている。*2 冠山城は、宮路山城の南二kmにある標高四五mの小山である。この城は清水宗治《しみずむねはる》の家臣・林重真《はやししげざね》が守備していたが、宇喜多・羽柴勢の猛攻により四月二十五日に落城したという。備中と備前の境目にある二城が落城したため、高松城は孤立してしまった。

奥坂遺構群発掘報告書によると、「羽柴秀吉は奥坂地区の尾根に続く足守川西岸の宮路山城を、境目の諸城の中で最初に攻略しており、さらに西南に延びる低丘陵の陣城は、北の鬼城山と南の長良山に置かれた毛利方の陣の間に突出する形で最前線に位置している。羽柴軍の足守川以西の滞陣は四月十五日の宮路山城攻略から六月四日の高松城開城までの約二カ月間であり、構築期間も含めると在陣は短期間とみられ、砦状遺構に生活痕跡が認められない点も理解できる。また、

---

*1 『すく毛山遺跡―城郭、中世墓、古墳の発掘調査報告―』（岡山市教育委員会、一九九八年）。

*2 『奥坂遺跡群　鬼ノ城ゴルフ倶楽部造成に伴う発掘調査』（総社市教育委員会、一九九九年）。

*3 松岡進「備中国府城をめぐる城郭群―空間論からのアプローチ―」（『中世城郭研究』第二五号、中世城郭研究会、二〇一一年）。

千引砦の柵列が北の鬼城山の方向に建てられていることにも妥協性が生じてくる。以上の事から今回、調査した砦状遺構と土塁について高松城水攻め時の羽柴方の陣城と断定したが、調査例が少ないため不明な点もあり、類例増加を待ちたい」としている。

天正十年四月二十四日付け羽柴秀吉書状や、同日付け織田信長朱印状によると、秀吉が宮路山城と冠山城を攻略している最中、秀吉方は小早川隆景《こばやかわたかかげ》のいる幸山《こうざん》城（岡山県総社市）の麓に放火を繰り返し、小早川方を挑発している。*3 以上からも、奥坂に陣城を構築し、幸山城や経《きょう》山《やま》城（同）に備えたことが考えられる。

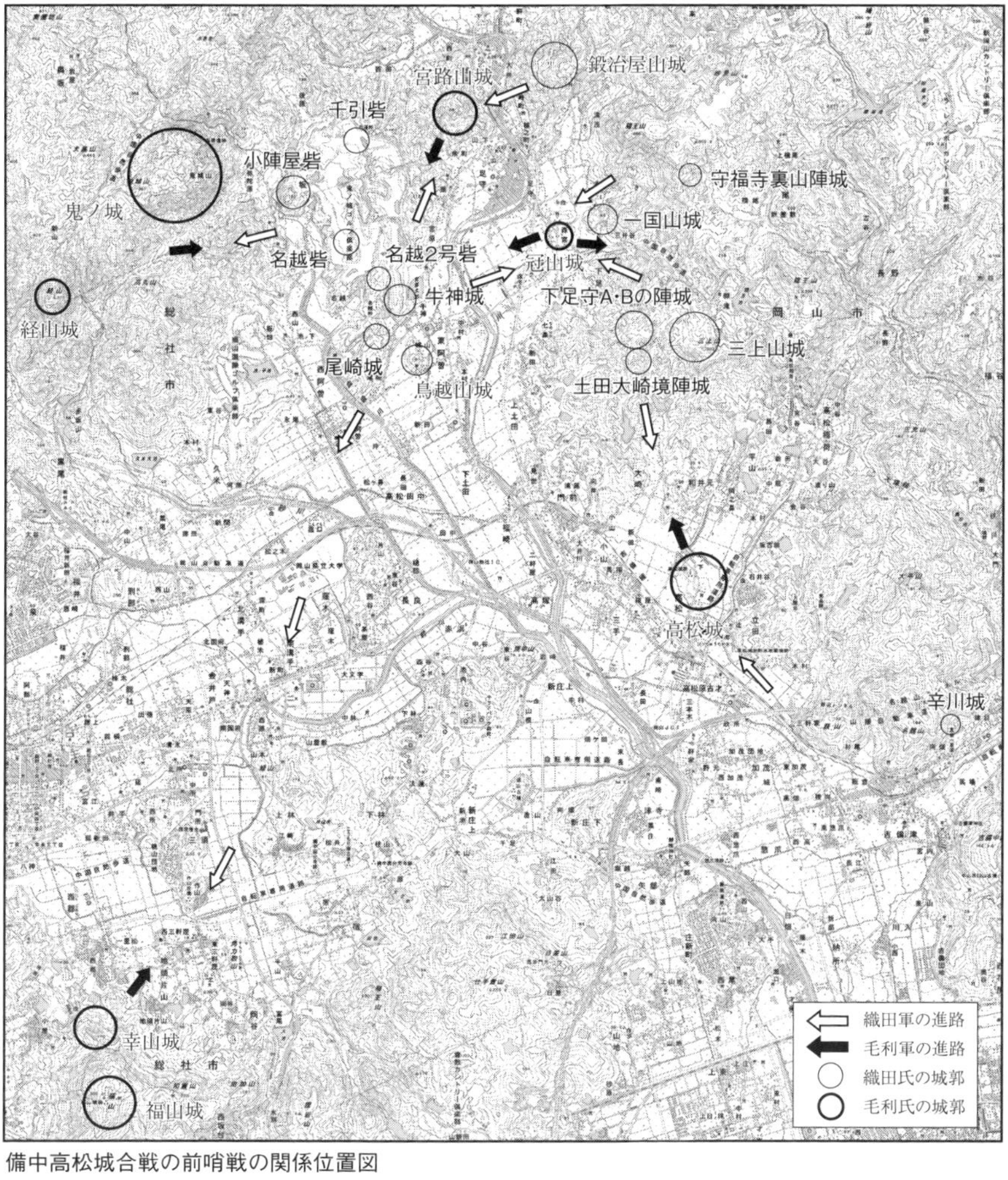

備中高松城合戦の前哨戦の関係位置図

備中高松城合戦の前哨戦　城郭位置図

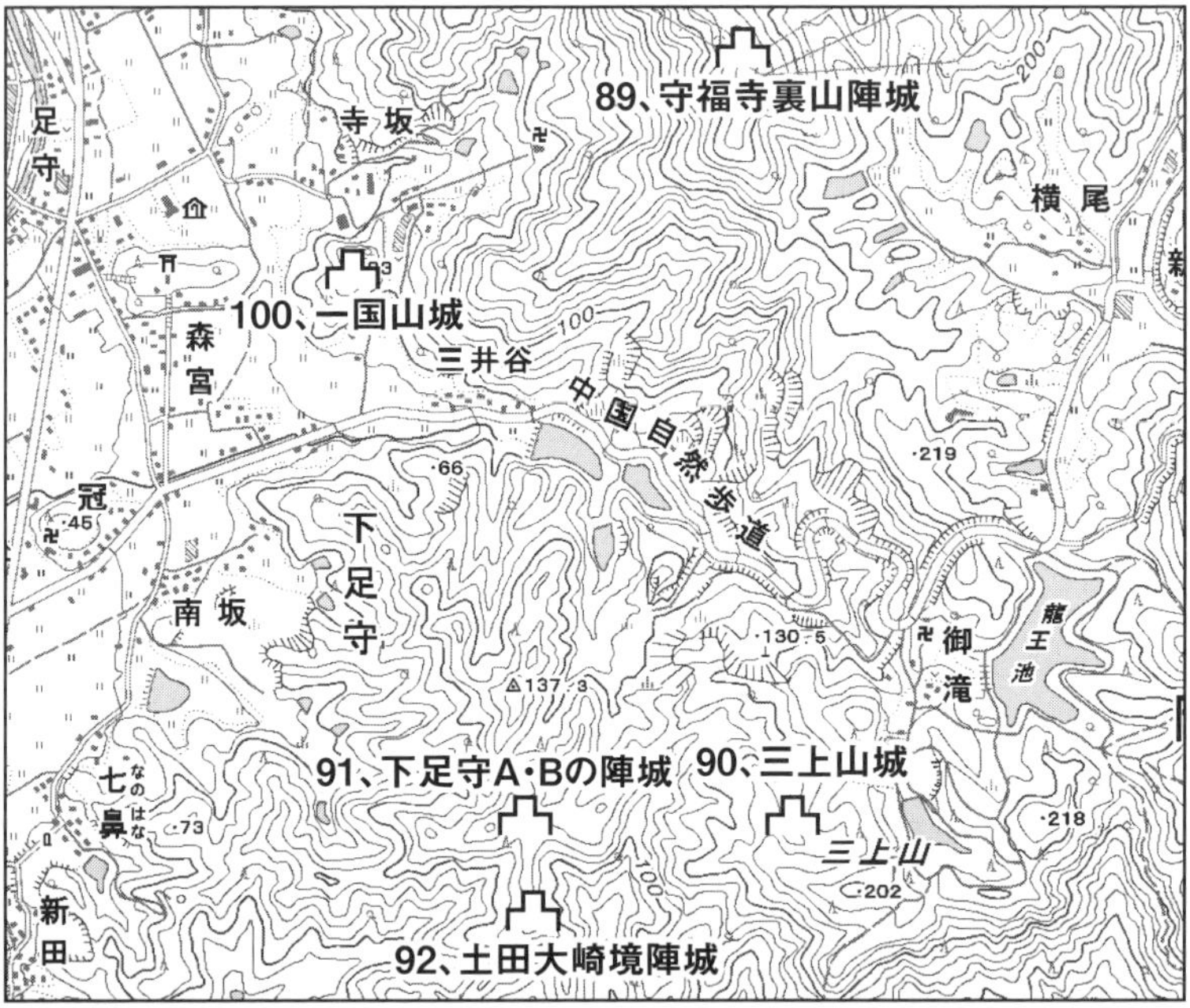

高松城攻めの初期の陣城か

89　守福寺裏山陣城《しゅふくじうらやまじんじろ》

所在地：岡山県岡山市下足守・横尾／城主：―
遺構：曲輪・土塁・虎口・空堀
規模：五〇×二〇m／標高・比高：二八〇m・一〇〇m

【選地】冠山城の北東一・五kmほどの、守福寺《しゅふくじ》跡の東背後にある標高二八〇mの尾根先に位置する。西の足守川流域や総社市の南西方面への展望が良好である。

【歴史】『桂岌円覚書』天正十年四月七日に、秀吉が「しふくし山に上り、同日引き上げ」とある。[*1]

【遺構】曲輪Ⅰの規模は一辺が二〇mほどである。北側の尾根続きの塁線が直線だが、南の先端側は地形に応じた形をしており、塁線はハッキリしない。南は小規模の櫓台イがあり、桝形状の虎口aが南東に開口している。aの東下には曲輪Ⅱがある。

【評価】東側のaには土塁を設けているが、その他の遺構は粗雑な感じがする。

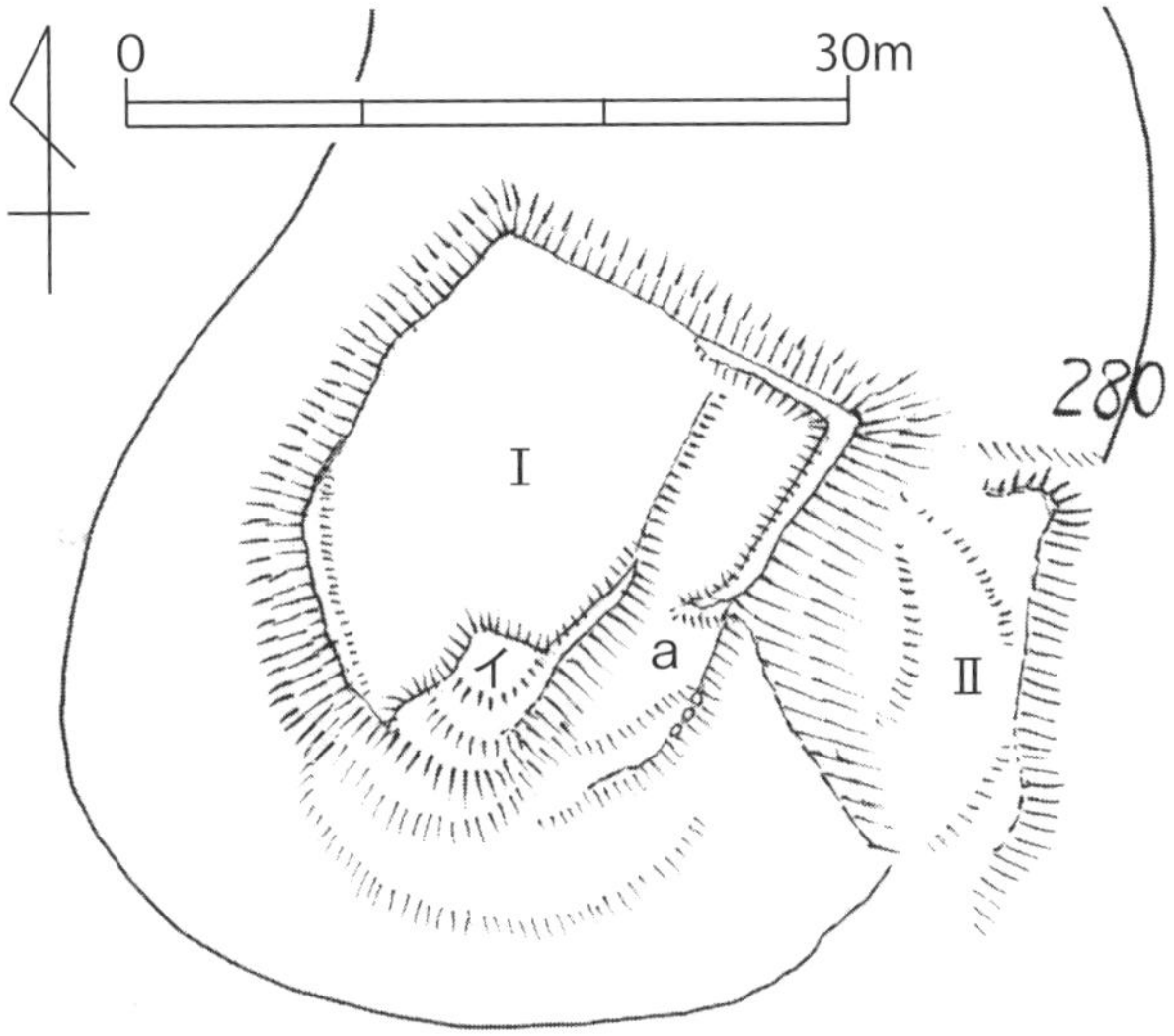

城跡遠景（中央の山）

低土塁

＊1　『織豊系城郭の陣城』鳥取研究集会資料集（織豊期城郭研究会、二〇一二年）。

高松城攻め初期の本陣か

90 三上《さんじょう》山《さん》城《じょう》

所在地：岡山県岡山市下足守／城主：―
遺構：曲輪・土塁・虎口・空堀
規模：四〇〇×五〇m／標高・比高：二〇二m・五〇m

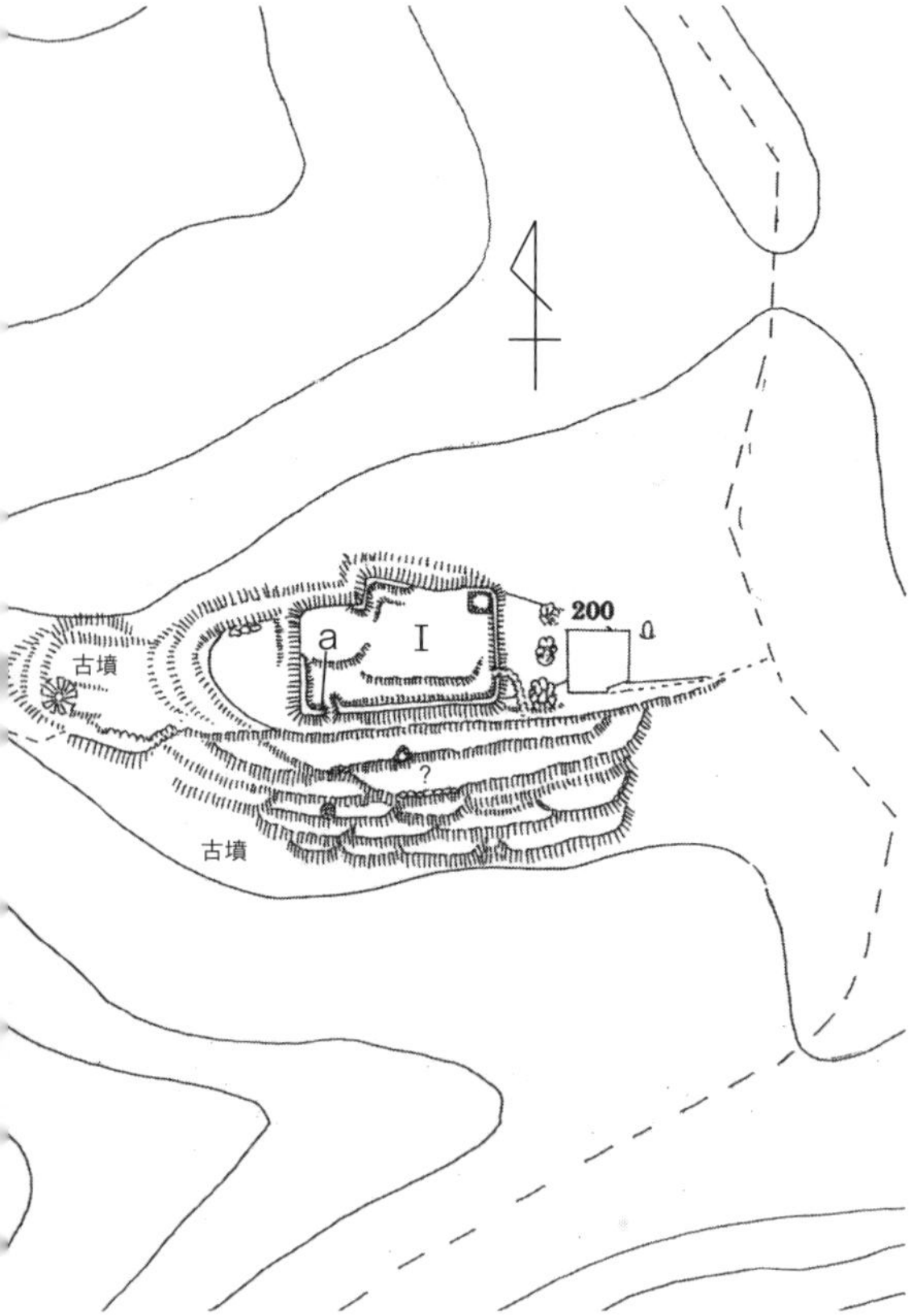

【選地】龍泉寺の南四〇〇mほどに三上山があり、山頂から西に延びる丘陵より四〇〇mほどにわたって城郭遺構がある。古墳の多い丘陵でもある。

【遺構】三上山の中心部に東西四〇×南北二五mほどの曲輪Ⅰがあり、部分的に土塁を設けている。虎口aは南西隅にあり、南斜面には帯状の曲輪群が造成されている。Ⅰから西に一〇〇mほどの位置に、二〇〇mにわたって折れや土塁を設けた切岸Ⅱがあり、この部分に南へ尾根を下る山道がある。

　さらに五〇mほど西には、南に低土塁を設けた曲輪Ⅲがあり、東西五〇×南北二〇mほどの自然地形が広がる。曲輪Ⅲの西側にも五〇mほどの平坦地があり、駐屯地として使用した可能性がある。

【評価】三上山の山

曲輪Ⅰの土塁

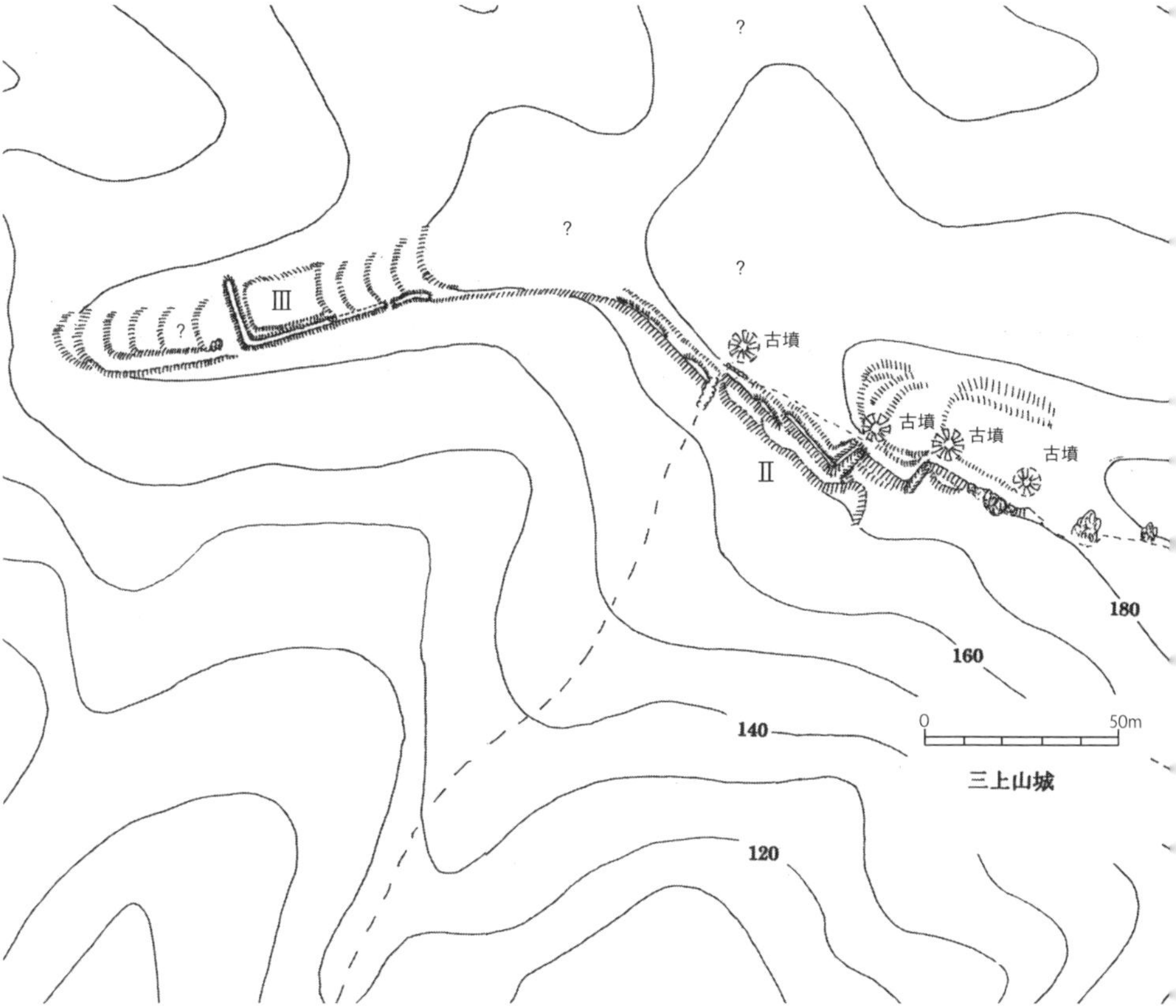

Ⅱの塹壕

頂を除いては城郭の遺構に曖昧な部分が多く、東西に延びる丘陵全体を城郭に使用した様相である。高松城攻め時の初期の遺構であろう。

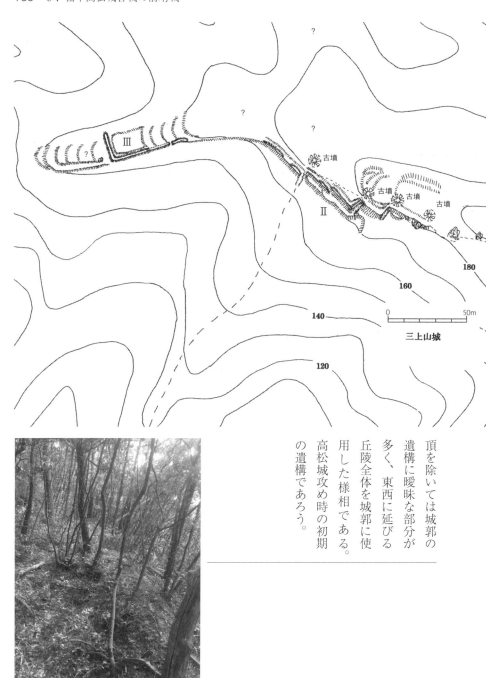

高松城攻めにおける最高の縄張りの陣城

91 下足守《しもあしもり》A・Bの陣城《じんじろ》

所在地：岡山県岡山市下足守
城主：—
遺構：曲輪・土塁・虎口・櫓台
規模：A・八〇×三五m、B・七〇×二〇m
標高・比高：一四〇m・一二〇m

【選地】三上山から西に八〇〇mほどの標高一四〇mに位置するが、三上山からは谷を隔てているため、一度北へ方向を変えないと行くことができない。総社市の南西方向に展望が良好で、幸山城の方向も視界に入る。

【遺構】西の下足守A城Ⅰは、西に内桝形虎口aが開口し、北西に一五×八mの櫓台イがある。また、塁線の折れは南にあり、南東に虎口bが開口している。土塁は曲輪の全体を囲繞し、高さは平均一mほどである。aの西斜面に曲輪群Ⅱがあり、虎口前面をサポートしている。

北東の下足守B城Ⅲは南と東にL型の土塁があり、虎口cが南西に開口している。また、南東九〇mの尾根上ロにも削平地らしき遺構があるため、全体的な調査を要する。

【評価】高松城攻めの陣城の縄張りを調べると、初期

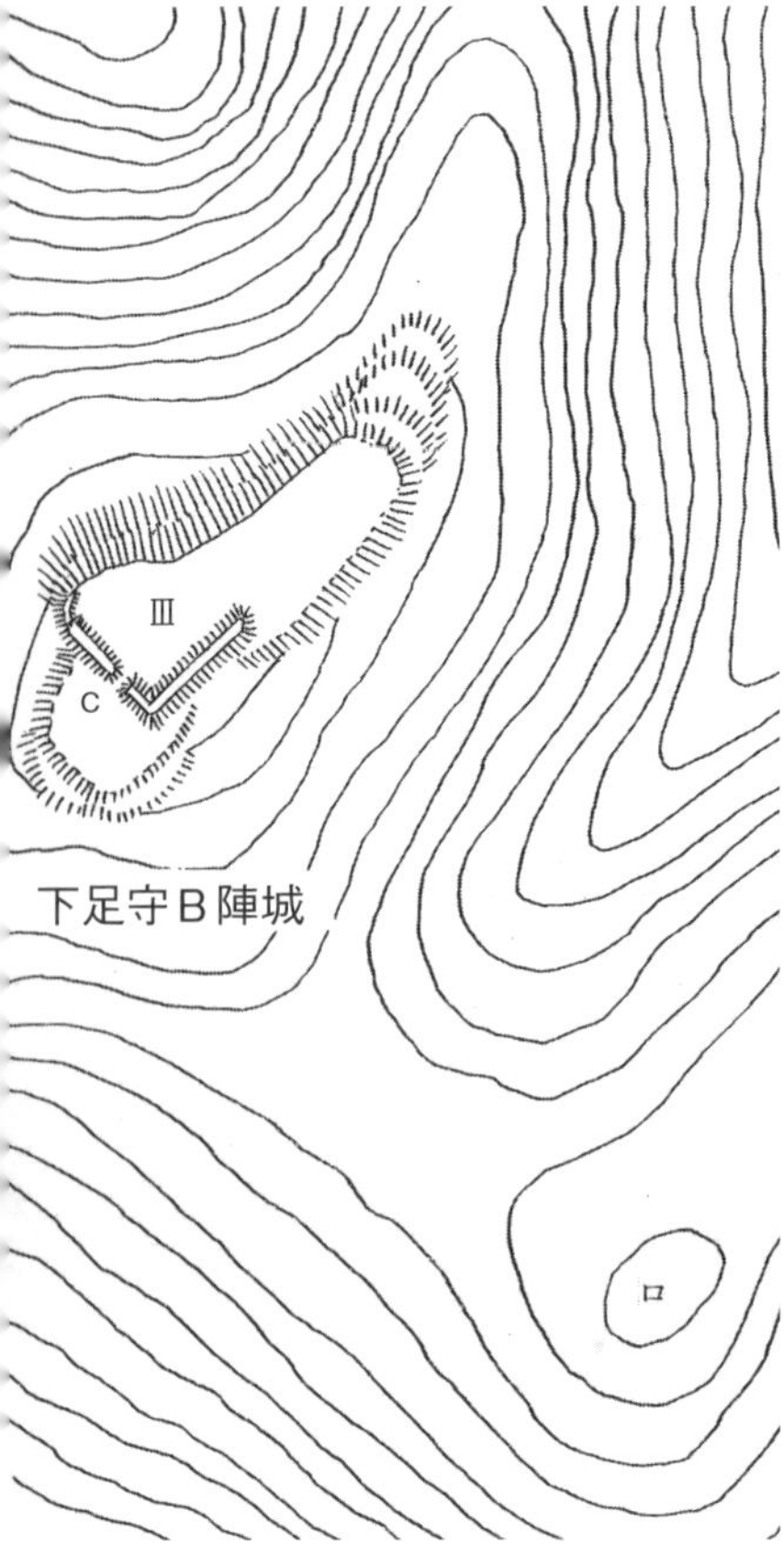

下足守B陣城

A陣城　虎口外側より

A陣城　土塁

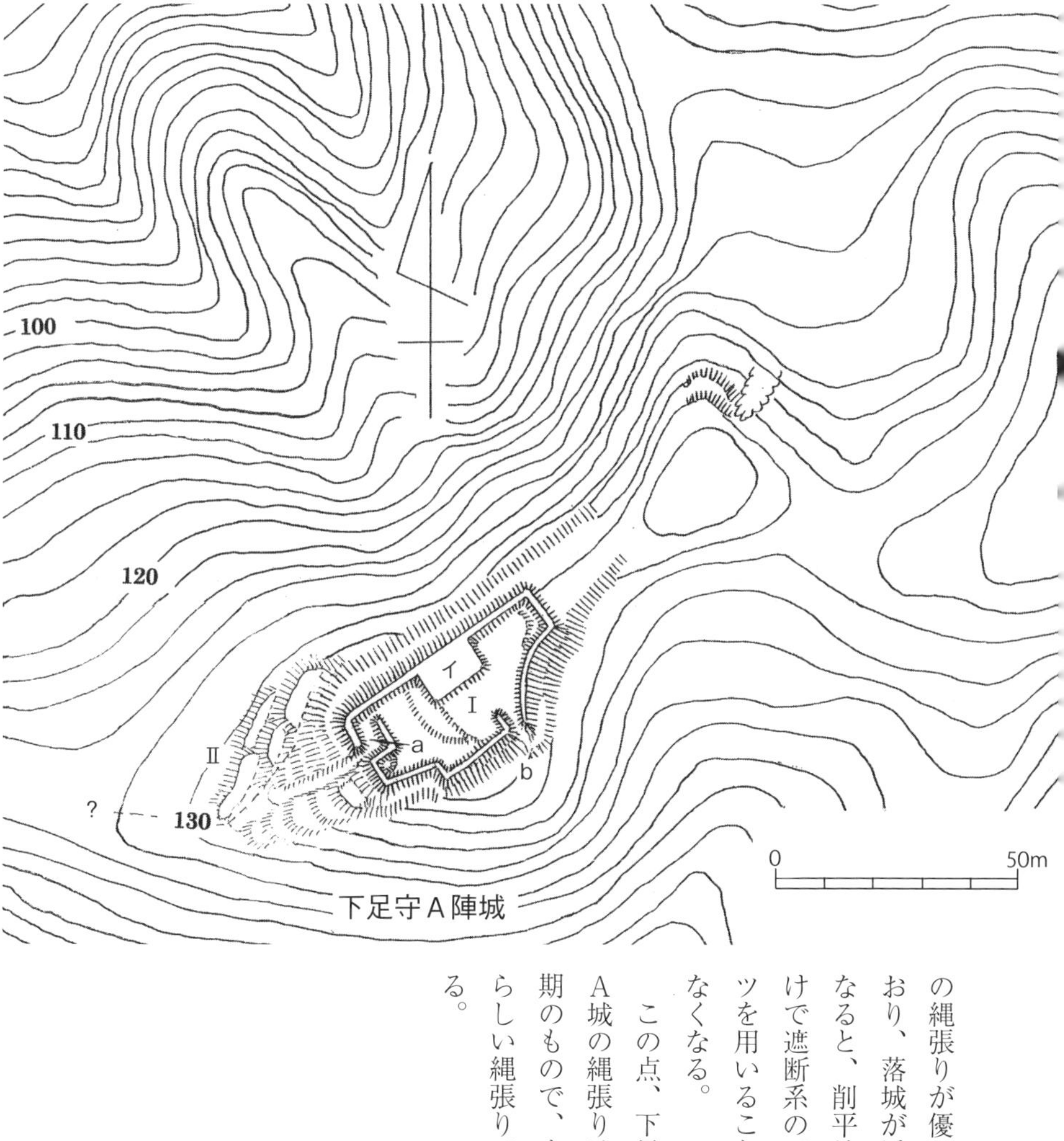

下足守A陣城

の縄張りが優れており、落城が近くなると、削平地だけで遮断系のパーツを用いることがなくなる。

この点、下足守A城の縄張りは初期のもので、すばらしい縄張りである。

B陣城　土塁曲輪内より

塹壕の役割をもった陣城か

92 土田《つちだ》大崎《おおざき》境《さかい》陣城《じんじろ》

所在地：岡山県岡山市下足守土田・大崎／城主：―
遺構：曲輪・土塁・櫓台ヵ／規模：四五×三〇m
標高・比高：一二〇m・一〇〇m

【選地】下足守A城の南二〇〇mの尾根先端にあり、南の高松城を中心とした、西方向への展望も良好である。

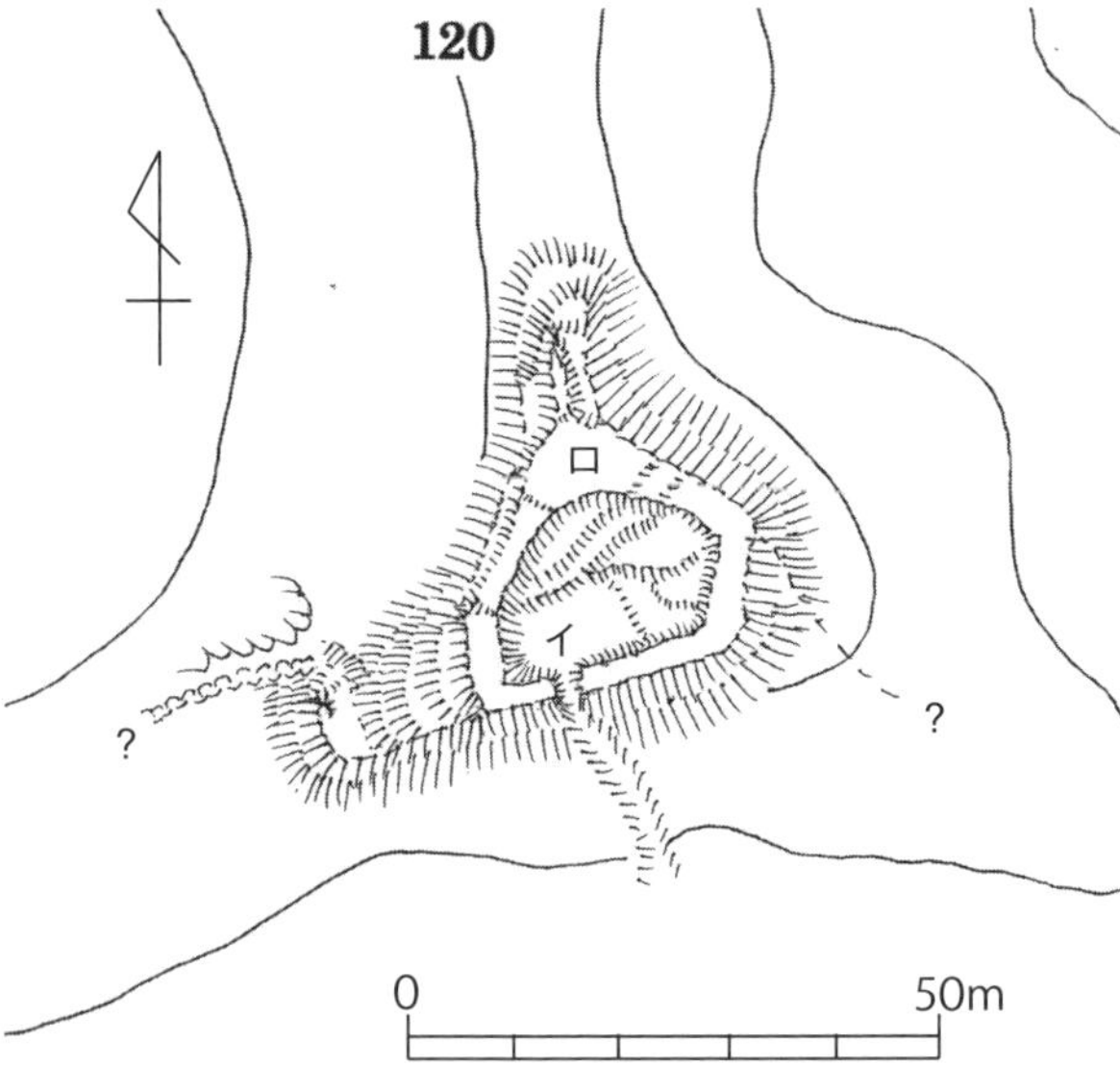

【歴史】高松城攻めの前哨戦となる冠山城、宮路山城の合戦時に構築されたと考える。

【遺構】尾根先端部の南側を掘り込んで曲輪造成をしており、南の土塁の切目イは虎口ではなく、曲輪内部に溜った水の排水口ではなかろうか。土塁が分厚いため、土塁上を通路として使用していた可能性がある。また、土塁の口の部分が広いため、櫓を立てた櫓台ではなかろうか。

曲輪全体の使用方法は、尾根を上ってくる敵に対する塹壕と、南と西方面への見張所の役割があると考える。

【評価】掘り込み式の陣城と考えられる縄張りで、築城方式としては珍しい。下足守A、B城の見張所の役割があると考える。

土塁

宇喜多氏の縄張りの特徴をもつ陣城

93 辛《から》川《かわ》城《じょう》

所在地：岡山県岡山市北区西辛川／城主：—
遺構：曲輪・土塁　虎口　堀切　土壇
規模：一一五×七五m／標高・比高：三三二m・二四〇m

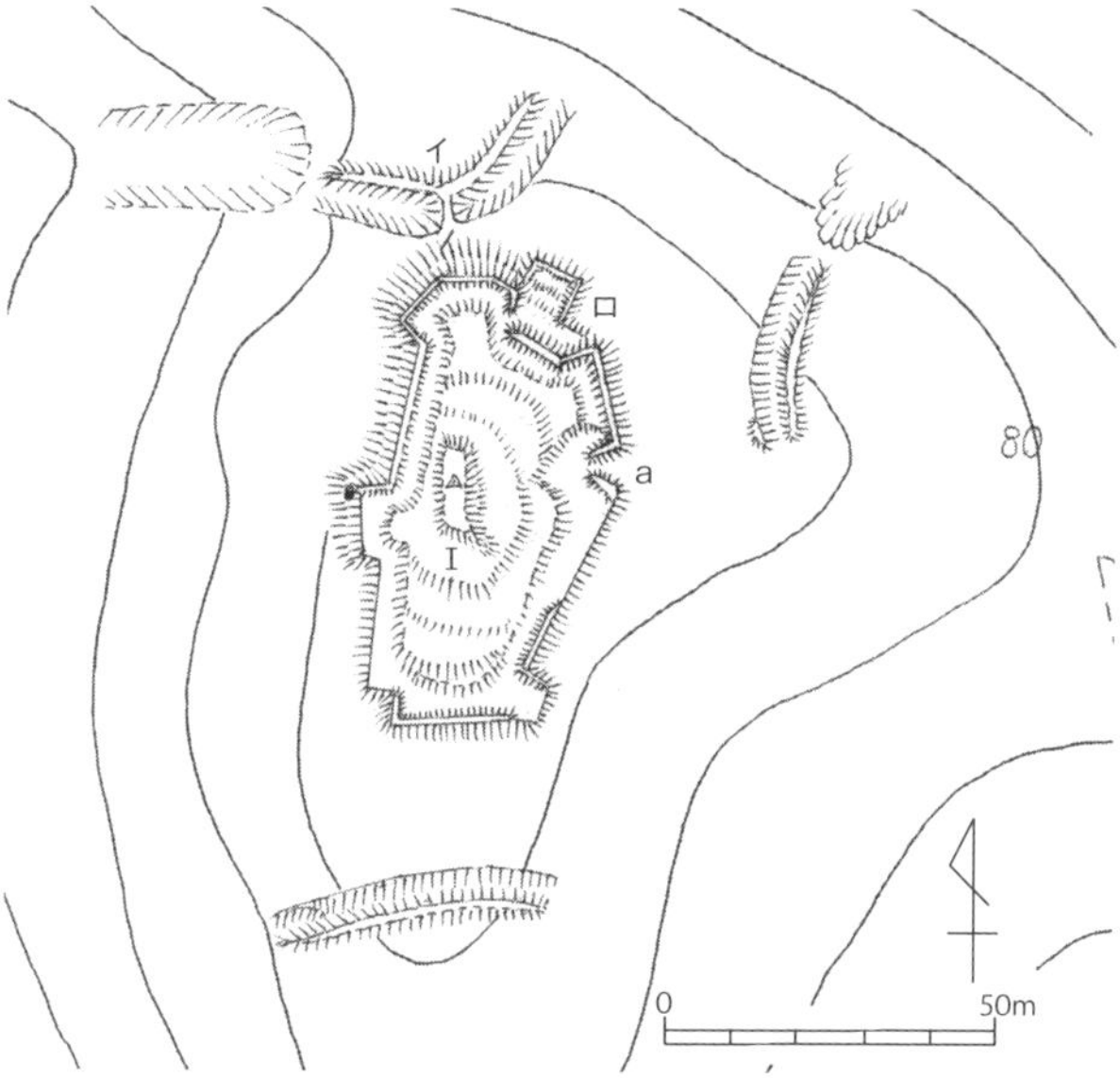

【選地】北から延びた丘陵先端の標高九八mに位置し、南麓には山陽道が通る交通の要衝である。城の南西には名越山があり、南は吉備中山の丘陵に挟まれた関門となっている。

【歴史】天正八年三月十三日に毛利勢が備中と備前の境目に進攻し、宇喜多氏はこれを撃退して敗走させた。これを辛川合戦や「毛利の辛川崩れ」という。＊1 また、天正十年四月には秀吉の家臣高田秀政《たかだひでまさ》が入城したという。＊2

【遺構】規模は南北七五×東西四〇mほどで、塁線には折れや張り出しが多く、横矢掛け構造となっている。北側の丘陵続きには、堀切イによる遮断とともに、堀切に対して南東からの張り出しロから横矢掛けが可能となっている。虎口aが東に開口し、斜面の二三m下には片堀切がある。曲輪Iの内部は自然地形が大半である。

【評価】塁線の折れと張り出しから見て、宇喜多氏の縄張りの特徴があり、天正八年時の縄張りが残っていると考える。

＊1　高橋成計「備前宇喜多氏の陣城縄張りの変遷—陣城縄張りの考察—」（『中世城郭研究』第二六号、中世城郭研究会、二〇一四年）。

＊2　『織豊系城郭の陣城』鳥取研究集会資料集（織豊期城郭研究会、二〇一二年）。

堀切

経山城に対する陣城

94 小《こ》陣《じん》屋《や》砦《とりで》

所在地：岡山県総社市奥坂／城主：—
遺構：曲輪・土塁・虎口
規模：七五×三五m／標高・比高：一一三m・八〇m

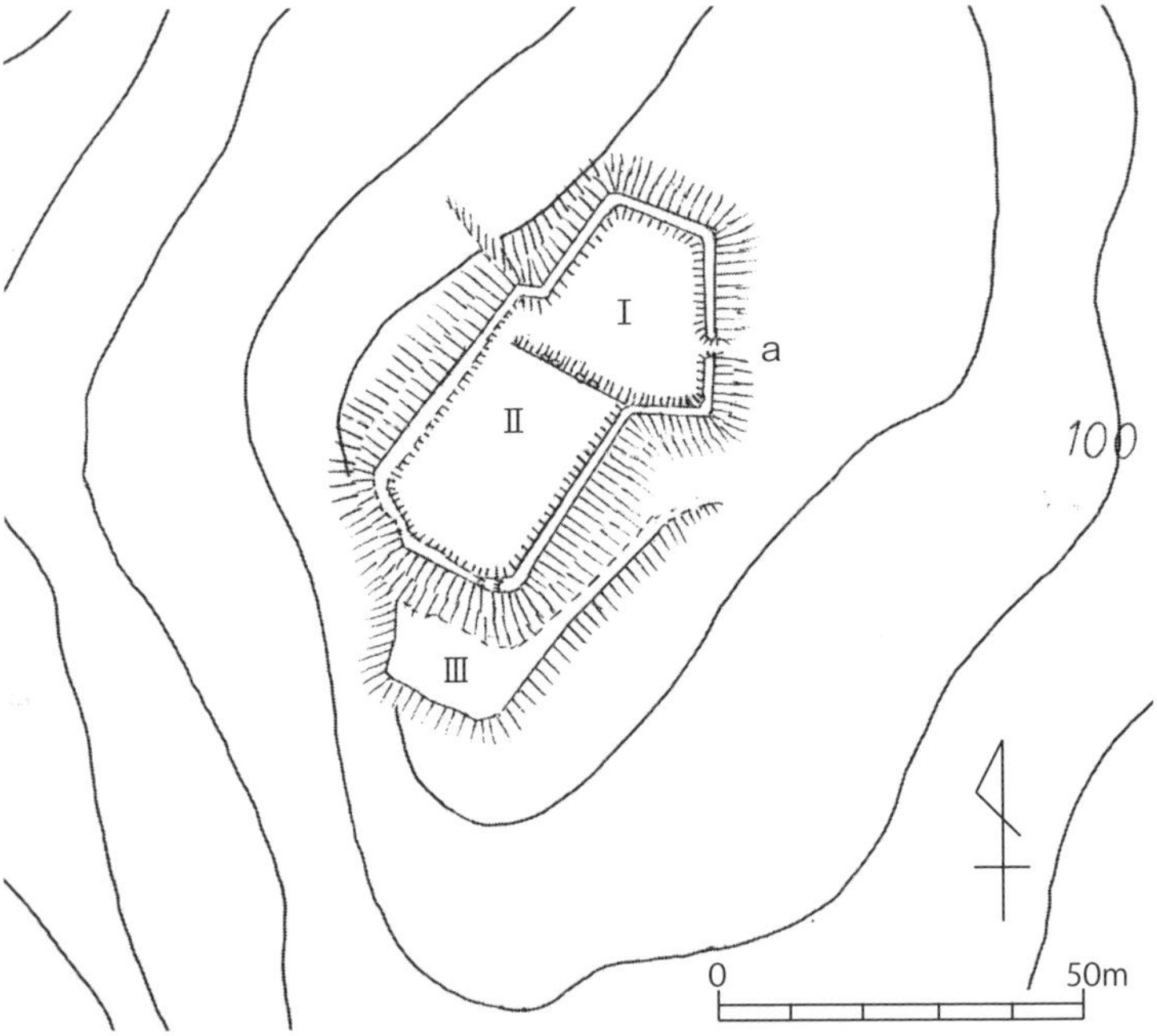

【選地】鬼ノ城ゴルフ場の西を流れる血吸《ちすい》川上流の左岸に位置し、鬼ノ城と高丸山の中間を通る街道を見通すことができる場所にある。

【遺構】曲輪の規模は南北六〇×東西三五mほどで、内部で北と南の二曲輪に分かれ、北の曲輪Ⅰが一段低くなり、東側に虎口aが開口している。土塁は全周を囲んでいるが、曲輪Ⅱの西側の一部が低土塁となっている。また、南には曲輪Ⅲがあり、南方面への防御が中心となっている。

【評価】北東の宮路山城へは一・七㎞ほどであるが、中間に高い山があり、見通しが悪いため、西の経山城から繋がる街道へ備えるために築かれたのであろう。

城跡全景

切岸の石積み

南西方面の毛利方対する陣城か

95 牛《うし》神《かみ》城《じょう》

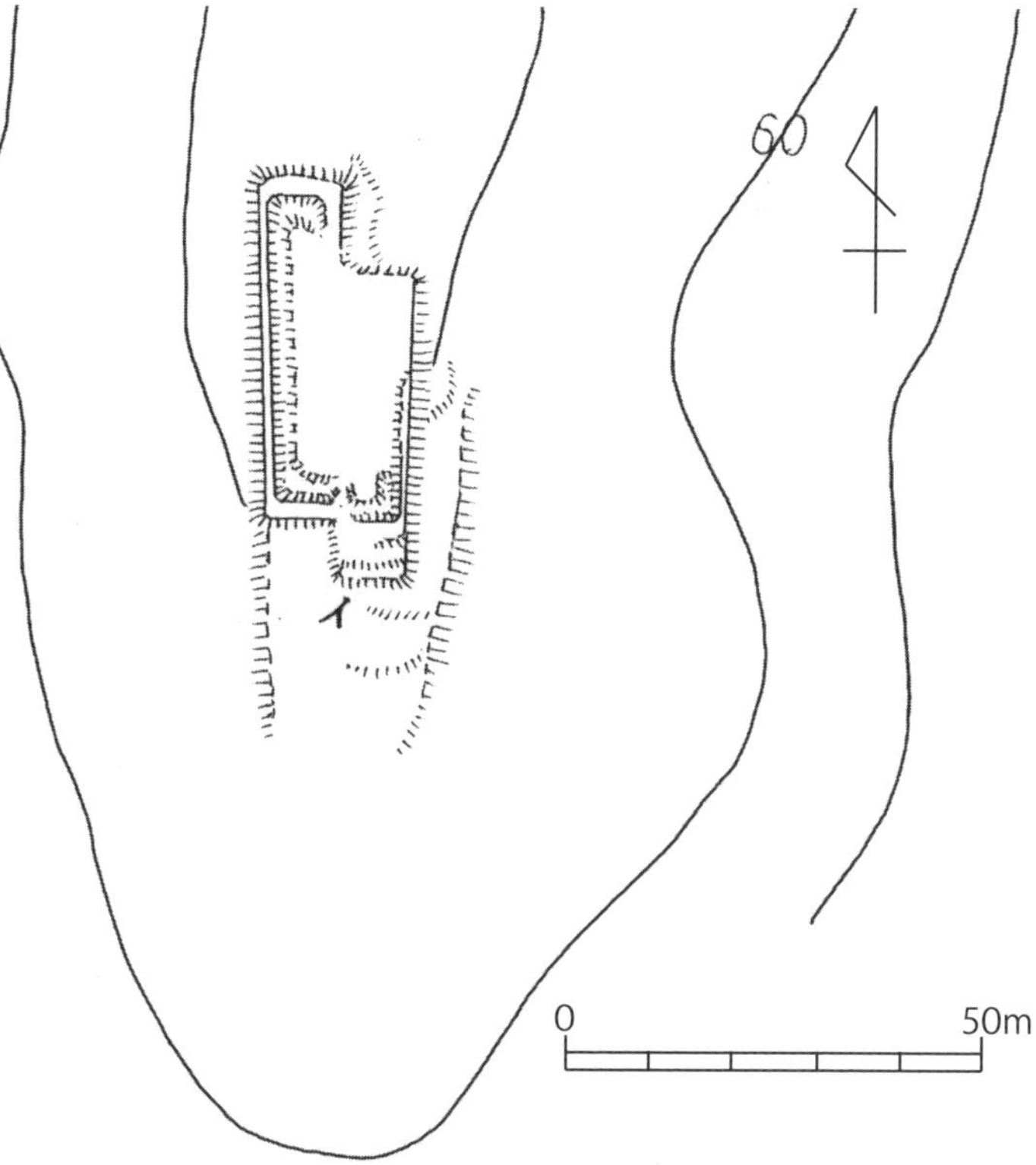

所在地：岡山県総社市東阿曾／城主：―
遺構：曲輪・土塁・櫓台ヵ
規模：五〇×二〇m／標高・比高：七〇m・五〇m

【選地】東の足守川と西の血吸川に挟まれた、標高七〇mの丘陵先端に所在する。南五五〇mに鳥《とり》越山《ごえやま》城（総社市）がある。

【歴史】羽柴秀吉が幸山城を攻撃したときの城である。*1

【遺構】土塁が西と南東部分にあり、曲輪内部の土を掘って積み上げたものである。

南には八mほどの突出した櫓台状イの高まりがある。

【評価】南西方面の毛利方に備えた陣城である。

＊1　松岡進『中世城郭の縄張と空間』（吉川弘文館、二〇一五年）

土塁

南西方面の毛利方対する陣城か

96 名越《なごし》2号砦《ごうとりで》

所在地：岡山県総社市東阿曾／城主：—
遺構：曲輪・土塁
規模：二四×二四m／標高・比高：九〇m・六〇m

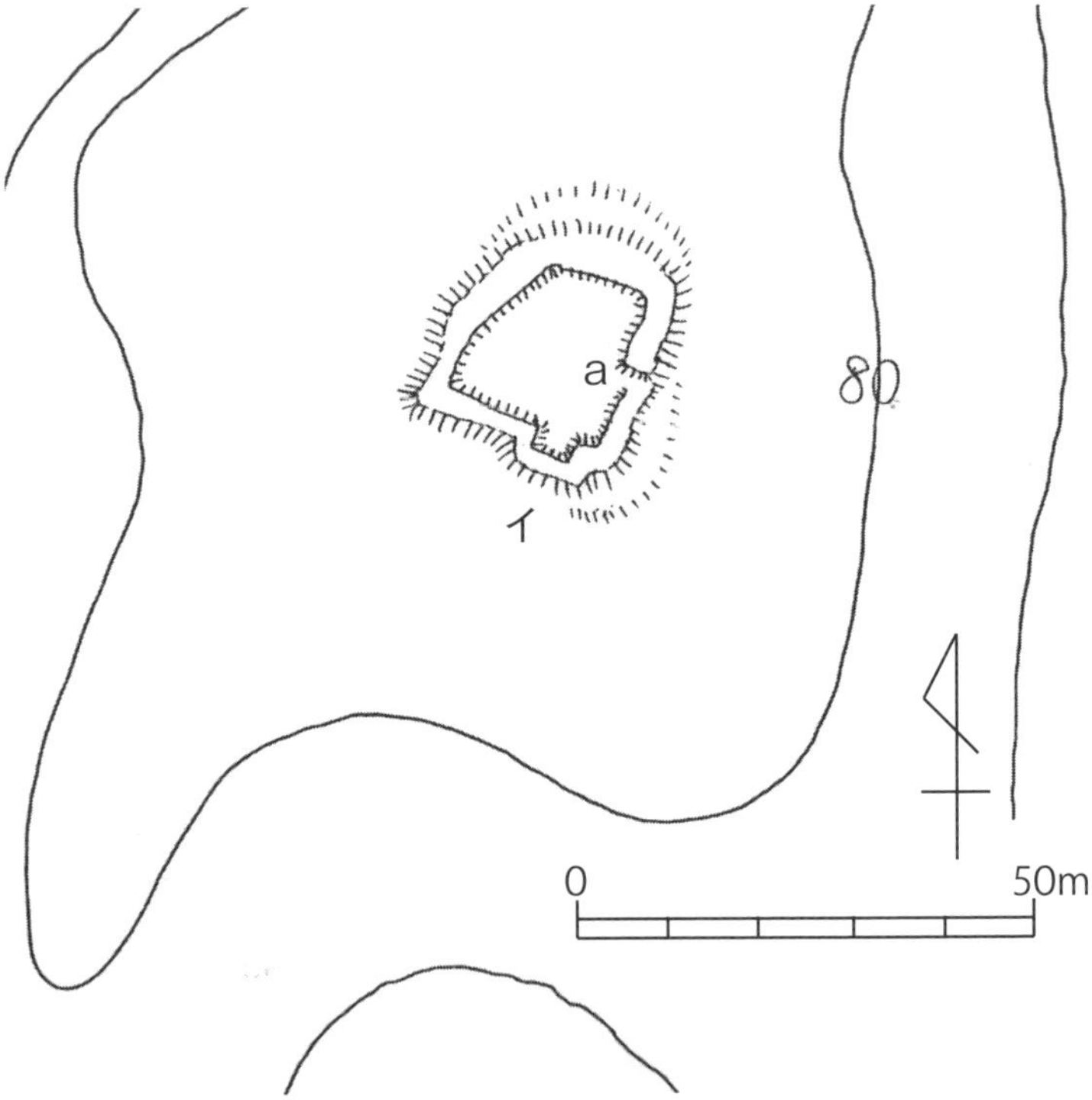

【選地】牛神城の北西三〇〇mほどに位置する。南の丘陵上にある名越峠へも四〇〇mほどの距離にあり、名越から牛神に至る街道が通過する。

【遺構】鬼ノ城ゴルフ場の建設により西の谷部分が埋められ、破壊寸前の砦である。規模は二四mほどの変形した正方形に近い遺構で、南に小さな張り出しイがある。周囲は低土塁が囲繞し、虎口aは東に開口していると思われるが、ハッキリしない。

【評価】低土塁で囲んだ陣地であるが、メリハリのない縄張りである。

土塁

南西方面の毛利氏に対する前線の陣城

97 尾崎城《おざきじょう》

所在地：岡山県総社市尾崎／城主：—
遺構：曲輪・土塁・虎口
規模：六五×三五m／標高・比高：七〇m・六〇m

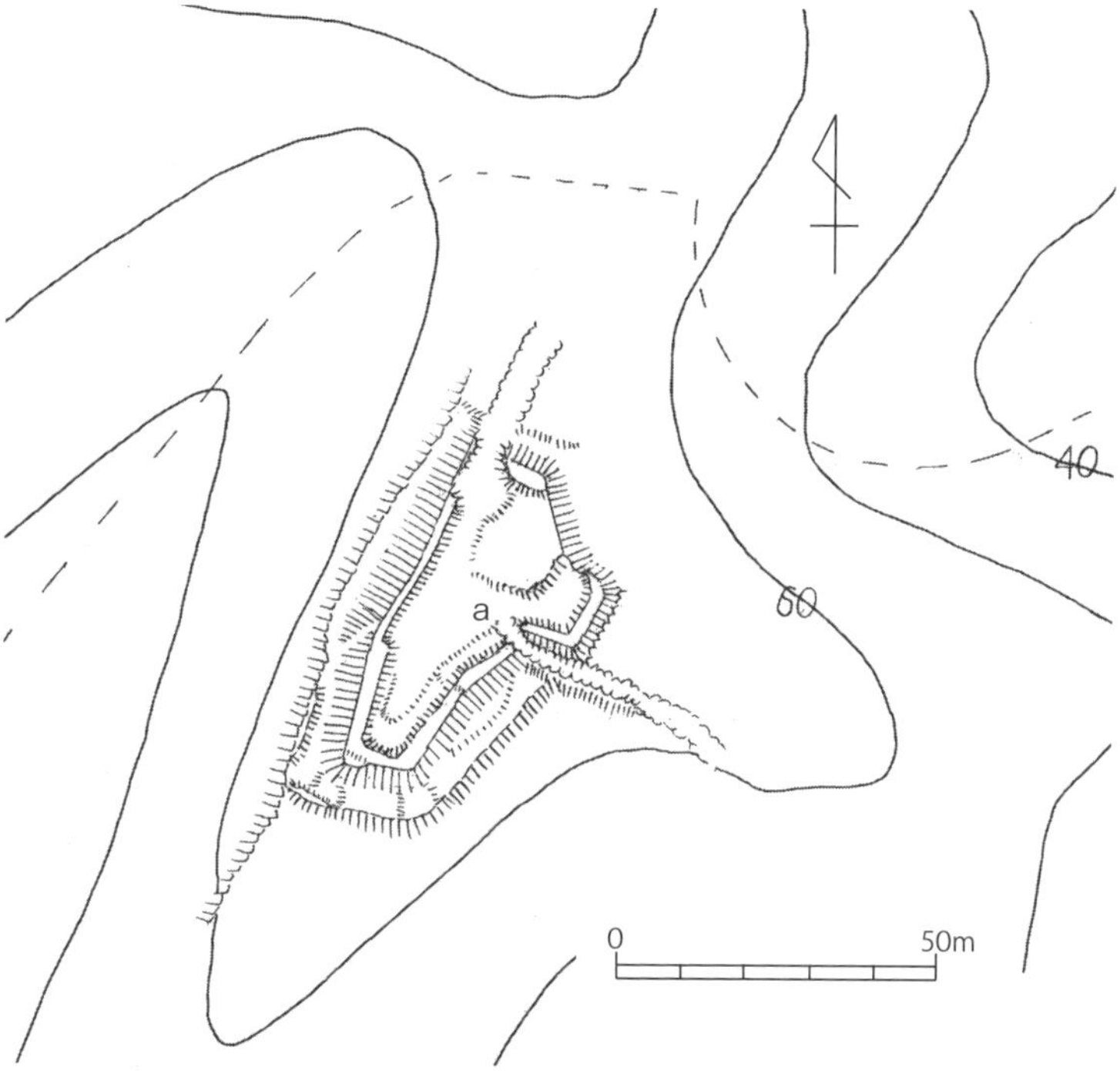

【選地】名越峠の南二〇〇mほどの標高七〇mに位置し、血吸川流域への備えが考えられる。

【歴史】羽柴秀吉が幸山城を攻撃したときの城である。[*1]

【遺構】北側の土塁の一部が、山道により破壊されている。北東の一部に土塁がなく、その他は土塁が築かれており、南から東が高くなっている。虎口aは東に開口し、現在、道によって広くなっている。aの北側が張り出しになり、横矢掛けが可能になっている。

【評価】遺構は北側の土塁の一部が破壊されているが、縄張りの把握には関係がない。

＊1　松岡進『中世城郭の縄張と空間』（吉川弘文館、二〇一五年）

98 千引砦《ちびきとりで》

北東の宮路山城に対する付城か

所在地：岡山県総社市奥坂／城主：—
遺構：曲輪・土塁・虎口／規模：二〇×二〇m
標高・比高：一六〇m・一三〇m

【選地】鬼城山の東一・五kmほどの鬼ノ城ゴルフ場内にあったが、ゴルフ場の開発で破壊されてしまった。発掘報告書から場所を推定すると、北の六道《ろくどう》峠から南西方向にあった。

【遺構】報告書によると、曲輪は南北二〇×東西二〇mほどの地形に合わせた不整形なもので、周囲には土塁が囲繞し、虎口はない。曲輪の半分ほどの土塁上には一七ヵ所の柱穴があり、土塁上に柵を設けていたことが判明した。曲輪内部には二間×二間の建物跡と、一間×一間の建物跡が二棟あり、櫓跡の可能性もある。[*1]

【評価】土塁上の柵の建設から推察すると、北東の宮路山城に対する付城の可能性がある。

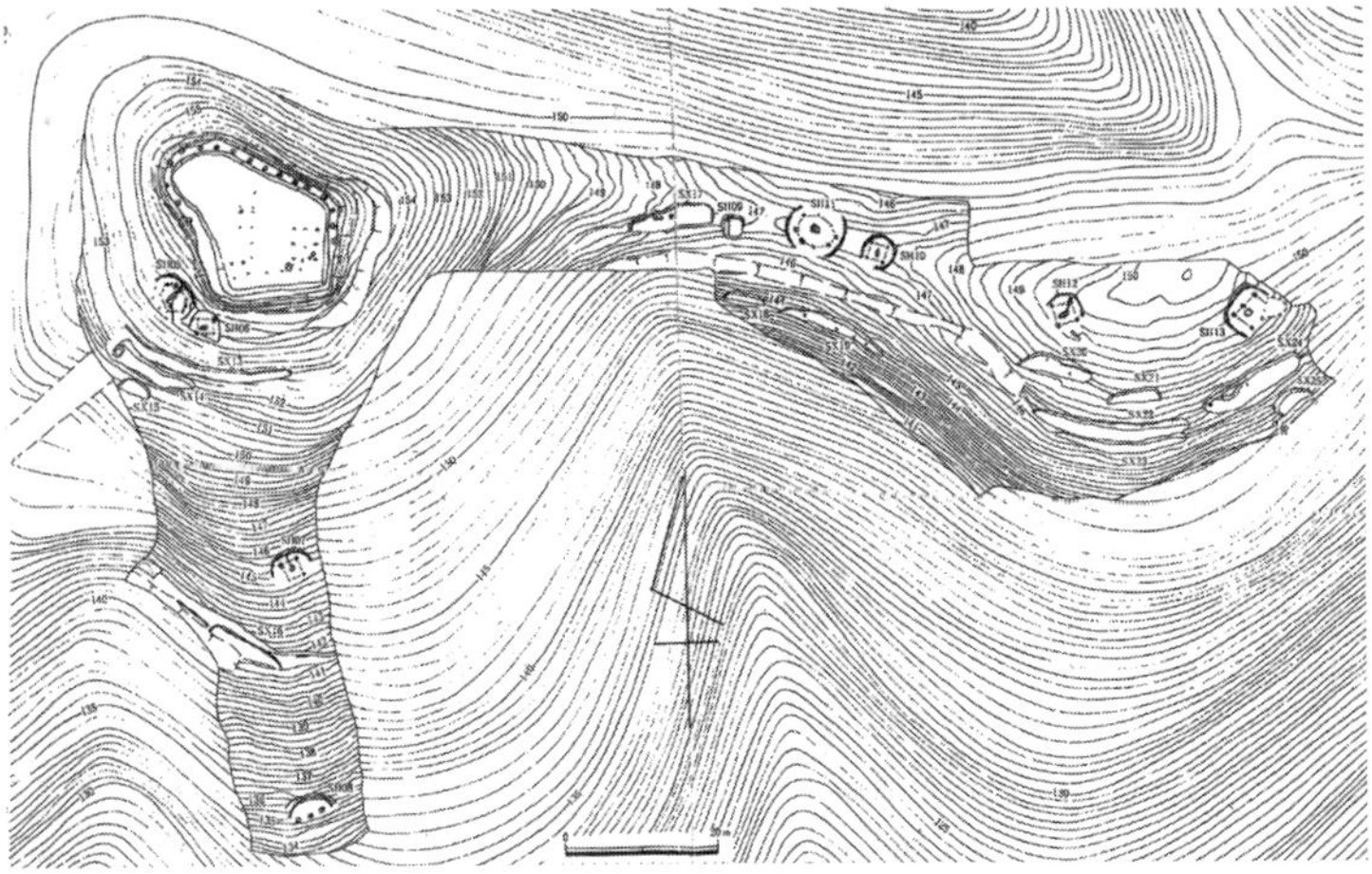

C区遺構配置図　奥坂遺跡群発掘報告書より転載

＊1 『奥坂遺跡群 鬼ノ城ゴルフ倶楽部造成に伴う発掘調査』（総社市教育委員会、一九九九年）。

西方面の毛利氏に対する陣城

99 名《な》越《ごし》砦《とりで》

所在地：岡山県総社市名越／城主：—
遺構：曲輪・土塁／規模：二七×一五m
標高・比高：一一四m・八〇m

【選地】鬼ノ城ゴルフ場の南部にある名越集落の北に位置する血吸川を眼下に望み、総社平野西部への展望が良好である。

【遺構】二つの曲輪で構成されており、北の曲輪Ⅰは南北一六×東西一六mの規模で、不整形な方形を呈する。

南には八×八mの曲輪Ⅱがあり、ⅠとⅡを繋ぐ通路中間の土塁に切目がある。二曲輪とも高さ〇・二m～〇・七mほどの土塁が囲繞し、虎口の開口は見られない。曲輪内部から砦に関する出土物が見つかったかは不明である。[*1]

【評価】北西にある小陣屋砦と同じく、西方の経山城に対する陣城と考える。

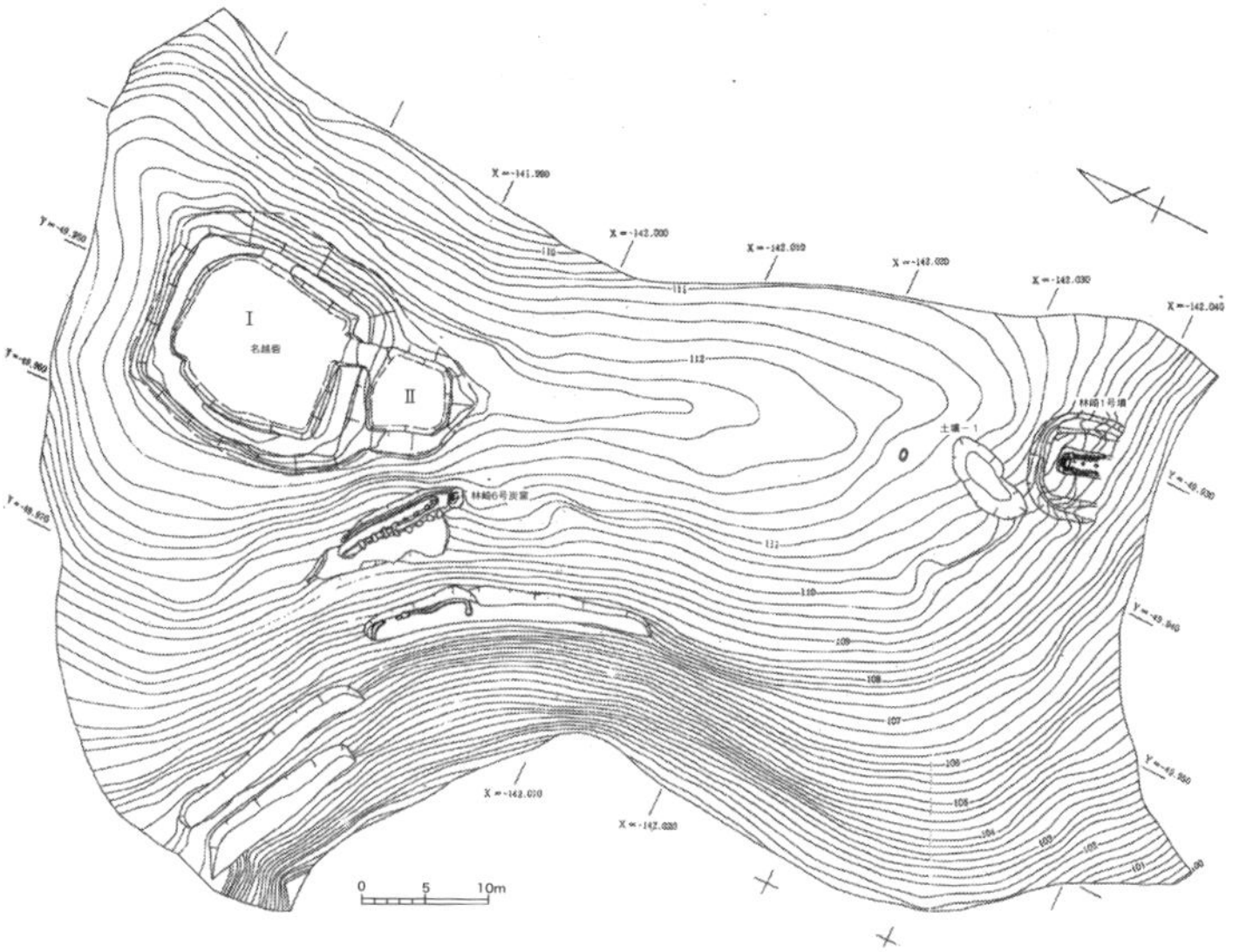
遺構全体図　奥坂遺跡群発掘報告書より転載・加筆

＊1『奥坂遺跡群　鬼ノ城ゴルフ倶楽部造成に伴う発掘調査』（総社市教育委員会、一九九九年）。

秀吉が兵揃をした冠山城に対する陣城

100 一国山城《いっこくさんじょう》

所在地：岡山県岡山市下足守／城主：—
遺構：曲輪・土塁・櫓台／規模：七〇×四〇m
標高・比高：八三m・五〇m

【選地】下足守の平野部から東に入った三井谷北側の、独立丘陵の標高八五mの山頂から南に分布する。

【歴史】羽柴秀吉が冠山城を攻めた際に兵揃をしたと、『中国兵乱記』にある。[*1]

【遺構】山頂の曲輪Ⅰの規模は東西三八×南北三〇mほどで、南に五×三m規模の櫓台状イの高まりがある。第二次世界大戦時に畑として開墾されているが、土塁は北側と北東部に残っている。南西に七mほど下ると東西一八×南北八mほどの曲輪Ⅱがあり、一三m下ると東西二〇×南北七mほどの曲輪Ⅲがある。斜面下にも曖昧な削平段が続くと記録されている。[*2] また、Ⅰの東には南北一六×東西五mほどの曲輪Ⅳがあり、北東部の尾根に繋がる。

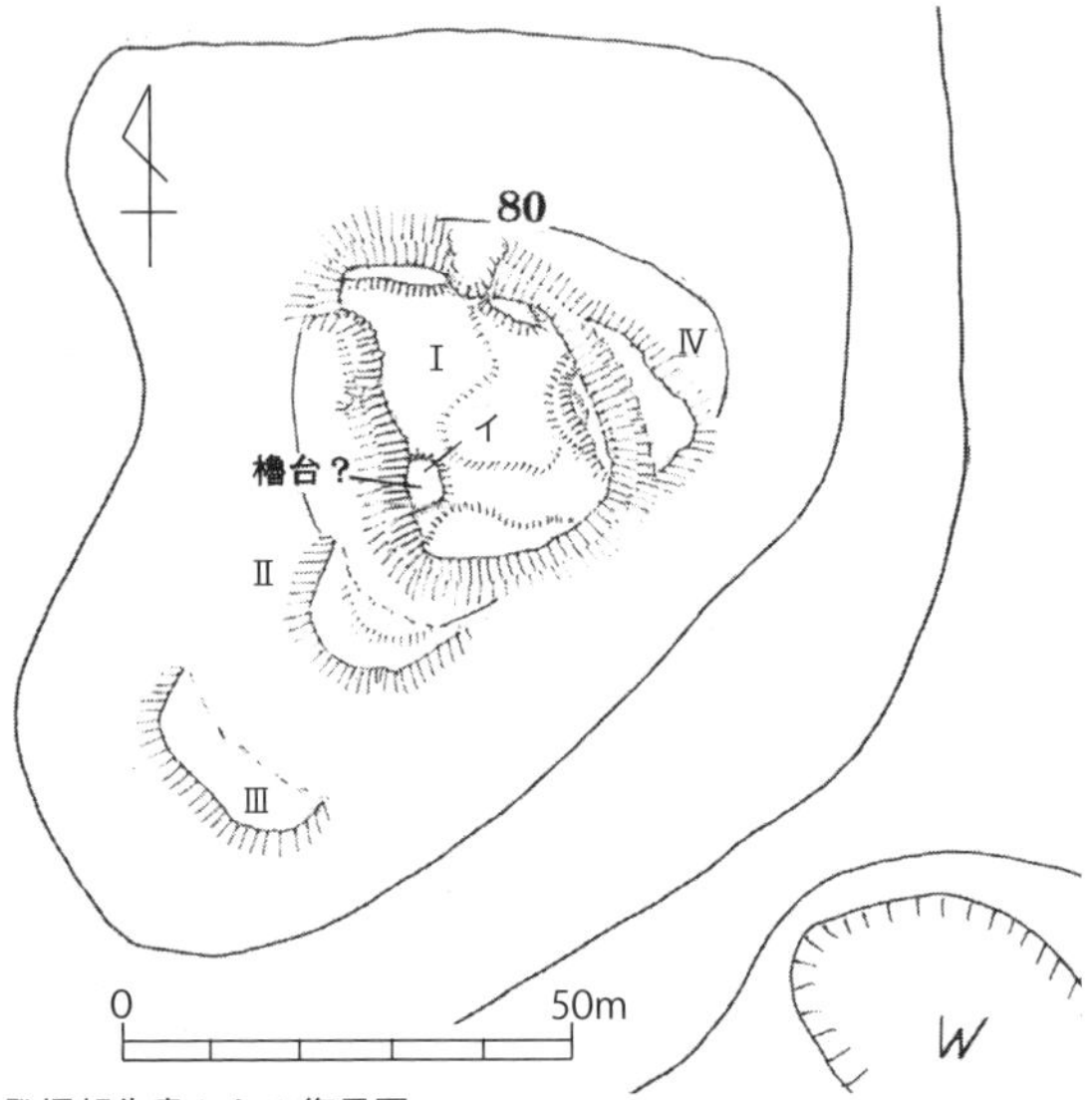

発掘報告書からの復元図

【評価】土取りのために発掘調査が実施されたが、中止となったために破壊を免れた。毛利方の冠山城攻撃の付城として構築されたもので、山容だけでも残ってほしいものだ。

＊1　河田健司『一国山城跡・一国山古墳群』（岡山市埋蔵文化財センター年報　五、岡山県教育委員会、二〇〇四年）。
＊2　前掲＊1

【第三部】

秀吉の天下統一戦と陣城

10、賤ヶ岳合戦　天正十一年（一五八三）三〜四月

天正十年六月二日に本能寺の変が起こると、羽柴秀吉は毛利氏と和睦して急遽、畿内を目指して進軍した。六月十三日には山崎合戦で明智光秀を破ると、信長の後継者争いに参加し、六月二十七日の清洲会議で、信長の嫡孫三法師《さんぼうし》を織田家の家督に推挙し、秀吉が中心となって畿内での政治の主導権を握った。これにより、織田信孝《のぶたか》を推挙した柴田勝家《しばたかついえ》側と対立を深めていく。

天正十年十二月、秀吉は近江長浜城の柴田勝豊《かつとよ》を攻略し、岐阜城（岐阜市）の織田信孝を攻めて降伏させ、三法師を安土城（滋賀県近江八幡市）に入れた。その後、秀吉を中心とした丹羽長秀《にわながひで》、池田恒興《いけだつねおき》は三法師に替えて、織田信《のぶ》勝《かつ》を信長の後継者として奉じることにした。

賤ヶ岳での対陣は、天正十一年三月十二日頃から始まり[1]、両軍が陣城を構築して南北に分かれて対峙した。四月十六日、秀吉は岐阜城の信孝を攻撃するため、急遽、美濃大垣城（岐阜県大垣市）に入る。

四月二十日、対峙していた柴田軍の重臣佐久間盛政《さくまもりまさ》が秀吉方の大岩山砦を攻撃し、中川清秀《なかがわきよひで》を討ち取った。報せを受けた秀吉は夜中に行軍して木之本《きのもと》に帰り、四月二十一日の合戦に勝利し、柴田軍は二十三日に北庄《きたのしょう》城（福井市）に逃げ帰り、勝家は二十四日に自刃した。

＊1　『賤ヶ岳合戦城郭群報告書』平成十六年度旧余呉町教育委員会　賤ヶ岳合戦城郭群調査（長浜市教育委員会、二〇一三年）。

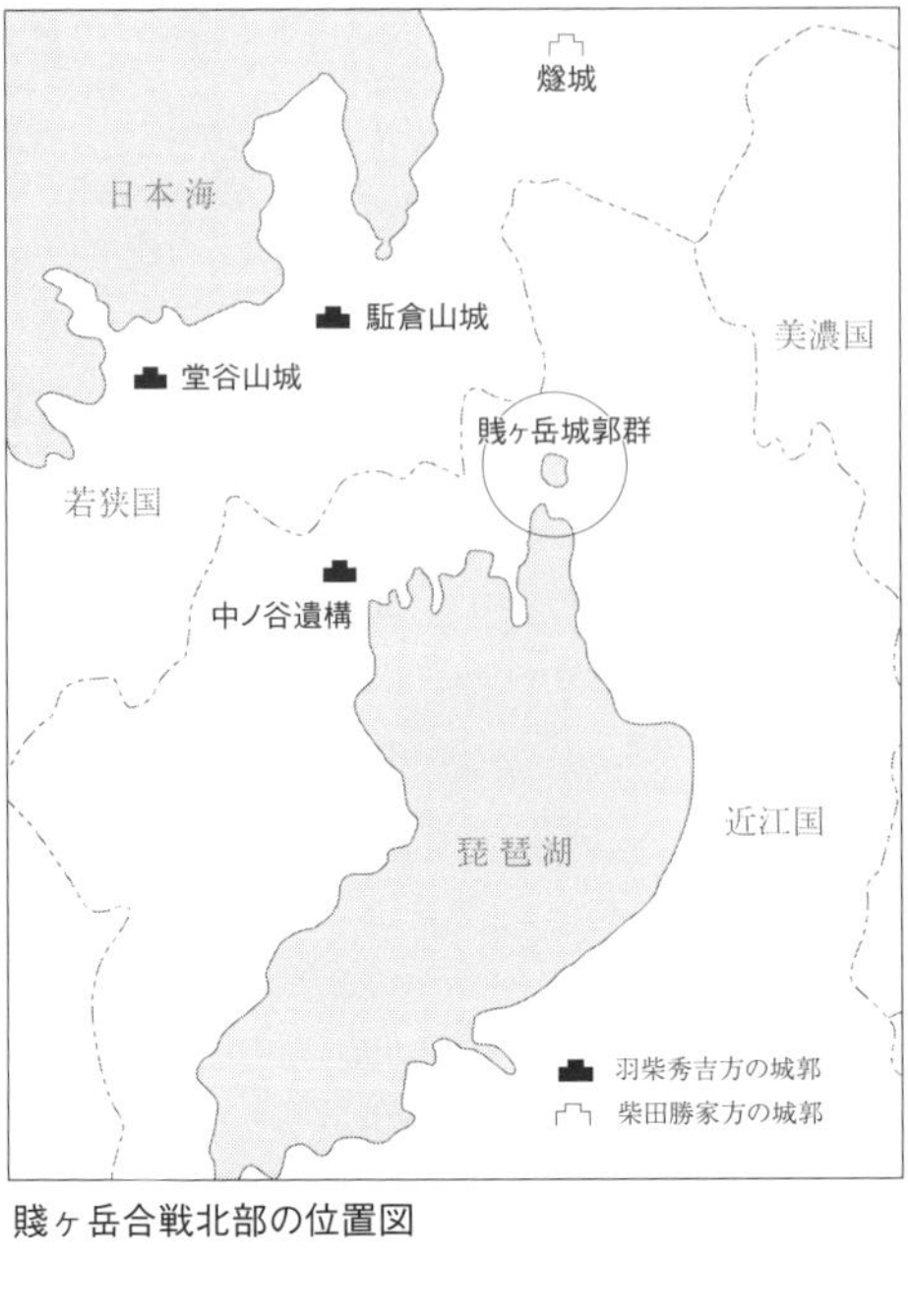

賤ヶ岳合戦北部の位置図

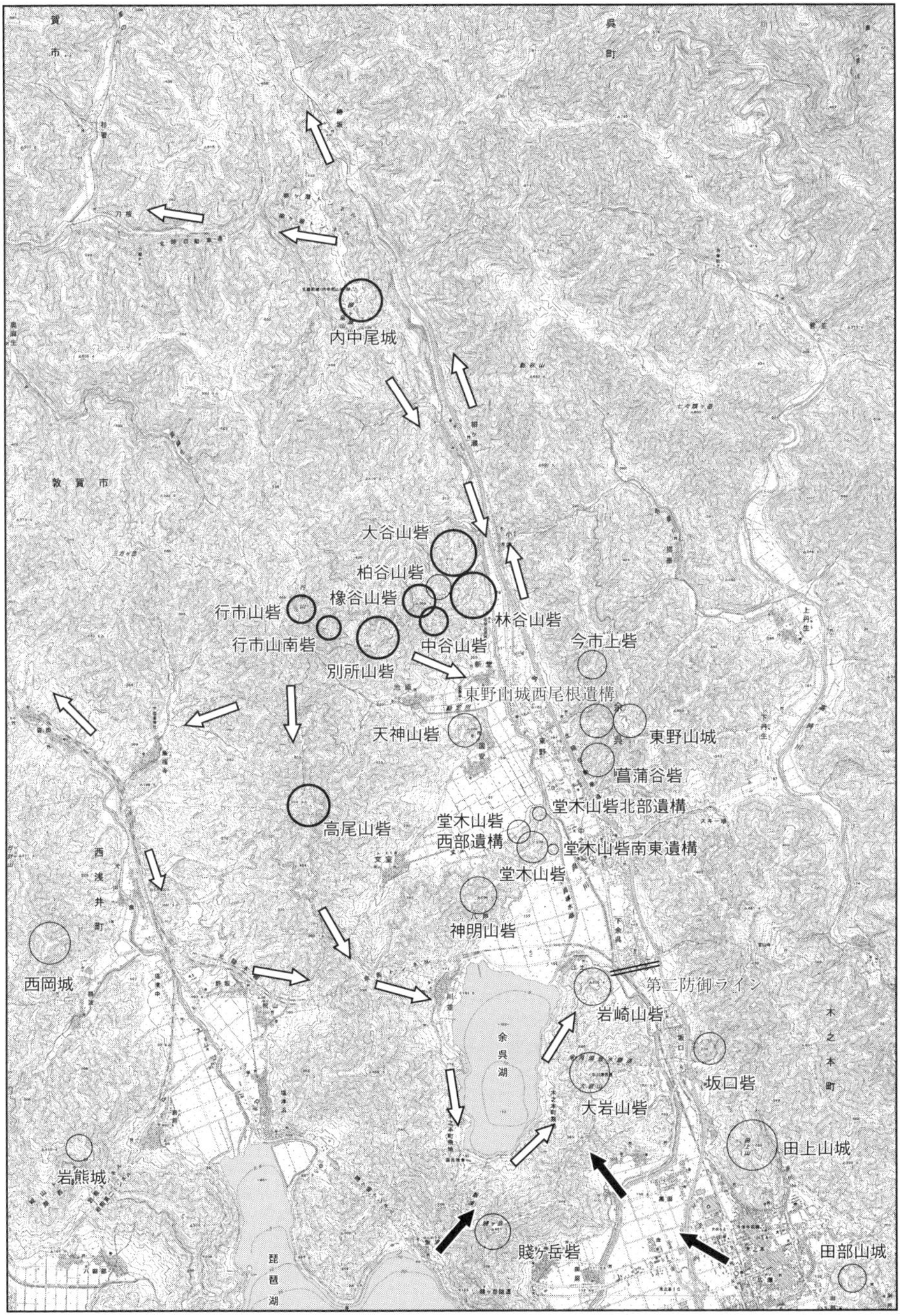

○ 羽柴秀吉方の城郭　◯ 柴田勝家方の城郭　➡ 羽柴秀吉軍の進路　⇦ 柴田勝家軍の進路

賤ヶ岳合戦の関係位置図

小谷
108、大谷山砦
107、柏谷山砦
105、橡谷山砦
109、林谷山砦
106、中谷山砦
104、別所山砦
毛受兄弟墓
新堂
114、今市上砦
池原
全長寺
今市
勧定川
東野山城
西尾根遺構
115、東野山城
112、天神山砦
国安
東野
北陸自動車道
呉町
116、菖蒲谷砦
122、堂木山砦
北部遺構
121、堂木山砦
西部遺構
中之郷
120、堂木山砦
123、堂木山砦南東遺構
文室川
文室
余呉川
余呉導水路
119、神明山砦
八戸
下余

賤ヶ岳合戦　城郭位置図

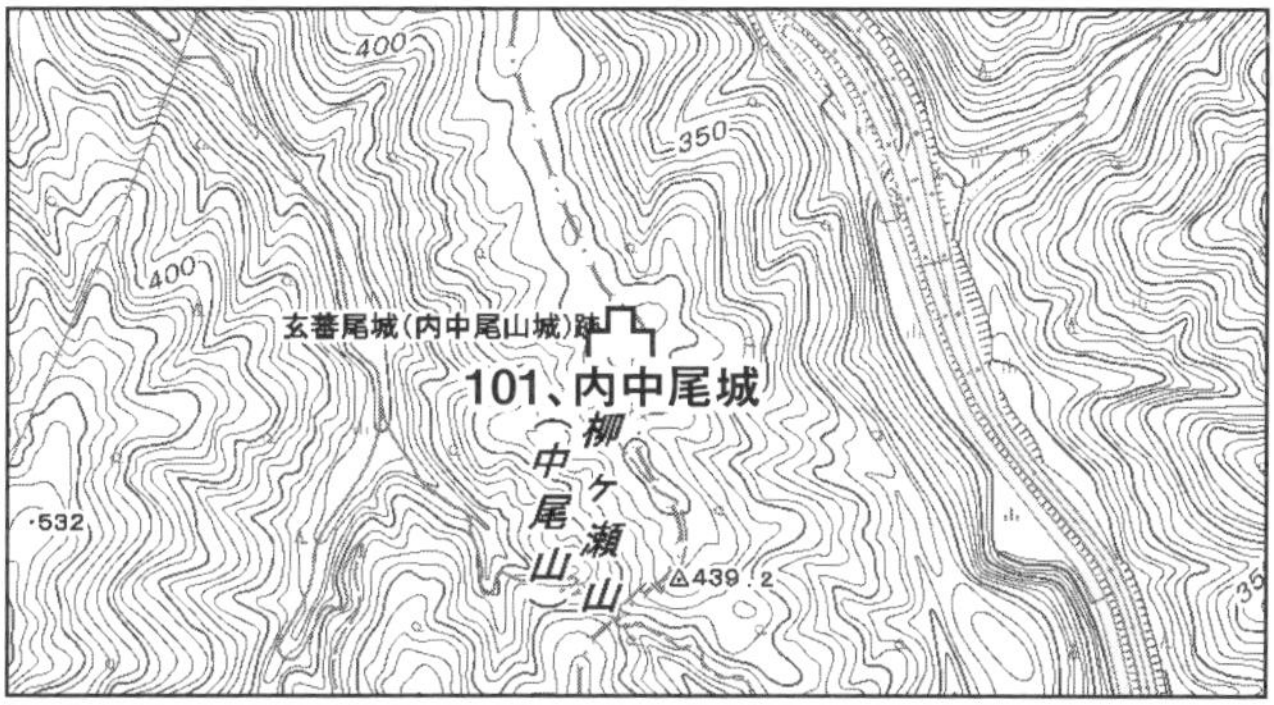
400
350
400
玄蕃尾城（内中尾山城）跡
101、内中尾城
（中尾山）
柳ヶ瀬山
·532
439.2

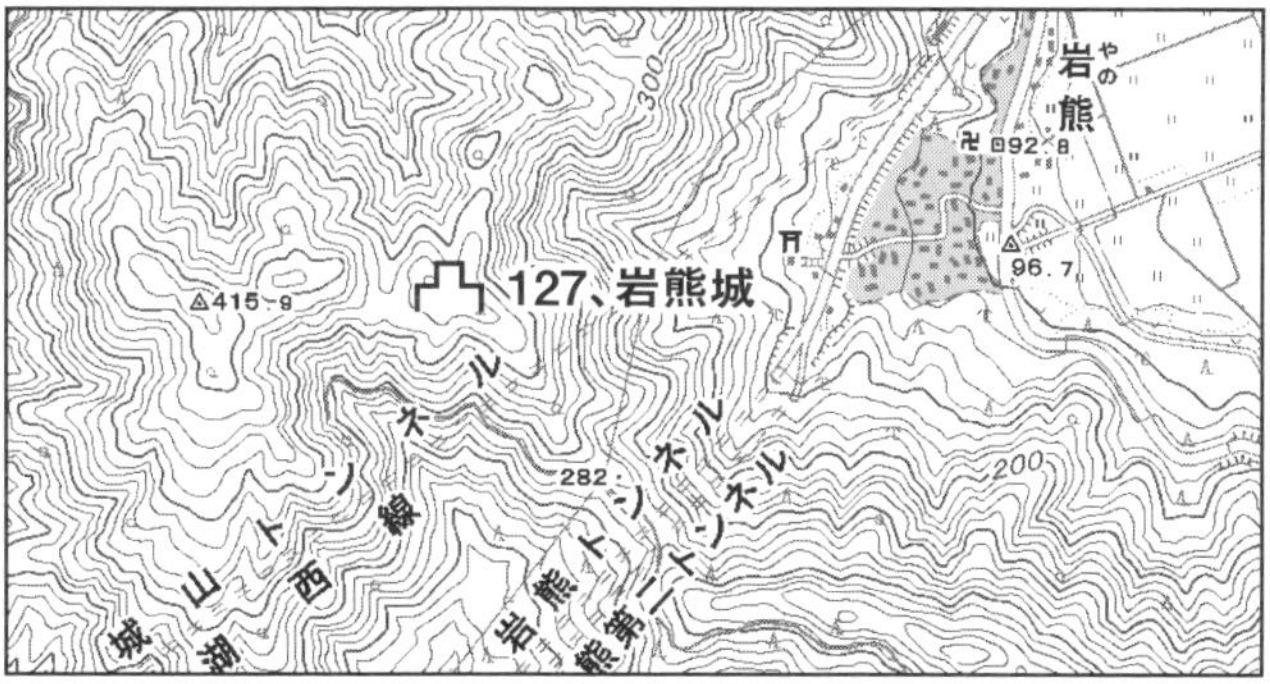
300
岩熊
92.8
96.7
127、岩熊城
415.9
282
200
城山西線トンネル
岩熊トンネル
岩熊第二トンネル

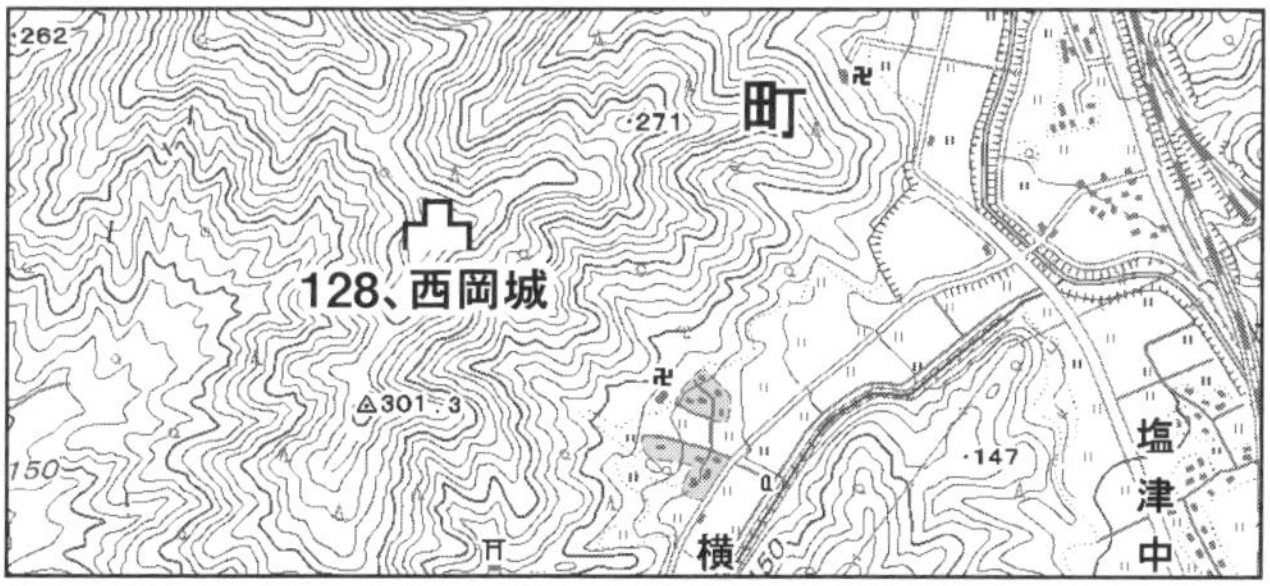
·262
町
·271
128、西岡城
301.3
150
·147
塩津中
横

高島
134
マキノ町辻
129、中ノ谷遺構
·230
生来
マキノ

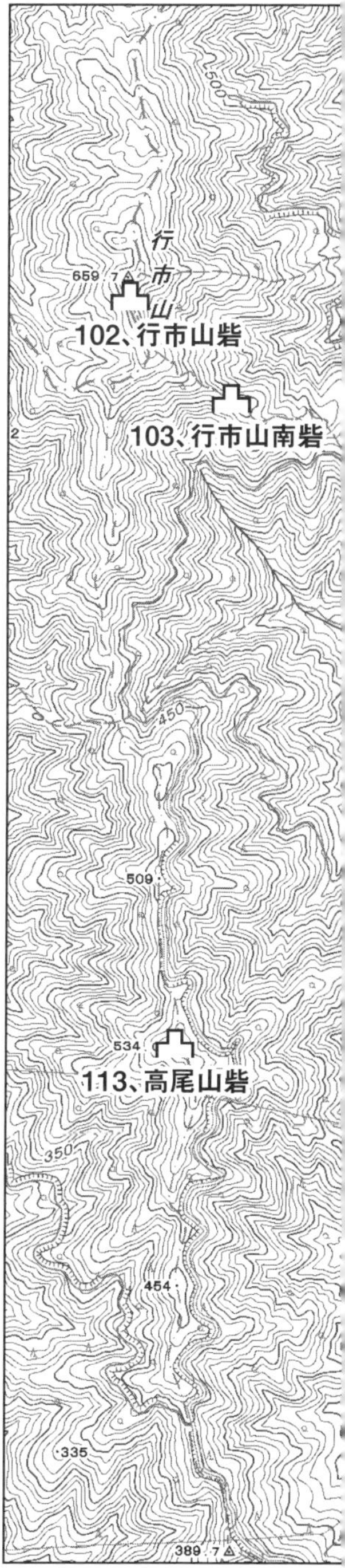
500
行市山
659.7
102、行市山砦
103、行市山南砦
450
509
534
113、高尾山砦
350
454
·335
389.7

下余呉
江土
124、岩崎山砦
菅山寺
木之本町
坂口
117、坂口砦
余呉湖放水隧道
125、大岩山砦
中川清秀墓
大岩山
賤ヶ岳SA
111、田上山城
田上山
赤川
黒田
浄信寺庭園
きのもと
木之本
広瀬
田居
木之本IC
木之本大橋
118、田部山城
田部

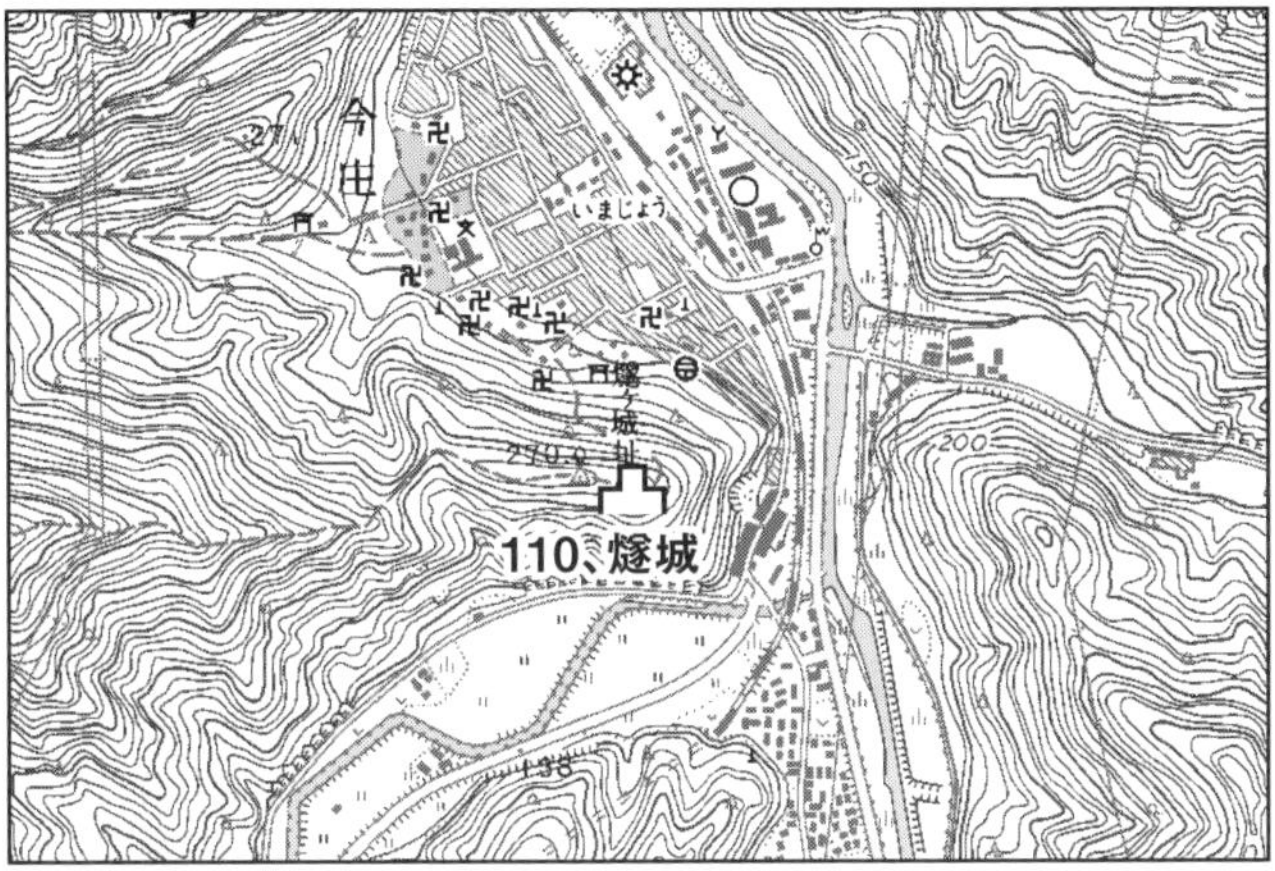

今市
いまじょう
燧ヶ城址
110、燧城
200
138

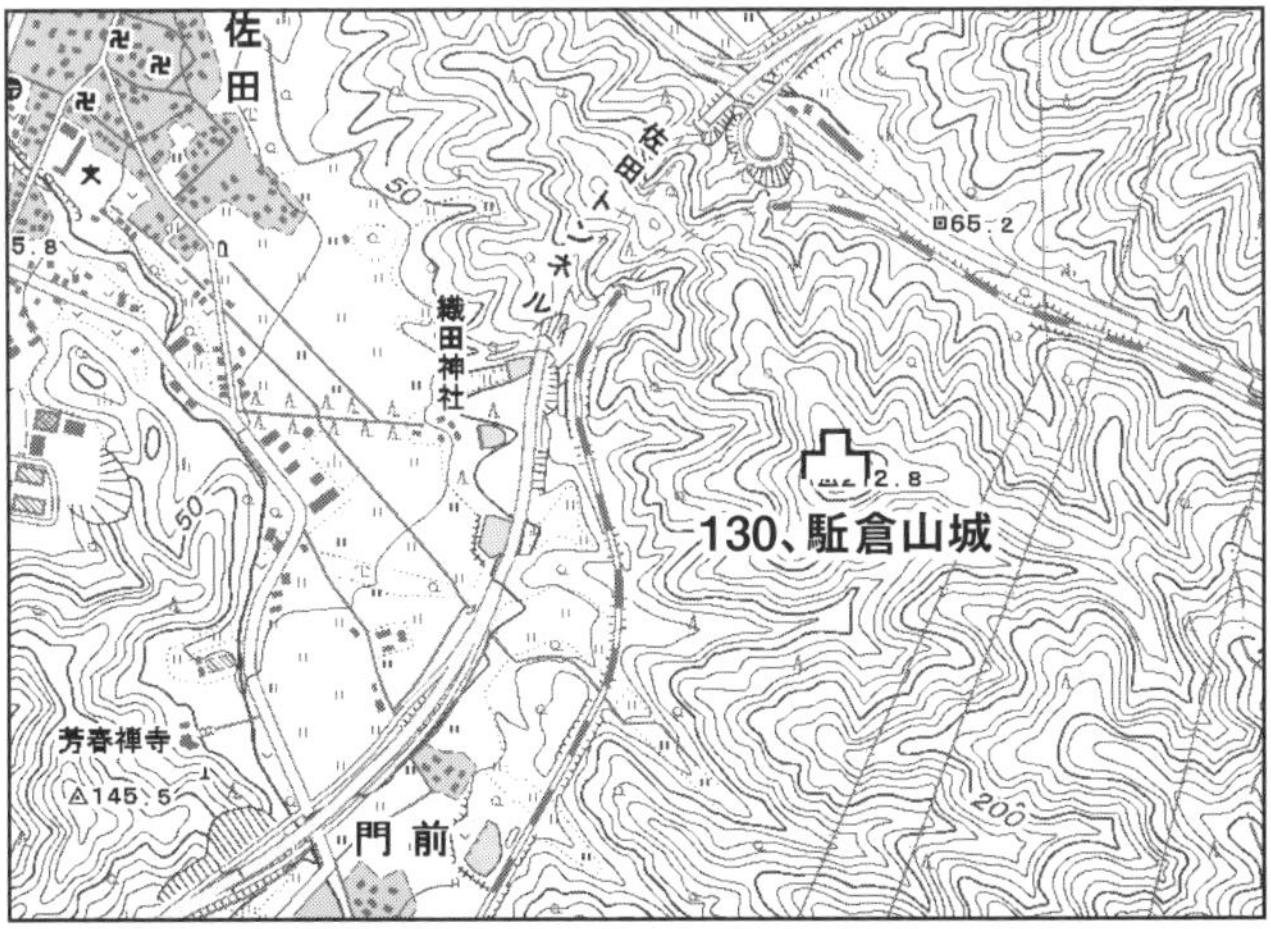

佐田
佐田トンネル
織田神社
65.2
130、駈倉山城
芳春禅寺
△145.5
門前
200

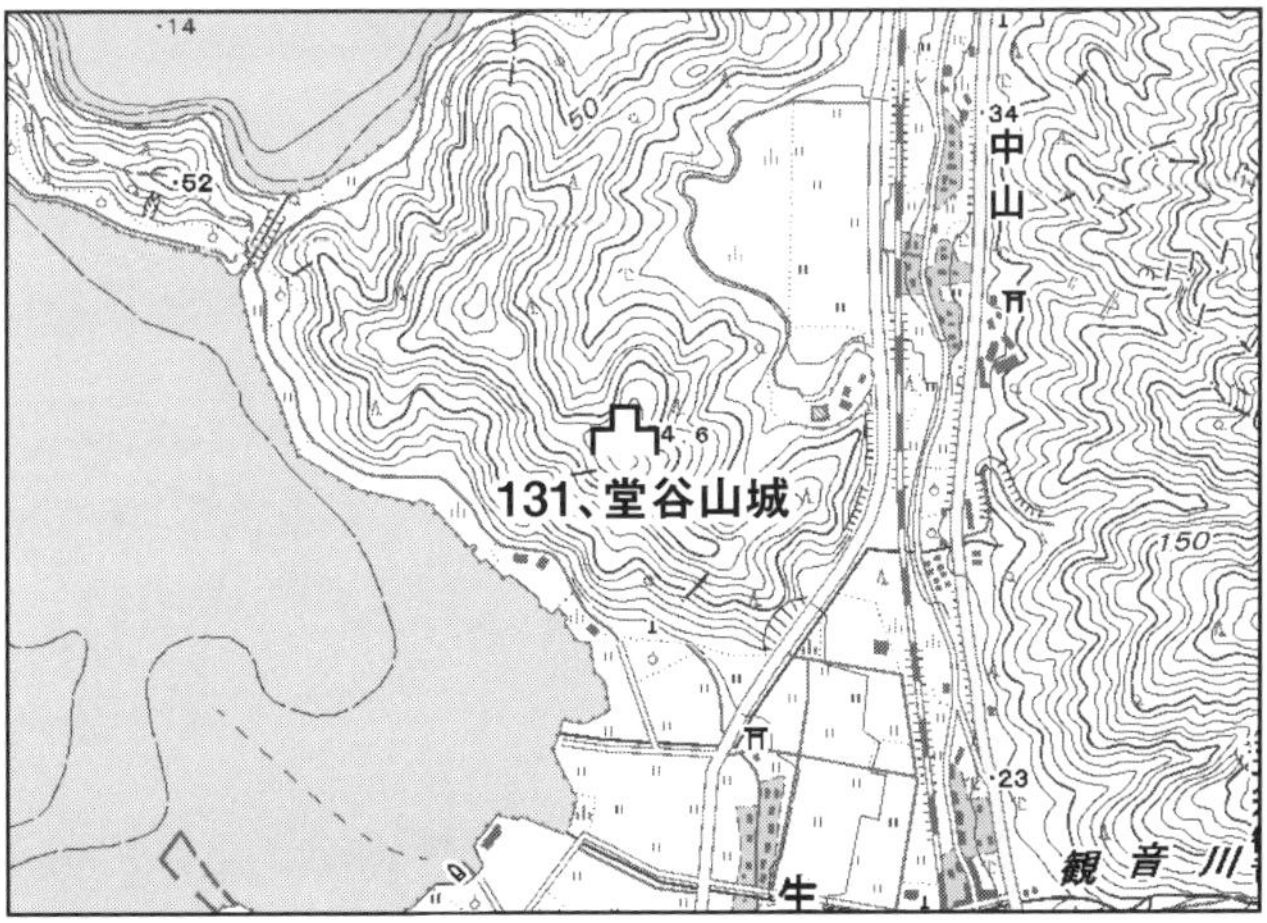

52
中山
131、堂谷山城
150
観音川
牛

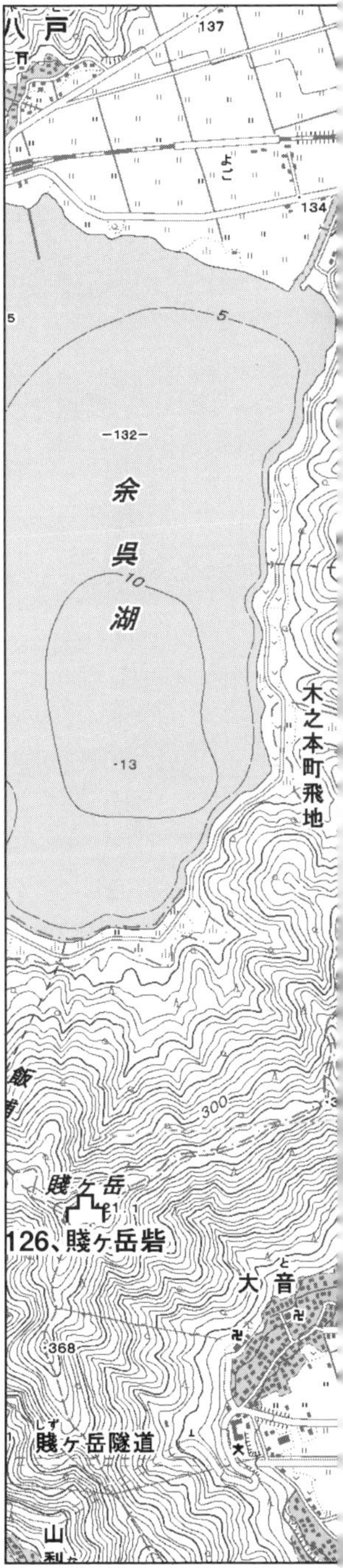

八戸
137
よこ
134
余呉湖
木之本町飛地
賤ヶ岳
126、賤ヶ岳砦
大音
368
賤《しず》ヶ岳隧道
300

柴田勝家の本陣

101 内中尾城《うちなかおじょう》（玄蕃尾城《げんばおじょう》）

所在地：滋賀県長浜市余呉町柳ヶ瀬・福井県敦賀市刀根
城主：柴田勝家／遺構：曲輪・土塁・竪土塁・空堀・虎口・堀切・櫓台／規模：二七〇×一一〇m
標高・比高：四六〇m・二五〇m

【選地】福井県と滋賀県の県境に位置する標高四六〇mの中尾山にある。東側には南北に北国街道が通り、南には近江から敦賀に抜ける刀根《とね》越えの街道があった。城の南麓は北国街道と若狭街道の分岐点で、交通の要衝である。

【歴史】天正十一年三月に柴田勝家が入城し、[*1] それ以前は越前の朝倉氏の城があったという。

【遺構】中心となる曲輪Ⅰの規模は南北四五×東西四〇mほどで、土塁が囲繞し、北東隅には一辺一〇mほどの櫓台イがある。北には馬出しⅡ、南にも馬出しⅢがあり、東には張り出し曲輪Ⅳがある。Ⅰの北西には南北五〇×東西四五mの大規模な曲輪Ⅴがあり、土塁が囲繞し、南東に虎口a、東に虎口bが開口している。

大手口方向となる南のⅢを越えると、東西四〇×南北一五mの曲輪Ⅵがあり、東に虎口cが開口し、南の曲輪Ⅶに繋がる。規模は南北五〇×東西三〇mほどあり、虎口dが南西に開口する。南西と西側を空堀で遮断し、dの防御を堅固にしている。

【評価】Ⅰに対して求心性がある縄張りで、全体として完成度が高く、山城における最高水準の縄張りである。また、南のⅦの南東に延びる尾根先にある堀切や小規模曲輪は、朝倉氏が築いたときの遺構ではないだろうか。

空堀

通路と土塁

*1『群書類従』第二十一輯　合戦部（続群書類従完成会、一九三一年）。

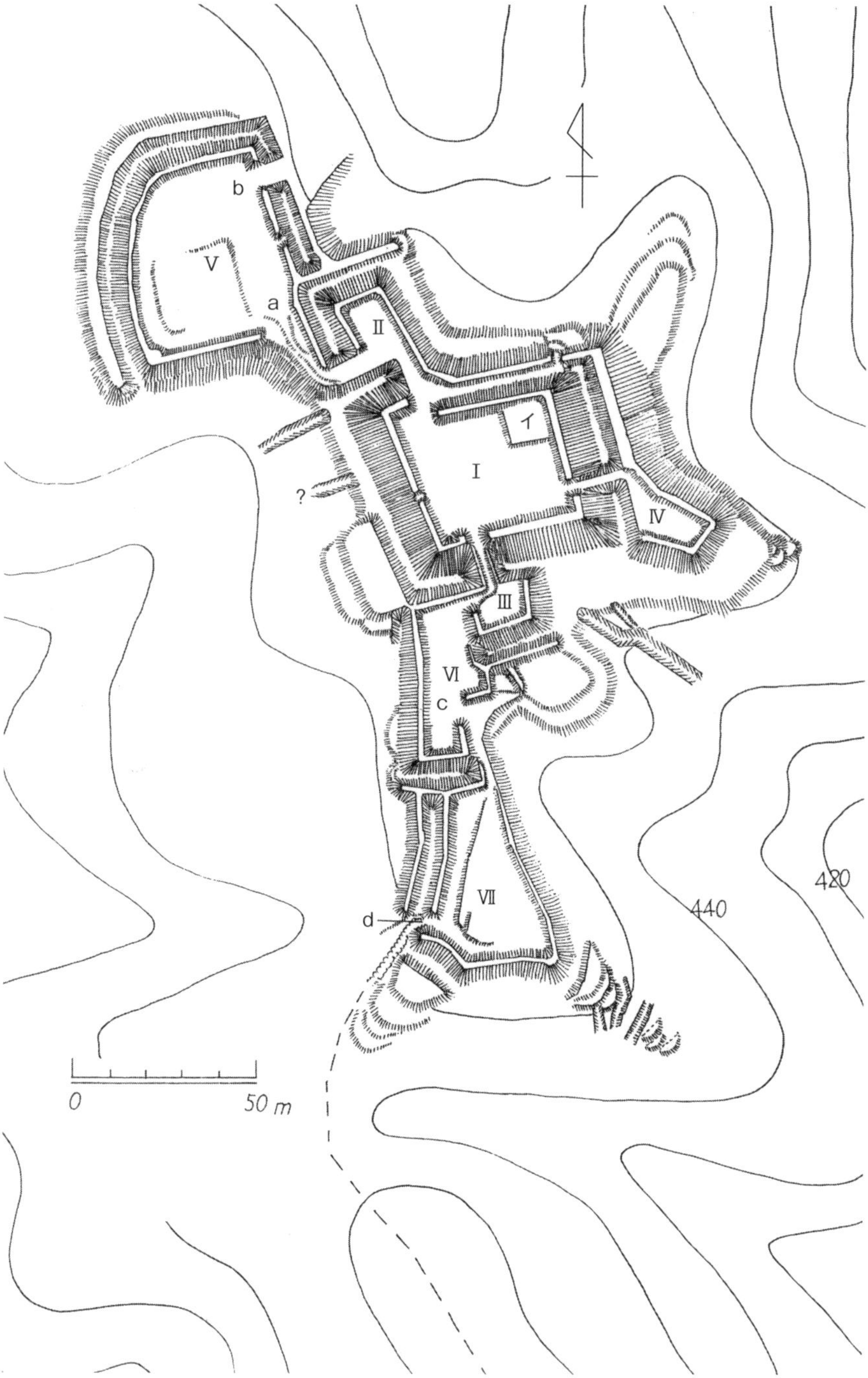
b
V
a
II
イ
I
?
IV
III
VI
c
VII
d
440
420
0
50 m

柴田軍の要の陣城

102 行市山砦《ぎょいちやまとりで》

所在地：滋賀県長浜市余呉町池原／城主：佐久間盛政
遺構：曲輪・土塁・虎口／規模：五五×二〇m
標高・比高：六五〇m・四四〇m

【選地】福井県と滋賀県の県境にある標高六五〇mの行市山から八〇mほど南に位置する。南の余呉湖周辺と北国街道を望み、展望の良好な場所である。

【歴史】天正十一年三月、佐久間盛政が守備したという。*1

【遺構】曲輪Ⅰは南北三五×東西一五mほどの規模で、土塁が囲繞する。虎口aが南に開口し、西側にL型の土塁イが敷設されている。土塁の高さは平均一mで、縄張りは地形を意識し、北と南は空堀で遮断している。

【評価】遺構のある場所は行市山の南斜面で、方形ではなく地形に合わせて構築している。

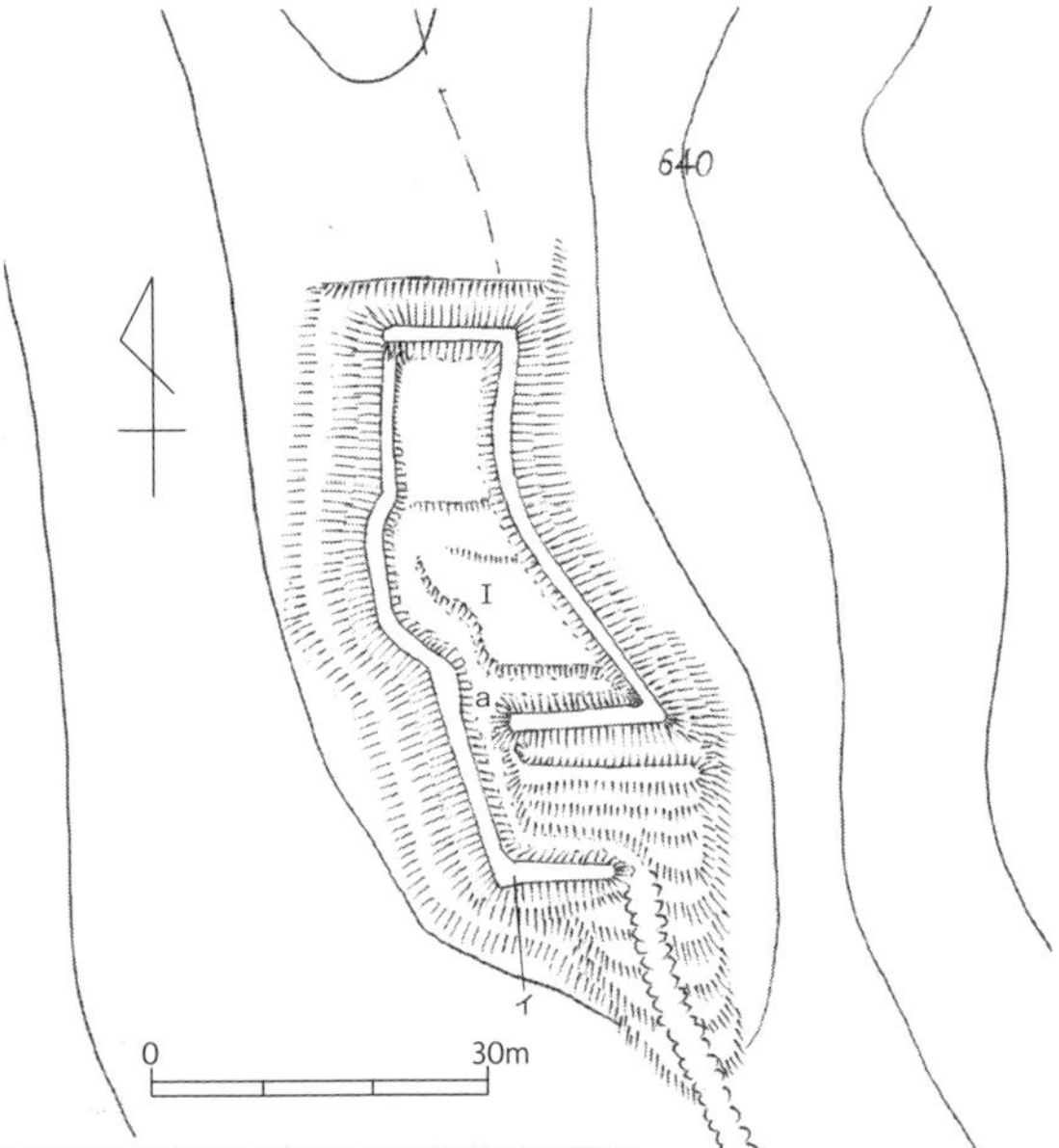

土塁

空堀

＊1　『群書類従』第二十一輯　合戦部（続群書類従完成会、一九三一年）。

砦と砦の間を繋ぐ陣城

103 行市山南砦《ぎょいちやまみなみとりで》

所在地：滋賀県長浜市余呉町池原／城主：—
遺構：曲輪・土塁・虎口／規模：六五ｍ ×三五ｍ
標高・比高：五六〇ｍ・三五〇ｍ

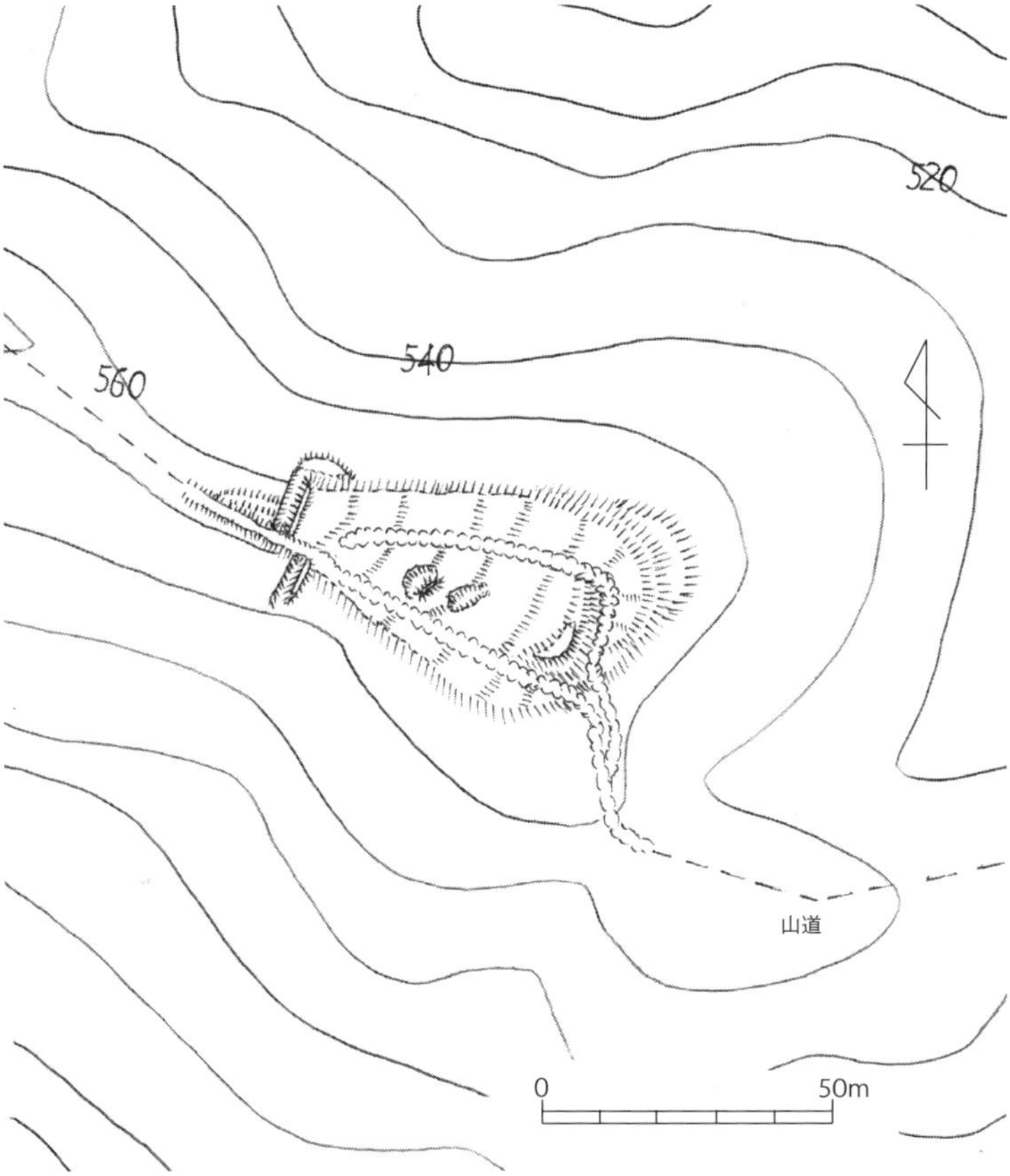

【選地】行市山砦から南東へ五〇〇ｍほどの距離にあり、自然地形を利用した曲輪である。
【遺構】尾根の付根を食い違いの空堀で遮断し、東西六五×南北三五ｍほどの自然地形を曲輪としている。
【評価】行市山砦と別所山砦の間を繋ぐ陣城である。

柴田勝家画像　個人蔵

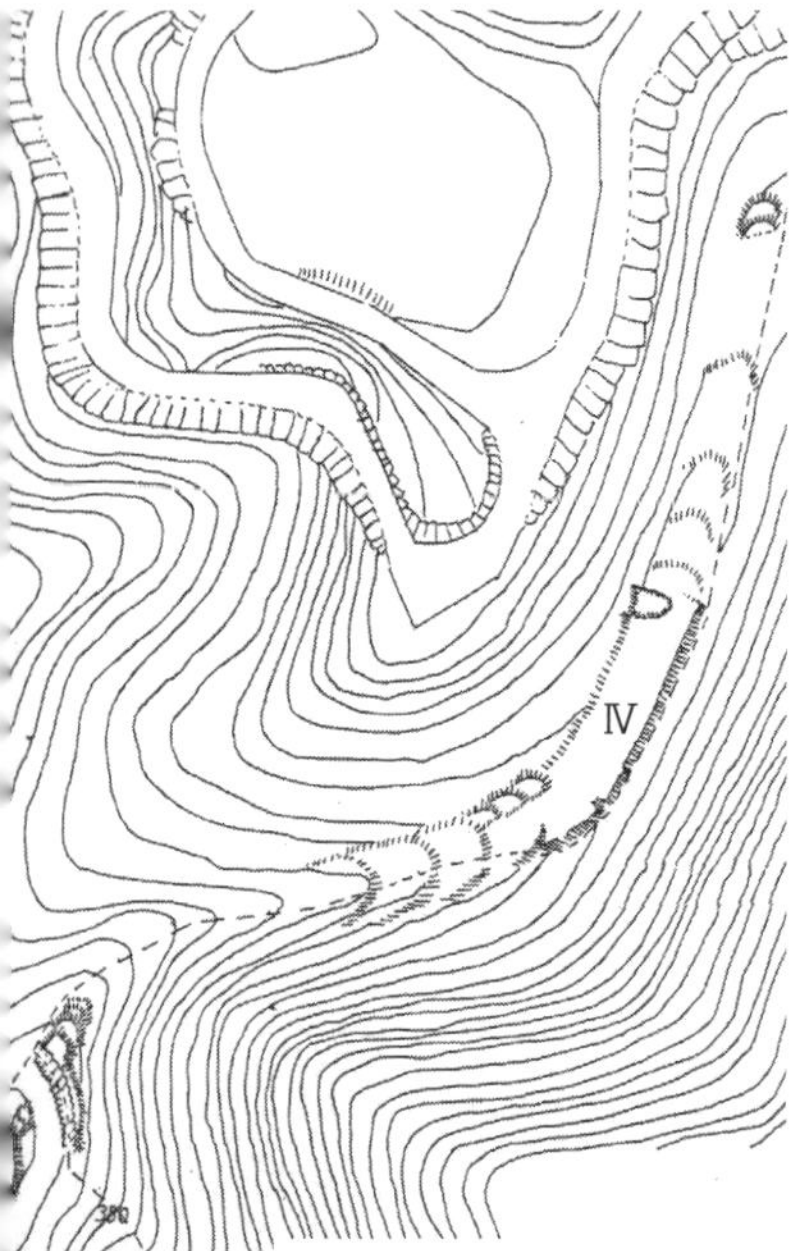

前田利家が守った前線の要の陣城

104 別所山砦《べっしょやまとりで》

所在地：滋賀県長浜市余呉町池原／城主：前田利家・利長
遺構：曲輪・土塁・虎口／規模：六五×三五m
標高・比高：四四〇m・三五〇m

【選地】行市山砦より南東に一kmほど、別所山の標高四四四mに位置し、南山麓には池原集落がある。行市山砦を頂点として柴田軍の配置を考えると、東の大谷山砦、柏谷山砦、林谷山砦、中谷山砦、橡谷山砦との中間に位置する重要な砦である。

【歴史】前田《まえだ》利家《としいえ》・利長《としなが》父子が守り、前田氏が茂山に移動した後は拝郷家嘉《はいごういえよし》が守ったという。*1

【遺構】曲輪Ⅰは東西四五×南北四〇mほどの規模で、周囲には土塁が囲繞し、虎口aは南に開口する。南西隅には櫓台イがあり、南東隅は折れて横矢掛けができる。北に空堀を越えると自然地形Ⅱがあり、斜面には小規模の削平地が広がる。また、北東に続く尾根上Ⅲの付根の南側には、三〇mほどにわたって低土塁ロがあり、尾根先に向かって小規模の削平地が広がる。自然地形Ⅲから東へ八〇mほど下がった場所の斜面にも、長さ三〇mほどの低土塁ハがあるが、縄張り的に何の意味があるのかは不明である。林道を越えて東に尾根を下ると、所々に削平地がみられ、平坦な地形Ⅳが一〇〇m以上続く。これを下ると橡谷山砦方面に至る。

【評価】柴田方の陣城の中でも規模が大きい。とくに自然地形の平坦面が多く、斜面には小規模の削平地があるため、多くの軍勢がいた可能性がある。

前田利家画像　東京大学史料編纂所蔵模本

*1　『群書類従』第二十一輯　合戦部（続群書類従完成会、一九三一年）。

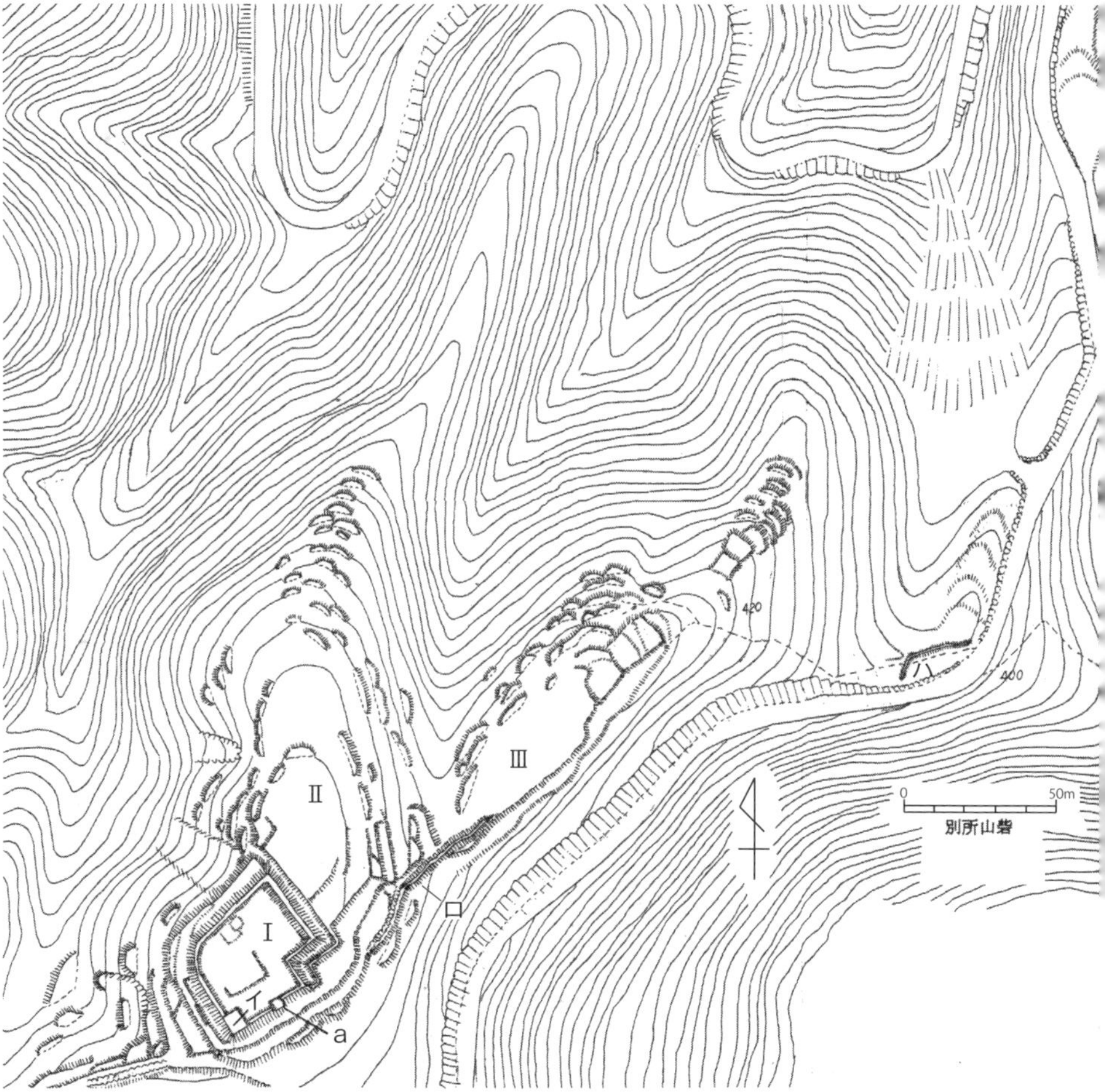

塁線の折れ

金森長近が守った前線に次ぐ第二の陣城

105 橡谷山砦《とちたにやまとりで》

所在地：滋賀県長浜市余呉町池原・小谷／城主：金森長近
遺構：曲輪・土塁・虎口／規模：一五〇×一二五m
標高・比高：三六八・四m・二〇〇m

【選地】別所山砦の北東六〇〇mほど、橡谷山の標高三六八・四mに位置する。

【歴史】現地には「中之谷山原彦次郎長頼砦」の標識が立っており、山麓の案内板には「金森五郎八長近（橡谷山）」の記載がある。[*1] ここでは『滋賀県城館調査報告書』に基づき、山麓の案内板の金森長近《かなもりながちか》を守将とする。

【遺構】規模は全長一五〇mほどあり、南北の曲輪で構成されている。北の曲輪Ⅰは南北二五×東西二〇mほどで、南西を空堀で遮断し、低土塁を設けている。虎口aは東に開口し、自然地形が続く。虎口bは北側の曲輪内にある。南の曲輪ⅡとⅠの距離は八〇mほど離れている。Ⅱは東西三五×南北二〇mほどで、北西を空堀で遮断し、北東と南西の一部に低土塁を設け、南東の切岸下に通路が設けられている。

【評価】柴田方の陣城として、前線に次いで二番目に重要であり、前線が東西に拡散する場所のため、重要な陣城である。

上：堀切　下：土塁

金森長近画像　東京大学史料編纂所蔵模本

＊1　『滋賀県中世城館分布調査報告書』伊香郡・東浅井郡の城（滋賀県教育委員会、近江の城友の会、一九九〇年）。

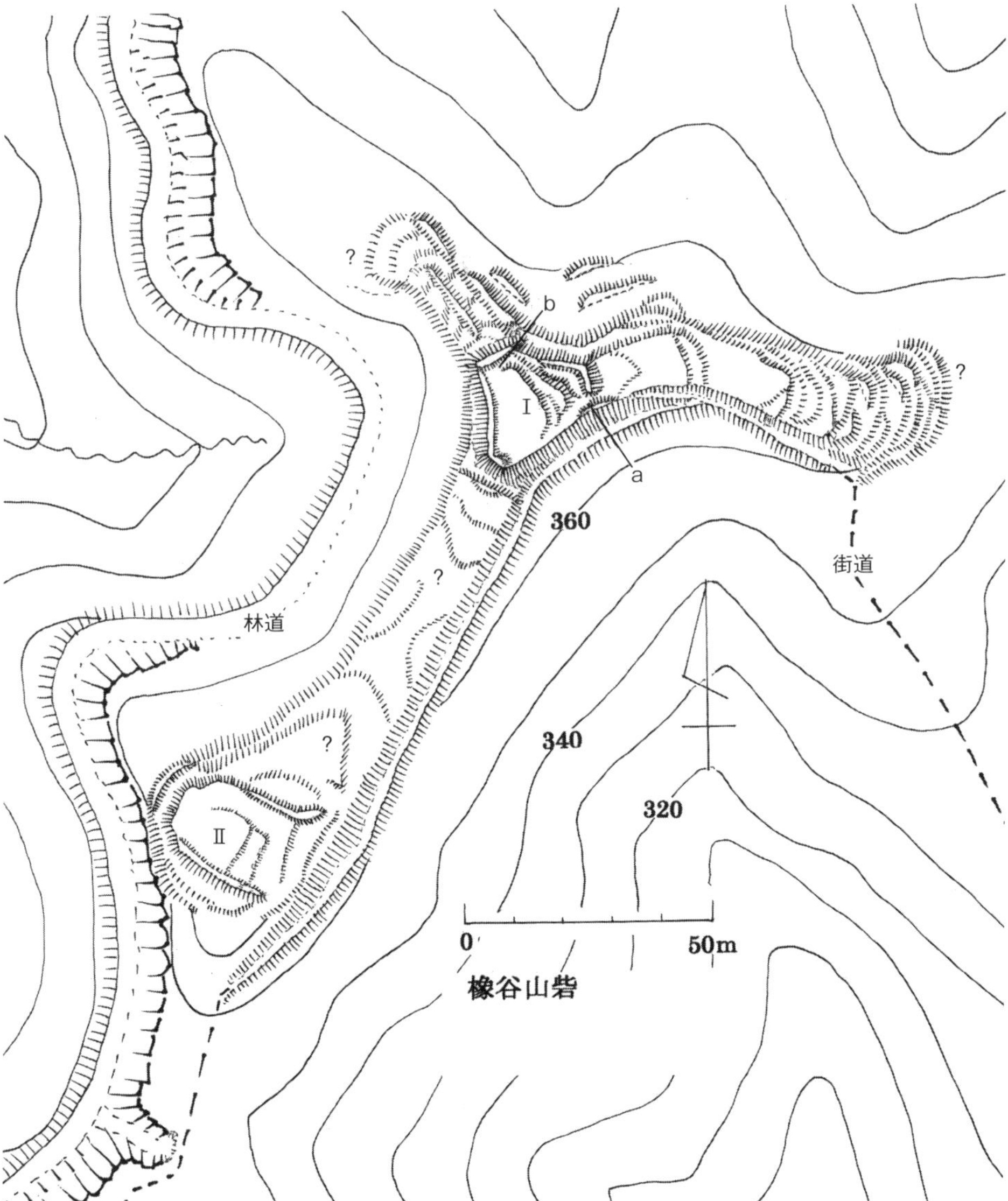

橡谷山砦

前線をサポートする陣城

106 中谷山砦《なかたにやまとりで》

所在地：滋賀県長浜市余呉町池原／城主：―
遺構：曲輪・土塁・虎口・竪土塁
規模：一七五×一一〇m／標高・比高：三一〇m・一五〇m

【選地】椽谷山砦の南二五〇mの標高三〇〇～三一〇m地域に分布する。砦名は不明だが、『滋賀県中世城館分布調査報告書』に基づき中谷山砦とする。

【遺構】標高三一〇mの所で、尾根が南・東・南東に分岐し、この地点を中心に遺構が分布する。東の曲輪Ⅰは八〇×八〇mほどで、西から南に曲がる山道に沿って土塁の食い違いを設けている。南のL型の土塁イの内部は傾斜している。北には南北に三〇mほどの竪土塁ロがあり、南東尾根にある林谷山砦方面を遮断する。また、南方向に延びた尾根上には、長さ四〇mほどの折れをもった低土塁ハが敷設され、未整形状態の地形Ⅱが続く。

【評価】地形的にみて前線の曲輪群であり、尾根筋を遮断する目的をもつ。曲輪群の加工度も低く、傾斜地を利用した遺構である。

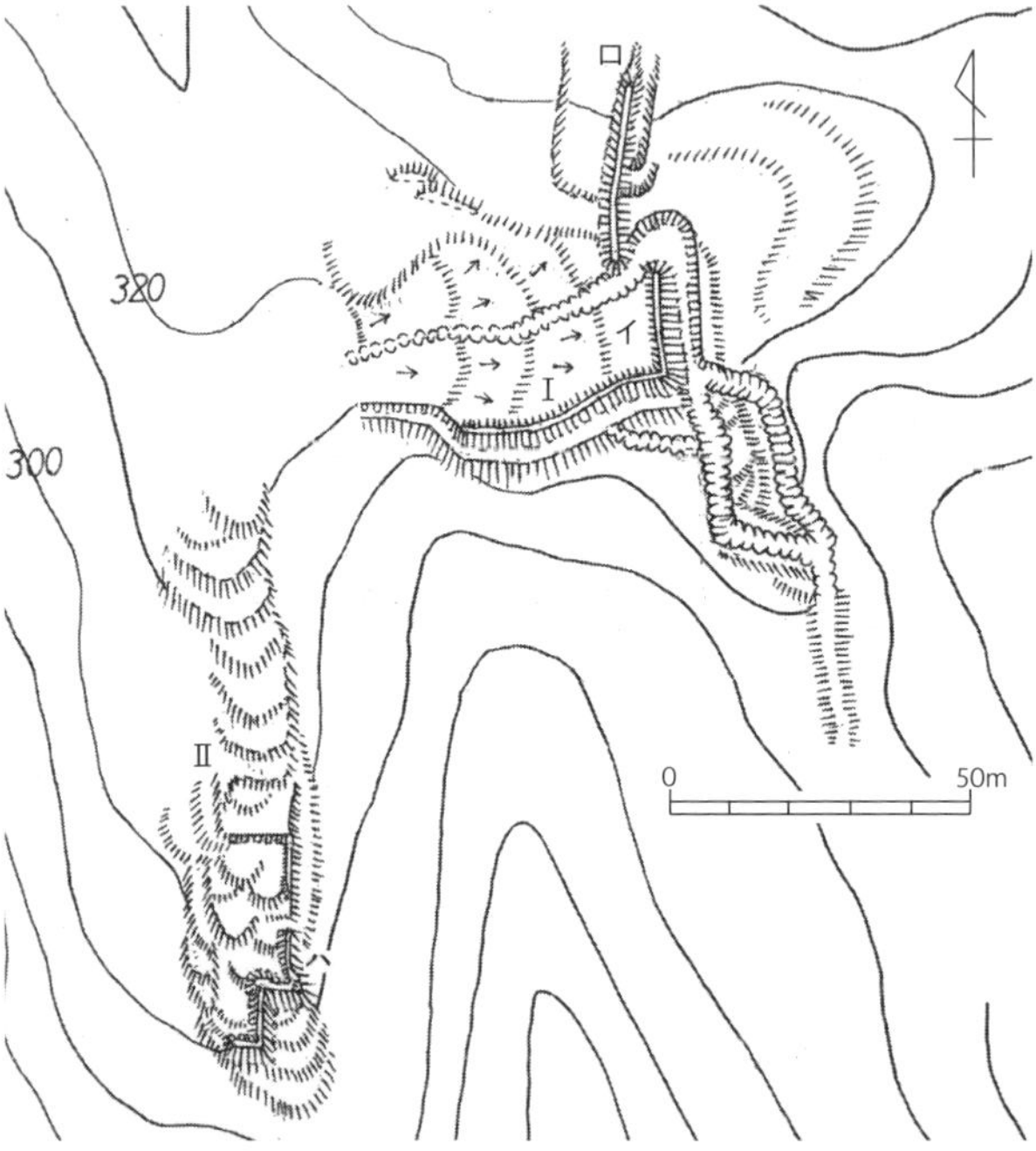

食い違い虎口

前線を掌握する陣城

107 柏谷山砦《かしわだにやまとりで》

所在地：滋賀県長浜市余呉町小谷／城主：徳山則秀
遺構：曲輪・土塁・虎口
規模：一三〇×七〇m／標高・比高：三三〇m・一八〇m

【選地】椽谷山砦の北東二〇〇m、標高三三〇mの尾根上に位置する。

【歴史】『余呉庄合戦覚書下』の「餘呉庄賤ヶ嶽物語附録」には、「柏谷山徳山五兵衛尉」とある。[*1]

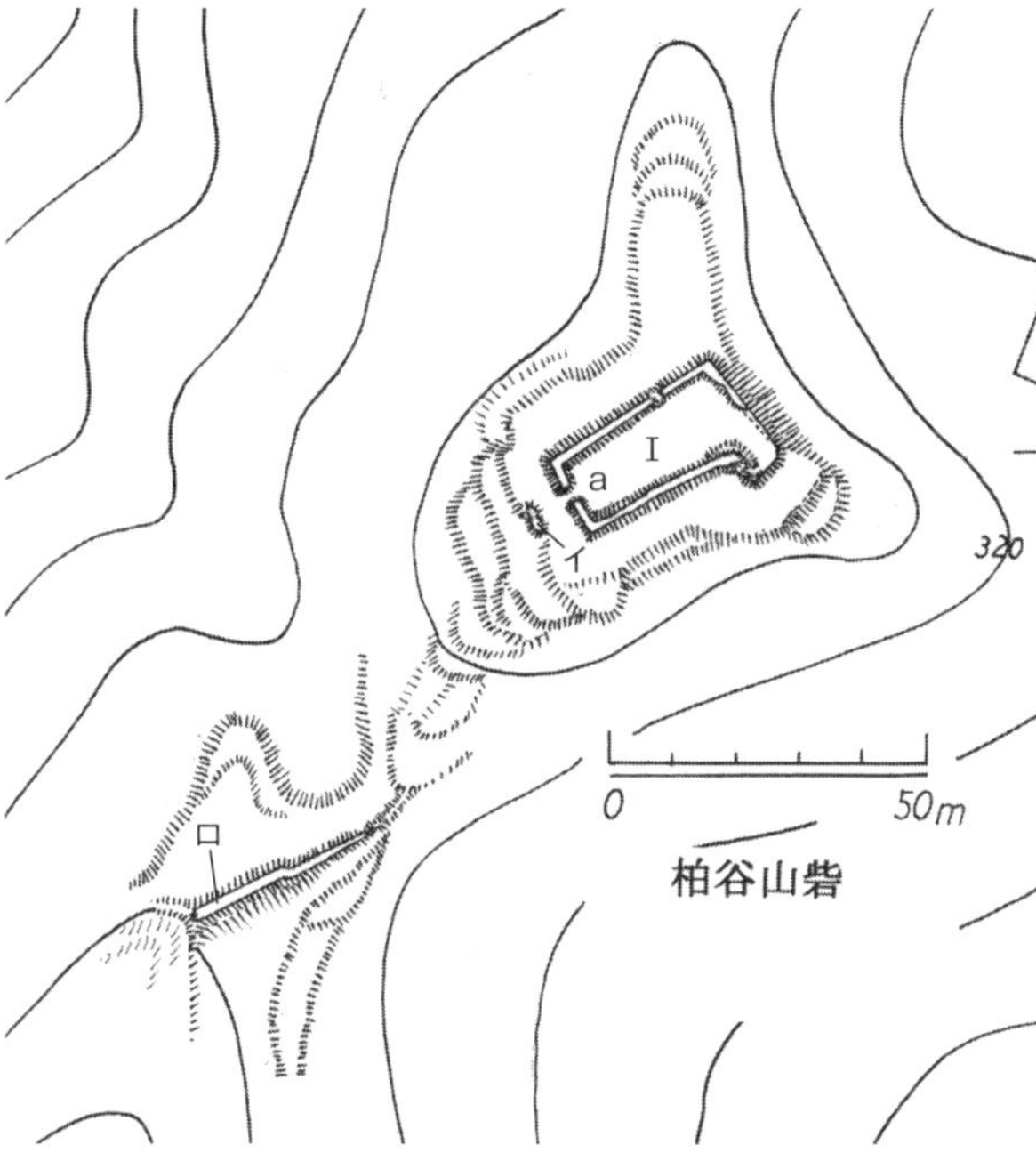

柏谷山砦

【遺構】東西三三×南北一八mほどの土塁囲みで、東側の一部には土塁がない。曲輪Ⅰは西に虎口aが開口し、aの前面には七mほどの土塁イが「かざし状」に敷設されている。南西へ五〇mほど下ると、長さ四〇mほどの土塁ロが東西に設けられ、尾根の鞍部を南北に越えられない構造となっている。また、土塁囲みの外縁部の曲輪群の削平は自然地形に近い。

【評価】地形的に直接戦闘を意識した場所ではないため、東を南北に通過する北国街道への展望と尾根上ルートのポイント掌握を目的としたと考える。

＊1　『滋賀県中世城館分布調査報告書』伊香郡・東浅井郡の城（滋賀県教育委員会、近江の城友の会、一九九〇年）。

城跡遠景（尾根中央の森）

北国街道を封鎖する前線の大規模陣城

108 大谷山砦《おおたにやまとりで》

所在地：滋賀県長浜市余呉町小谷／城主：—
遺構：曲輪・土塁・虎口・空堀
規模：四〇〇×三五〇m／標高・比高：三一九m・一〇〇m

【選地】 柏谷山砦の北二五〇mの尾根上、標高三〇〇～三一九mの地域に分布する。東に派生する標高二六〇mの尾根にも遺構があり、広範囲な遺構である。

【歴史】『日本戦史柳瀬之役』では、守将を不破勝三という。[*1]

【遺構】 遺構は大きく北と南に分けられ、南の一辺が一五mほどの不整形な曲輪Ⅰは、南に虎口aが開口し、全長四〇mほどの曲輪Ⅱが続く。尾根が二股になる南東方向に一〇〇mほど下ると、一辺一六mほどの二段になった方形の曲輪Ⅲがある。東は空堀で遮断し、虎口bが南に開口する。

　Ⅰの西腰曲輪Ⅳから一〇〇mほど北に一辺二〇mほどの不整形な曲輪Ⅴがあり、虎口が南東cと北dに開口する。cは南尾根上からの通路と繋がり、dは北西尾根と北東尾根へ繋がる。北西尾根Ⅵは一五〇mの自然地形である。

　北東尾根の全長一〇〇m規模の曲輪群Ⅶは削兵も曖昧な部分が多いが、北東尾根方向に開口する虎口eがあり、一五〇mほど下ると尾根先の曲輪Ⅷは、先端に遮断用の低土塁を敷設している。

【評価】 北国街道の小谷地区の西部にあり、南の林谷山砦とともに北国街道を封鎖する陣城である。

城跡遠景　東より

＊1　『滋賀県中世城館分布調査報告書』伊香郡・東浅井郡の城（滋賀県教育委員会、近江の城友の会、一九九〇年）。

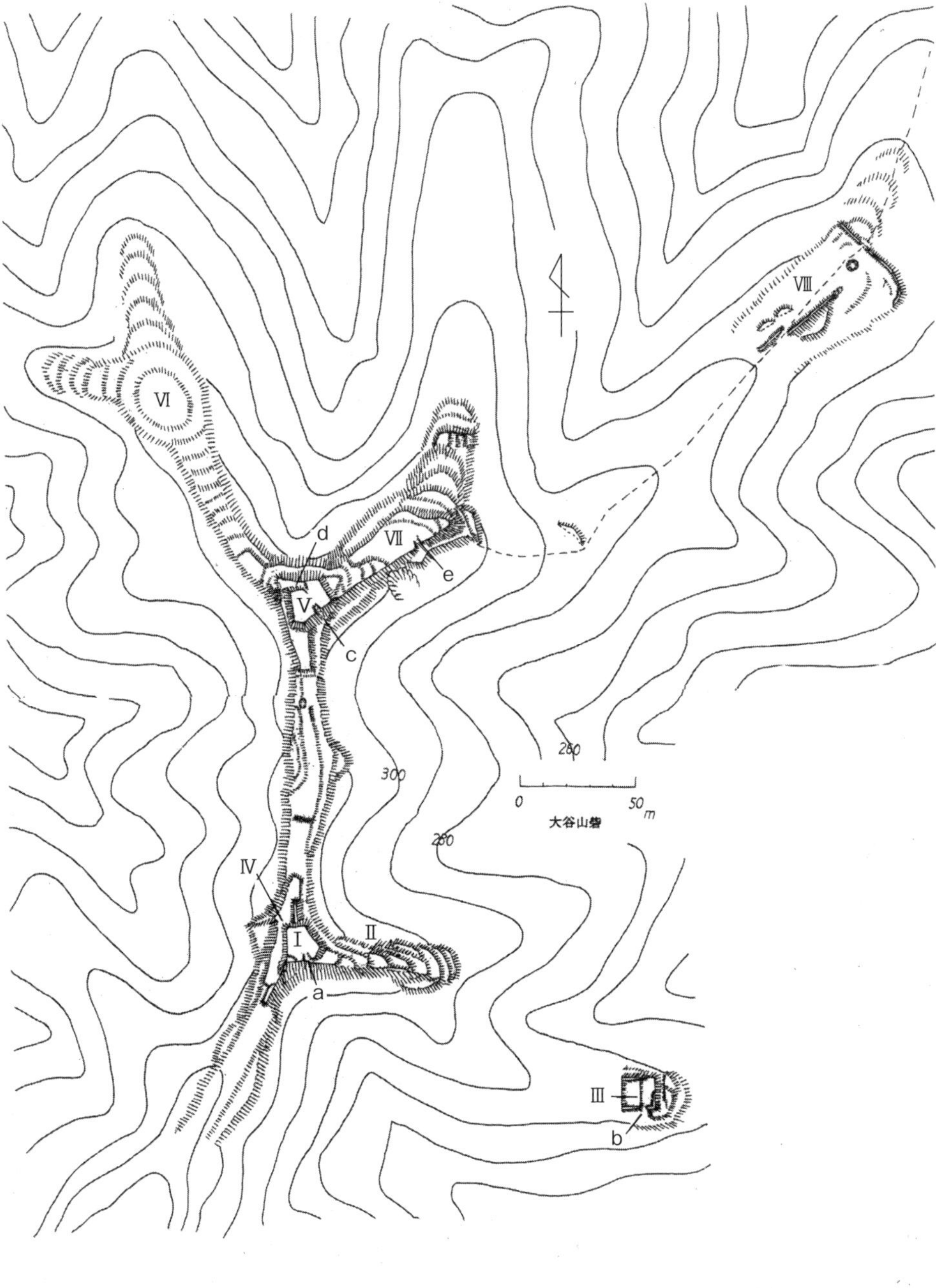

Ⅵ
Ⅶ
Ⅷ
d
e
Ⅴ
c
300
280
280
0
50 m
大谷山砦
Ⅳ
Ⅰ
Ⅱ
a
Ⅲ
b

柴田方城塞群の最前線

109 林谷山砦《はやしたにやまとりで》

所在地：滋賀県長浜市余呉町新堂／城主：—
遺構：曲輪・土塁・虎口・空堀
規模：四五〇×五〇m／標高・比高：二六〇m・一〇〇m

【選地】余呉湖の北三・五㎞ほど、余呉川右岸の標高二五〇〜二六〇mの尾根上に位置する。北に大谷山砦、西に中谷山砦、南東に北国街道を見下ろす地形で、柴田方城塞群の最前線である。

【歴史】柴田方の重要な砦であるが、名称や守将の名前は不明である。柴田勝家の身代わりになった毛受《めんじゅ》兄弟の墓が南山麓にあるため、毛受兄弟が守将ともいわれる。[*1]

【遺構】全長四八〇mほどにわたって南西から北東に延びる尾根上を曲輪とする。尾根中央部に東西二五×南北二〇mほどの曲輪Iがあり、虎口aが東に開口し、西を除く三方を低土塁で囲んでいる。

ここを中心に北東へ二五〇m、南西へ二二五mほどに低土塁と犬走りを敷設し、土塁の所々に虎口を設け、犬走りへの通行が可能な構造となっている。北東の尾根先端は釣針状に低土塁を設けて遮断している。中央部の三方の低土塁囲みが戦闘指揮所と考えられ、尾根上は加工部分が少なく、陣城として急造された感じがする。

【評価】南北に通る北国街道への備えが考えられ、低土塁の外側にある犬走りや、尾根中央部の低土塁囲みの指揮所の縄張りにより柴田方の最前線の砦の構造が理解できる。

土塁と犬走り

＊1　『滋賀県中世城館分布調査報告書』伊香郡・東浅井郡の城（滋賀県教育委員会、近江の城友の会、一九九〇年）。

毛受兄弟の供養碑

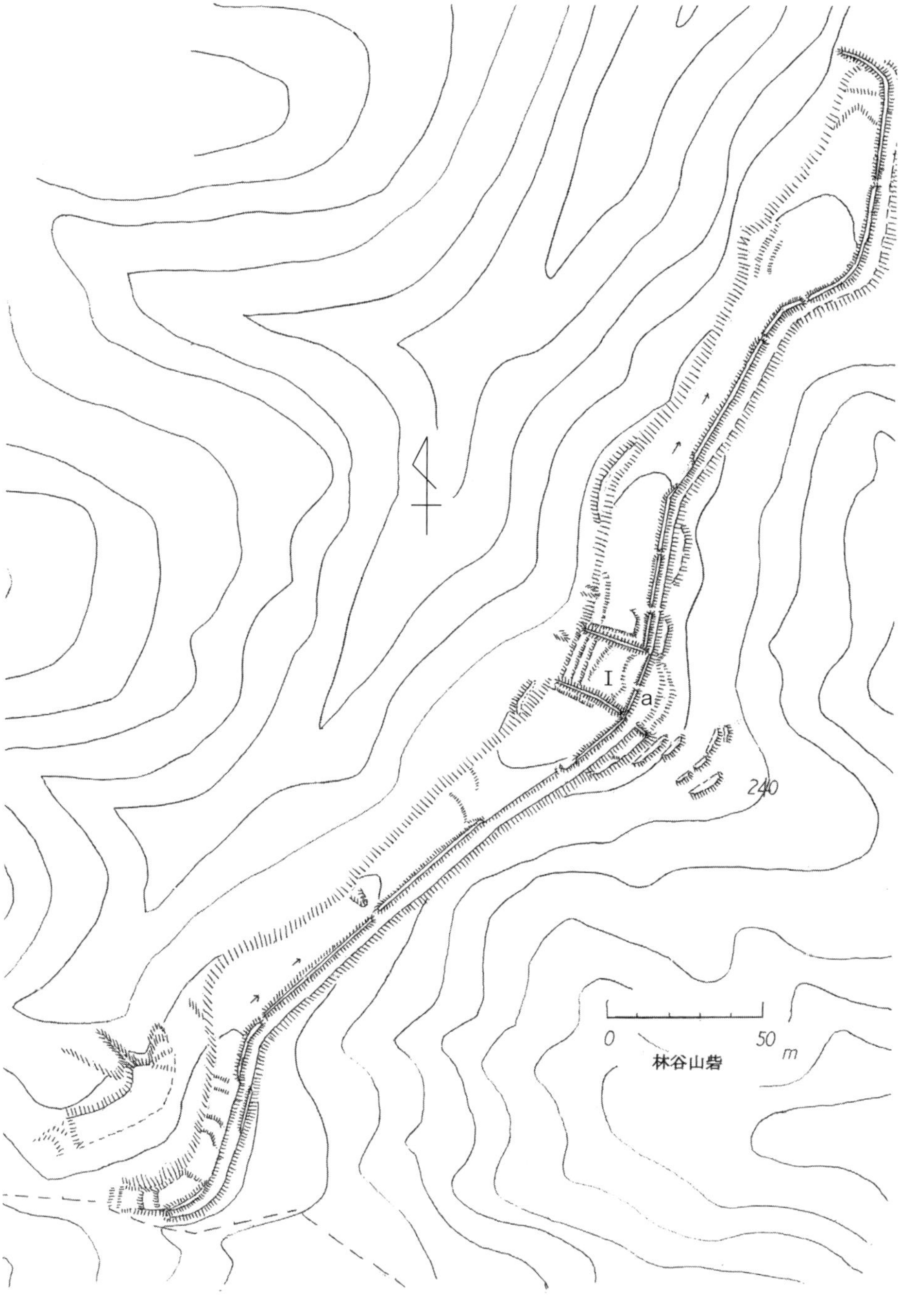
I
a
240
0
50 m
林谷山砦

越前国入口の柴田方の陣城

110 燧《ひうち》城《じょう》

所在地：福井県南条郡南越前町今庄／城主：—
遺構：曲輪・土塁・虎口・石積み・堀切
規模：三〇〇×四〇m／標高・比高：二七〇m・一四〇m

【選地】藤倉山《ふじくらやま》（標高六四三・五m）から東へ延びた尾根が、東山麓で日野川と鹿蒜川《かひる》の合流点を望む尾根の先端に位置する。

【歴史】天正三年の織田軍と越前一向一揆との合戦時には、下間頼照《しもつまらいしょう》が守った。賤ヶ岳の合戦では柴田勝家軍が守備した可能性がある。*1

【遺構】全長は三〇〇m以上ある。完成度が高いのは、東側の一四〇mほどである。東の尾根先端部にL型の空堀で一辺一五mほどの馬出しを造り、低土塁が北と東側をめぐる。空堀を渡ると低石積みのL型の桝形を形成している。西は空堀イで遮断して土橋を構え、曲輪Ⅰの南西隅には櫓台ロが残る。南斜面には腰曲輪が二段続いており、低土塁がついて空堀状となっている。東の馬出しとⅠの間の曲輪Ⅱは自然地形である。西側の東西一五〇×南北三〇mほどの曲輪Ⅲも自然地形で、南西隅にL型の土塁が残る。

【評価】先端の馬出しや低土塁による桝形状の虎口は、天正十一年の賤ヶ岳合戦時に柴田方が改修した遺構と考える。

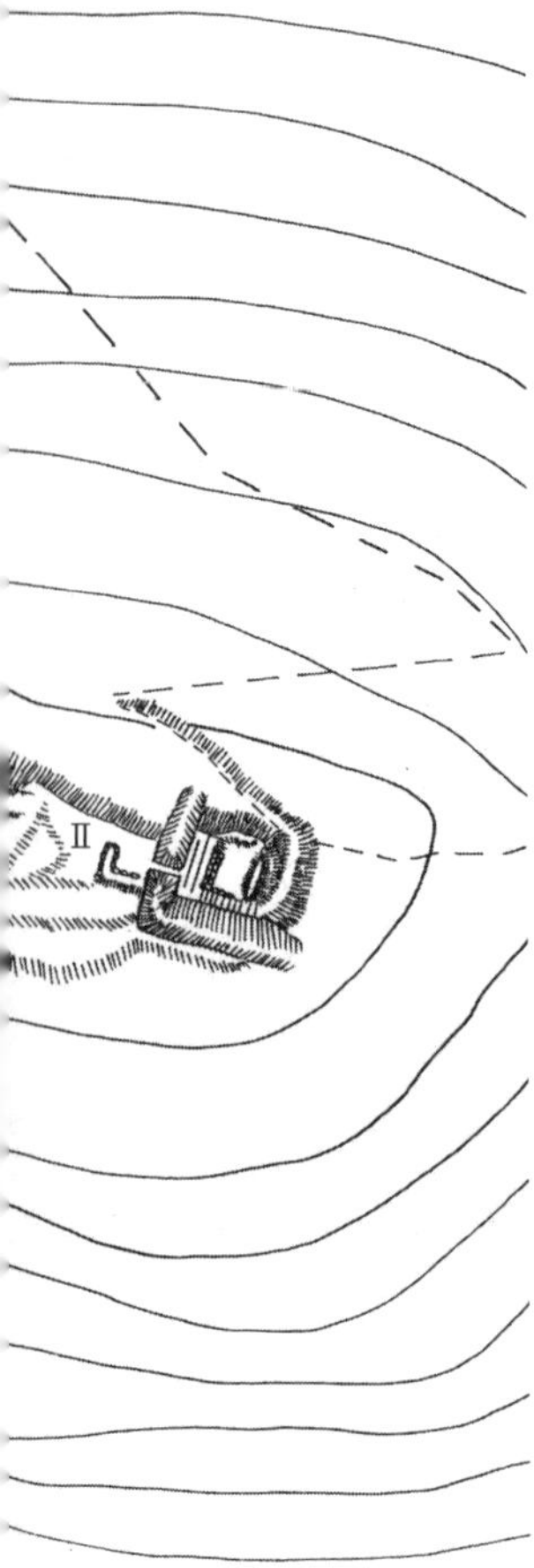

*1『図説　中世城郭事典』第二巻（新人物往来社、一九八七年）。

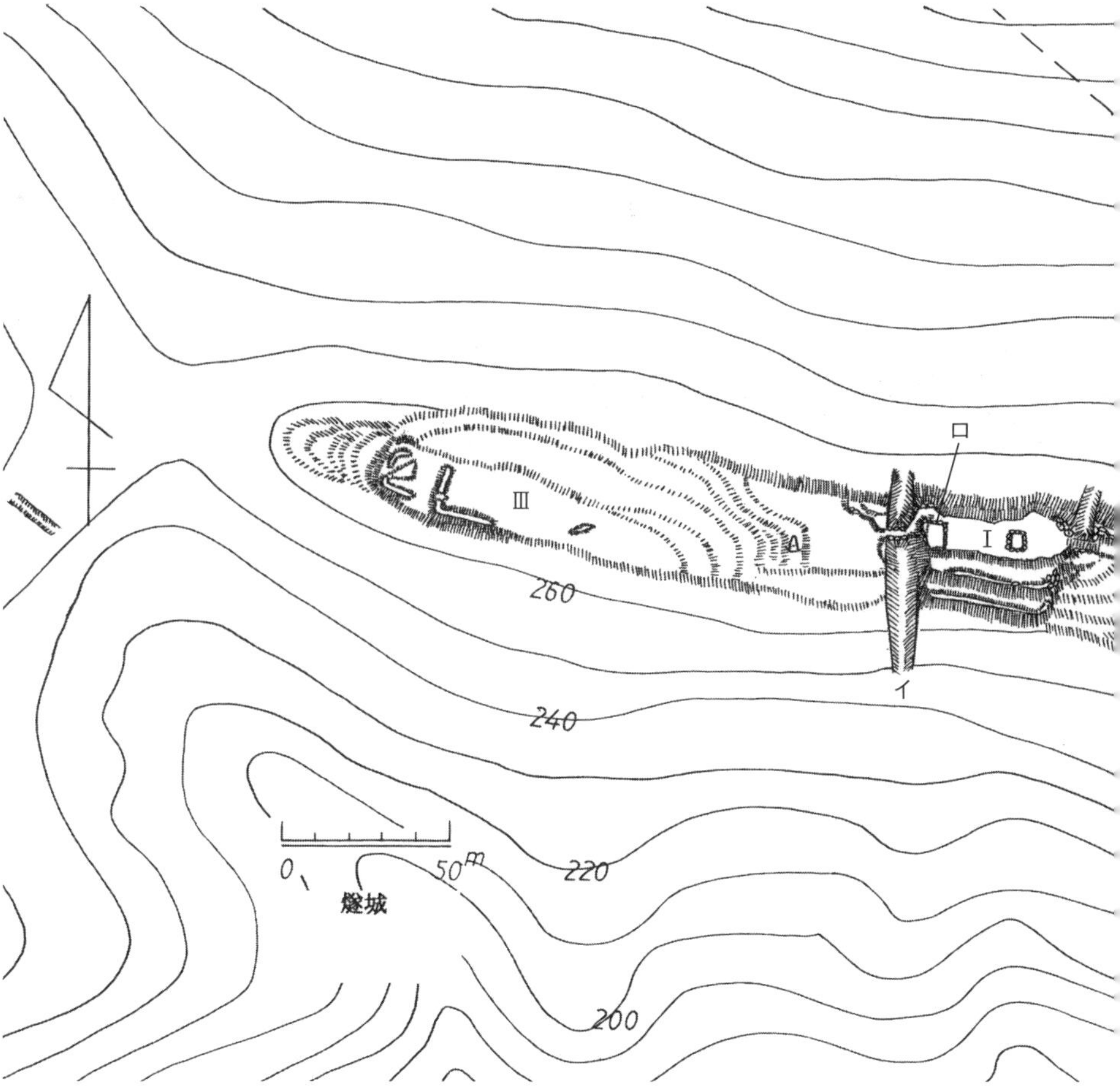

桝形

空堀

羽柴秀長が守った重要拠点

111 田上山城《たがみやまじょう》

所在地：滋賀県長浜市木之本町大字黒田／城主：羽柴秀長
遺構：曲輪・土塁・虎口・堀切・竪堀・竪土塁
規模：四〇〇×二〇〇m／標高：三三〇m・二一〇m

【選地】木之本町意富布良《おほふら》神社の北に位置する標高三三〇mの田上山にある。南北に通じる北国街道への展望が良好で、北は柳ヶ瀬から南は長浜の領域が展望できる。

【歴史】天正十一年三月の賤ヶ岳合戦時には、羽柴秀長の陣城として羽柴軍の中心的な拠点であった。*1

【遺構】中心となる曲輪Ⅰは南北三五×東西三〇mの土塁囲みで、虎口aは堀切側に開口し、北の曲輪Ⅱに繋がる。Ⅱは南北二五×東西二〇mほどの低土塁囲みで、北に馬出しbがあり、一三〇m余りの自然地形Ⅲに繋がる。北には食い違い土塁とカギ型の土塁で構成した虎口cがあり、西のクランクの土塁から横矢掛けが可能となる。Ⅲは駐屯地として利用が可能である。Ⅰの西尾根側には虎口dが開口し、細長い曲輪Ⅳに繋がる。途中に堀切状の地形イがあり、古い城郭遺構の名残りと考えられ、これが『信長公記』にある天正元年の越前朝倉氏の在城遺構であろう。

Ⅳは東西五〇×南北二〇mほどで、内部は西に傾斜しており、南西方向に虎口eが開口し、北側の土塁にコ字型の「武者隠し」がある。二五m下には堀切による遮断がみられる。Ⅰの南東には曲輪Ⅴがあり、塁線には折れを伴い、南尾根からの敵に対して横矢掛けができる構造となっている。南側一〇〇m下にはU字型の堀切があり、南からの敵を遮断している。

【評価】朝倉氏が陣を置いた場所としてはⅠとⅤが考えられ、Ⅳへの途中にある堀切状地形イは当時の堀切跡と考える。賤ヶ岳合戦時には羽柴方の中心的役割を果たしており、馬出しや塁線の折れ、武者隠し等の工夫された縄張りが残る。

曲輪Ⅱのb虎口

*1 『図解 近畿の城郭』Ⅱ（中井均監修・城郭談話会編、戎光祥出版、二〇一五年）。

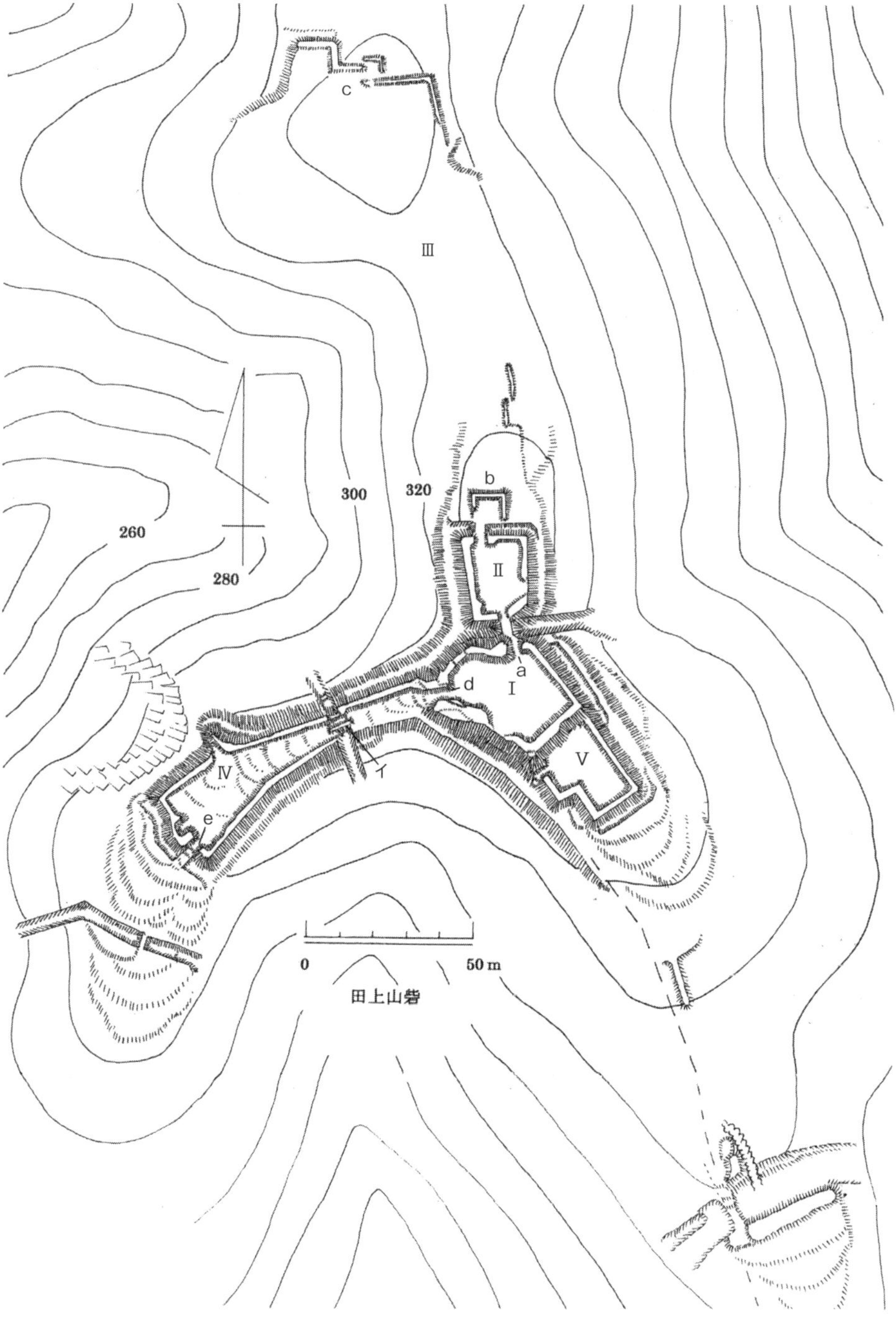

田上山砦

羽柴方最前線の破棄された陣城

112 天神山砦《てんじんやまとりで》

所在地：滋賀県長浜市余呉町国安／城主：羽柴氏
遺構：曲輪・土塁・虎口・空堀・堀切・竪堀
規模：三三〇×七〇m／標高・比高：二二五m・六〇m

【選地】余呉町今市の西、五〇〇mほどの距離にある標高二二五mの天神山の尾根先に位置する。砦の北には勘定《かんじょう》川が流れ、北国街道が山岳地帯で狭くなる場所である。柴田軍の林谷山砦とは一・二kmほどの距離にある、羽柴軍最前線の陣城である。

【歴史】天正十一年三月上旬に北陸の柴田軍が余呉北部に進出してきたので、羽柴軍が入城しようとしたが、北の柴田側の砦から見渡せる位置にあるため放棄し、堂木山《どうぎやま》砦、神明山《しんめいやま》砦まで第一防御ラインを下げた。*1

【遺構】全長三三〇mほどの中央部にある曲輪Ⅰは、東西三五×南北三〇mの規模で、外枡形虎口aが南東に開口し、腰曲輪が周囲を巡り、南西は堀切イで遮断している。腰曲輪Ⅱも東に外枡形虎口bが開口し、二〇m下にも虎口cがあり、北東の曲輪Ⅲの空堀ロに繋がる。Ⅲは空堀と土塁が囲繞し、内部は傾斜を伴っており、駐屯地として評価できる。

Ⅰから西へ六〇mほどに曲輪Ⅳがあり、規模は南北四〇×東西二〇mほどで低土塁が囲繞し、虎口dが南東に開口する。外側には腰曲輪が巡り、北の支尾根は堀切ハで遮断している。Ⅳの南は堀切ニで遮断し、堀切を越えると南北三〇×東西一五mほどの曲輪Ⅴがあり、尾根続きの南西側には土塁を設けて堀切ホで遮断している。

【評価】曲輪を囲繞する土塁や空堀および桝形虎口を設けた縄張りは、織豊系陣城として粋を集めたものである。羽柴方が放棄した後、柴田方が改修したという説もあるが不明である。

城跡遠景

土塁

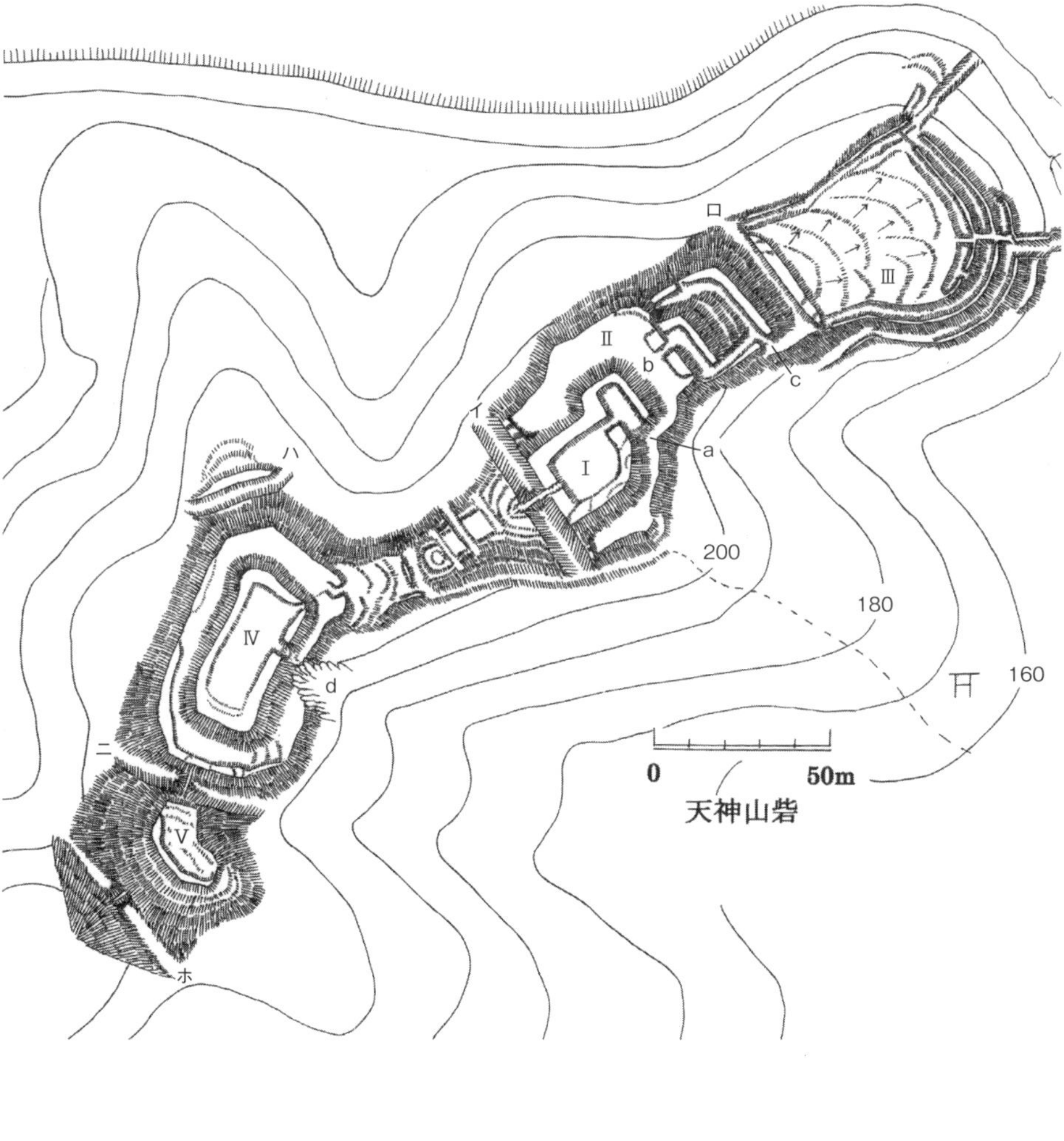

天神山砦

曲輪Ⅰ虎口

＊1　『図解　近畿の城郭』Ⅱ（中井均監修・城郭談話会編、戎光祥出版、二〇一五年）。

合戦に際しての駐屯地か

113 高尾山砦《たかおやまとりで》

所在地：滋賀県長浜市余呉町池原・小谷
城主：柴田氏／遺構：堀切・曲輪
規模：一五〇×七〇m／標高：五三四m・三二〇m

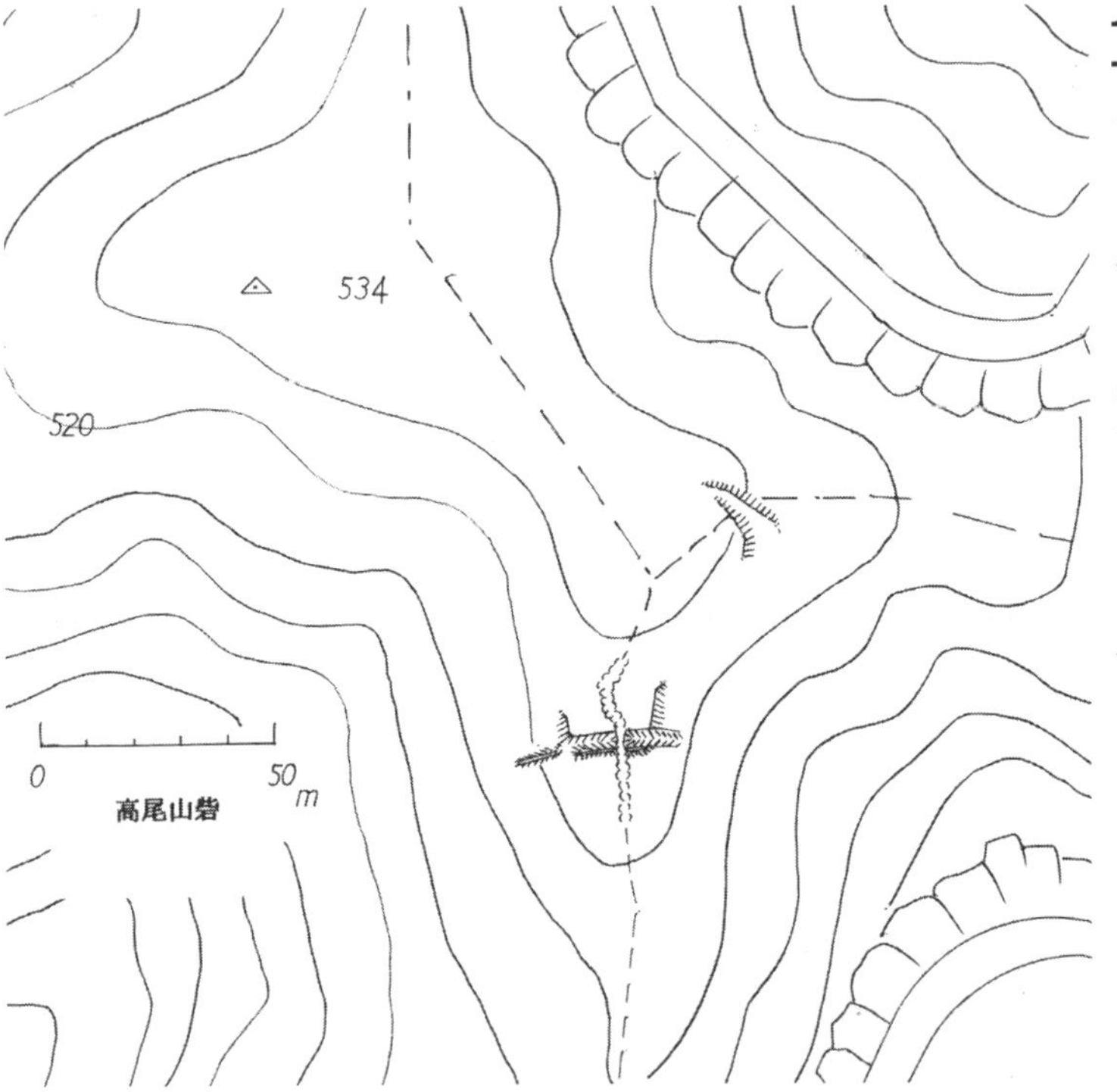

【選地】行市山砦から南へ一・二kmほどの、標高五三四mの高尾山に位置する。

【歴史】『群書類従』の記述に、柴田軍が「今晩夜中に此尾つつきよりたるみ峠（権現越え）へ掛り」とあり、行市山砦より大岩山砦への進軍途中、本砦に拠っている。*1

【遺構】高尾山の山頂部は広く、人工的に加工した場所は少ない。南尾根に堀切が一条と、東尾根方向に段築らしきものがある。

【評価】行市山砦から大岩山砦を攻撃する際、一時的に陣を構えた場所であろうか。

城跡遠景　東より

＊1 『群書類従』第二十一輯　合戦部（続群書類従完成会、一九三一年）。

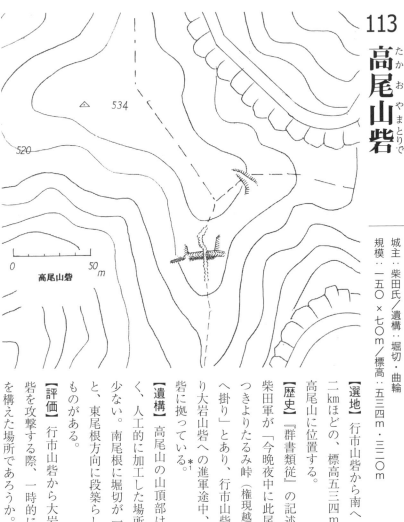

羽柴方の最前線の陣城

114 今市上砦《いまいちかみとりで》

所在地：滋賀県長浜市余呉町今市・東野／城主：羽柴秀長
遺構：曲輪・土塁・虎口・堀切
規模：一八〇×一一〇m／標高：四二〇m・二四〇m

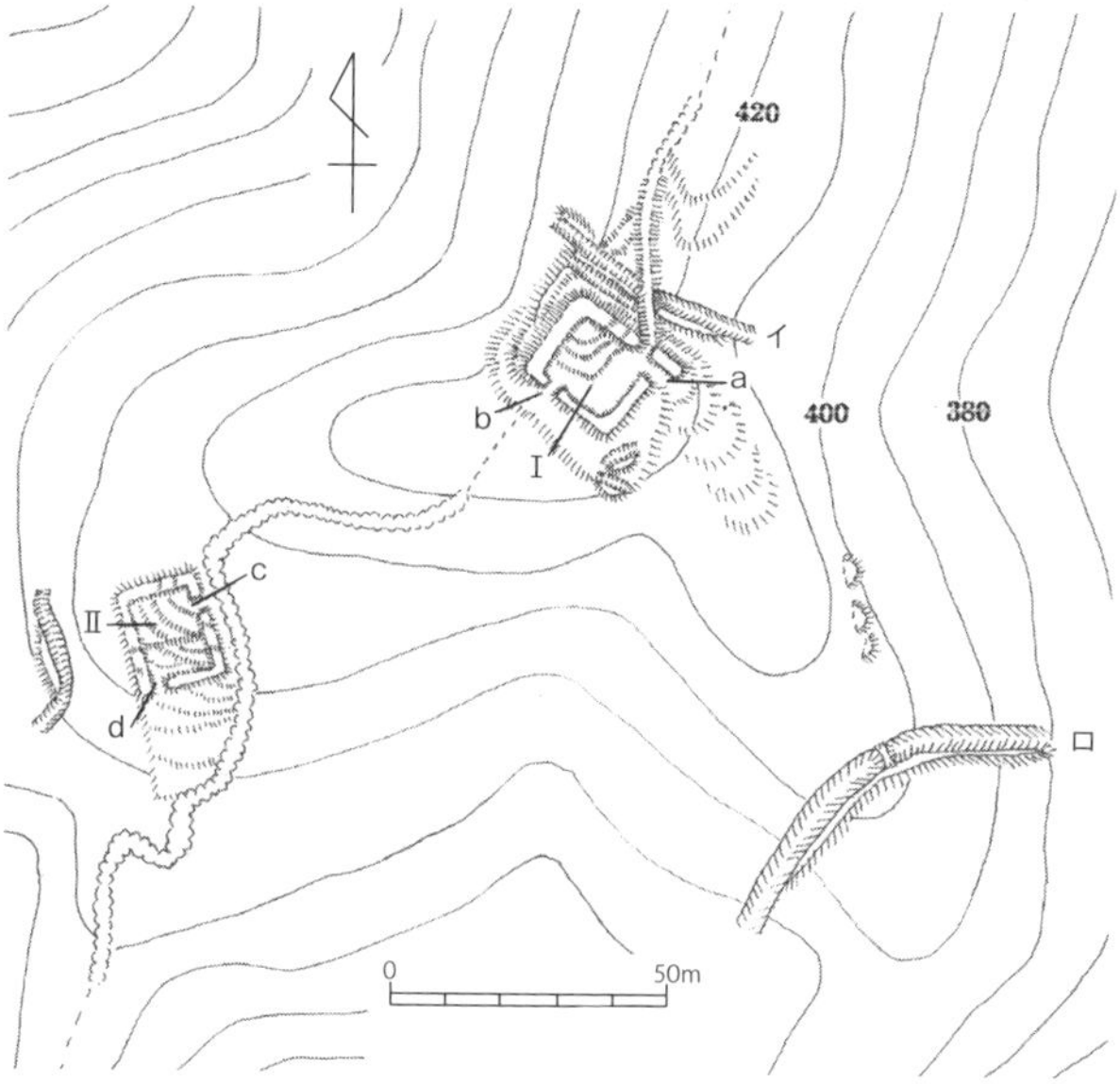

【選地】 今市集落の東方にある標高四〇〇～四二〇mの地に位置する。北方四七五・三mから派生した尾根は、砦から山麓の八幡神社まで下る。

【歴史】 天正十一年三月の賤ヶ岳合戦時、羽柴方が天神山砦を放棄して堂木山砦まで第一防御ラインを下げたときに放棄されたかは不明である。

【遺構】 北から派生した尾根を堀切イで遮断し、二五×二〇mほどの低土塁囲みの曲輪Iがあり、南東に開口した虎口aから七五mほど下ると堀切ロで遮断している。Iの南西に開口した虎口bから八〇mほど下ると、南北二〇×東西一五mほどの方形の曲輪IIがあり、現在、低土塁の痕跡が残る。東に虎口cが開口し、南に開口した虎口dは、山麓の八幡神社へと尾根を下る。

【評価】 東《ひがし》野《の》山《やま》城の北の砦としての役割が考えられるが、天神山砦と同時に放棄されたかは不明である。

土塁

羽柴方の第一防御ラインの要の陣城

115 東野山城《ひがしのやまじょう》

所在地：滋賀県長浜市余呉町東野／城主：堀秀政
遺構：曲輪・土塁・虎口・堀切・竪堀
規模：二二〇×九〇m／標高・比高：四〇七m－二四〇m

【選地】北国街道と若狭街道の分岐点となる柳ヶ瀬方面への展望は、東野山の標高四〇七mの位置がベストである。しかも、西の堂木山砦につながる第一防御ラインの要の砦として、山の中心部分を避けて南にずらし、南西中腹の菖蒲谷砦に繋がる尾根に合わせて縄張りをしている。

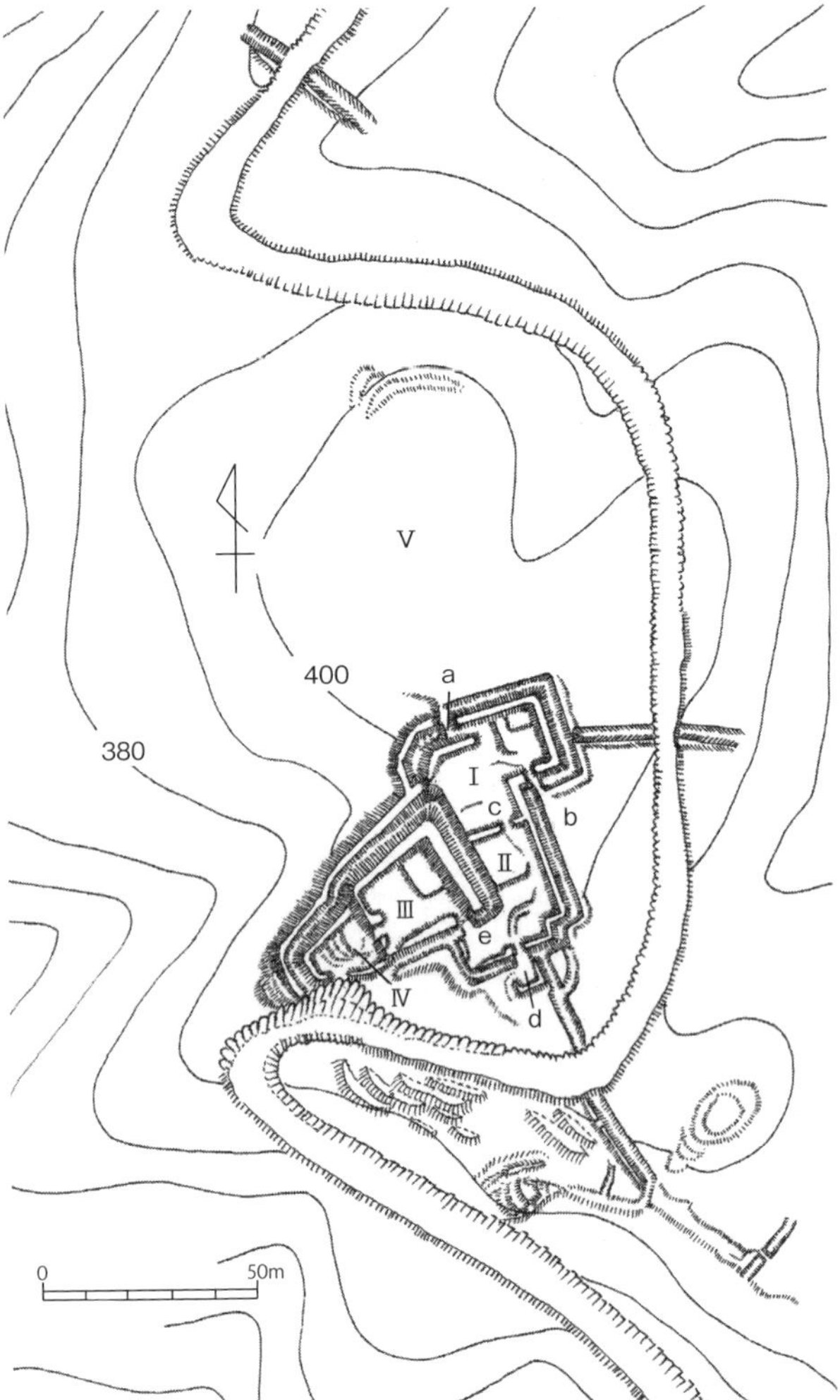

東野山城

Ⅰ北西虎口a

【歴史】 天正十一年三～四月の賤ヶ岳合戦時に、堀秀政《ほりひでまさ》が陣を置いた陣城である。*1

【遺構】 四つの曲輪で構成される。北の曲輪Ⅰは東西三〇×南北三〇mほどで、土塁が囲繞し外側には空堀が巡る構造である。食い違い虎口aが北西に開口し、南東に虎口bとcを設け、bは城外に、cは曲輪Ⅱに繋がる。Ⅱは南北三〇×東西二五mほどの逆L型をしており、曲輪内部はところどころ傾斜がみられる。南東には馬出しdがあり、斜面には横移動を防ぐ竪堀が五〇mほど下る。Ⅱの西には東西二五×南北二〇mほどの曲輪Ⅲがあり、虎口eが南西に開口している。

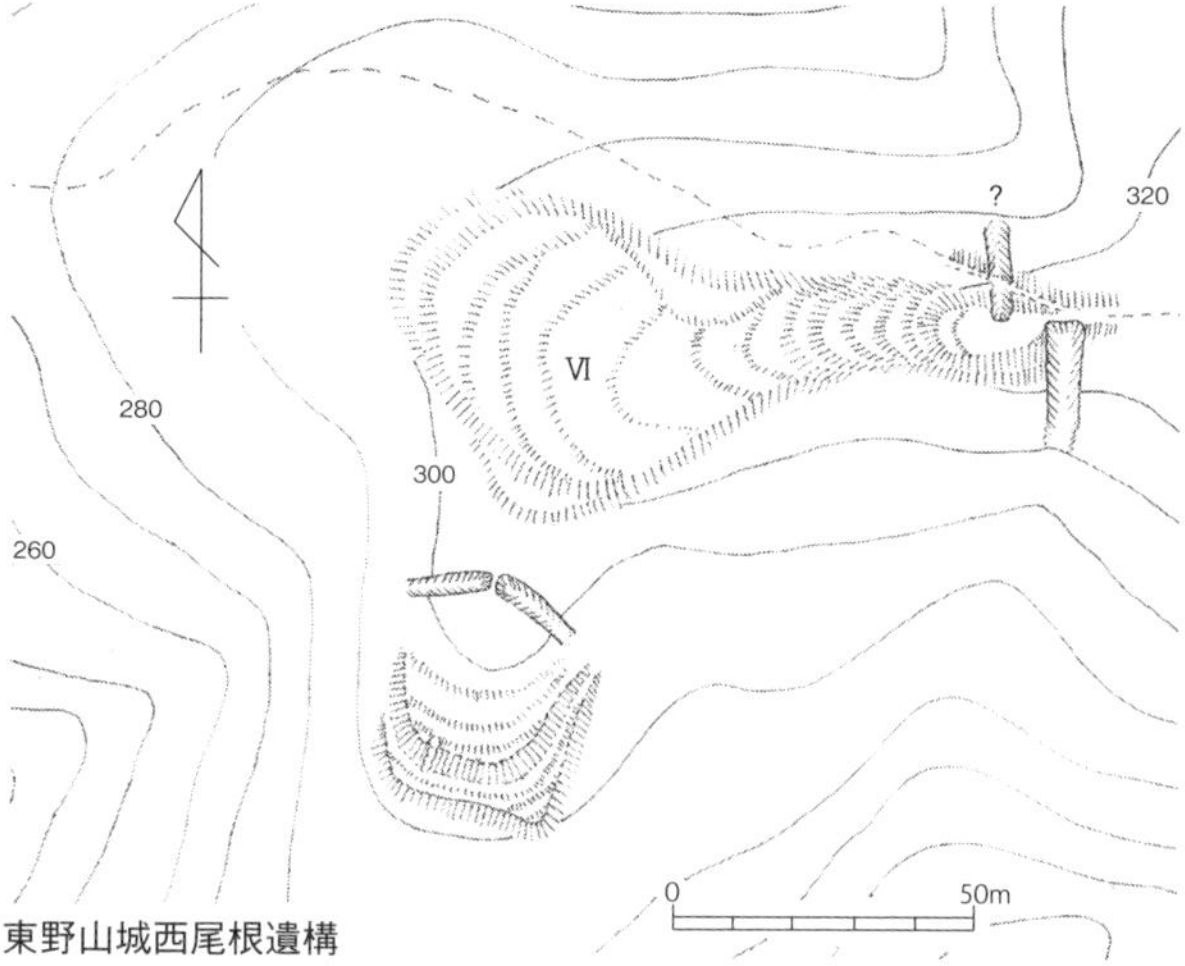

東野山城西尾根遺構

Ⅲが主郭と考えられ、北隅には櫓台のような台地があり、西の北国街道方面への展望が良好である。南西下の曲輪Ⅳは一辺一五mほどで、Ⅳから南西中腹の菖蒲谷砦に繋がる。

Ⅰの北には駐屯地Ⅴが広がり、北尾根は堀切で遮断している。Ⅴの西尾根を下ると、標高三一〇mの中腹に平坦地があり、東側に食い違いの竪堀を配置する。西に五〇mほど下ると五〇×四〇mほどの平坦地Ⅵ（自然地形）があり、南西尾根は堀切と切岸で遮断している。

【評価】 北国街道を封鎖する要の砦として、北への展望は良好であり、南西尾根筋の菖蒲谷砦への繋がりを目的とした縄張りが明確で、東の最前線の陣城と街道封鎖の両方を兼ね備えた縄張りである。

---

*1 『図解 近畿の城郭』Ⅰ（中井均監修・城郭談話会編、戎光祥出版、二〇一四年）。

馬出しd

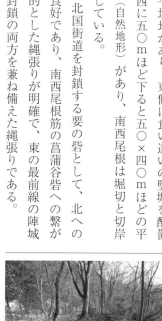

堀秀政が守った第一防御ラインの東陣城

116 菖《しょう》蒲《ぶ》谷《たに》砦《とりで》

所在地：滋賀県長浜市余呉町東野／城主：堀秀政
遺構：曲輪・堀切・土塁・虎口・竪土塁
規模：三二〇×一七〇m／標高・比高：二八〇m・一二〇m

【選地】標高四〇〇mの東野山城から南西方向に下った尾根の標高二七〇m地点が尾根の分岐点で、この両尾根に遺構が分布する。南西五〇〇mには堂木山砦があり、間を南北に北国街道が通っている。

【歴史】「余呉庄合戦覚下」によると、「賎ヶ嶽ヨリ東野山堀久太郎秀政跡ハ菖蒲谷と云」とある。*1

【遺構】分岐地点を堀切で遮断し、二〇mほどの空間を置いて三〇×一五mほどの低土塁囲みの曲輪Ⅰを隔てて、南北三〇×東西二〇mほどの曲輪Ⅱがある。北東の土塁上には櫓台があったと思われる幅の広い土塁となっている。Ⅱを中心に二方向の尾根上に竪堀を配置し、南尾根を一二五mほど下ると、南北二五×東西一五mほどの土塁囲みの曲輪Ⅲがあり、西に虎口aが開口している。先端には竪土塁が六〇mほど下る。

西尾根には、一六〇mほどの竪土塁を下ると二五×一〇mほどの二段の曲輪Ⅳがあり、先端を堀切イで遮断している。東西の竪土塁の両側には削平地の痕跡が残る。Ⅲの南六〇m下には、一部に土塁を設けた曲輪Ⅴと東の曲輪Ⅵがあり、ここは駐屯地と考えるが、再検討が必要である。

【評価】分岐する尾根を空堀で遮断する構造は、南西の堂木山砦北遺構も同じであり、北国街道を遮断する構造として類似する。菖蒲谷砦のほうが大規模なのは、東野山城との距離があるためだろうか。

竪土塁

＊1　『滋賀県中世城館分布調査報告書』伊香郡・東浅井郡の城（滋賀県教育委員会、近江の城友の会、一九九〇年）。

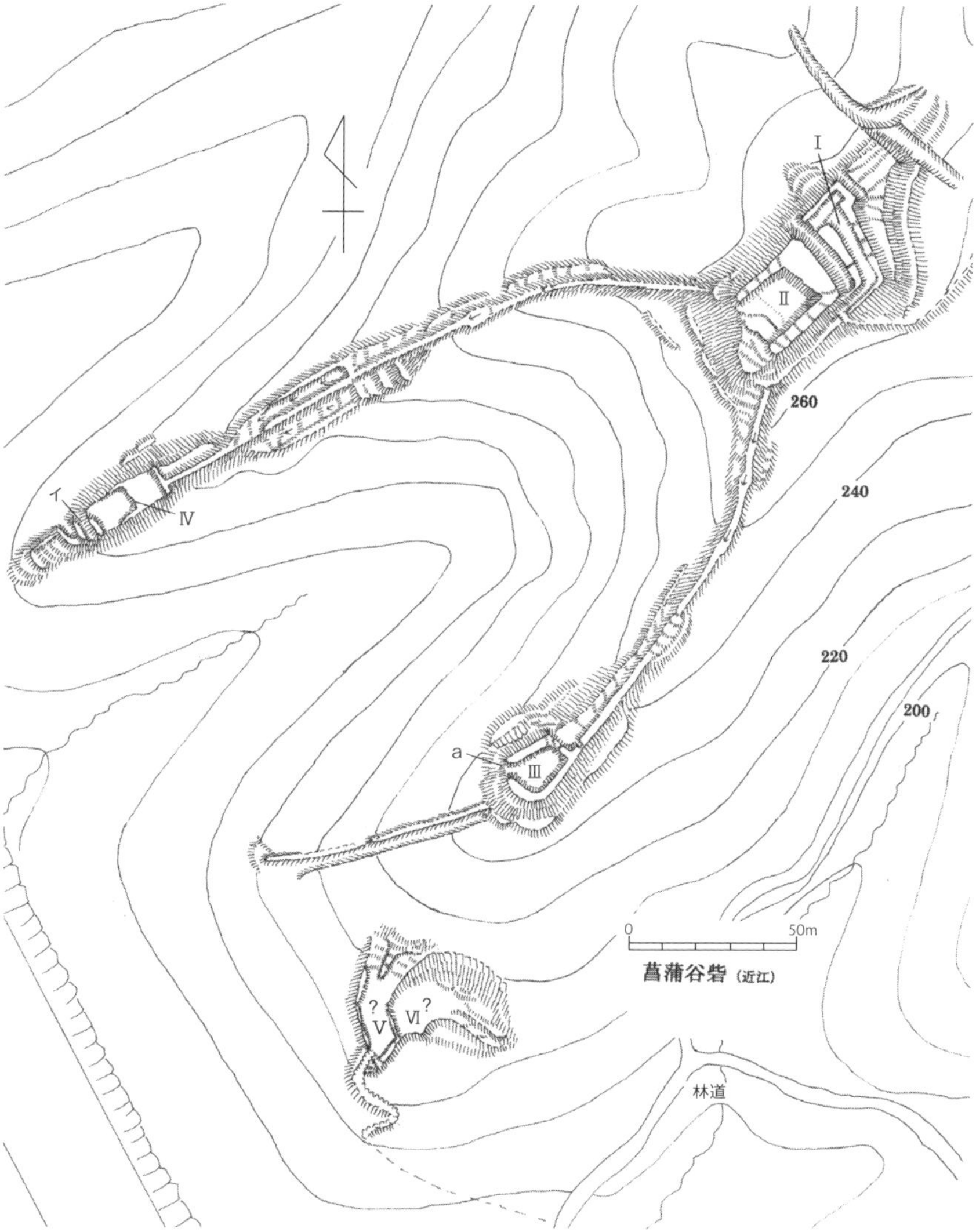

曲輪

第二防御ラインの東陣城か

117 坂《さか》口《ぐち》砦《とりで》

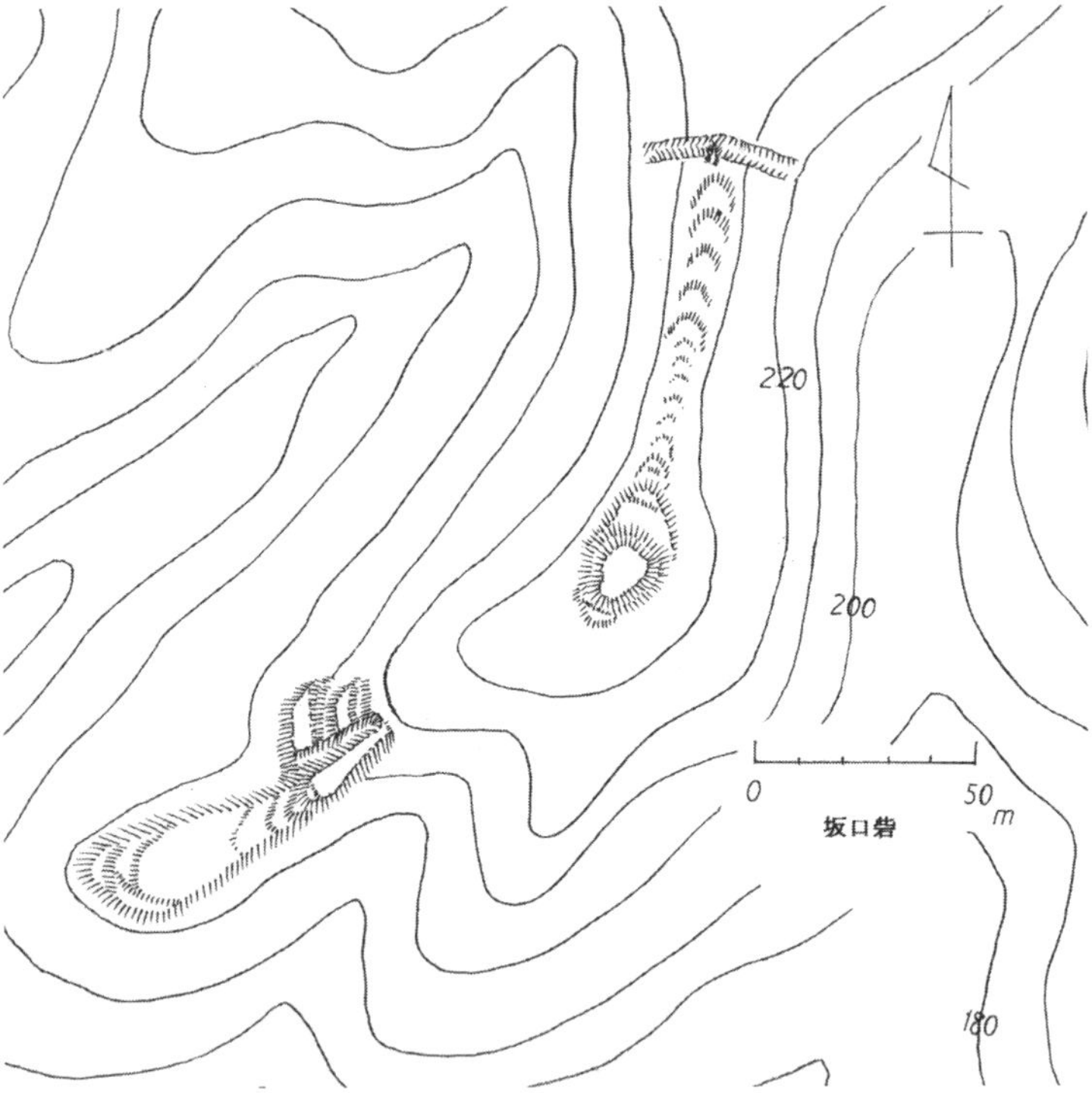

所在地：滋賀県長浜市余呉町坂口／城主：―
遺構：曲輪・堀切／規模：二一〇×三〇m
標高・比高：二三四m・一〇〇m

【選地】大岩山から東へ余呉川を隔てて一kmほどの、北東から延びる標高二三四mに位置する。西には岩崎山砦や大岩山砦があり、最も北国街道が狭くなった場所である。

【遺構】北の鞍部に小規模な堀切を設け、八〇mほど南の山頂には二ヵ所の平坦地がある。南西へ六〇mほど下ると削平地らしき地形が二ヵ所と、自然地形の平坦地がある。

【評価】西の岩崎山砦と大岩山砦の遺構も本格的な築城ではないため、北国街道を挟んで、東の砦としての位置づけになるか、疑問点も残る。

城跡遠景

高時川沿いに南下する柴田軍を防ぐ

118 田部山城《たべやまじょう》

所在地：滋賀県長浜市田部／城主：―
遺構：曲輪・土塁・虎口・土橋・堀切
規模：三〇〇×四〇m／標高・比高：二七〇m・一四〇m

【選地】田上山城の南東一・五kmほどの標高二三〇mに位置する。東には北から高時川《たかとき》が流れ、西は北国街道が南北に通過する交通の要衝である。

【歴史】『信長公記』によると、天正元年八月十日に朝倉義景が「たで山」に陣取ったとある。*1

【遺構】全長一八〇mほどで、尾根の東西に遺構がある。東と南尾根を堀切で遮断し、城の構は北方向になっている。堀切には土橋を設け、東の曲輪Ⅰは土塁が囲繞し、北の斜面には階段状に小規模な曲輪が敷設されている。城域の中心部で狭くなったイの部分は、南北の土塁が切れており、中心部が土橋状になっている。このような構造は、田上山城の西尾根に繋がる部分にも設けられており、敵の行動を遮断する構造物と考える。西の曲輪Ⅱは東西一〇〇×南北四〇mほどで、尾根が分岐する所で西に曲がっている。土塁は一部分にあり、曲輪内部は西側に傾斜している。南尾根は堀切で遮断し、虎口aが開口し土橋が設けられている。

【評価】東のⅠから北の支尾根上は小規模の曲輪を階段状に敷設しており、北や東方面の敵を意識した城構えである。賤ヶ岳合戦時、北陸の柴田軍が田上山城を背後から攻撃するため、高時川沿いに南下してくるのを阻止するため陣城と考える。

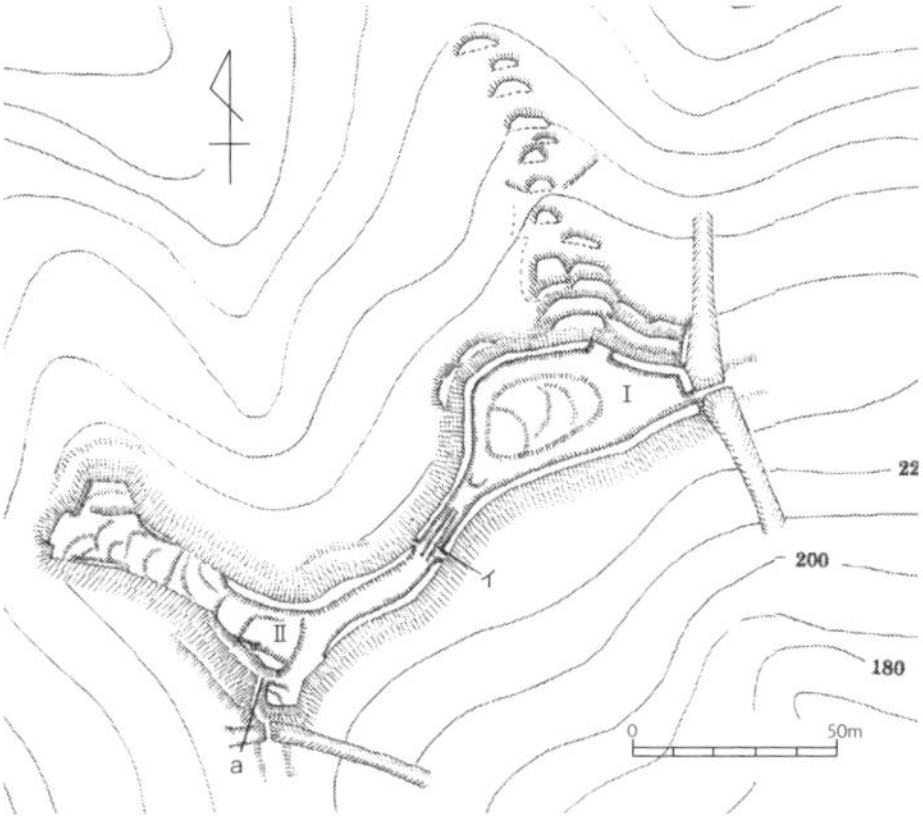

東側堀切a

*1『信長公記』（奥野高広・岩沢愿彦註、角川書店、一九六九年）。

第一防御ライン西側の陣城

119 神明山砦《しんめいやまとりで》

所在地：滋賀県長浜市余呉町八戸／城主：木村重茲
遺構：曲輪・堀切・土塁・虎口
規模：一三〇×六〇m／標高・比高：二九四・五m・一六〇m

【選地】ＪＲ北陸本線余呉駅の北西七〇〇m、東の堂木山砦に繋がる尾根上の標高二九四・五mに位置する。

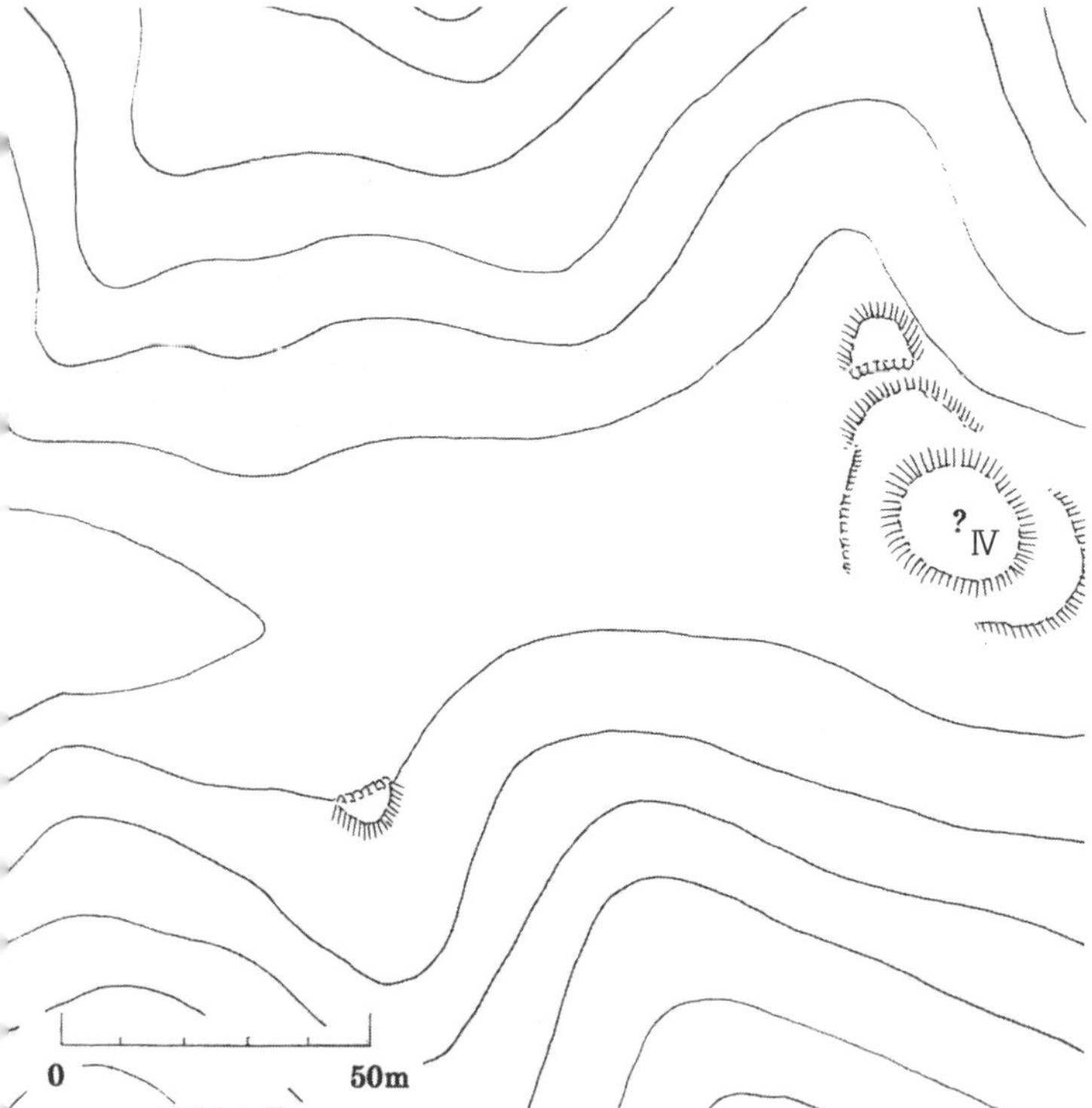

神明山砦

【歴史】「賤ヶ岳合戦記」によると、木村重茲《しげこれ》が守備していた。[*1]

【遺構】東西二〇×南北一〇mの曲輪Ⅰは、東の低土塁を除く三方に高さ二m近くの土塁を敷設し、虎口aが南に開口する。腰曲輪Ⅱが周囲を取り巻き、Ⅰの南西寄りに虎口bが開口し、帯状曲輪から南尾根の道に繋がる。西尾根方向は二条の堀切で遮断し、五〇mほど西に離れて小規模の堀

＊1　『図解　近畿の城郭』Ⅰ（中井均監修・城郭談話会編、戎光祥出版、二〇一四年）。

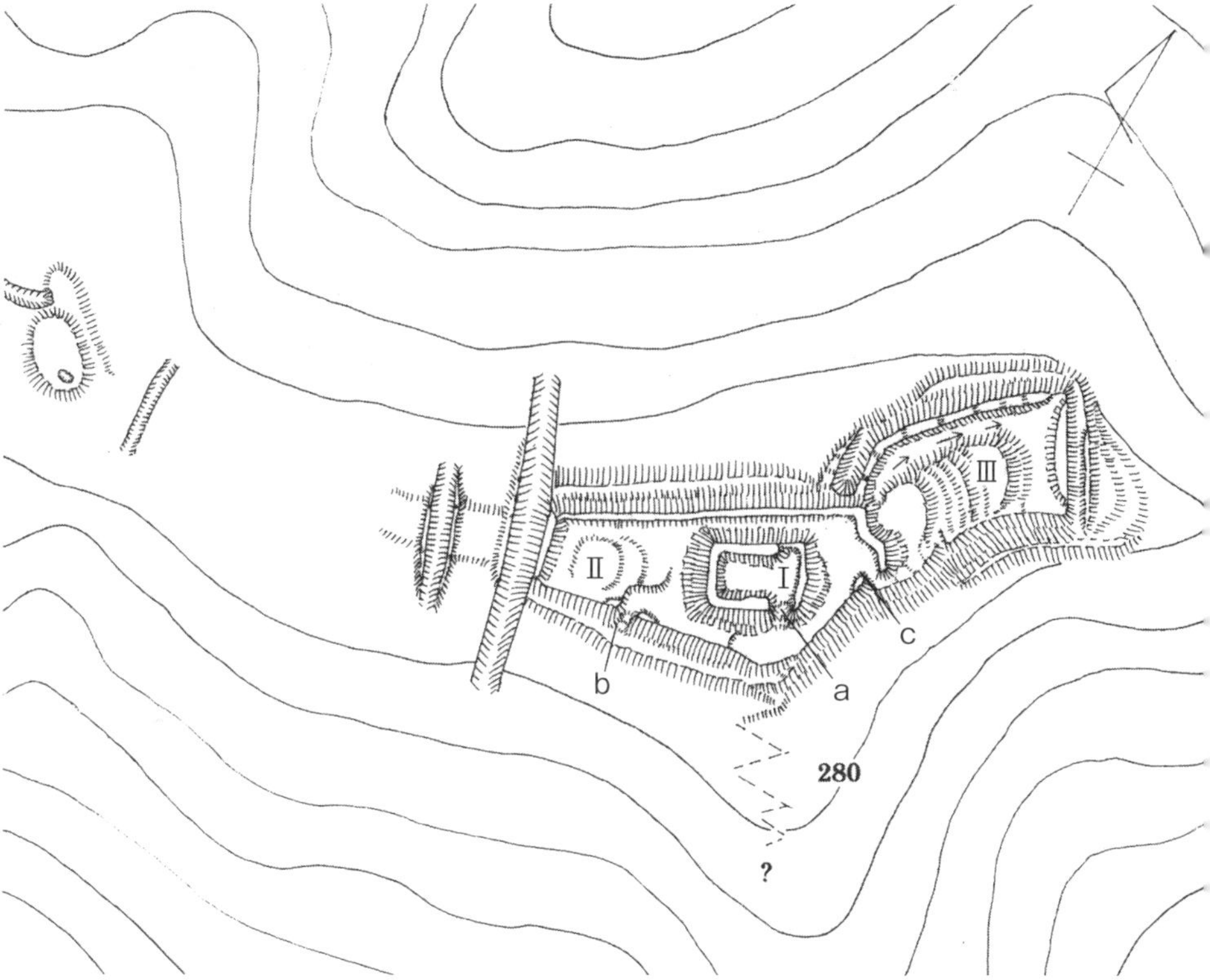

切と、一五×一〇ｍほどの土壇があり、北西に竪堀を設けている。

Ⅱから食い違いの虎口ｃで繋がる東西三二×南北二〇ｍの曲輪Ⅲがあり、土塁が北と東に巡る。内部が傾斜のため、段築となっている。曲輪の土塁はすべて北側にあり、柴田方を意識している。東の堀切を越えて一七〇ｍほどに直径二〇ｍほどの土壇があり、周辺には曲輪群Ⅳがある。

【評価】神明山砦から堂木山砦に連なる尾根上には、要所に削平地があり、駐屯地としての利用が考えられる。

空堀

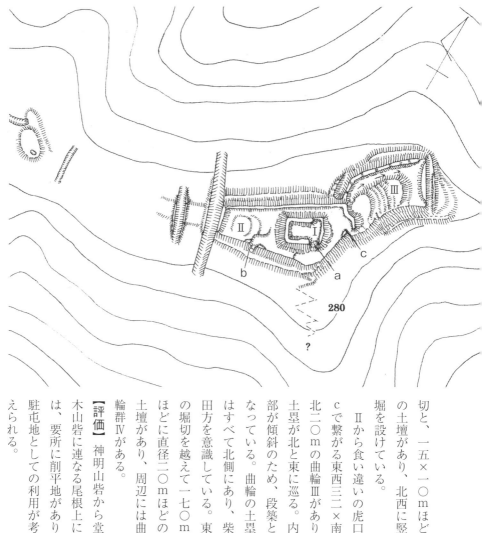

第一防御ライン南西の陣城

120 堂木山砦《どうぎやまとりで》

所在地：滋賀県長浜市余呉町八戸／城主：山路正国・木下半右衛門
遺構：曲輪・堀切・土塁・虎口・空堀・竪堀・竪土塁
規模：一六〇×五五m／標高：二三八m・一〇〇m

【選地】余呉湖の北一・三kmほど、南西から北東に延びた尾根先の標高二三八mに位置する。南西八〇〇mほどには神明山砦が所在する。

【歴史】天正十一年三月の賤ヶ岳合戦では、山路正国《やまじまさくに》・木下半右衛門が守備した。[*1]

【遺構】全長一六〇mほどの規模で、北と西を堀切で遮断し、四つの曲輪で構成される。北から南北三〇×東西二〇m規模の曲輪Ⅰは高さ一mほどの土塁が囲み、虎口aが南東に開口し、北部の尾根先にある曲輪に繋がる。食い違い虎口bを入ると、南北五〇×東西二五mほどの不整形な曲輪Ⅱがあり、虎口cが東に開口する。堀切を越えて南には南北六五×東西二五mほどの不整形な曲輪Ⅲがある。一部に低土塁が残り、西に食い違い虎口dが開口し、西の曲輪Ⅳに繋がる。

Ⅳには北西の斜面に下る虎口eと思われる遺構があるが、断定はできない。西尾根の一三〇mほどに東西二〇×南北一〇m規模の曲輪Ⅴがあり、南西の堀切道を監視している。北一二〇mほどには東西一五×南北一〇m規模の曲輪Ⅵがあり、西と北側に土塁を敷設している。

【評価】北東の菖蒲谷砦と第一防御ラインを形成する南西側の陣城である。北側にあるⅠとⅡの土塁が高く、空掘りや犬走りを設けるなど、北側の尾根先端方向に防御が集中している。

城跡全景

堀切

＊1　『群書類従』第二十一輯　合戦部（続群書類従完成会、一九三一年）。

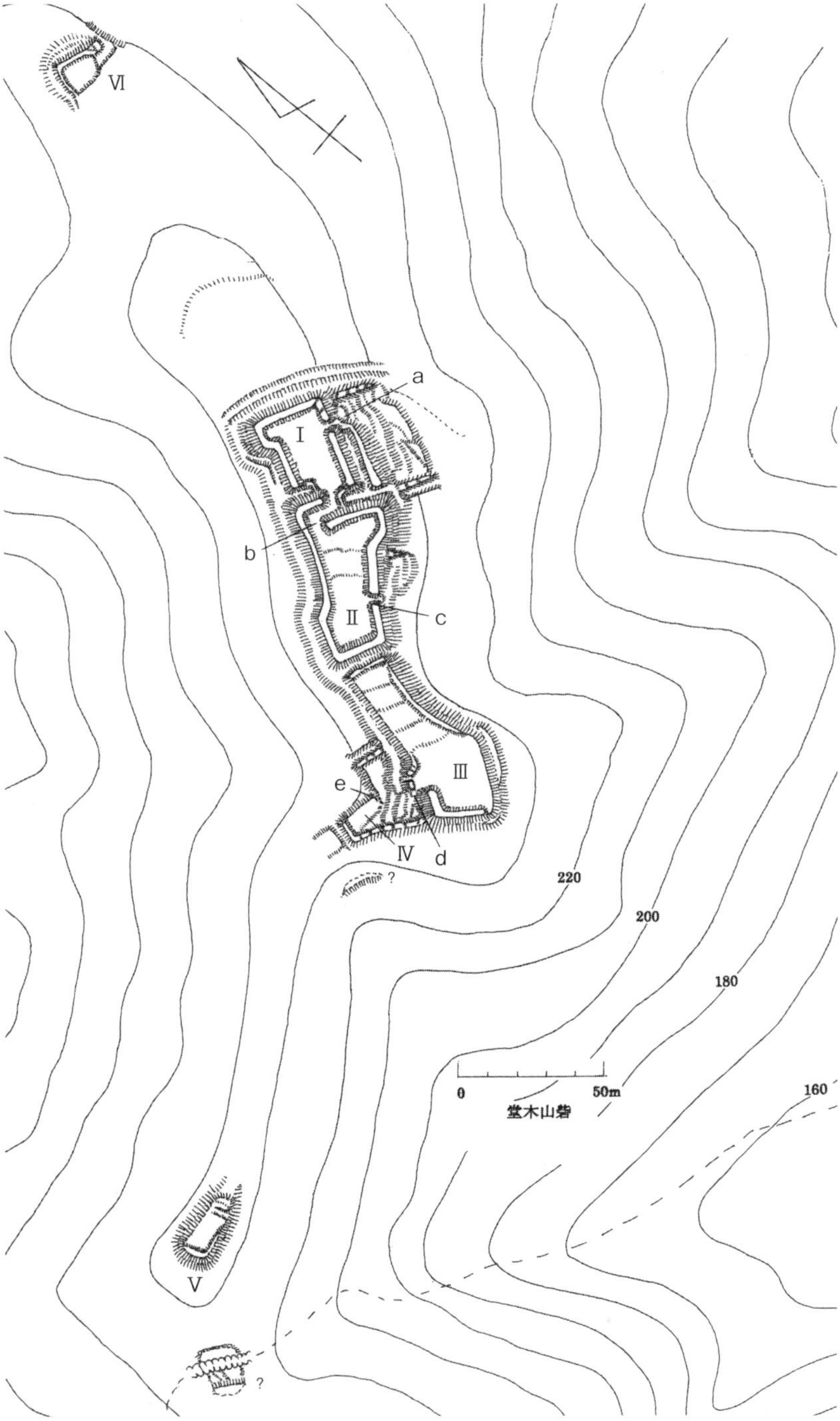
Ⅵ
a
Ⅰ
b
Ⅱ
c
Ⅲ
e
Ⅳ
d
?
220
200
180
0
50m
堂木山砦
160
Ⅴ
?

堂木山砦・神明山砦の西と北の防御砦

121 堂《どう》木《ぎ》山《やま》砦《とりで》西《せい》部《ぶ》遺《い》構《こう》

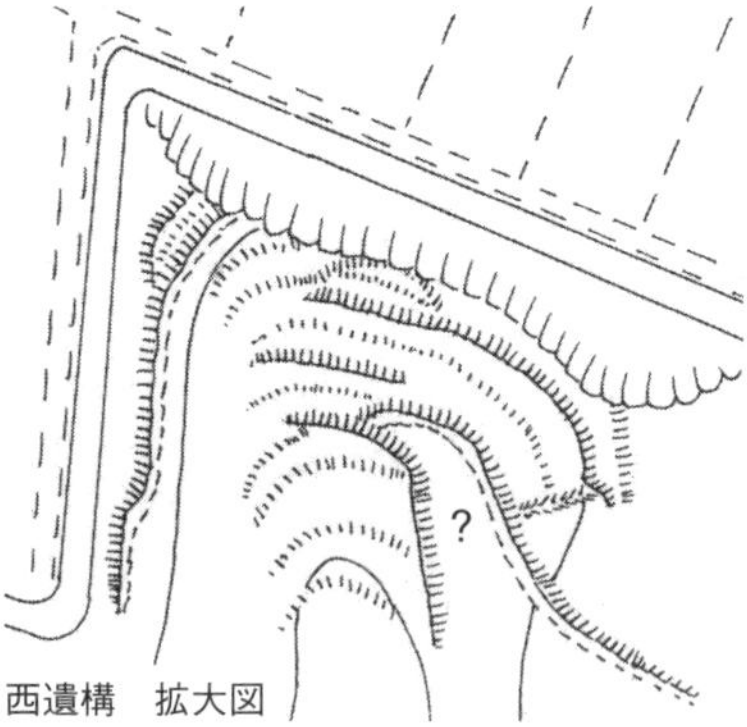

西遺構　拡大図

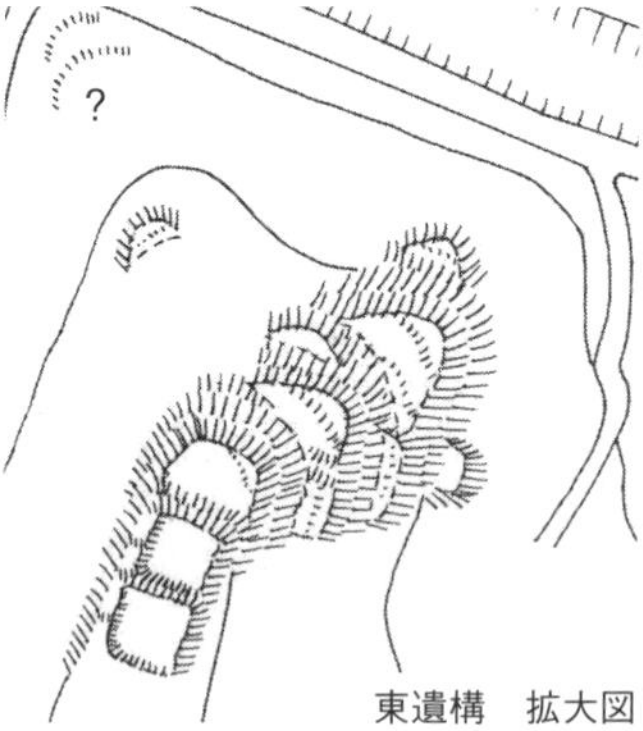

東遺構　拡大図

所在地：滋賀県長浜市余呉町東野／城主：—
遺構：曲輪／規模：東遺構六五×三〇m、西遺構五×四〇m／標高・比高：一六〇m・二〇m

【選地】 堂木山砦西部の支尾根二ヵ所に遺構がある。

【歴史】 天正十一年三月の賤ヶ岳合戦における城郭遺構である。

【遺構】 堂木山砦の西山麓の支尾根先端に五段の曲輪群と、それに伴う小規模の削平地がある。また、西へ二五〇mほどの支尾根先端に、高さ二mほどの切岸が五段ほど見られる。

【評価】 西の神明山砦と堂木山砦の北側山麓を防御するための遺構である。

城跡遠景

第一防御ラインの南西の繋ぎの陣城

122 堂《どう》木《ぎ》山《やま》砦《とりで》北《ほく》部《ぶ》遺《い》構《こう》

所在地：滋賀県長浜市余呉町中之郷／城主：—
遺構：曲輪・堀切・土塁・竪土塁／規模：一三〇×一〇〇m／標高・比高：一八〇m・四〇m

【選地】堂木山砦から北へ延びる尾根先の標高一八〇mに位置し、北山麓では文室《ふむろ》川と勘定川が東の余呉川に合流する。

【歴史】天正十一年三月の賤ヶ岳合戦における城郭遺構である。

【遺構】尾根の先端に堀切を設け、土壇状の南北一〇×東西七mほどの曲輪Ⅰがある。北へ一〇mほどの削平地を隔てて、東西二〇×南北七mほどの北側を中心に土塁を設けた曲輪Ⅱがあり、南東斜面に五〇mほどの竪土塁が下る。

【評価】北東の菖蒲谷砦に繋がる第一防御ラインの、南西側を守る陣城である。

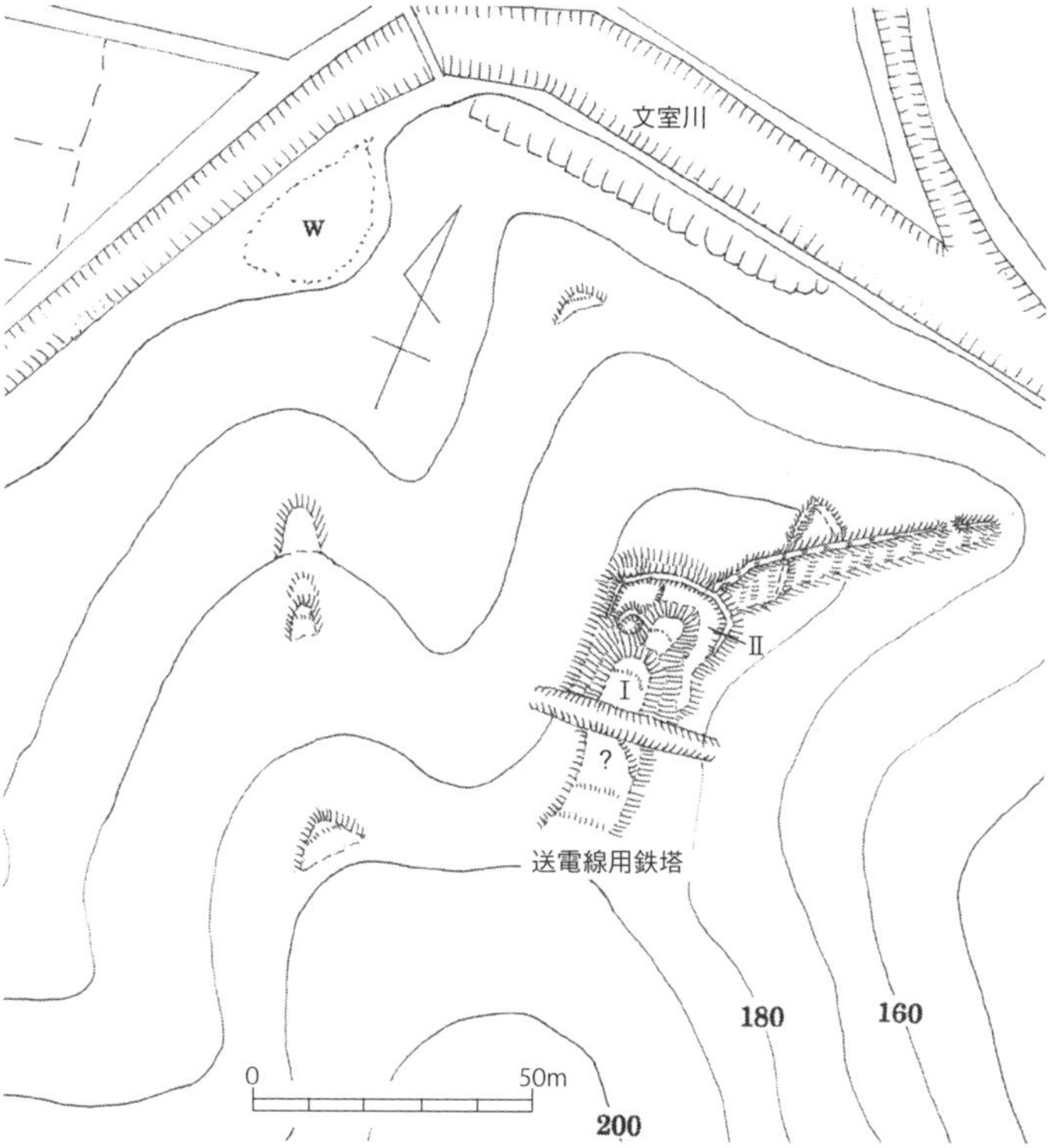

城跡遠景

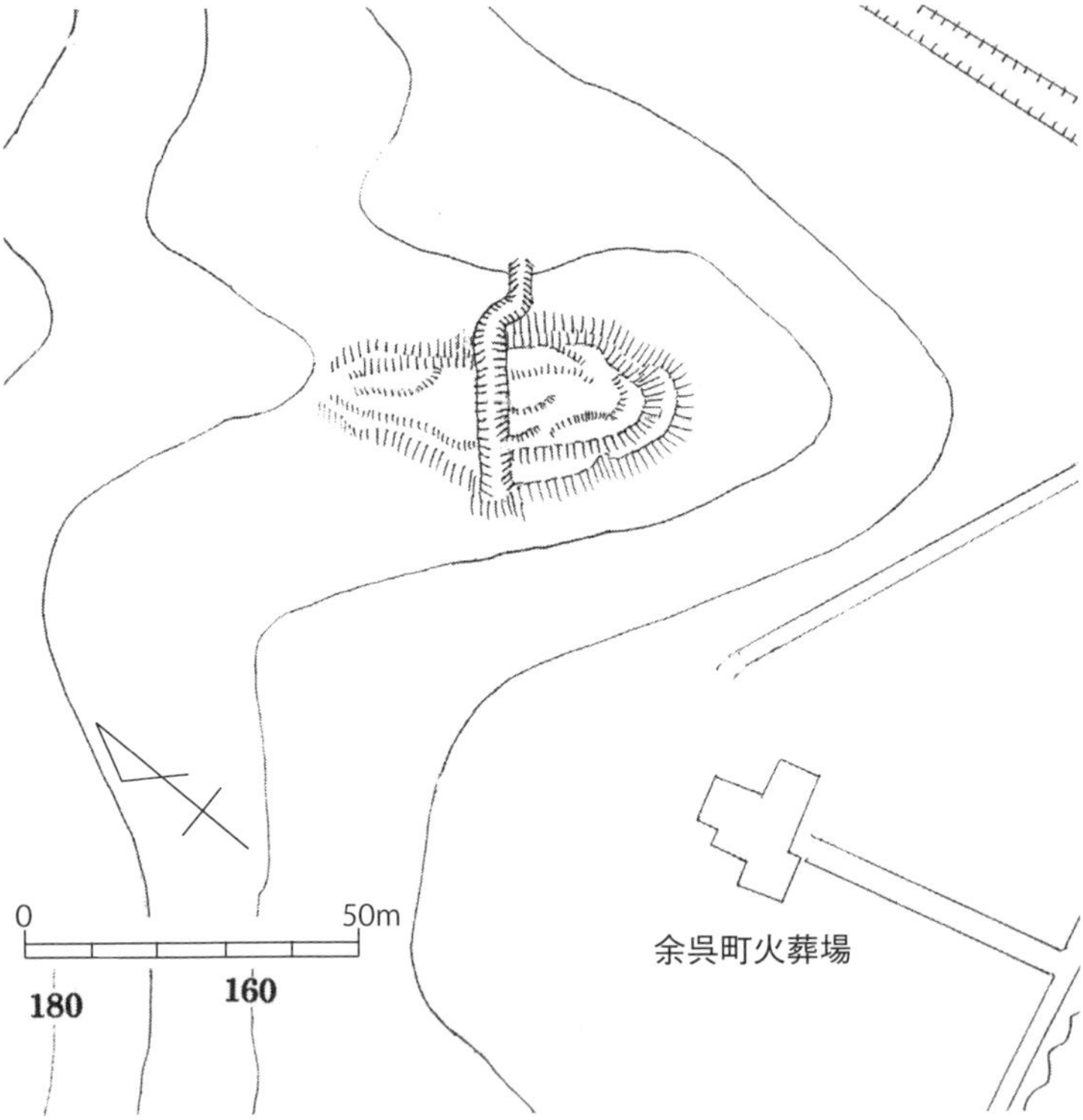

堂木山砦の南東方面の防御砦

123 堂木山砦南東遺構《どうぎやまとりでなんとういこう》

所在地：滋賀県長浜市余呉町中之郷／城主：―
遺構：曲輪・堀切／規模：三〇×二〇m
標高：一六五m・二五m

【選地】堂木山砦の南東支尾根に所在する。

【歴史】天正十一年三月の賤ヶ岳合戦における城郭遺構である。

【遺構】堂木山砦の南東支尾根先端を堀切で遮断し、全長三〇mほどの曲輪を造成している。堀切の北東側で屈曲しているが、横矢掛け構造を意識したものかは不明である。曲輪への虎口は、西側の堀切から入る構造になっている。

【評価】堂木山砦の南東山麓の防御を目的とした遺構である。

城跡遠景

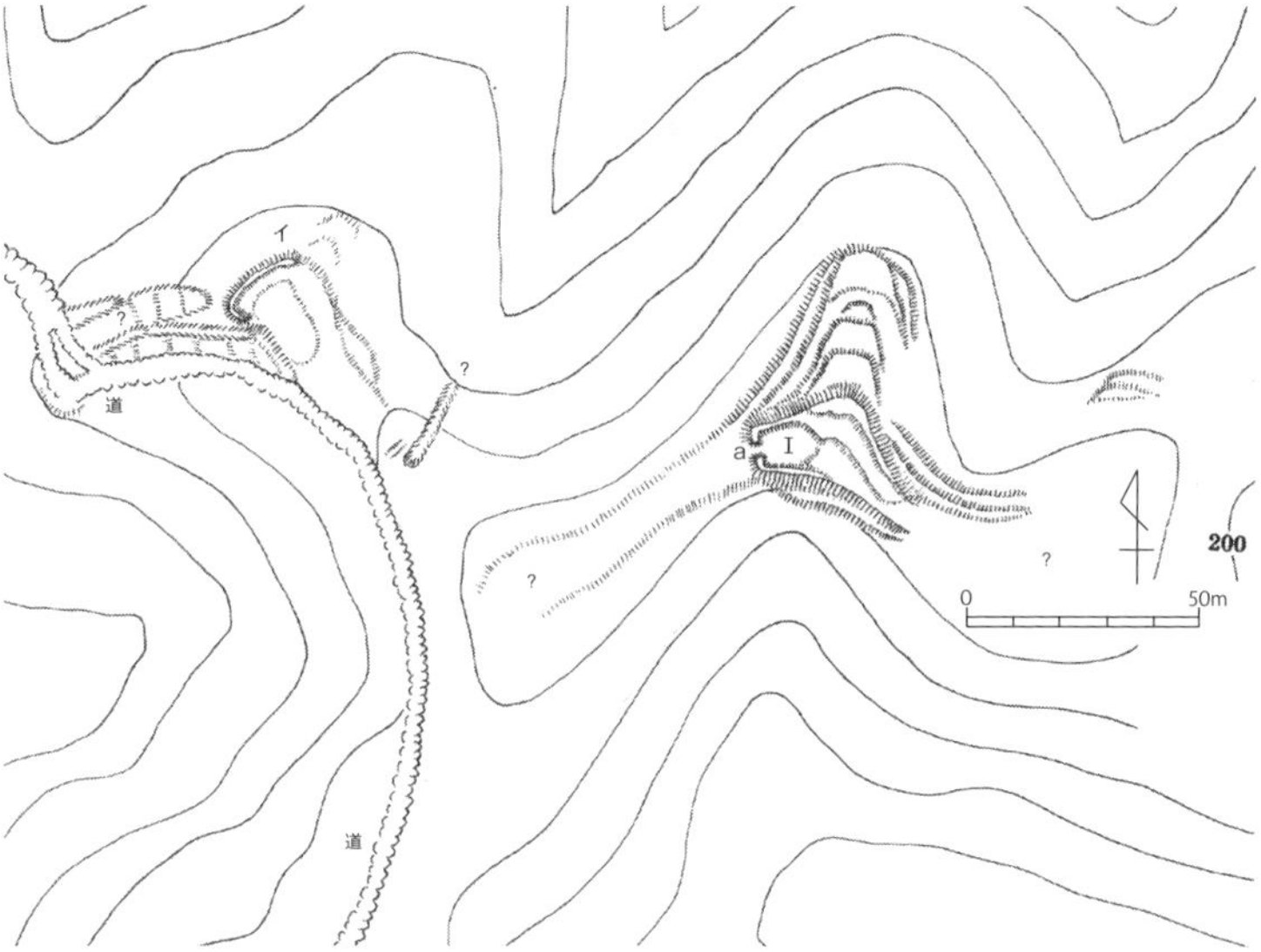

124 岩崎山砦《いわさきやまとりで》

柴田軍の攻撃で撤退した高山右近の陣城

所在地：滋賀県長浜市余呉町下余呉／城主：高山右近
遺構：曲輪・土塁・虎口／規模：一八〇×七〇m
標高・比高：二一〇m・七〇m

【選地】余呉湖の北東に位置する標高二〇九mの尾根先端にあり、北一・三kmには堂木山砦、南一kmには大岩山砦があり、東には北国街道が通る。

【歴史】天正十一年の賤ヶ岳合戦時、摂津の高山右近《たかやまうこん》が在陣した。同年四月二十日に柴田方の佐久間盛政に急襲され、右近は東の田上山城に撤退した。[*1]

【遺構】岩崎山山頂に東西二五×南北二〇mほどの曲輪Iがあり、東に虎口aが開口し、北には三段ほどの削平地がある。Iの北西一〇〇mほどには長さ一七mほどの低土塁イがあり、広範囲の自然地形を利用した陣城である。

【評価】北から通る北国街道を正面に見渡すことができる場所で、第二防御ラインではあるが、柴田軍が北国街道沿いに進軍してくれば、激戦となる砦である。

＊1　『図解　近畿の城郭』Ⅲ（中井均監修・城郭談話会編、戎光祥出版、二〇一六年）。

虎口

柴田軍に急襲された中川清秀の陣城

125 大岩山砦《おおいわやまとりで》

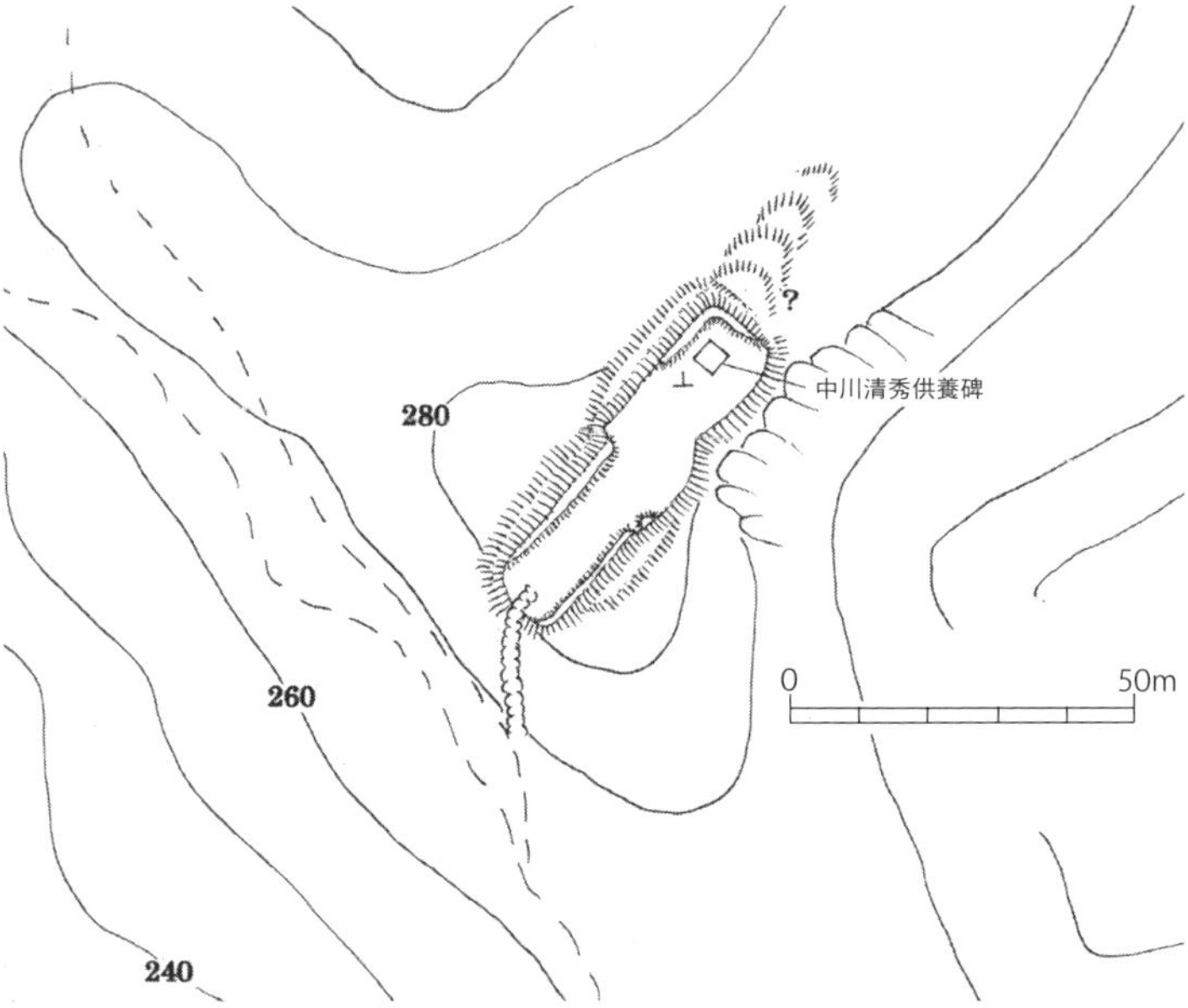

所在地：滋賀県長浜市余呉町下余呉／城主：中川清秀
遺構：曲輪・土塁／規模：五〇×一五m
標高・比高：二八〇m・一四〇m

【選地】 余呉湖の東に位置する標高二八〇mにあり、東山麓には南北に北国街道が通る。

【歴史】 天正十一年の賤ヶ岳合戦時、摂津の中川清秀が在陣した。同年四月二十日に柴田方の佐久間盛政に急襲され、清秀は討ち死にして落城した。*1

【遺構】 全長五〇mほどの曲輪は、部分的に低土塁が残っており、縄張りを検証すると、尾根筋の高い展望の良好な場所を平坦化し、一部分に土塁を設けたもので、その他は周辺の自然地形に在陣していたと考える。

【評価】 陣城の配置から考えて第二防御ライン上にあり、西に賤ヶ岳砦、北には余呉湖と岩崎山砦があり、攻撃される危険性が低いと考えていたのであろう。

南側土塁

中川清秀供養碑

*1　『図解　近畿の城郭』Ⅲ（中井均監修・城郭談話会編、戎光祥出版、二〇一六年）。

合戦の名称となった陣城

126 賤《しず》ヶ《が》岳《たけ》砦《とりで》

所在地：滋賀県長浜市木之本町大字大音／城主：桑山重晴・羽田正親・浅野長政／遺構：曲輪・堀切・土塁・虎口・竪堀
規模：一五〇×九〇m／標高・比高：四二一・一m・三〇〇m

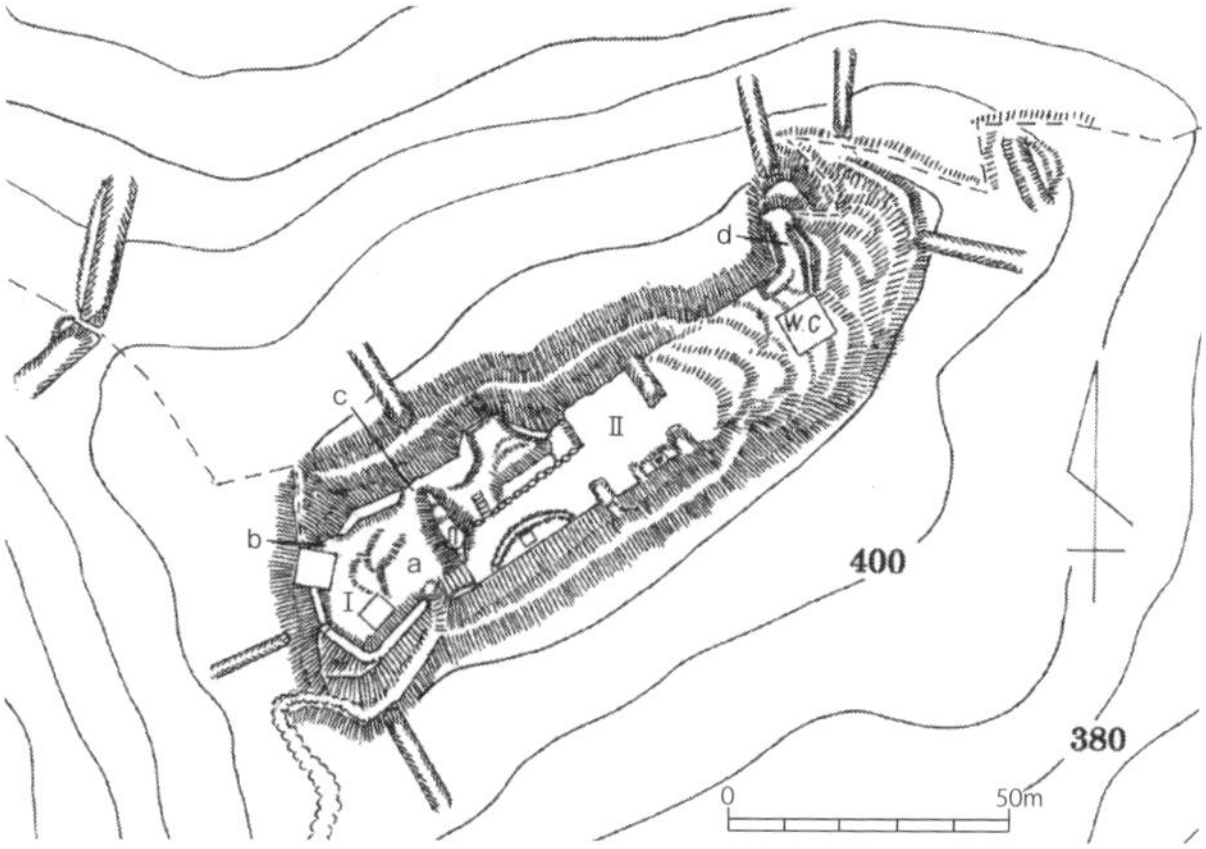

【選地】賤ヶ岳は、南に琵琶湖、北の余呉湖の間に挟まれた標高四二一・一mの山である。展望は三六〇度良好で、古くから城郭があったといわれる。

【歴史】『信長公記』によると、天正元年八月に浅井・朝倉方が在城し、天正十一年四月には羽柴方の桑山重晴《くわやましげはる》・羽田正親《はねだまさちか》・浅野長政が在陣した。*1

【遺構】全長一五〇mほどの山頂に城郭遺構がある。南西の曲輪Ⅰは東西三〇×南北二〇mで、南尾根からの虎口aや北西尾根への虎口bがあり、北東の曲輪Ⅱに繋がる虎口cが開口している。Ⅰだけが土塁囲みであるが、建設物が二ヵ所あり、景観を損ねている。

Ⅱの西側は破壊が進んでおり、復元は難しいが、規模は東西八〇×南北二〇mほどあり、南東尾根に繋がる虎口dには嘴状に土塁があり、北東尾根に続く。南北の斜面には竪堀の敷設があり、古い城郭遺構かもしれない。

【評価】戦国時代末期に浅井氏の城郭があったといわれる。現在の遺構にも竪堀が残っており、これは当時の遺構と考える。現在は観光地化した城郭のため、一部を除いて破壊されており、当時の縄張りは推定できない。

*1『図解 近畿の城郭』Ⅲ（中井均監修・城郭談話会編、戎光祥出版、二〇一六年）。

城跡遠景　余呉湖（北）より

塩津湊を監視するための陣城か

127 岩《やの》熊《くま》城《じょう》

所在地：滋賀県長浜市西浅井町岩熊／城主：—
遺構：曲輪・空堀・土塁・虎口／規模：七〇×四〇m
標高・比高：三二〇m・一二〇m

【選地】ＪＲ湖西線の城山トンネル上の標高三八〇mに位置する。南四〇〇mには岩熊から八田《はた》部《べ》を結ぶ峠があり、塩津《しおつ》の集落を望むことができる。

【歴史】歴史は不明であるが、南にある峠と塩津湊を望む場所であるため、縄張りから考えて賤ヶ岳合戦時の陣城と考える。

【遺構】東西七〇×南北四〇mほどで、西の尾根続き方向には土塁を設け、外側には空堀を巡らしている。西の虎口aが大手口で、南・北・東の空堀に架かる土橋は、出撃時に使用されるものであろう。とくに東尾根続きの土橋は四mの幅があり、北側斜面をL型の空堀で遮断している。この尾根は南の峠に繋がっているため、重要な場所である。南側には張り出しがあり、横矢掛けが可能な構造となっている。

【評価】単郭で小規模だが、とくに塩津湊への展望が良好なため、羽柴方の丹羽氏が守備したものか。

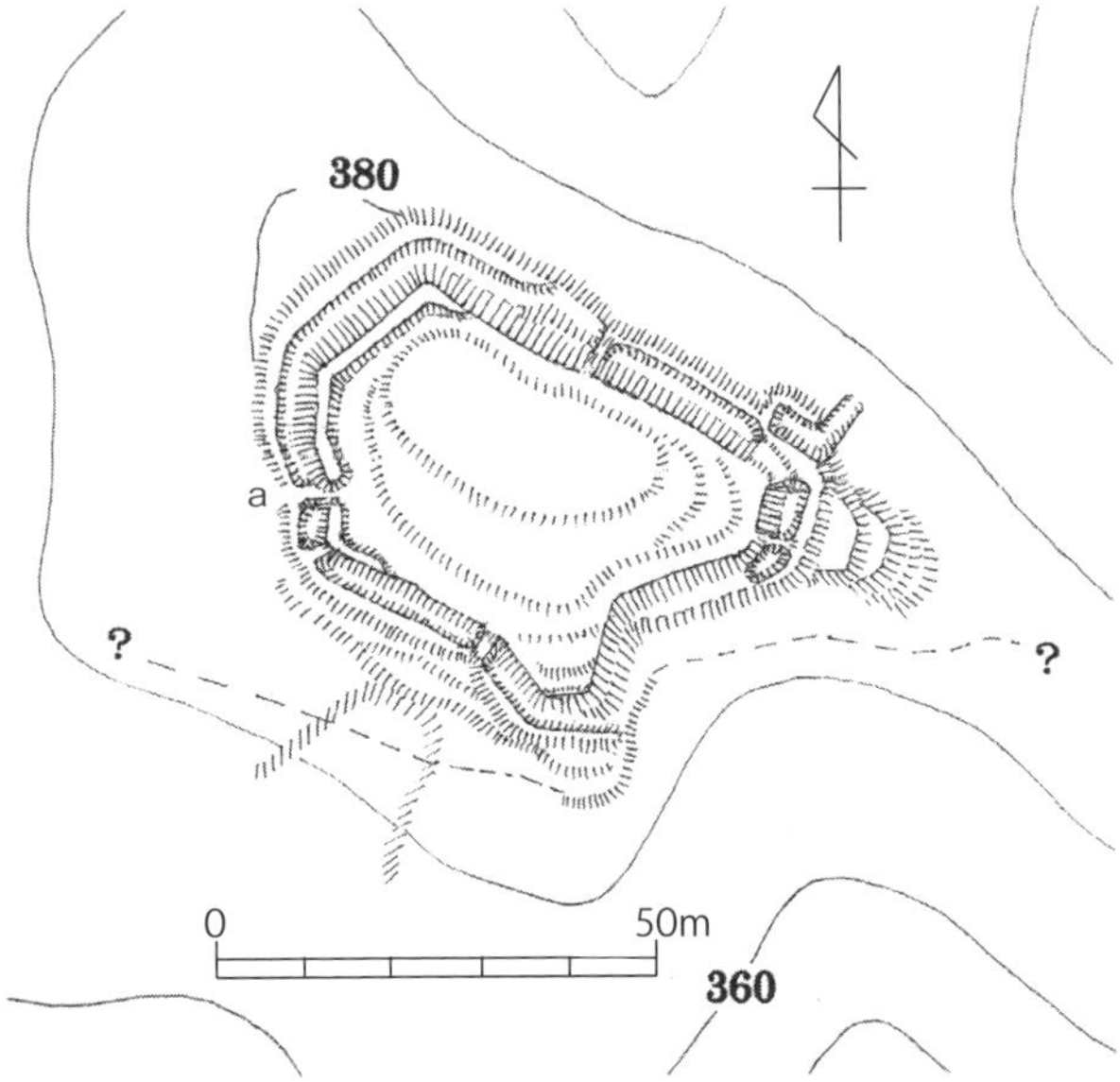

空堀

丹羽長秀が改修したとされる西側の要の陣城

128 西《にし》岡《おか》城《しろ》

所在地：滋賀県長浜市西浅井町山門／城主：丹羽長秀
遺構：曲輪・土塁・虎口・堀切・竪堀・竪土塁
規模：二一〇×一四〇m／標高・比高：三二〇m・二〇〇m

【選地】日計山《ひばかりやま》から南へ一kmの標高三二〇mに位置する。北の集福寺《しゅうふくじ》や南の塩津浜方面への展望が良好である。

【歴史】近江の国人・熊谷氏の城を、丹羽長秀が賤ヶ岳合戦時に改修したという。[*1]

【遺構】三つの尾根を堀切で遮断する。中心の曲輪Ⅰは東西三五×南北一八mほどで、東に三方に土塁を伴った曲輪Ⅱと空堀イを配置し、その東に小規模の曲輪Ⅲを設け、南には横堀の敷設がある。

北西尾根方向には土塁囲みの曲輪Ⅳがあり、土塁の高さは一mを越える。南西方向には南北二五×東西二〇mほどの曲輪Ⅴがあり、堀切を越えて八〇mほどに四段の曲輪群Ⅵがある。下段の曲輪には張り出しが見られ、二〇m下は堀切で遮断している。

【評価】三方向の堀切は、熊谷氏が構築した城を改修したように感じる。また、南西の曲輪群Ⅵは大浦川方面への監視が目的であろう。

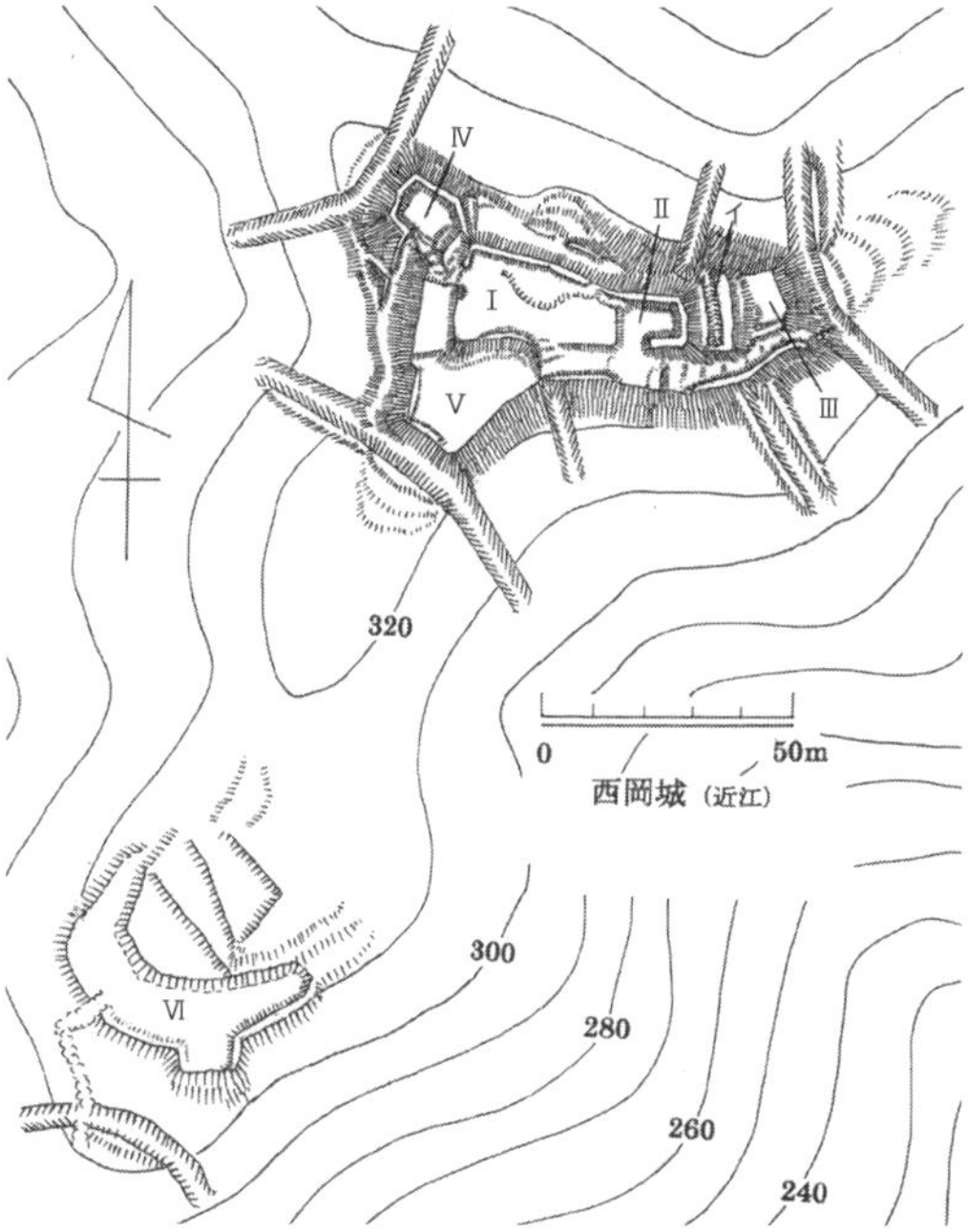

西岡城（近江）

＊1 『滋賀県中世城館分布調査報告書』伊香郡・東浅井郡の城（滋賀県教育委員会、近江の城友の会、一九九〇年）。

土塁

海津口を守備する陣城

129 中ノ谷遺構《なかのたにいこう》

所在地：滋賀県高島市マキノ町森西／城主：―
遺構：曲輪・空堀・土塁・虎口
規模：七〇×四〇m／標高・比高：二三〇m・一二〇m

【選地】田屋《たや》城の東三五〇mの標高二二〇mに位置する。東のマキノ平野への展望が良好である。

【歴史】丹羽長秀の書状によると、「海津此口之儀者、柴伊、久太被居候間、是又可御心安候」とあり、羽柴方の部将が海津を守備していた。*1

【遺構】折れのある空堀に沿って南北一八×東西九mの土塁囲みの曲輪Iがあり、虎口aが西に開口する。Iの南にはコ字型の低土塁が東側にあり、曲輪の中央部には直径一〇mほどのマウント（墳丘）、南には二段の曲輪がある。ここから北へ一九〇mほどの標高二五〇mに二条の空堀があるが、城郭遺構かは不明である。

【評価】方形の土塁囲みを中心に、東側のマキノ平野部方向へ土塁を設けており、敦賀から七里半越えで海津に入る柴田軍を監視することが目的か。

城跡遠景　南より

*1　『史料綜覧』巻十一（東京大学出版会、一九五三年）。

若狭国と越前国の関門となる陣城

130 駈《かけ》倉《くら》山《やま》城《じょう》

所在地：福井県三方郡美浜町佐田／城主：—
遺構：曲輪・土塁・虎口／規模：三四〇×一四〇m
標高・比高：二二一・六m・一二〇m

【選地】南東から北西に延びる尾根の標高二二一・六mに位置する。越前と若狭の国境となる関峠まで六〇〇mの所にあり、この駈倉山は、国境の関門として重要な場所である。

【歴史】越前国と若狭国の境目近くにあり、位置から推定すれば羽柴方の陣城であるが、確定できる史料はない。

【遺構】単郭の曲輪Ⅰの規模は南北六〇×東西五〇mほどで、土塁が囲繞し、虎口aが西に開口する。北西尾根方向にはL型の土塁が設けられ、二三〇m下は食い違いの一文字土塁イで遮断している。この間は駐屯地と考えられる広大な傾斜地である。Ⅰの東には馬出し状の虎口bが開口している。Ⅰの内部は完全な削平でなく、部分的にデコボコがある。

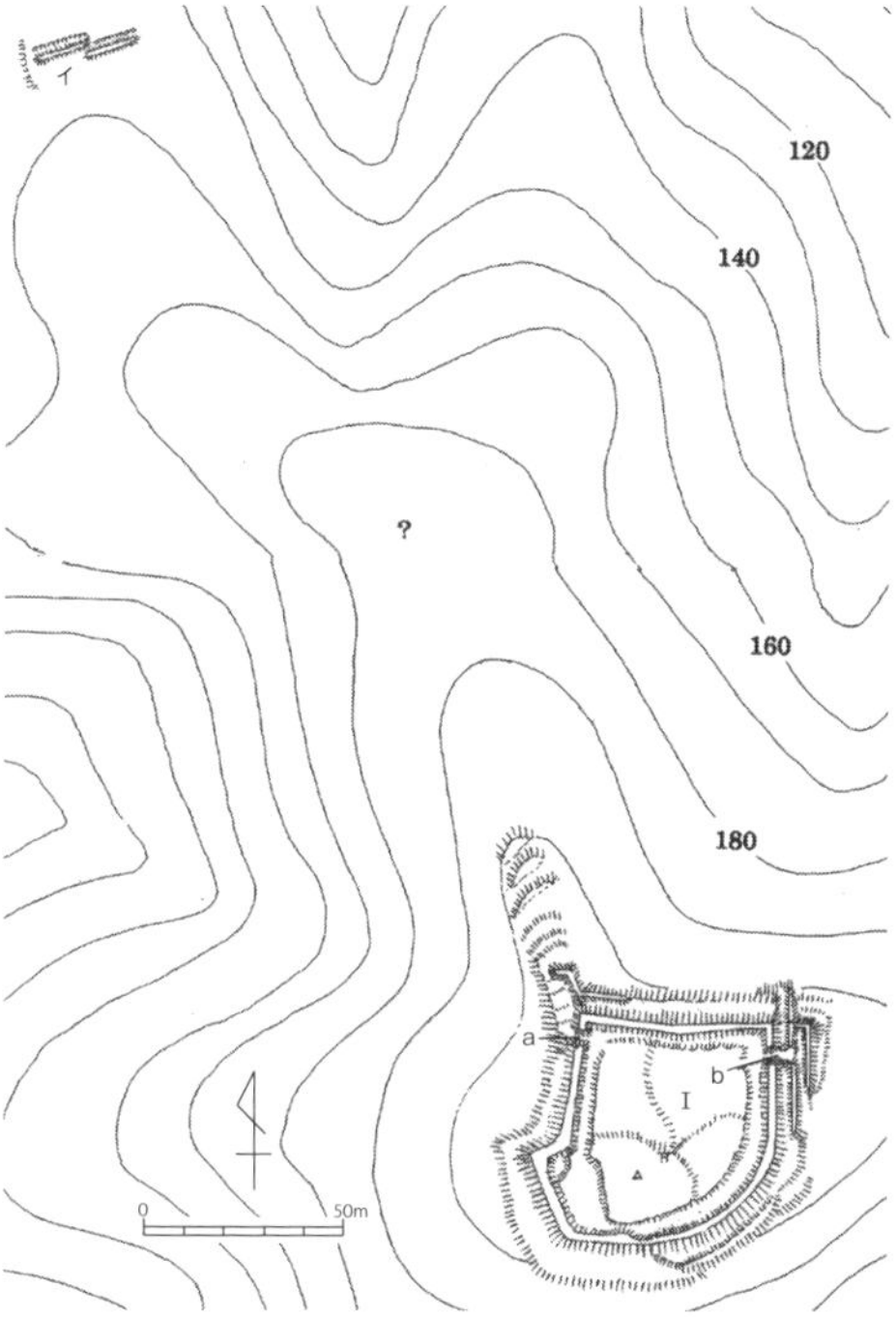

【評価】境目近くに構築されており、緊張関係が高い場所である。縄張りから織豊系陣城と判断できるのは、北西の食い違いの一文字土塁である。織豊期になると、土塁による遮断が多くなる。

城跡遠景

賤ヶ岳合戦における若狭街道監視の陣城

131 堂谷山城《どうたにやましろ》

所在地：福井県三方上中郡若狭町生倉／城主：—
遺構：曲輪・土塁・虎口・堀切・竪土塁
規模：四〇〇×一四〇m／標高・比高：一三四・四m・一二〇m

城跡遠景

【選地】東の雲谷山《くもたにやま》（標高七八六m）から西へ派生する尾根が、三方五湖《みかたごこ》との間で狭くなった所を若狭街道が通るため、城跡は三方五湖側の標高一三四・四mに位置する。

【歴史】天正十年十月二十一日に丹羽長秀が粟屋勝久《あわやかつひさ》等七人に出した書状に、「又其地普請何程出来候哉、雨ふり候共、由断可被申付候」とあり、この城の普請を指していると考える。[*1]

【遺構】曲輪Ⅰの規模は南北六五×東西五〇mほどで、中央に南北二五×東西一八mほどの土塁が囲繞する曲輪Ⅱがある。虎口aは南に開口し、土塁幅は天端で三mほどあり、基礎部には石積みが見られる。Ⅱの外枡形虎口bは西尾根に続き、南東尾根方向の虎口cは土塁の食い違いを利用して、一折れして入る構造となっている。

南東へ延びる竪土塁イは全長一二〇mほどあり、八〇mのところで食い違いとなる。先端には東西七〇×南北一〇mほどの中央に土塁がある曲輪Ⅲがあり、北東の関門方向を監視している。

【評価】若狭東部の関門を守備するための、羽柴方の陣城である。

＊1　「天正十年十月二十一日付丹羽長秀書状」（「山庄家文書」、大森宏『戦国の若狭―人と城―』大森睦子、一九九六年）。

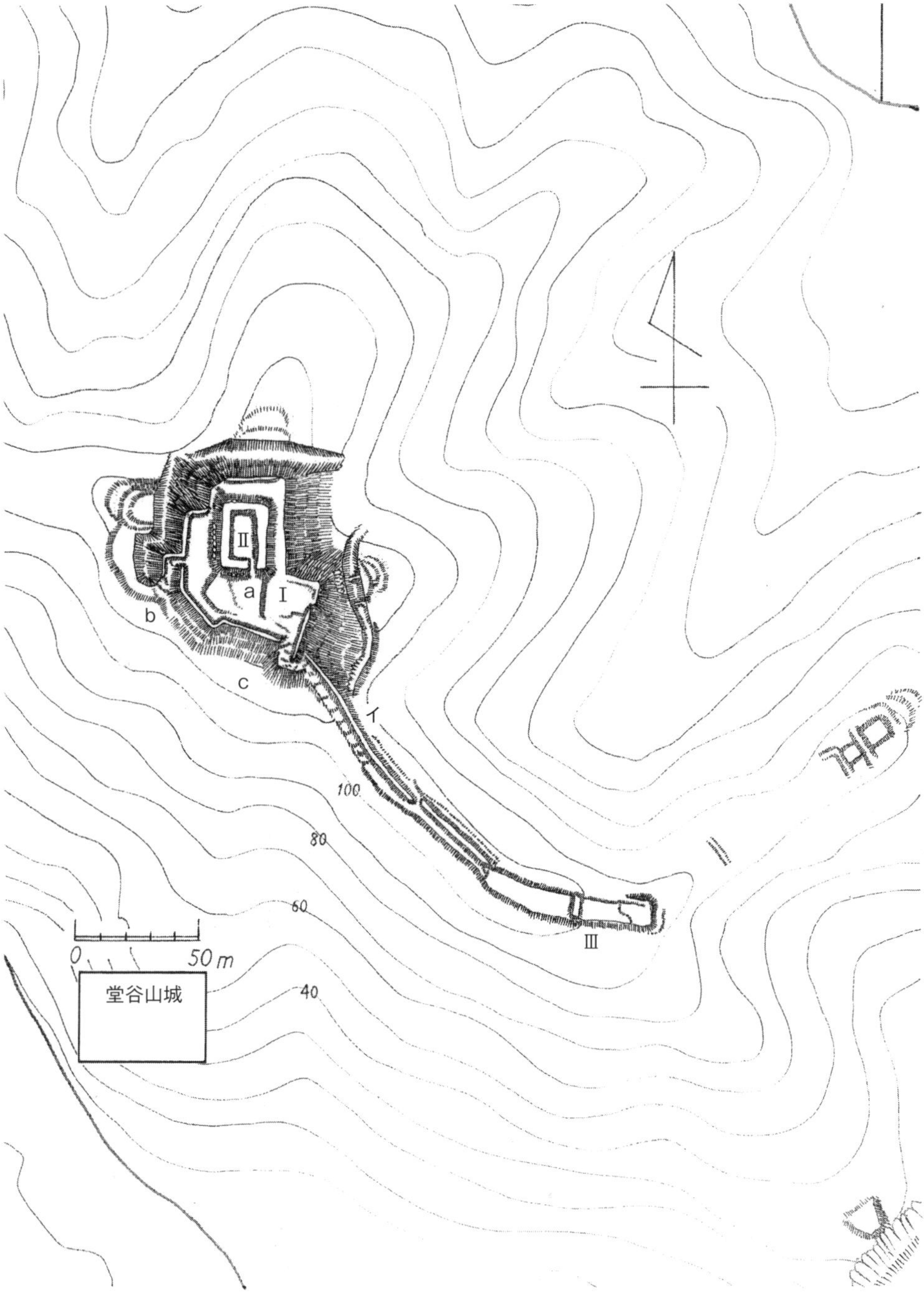
Ⅱ
a
Ⅰ
b
c
イ
100
80
60
40
Ⅲ
0
50m
堂谷山城

11、美作国北部の合戦

天正十一年（一五八三）六〜十一月

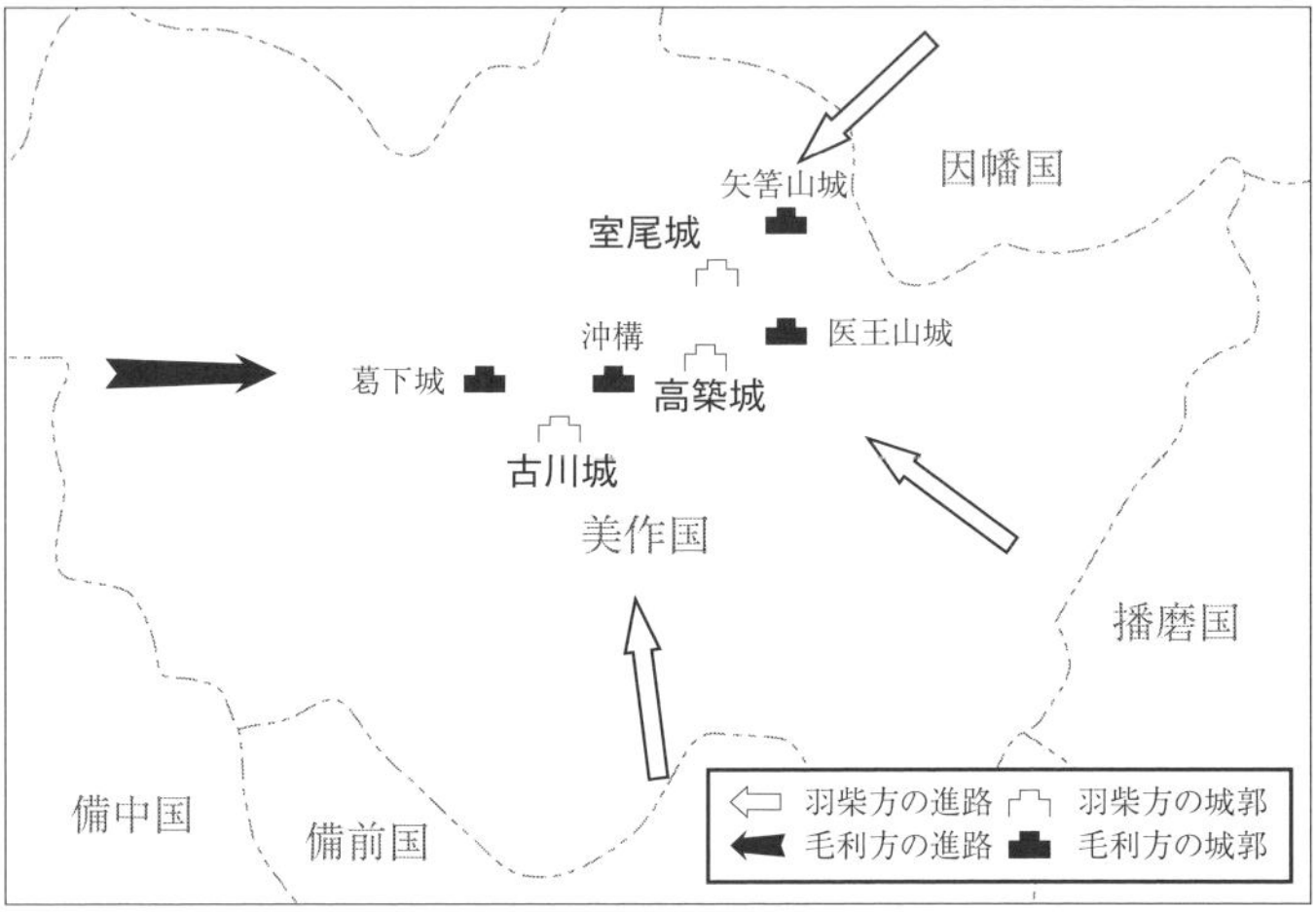

美作国北部の合戦の関係位置図

天正十年六月、織田氏と毛利氏の間で和睦が成立したが、美作国北部の毛利方勢力は納得せず、翌年六月に沖構《おきかまえ》（岡山県鏡野町）に立て籠もり、織田方の宇喜多氏に抵抗した。これに対して、宇喜多氏は周囲に付城を構えて包囲し攻撃を加えたが、敵方の激しい抵抗があり、宇喜多方の付城に夜討ちを懸けられたこともあった。*1 また、毛利氏は毛利元康《もとやす》、杉原景盛《すぎはらかげもり》、三刀屋久扶《みとやひさすけ》等を援軍として向かわせたが間にあわず、*2 沖構は宇喜多方が奪還し、蘆田右馬丞を城主として復帰させた。

同十一年八月、毛利氏と羽柴氏の国分けに反対する草刈重継《くさかりしげつぐ》は矢筈山《やはずやま》城（岡山県津山市）に籠もり、支城の室尾《むろお》城（石米城）や佐良山城で宇喜多氏と激戦を繰り返した。しかし、同年十二月に毛利輝《てる》元《もと》の勧めにより、矢筈山城を開城して備後に退去した。

＊1　「年未詳七月二十日付中村頼宗判物」一二五八（『久世町史』史料編　第一巻、久世町教育委員会、二〇〇四年）。

＊2　「年未詳六七月二十九日付吉川元春書状写」一二五〇（『久世町史』史料編、第一巻、久世町教育委員会、二〇〇四年）。

美作国北部の合戦　城郭位置図

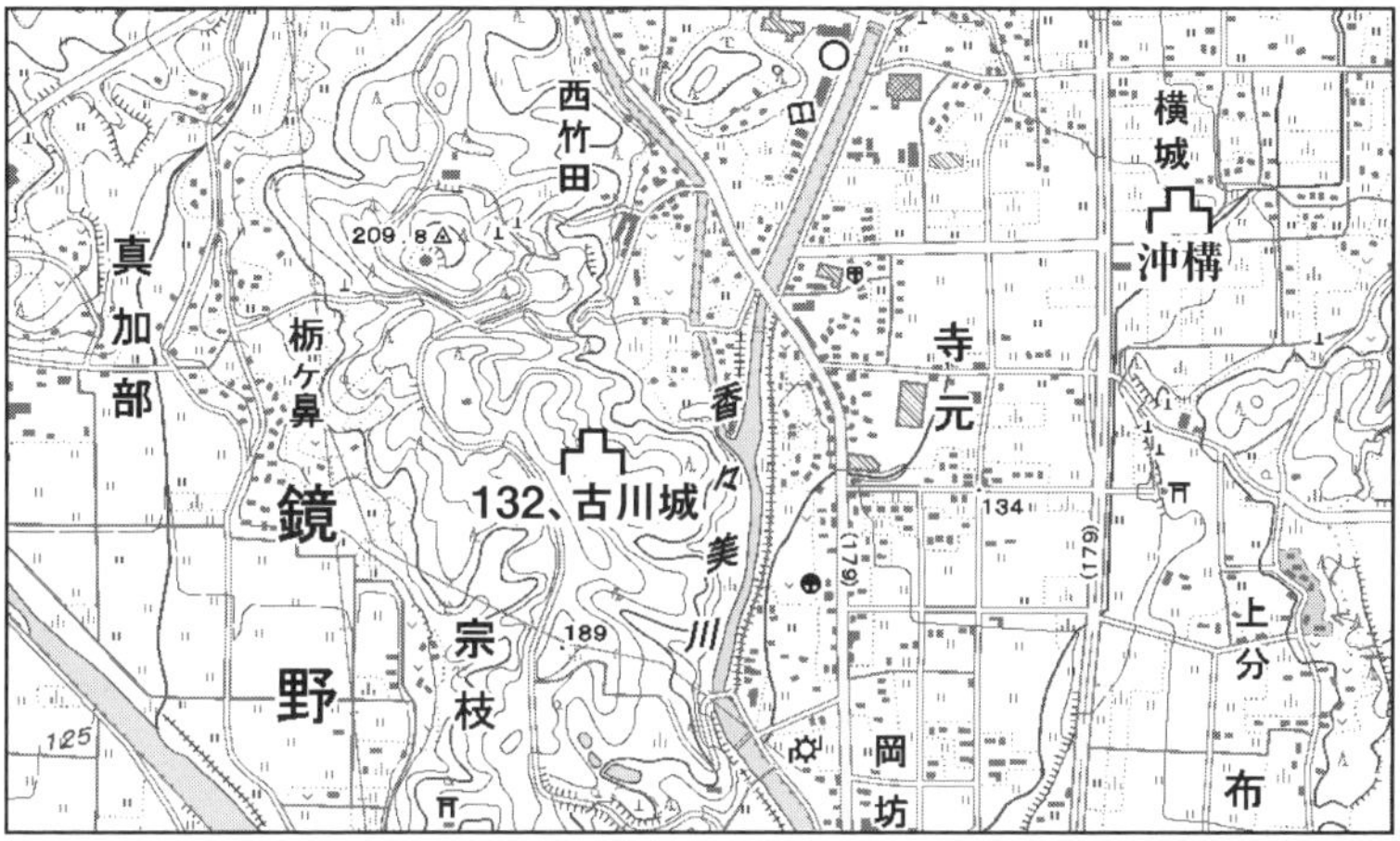

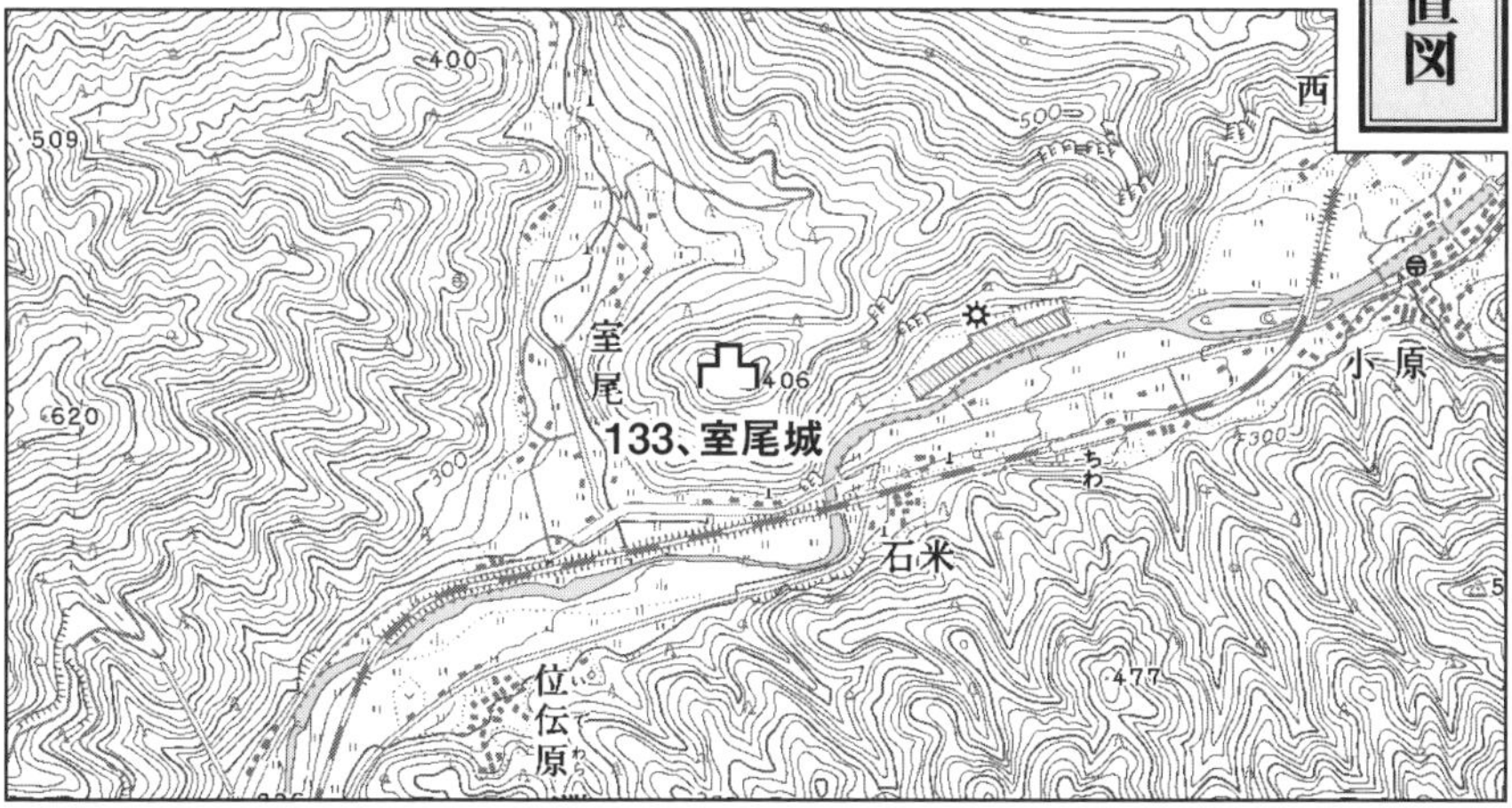

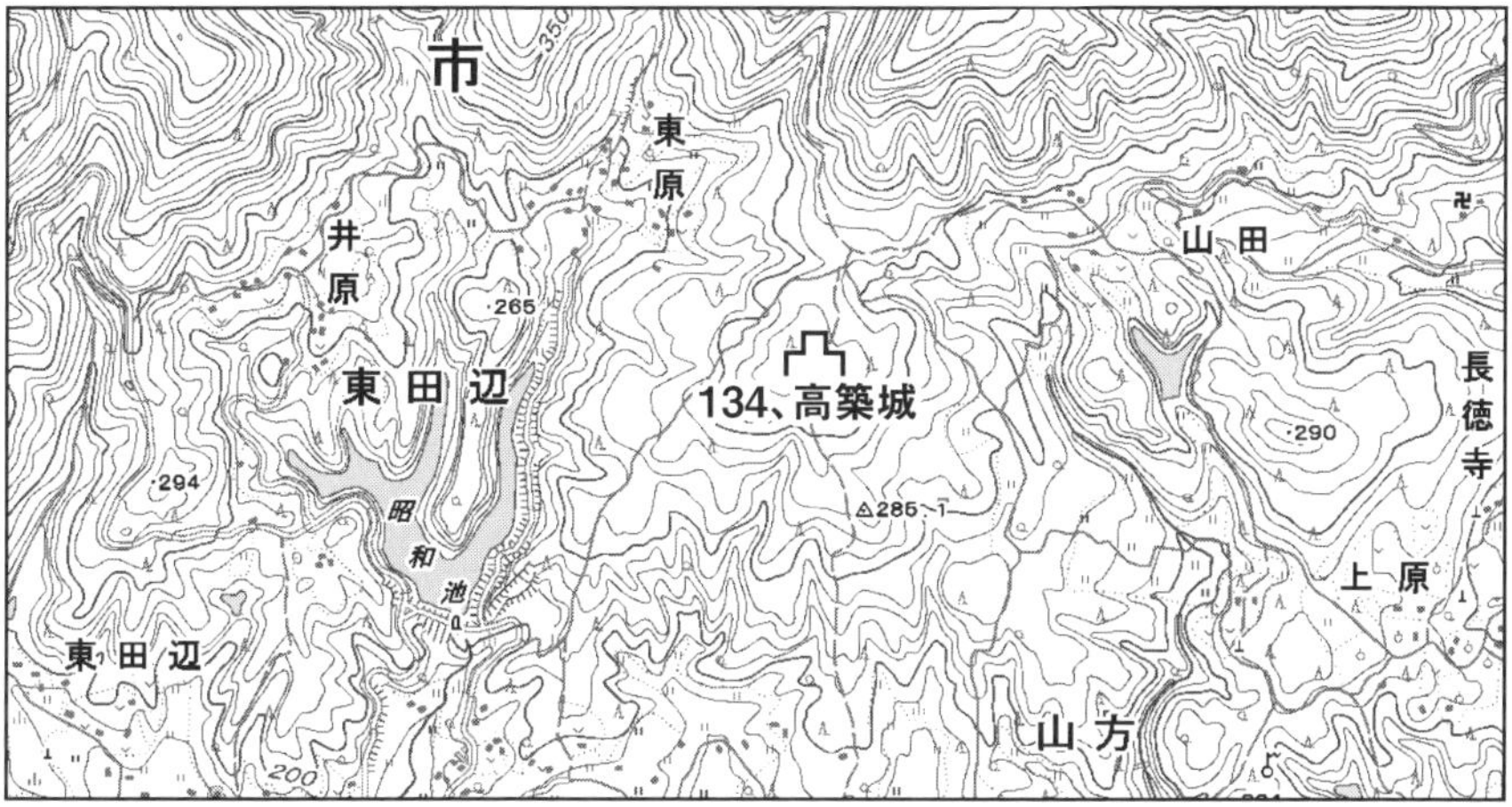

宇喜多氏が構築した沖構の付城

132 古《ふる》川《かわ》城《しろ》

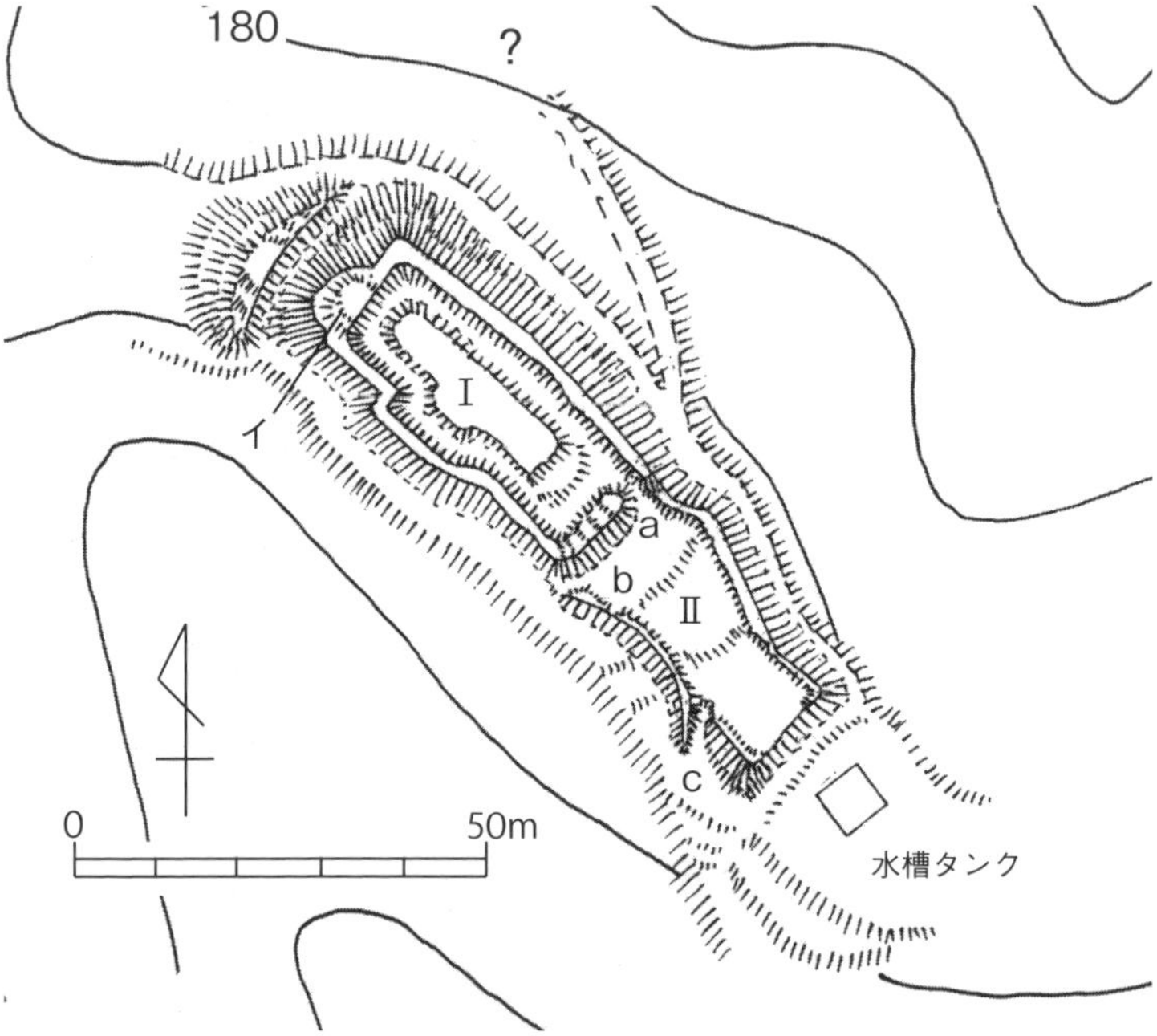

所在地：岡山県苫田郡鏡野町寺元／城主：—
遺構：曲輪・土塁・虎口・堀切・櫓台
規模：九〇×二五m／標高：一九〇m・七〇m

【選地】沖構より南西に一．五㎞の距離にあり、香々美《かがみ》川が東山麓を流れる標高一九〇mの丘陵上に位置する。

【遺構】二つの曲輪で構成される。北西の曲輪Iは四五×二〇mほどで、北西の堀切の東には一〇×五mほどの櫓台イがある。南西側の塁線に折れが見られ、虎口aは南東に開口し、曲輪IIに接続する。

IIは三〇×一五mほどで、虎口が西bと南cに設けている。南東には水槽タンクがあるため、遺構は不明である。

【評価】土塁が囲繞する方形の曲輪で、塁線の折れ等の縄張りから考察して、宇喜多氏が構築した織豊系の陣城である。

虎口

土塁

草苅氏の枝城を改修した付城

133 室尾城《むろおしろ》

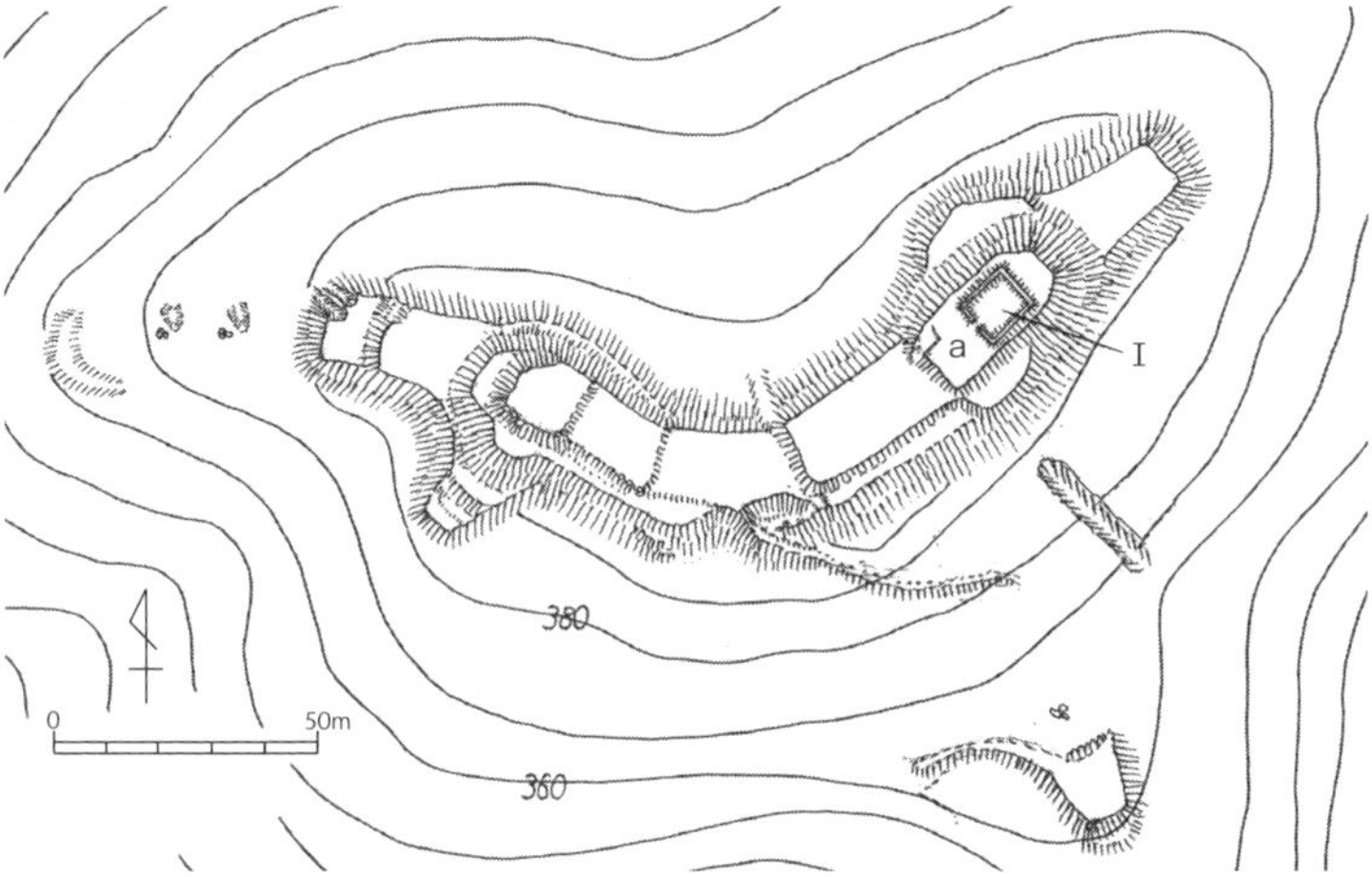

所在地：岡山県津山市加茂町室尾／城主：—
遺構：曲輪・土塁・虎口／規模：一〇×一〇m
標高・比高：四〇六m・一四〇m

【選地】 矢筈山城から西へ三kmほどの距離にあり、標高四〇五mの尾根の先端に位置する。加茂《かも》川に青柳《あおやぎ》川が合流する地点で、谷が狭くなるとともに加茂川が蛇行して、矢筈山城の山麓に達する難所となっている。

【歴史】 吉川元春の書状に、「仍去十八日、備前衆到其表発向之為手合、従因州口茂荒平人数差出候哉」とあり、北の因幡国から荒木重堅が攻撃していた。*1

【遺構】 室尾城の規模は東西二〇〇×南北一〇〇mほどである。矢筈山城の支城であったが、宇喜多、羽柴勢が占拠し、主郭に方形型の一辺一〇mの低土塁が囲繞する曲輪Iを構えた。虎口aは南西に開口している。

【評価】 一辺が一〇mの方形の縄張りであるため、羽柴方の改修が考えられる。曲輪内部に方形の曲輪を構築するのは珍しい。

城跡遠望

曲輪Iの土塁

*1 「年未詳八月晦日付吉川元春書状写」一二五九（『久世町史』史料編、第一巻、久世町教育委員会、二〇〇四年）。

沖構と草苅勢力を分断する付城か

134 高《たか》築《つき》城《じょう》

所在地：岡山県津山市東一ノ宮／城主：―
遺構：曲輪・土塁・虎口・堀切・櫓台
規模：一五〇×一〇〇m／標高・比高：三二〇m・一四〇m

【選地】北の黒沢《くろさわ》山から南東に延びた尾根が、緩やかな丘陵地となる標高三二〇m地点にある。

【遺構】直線・直角を意識した遺構は、虎口aの食い違いの土塁を入ると内枡形虎口になっている。枡形の内部は東西一五×南北一〇mほどのスペースがあり、内部で兵揃が可能である。中心となる曲輪Ⅰは、東西三五×南北二〇mほどの土塁囲みで、土塁の高さは平均で一m以上ある。平入り虎口bが北側にあり、虎口を分けるように南北に二〇m以上の土塁を敷設して、虎口前での敵兵の動きを阻止する構えである。曲輪Ⅱの内部は一辺が三〇mほどの窪地となり、北の背後は土塁がなく、段築が残るのみである。

　aから南に一〇〇mほど下った標高二九〇m地点に、東西三〇×南北二〇mほどの方形の曲輪Ⅲがあり、虎口が南cと西dに開口している。この曲輪も北の背後は段築が残るのみである。土塁の食い違いを利用した異質な内枡形虎口が特徴である。

【評価】天正十年に沖構に入った毛利方に、草苅氏が加勢するのを阻止するために構築した可能性がある。また、秀吉と毛利氏の中国国分け交渉の際、羽柴方の蜂須賀、黒田氏の駐屯した場所の可能性も否定できない。

虎口

虎口

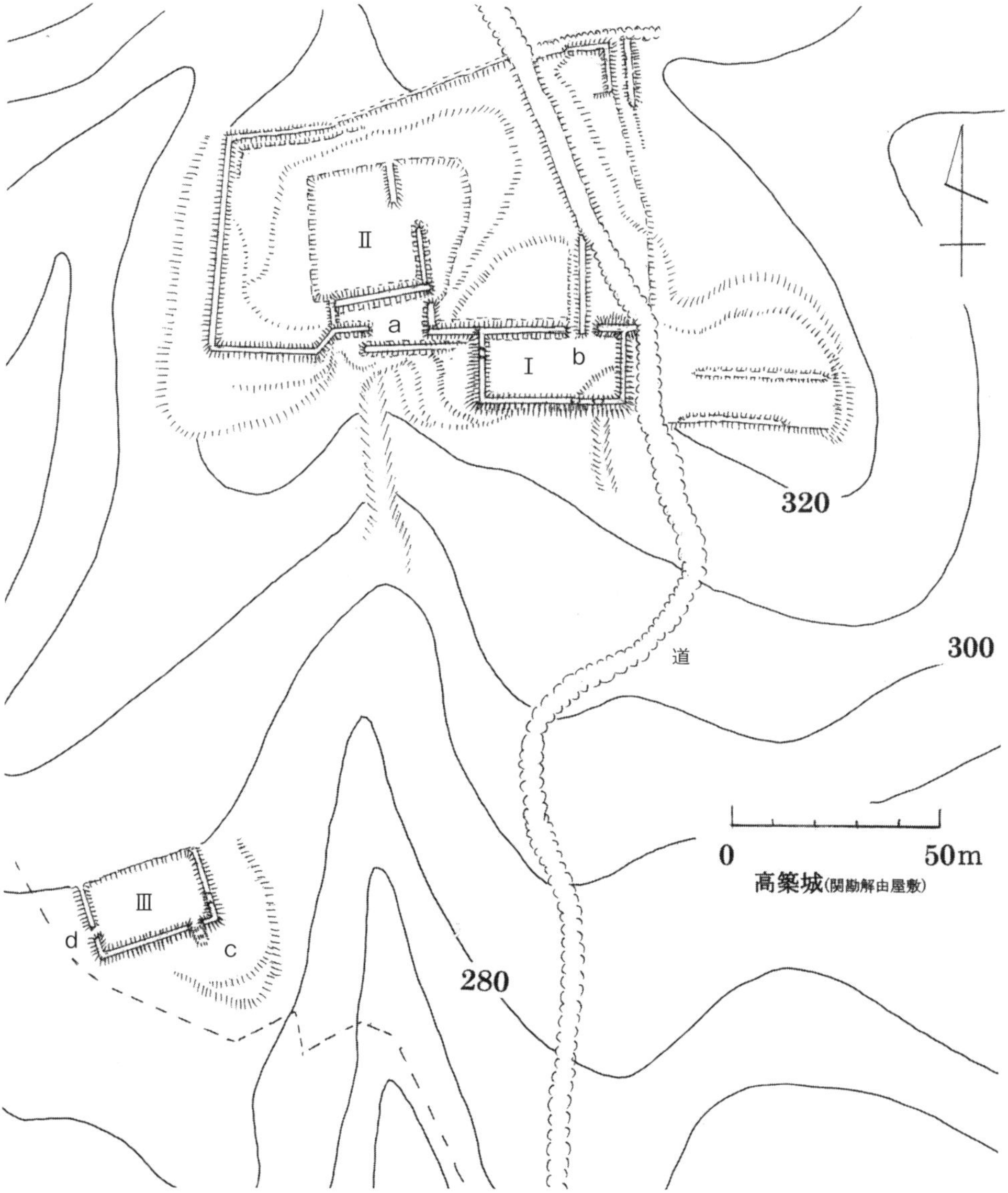

高築城(関勘解由屋敷)

12、美作国岩屋城合戦

天正十二年（一五八四）三～七月

羽柴秀吉と毛利輝元との和睦協議で、天正十一年より高梁《たかはし》川を境にしてそれ以西が毛利領となり、それより東は宇喜多領となった。しかし、中国国分に不満をもつ中村頼宗《なかむらよりむね》等の毛利方が岩《いわ》屋《や》城（岡山県津山市）に籠城したため、天正十二年三月、宇喜多秀家は花房職之《はなぶさもとゆき》を軍奉行として、岡家利、長船貞親《おさふねさだちか》、戸川秀安《とがわひでやす》、江原親次《えばらちかつぐ》等二万の軍勢で岩屋城の周囲に付城を築いて包囲した。

軍奉行の花房職之は妙福寺《みょうふくじ》ノ《の》上《うえ》城、岡家利は楽万《らくま》ノ《の》上《うえ》城、斎藤五郎左衛門は往還《おうかん》ノ《の》上《うえ》城、長船貞親は的場《まとば》ノ《の》峠《とうげ》城、浦上与九郎は荒神《こうじん》ノ《の》上《うえ》城、杉原木工は与右衛門《よえもん》ノ《の》上《うえ》城、小瀬修理太夫は井《い》ノ《の》奥《おく》城、川端右近はとちノ木ノ城、杉原下野守ははってば城、江原親次は梅《うめ》ヶ《が》峠《とうげ》城、戸川秀安は石蕨《いしわらび》城（以上、いずれも津山市）を守備した。[*1]

中村頼宗は、宇喜多方の付城である石蕨城や江原陣（梅ヶ峠城）に夜討ちをするなど防戦し、[*2]その後も堅守したため、武力で陥落させることはできなかった。七月になって足利義昭の仲裁により和睦し、中村氏は岩屋城を撤退した。

岩屋城の本丸

＊1　「岩屋古城覚」一三〇九（『久世町史』史料編、第一巻、久世町教育委員会、二〇〇四年）。

＊2　「天正十二年四月廿日付中村頼宗書状」（『久世町史』史料編、第一巻、久世町教育委員会、二〇〇四年）。

美作国岩屋城合戦　城郭位置図

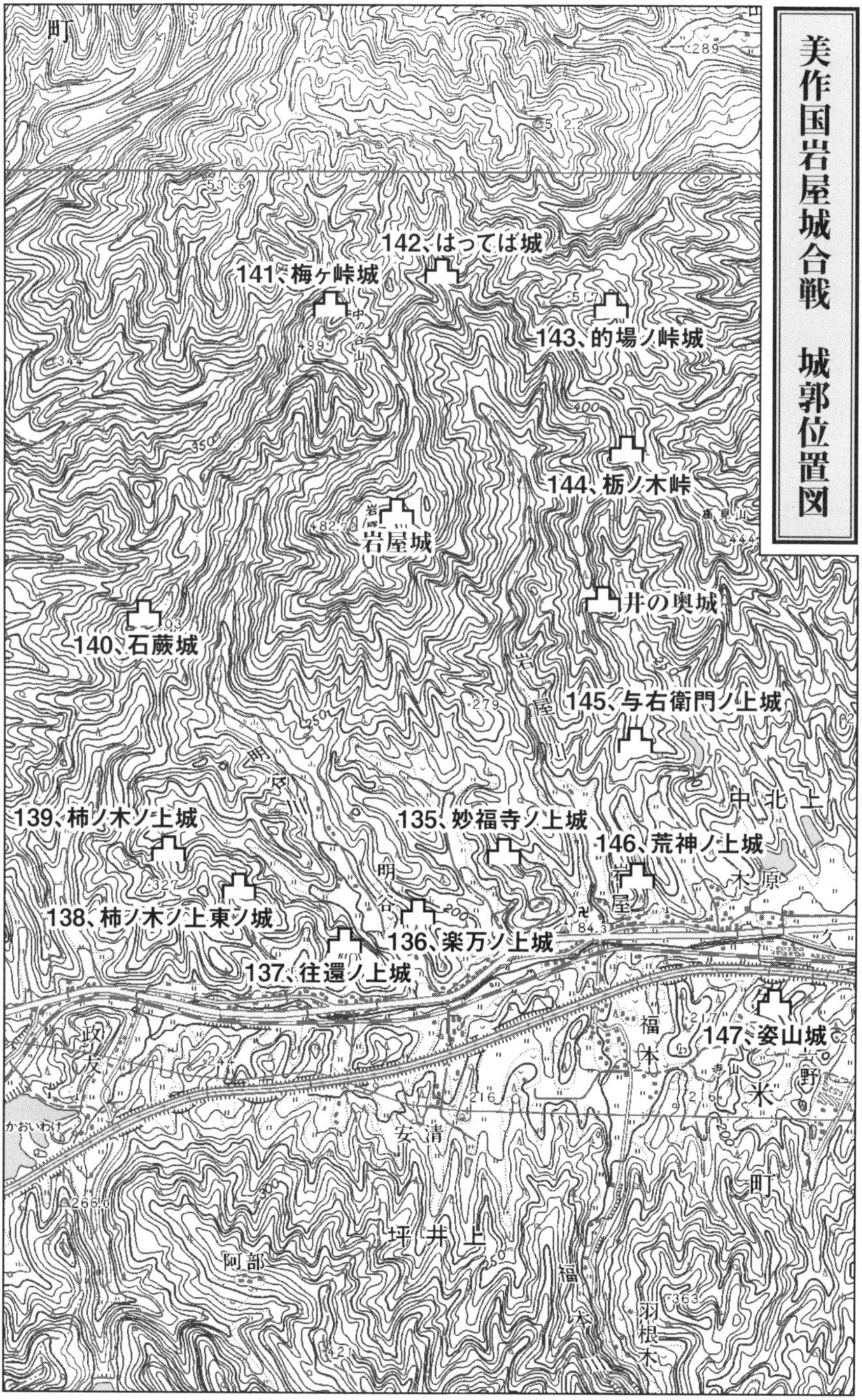

岩屋城攻撃の本陣

135 妙福寺ノ上城《みょうふくじのうえじろ》

所在地：142、はってば城／城主：花房職之
遺構：曲輪・土塁・虎口・竪土塁・空堀
規模：五〇〇×一〇〇m／標高・比高：二三〇m・六〇m

【選地】岩尾城から南南西へ一kmの尾根続きにある。南麓には津山から備中や出雲方面への街道が通過する交通の要衝である。

【歴史】「岩屋古城覚」、『美作古城史』では、軍奉行花房職之の付城とする。[*1]

【遺構】尾根先端の曲輪Ⅰは高さ一・五mほどの土塁が囲繞し、南の土塁のない部分が虎口aと考えられる。東側の曲輪Ⅱは北側に土塁の一部、東には横堀が残っているため、南の帯曲輪の部分も横堀の可能性がある。東の横堀から六〇mの竪土塁が斜面を下り、三方を土塁が巡る方形を呈した曲輪Ⅲは、虎口bが南側に開口し、Ⅲから三〇mほどの竪土塁が岩屋川の谷底に向かって下る。

Ⅰから北へ一〇〇mほどに曲輪Ⅳがある。規模は南北五〇×東西一三mで、南側は破壊されて作業小屋が建設されている。南北の丘陵の狭い部分に低土塁が囲繞した方形の曲輪を構築している。北の虎口cは西側に開口し、南の虎口dと東の虎口eの二ヵ所がある。北へ一五〇mほどにも曲輪群Ⅴが広がり、小規模の堀切イがある。北の岩屋城に近いため、小規模の曲輪群にすぎない。本城には塁線の折れや張り出しが見られない。

【評価】岩尾城包囲網の中では大規模な曲輪群で、軍奉行の付城だった可能性がある。とくに岩屋川沿いに対する構えが厳重なため、岩屋城への入口になる谷川の可能性がある。Ⅳから北へ一五〇mほどにあるⅤが特徴的で、髙田徹氏は、包囲側の一連の付城群と籠城軍側の曲輪説とを提唱している。[*2] 筆者は地形から判断して、包囲側の一連の付城群と考えたい。

曲輪Ⅱ遠景　北より

＊1　『美作国の山城』（第二五回国民文化祭津山市実行委員会、二〇一〇年）。

＊2　髙田徹「美作岩屋城包囲の付城群について」（『中世城郭研究』第二五号、中世城郭研究会、二〇一一年）。

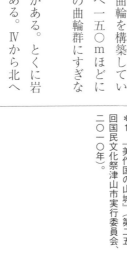

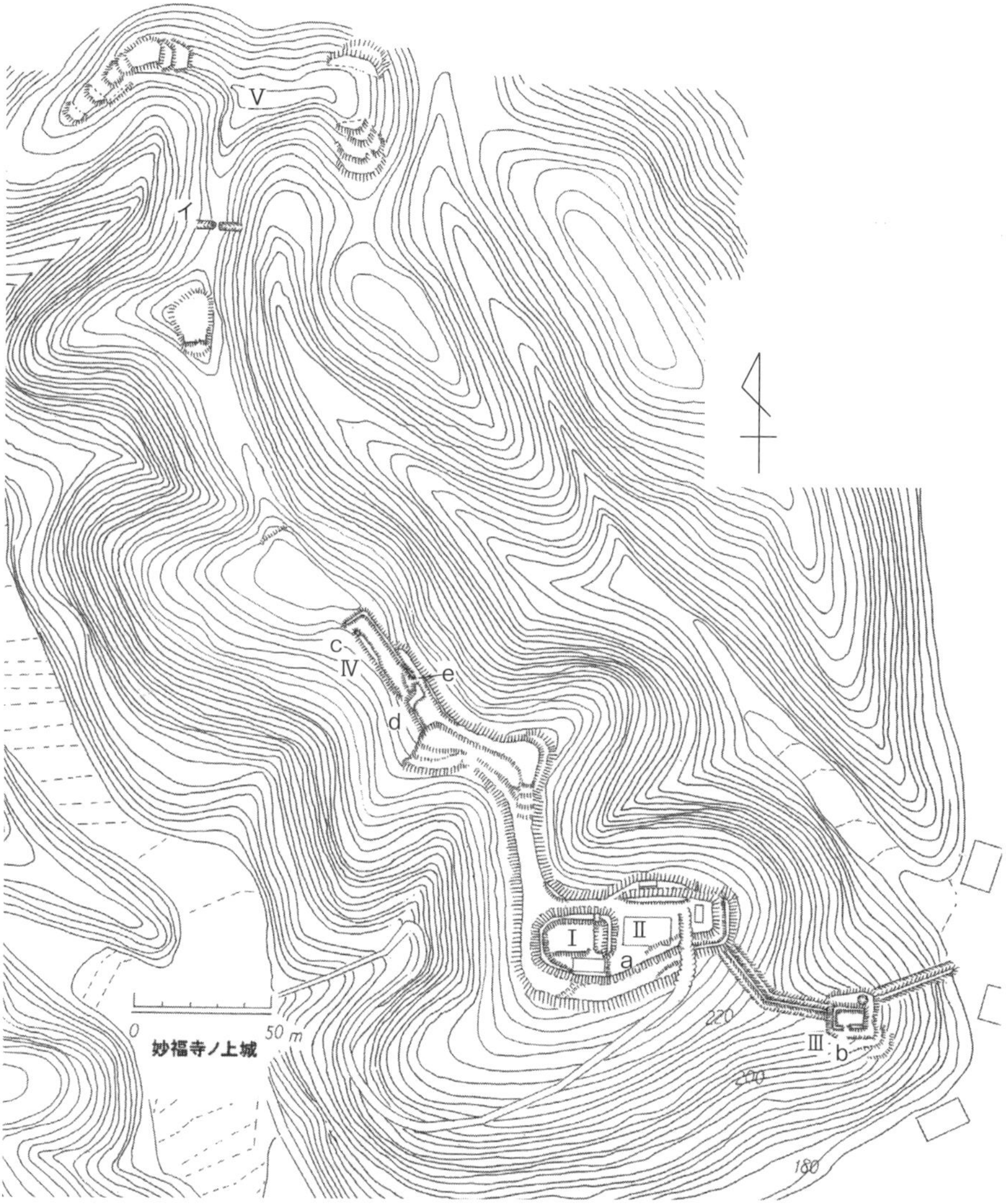

曲輪Ⅲ全景

明谷川の入口を守備する付城

136 楽万ノ上城《らくまのうえしろ》

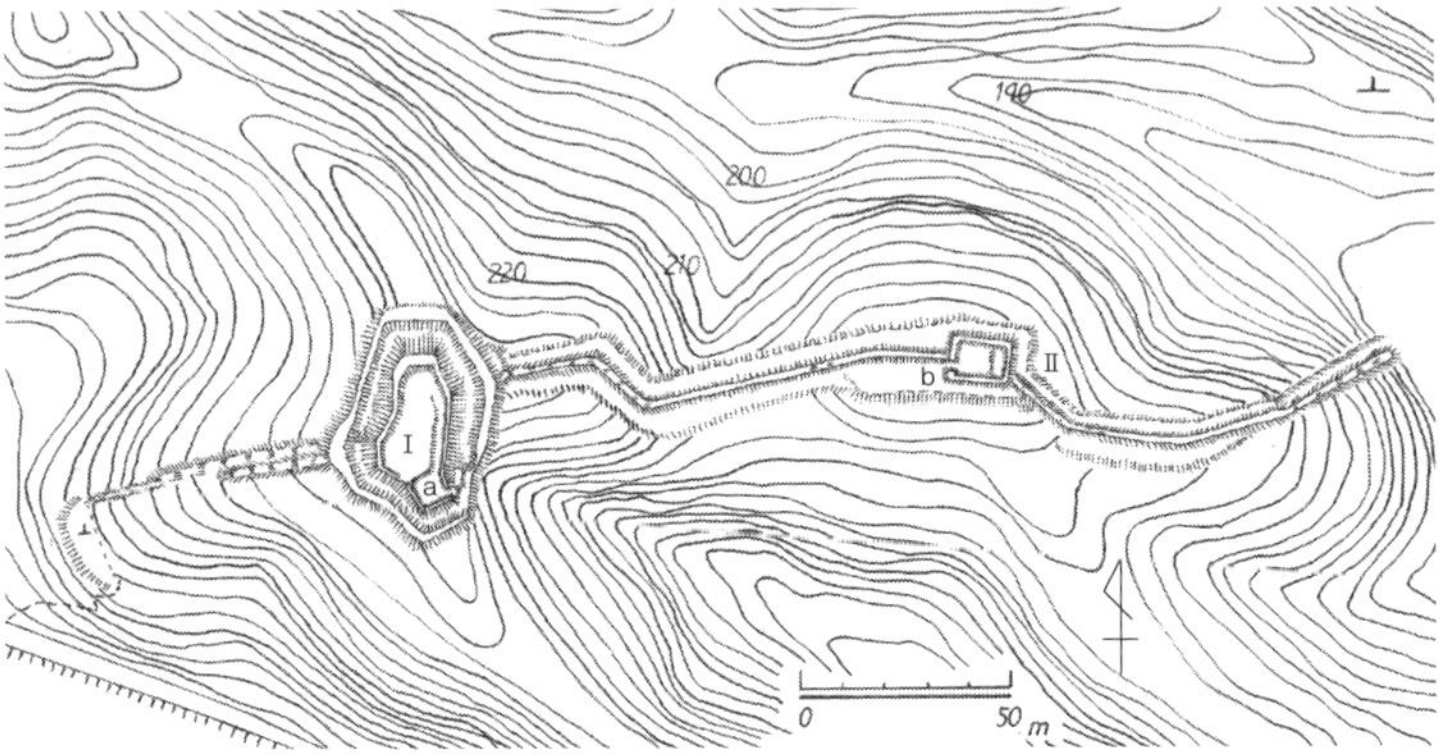

所在地：岡山県津山市中北上／城主：岡平内
遺構：曲輪・土塁・虎口・竪土塁・空堀
規模：三〇〇×五五m／標高・比高：二二〇m・五〇m

【選地】 岩尾城から南へ一㎞の距離の、尾根続きにある。明谷川の左岸に位置し、楽万集落北側の丘陵地にある。

【歴史】「岩屋古城覚」、『美作古城史』は、岡平内を守将とする。*1

【遺構】 曲輪Ⅰとそこから一一〇mほど東にある曲輪Ⅱの二つの曲輪がある。Ⅰは南北五五×東西三五mほどの規模で、土塁と空堀に囲まれた不等辺な形状をしている。枡形状の虎口aが南東方向に開口している。曲輪の周囲には低土塁が囲繞しているが、塁線の折れは明確でない。虎口は完全な枡形ではないが、織豊系の枡形化を真似ているような感じがする。Ⅱは定型化された低土塁が巡る方形の曲輪で、西側に平入りの虎口bがあり、丘陵上の土塁の見張所としての機能をもっている。

【評価】 三木城包囲網にも見られるように、曲輪と曲輪を繋ぐ土塁が形成され、高い場所には規模の大きな曲輪を設け、次の場所には定型化された方形の曲輪を設けている。宇喜多氏も本格的な織豊系陣城の構築を目指していることがわかる。

曲輪

*1 『美作国の山城』（第二五回国民文化祭津山市実行委員会、二〇一〇年）。

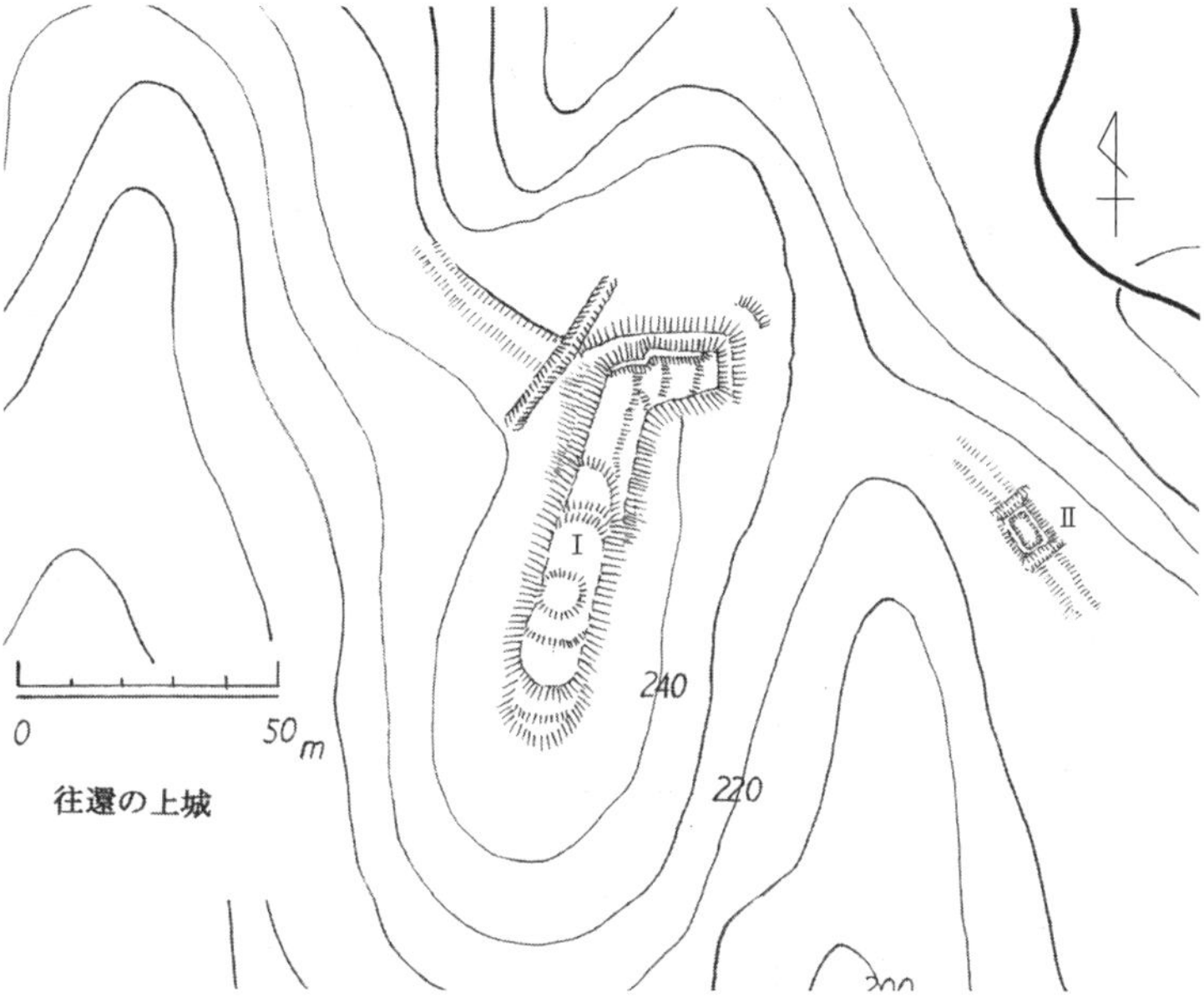

往還の上城

明谷川入口の西側を守備する付城

137 往還《おうかん》ノ《の》上城《うえしろ》

所在地：岡山県津山市中北上／城主：斎藤五郎左衛門
遺構：曲輪・土塁・堀切
規模：一一〇×七五m／標高・比高：二四〇m・六〇m

【選地】 岩尾城から南へ一・一kmほどの距離にある。明谷川河口の右岸に位置し、南には久米《くめ》川で狭くなった左岸に原集落がある。付城は、標高二四〇mから二二〇mの範囲に位置する。

【歴史】「岩屋古城覚」と『美作古城史』は、斎藤五郎左衛門を守将とする。[*1]

【遺構】 曲輪Ⅰは南北七〇×東西三〇mの規模で、北には折れをもった土塁があり、南にある曲輪ほど自然地形に近い。北西の尾根続きは堀切で遮断している。南東の七〇mにある一二×六mほどの方形の曲輪Ⅱは、低土塁が囲繞し、南北は堀切で遮断している。

【評価】 明谷川からの敵に対しての防御体制が強く、北西の尾根続きは堀切で遮断しており、単独性の強い付城である。

＊1　『美作国の山城』（第二五回国民文化祭津山市実行委員会、二〇一〇年）。

城跡遠景　東より

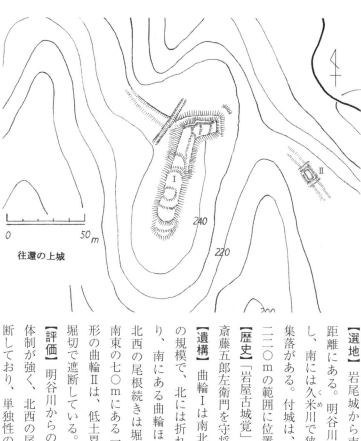

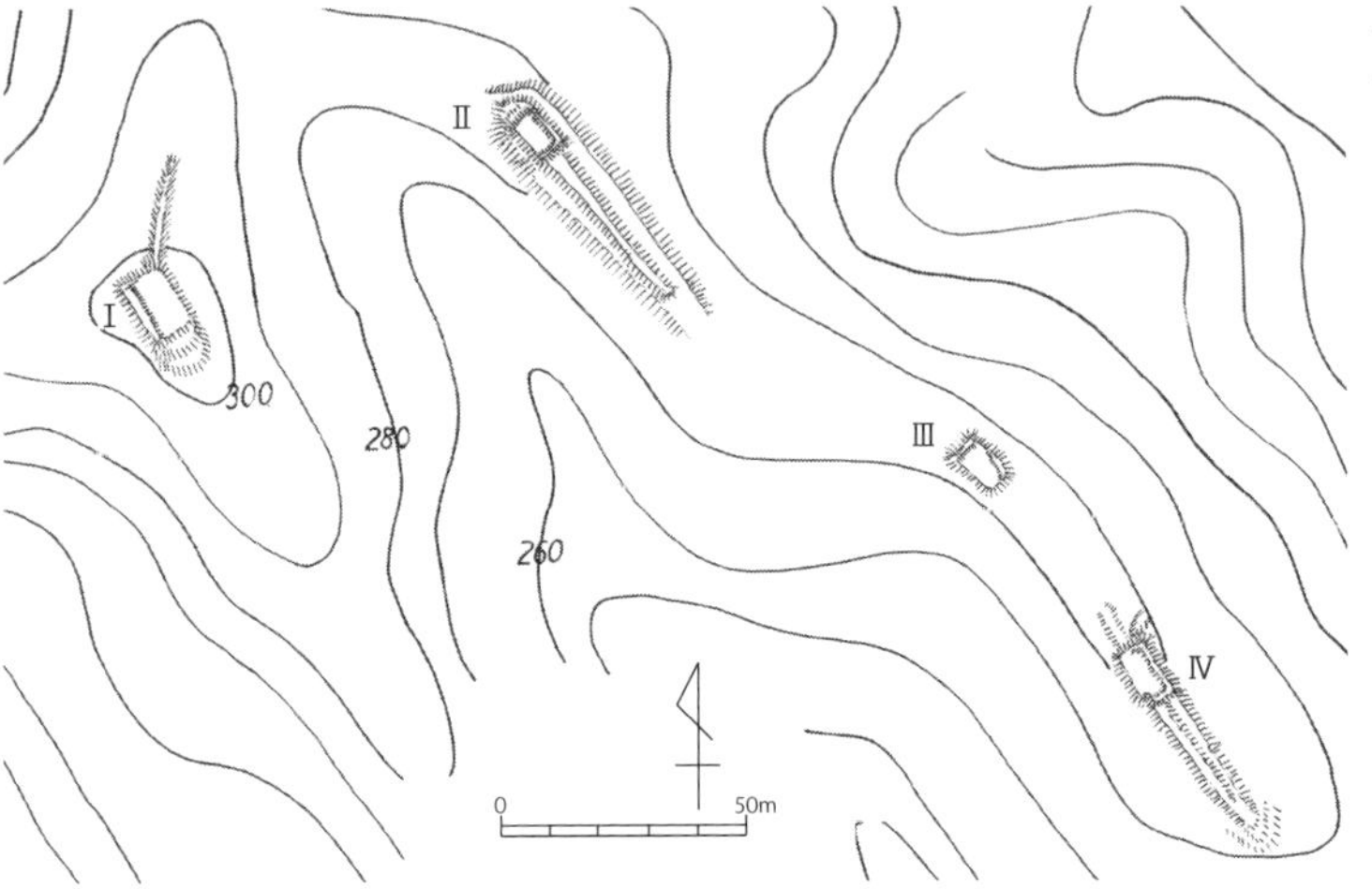

138 明谷川の南西側を守備する付城

柿《かき》ノ《の》木《き》ノ《の》上《うえ》東《ひがし》ノ《の》城《しろ》

所在地：岡山県津山市中北上／城主：―
遺構：曲輪・土塁・堀切／規模：二六〇×四〇m
標高・比高：二四〇m・六〇m

【選地】岩屋城から南西へ一・一kmほどの距離にある。南の久米川沿いは尾根が入り組んで、複雑な地形となっている。南には出雲街道が東西に通過する交通の要衝でもある。

【遺構】遺構は四ヵ所にあり、西の曲輪Ⅰは南北二〇×東西一〇mほどで、西側に低土塁がある。北の尾根方向には長さ二五mほどの竪土塁が下る。

東へ八〇mほどの曲輪Ⅱは、全長一〇mでコ字型に土塁が巡り、南東方向の尾根には土塁と犬走りが五〇mほど続く。Ⅱから南東方向へ一〇〇mほどの曲輪Ⅲは、全長一〇mの方形の曲輪で、北西と北東に低土塁を設ける。南東の四〇mほどの曲輪Ⅳは、全長一五mほどの方形で、東と南に低土塁を設け、北西側には片堀切状のような窪みがある。南東の尾根上には三〇mほど土塁が延びている。

【評価】拠点となる曲輪間にあるため、付城は小規模である。

139 柿《かき》ノ《の》木《き》ノ《の》上城《うえしろ》

岩尾城南西側の中心的な付城

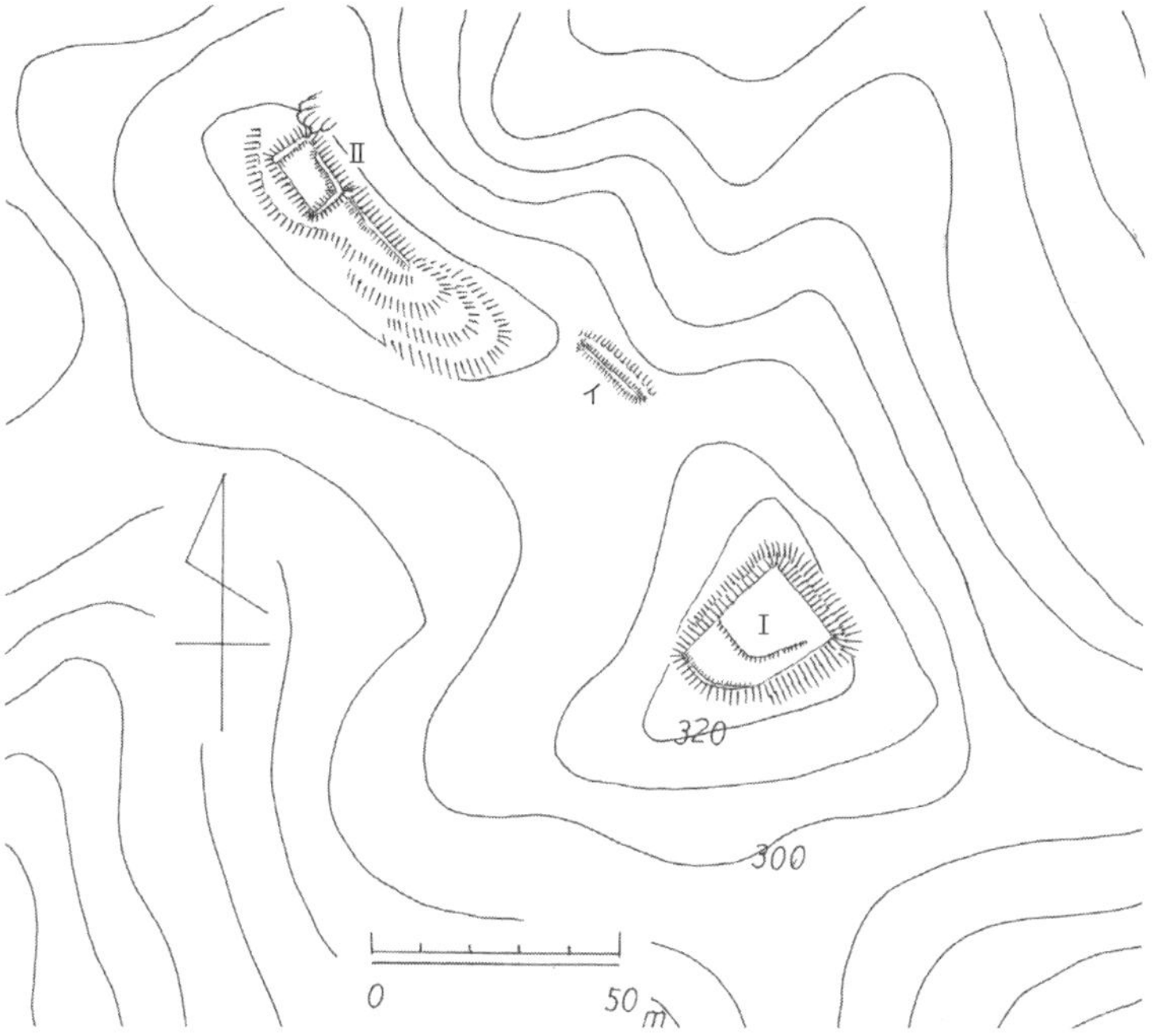

所在地：岡山県津山市中北上／城主：長船又右衛門
遺構：曲輪・土塁・堀切／規模：一六〇×三〇m
標高・比高：二四〇m・六〇m

【選地】政友集落の北四〇〇mにある標高三二七mが「柿ノ木ノ上」の中心となる場所で、岩尾城包囲の南西側の中心的付城である。

【歴史】「岩屋古城覚」と『美作古城史』は長船又右衛門を守将とする。*1

【遺構】南東の曲輪Ⅰは東西三〇×南北二〇mほどで、曲輪内部が二段になっており、南西側に低土塁が巡る。北西の尾根の鞍部には二〇mほどの土塁イがある。五〇mほど北西に全長一五mほどのコ字型の曲輪Ⅱがあり、南東に二〇mほどの低土塁が続く。

【評価】岩尾城の南西側では標高も高く、規模の大きな曲輪のため、包囲の中心となる付城である。

*1　『美作国の山城』（第二五回国民文化祭津山市実行委員会、二〇一〇年）。

土塁が囲む曲輪

土塁イ

岩尾城包囲の西の要の付城

140 石《いし》蕨《わらび》城《じょう》

所在地：岡山県津山市中北上／城主：戸川肥後守
遺構：曲輪・土塁・竪土塁／規模：一一五×二〇m
標高・比高：二四〇m・二〇〇m

【選地】津山市と真庭市の境界になる標高四〇三mに位置し、明谷川の上流となる右岸にある。東の岩屋城への距離は六〇〇mほどである。

【歴史】「岩屋古城覚」と『美作古城史』は、戸川肥後守を守将とする。[*1] 中村頼宗は天正十二年四月と六月に、「石蕨尾首」で活躍した立石右兵衛尉、西尾佐兵衛と武本源兵衛に感状《かんじょう》を与えている。[*2]

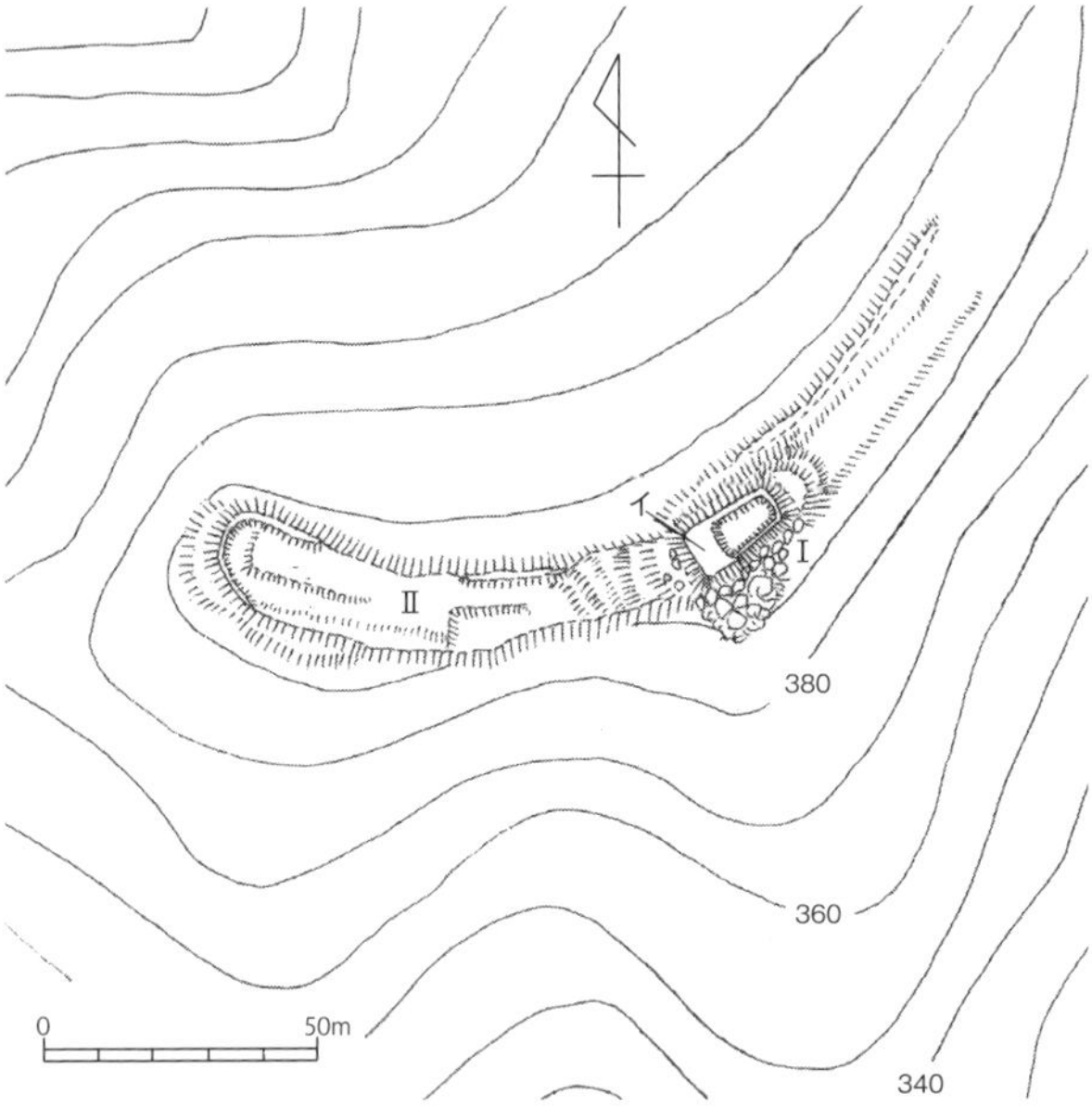

【遺構】全長一一五mほどで、東側には四方に土塁を巡らした方形の曲輪Iがある。東西二〇×南北一〇mほどで、虎口はなく、西に櫓台状の土壇イがある。南は岩場で一〇mほどの高さがある。西は傾斜地を二五mほど下り、東西七〇×南北二〇mほどの曲輪IIがあり、西端に低土塁を設けている。

【評価】岩尾城側は急傾斜であるが、籠城衆の攻撃目標となっているのは、明谷川を隔てて近距離にあるためだろうか。

城跡遠景

＊1　『美作国の山城』（第二五回国民文化祭津山市実行委員会、二〇一〇年）。
＊2　「天正十二年四月二十日付中村頼宗書状」（『久世町史』史料編、第一巻、久世町教育委員会、二〇〇四年）。

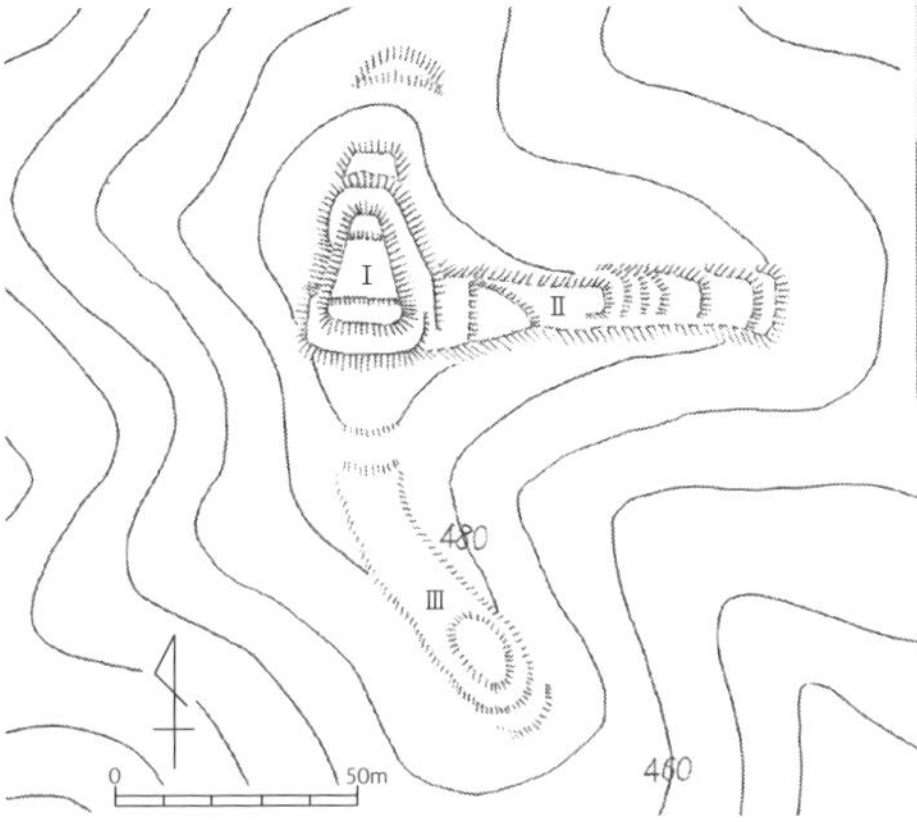

城跡遠景

岩尾城包囲の北の要となる付城

141 梅《うめ》ヶ《が》峠《とうげ》城《しろ》

所在地：岡山県津山市中北上／城主：江原兵庫助
遺構：曲輪・土塁・竪土塁・空堀
規模：二二〇×四五m／標高・比高：四九九m・三三〇m

【選地】岩屋城の北五〇〇mほどの距離にある中の谷山に所在する。岩屋城より一七mほど高く、尾根が南東へ張り出しているため、岩屋城を牽制するのに適した場所である。

【歴史】「岩屋古城覚」と『美作古城史』は、江原兵庫助を守将とする。[*1] 中村頼宗は天正十二年五月と六月に、「江原陣」で活躍した立石右兵衛尉、西尾佐兵衛に感状を与えている。[*2]

【遺構】中の谷山にある曲輪は東西一〇〇×南北四五mほどで、中心部には南北二五×東西一五mほどの三角形をした曲輪Ⅰがある。Ⅰより東へ八〇mほどにわたって曲輪Ⅱがあり、自然地形と混合した曲輪が形成されている。Ⅰより南東に延びた尾根上にも、七〇mの自然地形Ⅲが広がる。中の谷山より東へ二〇〇mほどに、東西一二×南北一〇mほどのコ字型の曲輪Ⅳがあり、西斜面に三五mほどの竪土塁が敷設されている。

【評価】籠城側の攻撃の的になっており、籠城側は攻撃の不安を感じる付城であったようだ。

*1　『美作国の山城』（第二五回国民文化祭津山市実行委員会、二〇一〇年）。
*2　「天正十二年四月二十日付　中村頼宗書状」（『久世町史』史料編、第一巻、久世町教育委員会、二〇〇四年）。

腰曲輪

142 はってば城《じょう》

岩尾城包囲の最北の付城

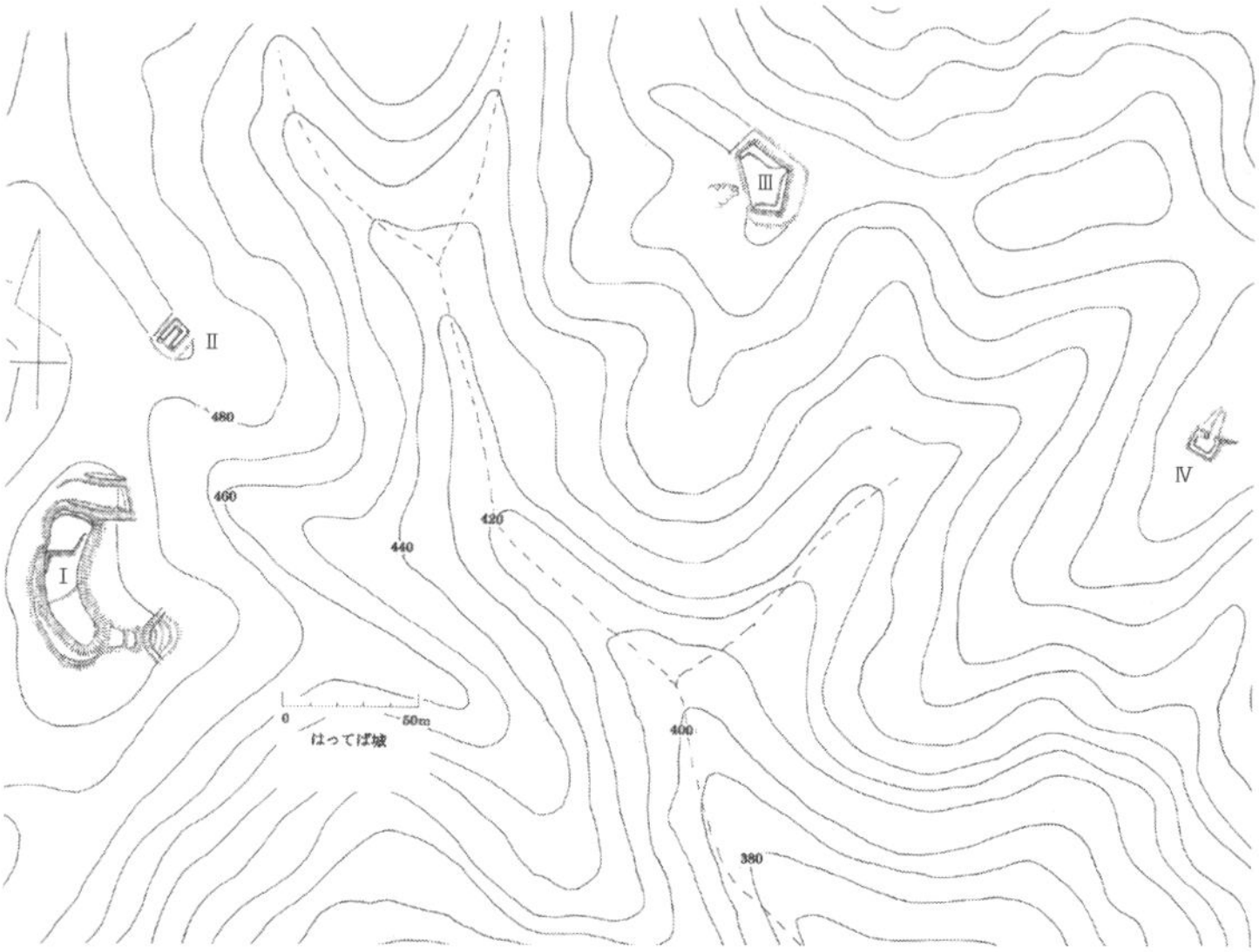

所在地：岡山県津山市中北上／城主：杉原下野守
遺構：曲輪・土塁・竪土塁・堀切
規模：一二〇×五〇m／標高・比高：五〇〇m・三三〇m

【選地】 岩屋城の北七〇〇mほどの距離にあり、包囲する付城のうち最北の地にある。岩屋川の最上流で、川を隔てて東にも曲輪群が続く。

【歴史】 「岩屋古城覚」と『美作古城史』は、杉原下野守を守将とする。*1

【遺構】 中心となる曲輪Ⅰの規模は南北七〇×東西四五mほどで、北に二条の堀切を設け、東の岩屋川に延びる尾根側も堀切で遮断している。北の尾根上五〇mには全長一〇m規模のコ字型の曲輪Ⅱがあり、ここから北へ三〇〇mほど上ると尾根が南東に分岐し、南東三〇〇mほどに南北三五×東西二〇mほどの曲輪Ⅲがある。また、南東二〇〇mにも全長一〇m規模のコ字型の曲輪Ⅳがある。

【評価】 岩屋川を上ってくる敵と、北東の宮部川流域からの敵も警戒している。

土塁

*1 『美作国の山城』（第二五回国民文化祭津山市実行委員会、二〇一〇年）。

城内に街道を取り込んだ付城

143 的場ノ峠城《まとばのとうげしろ》

所在地：岡山県津山市中北上／城主：長船越中守
遺構：曲輪・土塁・虎口・堀切・竪堀
規模：八五×四〇m／標高・比高：四九九m・三三〇m

【選地】岩屋城から北東へ五〇〇mほどの距離にあり、標高五一七mに位置する。包囲の付城中で最も高い場所である。「的場の峠」といい、東の宮部川方面への街道が重要であったと考える。

【歴史】「岩屋古城覚」と『美作古城史』は、長船越中守を守将とする。*1

【遺構】中心となる曲輪Ⅰは東西二〇×南北一五mほどで、北と東に土塁が巡り、北斜面には二〇mほどの竪堀イが下る。西の曲輪Ⅱは東西三〇×南北一〇mほどで、北側は低土塁が巡り、西側は二条の堀切で遮断している。

東に位置する曲輪Ⅲは、東西二〇×南北一〇mほどの規模で、北側に虎口aを設け、南東隅にも虎口bが開口しており、街道を取り込んだ曲輪である。北と東には低土塁が巡り、東側は堀切で遮断している。南東一三〇mには全長一〇mほどの低土塁が囲繞した曲輪Ⅳがあり、虎口cが北に開口している。

【評価】Ⅲの内部を南北に街道が通過するため、街道を監視していたと考える。また、Ⅳは東と西を堀切で遮断しており、土塁の正面は岩屋城を向き、側面の土塁は区画や遮断として設けられている。

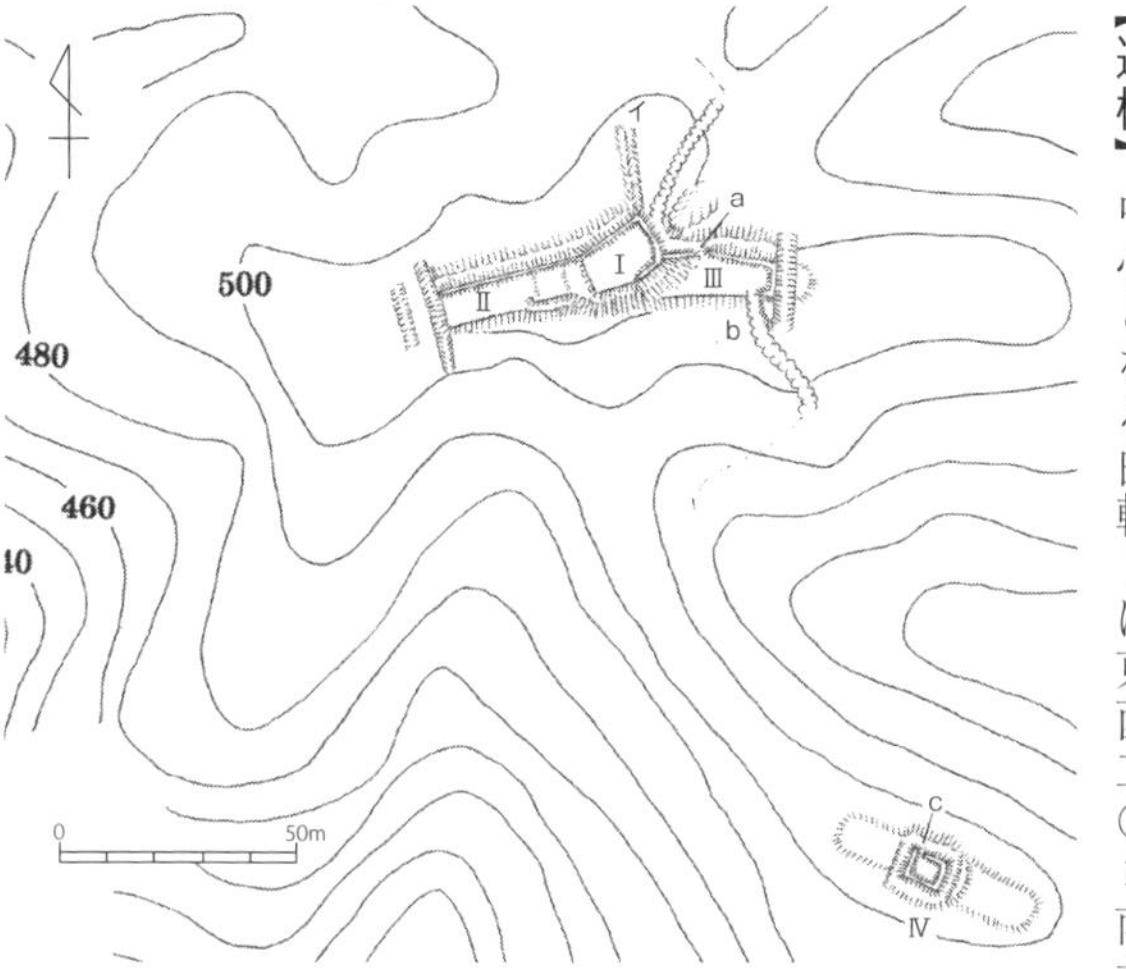

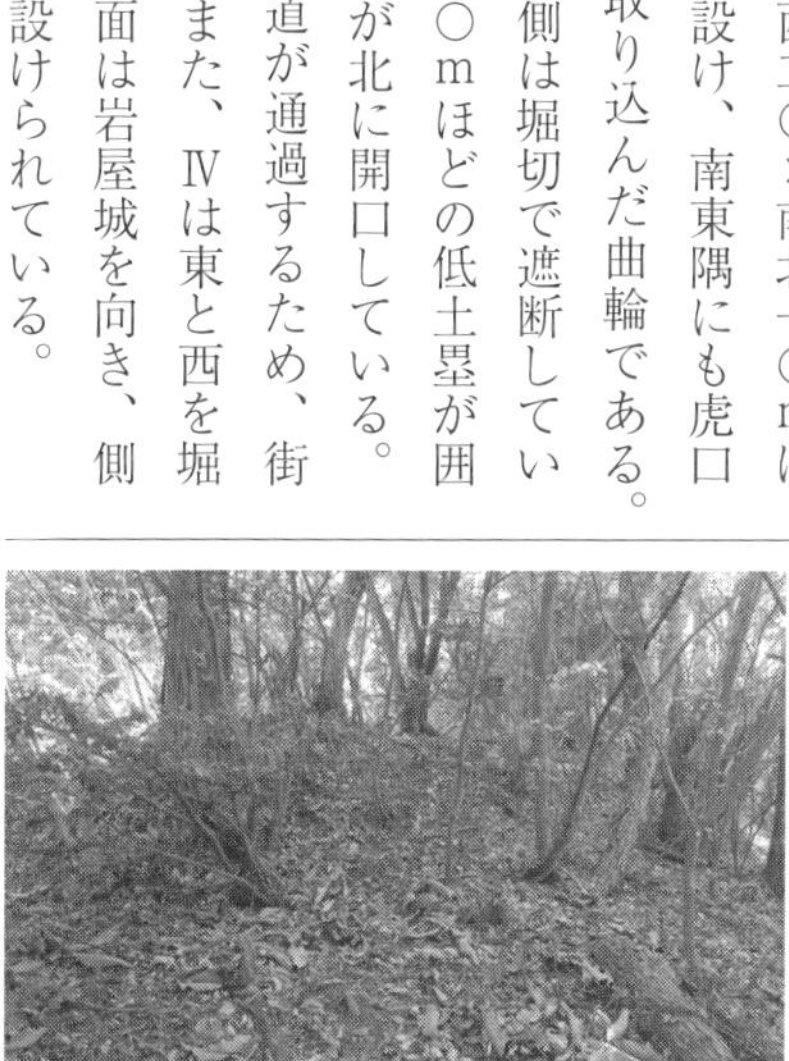
土塁

*1　『美作国の山城』（第二五回国民文化祭津山市実行委員会、二〇一〇年）。

岩尾城包囲の東の付城

144 栃《とち》ノ《の》木《き》峠《とうげ》城《しろ》

所在地：岡山県津山市中北上／城主：川端右近
遺構：曲輪・土塁・虎口・堀切
規模：一四五×二〇m／標高・比高：四六〇m・一九〇m

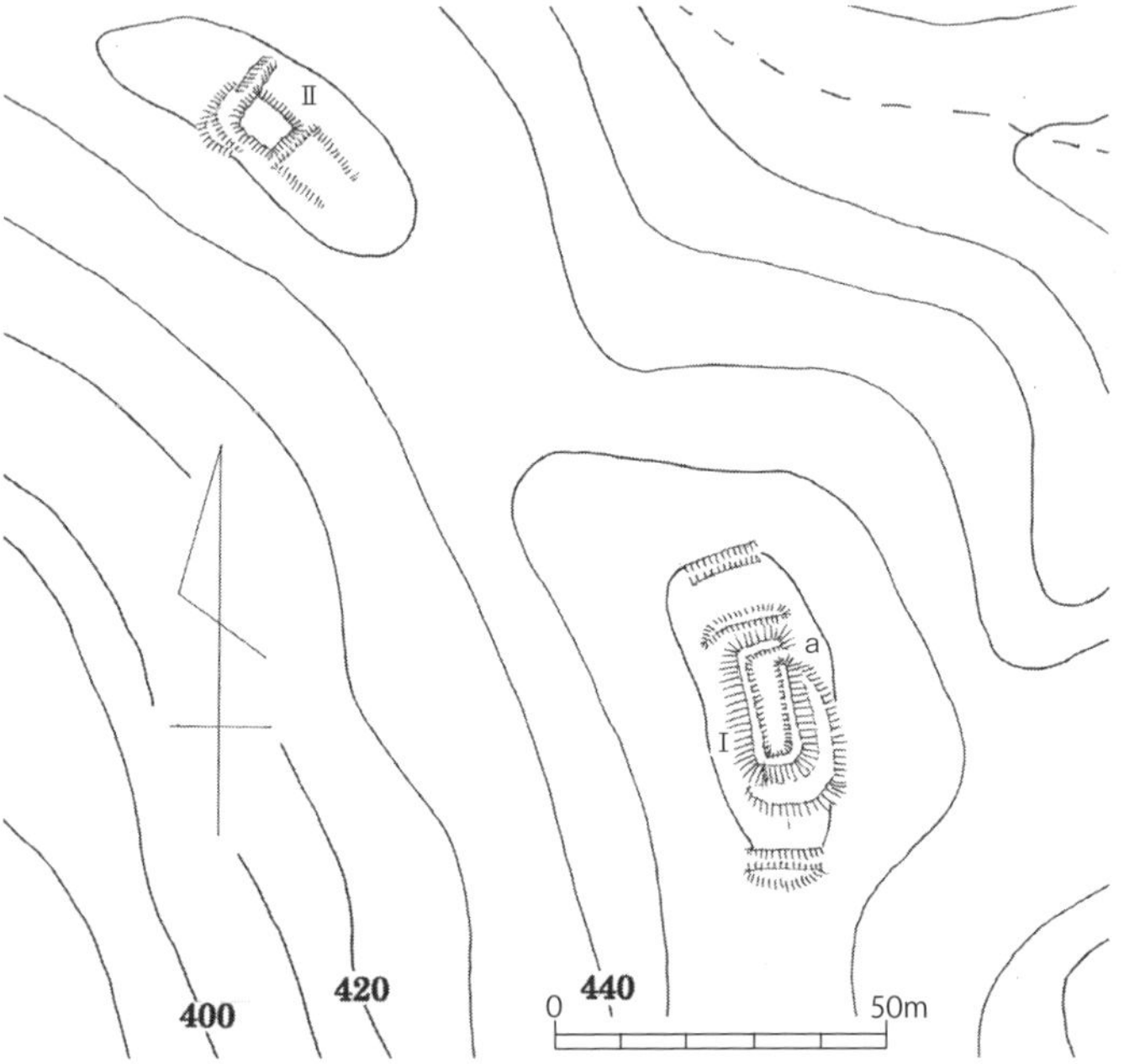

【選地】高見山の北東四〇〇mほどの標高四六〇mに位置し、岩屋城の東九〇〇mほどの岩屋川を隔てた場所にある。

【歴史】「岩屋古城覚」と『美作古城史』は、川端右近を守将とする。*1

【遺構】曲輪Ⅰは南北二〇×東西一〇mほどの規模で、低土塁が囲繞し、虎口aは北東に開口している。北は二条の堀切、南も堀切で遮断する構造である。土塁外の東と南には犬走りがあるため、曲輪と堀切の間は一〇mほどの距離がある。北西八〇mほどに一辺八mほどの曲輪Ⅱがあり、曲輪の西と東は空堀で遮断している。

【評価】曲輪の規模が小さいため、見張りのための付城と考える。東や南東の高見山等から尾根が集まる場所なので、防御の重要な場所でもある。

土塁

＊1　『美作国の山城』（第二五回国民文化祭津山市実行委員会、二〇一〇年）。

傾斜地を利用して構築された付城

145 与《よ》右《え》衛門《もん》ノ《の》上《うえ》城《しろ》

所在地：岡山県津山市中北上／城主：杉原木工
遺構：曲輪・土塁・櫓台・空堀
規模：二〇×二五m／標高・比高：二七〇m・一〇〇m

【選地】荒神ノ上城の北三〇〇mほどの斜面にあり、岩屋川を隔てて、岩屋城からは南東に八〇〇m以上離れている。

【歴史】「岩屋古城覚」と『美作古城史』は、杉原木工を守将とする。*1

【遺構】曲輪Ⅰの規模は南北四五×東西二五mほどで、内部は三段となり、北から南に傾斜している。北と南東には空堀が残っているが、西側を除く三方が空堀となっていたと考える。南へ六〇mほど下ると南北二〇×東西一五mほどの曲輪Ⅱがあり、南東側に一辺六mほどの櫓台イがある。南へ七〇mほど下ると曲輪Ⅲがある。途中には三五mほどにわたって低土塁が残る。規模は東西一五×南北一五mほどの三角形をした曲輪で、西と北に低土塁を設けている。

【評価】尾根の傾斜が緩やかな部分に構築された曲輪で、所々に低土塁が残る。築城時には、荒神ノ上城に包囲網の土塁が繋がっていたと考える。

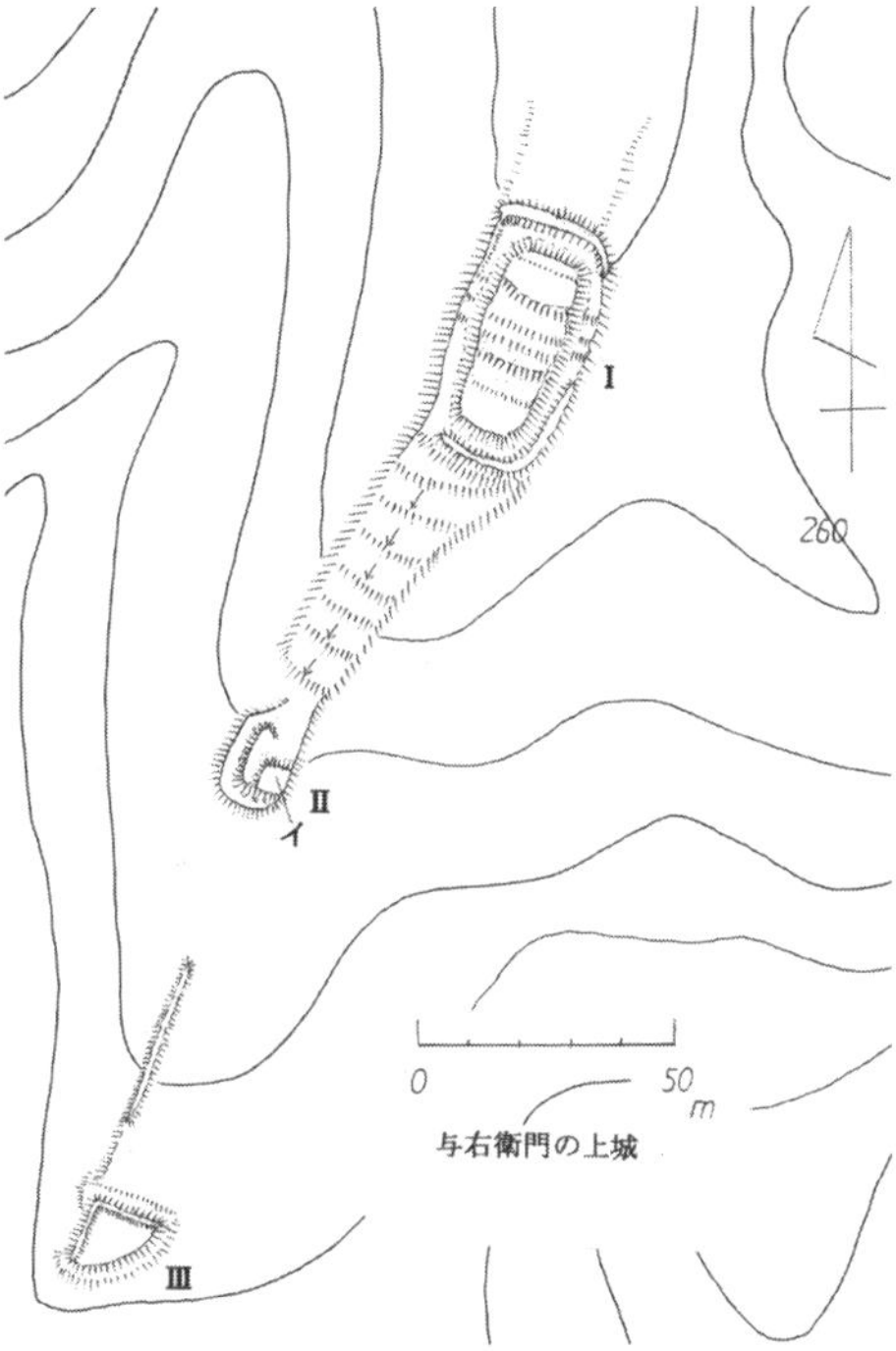

与右衛門の上城

城跡遠景

＊1　『美作国の山城』（第二五回国民文化祭津山市実行委員会、二〇一〇年）。

大手口を押さえる付城

146　荒神《こうじん》ノ《の》上《うえ》城《しろ》

所在地：岡山県津山市中北上／城主：浦上与九郎
遺構：曲輪・土塁・空堀・竪堀・虎口
規模：二三〇×六〇m／標高・比高：二一〇m／四〇m

【選地】岩屋川河口の左岸に位置し、岩屋城の大手口を封鎖する付城である。岩屋川の入口には「安田屋敷」「原田屋敷」「西尾屋敷」等家臣団の屋敷跡の伝承が残っており、重要な場所であった。

【歴史】「岩屋古城覚」と『美作古城史』は、浦上与九郎を守将とする。*1

【遺構】南北の丘陵上に、五〇m間隔で三つの曲輪が連なる。南の曲輪Ⅰは南北二五×東西二〇mほどで、南に桝形状の虎口aが開口し、北側は堀切で遮断する。北五〇mほどに南北二五×東西二〇mほどの曲輪Ⅱがあり、土塁と空堀が巡り、虎口bが東に開口する。さらに北へ五〇mほどに南北三五×東西三〇mほどの不整形な形の曲輪Ⅲがある。内部は二郭で、虎口cは南に開口し、周囲は空堀と土塁が巡る。ⅠからⅢまでは土塁で結合し、西側斜面には曲輪から竪堀が下り、横移動を防止している。土塁の東側は駐屯地としての使用が考えられる。

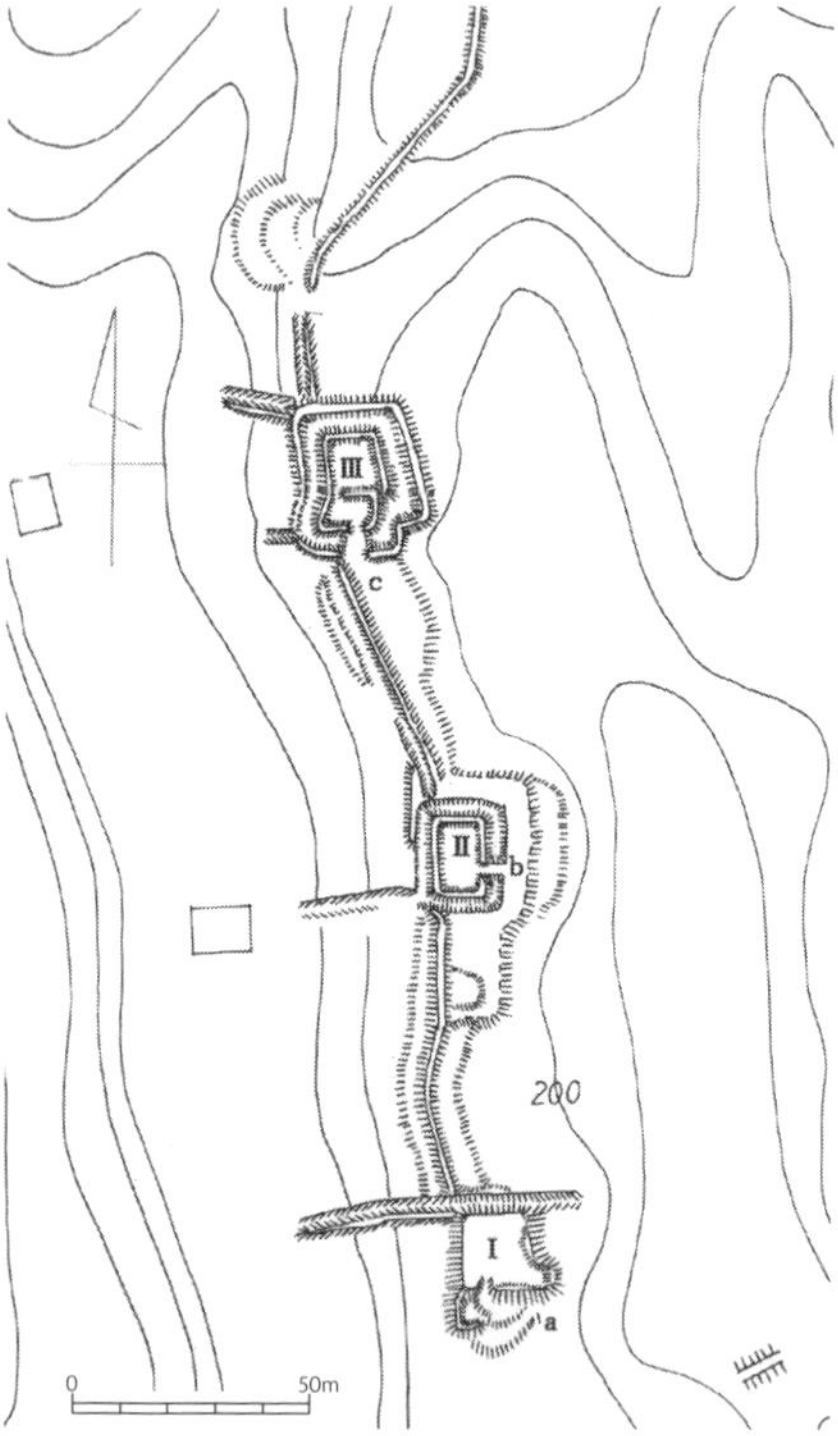

【評価】本陣（妙福寺ノ上城）の東側の防御と岩屋城の入口となる岩屋川河口の防御のための、重要な拠点である。

曲輪と土塁

＊1　『美作国の山城』（第二五回国民文化祭津山市実行委員会、二〇一〇年）。

岩屋城包囲の付城か

147 姿《すがた》山《やま》城《じょう》

所在地：岡山県津山市坪井上／城主：—
遺構：曲輪・土塁／規模：一五〇×一三〇m
標高・比高：二一〇m・四〇m

【選地】東と西に丘陵がある地形で、久米川に沿って出雲街道が東西に通過する交通の要衝である。北側は中国自動車道により削り取られているが、遺構の一部が残っている。

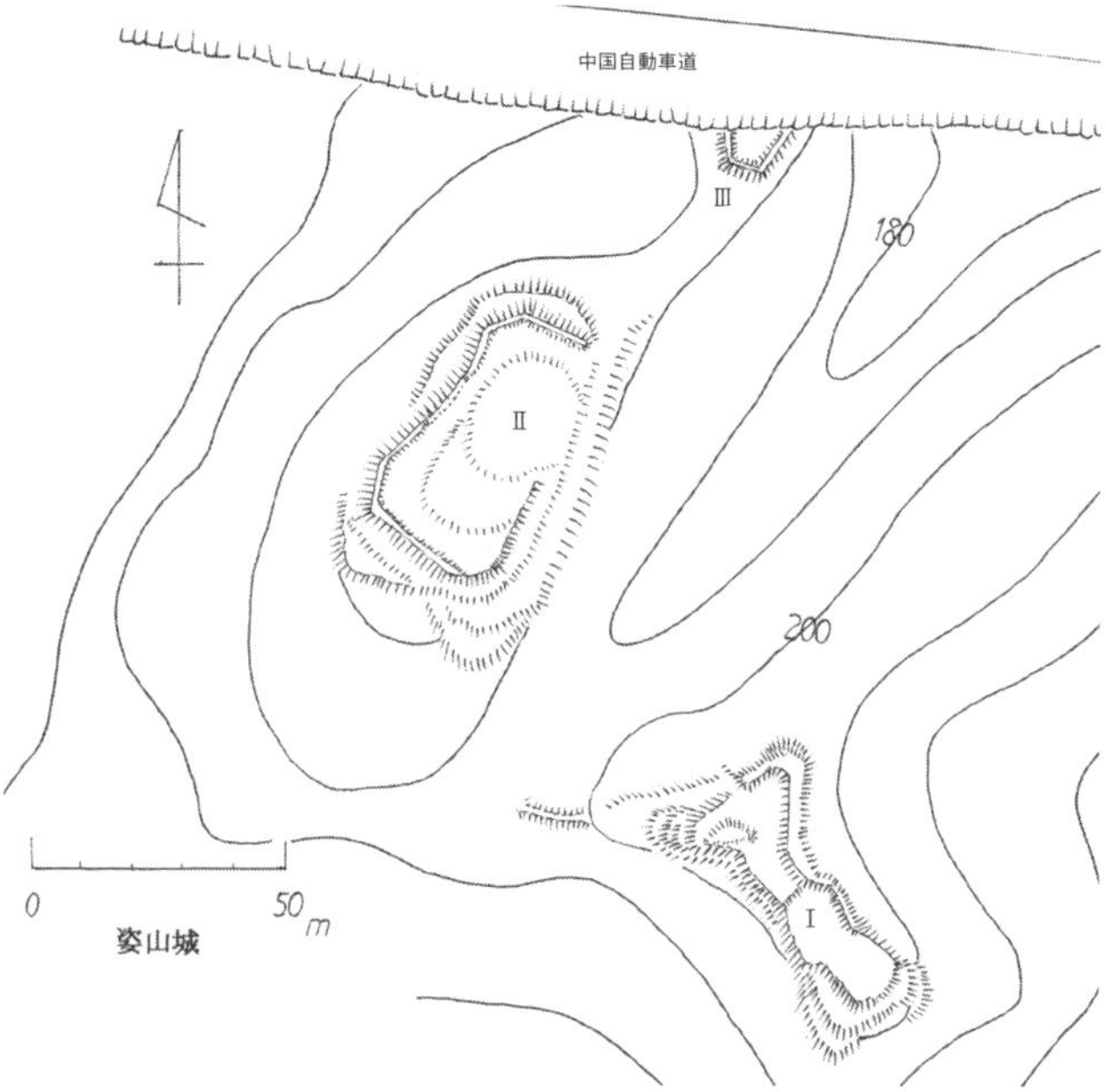

姿山城

【遺構】東・西・北の三ヵ所で構成され、東の曲輪Ⅰは東西三〇×南北二六mほどの規模で、北東部に土塁がみられる。中央部で曲輪が二段になり、曲輪の削平状態は自然地形と混合である。西の曲輪Ⅱは南北六〇×東西三〇mほどで、北・西・南には土塁が巡り、曲輪内部は平坦であるが、自然地形の部分が多い。北へ四〇mに曲輪Ⅲがあるが、中国自動車道の建設で削り取られ、一〇mほどの土塁の部分が残っている。

【評価】遺構の評価は難しいが、岩屋城包囲の付城に近く、縄張りの調査から陣城と断定できるため、髙田徹氏が述べるように何らかの関係がある。[*1]

＊1 髙田徹「美作岩屋城包囲の付城群について」(『中世城郭研究』第二五号、中世城郭研究会、二〇一一年)。

城跡遠景

13、小牧長久手合戦

天正十二年（一五八四）三〜十一月

小牧長久手合戦

天正十二年（一五八四）三月から十一月にかけて、羽柴秀吉軍と織田信雄・徳川家康連合軍が争った合戦は、尾張・美濃・伊勢・紀伊・和泉・摂津や北陸・四国・関東をも巻き込む全国規模の戦役であった。この年三月十三日、池田恒興が突如羽柴軍に与《くみ》し、犬山《いぬやま》城（愛知県犬山市）を占拠した。徳川家康はこれに対抗するため、同月十五日に小牧山《こまきやま》城（同小牧市）に入城し、これに対して森長可は十六日に羽黒《はぐろ》（犬山市）に着陣した。この動きに対して徳川軍の松平家忠《まつだいらいえただ》、酒井忠次《さかいただつぐ》の兵五千が羽黒に向かって出陣し、十七日早朝には酒井忠次軍が森長可軍を奇襲、側面から松平家忠軍が攻撃し、酒井軍が背後へ回ろうとしたのを見て森長可軍が敗走した。これを羽黒の戦いという。

四月、秀吉軍は犬山市楽田に、家康軍は小牧山に陣を置いて対峙した。秀吉軍は、羽柴秀次を大将とした別働隊を家康の本拠である岡崎（同岡崎市）に向けて派遣したところ、長久手の地で激突し、秀吉軍の池田恒興・元助《もとすけ》父子、森長可が戦死し、家康方が勝利して小牧山の陣に戻った。

北伊勢では羽柴秀長が松ヶ島《まつがしま》城（三重県松阪市）を開城させたが、東美濃では森長可の討ち死にで手薄となったため、徳川軍の遠山利景《とおやまとしかげ》が明智城（岐阜県可児市）を奪還している。しかし、羽柴軍は五月四日から美濃の加賀野井《かがのい》城、竹ヶ鼻《たけがはな》城、尾張の奥《おく》城を攻略し、秀吉は六月二十八日に大坂城に戻り、家康も小牧山城を酒井忠次に任せ、清洲城に移った。

近畿では同年三月から根来《ねごろ》、雑賀《さいか》衆および粉河寺衆徒《こかわでらしゅうと》が岸和田《きしわだ》城に攻め寄せ、中村一氏《なかむらかずうじ》と松《まつ》

＊1　『羽柴秀吉―怒涛の天下取り―』歴史群像シリーズ3（学習研究社、一九八七年）。

＊2　藤田達生編『伊勢国司北畠氏の研究』（吉川弘文館、二〇〇四年）。

浦宗清《うらむねきよ》がこれに対応した。関東では北条氏直《ほうじょううじなお》軍に対し、佐竹《さたけ》氏、宇都宮《うつのみや》氏、上杉《うえすぎ》氏が秀吉方について対処した。四国では、徳川方の長宗我部《ちょうそかべ》軍が十河在保《そごうまさやす》の十河城（香川県高松市）を落とし、讃岐平定を成し遂げている。このように、各地で合戦が起こったが、十一月に織田信雄が秀吉と講和したことにより、大義名分を失った家康は三河に引き上げた。*1

戸木城合戦

天正十二年三月、織田信雄は秀吉に内通したとして、岡田重孝《おかだしげたか》、津川義冬《つがわよしふゆ》、浅《あさ》井《い》長時《ながとき》の三人の重臣を殺害した。これを契機に秀吉は、信雄の領国への攻撃を開始し、尾張や南伊勢の城が落とされていった。四月十二日には、木造《こづくり》氏の籠もる戸木《へき》城（三重県久居市）を攻撃するため、四ヵ所の付城を構築するように命令した。七月には兵粮不足に陥り、周辺で苅田《かりた》を行うとともに、徳川家康に援助を求めた。秀吉方は講和交渉を進めたが不調に終わり、木造氏は高田専修寺《たかだせんじゅじ》（同津市）の尭慧《ぎょうえ》上人の仲介によって退城し、信雄の清洲城に入った。*2

小牧長久手合戦関係位置図

小牧長久手合戦　城郭位置図

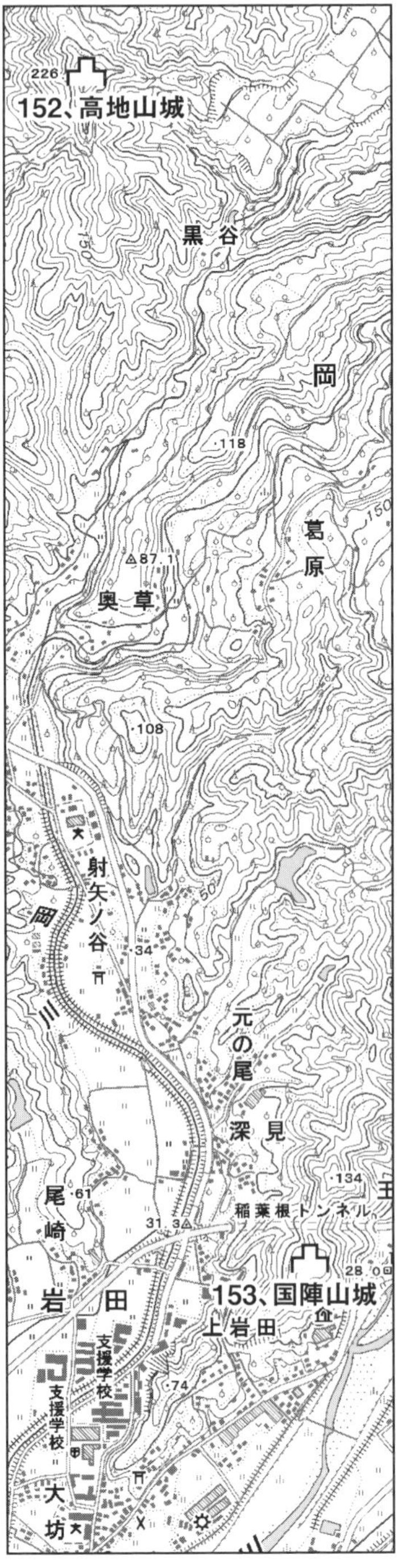

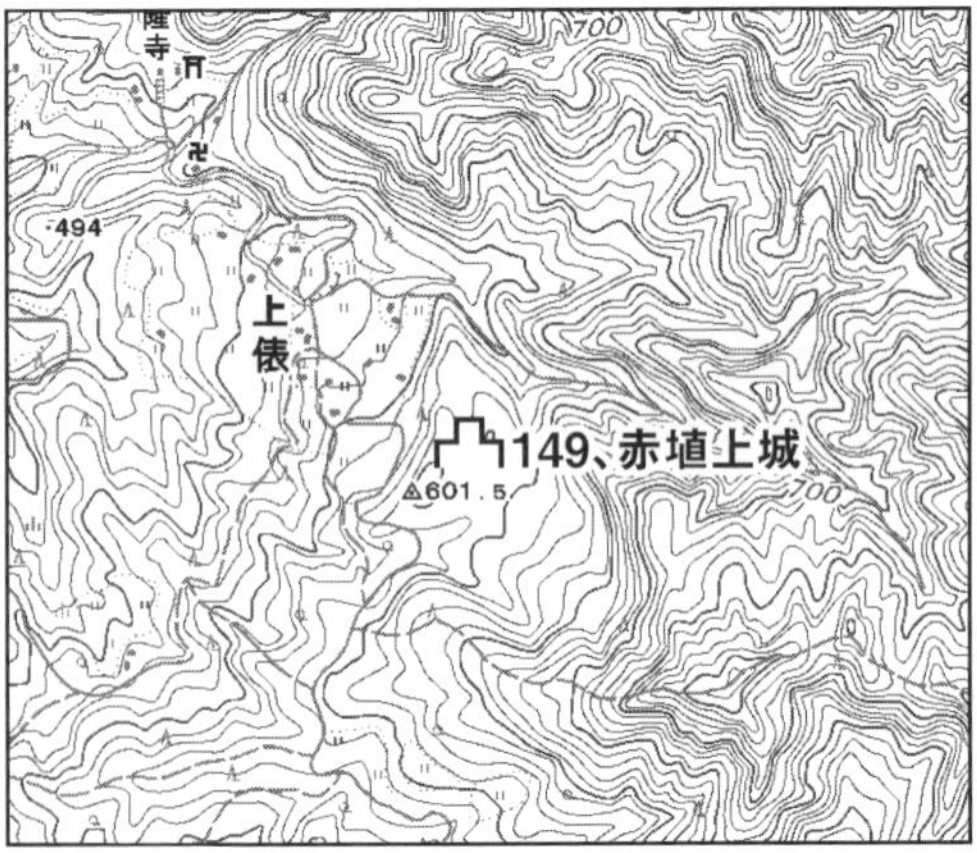

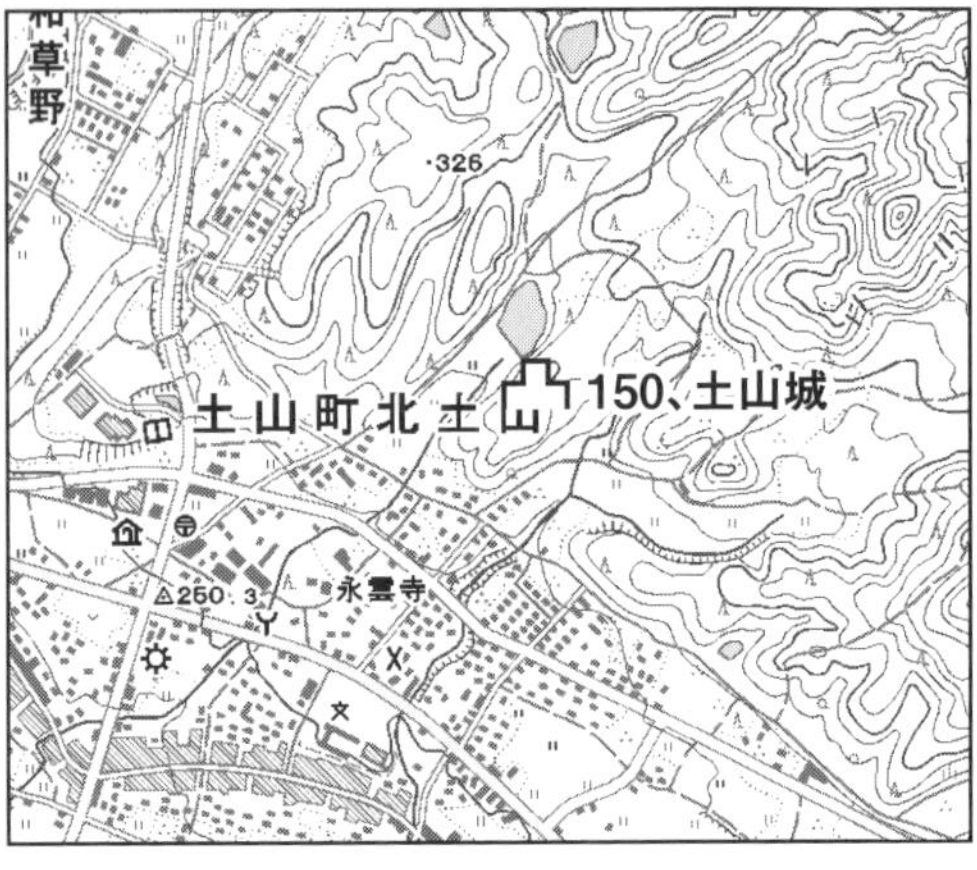

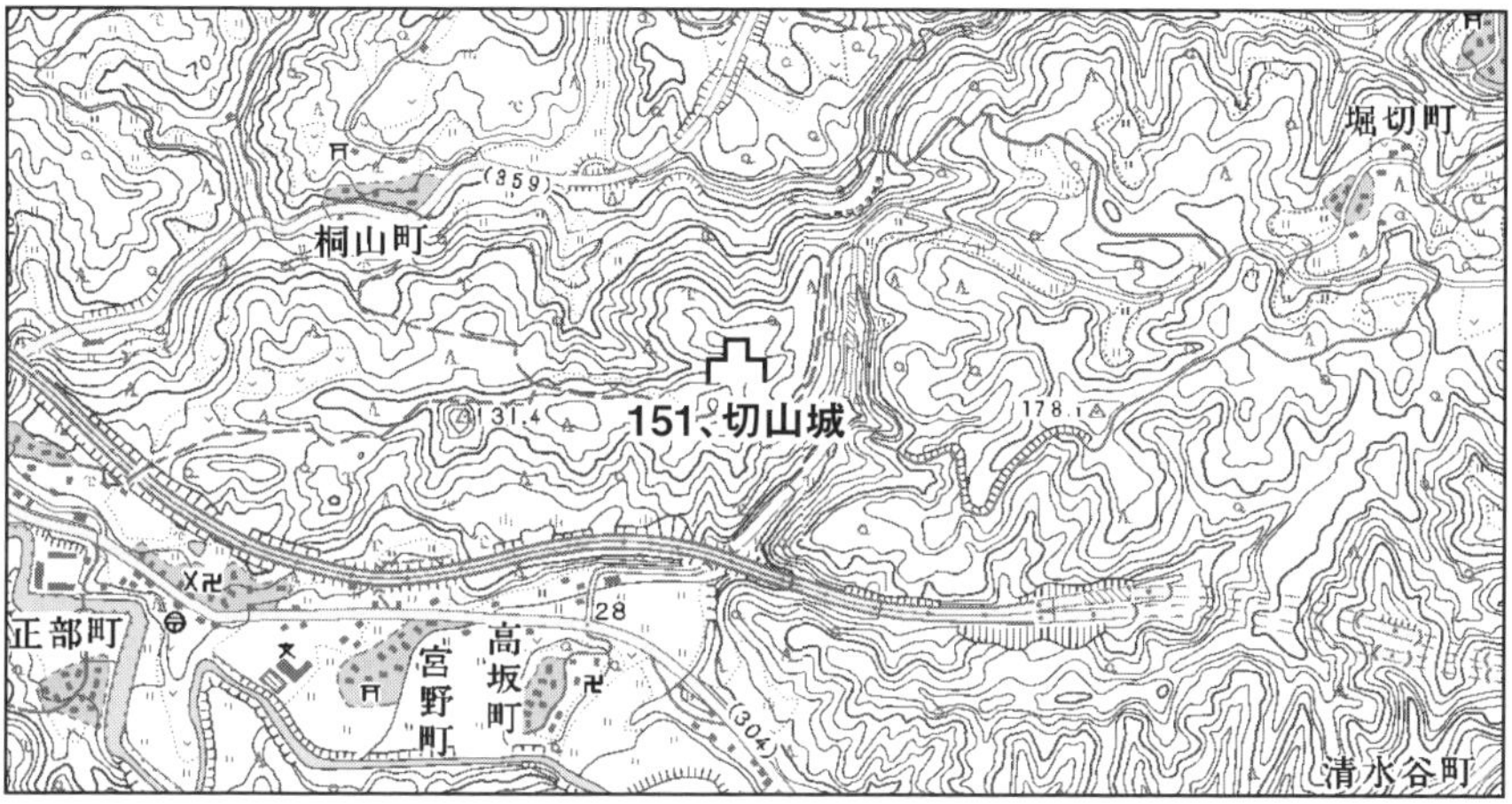
堀切町
(359)
桐山町
151、切山城
31.4
178.1
28
正部町
宮野町
高坂町
(304)
清水谷町

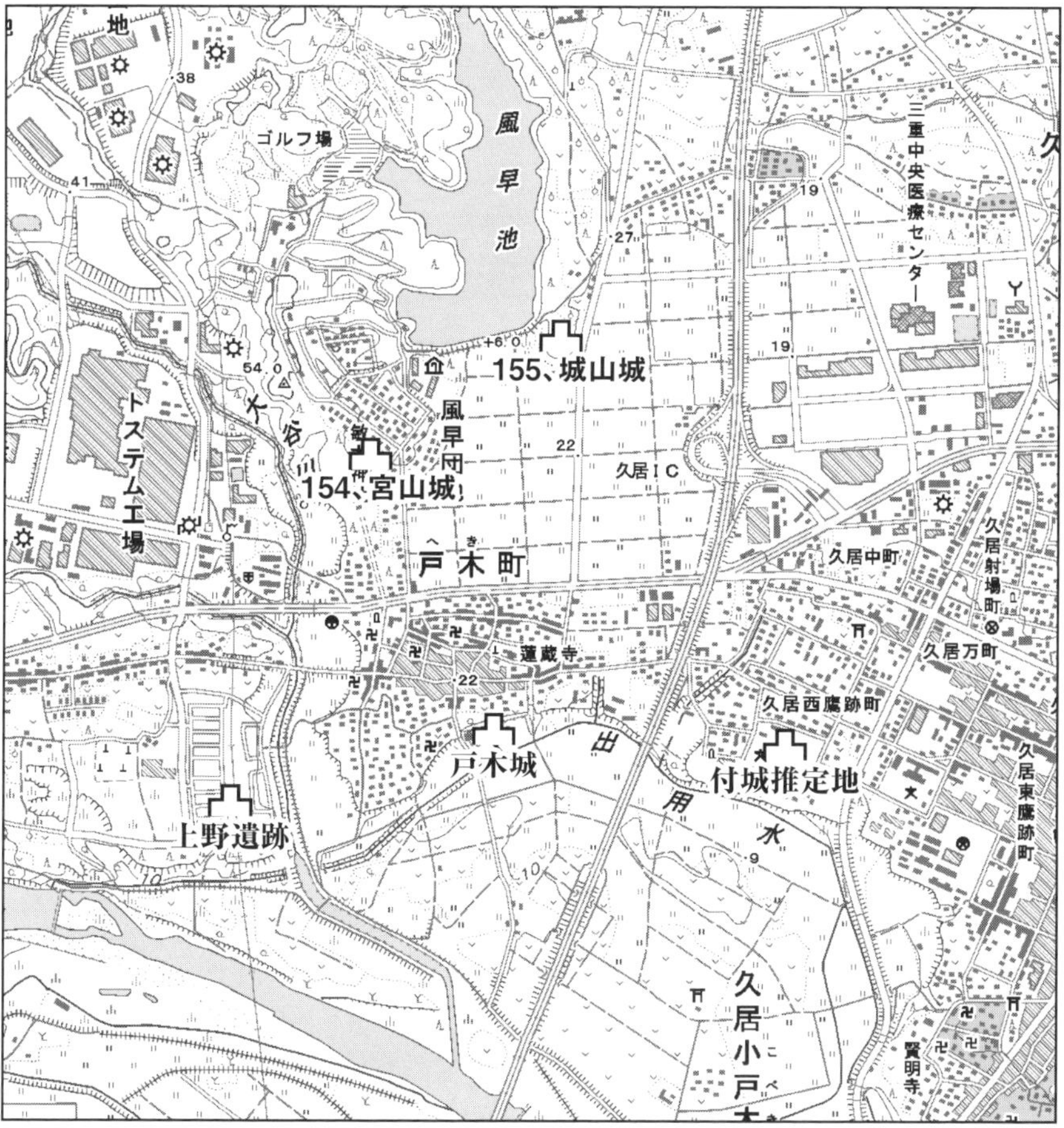
38
ゴルフ場
41
風早池
27
19
三重中央医療センター
155、城山城
54.0
トステム工場
風早団
154、宮山城
22
久居IC
戸《へ》木《き》町
久居中町
久居射場町
蓮蔵寺
22
久居万町
久居西鷹跡町
戸木城
出用水
付城推定地
上野遺跡
久居東鷹跡町
9
10
久居小戸《こべ》木《き》
賢明寺

東海道と大和街道を監視する陣城

148 新《しん》所《じょ》城《じょう》

所在地：三重県亀山市関町新所字城山／城主：関盛信・浅野長吉・近江衆／遺構：曲輪・土塁・竪堀・竪土塁・虎口・堀切
規模：四三〇×一八〇m／標高・比高：一五三m・五〇m

【選地】鈴鹿《すずか》川と加太《かぶと》川が合流する東側の標高一五三mの城山に位置する。鈴鹿川を北に上ると鈴鹿峠から近江の土山《つちやま》（滋賀県甲賀市）に至る東海道が通り、西に加太川を上ると伊賀の柘植《つげ》（三重県伊賀市）に至る交通の要衝である。

【歴史】城主は関盛信《せきもりのぶ》といわれる。天正十一年一月、盛信が年賀のため羽柴秀吉のもとを訪れていた隙をついて家中で反乱が起こり、家臣の岩間《いわま》氏に追放された。そのため、滝川一益の配下が入城し、羽柴勢の近江、伊賀からの侵攻に備えたが、秀吉は北伊勢に侵攻したため、滝川氏は戦局的に裏をかかれた状態となった。その後、秀吉方に奪取され、浅野長吉や朽木元綱《くつきもとつな》ら五名の近江衆に一五〇〇の兵力で守備させた。慶長五年（一六〇〇）九月の関ヶ原合戦の前哨戦においても利用された可能性がある。*1

【遺構】三つに分類が可能である。西の曲輪群Ⅰは東西一〇〇×南北一五mほどで、北東は堀切で遮断し、南から南東に続く丘陵の斜面には竪土塁を敷設している。竪土塁は三五mほどで食い違いとなり、二〇mほどの土塁は西から東への鞍部の移動を遮断している。鞍部から一〇〇mほど上ると曲輪群Ⅱがある。南北九〇×東西一〇mほどの曲輪は、東と西の中心部に土塁を設けている。

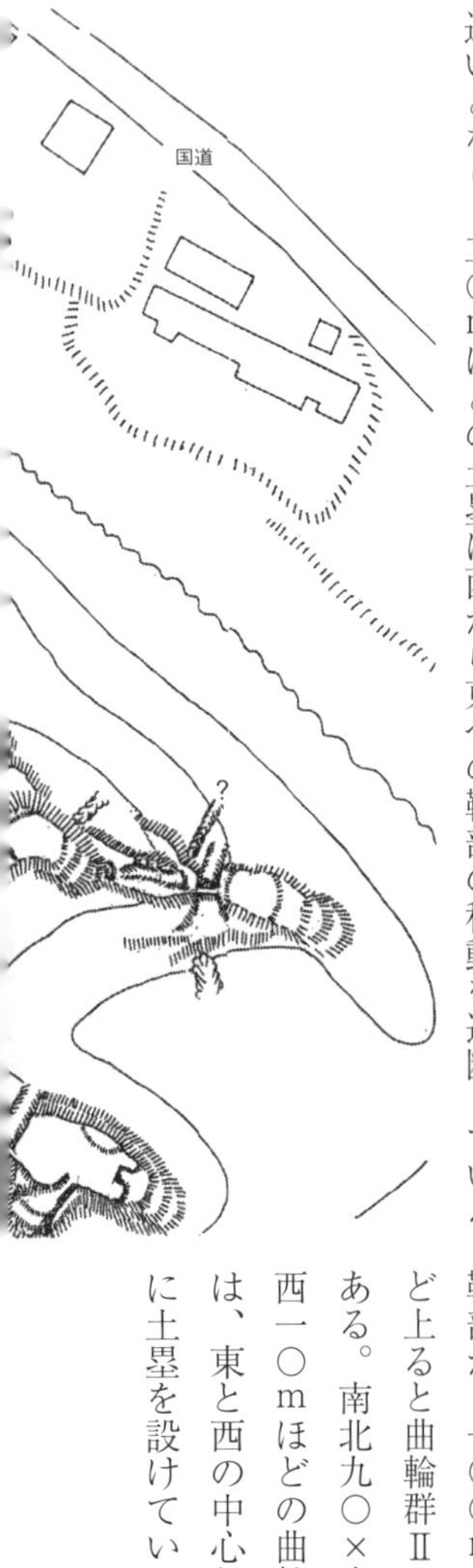

城跡遠景

*1 『三重の山城ベスト五〇を歩く』（福井健二・竹田憲治・中井均編、サンライズ出版、二〇一二年）。

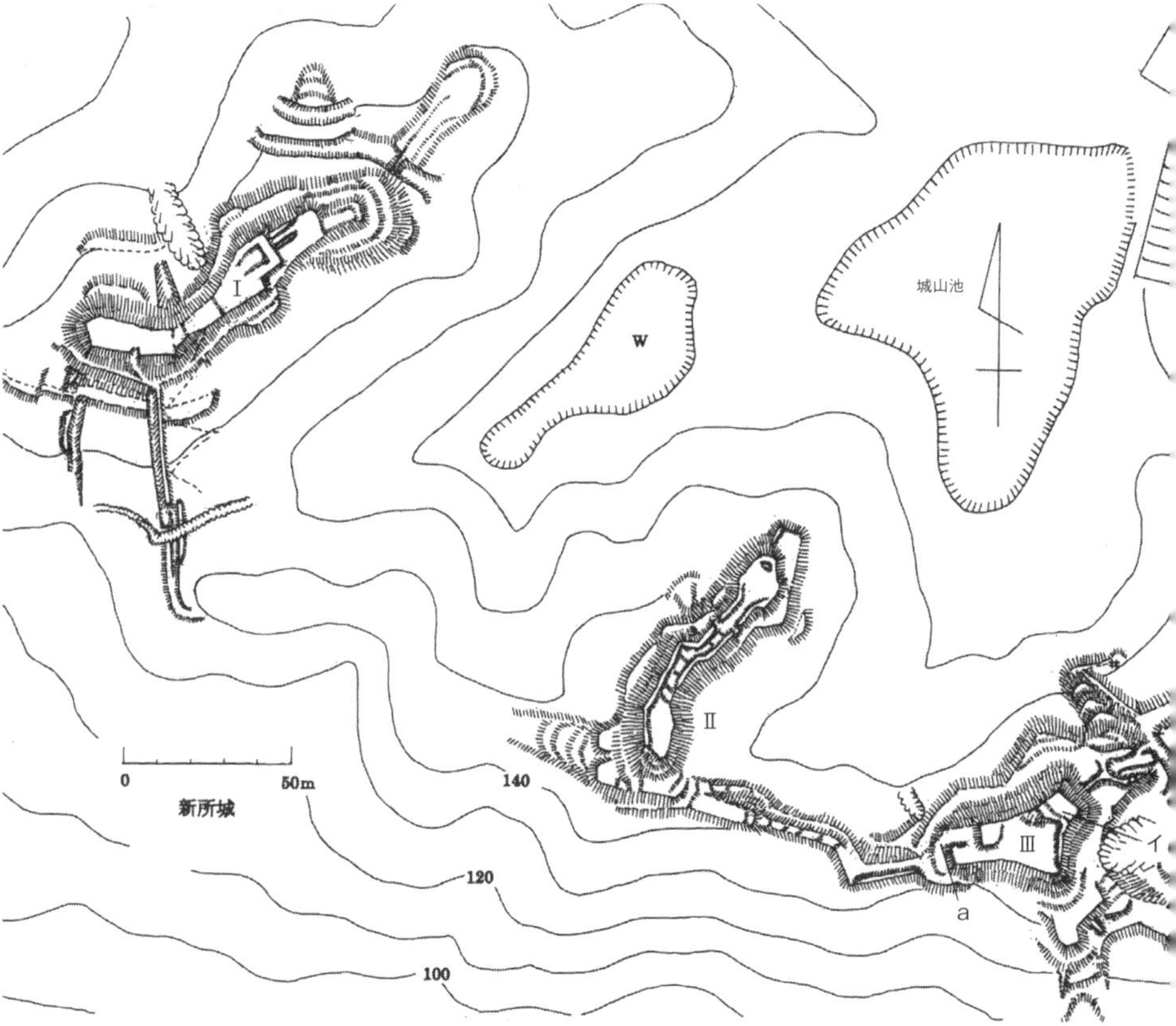

東へ五〇mほど丘陵が続き、曲輪群Ⅲとなる。中心となるのは東西四〇×南北一五mほどの不整形な曲輪で、西に虎口aが開口し、北東隅に櫓台イがある。東方向に丘陵が分岐し、曲輪群が続く。丘陵のどの部分が中心となる曲輪か確定できない。

【評価】近江と伊賀方面に街道が分岐する重要な位置のため、時代に応じて改修・使用された可能性がある。

土塁

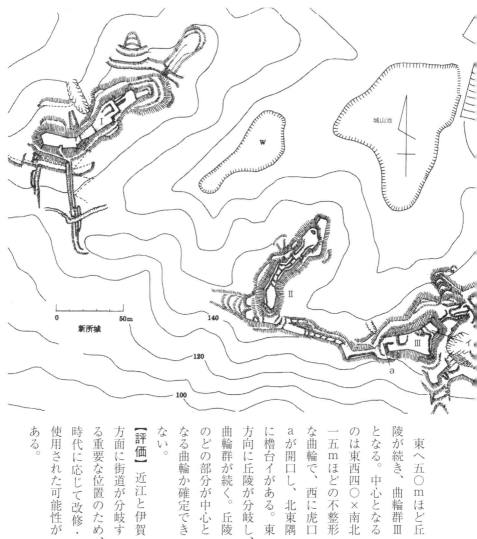

大和国から伊勢国への繋ぎの陣城

149 赤埴上城《あかばねうえじょう》

所在地：奈良県宇陀市榛原区赤埴／城主：赤埴氏ヵ
遺構：曲輪・土塁・虎口・空堀／規模：三〇〇×七五m
標高・比高：五九五m・五〇m

【選地】伊勢本街道は宇陀《うだ》から高井《たかい》に至る。高井で室生《むろう》古道が北東に分岐し、伊勢本街道は東に諸木《もろき》から石割《いしわり》峠を越えて曽爾《そに》村に至る。城は、高井から東へ一・七㎞ほどの仏隆寺《ぶつりゅうじ》背後の台地にある。

【歴史】城主の赤埴氏は南朝方として活躍し、伊勢国司北畠氏に従い、宇陀七人衆の一人に数えられた。天正四年（一五七六）に北畠氏が滅亡すると筒井《つつい》氏に従い、慶長二年（一五九七）には安忠《やすただ》が秋山城主の福島孝治に仕えた。[*1]

【遺構】北から四ヵ所あり、南西の台地先端にある遺構にはL型の土塁が残るが、城跡として確定できない。北の曲輪Ⅰは台地の北端を堀切で遮断し、南北七〇×東西五五mほどの城域を確保した、戦国期の赤埴氏の居館であろう。南へ二〇mの小谷を隔てて、織豊期の城郭がある。台地をL型の空堀で区切り、南北三〇×東西三〇m規模の曲輪Ⅱを確保し、北と南は空堀に沿って土塁を設けている。南の虎口aを出ると馬出しⅢがあり、虎口bが西に開口する。

　ここから南へ五〇mほど隔てて、北と西に低土塁と空堀を設けた台地Ⅳがある。台地Ⅳは陣城の駐屯地として利用された曲輪である。規模は南北八五×東西四〇mほどで、西側の伊勢本街道や室生古道方向への構えである。

【評価】Ⅰは戦国期の居館、ⅡとⅢは織豊期の城館で、曲輪Ⅳは陣城の駐屯地として評価が可能である。天正十二年の小牧長久手合戦時、織田信雄が伊勢や伊賀へ侵攻したときと、摂津や大和から進軍する羽柴秀吉軍が繋ぎの陣城として利用した可能性がある。

虎口

*1 『図解 近畿の城郭』Ⅰ（中井均監修・城郭談話会編、戎光祥出版、二〇一四年）。

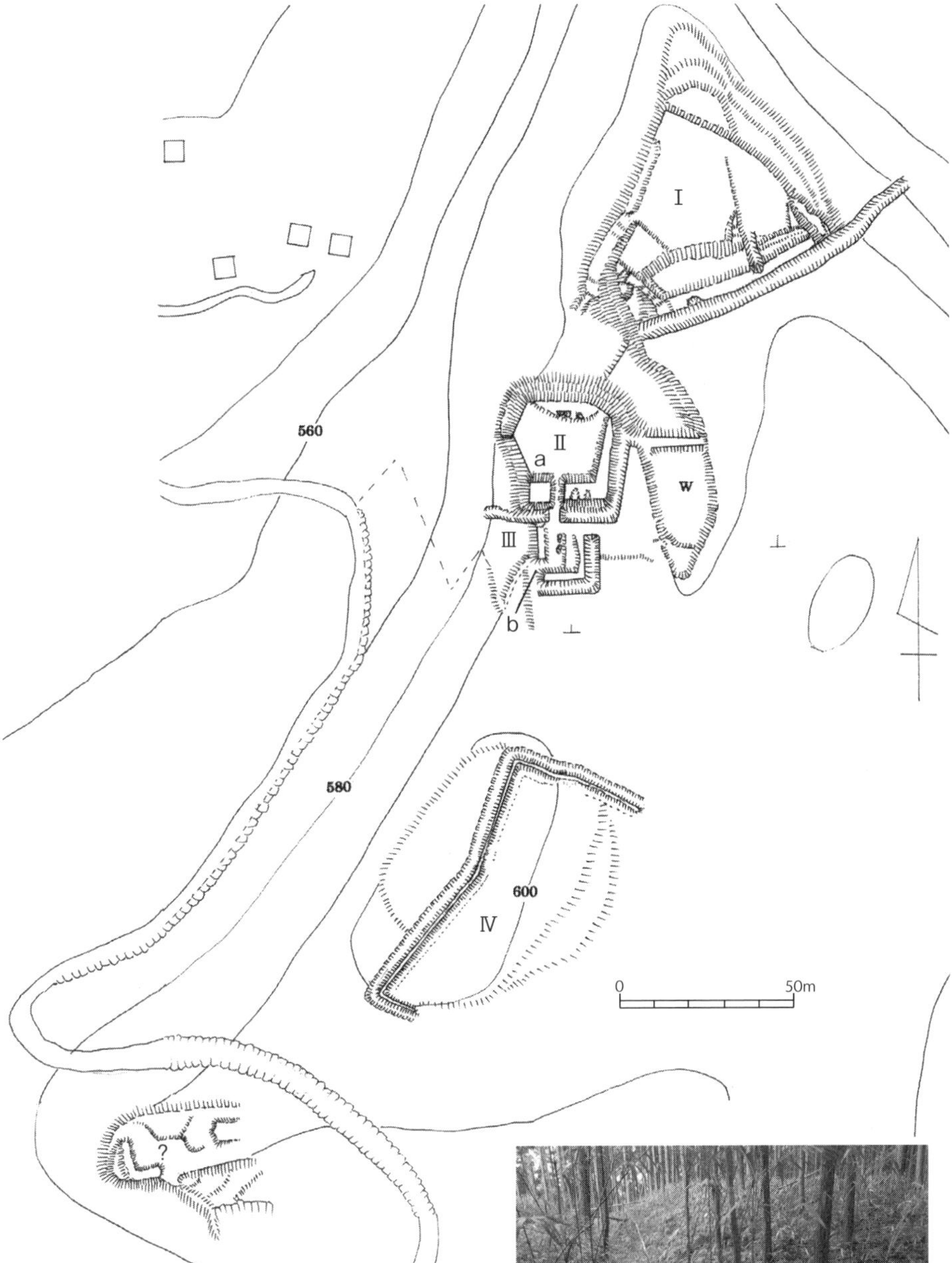

空堀

羽柴軍が改修した東海道の繫ぎの陣城

150 土《つち》山《やま》城《じょう》

所在地：滋賀県甲賀市土山町北土山／城主：土山氏
遺構：曲輪・土塁・虎口・空堀・堀切
規模：一五〇×一三〇m／標高・比高：三〇〇m・七〇m

【選地】 近世東海道の宿場町として発展した土山集落の北東にある、標高三〇〇mの丘陵先端に位置する。東と西側には小谷が流れて要害性が高く、京都から尾張や伊勢方面へ通じる交通の要衝である。

【歴史】『甲賀郡誌』[*1]によると、文明年間（一四六九～八七）に土山鹿之助が築き、天正年間（一五七三～九二）の土山盛綱《もりつな》のときに、滝川一益によって滅ぼされたという伝承がある。

【遺構】 曲輪Ⅰを中心に、南の丘陵地に広がる曲輪群で構成されている。Ⅰは東西四〇×南北三五mほどの方形館で、虎口aが南に開口し、馬出しⅡに繋がる。北の土塁開口部分は後から破壊された可能性がある。土塁の高さは〇・五～二mほどあり、外側には空堀が巡る。北東に繋がる丘陵部分はクランク状の空堀で遮断している。Ⅱの一辺が一五mほどの正方形で、南に虎口bが開口する珍しいタイプである。Ⅱの南には南北六〇×東西二〇mほどの曲輪Ⅲがあり、南西方向から通じる大手道が東側で繋がっている。南西の土橋付き堀切の内側にある、破壊状態の部分イを馬出しと称する人もいるが、確定はできない。また、Ⅲの西側の南北二五×東西一八mほどの曲輪Ⅳや、西の南北五〇×東西二七mの曲輪Ⅴは北西に土塁があり、南西は堀切で遮断している。

【評価】 戦国期の甲賀や伊賀の城館に馬出しを持つものはなく、天正年間に改修を加えたと考えられる。天正十二年三月十三日付の羽柴秀吉書状には「甲賀より伊勢の間、三ヵ所の城と通路を申し付けた」とあることや、同年十月十四日付の秀吉書状に、小牧長久手合戦の際に秀吉が土山に着陣したとあることなどから、[*2]土山城が羽柴軍によって改修された可能性がある。

空堀

＊1『甲賀市史』第七巻、甲賀の城（甲賀市史編さん委員会、二〇一〇年）。
＊2『長久手町史』資料編六、中世、長久手合戦史料集（長久手町史編さん委員会、一九九二年）。

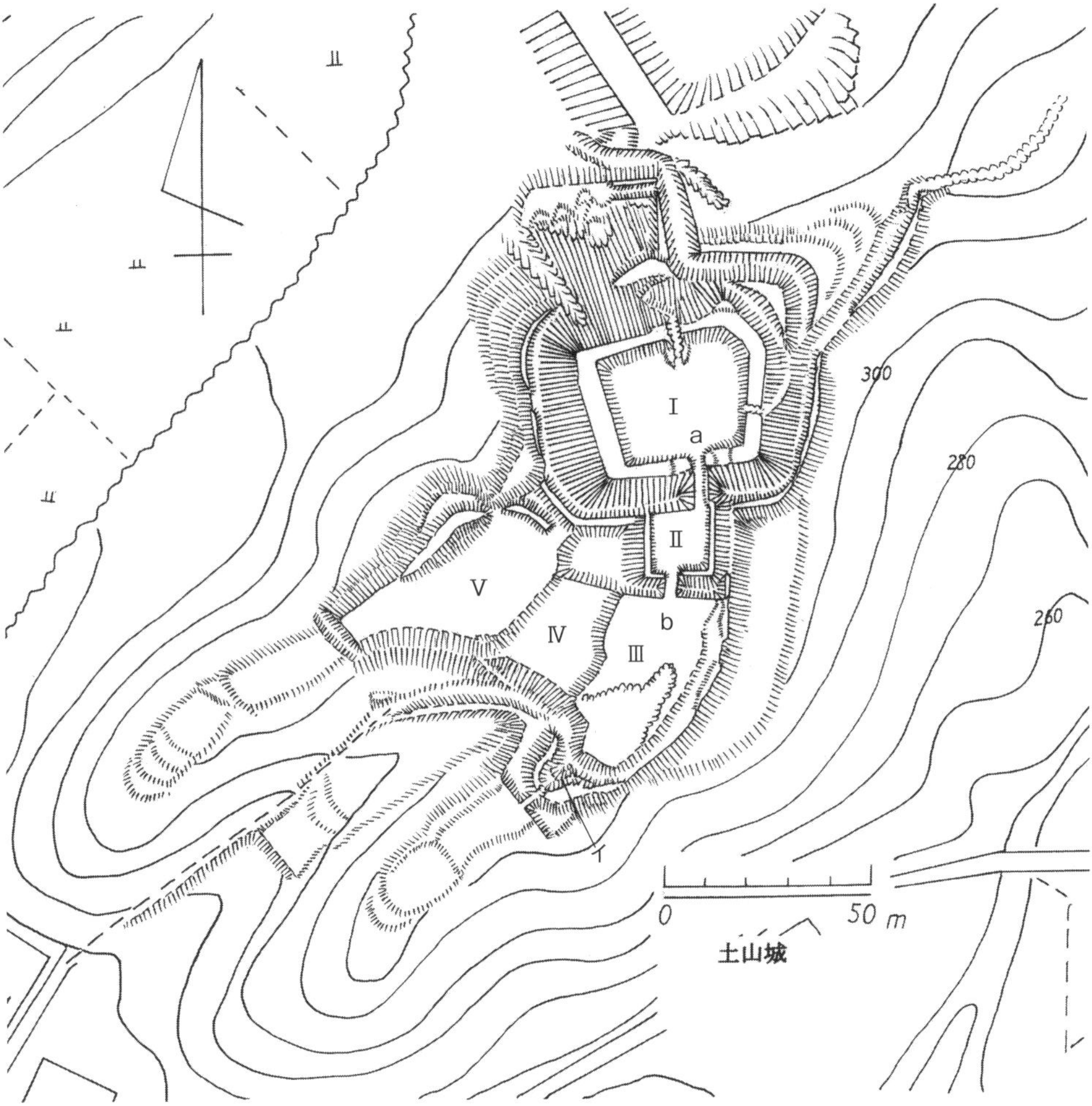

土山城

土塁

松根城への備えと街道監視の陣城

151 切《きり》山《やま》城《じょう》

所在地：石川県金沢市桐山／城主：不破氏
遺構：曲輪・土塁・虎口・堀切・竪堀・空堀
規模：一五〇×一三〇m／標高・比高：三〇〇m・七〇m

【選地】 小原越えは金沢市大樋町から北へ三kmの吉原村で東へ分岐し、宮原村から松根《まつね》城の峠に至る街道で、現在の国道三五九号線に近いルートである。この道を守るために、桐山町の丘陵に城を構えた。

【歴史】 佐々《さっさ》成政《なりまさ》と前田利家が争った際、天正十二年（一五八四）に利家が築城し、家臣の不破彦三が守備して佐々方の松根城と対峙した。[*1]

【遺構】 曲輪Ⅰは東西四〇×南北三〇mほどで、八割ほどを土塁で囲んでおり、南の街道側には張り出しがある。外桝形虎口aが西に開口し、腰曲輪Ⅱを隔てて馬出し状の曲輪Ⅲがある。規模は東西二五×南北一〇mほどで、西を空堀で遮断し、北西に一〇×五mの長方形の土壇イがある。曲輪内部は南西に傾斜しており、西の丘陵地からくるとⅢに達する。

Ⅱの腰曲輪は東を除く三方にあり、北東には南北二〇×東西一五mほどの曲輪Ⅳがある。また、高さ四mほどの切岸下に東西二五×南北一五mほどの曲輪Ⅴがある。北東には街道を取り込んだ曲輪Ⅵがあり、近世に整地したような感じがある。東に南北三〇×東西一二mほどの丘陵地Ⅶがあり、北の斜面には二五mほどの竪堀を設け、街道を隔てた北側にも空堀状の地形がみられる。

【評価】 天正十二年に加越国境に築かれた前田・佐々両軍の城郭の縄張りには、①街道を取り込んでいること、②敵を阻止するために、街道を遮断する空堀を設けていること、③城の虎口は味方側に設けていること、等の特徴がある。

堀切

＊1　佐伯哲也「天正一二・一三年における佐々・前田両氏の抗争について」（『北陸の中世城郭』第一四号、北陸城郭研究会、二〇〇四年）。

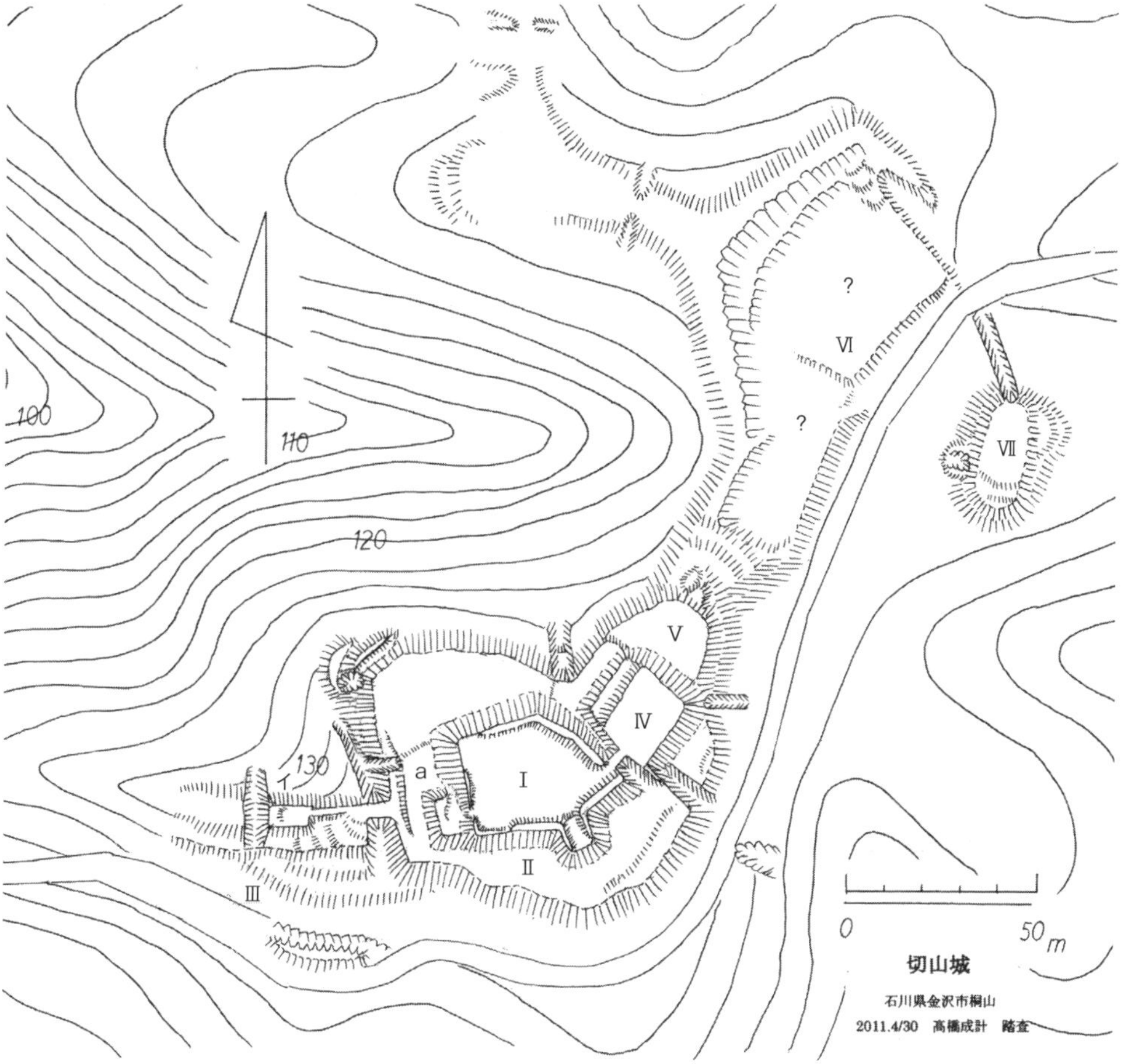

外桝形虎口

縄張りから考察する織豊系陣城

152 高地山城《たかじやまじょう》

所在地：和歌山県田辺市中三栖・上富田町岡／城主：—
遺構：曲輪・土塁・虎口・竪土塁カ
規模：六〇×三〇m／標高・比高：二二六m・一九〇m

【選地】北西の衣笠山城《きぬがさやま》から一・六kmの距離にあり、左会津川《ひだりあいづ》流域の三栖谷《みすだに》と富田川《とんだ》流域の岡との境にある標高二二六mに位置する。

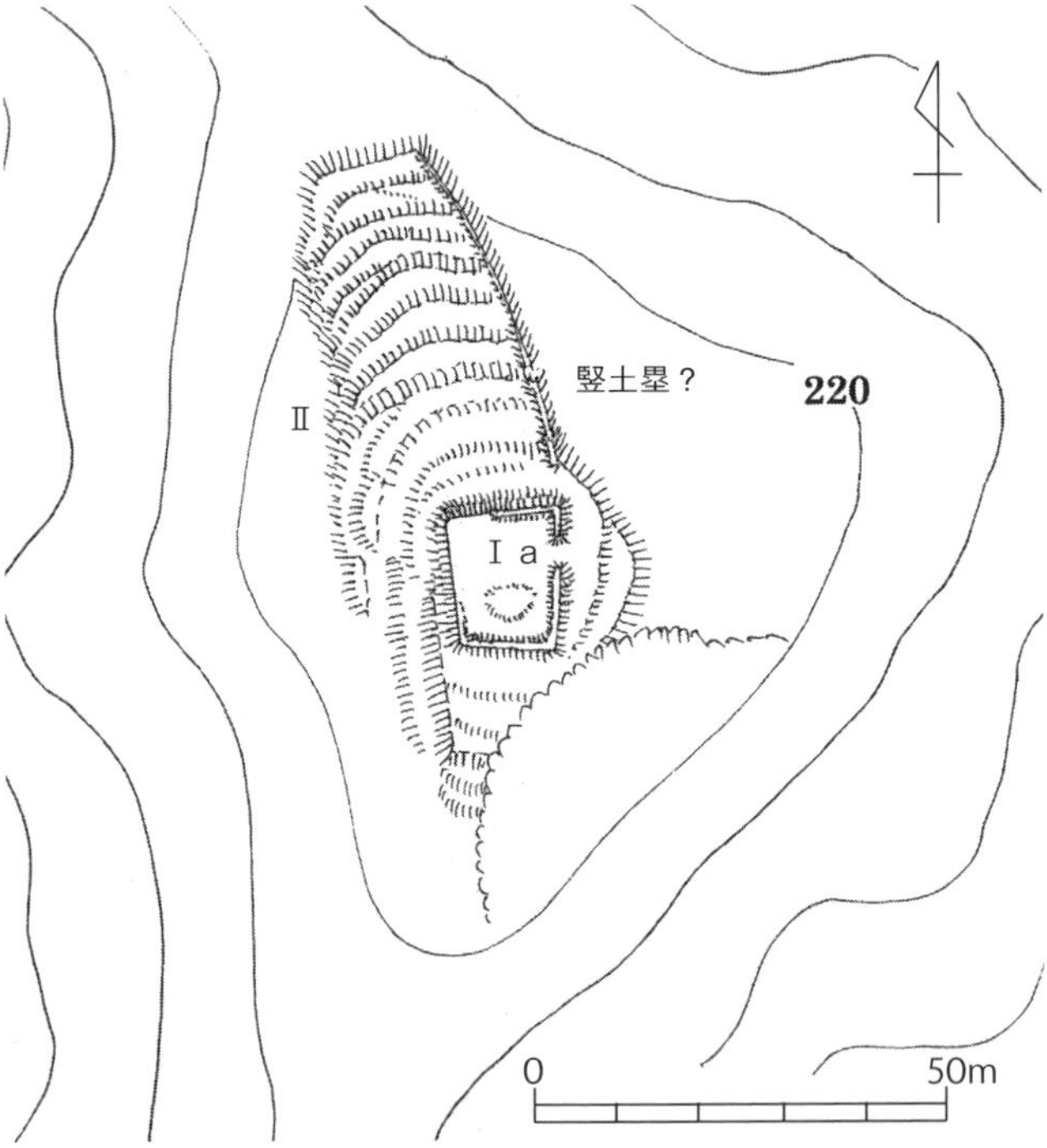

【遺構】曲輪Ⅰは南北一六×東西一四mほどで、西側を除く部分に低土塁が残り、虎口ａは東に開口し、北斜面には段築の帯状曲輪群Ⅱが造成されている。帯状曲輪群の東側には切岸があり、一部が竪土塁状となっている。

【評価】東側の虎口近くまで梅畑による開墾が進み、かろうじて城跡が残っている。縄張りから考察して、方形の低土塁囲みと帯状曲輪群の造成は、織豊系陣城に多くあり、天正十三年の南紀州平定時の遺構か。

切岸

南紀山本氏に対する付城か

153 国陣山城《くにじんやまじょう》

所在地：和歌山県西牟婁郡上富田町岩田／城主：—
遺構：曲輪・土塁・空堀・櫓台／規模：九〇×七〇m
標高・比高：一二六m・一〇〇m

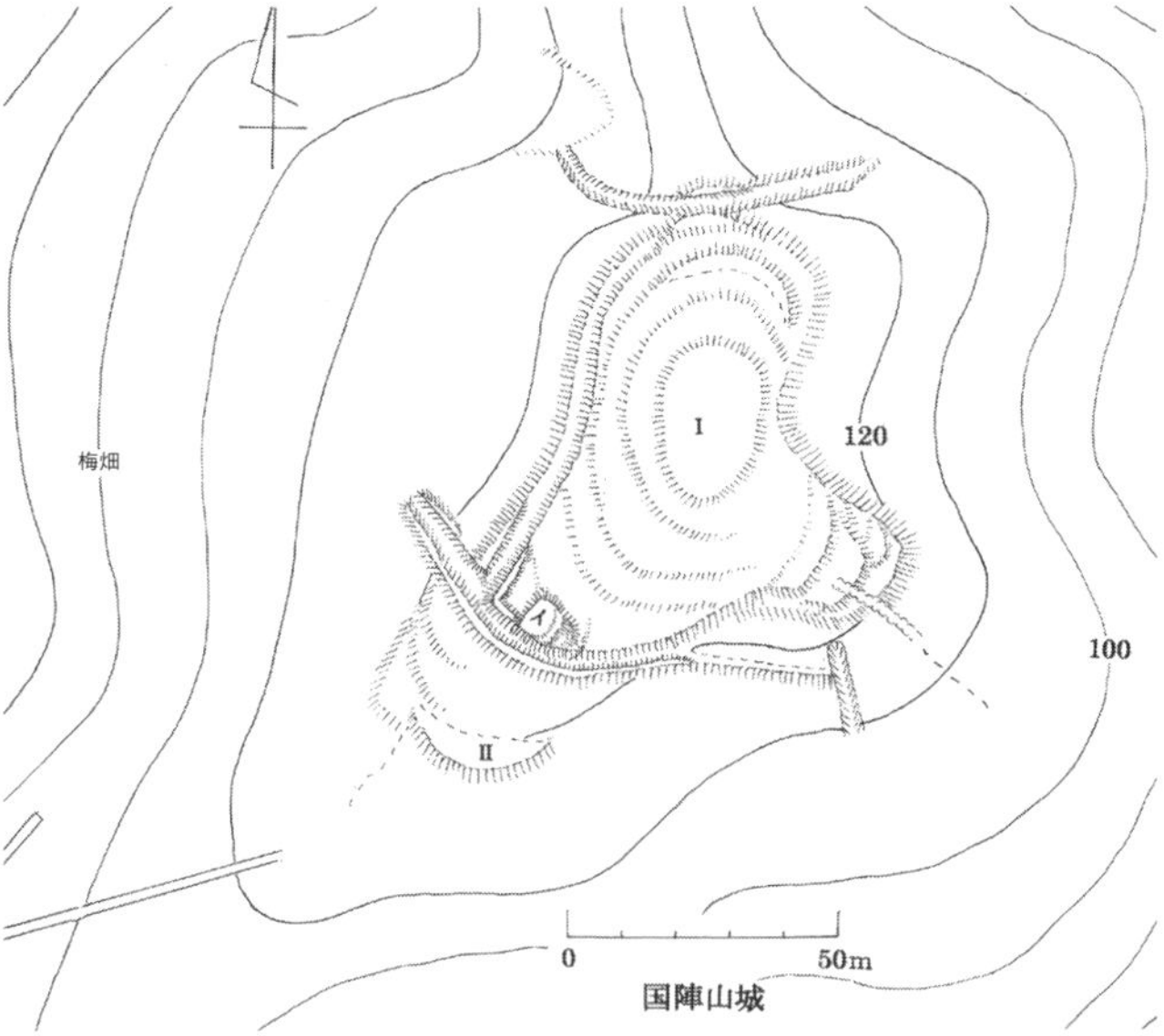

国陣山城

【選地】 富田川中流の右岸、上岩田の標高一二六mの丘陵地に位置する。熊野街道が岩田から富田川流域に越える鞍部が城の南西三五〇mにあり、ここを監視するための陣城であろう。

【歴史】 天正十三年（一五八五）三月に羽柴秀吉が、杉若無心《すぎわかむしん》、仙石秀久《せんごくひでひさ》等を田辺に送り、南紀州を平定したときの陣城であろう。*1

【遺構】 城域は南北九〇×東西七〇mほどで、曲輪Ⅰは自然地形を利用する。南と北を空堀で遮断し、南西にL型の土塁と南に櫓台イを設けた簡単な遺構である。南西の鞍部（峠）方向には空堀を越えて曲輪Ⅱを設けるなど、南西の丘陵続きへの防御が重点的である。

【評価】 空堀と切岸による城域の区切りを実施し、攻撃方向に櫓台を設けている点など、南紀州にはない縄張りである。また、南紀州の山本氏の龍松山《りゅうしょうざん》城が東二kmにあり、ここへの備えも考えられる。

*1 『図解 近畿の城郭』Ⅲ（中井均監修・城郭談話会編、戎光祥出版、二〇一六年）。

櫓台と空堀

戸木城攻めの遺構が完全に残る陣城

154 宮《みや》山《やま》城《じょう》

所在地：三重県津市戸木町敏太／城主：—
遺構：曲輪・土塁・虎口・櫓台・空堀
規模：九〇×六〇m／標高・比高：四七m・二〇m

【選地】風早池の南西、敏太《とした》神社背後にある小山の標高四七mの位置にある。西には大谷川が流れ、南の戸木城方向への展望は良好である。

【歴史】天正十二年、織田信雄の家臣・木造具政《ともまさ》が戸木城に立て籠もったとき、羽柴秀吉が田丸《たまる》直昌《なおまさ》、小島正次《こじままさつぐ》や榊原氏の三人に命じて四ヵ所築かせた付城の一つである。*1

【遺構】曲輪Ⅰは南北三〇×東西一八mほどの土塁が囲繞する曲輪で、東に虎口aが開口し、東の屈曲した曲輪Ⅱに繋がる。Ⅰ、Ⅱは土塁と空堀に囲まれ、虎口は北に開口するbと、屈曲して南に開口するcがあり、通路兼曲輪Ⅲを経て虎口dに繋がり、南の虎口横には一辺八mほどの櫓台イがある。

【評価】南の虎口より五折れしてⅡに至る、技巧的な縄張りである。しかし、兵員の収容数は少ないと思われ、駐屯地は敏太神社のある南麓が考えられる。

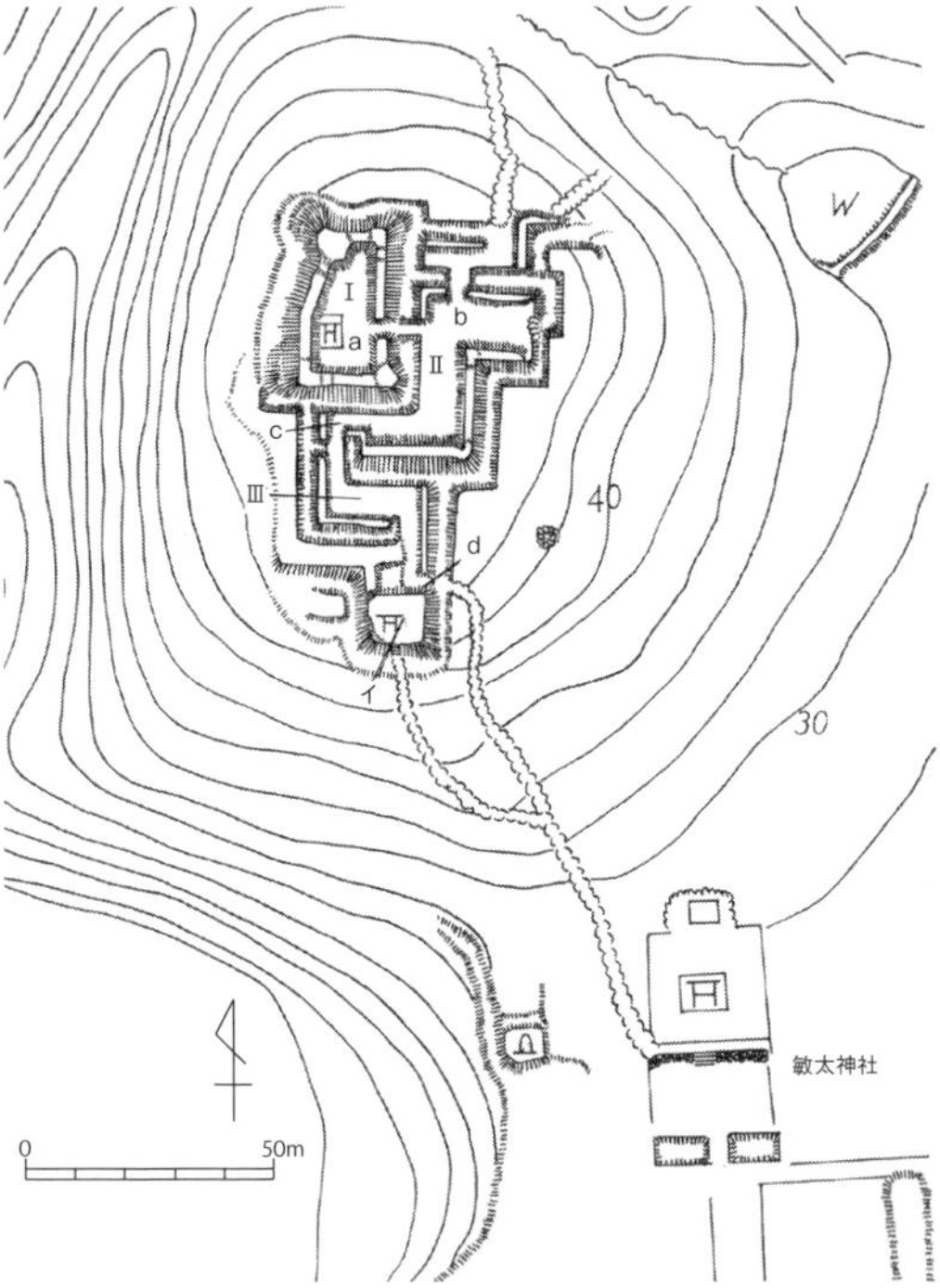

主郭虎口

*1　藤田達生編『伊勢国司北畠氏の研究』（吉川弘文館、二〇〇四年）。

戸木城攻めの本陣か

155　城《しろ》山《やま》城《じょう》

所在地：三重県津市戸木町／城主：織田信包
遺構：曲輪・土塁・虎口・空堀
規模：七五×七〇m／標高・比高：三二m・一〇m

【選地】戸木城から北東へ一・二kmほどの距離にある。風早池の東の丘陵地にあるが、畑に開墾されて地形が変化しており、全貌は不明である。南西八〇〇mには宮山城がある。

【歴史】天正十二年に織田信雄の家臣である木造具政が戸木城に立て籠もったとき、羽柴秀吉が田丸直昌、小島正次や榊原氏の三人に命じて四ヵ所築かせた付城の一つである。『木造記』によると、織田信包《のぶかね》の本陣であるという。*1

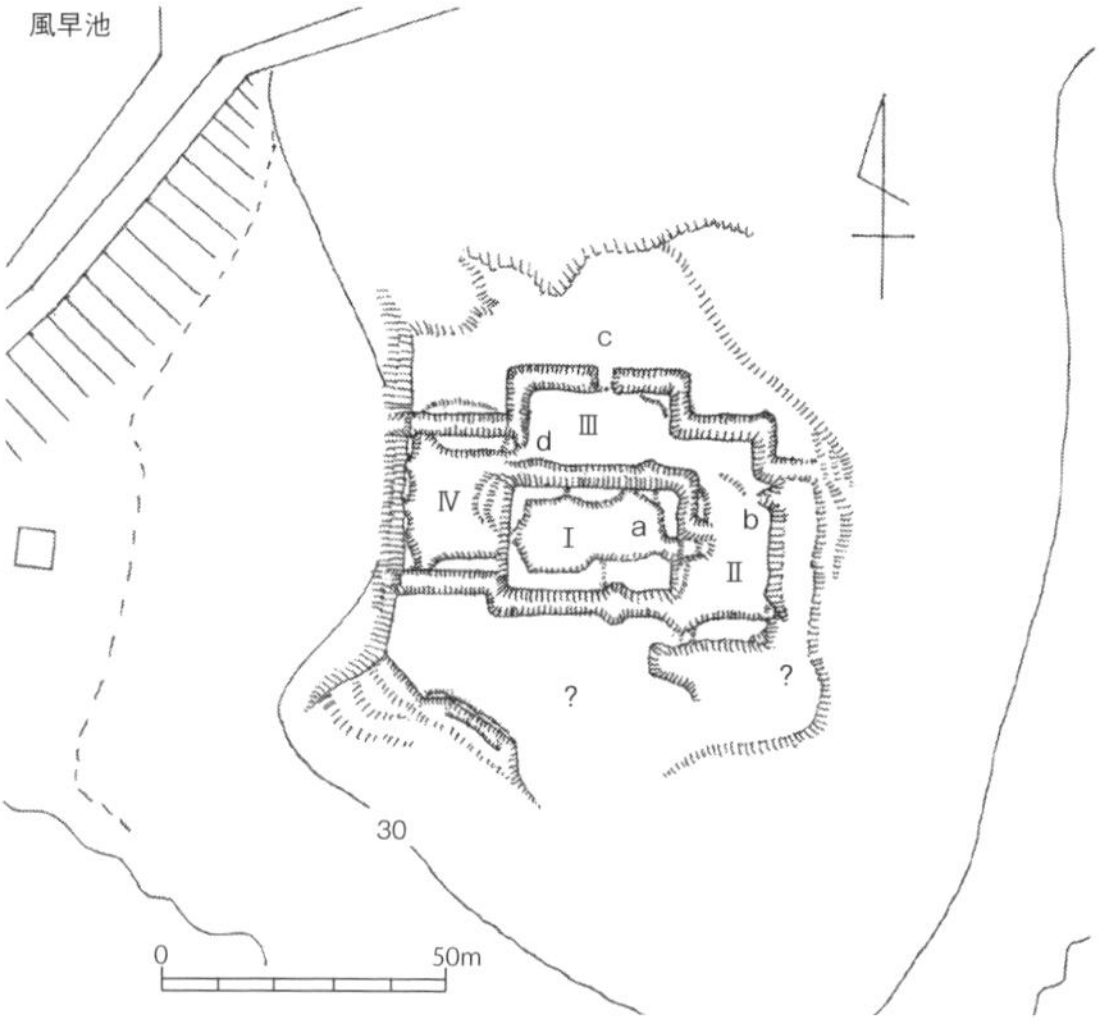

【遺構】曲輪Ⅰは東西三〇×南北一八mほどで、東に虎口aが開口する。東の虎口側には南北四〇×東西一五mほどの曲輪Ⅱがあり、虎口bが東に開口する。北側にも東西二五×南北一二mほどの曲輪Ⅲがあり、北側に虎口cが開口し、西側には虎口dがあり、南北二五×東西一五mほどの曲輪Ⅳに繋がる。この曲輪には現在も土塁の痕跡が残る。南側の曲輪は南西の一部に土塁が残っているが、曲輪の形は復元できない。

【評価】縄張りの復元は不可能だが、西の宮山城に似た、折れを多用した技巧的な縄張りが考えられる。

*1　藤田達生編『伊勢国司北畠氏の研究』（吉川弘文館、二〇〇四年）。

空堀

14、小田原合戦　天正十八年（一五九〇）三〜七月

小田原合戦

天正十六年（一五八八）四月、豊臣秀吉は後陽成《ごようぜい》天皇を聚楽第《じゅらくてい》に招き、全国の諸大名にも列席を命じた。しかし、北条氏政《うじまさ》・氏直《うじなお》父子は列席せず、同年八月に北条氏規《うじのり》（氏政の弟）が上洛し、秀吉の謁見をうけた。氏規は上野沼田領問題が解決すれば兄氏政は上京するといい、秀吉は早く氏政を上京させるように要求した。

上野沼田領問題とは、徳川・北条両氏が和議を結ぶ際、沼田領は北条氏の所領と決定していた。ところが、徳川家臣の真田昌幸《さなだまさゆき》が沼田領は真田の領地であるという理由から手を引かず、両者の争いとなっていた。秀吉は沼田領の三分の二を北条氏の領地とし、名胡桃《なぐるみ》の地は真田氏のものと裁定したが、同十七年十月に沼田城の北条勢が名胡桃城を攻略した。これにより、名胡桃城攻略が秀吉の発布した「関東・奥両国惣無事令」に背いたとして、北条討伐の原因となった。

同十八年四月三日に小田原城を包囲し、七月五日に氏直は降伏して開城した。氏政・氏照《うじてる》兄弟は切腹し、氏直は高野山（和歌山県高野町）に追放となった。[*1]

韮山城合戦

天正十八年三月、豊臣秀吉は二十万近い軍勢で小田原征伐を実行し、北条氏の防衛ラインの山《やま》中《なか》城（静岡県三島市）と韮山《にらやま》城（同伊豆の国市）を三月二十九日に攻撃し、合戦は開始された。「小

＊1　『小田原市史』別編　城郭（小田原市、一九九五年）。

田原陣之時韮山城仕寄陣取図」によると、豊臣方は韮山城の周囲に本立寺《ほんりゅうじ》付城、追越山《おっこしやま》付城、上山田山《かみやまだやま》付城、昌渓院《しょうけいいん》付城等を構築して、韮山城の十倍以上の軍勢で包囲した。山中城は半日ほどで落城したが、韮山城は長期戦となり、六月一日には福島正則《ふくしままさのり》の手勢が「韮山下丸」を乗っ取り、同月七日には「韮山之儀端城五ッ乗取之候」と、秀吉が加藤清正《かとうきよまさ》に告げている。

　韮山城は十倍以上の敵方の攻撃に三ヵ月間籠城したが、徳川家康は城主北条氏規に書状を送って下城を促し、氏規も勧告を受け入れて、二十三日に開城した。*2

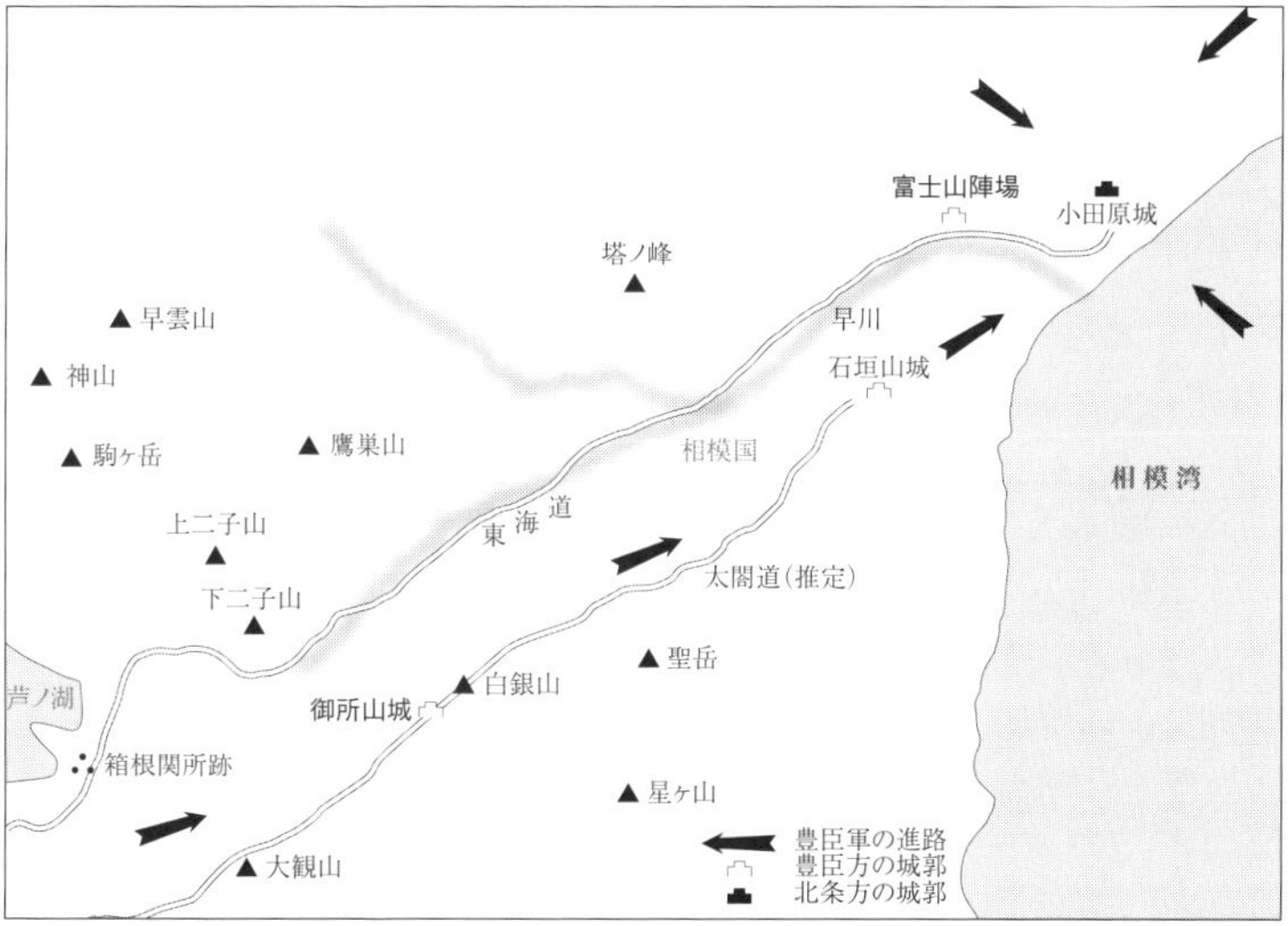

小田原合戦の関係位置図

韮山合戦関係の位置図

＊2　土屋比都司『駿河伊豆の城と中世』（羽衣出版、二〇一五年）。

小田原合戦　城郭位置図

皇大神社
韮山山木
江川邸
松並
蛭ヶ小島
韮山土手和田
韮山韮山
韮山金公
本立寺
157、本立寺付城
278.4
128.5
156、追越山付城
158、上山田山付城
和田島
真如
岩戸
159、昌渓院付城
262
尾崎
山田
南条

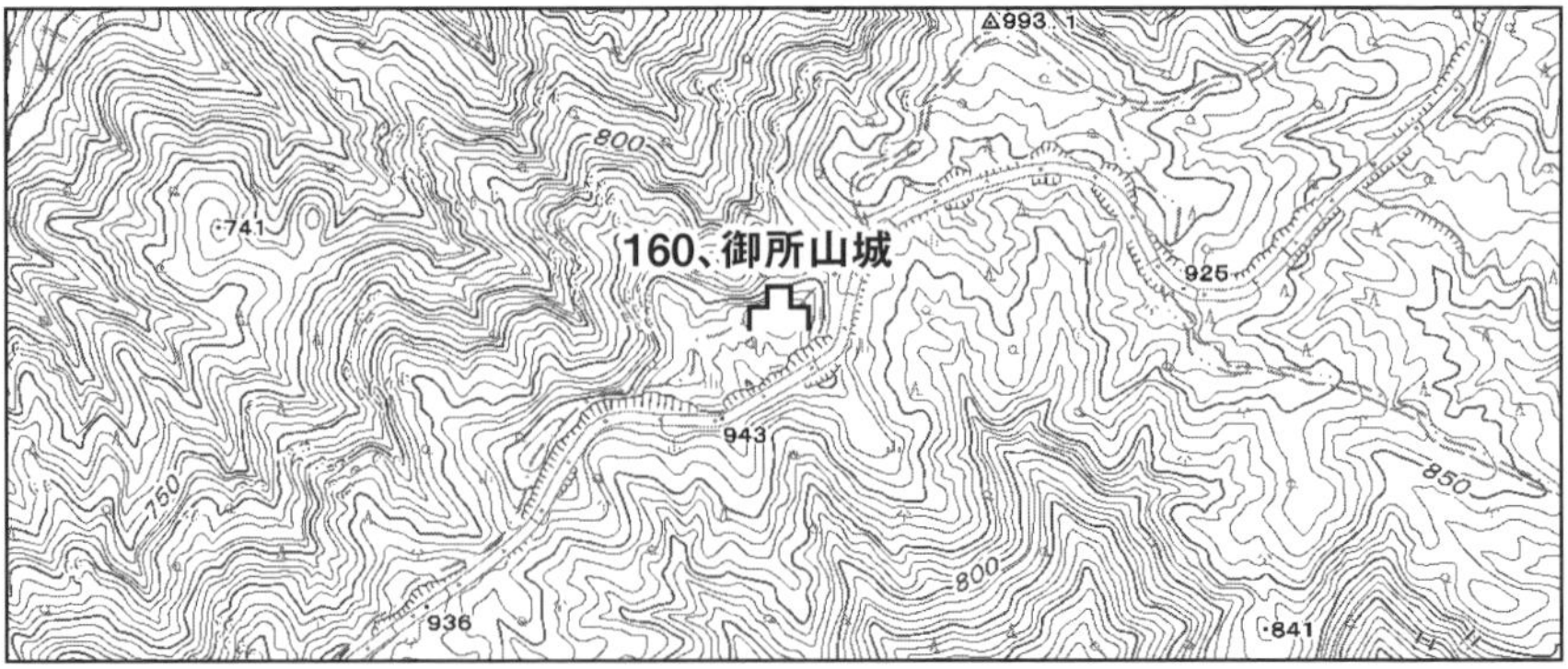
993.1
800
741
160、御所山城
925
943
750
850
936
841

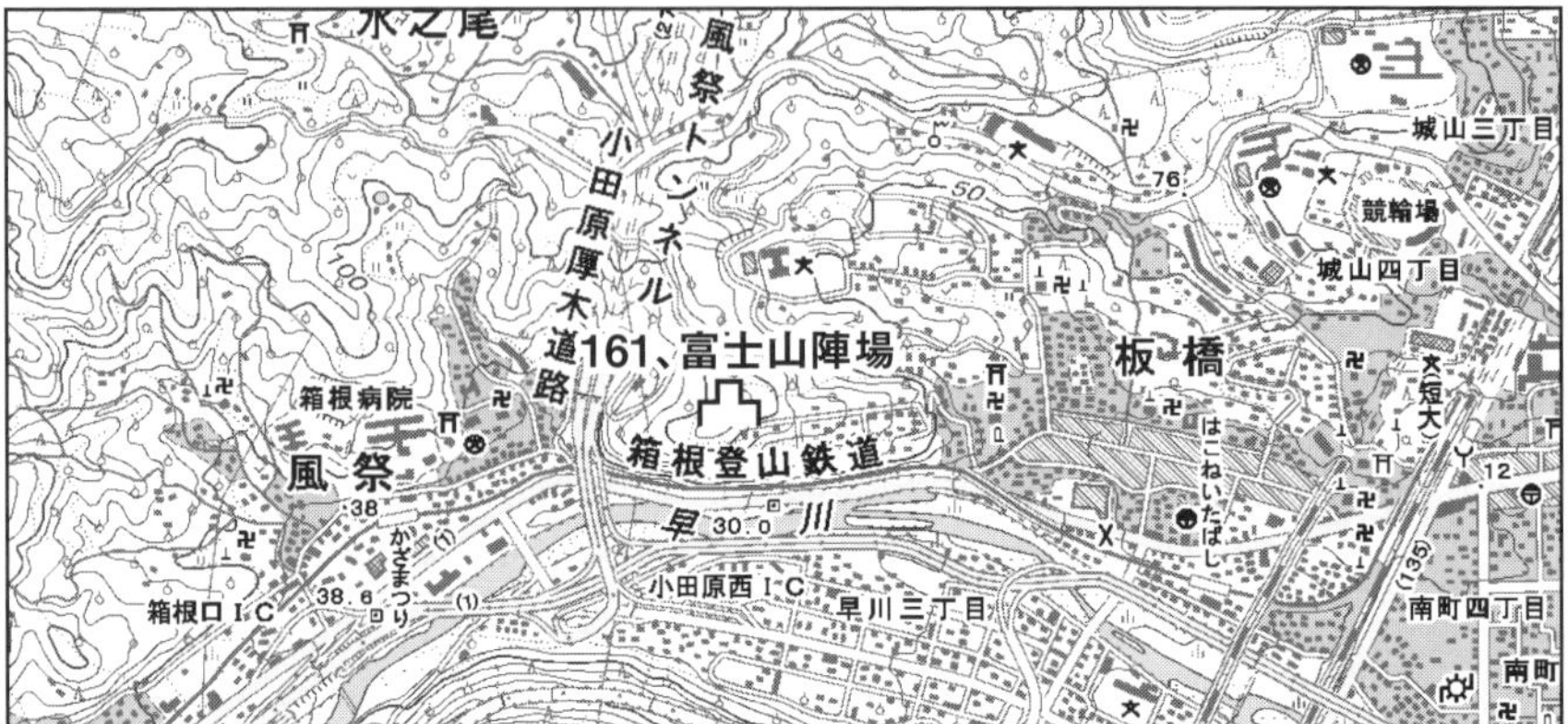
水之尾
風祭トンネル
小田原厚木道路
城山三丁目
76
競輪場
城山四丁目
161、富士山陣場
板橋
箱根病院
風祭
箱根登山鉄道
はこねいたばし
短大
早川
30.0
38
かざまつり
箱根口ＩＣ
38.6
小田原西ＩＣ
早川三丁目
南町四丁目
南町

韮山城に対する最前線の付城

156 追越山付城《おっこしやまつけじろ》

所在地：静岡県伊豆の国市韮山金谷／城主：明石則実
遺構：曲輪・土塁／規模：八〇×六〇m
標高・比高：六七・三m・四〇m

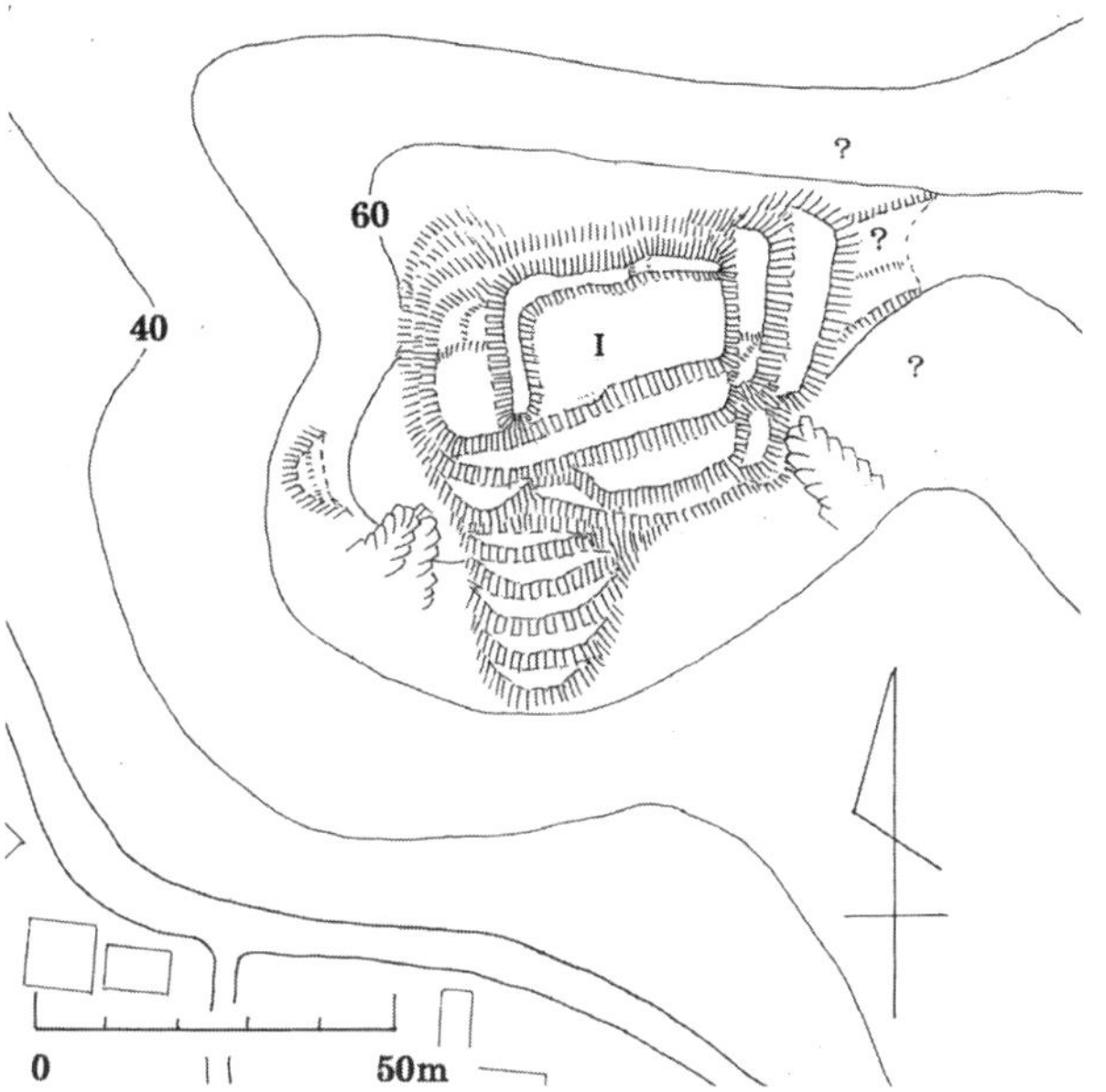

【選地】東の上山田山付城から西に三〇〇mほどの距離にある、標高六七・三mの地に所在する。西の韮山城の天ヶ岳砦（一二八・五m）からは見下ろされる位置にある。

【歴史】天正十八年三月二十九日、小田原合戦の前哨戦として韮山城攻撃が開始された。三カ月間の籠城戦に耐えたため、包囲のための付城が周囲に残っている。「小田原陣之時韮山城仕寄陣取図」は、明石則実《のりざね》が陣を置いたという。[*1]

【遺構】曲輪Ⅰは東西三〇×南北二〇mほどで、北と西に土塁の敷設があり、東の鞍部方向には二段の曲輪を設けている。南には七段の帯状曲輪があり、天ヶ岳砦への接点のため重要な付城である。

【評価】天ヶ岳砦への最前線の付城である。東の上山田山付城との鞍部にある平坦地が曲輪かどうか疑問であるが、緊張関係を考えると、何らかの施設があったと考える。

＊1　土屋比都司『駿河伊豆の城と中世』（羽衣出版、二〇一五年）。

城跡遠景

土塁

韮山城の正面に位置する付城

157 本立寺《ほんりゅうじ》付城《つけじろ》

所在地：静岡県伊豆の国市韮山金谷／城主：蜂須賀家政
遺構：曲輪・土塁・虎口・空堀・竪土塁・堀切
規模：五五〇×三二〇m／標高・比高一六〇m・一五〇m

【選地】本立寺は江川家の菩提寺で、韮山城の東六〇〇mに位置する。本堂の背後にある七面山《しちめんざん》から尾根が南西と北西方向に分岐し、この尾根上に曲輪が造成されている。

【歴史】天正十八年三月二十九日、小田原合戦の前哨戦である韮山城攻撃の際の付城である。「小田原陣之時韮山城仕寄陣取図」は、蜂須賀家政《はちすかいえまさ》が陣を置いたという。*1

【遺構】標高一六〇mの七面山より南西と北西にあり、七面社のある曲輪群Ⅰは東西八〇×南北二〇mほどで、中央部には土壇イがある。東五〇mほどには小規模の曲輪があり、東側は堀切で遮断している。

　北西に七〇mほど行くと曲輪群Ⅱがあり、北西に一五〇mほどの竪土塁が続き、直角に土塁が一〇mほど折れて北西尾根を一六〇mほど下る。土塁が折れている部分が曲輪群Ⅲである。北西山麓にある浄念寺《じょうねんじ》付近の削平地は、城郭遺構かは判断が難しい。南西尾根を一四〇mほど下る竪土塁は途中で食い違っている。竪土塁は西に直角に折れて横矢掛け構造となる曲輪群Ⅳは、東西一〇〇×南北七〇mの規模である。堀切を隔てて東西七〇×南北三〇mほどの曲輪群Ⅴがあり、西の食い違い虎口aを通り西山麓の本立寺に至る。

【評価】七面山のⅠから南西と北西の尾根上にある竪土塁の敷設は、上の曲輪群と下の曲輪群の分断を防止するために構築されたと考える。

城跡遠景

＊1　土屋比都司『駿河伊豆の城と中世』（羽衣出版、二〇一五年）。

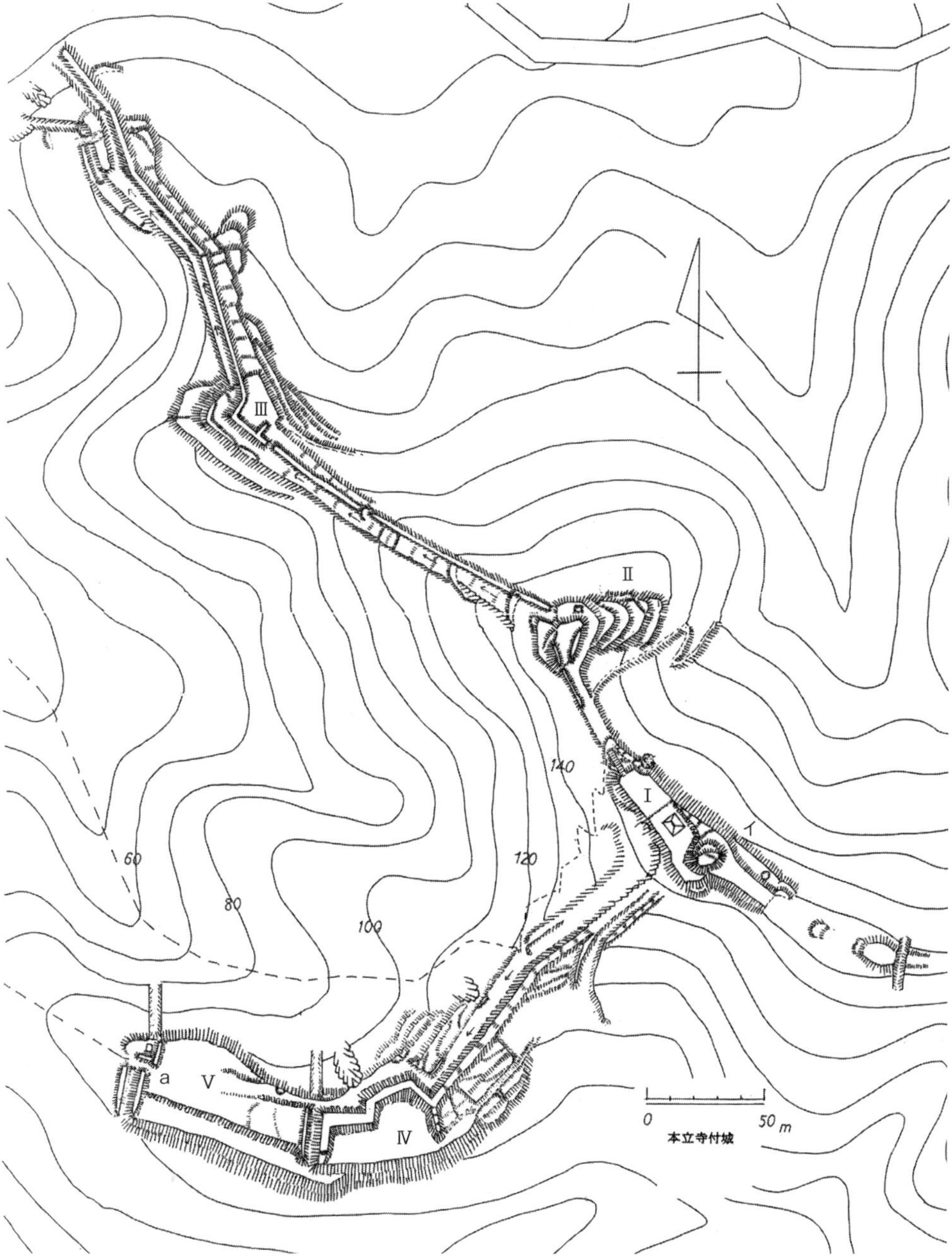

Ⅲ
Ⅱ
140
Ⅰ
イ
60
120
80
100
a
Ⅴ
Ⅳ
0
50 m
本立寺付城

迷路のような優れた縄張りの付城

158 上山田山付城《かみやまだやまつけじろ》

所在地：静岡県伊豆の国市韮山金谷／城主：前野長康
遺構：曲輪・土塁・虎口・空堀・堀切
規模：五五〇×三二〇m／標高・比高：一八〇m・一五〇m

【選地】本立寺付城の南東五〇〇mほどの標高一八〇mに位置する。東の尾根続き以外は斜面が急傾斜である。

【歴史】天正十八年三月二十九日、小田原合戦の前哨戦として韮山城を攻めた際、包囲のために築いた付城である。「小田原陣之時韮山城仕寄陣取図」は、前《まえ》野《の》長康《ながやす》が陣を置いたという。*1

【遺構】四つの曲輪で構成されており、北西の食い違い虎口aを入ると曲輪Ⅰに至る。南西にL型の空堀を設け、これに合わせてL型の土塁を東西に配置した縄張りである。曲輪Ⅱに入る虎口bは桝形となり、北から廻り込む構造となっている。曲輪Ⅲへの虎口cを南東に直進すれば、北東に廻り込み帯曲輪に出る構造で、Ⅲに行く場合、桝形を南に進む。Ⅲの南には曲輪Ⅳがあり、浅い堀切を越えると小規模の曲輪群に続く。

【評価】迷路のような縄張りである。標高が高く、韮山城側が急傾斜地であるため、土塁のような遮断パーツは不要と考える。本城に似た宮山城（三重県津市）も折れの多い縄張りであるが、比高が低く要害性のない地形である。

城跡遠景

*1　土屋比都司『駿河伊豆の城と中世』（羽衣出版、二〇一五年）。

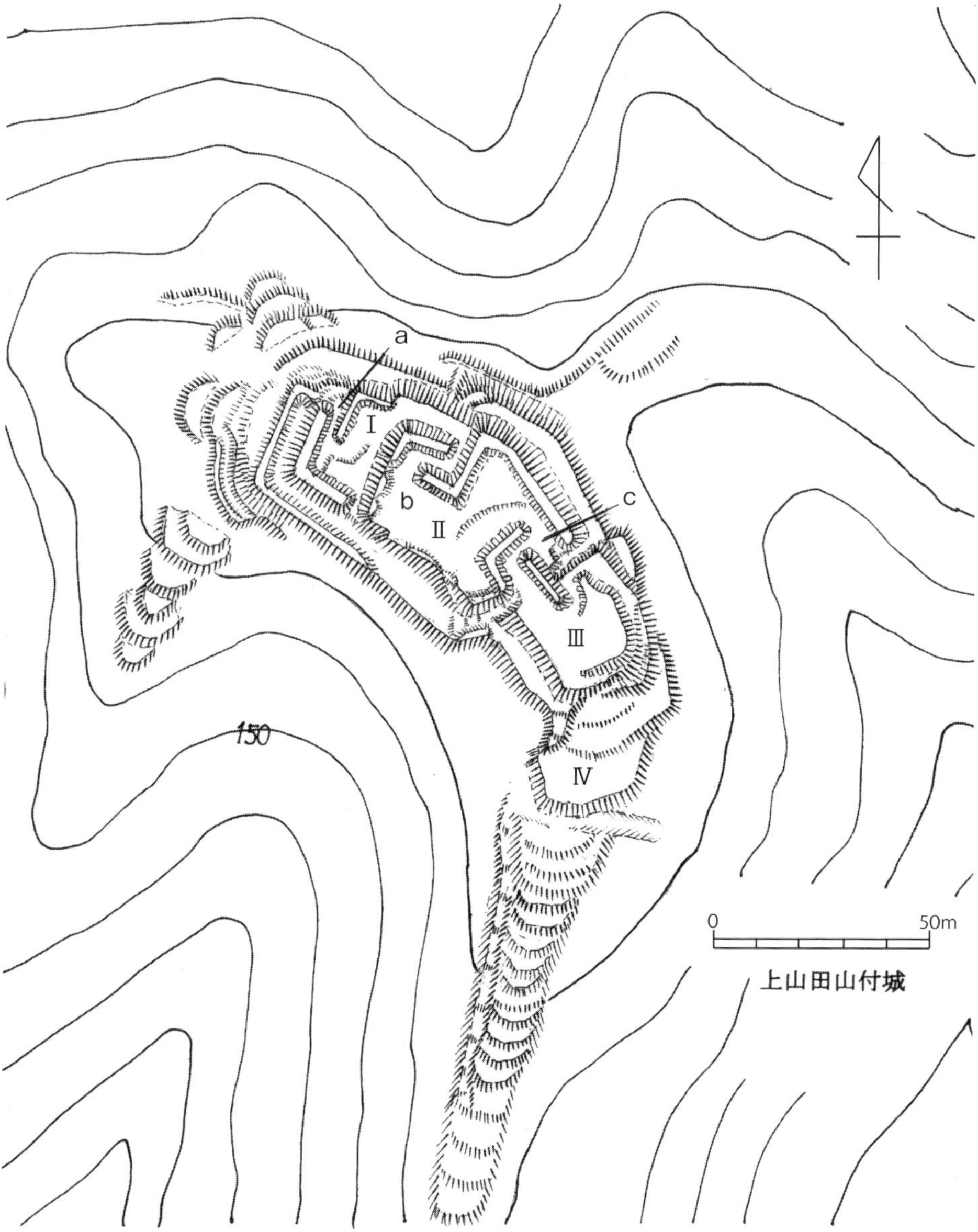
a
Ⅰ
b
Ⅱ
c
Ⅲ
Ⅳ
150
0
50m
上山田山付城

大草氏の古城を利用した付城

159 昌渓院付城《しょうけいいんつけじろ》

所在地：静岡県伊豆の国市韮山金谷／城主：生駒親正
遺構：曲輪・土塁・堀切／規模：八〇×六〇m
標高・比高：一〇九m・八〇m

【選地】上山田山付城から南へ三〇〇mほどの標高一〇九mに位置する。西山麓には地頭大草氏の開基という泰嶽山昌渓院がある。

【歴史】北条氏の家臣である大草加賀守の所領であったといわれる場所で、天正十八年三月二十九日、小田原合戦の前哨戦として韮山城を攻めた際に築かれた付城である。「小田原陣之時韮山城仕寄陣取図」は、生駒親正《いこまちかまさ》が陣を置いたという。[*1]

【遺構】北東の上山田山付城から延びる尾根の鞍部を二条の堀切で遮断し、南北一二〇×東西三〇mほどの曲輪群Ⅰがある。この部分は、上山田山付城との尾根を堀切で遮断しており、以前の古城遺構の縄張りであると考える。主郭部分の東側には低土塁が残る。西に延びる細尾根上には曲輪群Ⅱがあるが、自然地形が混合した曲輪が多い。

【評価】大草氏の古城を利用した縄張りである。韮山城天ヶ岳砦に対する南東方面の重要な位置にあるが、織豊系陣城としての縄張りは見られない。

土塁

城跡遠景

＊1　土屋比都司『駿河伊豆の城と中世』（羽衣出版、二〇一五年）。

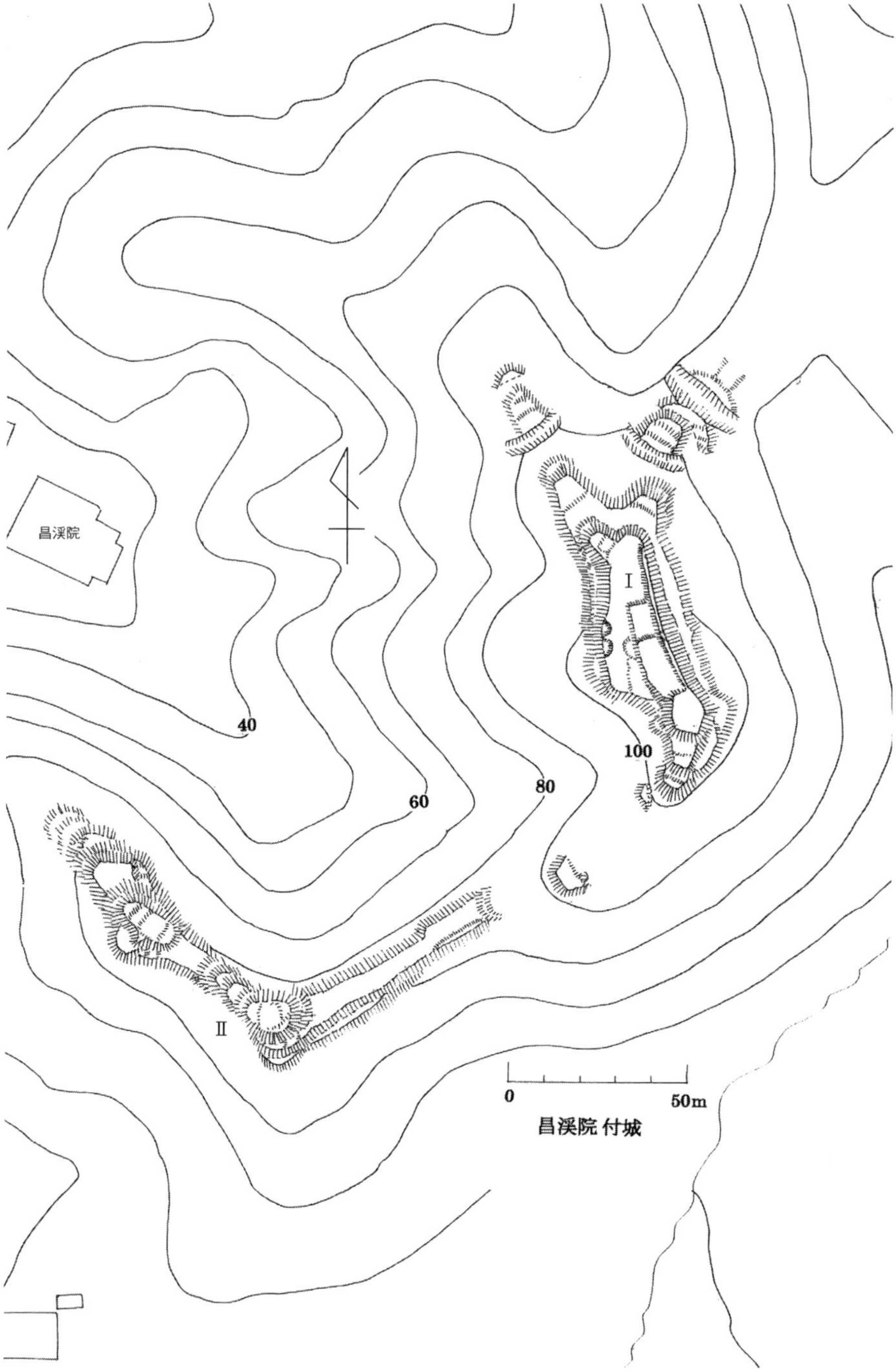
昌渓院
Ⅰ
Ⅱ
40
60
80
100
0
50m
昌渓院 付城

石垣山城への繋ぎの陣城

160 御所山城《みとこやまじょう》

所在地：神奈川県小田原市早川／城主：—
遺構：曲輪・土塁・虎口・空堀
規模：七〇×六〇m／標高・比高：八八六m・五〇m

【選地】 大観山《だいかんざん》（一〇一二m）から北東に二・五kmほどの、石垣山《いしがきやま》城に延びる尾根の中間点にある標高八六六mに位置する。この場所は、白銀《しろがね》山（九九三・一m）の東にある聖《ひじり》岳（八三七m）方面に尾根が分岐する場所である

【歴史】 昭和五十九年に地元の人によって確認された。箱根峠から石垣山城に繋がる通称「太閤道」の中間点にあるため、繋ぎの陣城といわれている。

【遺構】 曲輪Ⅰは東西二五×南北二〇mほどで、土塁が囲繞し、北には桝形虎口aが開口する。東の曲輪Ⅱは東西三〇×南北三〇mほどの規模で、北東隅に虎口bが開口する。城内には溝が幾重もあり、遺構を破壊している。

【評価】 曲輪には部分的に土塁が巡り、桝形虎口が北に開口する縄張りで、箱根峠と石垣山城の中間にある繋ぎの陣城である。

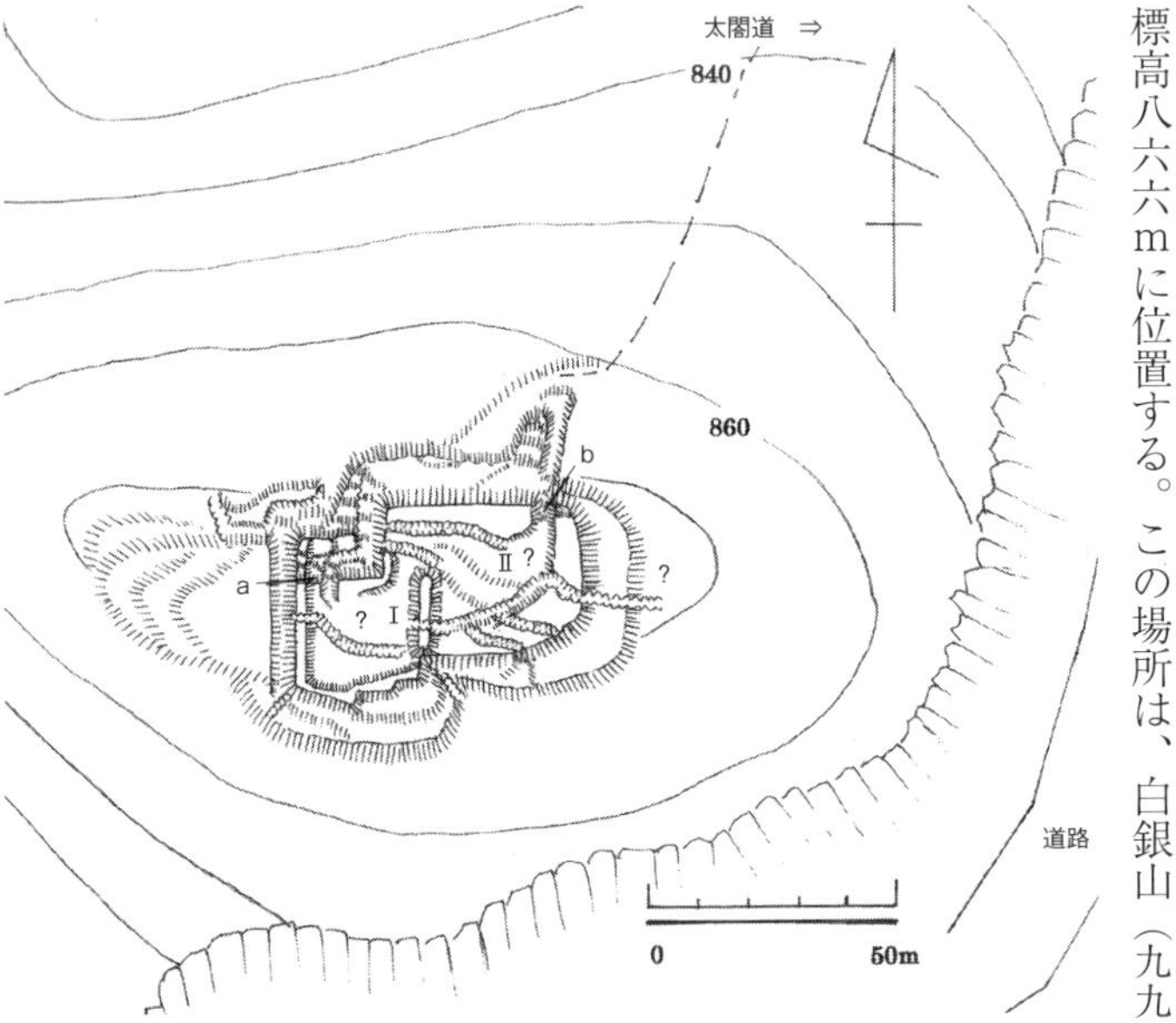

空堀

虎口

城跡遠景

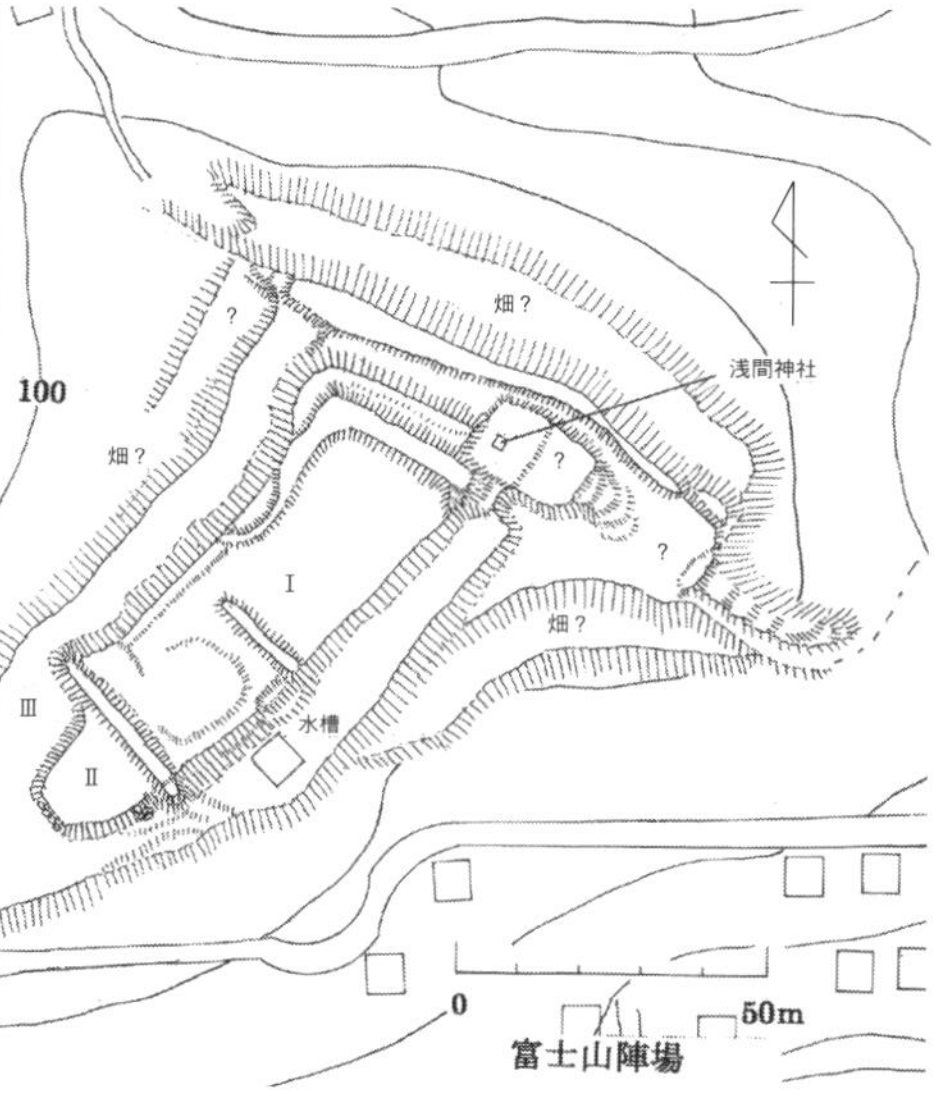

富士山陣場

北条氏の出城を利用した付城

161 富士山陣場《ふじさんじんば》

所在地：神奈川県小田原市板橋／城主：細川忠奥
遺構：曲輪・土塁・空堀
規模：一四〇×九〇m／標高・比高：一一〇m・二〇m

【選地】早川の北にある丘陵地の標高一一〇mに位置する。箱根登山鉄道風祭駅の北東六〇〇mほどの距離にある。

【歴史】天正十八年の小田原合戦時に、北条氏の出城を細川忠興《ただおき》が攻め落として付城とした。*1

【遺構】曲輪Ⅰは南北七〇×東西二五mほどで、中央部の南西寄りに仕切りの土塁がある。北東と南西に土塁を設け、北側には空堀も残るが、神社地の拡張や畑地により不明な部分が多い。南西には南北一六×東西一五mほどの曲輪Ⅱがあり、切岸下にはⅠとⅡの周囲を巡る腰曲輪Ⅲがある。周辺部はミカン畑として開墾されており、縄張りの解明は不可能である。

【評価】北条氏の出城を奪取して豊臣方の付城にしたといわれ、縄張りは双方のものが混在していると考える。

*1 『小田原市史』別編 城郭（小田原市、一九九五年）。

土塁

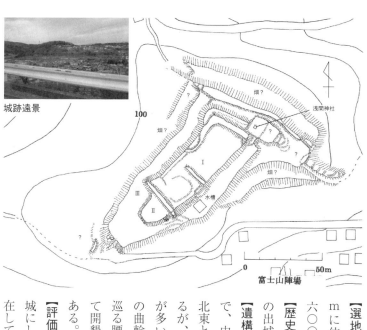

【参考文献】

『群書類従・第二十一輯』合戦部（続群書類従完成会、一九三一年）
奥野高広・岩沢愿彦註『信長公記』（角川書店、一九六九年）
盛田嘉徳『丹波志』（明著出版、一九七四年）
『名張市遺跡調査概要』（名張市教育委員会・名張市遺跡調査会、一九七八年）
柴田一氏訳『新釈　備前軍記』（山陽新聞社、一九八六年）
『羽柴秀吉―怒濤の天下取り―』歴史群像シリーズ3（学習研究社、一九八七年）
奥野高広『増訂　織田信長文書の研究』下巻、（吉川弘分館、一九八八年）
多田暢久「陣城プランの特徴について」（『近江の城』三十二号、近江の城友の会、一九八九年）
『滋賀県中世城館分布調査報告書』伊香郡・東浅井郡の城（滋賀県教育委員会、近江の城友の会、一九九〇年）
『長久手町史』資料編六、中世、長久手合戦史料集（長久手町史編さん委員会、一九九二年）
『史跡　黒井城』保存管理計画策定報告書（兵庫県氷上郡春日町、一九九三年）
『播磨利神城』（城郭談話会、一九九三年）
『小田原市史』別編　城郭（小田原市、一九九五年）
『元亀争乱―信長を迎え討った近江―』平成八年度秋季特別展図録（滋賀県立安土城考古博物館、一九九六年）
大森宏『戦国の若狭―人と城―』（大森睦子、一九九六年）
『西桂見遺跡・倉見古墳群』（鳥取県教育文化財団、一九九六年）
『伊賀の中世城館』（伊賀中世城館調査会、一九九七年）
『増訂　織田信長文書の研究』上巻（吉川弘文館、一九九九年）
『岩見町郷土文化研究会誌』第九集（岩見町郷土文化研究会、一九九九年）
『奥坂遺跡群　鬼ノ城ゴルフ倶楽部造成に伴う発掘調査』（総社市教育委員会、一九九九年）
山下晃誉『上月合戦―織田と毛利の争奪戦―』（兵庫県上月町、二〇〇〇年）
高橋成計「八上城包囲の付城群について」（『戦国・織豊期城郭論―丹波国八上城遺跡群に関する総合研究―』（八上城研究会、二〇〇〇年）
高橋成計「明智光秀の丹波攻略と陣城―多紀連山に展開する陣城について―」（『丹波』第五号、丹波史談会、二〇〇三年）
河田健司「一国山城跡・一国山古墳群」（岡山市埋蔵文化財センター年報　五、岡山県教育委員会、二〇〇四年）
『久世町史』史料編　第一巻（久世町教育委員会、二〇〇四年）

藤田達生編『伊勢国司北畠氏の研究』（吉川弘文館、二〇〇四年）

佐伯哲也「天正一二・一三年における佐々・前田両氏の抗争について」（『北陸の中世城郭』第一四号、北陸城郭研究会、二〇〇四年）

髙田徹「織豊期を中心とした臨戦下野城郭」（『陣城・臨時築城をめぐって』第二十二回全国城郭研究者セミナー史料、中世城郭研究会、二〇〇五年）

『天正九年鳥取城をめぐる戦い』（鳥取市歴史博物館、二〇〇五年）

三鬼清一郎『稿本　豊臣秀吉文書（1）』（神奈川大学生活協同組合印刷部、二〇〇五年）

『織田VS毛利―鳥取をめぐる攻防―』（鳥取県公立文書館県史編さん室、二〇〇七年）

『伊賀市史』第四巻　史料編（三重県伊賀市、神宮文庫所蔵文書六四五「伊賀の国にての巻」、二〇〇八年）

高橋成計「丹波黒井城攻略期の陣城考察―織田氏の丹波攻略期から―」（『中世城郭研究』第二三号、中世城郭研究会、二〇〇九年）

『三木城跡及び付城跡群総合調査報告書』（三木市教育委員会、二〇一〇年）

『大屋町史』通史編　（兵庫県大屋町史編集委員会、二〇一〇年）

『甲賀市史』第七巻、甲賀の城（甲賀市史編さん委員会、二〇一〇年）

『美作国の山城』（第二五回国民文化祭津山市実行委員会、二〇一〇年）

髙田徹「美作岩屋城包囲の付城群について」（『中世城郭研究』第二五号、中世城郭研究会、二〇一一年）

高橋成計「備前宇喜多氏の陣城縄張りの考察」―陣城縄張りの変遷―（『中世城郭研究』第二六号、中世城郭研究会、二〇一二年）

『京都府中世城館調査報告書』（第一冊、京都府教育庁指導部、文化財保護課、二〇一二年）

『織豊系城郭の陣城』鳥取研究集会資料集（織豊期城郭研究会、二〇一二年）

賤ヶ岳合戦城郭群報告書』平成十六年度旧余呉町教育委員会賤ヶ岳合戦城郭群調査（滋賀県長浜市教育委員会、二〇一三年）

土屋比都司『駿河伊豆の城と中世』（羽衣出版、二〇一五年）

藤田達生・福島克彦編『明智光秀』（八木書店、二〇一五年）

中井均監修・城郭談話会編『図解　近畿の城郭』Ⅱ（戎光祥出版、二〇一五年）

松岡進『中世城郭の縄張と空間―土の城が語るもの』城を極める（吉川弘文館、二〇一五年）

『和歌山城郭研究』第一五号（和歌山城郭研究会、二〇一六年）

おわりに

平成二十四年九月、鳥取市において「織豊系城郭の陣城」というテーマで研究会が実施され、織田政権段階から豊臣前期政権段階における、各地の陣城の事例が討議された。これにより、織豊系の築城技術の発展段階において、陣城の特異性と織豊系城郭の多様性の確認が促進されたと考える。しかし、遺構の特徴についての共通認識の不足があると考え、今回、一六一ヵ所の陣城遺構を取り上げ、検討した。

「織豊系城郭の陣城」というと、曲輪に土塁が囲繞し、虎口が明確で、枡形虎口や食い違い虎口、馬出し等のある陣城をイメージするが、今回、本書に掲載した陣城をみると、地形に合わせた縄張りが多く、地形をクリアーした縄張りは代表的な陣城（本陣等）のみである。陣城とは、合戦に際して「陣を置く」ということで、簡易的な城郭を構えるのが常である。曲輪として自然地形を利用し、低い切岸と帯状の曲輪を幾段も構築して、低土塁や空掘、竪堀の遮断系のパーツを使用した軍事施設が多い。

今回、織豊系ということで、織田氏や豊臣氏が各地に侵攻していくなか、これに与した国人たちの陣城も掲載した。各戦国大名によって縄張りに違いがみられる可能性もある。また、地形や戦術、武器により、陣城の縄張りが異なることも考えられるため、これからの研究課題としたい。

本書に掲載の織豊系陣城は、東は神奈川県で西は岡山県と、日本の中心部分である。九州や東北の調査も必要だと感じるが、今回は時間の関係で無理であった。今後の宿題としたい。また、陣城と云えば、本書に掲載した織豊系陣城だけではなく、上杉氏・武田氏・後北条氏・徳川氏・

毛利氏・島津氏等の戦国大名の陣城遺構もあるはずだ。現在、毛利氏の陣城の一部を踏査中であるが、織豊系とは違った遺構がみられる。これからも戦国大名の陣城を含め、簡易的な城郭遺構を踏査していくつもりである。

約二十年間にわたって調査した陣城を、いつの日か自費出版したいと考えていたが、今回、戎光祥出版株式会社代表取締役の伊藤光祥氏に、本書出版にあたって多大なるご理解を頂いた。同社の高木鮎美さんには煩雑な編集作業を迅速かつ的確に進行頂き、厚く御礼申し上げる。また、写真を提供頂いた増山政昭氏、真田憲氏、調査に同行頂いた廣瀬二郎氏、中山善彦氏、御指導頂いた村田修三先生や高田徹氏に御礼申し上げる。

平成二十九年十一月

高橋成計

【著者略歴】

高橋成計（たかはし・しげかず）

1952年（昭和27）、徳島県三好市に生まれる。2011～2013年（平成23～25）、京都府の中世城館跡調査の調査員として調査する。近畿・中国・東海を中心に中世城館を調査中。現在、城郭談話会会員。著書に、『今田町の中世城館』（兵庫県今田町教育委員会、1997年）、他に『戦国・織豊期城郭論』（和泉書院、2000年）、『舞鶴の山城』（舞鶴山城研究会、2009年）等の共著がある。

図説 日本の城郭シリーズ⑥

織豊系陣城《しょくほうけいじんじろ》事典《じてん》

2018年1月5日 初版初刷発行

著　者　高橋成計

発行者　伊藤光祥

発行所　戎光祥出版株式会社

〒102-0083 東京都千代田区麹町1-7 相互半蔵門ビル8F

TEL:03-5275-3361(代表)　FAX:03-5275-3365

http://www.ebisukosyo.co.jp

編集協力　株式会社イズシエ・コーポレーション

印刷・製本　モリモト印刷株式会社

装　丁　山添創平

ISBN978-4-86403-270-4